風雷一聲響，憾山千仞崗，氣蓋山河，風雲因而變色，寰宇為之改變！**旭**日海中升，朝霞滿山林，雲淡風清，社會因而祥和，人類為之燦爛！

或叱吒風雲如希特勒，或教化人類如釋迦牟尼。**不同的抱負，各異的實踐**；各擅專長，成就了功業，改變了歷史。

難免的，滿懷熱情改革、堅持奉獻者有之；**夾雜權力和野心，亦不乏其人**。且留後人評斷。

經由風雲人物的真實故事，瞭解其人行為背後原因、動機，詮釋其人的經歷和遭遇，甚至生命的意義。讓我們快速穿透一位前賢的行誼；甚至於別人知道他有多麼偉大，而你卻知道他在別的一面沒那麼偉大！**看清一生的過程與真實**，讓他的生命在我們的時空多活一次，**助解我們自己的問題**。

閱讀吧！「**今人不見古時月，今夜曾經照古人**」，「傳記」給你！

改變歷史的
風雲人物002

Mao A Biography
毛澤東

著｜譚若思
譯｜胡為雄・鄭玉臣

臺灣版序

或許個人首先必須向臺灣的讀者說一聲抱歉，畢竟對這個充滿勇氣與活力的社會來說，毛澤東不能算是個好朋友。直到中年爲止，他始終對臺灣沒有太大的關心。當與蔣介石的內戰在一九四九年結束後，毛澤東不過將臺灣視爲因前者逃竄而必須進行追擊的地方；但是，由於韓戰隨即爆發，終究迫使他放棄染指臺灣的念頭。就算在四分之一世紀過後的一九七〇年代，毛澤東也不過將臺灣視爲其「一個中國」政策下的外交施壓對象，至於臺灣人民的意願，當然不在他的考慮範圍之內。

儘管如此，毛澤東仍是二十世紀最迷人的政治領袖之一；至少對臺灣的讀者而言，他乃是一面可用來了解複雜之中國文明與當代歷史的鏡子。例如以毛澤東個人來說，就在他於一八九三年出生的一個世紀當中，我們便看到了中國從大清王朝走向蘇維埃政權，從自行車走向汽車，從農村走向都市，從失去秩序到緊密箝制，以及從衰弱走向強盛的過程。儘管曾身爲史達林的追隨者，但毛澤東終究選擇衝撞蘇聯集團；於此同時，作爲共產主義的信徒，他卻在一九七一年選擇轉向美國這個資本主義國家，並從而將兩極世界扭轉成三足鼎立的局面。

在我看來，毛澤東不啻是「老虎與猴子的結合體」；儘管他對社會運動充滿狂熱，但卻仍對強迫動員中國人民的結果保持存疑。除此之外，我也將毛澤東視爲一個「準知識分子」，因爲他雖然重視理念，不過也沉迷於行動。他既喜歡閱讀歷史，自己也寫點詩詞，但他同時希望能創造歷史，並根據馬克思這位錯誤導師的指引，在中國推動社會主義道路。從某個角度來說，或許毛澤東的確過度高估了自己改變人類本性的能力。從他的人生中，我們可以一窺政治如何扭轉這個世界，但終究無法移動人心的過程。

毛澤東可說是一個悲劇性人物。在受到自由熱潮席捲的青年時代，他曾將基督視爲壓迫下的犧牲者：「雖然其傳道內容未必有所逾越，……但耶穌依舊被剝奪了說話的權利；而且就算他說的話略有逾越，對一個聰明人來說，這應該也不過是個小問題罷了。」個人的自我實現乃是其學生時代的信條；例如他在二十四歲時曾寫道：「任何壓迫個人的地方，都等於是在壓迫個人的本性，再也沒有比這個更大的罪惡了。」早在一九三〇年代，毛澤東便曾公開聲稱臺灣這個「弱小的民族」，應在終結日本統治後脫離中國獨立，但在他當權後卻變得越來越專制獨斷。事實上，他並不完全認同所謂自由；儘管他相信應該辯論，但心中卻認爲所有的中國人，都應接受一套早就放在他口袋裡頭的眞理。

在商業交易的喧囂聲與摩天大樓工地的隆隆聲響中，或許有人認爲毛澤東似乎已在今天的中國消失地無影無蹤，但其實這是不可能的，因爲共產黨領導人需要他，正如過去列寧對史達林的意義一般：如果失去他的話，胡錦濤也將頓失其正當性。就像過去清朝的征服新疆，毛澤東爲中華人民共和國取得這塊腹地，也奠下今日西部開發的基礎；而今天中國的高平均壽命，亦必須歸功於毛澤東時期的公共衛生政策。不僅流行歌曲明星們用毛澤東的話來塡詞、計程車司機將他的相片當作護身符貼在方向盤上，甚至連農村發大水時，農民們也像過去手持觀音像般拿著毛澤東像來祈禱。

現在你們拿在手上的這本書，曾在中國引發轟動，不僅數度再版，共印刷了一百四十萬冊，而且也曾收到如潮水般的讀者來函。儘管執政的共產黨喜歡用毛澤東主義來詮釋今日中國的發展，但每一代人都對毛澤東反覆無常的人格特質感到好奇。值得注意的是，非但中國依舊對毛澤東餘情未了，這個世界也是一樣，因此本書才有機會被翻譯成德文、西班牙文、韓文、希伯來文、葡萄牙文與義大利文等多國版本。

更甚者，每一代人對毛澤東都會根據自己經驗（例如：身處於戰爭或和平的年代，國家優先或個人地位獲得提升，抑或是中國國運的興衰起伏）而有著不同的看法。假如二十一世紀眞的是中國的世紀，那麼毛澤東將被當作二十世紀的偉人而備受讚揚，即便其主張的共產主義學說已被棄若敝帚；相對地，如果中國被迫面對嚴重的倒退，那麼毛澤東時期便將被認爲是個不必要的孤立主義錯誤，結果使鄧小平的改革如同十九世紀曾國藩與李鴻章的自強運動，以及一九三〇年代國民黨所主導的建設般，最終面臨失敗的命運。

總而言之，隨著時代變遷與時間不停的向前挪動，不僅國家與社會的關係有所改變，人們的要求也永無止盡地與時俱進。在一個世紀以前，共產主義對毛澤東而言，或許只是在儒家學說、無政府主義、道家理論、法西斯主義與其他想法之外，共同組成其思想內涵的一部分，至於主導毛澤東最後決斷的乃是中國的未來：亦即究竟是強大的領導中心，還是充滿活力的社會比較重要？威權統治傳統該如何與道家式的隨機應變相互平衡？到底是「黃色大地」，還是「藍色海洋」最終將獲得勝利？對此，躺在墓室中的毛澤東恐怕也不知道該頷首微笑，還是蹙眉以對？

羅斯．特里爾　謹識

二〇〇七年六月於哈佛大學

目次

前言

與本書二十多年前的第一版相比，後面的章節並沒有改變我對毛澤東的整體印象。此刻，我想要再更強調的是，自一九五〇年代末以來，毛澤東就一直在懷疑革命所帶來的後果，並且退回到一種主觀臆測的世界觀和歷史循環觀中。他也十分擔憂資本主義會在中國復辟。目前所獲得的關於毛澤東從百花運動到大躍進階段的新資料，證實了我最初的構想，即毛澤東從這個時期開始，變得更主觀和武斷。實際上，本節的主題，即毛澤東的「虎氣」和「猴氣」，在毛澤東一九五六到一九五七年的談話中同時得到驗證。毛澤東對發動群眾運動總是抱持滿腔熱情，但他也不斷表現出對中共其他領導人的猜忌，以及對社會主義正統性的質疑。

現在越來越清楚的是，毛澤東在一九六〇年代並沒有眞的「失去權利」，更不是透過文化大革命「重新獲得權利」。他的意志，讓他從一個幕後操縱指揮的角色，一躍而成爲台前最重要的人物，這也可以被看作是那個時代權力和政治鬥爭的一個策略。江青這個角色所占的地位，在接下來的「文化大革命」中，比我第一版估計的重要許多。毛澤東轉向她的政策傾向可以歸結爲毛澤東希望重掌大權，以及他對威脅其革命過程中的反擊（事實上，一九七六年毛澤東確實是傾向江青，也是他向「左」傾的最後一次前進）。

毛澤東和江青出現在一起的畫面，並非一幅英雄與魔鬼圖，而是兩個意志堅強的人，以一種不對稱的關係出現在中國公衆的面前；他們曾深深地互相愛慕，後來個人感情嬗變成爲帶有強烈政治色彩的婚姻，但他們的生活習慣、品味及能力有極大差異，因此不時地惹惱對方，但又小心翼翼地避免相互衝突。在官方媒體所刊登的江青訃告上，並未提過她曾和毛澤東結婚（但實際上他們的婚姻長達三十八年），可見。這對中國共產黨而言是一件很不體面的事情。

我最初寫關於毛澤東私人生活的一些文章，比大陸七〇年代出版的任何書籍都要大膽一些。之後，在八〇年代初，我完成《毛澤東》並開始研究他的妻子時，陸續出現了更多關於毛澤東的心理、他和女人的關係、對毛澤東孤寂的痛苦，以及其他毛澤東個人性格角度的研究。例如，在《江青傳》中我就探討了毛澤東的私人祕書張玉鳳，在其晚年扮演的重要角色。

在對本書第一版的書評中，我曾因將焦點放在毛澤東的個人性格和私生活而遭受批評。艾德文．摩斯的評論可作爲這些觀點的代表。一九八六年，艾德文．摩斯在他的《現代中國歷史》一書的文獻目錄中推薦過我的《毛澤東》，但他提醒讀者說：「該書過於集中描述毛澤東的私人生活細節。」然而，十幾年過去了，在很多嚴肅的學術著作中，毛澤東的私生活開始占據舞台中心。儘管我所提出的毛澤東和張玉鳳之間有親密關係的可能性，在當時不被接受，但現有資料已經證實了這一點。

本書中我補充許多強調毛澤東在鑑別、提拔人選時難以捉摸的行爲。他力挺的許多上層人物，例如康生、林彪和王洪文之流，無論從哪個角度來看，都不是值得推崇的最佳人選，然而對於彭德懷、陳毅和劉少奇等更值得重用的人，毛澤東卻沒有支持和挽留。一九六七年，鄧小平失勢，在被送到農村改造時，毛澤東與鄧小平的一番談話觸及到這個問題，但毛澤東並沒有說出他的眞實想法。當時，鄧小平很大膽地諷刺說，也許他本應該像日益得勢的林彪一樣藉由「製造一些假象」來取悅毛澤東。對此，毛澤東微笑著回答：「歷史會判斷林彪的正確與否，你不必對此不滿。」十年後，林彪在與毛澤東發生可怕的衝突後死亡，鄧小平則在後毛澤東時代開始攀升並獲得了毛澤東第一副手的地位。

我們對於一九四九年之前中共的研究，已不再局限於認爲「中共絕大多數的成功都是由毛澤東一手領導的」這一傳統觀點。至於解放以後，毛澤東的決策似乎比我們過去認爲的更加武斷，甚至混亂。毛澤東決定參加朝鮮戰爭，是因爲史達林故意讓他知道金日成統一朝鮮的計畫，而且當時毛澤東的同僚都十分懷疑，中國在金日成野心勃勃的謊言和史達林反對美國的算盤中周旋是否明智。毛澤東在對付政治鬥爭和政策失誤方面擅長運用謀略和欺騙。例如，他冷眼旁觀高崗的垮台，與其說是因爲高崗和莫斯科的聯繫，不如說是毛澤東對高崗反對劉少奇的舉動採取觀望的結果，當時毛澤東已經開始提防劉少奇了。在一九六〇和七〇年代，毛澤東的這種自相矛盾，以及他性格中「虎氣」與「猴氣」的相互交替，常常被用來誤導他人。有時他會派康生或陳伯達去實施某個不光榮的計謀，但轉眼間他又會在來訪者面前攤開雙臂，聲稱他不擁有任何權力。

一九七六年毛澤東逝世時，甚至在一九八六年他去世十週年紀念時，我們絕不會想到，到了毛澤東去世二十週年紀念日時，人們所關注的焦點會偏向他個人的生活方式，實際上這是所有領域裡最爲隱私的問題。同樣地，一九八〇年，雷根時代的美國人也不會想到一九九二年當選的美國總統，會把入主白宮的前幾個月的時間，花在處理軍隊的同性戀問題上；一九九六年這位再次當選的總統，會把最初幾週的時間，花在處理部隊的性騷擾上；而一九九八年，他則將大部分的時間，都花在辯護對他本人於白宮中的不當性行爲的指控。

世紀交替來臨之際，毛澤東常常被看作是中國的統一者、亞洲共產主義的哲學家、已垮台的共產主義陣營的一位主要締造者，同時也是一位權謀家和一位浪漫人士。西方多年來在對中國問題的研究，很少涉及毛澤東的心理問題，其原因之一就是人們只看到了他光輝的一面（後文會再詳述）。不過，更重要的原因是對有關他的主觀武斷和逞匹夫之勇，尚缺少權威性的證據。到一九九〇年代，考察毛澤東統治方法的材料比他在世的時候更多了。李志綏所寫的《毛澤東的私人生活》，比任何一本書都更能證實西方的這個新觀點。儘管人們可能會就李志綏對毛澤東和中共的尖酸評價[1]有所懷疑，也可能就他對幾十年前的對話回憶是否準確提出質疑，但毛澤東的家庭醫生寫的書總有些可靠性。[2]它是我們僅有的一本由毛澤東的親密同事，離開中國後所記述關於毛澤東故事的書。

盧森·佩伊曾經指出，偉大歷史人物的私生活，可以分爲三個層次。第一層是領袖的生活習慣，這可以作爲茶餘飯後的談資，但不像新聞報導和報刊專欄那樣值得詳細分析。更有趣的問題是，偉大歷史人物的私生活與價值觀，是否和他在公衆中推行，甚至強行要求的一致，特別是對中國國民強調身教的觀念而言，這一點特別重要。當毛澤東追求他的社會目標時，千百萬的人民失去了自己十年甚至二十年的個人生活。最重要的是第三個層次，即佩伊在他的《毛澤東：領袖中的男人》一書中所採用的方法，也就是透過探討個人行爲以解釋其公共政策。第三個層次將毛澤東看成一個普通人來研究，這對我而言至關重要，因爲它使我獲得了對毛澤東，尤其是其最後二十年的整體形象和評價。

西方研究正處於對領導人普遍質疑的階段，而且現在西方並不像一九七〇、八〇年代那樣，在戰略上需要中國的協助，這兩個因素都影響了西方對毛澤東的評價。第二次世界大戰時期的最後一批巨人——戴高樂、蔣介石、毛澤東，在他們去世後的二、三十年間，反英雄主義已經開始影響中國研究，尤其是對政治領袖的研究。佩伊在一九九六年告訴我們，他早在一九七六年就已經發現毛澤東「可能是一個有著邊緣性格的自戀者」。但直到一九九六年，他才有足夠多的證據可以自信地公布這一結論。隨著毛澤東日益衰老，可以證明這一判斷的證據也日益增多。比如說毛澤東年輕時的孤僻和專制、醫生對他神經衰弱的診斷、他對家庭成員的態度、他服用過多的鎮定劑、缺少與同事的來往交流以及他的多疑等。[3]

當毛澤東就臺灣問題和處理與美國的相關問題點上，和赫魯雪夫發生爭論後，他對李志綏說：「赫魯雪夫簡直不知道他在說些什麼。他想改善與美國的關係，我們就用我們的槍炮來慶賀。我們的炮彈貯存了這麼久，都快生鏽了，為什麼不用來慶賀一番呢？最好把美國也捲進去。美國也許會在福建扔一顆原子彈，也許有一、兩千萬人死亡。蔣介石不是想要美國用炸彈對付我們嗎？那就給他們用吧，看赫魯雪夫能說些什麼。」假如這些話確實像李志綏醫生所認為的具有嚴重性，那毛澤東的確是一種邊緣人格。

毛澤東對王力講的話也可以表現出這一點。一九六七年王力遭受「二月逆流」的衝擊時，毛澤東對王力說：「陳伯達、江青槍斃！」他怒不可遏，「康生充軍！文革小組改組，給陳毅當組長，譚震林、徐向前當副組長，余秋里、薄一波當組員。再不夠，把王明、張國燾請回來。力量還不夠，請美國、蘇聯一塊來！」

另一個例子就是李志綏早在一九五八年就發現藥物對毛澤東的影響，「甚至當毛澤東在談到要派我去視察人民公社時，他也幾乎是處於半睡眠狀態，口齒不清，時斷時續。因為我們在吃飯前他剛服用了安眠藥，當藥物發生作用的半夢半醒之間，他忽然想起了這個視察的主意。我不知道這個決定是他的眞實意圖還是藥物催眠的結果。」然而，一九五八年以後，當毛澤東在精神和心理上都已不適合做最高決策時，歷史上關鍵時刻卻不斷的在增多。其中就包括對中美兩國關係至關重要的一個時刻（參見本書第二十章）。

任何與毛澤東有過親密接觸的人，都能回憶起他個人生活的無序狀態。他吃飯偏食，拒絕刷牙，並且還強詞奪理說老虎即使不刷牙，牙齒依然健壯。隨著年紀增長，他的性生活日益混亂。他還會半夜不睡覺，可是卻在白天睡上大半天；他還不時推遲睡覺時間，保持三十六小時或更長時間的清醒，一直到緊張和疲勞把他耗竭。他的確是一以貫之的違法者，李志綏認為「毛澤東無法無天」，這種性格特徵本質上是缺乏對他人備受折磨的同情和憐憫。

但是，許多見過毛澤東的人都被他的智力開展、獨創性、率直的領導風格和對下屬的友善印象頗為深刻，也被中國政治最高層對他的尊敬態度所打動。所以，似乎很難把這兩種對毛澤東截然不同的評價連貫起來。但就本質而言，毛澤東作為一個普通人和作為領袖，並沒有根本的區別。

在毛澤東剛開始追求異性時，一些省裡頭的高層錯誤地為他介紹一些風情萬種的熟女或是明星，但都被毛澤東拒絕了。在毛澤東的私生活中，他並不喜歡名演員或歌星，而是喜歡年輕清純的農村少女。他常常和這些年輕女孩玩麻將，這是一種與性無關的娛樂方式。李志綏說：「當毛在桌上忙著搓麻將時，他也不忘與女孩調情，不時地在桌下用腳去碰她們。」

五〇年代末期，在中南海祕書處工作的的崔英年輕漂亮，被毛澤東看上。在和毛澤東一起跳舞的時候，她抓住機會向毛澤東反映一九五七年很多好人被不公平的貼上了「右派」的標籤，這一行爲嚴重越界了。於是，在一個她原本又被安排再次和毛澤東共舞的前夕，她被趕出了中南海。

毛澤東對年輕幼稚少女的偏愛，與他對身邊經歷過槍林彈雨的戰友的不信任是同時期的。當毛澤東在黨和政府裡不能成爲唯一權威時，性成爲保證和他絕對統一的一種方式。不過他只能在崇拜他的單純的年輕人、他的隨從或年輕大學生中得到這種統一。李志綏說：「我認爲，毛澤東希望他的意志就是我們的思想，他不希望看到有任何不同意見。」顯然，對於一個擁有六億人民的大國而言，任何試圖把這種思想的統一（純粹基於個人感情而達到的「大同」），貫徹到其國家制度和公眾生活的作法，都是不可能的，而企圖這麼做的後果就必然導致災難。

李志綏在揭祕毛澤東個人生活時，帶給我們最大的震驚與其說是道德上的，不如說是政治上的：毛澤東實際根本不相信許多他公開宣揚的理念。沒有哪個共產黨領袖，甚至可以說在整個二十世紀政壇上，沒有哪個領袖，會像毛澤東有這樣驚人的矛盾。我們在大大小小的事情上都能發現這一點。他爲傳統中醫唱讚歌，但當涉及到他自己的健康時卻服用西藥；他討厭蘇聯，卻當眾稱讚它；他私下裡說美國的好話，但對人民卻說美國是邪惡的化身（相比之下，我們在洛德·莫郎撰寫的有關他的病人邱吉爾的書中，找不到任何英國首相私下裡敬佩德國或蔑視羅斯福的內容）。

也許毛澤東對他私下裡說的一些事並不當眞。也許他像尼克森那樣，常常對長春藤畢業生和猶太人出言不遜，但卻總僱用他們作爲白宮中的要員。然而，這兩個人的情況不能同日而語。即便尼克森在晚上抱怨要剔除長春藤畢業生和猶太人，第二天他並不能輕易地採取相應的行動，因爲他的國家有法律，有充滿生機的國會，還有自由的出版業。但是，當老年的毛澤東咕噥著作出贊成或反對某一政策的判斷時，他的工作人員就會立刻付諸實施。在一個民主國度裡，最高領袖的個人意志，不可能像在共產主義專政的國家裡那樣，直接地反映在公共政策中。

李志綏描述的「晚期毛澤東」和早期及中期的毛澤東截然不同。他過去並不那麼自負、多疑、專制、好大喜功，也沒有言行不一。以毛澤東的祕書田家英爲例，中年的毛澤東並不是不謙虛的。當毛澤東在共產黨的第八次代表大會的開幕式上發言時，他說：「你們知道我的報告是誰寫的？一個年輕的秀才，田家英。」一九四九到一九五〇年毛澤東曾閱讀過所有送達他手中的大眾來信，但是晚年的毛澤東缺少對人民疾苦的了解。一九五〇年的毛澤東會因一些人被迫吃草根充飢而痛哭失聲，但文化大革命時的毛澤東卻深陷於個人崇拜而不能自拔。一九六二年的七千人幹部大會上，在林彪一番露骨的奉承話講完以後，毛澤東說：「林彪總是直接明講，說的太好了，黨的其他幹部的嗅覺怎麼就不這麼靈敏？」田家英能證明毛澤東的這一變化，因爲正是這個變化毀掉了田家英的生涯並結束了他的生命。

要了解毛澤東在中國權力顚峰的一生，你可以想像一下雷根，他的生命不僅僅只是擔任總統的那八年，在這之前（作爲民主黨人）和這以後（患上阿茲海默症時期），他還有很長的人生要過。這麼看來，雷根的生命總長和個人變化的階段，就比較接近毛澤東在北京長達幾十年的統治。毛澤東的一生包括受個人主義啓蒙（青年時代），到信仰無產階級理論（二〇年代早期），再到農民起義（二〇年代後期），繼而到戰時共產主義（在延安）、社會主義建設時期（五〇年代）、對社會主義的幻想破滅（從五〇年代後期開始）、哲學和道德觀的淪喪（六〇年代），最後回到極端的主觀武斷和個人主義（七〇年代）。

在中國這個特定的社會體系中，所有這些不同的毛澤東性格角度匯集在一起，使我們逐漸看到了接近眞實的毛澤東。

於是我們對毛澤東了解越多，就越渴望去分析他所控制的社會體系。因爲直至毛澤東逝世，他一直控制著權力，其時間如此之長，以致於毛澤東個人的任何猜忌或疑慮，都被轉化成了國家的動盪。於是陰謀出籠了。這種伴君如伴虎的重擔和隨時有可能發生的生命威脅，使得毛澤東的同事和隨從轉變成可怕的共謀者。封建帝國和列寧主義的社會制度就像一個放大鏡，把毛澤東個人的任何性格缺陷都無限放大了。

就毛澤東的專制統治而言，毛澤東並不是一個完全無情的極權主義者。有時他會仁慈地讓一些敵人倖存下來，有時也會給不同政見者發表自己的意見。他的同事朱德、賀龍、陳毅等人，多年來都暗自對毛澤東的一些觀點不屑一顧。毛澤東可能會笑納一些不合於公認標準的東西，並且親近和保護他感興趣的非馬克思主義者。[4]一九六三年，當年輕秀美的章含之爲他上英語時，毛澤東記起他欠她父親的錢。那是四十年前，爲了幫在湖南進行農民自治運動籌款，毛澤東曾到上海以「青年人去歐洲勤工儉學」爲由，說服章士釗借給他二千塊大洋。透過章含之，毛澤東開始每年在春節付給章士釗二千元錢，一直償還到一九七二年，這個舉動令章士釗十分感動（儘管毛在一九二〇年向他隱瞞了借錢的用途）。

毛澤東具有這種自我質疑、不斷探索以及懷疑主義的精神，因此他總能出人意料地表述出極富吸引力的、原創性的甚至是無爲主義的思想。他比這個世紀其他大多數的執政者更精通文學。在他說自己一半是猴，一半是虎時，他指的「猴」就是孫悟空，小說《西遊記》中的主要人物。他也喜歡把自己和另一部中國文學名著《紅樓夢》裡的賈寶玉聯想起來。賈寶玉是一個年輕的反叛者，他並不執著於實現自己的目標，而是在色欲中尋求自我解放。一九六一年，毛澤東甚至不厭其煩地花三小時時間，幫他的一位祕書寫了三封有關古體詩的信。

毛澤東對許多年輕職員慈祥寬厚。「我是一個很少掉淚的人」，他對一位助手說，「但我不忍心和爲我服務過的同志在離開時說再見。」一名叫封耀松的貼身警衛要找女朋友，毛澤東便從自己的服務人員中，挑選一位漂亮的女孩介紹給他。不久，毛澤東還幫封耀松修改給該女子的情書。當他們倆結婚時，毛澤東參加了婚禮，激勵他們：「永遠相愛，白頭偕老。」一名稱作小姚的護士，因爲爲毛澤東工作到很晚而錯過與男友的約會。毛澤東注意到這件事，就爲小姚寫了一首詩，幫她送給那位男友以示安慰。小姚擔心帶一封未經管理人員檢查的信會「違反保安規定」，毛澤東對她說：「不要這麼傻，把它藏在口袋裡，交給他就是了。沒有人曉得，我不會跟任何人講。」毛澤東身上的這種「猴性」最終加速了共產黨威望的瓦解，甚至損害了共產黨的權力基礎。在某種意義，文化大革命爲一九七四年的大字報和一九七六、一九七八到一九七九年和八〇年代的民主運動撒下了種子。正是由於毛澤東的這種烏托邦主義，再加上他強烈的個人色彩，最終走到的極致，才出現了後來鄧小平的實用主義。

儘管有以上種種的缺陷，毛澤東仍有著非凡的個人魅力。身爲領袖，他有些性格是缺陷的，但作爲一個普通人，這些性格卻是甚爲有趣，甚至極具魅力的。他是一個本能的反傳統、反權威者，這使他受到支持者的廣泛擁戴。一無所有的人喜歡他這種讓富人變成窮人、讓窮人變成主人的革命。警惕蘇聯的愛國者，喜歡他用拇指對著鼻尖蔑視莫斯科的習慣動作。他的口號「造反有理」，頗受國外那些不滿現狀的空想主義者歡迎。一些農村姑娘甚至還認爲他是理想中的情人。

我在本書的第一版中強調過，毛澤東的政治方法和開闊的世界觀，有可能應歸功於中國傳統而非馬克思列寧主義。的確，除了知道一些馬克思主義原理之外，毛澤東對現代世界了解甚少，他的本能讓他深入到中國傳統中去。然而，中國傳統只能爲其提供手段，而不能爲其提供目標。我比過去更加清楚的看到，毛澤東的目標來自馬克思主義、列寧主義、史達林主義的群衆運動寶庫。毛澤東將這種精神發揮到極致，使得中國逐漸脫離平衡而更接近極端，脫離和諧而更接近鬥爭，脫離個人價值觀而更接近東方斯巴達的集體主義價值觀。在目標和方法上的不相配，造成了毛澤東時代的許多悲劇。這種衝突早在一九六〇、七〇年代出現那些巨大社會問題之前，就已開始顯現，但由於毛澤東使用古代小說《水滸傳》和《三國演義》中的計謀，來徹底推進馬克思主義的階級鬥爭，便加劇了這種衝突的爆發。隨著毛澤東主觀主義的高漲，「階級」不過成爲當時區分朋友和敵人的一個代名詞罷了。

一些領導西方對中國研究的學者認爲，群衆運動在條件或操控得當的情況下是可以成功的。弗里德里克·泰偉思在談到五〇年代早期由三反五反運動而實現的國家控制時說：

「結果，中國共產黨的領袖們已經證明了計畫經濟發展體制的可行性。」但顯然，二十世紀的歷史已經告訴我們，計畫經濟的發展從來都是不可行的。我們有大量來自中國以外的研究證據可以表明，計畫經濟的災離性和不可運作性。一九四九年以後毛澤東所犯最嚴重的錯誤，就是試圖推行馬克思主義、列寧主義、史達林主義的群衆運動。

許多人讚美毛澤東在一九四九到一九五七年的成功，並說他只是從那時起才「開始犯錯」或有「過激行爲」。肯尼思·李保瑟把五〇年代的政體叫做：「整體來說有合法性的中共統治。」那麼它的合法性在哪裡呢？共產主義的統治在五〇年代得以維續的原因，和五〇年代得以建立的原因同出一轍：即槍桿子的力量。李保瑟說：「大躍進失敗的具體原因尚未弄清。」但是，如果說大躍進失敗的原因還不清楚的話，那麼毛澤東所做的事情就沒什麼是更清楚的了。如果沒有大躍進和文化大革命，我不認爲僅是蘇聯模式的繼續，就可以導致毛澤東所聲稱的社會目標。在蘇聯和東歐，沒有任何先例可以表明會發生這樣的結果。

哈利·哈丁認爲，如果文化大革命被全面貫徹的話，它本應該是「成功的」，他曾說：「毛澤東策略的缺陷在於他只發動了一半文化大革命，即從一九六六到一九六九年。在他沒有成功的設計一個可行、經得住考驗的相應政治秩序，來代替他尋求推翻的舊秩序。在這個意義上，文化大革命是二十世紀繼一九一一年革命以後的第二個不成功的中國革命。」但照此邏輯，一九六六年的「革命」本該就會推翻中國共產黨，但這顯然不是毛澤東的本意。實際上，共產黨是毛澤東實現其社會運動目標的工具，爲他掌權提供了基礎。「毛澤東的策略缺陷」在一九六六到一九六九年前期那種盲目的、欺凌性的、戲劇性的「革命」中，得到了充分的體現。顯然，學者風格的文學作品中所理解的「革命」，與文化大革命完全是兩碼事。

最近的研究傾向於認爲，中國共產黨在掌權中犯的重大失誤，實際上比我們以前認識的要更早一些。這一轉變在蘇聯研究中也得到體認，即以前認爲史達林「背叛」了列寧的革命，但現在認爲，列寧和史達林在基本社會目標和獨裁統治方法上，實際上是一致的。毛澤東的反右運動遠遠早於文化大革命，也早於大躍進，甚至還早於一九五六年的推進集體化運動。朝鮮戰爭後的思想改造，就已經帶有文化大革命的恐怖主義痕跡。統一戰線策略（商人被這個策略所利用，並在五〇年代早期被拋棄）是毛澤東早在延安時就開始倡導的，並被貫穿運用於他整個統治的時期。毛在一九五三年攻擊劉少奇是「右傾」，並在一九五五年再次批判他。一九五六年，毛對周恩來和陳雲做了同樣的攻擊，並在一九五七和一九五八年分別對陳雲和周恩來再次攻擊。

也許一九四九年是毛澤東生涯的眞正分界線，這是一個比他自己性格中的任何二元性都更爲重要的分界點。這麼說並不是因爲毛澤東在一九四九年以後個性變壞了（那是十年以後的事情），而是因爲一些「社會主義建設」的內在原因。班傑明深刻地指出，在一九四九年勝利以前，毛澤東的「革命理想主義」在他的「政治現實主義」的控制之下，而一九四九年以後，他的「政治現實主義」被拋至腦後，取而代之的是隨心所欲的「革命理想主義」。從他一九四九年前豐富的現實主義實踐經驗來看，毛澤東知道現實，並且不時冷靜地論及現實，例如在一九五三年、一九六一和一九七二年，甚至在大躍進高漲的時候，毛澤東在批閱山東某縣的報告時，看到該報告的結尾說：「我們縣將在兩年內進入共產主義。」但是，這些現實主義的焦點受到毛澤東極左傾向的週期性限制。也只能如此，因爲馬克思主義關於人類本身就能構成社會秩序版塊的理論本質上，就是非現實的。毛澤東陷入了一場他自己心中兩種理念的心理戰。斯圖爾特・施拉姆，毛澤東研究學者中的帶頭者，曾恰當地把一九四九年前毛澤東面對的挑戰稱作：「勝利還是失敗的問題。」並把一九四九年後的挑戰稱之爲：「不能最終得到解決的問題，無論一天還是十年。」我們甚至可以說，就是一百年也不能解決這一問題。

當林彪聲稱毛澤東已經解決了馬克思和列寧無法解決的問題時，其實他只是用另一種表達方式表明，毛澤東與馬、列不同，他生活在社會主義建設階段，而且發現馬克思主義在實踐中是一場災難，就個人而言，毛澤東不可能在各方面都對群衆運動的虛僞感到滿意，他幾乎是在拿國家權力開玩笑，而不是像一九四九年前那樣深思熟慮。當毛澤東說史達林把人民和敵人混爲一談，而後鄧小平又用同樣的話來評論毛澤東時，難道我們不會自然而然地產生疑問，這不正是群衆運動失敗的根源嗎？

至少從一九五七年起，毛澤東便開始與他永遠也不能征服的兩個陰影做鬥爭：中國共產黨不能按照他的意願成爲他個人的黨；社會主義也沒有像他預期的那樣輝煌，反而遭到了失敗。毛澤東與這兩個陰影的鬥爭的開始，就像中國的許多病態行爲一樣，始之於一九五七年的反右運動。他想要百花齊放，結果卻導致資深同僚的指責和糾正，這令他非常不高興。他不想以文藝繁榮來質疑社會主義制度，更不願被質疑自己在其中發揮的巨大作用。他試圖尋求在黨內糾正錯誤，但是，來自黨外的批評意見卻並不遵循毛澤東的意願。尤其是激烈的反社會主義的言辭攻擊，使得毛澤東在策略上不得不暫時和那些與他有不同政見的老同僚平靜相處。在這個意義上，反右運動可以被看作是文化大革命的眞正開始。在這之間穿插著大躍進的起伏和對彭德懷的清除，彭是一個使毛澤東惱怒的資深同僚。秦偉思從一九五九年廬山會議上的毛澤東身上準確地觀察到，毛澤東「倔強、有報復性」，這一特點與毛澤東不斷增強的個人意志和他對社會主義目標的日益懷疑，是分不開的。

當毛澤東更加失望的發現，共產黨不能成爲完全聽命於毛澤東的黨，而且社會主義被證明不像人們期望的那樣輝煌時，毛澤東就把這種所謂的背叛叫做「修正主義」。但修正主義實際只是一種幻覺，毛澤東從來沒有爲它下過清楚的定義，也從來沒有找到消滅它的途徑。他打倒了「修正主義者」，卻從沒有打倒過修正主義，也不可能打倒。這就難怪毛澤東不斷地改變他的攻擊目標，因爲修正主義在形式上根本不存在，也不能被抓住。每次攻擊失敗之後，它都會像幽靈一樣又浮現出來。最後，毛澤東只好簡單的說「修正主義」是「殭屍」。

哈丁認爲，毛澤東只把攻擊的目標對準較低層次的「修正主義者」的做法，絕沒有認識到修正主義盛行的根本原因，在於中共其他領導人實際對其持同情態度。但是我認爲這一觀點也不準確。[5]修正主義（在六〇年代的中國）只不過是共產主義一個罵人的詞，用不著嚴肅地對待。就像是史達林曾用「社會法西斯鬣狗」來形容社會民主黨一樣，毛澤東及其隨從在六〇年代說劉少奇是一個「潛入黨內的資產階級分子」。這樣的謊言之所以能擴散，其根本原因還是毛對於那兩個陰影的恐懼。

於是在這轟轟烈烈的群衆運動中形成了一種新的統治。當毛澤東的醫生談到自己富農出身並擔心會影響他在中南海爲毛澤東看病時，毛澤東說：「關鍵是你的眞誠。」儘管毛澤東這麼說，但實際上他對階級和階級鬥爭的看法卻不是這樣。「眞誠」在五〇年代並無法把社會哲學家梁漱溟從毛澤東的憤怒中拯救出來，「眞誠」在六〇年代也沒能救得了劉少奇。毛澤東眞正想要的是對他個人的忠誠，而不是眞誠或階級成分。如果一個人對毛澤東完全效忠，而且毛澤東能完全控制他，階級背景就無關緊要了，許世友這位出身少林的軍人就是一個典型的例子。毛澤東所要的「忠誠」是逢迎諂媚而容不得任何批評。我們完全可以質疑六、七〇年代上海的那些極左派是否眞的忠於毛澤東，儘管他們的甜言蜜語使毛澤認爲他們忠於自己；同樣的，我們也可以斷定周恩來是忠於毛澤東的，儘管毛澤東反覆懷疑這一點。

毛澤東緊緊抓住群衆運動，儘管這個運動與中國的現狀、他自己的政治統治方法以及人性存在根本衝突——這正是他對別人可以寬大仁慈但卻置千百萬人民的福祉不顧的眞正根源。這也是毛澤東晚年政策不穩定的一個重要原因。

多年來，研究中國問題的專家雖然承認毛澤東的偏激和錯誤，但總是試圖爲毛澤東開展群衆運動的理性和眞誠作辯護。因此，一直到毛澤東去世很久以後，他在西方的公衆形象，都不像史達林和希特勒那樣令人憎惡，主要因爲這兩人的政治形象是從西方「現實主義」的角度來研究的。【6】

後來，當八、九〇年代逐漸轉向探索毛澤東的個人性格時，他的聲譽在海外發生了變化（在中國，人們私下對毛澤東的評價其實相當客觀）。例如，六〇和七〇年代重要的反共學者理查德．沃爾克估計，由於毛澤東發動大躍進導致的飢荒所奪走的生命，是一百萬到二百萬人，但一九九六年的一項研究表明，這一數字應該是三千萬人。即便是根據在中國國內可以得到的文獻，我們現在對大躍進飢荒的了解，也要比六〇年代最強硬的反共主義者所描繪的更慘烈的多。

一九五〇至一九七〇年代的中國學者，看到中國發生了許多邪惡和不公平的事情。如果一定要回答的話，幾乎沒有人會認爲彭德懷在一九五九年得到毛澤東的公平對待，或者否認中國隱匿了成千上萬的政治犯。但是，對中國共產主義政治波動的智識上的迷戀，以及對中國歷史和文化的尊敬，都局限了他們作出正確的評價和判斷。這種放任自由的趨勢由於跟隨者的存在而進一步得到加強，那些人只會高喊空洞的政治口號，赤裸裸的推行集權主義，或者對中國共產主義只採取純粹的道德評價。【7】

中國國內和國外對毛澤東的看法究竟有多大的差別？整體來說，這兩種觀點開始日益趨同。並不是西方的中國研究逐漸傾向北京的解釋；恰恰相反，對毛澤東許多重要的、被證實是正確的評價首先出自於西方，並且逐漸被中國學者和中國官方所接受。尼克・奈特認爲，一九八一年中共對毛澤東評價的決議：「對西方學者關於毛澤東的評價和認知已經發生，並將繼續產生深遠影響」時，實際顛倒了因果關係。該決議映射了西方對毛澤東的一貫看法，其中就包括我一九八〇年發表在本書第一版結語中的思想。

特別是在一九九〇年代，中國國內和國外的毛澤東研究開始融會進行。這種融會既表現在觀點的融合上，也表現在資料的共享上。中國移居國外的學者們，像早些時候從臺灣和香港來的學者一樣，帶著新的思維方式和對發掘更多原始資料的敏銳意識，加入到西方的中國問題研究中。同樣，國外的學者也可以更多利用中國國內的研究索引。這一融會是經驗主義的勝利，足以使那些堅持認爲所有知識都是純粹思想理念的人感到沮喪。

但是，我們必須指出，在中國境內研究毛澤東仍然受到很多限制。關於毛澤東的書讀得越多，你就越發清楚地看到，不同作者提供給我們的毛澤東形象都只是一個側面，一個經過精心挑選的側面。政治正確的嚴格界限幾乎永遠不能打破。當提到大躍進飢荒時，人們依然稱之爲「三年自然災害時期」。當薄一波讚揚毛澤東重視調查研究的務實作風時，似乎忘記了當時幾乎全部的政策都是烏托邦式的。調查研究來得太晚了，以草根充飢的人民爲了和北京的政策保持一致，而不得不令人悲哀地努力向「調查者」說謊。即使是坦率的徐向前撰寫的軍事傳記，徐向前在其中客觀地讚揚了張國燾，也保留迴避了很多問題，避免觸及對任何已成定論之事的質疑，因此不可能像西方的傳記作家那樣客觀。除了極少數的例外情況，[8] 當代的歷史學家們也不會和中共對毛澤東的官方評價有衝突。但透過李志綏這個反例，我們發現，來自中國境內的回憶錄和毛澤東研究，很少會對他們選用的材料作出評價和判斷。[9]

出於某些原因，在中國境內至今仍然沒有由中國人撰寫的毛澤東全傳。實際上，在中國共產黨的文化中沒有寫傳記的傳統，除了純粹的讚揚與謳歌以外，而且談論毛澤東更尤其避諱。評論毛仍然有相當的政治風險，雖然這種風險已經比二十年前減少了很多。另外，八、九〇年代人們對毛澤東已經有了新的認識，成千上萬的普通中國人已經形成了他們自己有關毛澤東的評價。因此對於一個毛澤東傳記作家而言，即便是想使他的主流讀者滿意，也並非易事。有鑑於以上各種因素，與中國作者相比，一個寫毛澤東的外國作者就不會那樣易受責難。

未來我們將會更多地了解毛澤東，儘管我們不敢說我們洞悉一切眞相，但清楚地認識現在研究的障礙對未來會大有裨益。第一個障礙是我們不能研究中國的軍事檔案；其次是我們無法得到文化大革命之前大量毛澤東的非正式談話、紀錄和錄音；其三是我們不得不考慮那些依然健在的人或很受歡迎的人的政治聲譽問題。因此，當周恩來的一生被客觀審視時，他在遵義會議之前的角色似乎在朝著不利於他的方向變化。當鄧小平被批判的時候，他在早期共產黨革命中的重要性也大打折扣。隨著親身經歷「反四人幫」的一代，逐漸走出政治舞台，必須強烈抨擊江青（即便是在談論與江青沒什麼關係的事情的時候）的義務也逐漸消退。

從某種意義上來說，除非列寧主義的統治終結，否則我們永遠不可能知道中國社會的各個階層究竟如何評價毛澤東（見本書的「後記」），因爲中國對毛澤東的評價總是與特定的政治環境相關。我們只需回想一下在戈巴契夫時代和葉爾欽時代，對史達林、托洛斯基等人的評價有何等不同？以及一九九一年蘇聯共產黨統治結束後，戈巴契夫在俄國人心目中聲譽和命運的改變，就會明白這一點。同時，中國學研究在方法和視角的不斷細化分工，使我們看到了各個不同面向的毛澤東。傳記作者的任務就是把這些不同的面向結合起來，還原一個眞實的毛澤東。他是幾個世紀以來中國最卓越的政治領袖，但現在我們不僅僅應該把他看作是一個馬克思主義者和共產主義中國的締造者，而且還要將他視爲是一個「個人」，一個匯集著無政府主義、中國古典傳統和專制主義的複雜的人，以及流露更多人性脆弱、神經質和個人欲望的人。

注釋

【1】李志綏醫生確實有可能誇大毛澤東所犯的錯誤，尤其是毛澤東私生活的混亂。因爲李志綏的父親曾對其母不忠，這一點讓他留下了很大的陰影，而且李志綏認爲毛澤東去世後，導致他在北京受到了不公平的待遇。

【2】對李志綏最嚴厲的批判可見林克、徐濤的《歷史的眞實》。這些同樣曾是毛澤東的工作人員的作者們，作出了一系列的聲明：即李志綏是從一九五七年才被毛澤東僱用的（而不是一九五四年）；李志綏在場所聽到的高層談話，比他所聲稱的要少的多，包括那些毛澤東和米高揚在一九五七年的談話；李志綏說在中國共產黨的第八次代表大會上，毛澤東被劉和鄧小平忽視是沒有根據的；並且，毛澤東從來沒做過李志綏所說的一些醫療檢查；李志綏不可能聽到過毛澤東和賀子珍之間的那些談話；毛澤東在其生命的最後幾小時的醫療紀錄（由作者複製，及李的簽字）中，不可能有李志綏所說的他與毛澤東的談話；再者，因爲毛澤東的臥室沒有鎖，對於毛澤東而言，不可能私下做出很多李志綏所寫的那些事情。還有一些批判，言辭更嚴厲，但並沒有動搖李志綏的證言的根基。

【3】心理問題不是毛澤東所獨有。一九四九年以前軍事和政治鬥爭的緊張與恐懼，以及後來在毛澤東身邊的高壓生活，使得毛澤東周圍很多人都有同樣的心理問題。毛澤東家裡的多數成員都有心理疾病，包括他的妻子賀子珍和江青，他的兒子毛岸青和女兒李納。李志綏醫生回憶錄揭示出康生也被診斷爲患有精神分裂症，更加深了這一判斷。另一個例子是江青前任丈夫黃敬，他五〇年代在北京的高級單位上因心理疾病而精神崩潰。毛澤東本人的焦慮和其下屬的焦慮是不同的。毛澤東的焦慮是因爲擔心他周圍的人可能會對他不忠誠；而下屬則只是害怕被免職、流放或處死。

【4】在一九五一年和一九五二年春節期間，毛澤東寄食品給幾十位無黨派人物，其中包括張瀾、李濟深、宋慶齡、沈鈞儒和陳叔同。

【5】麥克法夸爾在《災難的到來，一九六一—一九六六》中指出，當劉少奇被看作是修正主義者而受批判時，他在很多問題上其實恰恰是極左的。比「修正主義的根本原因」這個概念更擊中要害的是「中共其他領導人」，這是林彪無意中說出來的：「……在我們的同志有三種思想：第一種是毛主席思想；第二種是『極左思想』；第三種是極右思想。」既然毛澤東的思想隨時間在變化，那我們該如何定義極右的，或者修正主義的思想呢？

【6】在西方，特別是美國的中國研究，不像臺灣那樣對中國共產黨充滿批判。儘管臺灣的中國學者已經收集到毛澤東與劉少奇等人關係緊張的證據，但直到六〇年代，一部分美國學者仍然堅信中共黨內是很團結的。在文化大革命期間，美國的分析家比臺灣的分析家更傾向於去研究動亂背後的理想主義衝動。整體來說，從一九四九年以來，美國的中國研究更關注於什麼原因使共產主義中國能持續下來，而臺灣的分析則側重於中國的共產主義將如何倒塌。

【7】鄧小平時期，中國學者的態度發生了轉變。當北京全力進行現代化建設時，知識分子對中共的狂熱痴迷已經減弱，可能唯一的例外就是經濟學家。

【8】有一個令人吃驚的例外是秦思（筆名）關於毛澤東、史達林和朝鮮戰爭的三篇論述，見一九九七年的《百年潮》雜誌。作者不認爲是南朝鮮發動了這場戰爭，他爲我們描繪了毛澤東在盛氣凌人的史達林，和疑慮重重的中共其他領導人之間周旋的場面，肯定了現在西方通行的一個觀點，即史達林和毛澤東默許了金日成襲擊南韓，並對中國是否從朝鮮戰爭獲益提出質疑。

【9】一個私下裡流傳的文件：「對毛澤東私人醫生的欺騙性回憶錄的抗議」，上面有許多毛澤東

以前的工作人員和中國其他人物的簽名。它提供了有力的證據反對李志綏的《毛澤東的私人生活》。但是，由於它過激的口吻使自身的信譽大打折扣。所有和這本書有關的人物都被稱爲「資本主義的高級傳教士」。文件聲稱：「不管帝國主義勢力及其走狗如何誹謗和中傷，他們將永遠不能破壞毛澤東的光輝形象。」如果這本書毫無價值，那麼爲什麼那麼多的中共高官都在讀它呢？

1 序曲

中分黑髮下，是毛澤東沉著的面容，他有著溫柔的雙手、透人肺腑的目光，以及一對敏銳好奇的耳朵。在他幾乎沒有皺紋、寬闊且蒼白的臉上，更突顯出額下的那顆黑痣。一位認識他和其他中國領導人的緬甸人曾評論說：「毛澤東是位典型的中國大人物。」「他長得雖然沒有周恩來清秀，但是個性卻慈祥寬厚。」

過了八十二歲之後，毛澤東的外貌並沒有太大的改變。只不過在他年輕的時候，神情看起來顯得比較焦慮。在官邸裡，這位領袖的姿態優雅且自信滿滿。他逐漸發福，同時也失去了知識分子的熱情神態。他對一切事情的應對均十分得體。有位在毛澤東生前的最後年日裡見過他的泰國領袖回憶：「雖然他的皮膚看起來像是一頭海象，略顯皺摺。但是他給人的感覺，在在都顯示出他的寬厚與卓越。」

他總是人們注意的焦點，富有自制力。給人的印象則是能在短時間內同時思考許多事情。毛澤東從來沒有失去他兩項獨特的長處，那就是：處在緊張的時刻仍然可以冷靜思考；且擁有像貓一般的敏捷反應。

他善於引經據典，使來訪者對他的言論百思不解，或以沉默靜思而使對方不知所措。他把手伸進寬鬆的西裝褲裡抓虱子的粗魯舉動，更會使來訪者為之一驚。從他臉部的上方容貌顯示他是一位智者：寬額、慧眼、長髮。臉部下方容貌則顯示出他是一個感覺論者：厚唇、隆鼻、稚童般的圓潤下頷。

毛澤東的步態並不優雅，是屬於動作遲緩類型的人。美國婦女活動家史沫特萊是一位富有政治和個人熱情的女子，在一九三〇年代曾試圖希望邀請毛澤東唱歌跳舞，但最後不得不快快地放棄這種努力。在這同時期認識毛澤東的落魄日本共產黨人野阪參三說：「自負和傲慢，成爲毛澤東跳舞的障礙。」「他的舞姿看上去就像是在做體操一般。」毛澤東跳舞時，根本就是不合節奏。

毛澤東表現於外的激進，可以明顯的讓人了解他想要的目的是什麼，而他的衝動，通常是來自對手的挑釁。他說自己既有虎氣，又有猴氣。他性格中冷酷無情的一面和幻想狂熱的一面，不斷的交替出現。

他的筆跡表明他是一位隨心所欲而不會被清規戒律所困的人。那些字體忽大忽小、龍飛鳳舞，以紳士派學者的標準來衡量，他所寫的並不算是「好」書法。

因爲毛澤東是一個複雜的人物，所以人們絕對無法隨時了解在他極深的城府中，究竟出現了什麼念頭。儘管毛澤東還算是一位溫和的人，可以控制自己的情緒，但也有發脾氣的時刻。來自密蘇里州的記者愛德格．斯諾，早在一九三〇年代就多次見到毛澤東，他說毛澤東對任何事情從不持中立或消極的態度。

無需訝異的是，毛澤東不像周恩來那樣，隨時可以博得衆人的愛戴，且周恩來這位中國高級官員，卻甘願立於毛澤東的身影之下；毛澤東也不像中國共產黨軍隊的總司令朱德那樣堅毅不拔、不拘小節、笑口常開（史沫特萊曾經成功地邀請過周恩來和朱德與自己共舞）。

「我實在不知道該如何與毛澤東交談」，一位與毛澤東和周恩來都打過交道的印尼人表示，「通常與周恩來在一起時，都能夠熱烈的討論，而且還會知道自己的立場。但與毛澤東相處則沒有辦法營造如此融洽的氣氛。」

毛澤東誕生於一八九三年，逝世於一九七六年。這一時期，中國幾乎天翻地覆。封建王朝被推翻，戰爭如同軌道車一般去而復來；成千上萬的人死亡，友誼崩潰。鬥爭的火炬代代相傳，然而，他們感受到的遠不及毛澤東的激情。

毛澤東認爲，活著，就是以「剷除所有不平等、讓社會進入一個新時代」爲使命，這位倖存下來的農家子弟，就如同是一位承繼先賢志業的人，而不單單只是個政治家。在幾十年的戰爭生涯中，他自己從未失去胳膊、眼睛或少了一條腿。這連續不斷的戰爭，摧毀了占人類五分之一人口的古老帝國，同時也使他家中四分之三的成員，以身殉國。

在他個人的身軀裡含藏著中國革命的故事。

該怎樣說才切合毛澤東的形象呢？

說他是農民造反者？他勸導並率領從湖南稻田裡和江西綠林中來的遊民，組成了弱小軍隊，並奪取地主手中的統治權。

說他是軍事統帥？他說過他的胃口從未像在戰爭時期那樣好過。

說他是詩人？如果他不顧一切的成爲一位詩人，只懂得吟上幾句詩，來表達令人振奮的鬥爭激情、描繪出中國山河的壯麗。那麼，中國將難以結束長期混亂的戰爭局面。[1]

近代以來，中國的愛國者到國外找到了使苦難中國獲得新生的手段嗎？毛澤東從歐洲借來的不是機器、宗教或自由制度的藍本，而是共產主義，他借助於技術和靈活性，對症下藥，使一位病入膏肓的病人——中國，起死回生。

說他是帝王？他曾教會中國三代人去公然蔑視束縛人民兩千年之久的教條和權威；然而，或許他最終也自感絕望，最後竟立起了一面「天子出言皆金科玉律」的鏡像，這恐怖的情況表明了：舊世界總是附著在新世界身上而再生。

注釋

【1】提起自己的優美詩句（這些古體詩他曾勸阻青年不要去效仿），他一反謙謙之態。他在一九四二年的一次演講中說道：「誰說我們沒有創造性的作者？」他指著自己，加了一句：「這裡正好有一個！」

2 少年時代（一八九三—一九一〇）

稻田裡，一個穿著緊身藍褲子的男孩坐在竹凳上，亂蓬蓬的黑髮在陽光下熠熠發亮。他身體單薄，但比起一般還沒到青春期的同齡孩子，他的個頭算是高的，而他的大眼睛充滿夢想。此刻，這個男孩有個很簡單的任務，就是把那些飛來覓食的鳥兒嚇走。

翠綠的群山環抱著耕地與河谷，土牆草房掩映在山巒綠茵裡，一座石橋踞守在谷底，一切都是和諧的。只有坐在竹凳上那個男孩身邊那本翻舊了的書，與寧靜的大自然以及二十世紀初亞洲鄉村的制式生活，感覺上顯得不太協調。

這位農家孩子姓毛，「毛髮」的毛，學名叫澤東，意即「潤澤東方」。

毛家就位在一片綠色山坡旁的小高地上，擁有四間房舍。兇暴的父親毛順生掌管家庭大權。他身材瘦小，長相精明，留著鬍鬚，做什麼事情都一副急不可耐的樣子。家裡的十八畝農田是他個人的城堡，他小心謹慎地管理著一切。

毛澤東就出生在這個堅固且寧靜的土磚房裡。隨著他年齡的增長，他與父親的衝突也不斷增加。

入夜，空氣燥熱，陣陣的蟋蟀鳴叫打破了寂靜。沒有人說話，也沒有人走動，整個山村似乎已完全融入大自然之中。只有毛家的房子裡有一個暗淡的黃色亮點，黑暗中的某面牆依稀可辨。在中國農村中，此刻絕對是該睡覺的時候了，毛澤東卻仍在屋子裡熬夜。他趴在床上，面前是一本描寫綠林好漢的小說《水滸傳》。他那汗流滿面的臉，貼近一盞只有黃豆粒般大小火苗的油燈，並且還用被子半遮著油燈及自己，避免燈光流洩出去，因爲毛順生不喜歡他在夜裡點燈，浪費油錢。

一個四周長滿荷花的池塘，將毛家房舍和村子分隔開來。某天，在這個池塘邊上演了精彩的一幕：一群穿著整齊的人站在那裡，尷尬地沉默著。山谷裡的平靜隨時會被打破，因爲毛順生的火爆脾氣已一觸即發。大家的目光都集中在滿臉通紅的毛澤東身上。

父子倆剛剛才在家裡大吵一架。父親當著滿屋子客人的面罵他懶而無用，毛澤東頂撞了父親，然後跑出家門。父母都出來追趕他，客人們也都茫然地跟了出去。毛澤東跑到了池塘邊停下，表明如果父親再靠近一步，他就要跳下去。

毛順生壓住雷霆之怒，轉而對兒子講理，且不再鞭打他。毛順生強調，只要毛澤東願意對剛剛的無禮行爲認錯磕頭，且答應日後都會聽話，他就可以不再追究（在舊中國，磕頭是一種繁瑣的跪拜禮，磕頭者要雙膝跪倒，用頭觸地九次）。毛澤東在客人面前的反抗舉動迫使父親做了讓步。最後，毛澤東向父親道了歉，但只磕了半個頭（單膝著地），而毛順生也許諾不再修理他。

毛家的經濟狀況比大部分的韶山人家還要好。在二十世紀初，也就是毛澤東的童年時期，毛順生發財了，由貧窮變成了富裕。一九〇四年，毛澤東十歲時，他家只有十八畝農田，三年以後就增加到二十四畝。毛家每年大約消費四千五百斤的稻米，還有剩下約七千斤的餘糧可以販賣。毛順生雇了一名長工，並開始精明地做起了糧食和養豬生意，他還放高利貸。他存了一筆本錢後就開始買進其他農戶典當的土地。毛順生的家開始變得有模有樣了，有一座牛棚、一個糧倉、一個豬圈，還有一個小小的磨坊。

這座土磚瓦住宅原是毛澤東的爺爺在一八七八年修造的。毛順生家境漸漸富足，對住宅進行了擴建和整修，看起來比過去氣派多了。後來，這裡住著兩戶人家——毛家和鄒家。當毛澤東家的房子換成瓦頂時，鄒家的房子仍然是草房。

毛澤東算是在無憂無慮的環境下成長，其他與他同齡的孩子，多數享受不到這種優渥的生活。他沒挨過餓，衣服不多但從不破破爛爛。他的母親持家井井有條。他始終覺得自己的父親是個大麻煩，畢竟毛澤東渴求能在精神方面獲得滿足。

韶山美麗而寧靜。在那時，從這裡步行到任何一個小鎮都需要幾個小時。似乎是自然的造化把一切安置得恰到好處。這裡有幾百戶人家，多屬毛氏宗族。由於人煙稀少，所以韶山滿眼是青山綠樹和片片莊稼。腳下是紅色的土壤。插滿秧苗的水田在陽光下銀波粼粼，像一面分成了幾千塊的巨大鏡子。清新的竹林掩映著霧靄籠罩的青山，並排而立的參天松樹，像是在忠實地保衛著它們賴以生存的山坡。

農民透過所取的地名來表達在大自然面前的謙卑。韶山的名字源自一個傳說，傳說古代有位皇帝曾在此休息，並在這裡的一座高峰上彈奏過音樂。距韶山最近的兩座城鎮也依照流經附近的湘江而取名；同時，湖南省也簡稱爲「湘」。

在這裡，看不到報紙的蹤跡，外界消息都是透過口頭傳播。外界發生的任何事傳到這裡都需要一段時間，所以韶山幾乎可說是與世隔絕。如果傳來了北京皇宮的布告，就要召集村民宣讀，並將布告貼在鄉村裡的私塾牆上。如同毛家孤零零地立在山坡上而無任何近鄰一樣，韶山兩千多個村民自成一個世界。

韶山，是毛澤東少年生活的天地，在他十六歲遠離故鄉之前，毛澤東從未離家二十二英里以上。

湖南是一個富饒而生機勃勃的內陸省分，這裡充滿了傳奇色彩，是歷代兵家必爭之地。湖南人喜歡告訴你，他們家鄉是「七山一水二分田」，這恰當地描繪出湖南肥沃的土地與美景。

除了北部以洞庭湖爲界外，其餘三面都是以連綿起伏的山脈爲界。因此，住在這裡的人有著粗獷的氣質，連綿的群山爲土匪提供了天然的庇護所。在湖南這片土地上生活的人，既有精明狡詐的一面，也有勤儉樸實的特點。在毛澤東以後所寫的詩詞和散文中，「大山」往往是高貴、桀驁不馴和無往不勝的象徵。

境內衆多的湖泊和四條江河爲湖南贏得了「魚米之鄉」的美稱。毛澤東從六歲起就喜歡游泳，他後來形成的整個世界觀，幾乎都是和早年中流擊水、江河搏浪的磨練有關的。

洞庭湖平原是中國的一個主要糧倉，俗話說：「兩湖熟，天下足。」同時，這塊人口衆多的平原還有著厚實的政治傳統，不管是在商業領域還是在思想領域，省城長沙常常領導著中國的新潮流。

韶山既不處於湖南的崇山峻嶺中，也不位於平原上。在毛澤東身上，既有山中人的特性：粗陋樸實、反叛精神、綠林好漢的浪漫主義；也有平原人的稟賦：熱愛讀書、良好的組織能力、關心世事。如果說湖南人的性格揉合了山裡粗獷與城鎮裡圓滑的本能的話，那麼，毛澤東可以說是道道地地的湖湘子弟。

掛在樑頭上一串串鮮豔的紅辣椒，把毛家房子上那些平凡的裝飾都照映得光彩亮麗。如同大多數的湖南人一樣，毛順生喜歡吃辣。就在這裡，毛澤東養成了一生都酷嗜辣味的習慣。

其他地方的中國人不得不提防湖南人的暴烈和固執，但是，他們不否認火爆個性是和英勇相伴而生的。全中國都知道這樣的說法：「若道中華國果亡，除非湖南人盡死。」這句話的意思正是說，除非湖南人都死光了，中國才有可能亡國；因爲無論如何，湖南人即使戰到只剩一兵一卒，也不會放棄。

湖南人好鬥、好詛咒人，喜歡表達自己的見解。他們大多都有寬寬的前額、深眼窩、紅面頰，他們是中國的普魯士人。所以毛澤東長大後絕非泛泛之輩。

韶山的寧靜只是暫時的，因爲山外的世界正發生著急遽的變化。在北京，中國最後一個王朝正在苟延殘喘。儘管曾有過種種榮耀的歷史，此時的中國仍是極端落後的。在一八八〇年毛順生開始闖蕩世界的時候，偌大的帝國卻連一公尺長的鐵路都沒有。

中國正被歐洲列強所瓜分。一八九三年十二月毛澤東出生的幾個月後，日本也發起了對中國的進攻。一八九四年日本戰勝中國，這讓中國的菁英由焦慮進而驚惶。

與此同時，一些外國的社會思潮，也借武力之威，以前所未有的聲勢湧向中國，衝擊著中國人的心靈。就在毛澤東出生前夕，中國的第一位駐外大使出版了一本記述他英國見聞的書，書中對西方世界的描繪使儒家菁英大吃一驚。當三歲的毛澤東蹣跚學步時，中國的首批赴日留學生已經起航東渡了。

反對清朝統治的浪潮，像暴發的洪水一樣迅猛高漲。在毛順生年輕的時候，太平天國農民起義幾乎推翻了清朝，但後來，清政府在歐洲人的幫助下，於一八六四年平息了這次起義。在毛澤東一生的第一個十年裡，中國發生了第一次大規模的政治改革運動，旨在修葺將傾之王朝。這場運動彷彿是一個空砲彈，畢竟此時只靠單純的改良是不夠的。

毛澤東還不到一歲的時候，孫中山（一八六七－一九二五）寫了一份請願書，記錄著他從改革轉向革命的原因，這份請願書列出了一連串消滅舊中國的戰鬥計畫。舊時的菁英不願接受改革，紛紛謀劃抵抗：有人私下說火車的發動機是用小孩子做燃料的，有人質疑說燃料理論難道不是對火神的褻瀆嗎？毛澤東就出生在這樣一個舊中國走向沒落的時代。

在和父親發生衝突以前，毛澤東是在中國傳統的養育下逐漸成長。他從未挨過一巴掌，而且穿著開襠褲，不用大人的幫助就能夠隨時便溺。他捉蟋蟀，喜歡將手指關節的骨頭按壓出聲響。他咯咯地笑著，高興地接過大人們給的紅雞蛋，站在一旁看大人們焚香為慈禧太后（一八三五－一九〇八）祝壽。

他有時會看一眼堂屋內黑色木桌上的青銅佛像，他還以不解的眼光盯著門口兩旁寫著有關家庭和睦、孝順虔誠等內容的對聯。他開始琢磨中國象形文字的意思，他的發音是用湖南人的平舌口音，「ㄏ」常讀成「ㄈ」，因此，「湖南」也就成了「弗南」。

和所有的農民一樣，毛順生因為第一胎就是個壯丁而感到非常高興。兒子是個寶，女兒是片瓦，人們認爲女兒不能繼承家業，而且在種田時也無法像兒子那樣成爲強壯的幫手。毛順生只受過兩年學校教育，十六歲時爲避災荒去當了兵。雖然大部分的韶山孩子都沒錢上學，但毛澤東卻順理成章的被送到學校去。因爲對毛順生而言，兒子有一定程度的學問就可以管理家中的帳目、寫寫契約。同時，儒家思想能把一個嬌生慣養的孩子塑造成一名孝順的年輕人。

村裡有一所叫「南岸」的私塾，這所學堂十分傳統，任何外來的東西都不可能在這裡出現。如同《聖經》在新教主日學校裡人人必讀一樣，「五經」在這學堂裡具有至高的地位，被奉爲經典。毛澤東八歲時開始讀書，多年以後，毛澤東冷淡地說：「我八歲時就厭惡儒學。」

毛澤東常和他的同學在上課時偷讀禁書，老師一走過來，馬上就用經書遮住。這些書大多是描寫戰爭或反叛的，諸如《水滸傳》、《三國演義》、《西遊記》等。在韶山，這些書卻是最能豐富毛澤東的心靈與精神世界。

雖然這些書不會威脅到清政府的統治，但是滿族統治者仍不時地把它們列爲禁書。儒家信徒也不贊成讀這些傳奇小說，因爲這些書將會把有知識的人引向另一個文化天地，正如同毛澤東一般，偏向了另一個充滿反抗思想的境地。

十三歲離開私塾時，毛澤東已經非常憎惡經書裡的清規戒律。而他反對這些有關秩序和禮儀的古代道德哲學，主因是它只要求人們盲從。學生被要求如鸚鵡般地重複大聲朗讀那些晦澀的陳腔濫調，他們搖頭晃腦著，宛如念經的和尚。

正如拉丁文課在現代西方學生的眼中一樣，儒家經典的學習對於中國的學生來說，實在是件苦差事，儒學的功用適得其反。它強調忠孝，這反而加深了毛澤東心中對管教他的兩個成人的怨恨，這兩人正是他的私塾老師和父親。

由於這兩位都曾打過毛澤東，令他極爲氣憤。雖然此時他還稱不上具有什麼思想，但卻已有了強烈的正義感。變成叛逆者之前的毛澤東，個性就非常任性；而在他成爲一個革命者之前，就已經是位充滿激情的少年。

他的正義感最初是在與同學相處時表現出來的。他非常同情班上一位因家境貧窮而帶不了午飯的學生，於是，毛澤東便常把自己的便當和他分著吃。某日，當毛澤東的母親看到他在吃晚餐時狼吞虎嚥，覺得百思不解，因爲她認爲幫兒子準備的午餐分量應該是足夠的才對啊！再三詢問下，毛澤東向母親據實以告。善良的母親得知緣由後，從此便讓兒子每天帶著兩份精緻的中餐去上學。

正義感使毛澤東從不示弱。十歲時他曾和高年級的同學打過架，這件事讓母親非常的煩心，畢竟她自己始終謹守善行，不曾與人產生衝突。

進入南岸私塾兩年以後，毛澤東了解在課堂上背書的禮節，就是要先站起來走到老師的講桌前站好，面向旁邊，以免正視老師，然後才可開始背書。但是，有天上午，當老師叫到他的名字時，他竟在座位上紋絲不動，他開始以行動反抗這些繁縟禮節。

毛澤東大膽的對快被氣暈的老師說：「既然我坐著背書你也聽得清楚，那麼，爲什麼我要站起來背呢？」

氣得臉色發白的老師命令毛澤東服從這個老規矩。於是，這個十歲的孩子便搬著自己的凳子走到老師面前，然後坐在凳子上，以平靜的、挑戰的目光望著他。怒不可遏的老師用力拉著毛澤東想讓他站起來。但毛澤東掙脫了，接著跑出了私塾。像《水滸傳》中的叛逆者一樣，他躲進了山裡。

他朝著自己印象中的「城市」方向走去，但走了許久還只是圍著韶山打轉，從未超出過三英里。家人四處尋找他，可是他卻不敢回家，因爲他深信老師肯定會修理他，父親也不可能放過他。

三天以後，毛氏家族的人發現了他，這時，他才心不甘情不願地往回家的方向前進。若干年後，這位昔日的小學生回憶起當年這個創傷時，多半是從政治的方面去解釋，而不是從痛苦的方面來回憶。毛澤東曾對愛德格．斯諾說：「回到家裡以後，我驚訝的發現情形有了一些改變。父親比過去體貼些了，老師的態度也變得比較溫和了。我的抗爭所獲得的成果，給了我深刻的印象。這算是一次勝利的『罷課』。」

儘管聰明的毛澤東討厭儒家經典的內容，但他還是獲得不錯的成績。過了不久，當他與父親爭吵時，他就能像個小學究似的引經據典來頂撞父親。在二十世紀的中國，讓孩子接受四書的薰陶，不再保證孩子就一定會事事順從。

毛澤東在十三歲時就輟學了，因爲毛順生不希望兒子只有在上學前和放學後的短暫時間，到田裡幫忙農事。父親曾因算盤打錯而在做生意時賠了錢；毛澤東學過算術，在這方面可以幫他的忙。從五歲起，毛澤東就開始做一些像拔草、撿柴、放牛、拾豆子等他力所能及的工作。輟學後，白天他便成了一個有力的幫手，晚上則是父親的管帳助理。毛順生在兒子這塊「寶」身上的投資，開始得到回報了。

因爲朝夕相處，父子之間出現了更多的摩擦。毛澤東和他的父親鬥智，經常用溫和而堅定的反抗，使父親這個暴躁的守財奴狼狽不堪。毛澤東討厭幫他越來越富有的父親四處向人討債。有一次，他幫父親去賣豬，在回來的途中，他竟然把全部收入都給了一個乞丐。

冬天，父親經常坐在火爐邊，有時數落毛澤東種種錯誤的行爲，有時就叼著煙袋生悶氣。毛順生曾經輸過一場官司，因爲對方在公堂上適時地引經據典打動了法官。毛澤東現在也能引經據典的回嘴了，但這種行爲能說他就是不孝嗎？若換個角度想，儒家經典也要求做父親的必須慈愛呀！毛順生對孩子的兇狠態度，似乎也違反了儒家思想。

一天上午，毛順生看到毛澤東在路邊的一塊墓碑旁看小說，他大發雷霆的咆哮：「你是不打算做事了？」毛順生一邊說一邊掃了一眼毛澤東跟前的兩個空糞筐。「不！爸爸，我只是休息一下而已。」毛順生又責備毛澤東一整個上午都沒有從豬圈往田裡送過一筐糞。事實上，毛澤東已經送了五、六筐了。後來，事情就這樣不了了之。但是到了傍晚，毛順生發現他的兒子又在那塊墓碑旁看離經叛道的書籍。

他責備毛澤東被「壞書」教壞了，以至於連父親的警告都不屑一顧了。「不！爸爸，我是聽您的話的，您要我做的事我都照做了。」後來發現了毛澤東一個下午至少送了十五筐糞時，不高興的毛順生驚訝地張大了嘴巴。

毛澤東說：「事我要照常做，書也要照常讀。」

但是毛澤東也曾出過差錯（無疑的，他少年時的過失要比已經被披露的多），有一次他看書入了迷，結果牛把鄰居家的蔬菜吃了。

毛澤東的母親文七妹身體健壯，慈眉善目，與她那消瘦精明的丈夫形成鮮明的對照。她寬厚隨和，她丈夫則粗暴急躁。從體格、長相上來說，毛澤東比較像他的母親。他們都有著大大的眼睛、開朗的笑容，舉手投足之間顯得非常大器慷慨，甚至還有些浪漫主義。

文七妹縱容她的長子，毛澤東也始終敬愛著自己的母親。在影響孩子成長最關鍵的頭幾年裡，毛澤東是家中唯一的小孩，他一人獨享了母親的關愛和照顧（他的爺爺對他也是如此，他在毛澤東十四歲時去世）。

文七妹的娘家在韶山南邊的一個縣，是一個普通的家庭。和大多數的韶山人一樣，她也是目不識丁，而且，她和許多人一樣也是個信佛的人。在上私塾前和在私塾念書的時候，毛澤東經常和母親一起到附近鳳凰山的寺廟裡去求神拜佛。

毛順生從不信佛，這件事困擾了毛澤東許久。九歲時，毛澤東曾和母親討論過父親的不信佛以及如何幫助父親等問題。毛澤東在數年後回憶說：「那時以後，我們試過很多方法想讓他信佛，可是沒有成功。他只是咒罵我們。」

由此可見，父親看重財富勝於一切。但後來毛澤東發現，父親為了己身的平安對神佛的態度開始有了變化，雖然這不算是發自內心的。記得某天，毛順生外出要帳，在回來的路上碰到一隻老虎，後來不知怎的，老虎受驚逃掉了，毛順生因此死裡逃生。後來毛澤東回憶說：「從此，他比較信佛了，不時還會燒燒香。」

一九〇五年，第三個兒子的出生使毛順生的脾氣有了一點變化，父親對小毛澤東十三歲的毛澤覃比對長子更好。但是毛澤東和父親之間的爭鬥並沒有減弱，這使得家庭關係日趨緊張。

毛澤東和母親聯合起來對抗毛順生。他們背著一家之主把稻米送給一位沒米煮飯的鄉親，還和家裡的長工一起讓毛順生的吝嗇行爲不能得逞。最後，他們在毛順生親戚的幫助下，共同說服毛澤東的父親，同意讓毛澤東繼續求學。

毛澤東家裡的人分成了兩派：一派是他父親（「統治力量」），另一派是他和母親、二弟澤民以及長工聯合在一起（「反對派」）。

但是後來，「反對派」在策略方面發生了分歧。毛澤東的倔強和狡猾，讓溫和的母親感到有些不妥當。他有對父親直接正面衝突的習慣，母親對這樣的行爲是不贊成的。她反對的理由是：「這不是中國人的做法。」由於受到所讀書籍的影響；同時，外邊發生的事也衝擊了素來平靜的韶山，毛澤東對佛教的信仰日趨淡化，這更使他母親感到不安。

在念書時，母親是毛澤東的依靠，毛澤東也對母親忠心耿耿。儘管他對她的愛沒有減弱，但是隨著他年紀的增長，母親對他的影響不像以前那樣大了，特別是在韶山的最後兩三年裡。毛澤東當時是在和「傳統中國人的做法」作戰。

一個農民祕密會黨「哥老會」的部分成員到毛家行竊。毛澤東在多年後回憶道：「我想這是件好事，因爲他們偷到了他們沒有的東西。」他這種大逆不道的觀點，不僅遭父親反對，「我母親也不贊成」，毛澤東承認說。

後來，毛順生想到了一個辦法，來對付這個既好幻想又很倔強的兒子，這種辦法在那個時代是很典型的，他強迫十四歲的毛澤東娶一個媒妁之言的女孩。可憐的毛澤東嚇呆了，他順從地忍受著這種僵化而可惡的儀式，這個受驚的小新郎衣著整齊，規規矩矩地向每一位來客磕拜。但是他拒絕與這位比他大六歲的新娘圓房，他說他從未碰過新娘一根指頭。[1]這並不是說毛澤東對性缺乏興致，根據他後來的回憶，他曾與村裡頭一位十二歲的女孩發生過關係。

毛澤東找到了一個更爲廣闊的精神和社會領域，因此他的思想不再局限於農村這一熟悉的世界之中。私塾給了毛澤東寶貴的學習能力。他像貓找耗子般搜尋和閱讀在韶山能找到的各種書籍。一本描寫帝國主義對中國威脅的小冊子到了他手裡，幾十年後，他還能充滿激情地回憶起這本書的第一句話：「嗚呼！中國其將亡矣！」他在回憶這本小冊子對他的影響時說：「我讀了以後，對國家的前途感到沮喪。我開始認識到：『國家興亡，匹夫有責』。」

一本呼籲改革和技術改良的書——《盛世危言》，毛澤東介紹了這樣的思想：中學爲體，西學爲用。這本由具有改革思想的買辦寫的書，讓毛澤東深信：爲了中國，他應該走出韶山，去學習更多的知識。

就在他從韶山的私塾輟學前不久，有一天，毛澤東和他的同學碰到一群從長沙來販賣豆子的商人。[2]他們之所以離開長沙，是因爲一九〇六年的饑荒使長沙發生了大規模的搶米暴動，憤怒的人把巡撫趕出了衙門。後來官方新派一名巡撫，又恢復了統治，接著就是一連串的流血事件，很多暴民被斬首示衆，其首級掛在旗杆上，以儆效尤。

好幾天裡，私塾裡的人都沸沸揚揚地談論著來自山外這一驚天動地的消息。這件事使毛澤東終生難忘。毛澤東的朋友差不多都站在暴動者這一邊，但是，他們「僅僅是從旁觀者的立場看問題」。對參加暴動的人寄予同情，而沒有看到這件事與自己的關連，「他們並不明白這和他們自己的生活有什麼關係」。但是毛澤東看到問題的更深一層：「我卻從此把它記在心上，我覺得這些『暴民』也是一群和我家人一樣普通的人，對於他們受到的冤屈，我深感不平。」

韶山也有人造反。在整個湖南具有強大勢力的哥老會部分成員，因爲地租問題與韶山的一個地主發生了紛爭。惱怒的地主控告他的佃戶並用銀元賄賂官府，因此贏了這場官司。哥老會成員在一位彭姓鐵匠的率領下舉行暴動，巡撫手下的官兵追擊他們，迫使他們躲進了附近的瀏山。這個地主到處散布說他們在揭竿而起之前曾殺了一名嬰兒祭旗。哥老會的成員很快被圍捕了，彭姓鐵匠被斬首。

在毛澤東看來，《水滸傳》裡的故事正在他的家鄉重演。他聽別人把彭姓鐵匠稱作「土匪」，在激動人心的小說裡，農民起義領袖宋江也被稱爲土匪。同時，和歷史上經常出現的情況一樣，群山成了庇護所。毛澤東和這件事還有另一重淵源，他後來回憶說：「在我們的心目中，彭姓鐵匠是第一個農民英雄。」

不久，毛順生也成了被造反的對象。

在毛澤東十七歲那年，時值青黃不接，韶山發生了糧荒。一雙雙饑餓的眼睛都盯著商人和地主的糧倉，挨餓的人喊出了「吃大戶」的口號。毛順生這個「大戶」很難倖免於難，在饑餓襲擊韶山時，他居然還打算將糧食販賣到長沙。憤怒的村民攔截了他的貨船，把糧食搶個精光。

「我並不同情他。」毛澤東談及當時暴跳如雷的父親時說。他形成了一個根深柢固的觀念：他那令人厭惡的父親，是舊中國不平等社會秩序在當地的捍衛者。毛順生越來越富有了，毛澤東也注意到了這種情況。他總結出一個無情的推論：「我的父親是中國自救之路上的一隻攔路虎。」

毛澤東對他父親做出這種駭人評論的內在意義，如同他所言的：「我學會了恨他。」他已經把自己的少年生活與整個時代聯繫在一起。

二十六年後，毛澤東在回顧自己當時之所以沒有完全支持暴動時說：「在那同時，我又覺得村民們的方法是不對的。」有可能是看到自己的家受到了攻擊，他感到震驚，也可能他是在以這件事來驗證他後來的經驗：只有單純的反抗而沒有整套的政治策略，是不可能成功的。

到一九一〇年時，在要不要繼續升學的問題點上，毛澤東與父親之間的爭吵更強烈了。毛順生打算讓毛澤東到距韶山二十五英里的湘潭縣城的一家米店當學徒。毛澤東對父親的安排並沒有強烈反對，他想，縣城裡也許能提供更好的機會。事實上，他心裡期待的是能夠升學，且進入一個教授「外國」課程的新式學校就讀。他採取平和有禮的態度，向父親談了自己的想法，但父親卻是啞然失笑。這樣的態度傷害了毛澤東。在這之後，他與父親有一段長時間的冷戰期，互不交談。

在母親娘家的親戚幫助下，毛澤東在湘潭一個失業的法科學生家中自學了半年。儘管他迫於父親的壓力不得不重新回到韶山——或許是因爲他在湘潭遇到了經濟問題。但是這半年的讀書和與別人爭辯，加之他在湘潭的見聞，使得毛澤東已不再是父親期望下的那種寶貝兒子了。

十六歲的毛澤東爲自己制定了穩妥可行的計畫。他從母親娘家的親戚和自己家的朋友那裡，東借五塊西借十塊為自己的行動做準備。一天，吃晚飯時，他直視父親的眼睛並且宣布道：「我已經決定要到東山高小讀書。」

「你說什麼？」毛順生發火了。他對付這個任性兒子的最後一張王牌就是金錢，「你是不是今早中了彩券一下子發財啦？」

當他得知毛澤東已為此湊了一些錢時，毛順生的貪婪面目完全暴露了。這個守財奴大聲說道，如果毛澤東到湘潭讀書，必須要籌到一筆錢來支付雇來頂替他的長工工資。毛澤東也不想把貪婪的父親逼得太緊。他又從一位看重知識並曾資助過族人上學的一位親戚（母親娘家那邊的）那裡借了一些錢。

當重新提起這件事時，毛澤東對父親就不客氣了。他打斷了老人自憐的抱怨，簡略地問道：「雇一名長工一年要多少錢？」可憐的毛順生說要十二塊錢。毛澤東把一個紙袋放在他粗糙的手上說：「這裡是十二塊錢，我明天早上就去東山。」

黎明時分，毛澤東起來收拾自己的東西。文七妹擔憂地看著忙碌的兒子，幾乎不說什麼話。除了問問兒子要不要再多帶點別的什麼東西，她只輕描淡寫問了一句：「你要去跟你爸爸道個別嗎？」毛澤東回答：「不，我不去。」

天亮後不久，毛澤東就出了韶山。這是一個涼爽的金秋的早晨。肩上還是那根用慣了的扁擔，但兩頭挑的不是糞筐。一頭是一個包袱，裡面裝著一件長袍、兩條床單和一頂蚊帳；另一頭是裝有《水滸傳》和《三國演義》的筐子。他對韶山以外的世界幾乎一無所知，自此，他再也不會回到這裡生活了。

難道在韶山待了十六年的毛澤東，已是羽翼豐滿的叛逆者了嗎？

由於他的道德觀念（主要是來自母親）以及書本給他帶來的社會意識，毛澤東在刻板的學校和專制的家庭環境裡，變成了一個向舊習挑戰的人。

毛順生是一個令人討厭的人。他經常打罵毛澤東，在別人面前羞辱他，嘲笑他的求知欲；宣稱毛澤東「懶惰」而且「無用」，並費盡心思讓毛澤東爲此感到羞愧。

按傳統觀念，即使父親是惡棍，兒子也只有服從。毛澤東對此傳統表示輕蔑。然而，兒子與父親在其他方面的相似又是驚人的。與當時其他青年叛逆者不同，毛澤東沒有忘記他的家庭，他與家裡的人保持聯繫，並得到他們的多方幫助。他說他的家人是「普通的人」，他們和他一樣面對著總體的不公平。

毛澤東在家時的作爲也沒有走極端。他常常向父親妥協，他接受了痛苦的「婚禮」，他沒有丟下農事去參加哥老會，他在韶山的大部分歲月都是信佛的，當他離開韶山時，他仍然忠順朝廷。

在韶山東邊不遠的地方，有另外一個少年張國燾，[3]他和毛澤東是同時期成長的，後來也成了中國共產黨的高層人物。年輕的張國燾與他那位富有且受過良好教育的父親相處融洽，然而他卻也成了一名叛逆者。

在毛澤東的生活中，他的家庭和南岸私塾，並非偶然出現的高壓環境，它們是龐大的中國社會中，森嚴等級制度的縮影。

是的，毛澤東從八歲就開始厭惡儒學。他曾回憶說：「我『大部分的同學』都討厭這些經典。」

這位十六歲的青年，在歷史變遷的特殊時期，成了一位典型的中國式叛逆者。他不是精神病患者，他對於父親所代表的社會制度的猛烈抨擊，要多於對他父親本人的指責。他走上造反的路是經過權衡的。

就那個時代的中國習俗而言，毛順生對兒子的要求並不全然過分。毛澤東之所以反抗，是因爲他感覺到父親所代表的權威是可惡的，且正在走向沒落。如果中國的家庭和村莊都像這個樣子，中國如何才能得救？如果韶山的這種父權家長制是中國的正統規範，那麼，婦女將有什麼樣的命運呢？

毛澤東作爲反叛者的「個人性格」，迎合了當時反抗浪潮在整個國家興起的「時代特徵」。他自己也把個人的鬥爭納入整個社會鬥爭之中。他說：「我鬥爭的第一個資本家是我父親。」

毛澤東與父親之間的關係緊張，既有社會的一面，也有心理的一面。父親對他的壓制不能完全歸結爲社會的「壓迫」。毛澤東的兩個弟弟沒有一個像他那樣與父親不睦，據說，他們倆都因爲父親的同意而接受了很好的教育，這項福利，毛澤東並沒有享受到。

出於內心深深的驕傲，毛澤東誇大了父親的自私和專橫。

父親的粗暴管教方式，正如同母親的溫和善良一般，也深深地影響著毛澤東的一生。雖然從心理上講，毛澤東和母親比較親近，但他並沒有遺傳到太多母親的性格特徵。此外，隨後三個孩子的到來，分散了母親的注意力，同時母親也認爲毛澤東學到了一些奇奇怪怪的思想，所以，母子間的關係因而開始疏遠了。

離開韶山時，毛澤東暗暗發誓，他要在父親的眼裡、在實現一個更有價値的目標過程中，證明自己的能力。他要比父親活得更充實、更美好。

在毛澤東憎恨父親的背後，父子間存在著彼此都沒意識到的相似點，那就是：毛澤東最終成了和父親一樣的專斷者，而且他統治的範圍更大。

毛順生並不十分了解自己的兒子。毛澤東瞧不起自己的父親，他不用激烈的方法而是採用循序漸進的策略來對付父親，並且獲得了極大的成效。但是，毛順生試圖以粗暴方式培養的「美德」，確實深深地植入毛澤東的心靈深處。他不久就常對別人說：「怠惰者，生之墳墓。」儼然是他父親的翻版。

母親對他的影響是更爲簡單直接的：信佛母親的善良和耐性，讓他留下了深刻印象。多年以後，當毛澤東重回韶山之時，他還能向隨行人員指出哪裡曾經有過一座佛殿，並說他的母親常常在那裡燒香，當他生病時，母親還會用香灰幫他治病。有一次，他和一個警衛閒談，發現這個年輕人和他一樣，都比較喜歡家中善良的母親，且不喜歡脾氣暴躁的父親。毛澤東便對他說：「你告訴我越多關於你們家裡的事，我就覺得和你越親近。」「你母親一定是個信佛的人。」警衛問毛澤東他是怎麼知道的，毛澤東說：「你說她是個好心人。所有信佛的人都是熱心腸。」想當然耳，毛澤東當時一定正想著他自己的母親。

毛澤東的父母都沒有引導他接觸社會革命的思想，但他那一代受過教育的人若具有革命意識，幾乎是自然而然的事情。日後，他革命的成功以及成爲革命領袖的典範，都可溯源於他在韶山的少年時代。新思潮和舊中國的社會狀況使毛澤東成爲一位反叛者；在韶山的家庭生活的磨練，則使他比其他人更爲堅定不移。

注釋

【1】關於包辦婚姻事件參見司馬殊《天文臺報》，香港，一九五八、一二、二〇。

【2】在 Xiao San 第一章第六節裡，記載的是米商而不是豆商。

【3】譯註：原文有誤，張國燾爲江西萍鄉縣人。

3 爲何求知（一九一〇—一九一八）

剛踏上從家裡到湘鄉的漫漫長路後，過沒多久，毛澤東就遇到了一個姓王的鄰居。老王看到這個穿著新衣、新鞋和新襪的年輕人感到十分新奇，畢竟在韶山，人們平日可不會做這副打扮。

「小毛，你穿上新鞋子看起來眞是不錯！」個性頑固的老王說。

「我要去上學了。」毛澤東自豪地答道。他開始向老王訴說他那些神聖的抱負，老王聽後大笑起來，直笑得他那粗糙的臉上有了淚珠。他嘲笑這個小伙子要去「洋學堂」讀書的念頭。還問毛澤東他這個愚蠢行爲是否已徵得父親的同意。老王這種輕蔑的態度深深刺痛了他。

毛澤東發火了，衝著老王咆哮：「你簡直是個老古董！你過時了！」接著，毛澤東便繼續跋涉趕路。

毛澤東用竹扁擔挑著行李走進東山高等小學堂的黑漆大門。磚瓦結構的建築物被護城河和高高的院牆圍著，毛澤東感覺好像是走進了一座大寺院（他在韶山見到的最大建築物就是寺廟建築）。

毛澤東穿過護城河上的白色石橋來到了氣派莊嚴的大門前，他被當成了搬運工人。應對這種令人不快的窘境，毛澤東還缺乏經驗。學校的規模也令他吃驚，長這麼大從來沒見過這麼多學生聚在一起。

空氣中瀰漫的盡是嘲笑他的言語：「東山是學堂，不是精神病院！」「一個強盜想進我們的學校！」毛澤東冒冒失失地找到了校長辦公室。

「先生，你會讓我在你的學校裡讀書嗎？」他以鄉下人憨直的方式問道。校長手裡握著一根長長的鑲銅竹煙斗，沉默了片刻，他問這位神情莊重的青年叫什麼名字。

「先生，我叫毛澤東。」

毛澤東的鎮定讓校長揚了一下眉毛，他舉出幾個不准這個年輕人入學的理由，例如十六歲的年齡過大、沒學過算術和地理、字寫得不好……等，並准許他逐條進行反駁。

在場的另一位老師幫這位年輕的農民講話。過沒多久，當毛澤東離開校長辦公室，並加入到剛才讓他顏面盡失的那群世故同儕之中時，他已經得到了試讀五個月的許可。

到東山之後他才知道，慈禧太后和光緒皇帝兩年前就死了。由這件事他看出，偏僻的韶山和東山之間，存在著極大的差距，而他必須要更努力的去適應新環境，並且塡補之間的差距。

一位姓文的表兄（母親娘家那邊的）已經在東山讀書，他曾幫助過毛澤東。在衆多的學生中，最後只有兩人成了毛澤東的朋友，他們是來自富裕地主家庭的蕭氏二兄弟，與毛澤東交往多年。

在學校，毛澤東覺得自己是個外鄉人，因此，和他往來的只有少數幾個同樣把自己當作外鄉人的同學。這些外鄉人不會講標準的當地口音，穿著有補丁的衣服使他們與富家子弟間，存在明顯的差異。

此外，還有兩個特徵讓毛澤東更成了外鄉人中的外鄉人，那就是他的年齡和身高。他的身高對於十六歲的年齡來說就已經算是高的，更何況在那些比他小四、五歲的同學中間，他看起來就如同一座小燈塔般。

這間學校中，大部分學生都是些衣著講究、個性勢利的小紳士，只有毛澤東是農家的兒子。雖然他的家不算貧窮，但卻是一個未見過大世面的鄉下家庭。他的手比鄰桌同學還要粗糙；因爲長期接受日曬的緣故，他的臉比大部分學生都要黑得多。毛澤東講話慢條斯理，而他周圍那些口齒伶俐的同學，講起話來簡直就像機關槍。

他與這裡的一切都顯得格格不入，甚至還有一個學生想雇毛澤東當他的傭人。

毛澤東的身材瘦長，走起路來大搖大擺。沒多久，他就有了一副知識分子的模樣。雖然蓄著辮子，但他的頭髮還是顯得長長的，有些蓬亂。整體來說，他那不修邊幅的樣子倒顯得相當瀟灑。就氣質和體態而言，他已經具有屬於自己的獨特風格。

這時的毛澤東還是一塊璞玉，尚未經過雕琢。對毛澤東來說，走進東山不意味著踏進社會，也不是爲了獲得較好的社會地位，而只是更努力的學習那些在韶山學不到的東西。

學校的教室整潔漂亮，與韶山滿是灰塵的草房大不相同。在這裡，中國上層社會的舒適生活可見一斑。

在東山，人們也正在接觸新思想，這種新思想，將很快地撼動像韶山那樣的舊有傳統和社會秩序。這裡講授科學、宣導改革，早點名時，老師都要講述中國在外國列強的壓迫下所受的苦難，以喚醒和培養學生的民族感情。

學生們穿著佩有彩色腰帶的長袍，但是他們的心靈被這種新思想震撼。「學習」是毛澤東眞正唯一的朋友。在南岸私塾度過的痛苦歲月，培養了他扎實的古文基礎，這似乎帶些諷刺的意味。他能用古文體寫出很有說服力的文章，同時這項優勢，掩蓋了他其餘的弱點和偏激的行為。

對當時改良政治的了解，使他產生了「知識能夠改造世界」的想法。除了學校的全部課程外，他還讀了兩種很重要的著作。文表兄借給他幾本梁啓超主編的《新民叢報》，梁是當時很著名的政論作家；還有康有爲撰寫的《戊戌變法》，這是改革高潮的最後宣言書，康是那次運動中卓越的思想家。這也是毛澤東第一次接觸嚴謹的政治思想。

一位曾留學日本的老師對毛澤東的影響很大，雖然他教的英語和音樂兩門課，毛澤東都學得不好，但是強大的日本對他很有吸引力。毛澤東喜歡當時那些描繪日本在一九〇五年日俄戰爭中的戰功故事和詩歌。「我當時知道並感受到日本的美好，並且感覺到日本的驕傲和強大。」

這是他第一次接觸中國以外的世界，這讓他一生都深信日本是中國的兄弟友邦。對戰爭這個主題的了解，也代表著他邁出了解世界歷史的第一步。一天黃昏，剛剛做完運動，聽到晚自修的鈴聲，滿頭大汗的學生跑進了教室。毛澤東走到蕭家二兄弟之一的愛彌．蕭（本名蕭三，愛彌是他的英文暱稱，其兄名爲蕭瑜）跟前，想知道他手裡拿的是什麼書。那是一本《世界英雄豪傑傳》。由於書籍對他有著極強的吸引力，毛澤東就問他是否可以借讀此書。在往後的幾天裡，就像陪伴著一個新情人一樣，毛澤東手不釋卷地讀完了這本書。

當毛澤東把書還回去時，愛彌．蕭發現書中被畫上了各式各樣的符號。毛澤東在描述拿破崙、華盛頓、彼得大帝、格萊斯頓、林肯、葉卡捷琳娜一世、盧梭和孟德斯鳩的段落旁邊，都畫了許多圓圈和圓點。

「中國也需要這樣的偉人！」毛澤東情緒激昂地對愛彌．蕭說，中國也要富強起來，「才不致重蹈安南、朝鮮、印度的覆轍。」他引用了學者顧炎武（一六一三—一六八二）的一句話：「天下興亡，匹夫有責。」

毛澤東翻開《世界英雄豪傑傳》，大聲地向那些還不習慣正襟危坐聽他宣講的同學朗讀其中關於喬治．華盛頓的一句話：「在華盛頓的領導下，經過八年艱苦的戰爭，美國終於贏得了勝利和獨立。」

如同看到地平線上方的一絲光亮，年輕的毛澤東開始注意西方局勢了。當時以及爾後，他對西方本身並不感興趣，但他卻一直在思索中國應該從西方借鑒些什麼。畢竟美國已完成了一場革命，那麼中國呢？

毛澤東喜歡讀描寫中國古代皇帝的書，對英雄的愛好使他想了解更多的偉大人物。其中有兩個皇帝的形象深深地印在他的心中。一個是秦始皇，統一天下的中國鐵腕人物；另一個是漢武帝，是很有軍事頭腦的一代王朝的奠基人，他帝號中的「武」字即來於此。

同學都很敬佩毛澤東對《三國演義》等傳奇小說的評論，他們喜歡聽他複述其中的精彩片段。毛澤東認爲，小說所描繪的都是歷史上發生的眞實事件，這種想法，讓每個認爲小說只是故事的人都感到震驚。他曾和歷史教師爭辯這件事，並且詛咒任何同意那位教師觀點的同學，甚至還用椅子打了其中的一位。毛澤東不願意接受批評，正如他後來在回顧這段學習生活時所承認的那樣。

爲了這件事，他甚至跑到校長那裡，當這位博學的校長也不認爲《三國演義》是戰國時期[1]發生過的眞實事件時，他寫了一封請願書給湘鄉縣令，要求撤換校長，並強迫那些搞不清楚狀況的同學簽名。

毛澤東是一個剛直的孩子，他不會透過變通來保護自己。他對在韶山時就令他如癡如醉的小說看法，是如此的天眞、固執。

《三國演義》事件使他在東山的日子過得更糟，同時透過這件事，也可以看到他後來思維特點的輪廓：思考方式偏執、堅持己見、任性地否定簡單的事實、藐視異見。

毛澤東的成績很好，試讀五個月後，校長允許他繼續留在學校讀書。雖然好的學習成績對孤寂的他是一種安慰，但事情總是有一體兩面，部分學生因而更嘲笑他褊狹的熱情。於是，他開始考慮離開這所學校了。

在東山，毛澤東大大地開闊了眼界。現在，他又想周遊湖南，看看長沙。

在回韶山兩次後（一次在春節，一次是在初夏學期結束時），更堅定了他要實現自己理想的決心。毛順生溫和多了，但仍缺乏遠見。「你什麼時候才能完成學業當上老師，回來光宗耀祖？」父親對毛澤東問道。

一九一一年春天，毛澤東挑著行李離開了湘鄉。愛彌．蕭自己也對東山有些不滿，和毛澤東一起離開了。他們步行到湘潭，毛澤東在那裡想申請進一所高小讀書，但因爲年齡太大、個頭太高而被拒絕了。[2]

毛澤東還有一條退路，他已請東山的一位老師在長沙的一所中學爲他關說一下。蕭和毛澤東擠進從湘潭開往省會長沙的小輪船的三等艙。讓毛澤東感到高興而又驚訝的是，他毫不費力的就得以進入一所漂亮的學校就讀，那學校就是：湘鄉駐省中學。

蕭回憶說，長沙熙來攘往的人群使毛澤東「興奮得講不出話來」。當時長沙有八十萬人口，氣候炎熱，缺少特色，又髒又亂。在一九〇四年闢爲通商口岸和外國通商後，長沙較爲繁榮了，並且日益成爲反抗清朝革命的堡壘。

毛澤東在這裡第一次看到了報紙。在這之前，他只知道印刷品是了解歷史的視窗，可是報紙上講的都是當今發生的事件啊！

《民立報》是孫中山鼓吹民族主義的喉舌。毛澤東從這份豎排版的報紙凌亂的欄目中，看到了廣州起義失敗的消息。起義是由一位湖南籍革命者黃興領導的。他回憶說：「我深深被這個故事所感動，並且還發現《民立報》充滿了激動人心的內容。」

毛澤東受到了鼓舞，自己寫了一篇文章。當他回憶起他那篇貼在校門口牆壁上充滿激情的文章時說：「這是我第一次發表政見，可是這個政見卻有些糊塗。」他主張新政府應由維新派和革命派組成，孫中山當總統，康有爲任總理，梁啓超任外交部長（這和一個二十世紀末的美國青年出於統一的熱情，呼籲美國政府應由傑克．凱姆當總統，奧普若．溫弗瑞爲副總統，AI．戈爾爲國務卿一樣天眞）。

「英雄」仍然是十七歲的毛澤東最爲崇拜的對象，但「君主」卻不在他所崇拜的英雄之列。在一次激進的行動中，他成爲全校第一批剪辮子的學生之一。爲了反清事業，他和另一個剪掉辮子的同學，一起催促原先曾「相約剪辮子」但後來卻後悔的十個同學，並用剪刀強行把他們的辮子剪掉。

毛澤東在湘鄉駐省中學只待了四個星期。一九一一年十月，武漢城裡的革命軍向清朝發起了進攻，統治中國二百六十七年的最後一個王朝崩潰了。一個月內，革命軍占領了十七個省，清朝統治中國的時代過去了。

長沙寬闊的林蔭大道上忙亂紛紛，群情高漲。政治脫離了舊的模式，但還沒有形成新的輪廓。課本被暫時丟到了一邊，學生們不再去寫古文了，而是書寫一些要求美好未來的標語。

一個革命黨的宣傳家來到學校對學生發表演說，承諾要開創一個新時代。毛澤東聽後非常激動，他決定「參加革命」。他花了五天的時間來規劃自己的生涯，之後參加了湖南革命軍（即新軍）。

毛澤東在長沙每月的餉銀是七塊大洋，兩塊用於伙食，其餘大部分都用來買報紙。毛澤東看報紙時全神貫注，將其奉爲至寶。他買的都是些左翼報紙；媒體是一種資訊來源，因爲報紙是中國政治生活中一種嶄新的工具。

在《湘漢新聞》上，毛澤東看到曾留學日本的一位湖南人創立了一個「社會主義」黨，其他的文章也大談「社會主義」是一種重新組織社會的新思想。這是毛澤東第一次接觸到「社會主義」這個詞。

那時所謂的社會主義是指帶有集體主義色彩的社會改革，馬克思主義還沒有在東方地平線上出現。士兵毛澤東卻深爲所動，他熱情洋溢地寫信給以前的同學，向他們介紹社會主義這個頗有吸引力的概念，可是只有一位同學回信。

在政治形勢尚未明朗化的時期，半知識分子總是最有影響的人物。在軍隊，毛澤東開始顯露出自己的半知識分子的特徵。毛澤東不願參加學生組織不單是因爲自己年齡大，主要是因爲他對教育一直存在著矛盾心理。

毛澤東擔心學校生活對他的影響。身爲毛順生的兒子，他超出自己所期望的成爲一位有教養的紳士，他喜歡那些沒有文化的士兵把他視爲讀書人。他後來回憶說：「我能寫，也懂些書本知識，他們敬佩我的博學。」他替士兵們寫家書，爲他們讀報紙。

雖然其他的士兵都是親自去白沙井挑水，但毛澤東卻是從到營房來賣水的挑夫那裡買水。毛澤東朦朧地意識到自己的不明確身分，他回憶說：「我是個學生，不能屈尊去挑水，只好向挑水夫去買。」他的父親雖有絕對的權威，但始終未能把毛澤東培養成爲一個道地的農民。

「我以爲革命已經過去」，毛澤東在回憶一九一二年春天時說，「於是脫離軍隊，決定回去念書。」孫中山已和袁世凱達成妥協，袁是個陰險的鐵腕人物，他表面鼓吹共和，內心卻留戀中國過去的帝制。革命的軍事對峙階段已經結束。

毛澤東絲毫也不留戀軍隊生活。在軍隊那段時間，他沒打過仗，只是替長官們辦些雜事。他之所以當兵，是因為他認為軍隊在即將到來的新中國中會發揮重要作用。他在與一位朋友的交談中激烈抨擊孔孟之道：「如果民眾都軟弱可欺，那麼完善其道德又有何用？最重要的事情是使其強大起來。」

連長和排長們都勸他留下來，但是當他認為軍隊不再是時代的先鋒時，他突然離開了。這位十八歲的半知識分子決定重返學校。

去哪所學校呢？毛澤東拿不定主意，於是他查閱《湘漢新聞》和其他報上的招生廣告。學費到哪裡去找？家裡捎來信說，現在的毛澤東必須謀份差事了。

毛澤東以退伍軍人的身分住進了很便宜的「湘鄉會館」，開始了他一生中第一次也是最後一次的流浪生活。

一個警察學校的招生廣告吸引了毛澤東，但他也喜歡另一所開設肥皂製造課程的學校，難不成是因為他認為這對中國的清潔、文明有益嗎？這兩個學校他都報考了，但就在即將開學之際，他又退了出來。

他又報考了另外兩所學校——政法學堂和商業中學，他期望這兩個學校對家裡會有足夠的吸引力，以便他能從父親那裡要到學費。

毛澤東在第一次談到他寫信向父親要生活費時說：「我向他們描繪了我未來的美好前程，我說我會當律師或做大官。」還沒等到家裡回信，這位猶豫不決的青年對這兩個學校又失去了興趣，當然他也再一次要到了報名費。

毛澤東不斷地接受同學的勸告，今天聽這個的，明天又聽那個的，但是他什麼也沒有決定。他什麼都想抓住，結果一無所獲。

不久，毛澤東看準了一個目標，他花錢報考了一所高級商業學校。毛順生同意支付學費，毛澤東曾說：「我父親是很了解善於經商的好處的。」於是，年輕的毛澤東決定學習經濟。

他起初一定不知道這所學校很多的課程和教材都是英文的。他的英文並不好，只是在東山高小時學了點入門的知識。

毛澤東回憶說：「這種情況使我不滿，到了月底，我就退學了，並且繼續留心報紙上的廣告。」

不名一文、邋裡邋遢，毛澤東無所事事地混跡於長沙街邊的木茶棚裡，用他那發呆的大眼睛盯著報紙。該做什麼好呢？

毛澤東一度以嘲弄的態度對待周圍的生活。他看到了所有事物的雙重性，他反求諸自身（其思維我們無從得知）。他坐在人生的高處，俯視忙忙碌碌的芸芸眾生。

「我即宇宙！」他以道家的冥想得出結論。

湖南省政府軍的軍火庫爆炸，烈焰熊熊，他和朋友們一道去觀賞。一年前他曾滿懷激情地參加了這支軍隊，但是現在，他以旁觀者取樂的口吻說：「這比放爆竹要好看得多了。」

一天，三個同學在天心閣的頂樓上碰見了毛澤東，他正獨自專注而平靜地在城牆的這個七層高塔上俯瞰長沙。毛澤東從冥思中回到了現實，四人一起去喝茶、嗑瓜子。

這三個青年在社會地位上都比毛澤東高一等，其中一位還常常借錢給他。從世故的角度來說，對於政治，他們應該比毛澤東更了解。一位姓譚的年輕人是大官的兒子，他說君主制的廢除就意味著：「我們都可能當總統。」

當另一個同學想打斷譚的話且想揶揄譚一番時，毛澤東不再悶聲不語了，他激動地說：「讓他說，我很感興趣，讓他說吧！」譚繼續解釋，對一個政治領袖來說，學問是次要的，而重要的是鬥爭意志。毛澤東被這種看法深深地吸引，他沉思著，就像凝視長沙的紅屋頂時那樣。

表面上看來優柔寡斷的這個流浪者，實際上似乎正在孕育著一種新的世界觀。

他又踏進了另一所學校的大門——湖南省立第一中學，但六個月之後就離開了。他對入學考試已經很有自信，在報考第一中學的考生中，他名列前茅。

也許有些自鳴得意，毛澤東對學校作了兩點批評：「它的課程有限，校規也令人生厭。」這句話表現出年輕毛澤東的性格特徵。

某位老師借給毛澤東一本很有趣的官方史書——《御批通鑑輯覽》，這本書為他下一步的行動提供了跳板。和課堂上講的東西相比，他更喜歡這些諭旨、法令以及皇帝的御批等。於是他決定自學一段時間。

彷彿「六個月」是毛澤東興趣轉移的一個循環，他整天泡在湖南省立圖書館的時間也是只有半年。

他總是早上開館就進去，下午閉館才出來。他一動也不動地坐在書桌旁埋頭苦讀，好像一尊低著頭的塑像一般紋風不動，頂多只是中午出去買個燒餅或幾個包子當午飯。

他飽覽了現代西方的歷史和地理。爲了擴大知識面，他又轉涉小說、中國詩詞和希臘神話，還有改良派嚴復新近翻譯的亞當·斯密、斯賓塞、穆勒和達爾文的名著，以及盧梭和孟德斯鳩的作品，毛澤東在《世界英雄豪傑傳》中就熟悉了後兩位思想家。

他凝視著掛在圖書館牆壁上的《世界堪輿圖》。他以前從未見過這樣的地圖：中國只是一個國家，與其他幾十個國家排列在一起，模糊的邊境線把中國與外國分開，中國在這上面不是一個「中央帝國」。

他對愛彌·蕭開玩笑說，在省立圖書館，他就「像牛闖進了菜園子」。他後來認爲，這半年的書海生涯對他的生活影響很大。

在不得不和別人共事時，毛澤東表現出一些猴氣，靈活應變；但在按照自己的意願行事時，他又會展現出虎氣，威風凜凜。

毛澤東每晚都回到「湘鄉會館」，這裡住滿了退伍軍人、學生、過路客和一些虛度時光的閒蕩漢。

有天晚上，這裡發生了一場大械鬥，士兵們襲擊並試圖殺死學生。毛澤東此時似乎仍帶著點道家自我保護的思想，而非挺身而出的英雄。他回憶那個血腥的夜晚時說：「我躲到廁所裡去，一直到鬥毆結束以後才出來。」[3]

房租是不能用讀書的熱情來支付的。不久，經濟上的拮据迫使毛澤東又去查閱廣告欄。在不經意中，他發現了教書這項職業，一所師範學校的廣告吸引了他：免交學費，食宿便宜，畢業後會成爲一名教師。

毛澤東的兩個朋友也力勸他進入師範學校，他們期望毛澤東在入學考試時可以拉他們一把，毛澤東答應了，於是，便寫好了三篇入學考試的文章。日後，他回憶說：「當時我並不覺得自己替朋友寫文章的行爲是不道德的。」他認爲這是友誼，他很高興展示一下自己的文學才能，就像在軍隊時那樣。

三篇文章使他們都考取了這所學校。家裡同意了毛澤東的選擇並寄給他生活費，聽憑興趣、率意而爲的時代已經結束。在二十三年後，毛澤東回想起當年這段漂泊無定的生活，不禁覺得有些好笑，他說：「從那時起，我抵制了所有吹噓未來前途廣告的誘惑。」

政局變得更糟，袁世凱喪心病狂，企圖恢復君主制，並要登基當皇帝。在這個銀樣鑞槍頭的新復古派，以及孫中山所領導立場動搖而又鬆散的激進派聯盟間，兩者互相角力造成的緊張氣氛中，軍閥們悄悄登場了。在長沙，一名軍閥謀殺了兩位在一九一一年起義次日上台的激進派領袖。到一九一七年夏，中國出現了兩個政府：一個是北京的軍閥政府，一個是孫中山領導的廣州政府。

日本在蠶食中國，但是沒有人出來組織全國性的反抗。軍閥亂於國內，列強迫於門外，爲中國帶來了新的痛苦——湖南的生豬產量十年內下降了一半，且在知識分子中間也出現了悲觀絕望的想法。

中國雖已脫去舊的外殼，但是還沒有獲得新生。

這一切現象對毛澤東來說不是壞事。他還是需要冷眼旁觀思索，而不是要去做些什麼。這是接受良好教育的大好機會，他抓住了這個機會。一段早年的課堂筆記道出了他學習的樂趣：「有了什麼念頭就隨時記下來，頭腦裡有什麼想法就高興地表達出來，有助於保持平衡。」

毛澤東和其他四百名身穿藍色毛紡制服的學生一起入了學。學校兩層樓的圓柱、拱頂和庭院完全仿照英國殖民地建築的風格（其實是日本式的建築翻版）。

和中國的一切高等學府一樣，第一師範也是一所新學校，但它的設備和條件都不錯，而且優秀的教員們繼承了湖南的學術傳統。

第一師範的外牆上寫著校訓：「實事求是」，所謂的「事」和這裡的建築一樣是中西兼顧的。毛澤東上午讀中國歷史，午休時間看德國哲學。

毛澤東仍然精瘦，更突顯出一雙大眼睛炯炯有神。他的髮型、雙手和鞋子塑造出一個全新知識分子的形象，一件灰色長袍取代了寬鬆的粗布衫。他的言談舉止還是慢條斯理，他不是那種講起話來滔滔不絕、比手畫腳的學生，在聚會時更是很少說話。

經過許多課程的學習，毛澤東選擇了自己的路。他閱讀了亞里斯多德、霍布斯、邊沁、柏拉圖、康德、尼采和歌德的部分著作。他在斯賓塞的《社會學原理》中遇到了一個觀點，他在自己的筆記本上是這樣解釋的：「一則美國的格言說『吾國說對即對，吾國說錯即錯』。」他有著廣泛的好奇心並對折衷主義有很高的興致。他在寫給蕭瑜的一封信中說：「耶穌被斷章取義了，這樣做的人未必有罪，即便眞的有罪，對一個睿智的人來說也不足掛齒。」

毛澤東說：「這所新學校有許多規則，我只贊成其中的極少數。」在第一師範，他既有足以稱道之事，也有顏面盡失的事。某次他讀書讀到深夜，被子靠油燈太近了，因而引起了一場小火災，燒壞了幾張床鋪。還有一次，一位同學因父母安排的婚姻而苦惱，毛澤東深表同情，跑到這位同學家，勸說他的父母放棄他們的安排。

在第一師範，人們很少呼他的名——毛澤東，而是叫他的字：潤之，其意思是「施惠」或「潤澤」。

毛澤東對於不喜歡的課程，例如靜物寫生和自然科學方面的課程，他連碰都不想碰，經常得零分或接近零分。相反的，只要是他喜歡的課程，例如撰寫文學或倫理主題的文章和社會科學課程，他則學得津津有味而且有獨到見解，拿到一百分只是家常便飯。

但完全放棄枯燥的靜物寫生課，也不是毛澤東的做事風格，他不得不硬著頭皮虛應了事。在繪畫考試時，他在試卷上潦草地畫了個橢圓，題名「雞蛋」，然後就離開了教室。一天上課時，一個簡潔的構思使他得以提前離開教室。他畫了一條水平線，在上邊又畫了個半圓，題名「半壁見海日」（這是唐代李白的一句名詩）。結果，他的繪畫成績當然是不及格。

毛澤東仿照維新派風雲人物梁啓超的自由文風，寫出了熱情洋溢的文章。但是國文教師袁大鬍子，「看不起我視為楷模的梁啓超，認為他做文章半文半白。」

袁還說毛澤東在自己每篇文章的最後都標上日期是傲慢自大。有一次，袁當著全班同學的面，將他寫有日期的那一頁文章撕掉了。毛澤東站起來，抓住袁的胳膊，問他到底想幹什麼，要拉他到校長辦公室去「評評理」。

奇怪的是，這個對很多管束都進行反抗的青年，卻接受了古典文風對他的塑造。「我不得不改變我的文風。」他有點不坦率地說。實際上，他在心理上還是傾向於古文形式的，特別喜歡無神論學者韓愈（七六八—八二四）的行文技法。

二十二年後，毛澤東對愛德格．斯諾說：「所以，多虧袁大鬍子，今天我如果需要的話，仍然能夠寫出一篇過得去的古文。」（「如果需要」，這句話含有諷刺意味，因爲，毛澤東這時已開始對其他人用古文寫成的文章大加撻伐了。）

因此，當毛澤東在政治上比改良派還激進時，他的文學風格還是落後的。他在文風崇古和政治革命兩方面雙雙背離梁啓超。

接著，他開始注意自己的健康狀況。在一九一九年給蕭瑜的信中他寫道：「胃病折磨我好多天了。」「注重健康很重要，一個人只有身患惡疾時才知道健康的幸福。」

毛澤東在第一師範所受的教育洗禮，主要來自道德哲學和報紙——這是他終生持續的兩個嗜好。

和絕大多數的青年一樣，毛澤東也從他的偶像和道德訓誡那裡學到一樣多的東西。從一九一五年起，他的道德楷模是一位很善於吸收門徒的人物，這位具有偏激精神的紳士因爲提倡寡婦再嫁而震動了整個長沙，他就是楊昌濟，他是一根往舊中國的軀體中輸入新鮮血液的導管。

楊昌濟的生活方式是傳統的——人們稱他「老夫子」。他講課照本宣科，但是他在渴求生命意義的新生代的心靈中，播下了將結出激進果實的種子。

楊昌濟尊崇宋明理學（始於十世紀），但也花了四年的時間在英國和德國研究康德、格林和其他歐洲思想家的理論。使二者結合在一起的是他對心靈和意志的信仰。愼思、勇於任事、心之力能使世界易容。無疑的，這是個人主義，但這是著眼於整個社會進步的個人主義。

除了三、四〇年代遙遠的史達林以外，沒有一位良師能比得上這位在愛丁堡取得中國哲學博士學位的中國人，對毛澤東產生如此深刻的影響。毛澤東對楊先生的倫理學課程有濃厚的興趣，他讀了新康德派哲學家泡爾生著的僅十萬字的《倫理學原理》一書後，竟然寫了一萬二千字的批註。一到星期天，毛澤東和其他幾位得寵的學生就帶著敬畏的心情到楊家拜訪，並在那裡吃午飯。後來毛澤東和楊昌濟的女兒結了婚，毛澤東與她的初次相遇，就是在某週日拘謹的午餐時刻。身爲老師、朋友、岳父，楊昌濟對毛澤東的影響是別人無法相比的。

毛澤東用文章回應了楊先生的德育觀。一篇充滿激情的文章〈心之力〉得到了一個獨特的分數：一百分再另加上了五分，這令毛澤東十分興奮，他把這事告訴了許多人。

這位昔日楊昌濟的門生，後來曾多次這樣評價他的教授：「他是一位道德高尚的人。」這是一種難得的讚揚，因爲它已擺脫階級分析的桎梏。

晚上，毛澤東常在學校圖書館全神貫注地讀長沙和上海的報紙直至深夜。其他學生都到他這兒來聽他講一週來中國的動盪局勢，以及第一次世界大戰的最新動向。

對每一則來自歐洲的花絮新聞——凡爾登、興登堡的權術，或是巴黎保衛戰中的計程車的用途——毛澤東都能從中國歷史上找到類似的例證。他成了比較「活歷史」（他常用這個詞來描述報紙）的顧問。

任何一位同學來找毛澤東未遇，都會有人告訴他：「可能在報紙閱覽室。」

毛澤東從家裡給他的一點生活費中，撥出一部分訂了一份報紙（他父親說他這個習慣是「把錢浪費在廢紙上」）。他常把報紙周圍的空白處剪下來釘成小本子，仔細一看就能發現，他在這些紙條上寫著城市、河流、山脈的名稱。毛澤東在讀新聞時，手邊總放著一本中國地圖冊和一本世界地圖冊，新聞中提到的每一個地理名字，他都在地圖上找到並記下來。

楊昌濟致力於他的精巧構思：對社會進行道德治療；毛澤東則瀏覽報紙，這一通往社會行動的門徑，後來使他超越了楊昌濟的道德範疇而走向暴力生涯。暫時的，對於這位仍坐在圖書館裡的青年來說，德國的理想主義和熱切的公民意識已密切地結合在一起了。

爲了使毛澤東遵循自己的路前進，楊昌濟指引毛接近「船山學社」（王船山，名夫之，十七世紀的愛國者和關心民瘼的哲學家）和《新青年》——一份用尖銳的現代西方思想抨擊中國僵化的傳統的雜誌。

和楊先生一樣，毛澤東從未完全脫離中國自身文明。如果說他欣然接受西方的思想，也只是把它作爲醫治病入膏肓的中國政治的藥物。楊在一篇文章中寫道：「國家爲一有機體，猶人身之爲一有機體也，非如機械然，可以拆卸之，而更可裝置之也。」毛澤東對此深表同意。

楊昌濟是現代中國發生轉折時期的人物。他在長沙出門時坐四人小轎，但是他也堅持冷水浴和不吃早餐。雖然毛澤東對他坐轎子這樣的封建色彩行爲表示反對，但還是從他的身上汲取了一種信念：透過非凡的努力來實現新生。

後來，楊昌濟熱衷於體育運動，認爲這是把從反叛導向社會變革的第一步。力踐「文明其精神，野蠻其體魄」的口號，他堅持冷水浴，以後便不再坐轎子。

毛澤東（和朋友們一起）去長沙附近爬山，在冰涼的池塘裡游泳，有好長一段時間一天只吃一頓飯，曬日光浴，他認爲這些運動可以帶給他身體有足夠能量。所以約有大半年的時間，毛澤東不在宿舍就寢，而是睡在學校院子裡。這都是爲了使他的身體更加健壯。[4]

毛澤東把這些叫做「體格鍛鍊」，在西方這種方式也是不同尋常的，在中國則更是如此。對毛澤東來說，鍛鍊身體不僅僅是一種獲得健康的方式。爲什麼他迎著狂風高聲朗讀唐詩？這當然不只是在練嗓子，而是在體驗隨意和任何抵抗力競爭的愉悅。

毛澤東在日記中寫道：「與天奮鬥，其樂無窮！與地奮鬥，其樂無窮！」以上是愛彌．蕭的回憶錄中的英譯說法，但是中文原文裡還有第三句，這一句被具有馬克思主義思想的編輯刪去了：「與人奮鬥，其樂無窮！」其意思是不僅要有強壯的體魄，更要有社會鬥爭的堅強意志。一天夜裡，雷電交加，毛澤東渾身濕淋淋地來到和他思想相近的朋友蔡和森的家，原來他剛從嶽麓山巔跑下來。問他原因，他說，這是爲了體會一下《書經》上「納於大麓，烈風雷雨弗迷」的境界。

在第一師範的第二個暑假，毛澤東和愛彌．蕭的哥哥蕭瑜——一個瀟灑穩重的青年——一起遊學，走遍了湖南的五個縣。這次「遊學」是受他讀的《民立報》上一則消息的啓發，消息說兩名學生徒步走遍了中國，甚至遠到西藏。

毛澤東和他的朋友不帶一文錢，他們利用幫當地的鄉紳寫巧妙對聯來換取食宿。這次遊學歷經六個星期，步行近三百英里，讓毛澤東更深刻地了解湖南。

二十二歲的毛澤東可謂是文武雙全了。他的第一篇文章〈體育之研究〉在《新青年》上公開發表，署名爲「二十八畫生」（「毛澤東」三個字繁體共計二十八畫）。[5]

文章明快有力：「運動宜蠻拙。騎突槍鳴，十蕩十鳴。暗鳴頹山嶽，叱吒變風雲。力拔項王之山，勇貫由基之禮。其道蓋存乎蠻拙，而無與於纖巧之事。」

文章三環相扣，有理有據。意志是聯繫身體和精神的樞紐，運動是意志的展現，鍛鍊身體歸根結柢就是爲了戰鬥。毛澤東認爲：「夫體育之主旨，武勇也。」健康的體魄、勇敢的意志和樂觀的態度，都是拯救中華民族所需要的。

「國力茶弱，武風不振」，毛澤東文章的第一句這樣起筆，整篇文章都在闡述如何解決這一問題。

在毛澤東的生活欲望中還沒有政治，他只是以自己普羅米修斯式的情感，去面對需要更新的中國之現實。「自信人生二百年」，這是他後來回憶起曾經在這個時期抒發過的豪言壯語。

在第一師範這幾年的生活裡，毛澤東始終是一名學生組織者。從一九一五年起，他就是學友會【6】中一名出色的活動家。一九一七年，有三十四名學生（學生總數爲四百人）被選進學友會，得票最多的毛澤東主持學友會的工作。【7】爲了增加學友會的經費，他在街上賣過小吃。

他鼓動學友會與學校的清規戒律和迂腐頑固的校長作鬥爭（毛澤東稱他「復古派」），爲此他還險些被開除（袁大鬍子等人都幫助、保護過他，毛澤東的果斷剛毅，贏得了人們甚至包括那些被他傷害過的人的尊重）。他還動員學生抑制湖南軍閥和北洋軍閥對學校的騷擾。

在毛澤東的帶領下，學友會舉行了反對日本的「二十一條」和其他外國列強欺凌中國的抗議活動。現在毛澤東看到了日本的黑暗面，他讀了一本關於日中危機的書《明恥篇》，在這本書的封面上他寫道：「五月七日，民國奇恥。何以報仇，在我學子！」在給一個朋友的信中，他質問：「擁有四萬萬人的民族豈受三千島國之欺？」在一九一六年另一封給蕭瑜的信中，毛澤東預見到了在對日作戰中，中美之間親密的夥伴關係。

他以學友會的名義爲長沙的工人辦起了一所夜校。「我們不是木頭石頭，我們是人」，他在貼於大街上的招生廣告上寫道，「有了文化，我們就能挺直腰桿做人」。一種學習方式已按照他自己的經驗考慮出來了，「每次上課，衣服聽便，不必求好」，廣告補充道，「筆記本和所有教材都不要錢」。

毛澤東沒想到，根本就沒有幾個人能讀懂他那高深的啓事。他又到工人家去招收學員，即使這樣，夜校也只持續了幾個月。毛澤東頑強地維持著，當物理課效果不佳時，他向學員們許諾說：「方才所講，不過發端，將來如電燈之所以能用，輪船火車之所以能速，其理必皆告汝等知之。」

在第一師範的最後一年，毛澤東的一個行動顯露了他的自信，也是他政治抱負的第一次表現。他後來帶點誇大的回憶說：「我感到自己心胸開闊，需要結交幾個親密朋友，於是有一天我就在長沙一家報紙上登了一個啓事，邀請有志於愛國工作的青年與我聯繫。我指明要結交堅強剛毅、隨時準備爲國捐軀的青年。」啓事的最後一句是引用《詩經》上的一句：「嚶其鳴矣，求其友聲。」也許經常孤獨的毛澤東一直就在尋找朋友，他在一九一五年十一月給黎錦熙的信中透露說他的生命中從來沒有朋友。在同年八月給蕭瑜的信則說：「我朝夕憂心。」

毛澤東只得到「三個半回音」。(「半個」是李立三，李後來成為著名的共產黨領導人，並與毛發生過衝突。毛回憶時，只是冷冷地提及李的「不明確」的答覆，說：「我們之間從來沒有發展到友誼。」)然而，這個表面上看來顯得天眞的徵友啓事，讓這些愛國青年開始了重要的活動。毛澤東組建了一個純政治性的組織「新民學會」，它是湖南上空升起的第一顆紅色信號彈。

「世界上有兩種人」，一天，毛澤東對愛彌．蕭評論說，「一種人善於做具體事情，一種人善於做組織工作，前者要多於後者。但是，每個人都有他的長處。」

毛澤東感覺到，一位天才組織家，就在於能把各種人的長處融合起來，他不應當揭露挑剔別人的弱點，而應鼓勵所有積極因素的聯合。他的父親沒有做到這一點，而他卻領悟到這個道理，所以將會成功。

一九一八年六月，毛澤東從第一師範畢業了。和他圈子裡的人一樣，他在社會上仍無立足之地，充其量只是個持不同政見的異議分子，思想裡充滿了矛盾。他在畢業前夕寫給黎錦熙的信中這麼說：「對於如何對待宇宙、人生、國家或是教育我全無想法，我覺得這些極為混亂，且混亂之因必生混亂之結果。」

一八九〇年的改革者們也是持不同政見者，但是當時的社會有他們思想的土壤。梁啓超雖然在知識界被視為外人，但他的乖僻和好發宏論在當時則是同好者衆。

對毛澤東這一代人來說，舊中國已不再是一統江山，甚至就要遍地烽煙了。在軍閥時代，傳統已失去了意義。同時，毛澤東又不能在西方化的中國人身上找到認同，如在檀香山受過西方教育的孫中山。現在，他既不是一條小魚，也不能算是一隻雄鷹。

毛澤東的生活已發生了根本的變化，他不再受他人幻想的鼓動，已經能懂得自我控制。

毛澤東在第一師範學業優異。楊先生把毛澤東列爲他在長沙教過的幾千名學生中的第三名——蕭瑜第一，毛澤東的另外一位朋友，後來成爲中國共產黨一顆流星的蔡和森居第二。第一師範的最後一年，同學們在人品、膽識、口才和文章等方面，把毛澤東視爲學校的楷模（校長當然不會這樣做）。一個學友稱他爲「奇才」，還有一個稱他爲「智囊」。

毛澤東的特有思想正在形成，他看重中國的尊嚴，他信仰個人自由，他已拋棄了他以前心目中的英雄梁啓超和康有爲的改良主義。他感覺到，在風雷激盪的社會變遷中，需要有新的東西產生。

新民學會在蔡和森家裡成立時，毛澤東說：「現在國民思想狹隘，安得國人有大哲學革命家、大倫理革命家，如俄之托爾斯泰其人，以洗滌國民之舊思想，開發新思想。」但是，新思想能帶來一個新的社會嗎？

在這幾年，毛澤東很少講「革命」這個詞，即使談到它，也僅指掃除一切舊的東西。他畢竟才二十四歲，可塑性還是相當大的，以至於即使只有一位老師的影響——且不說楊昌濟，就說是袁大鬍子吧——也能在他的心靈上留下烙印。

毛澤東的風格是不斷砥礪自己，與任何放縱自滿都格格不入。在任何情況下，他都是把利刃，他將挑戰、探索、鑒別、反抗。

在第一師範的五年半時間裡，毛澤東在書邊空白處或筆記本中寫了不少於百萬字的分析、觀點評註。他常在書的空白處寫上「荒謬」或「不通」等批語。

他喜愛「學問」這個詞，他曾對愛彌．蕭說：「學習就是探索。」當他和他徵友啓事的「三個半」回應者見面時，一開始不是寒暄客套，而是直截了當地問對方最近在讀什麼書。

一天，他到一位富裕的「新民學會」朋友家去。交談中，這個年輕的主人突然停下他們的政治談論，而把僕人叫來囑咐其去買豬肉，並交代清楚價格和買什麼樣的肉等。毛澤東對這位朋友竟以家庭瑣事來干擾談論中國前途這樣的大事感到極爲惱火，他一氣之下起身離去，再也不與這位富家子弟來往。

毛澤東同樣嚴以律己。他養成了一種習慣，常常到離第一師範不遠的南門那嘈雜喧鬧的大街邊去看書，以此作爲考驗，培養自己的注意力。這是成爲英雄的一條路徑。雖說當時他還無力按照自己的想法去改造周圍世界，但他至少已經能夠塑造自己的個性了。毛澤東當時是漫無目標的，卻不是單槍匹馬。在東山時他就與衆不同，但同時他感覺到孤立、凄涼。到一九一八年，他更鶴立雞群，他與別人之間的距離卻增加了他的號召力。他的怪癖成了獨特魅力，許多人樂意追隨他，他從一名學生成長爲一名領袖人物。

毛澤東是百折不撓的，他也超越了時代。即使在第一師範，傳統和權威也被踩在腳下，因爲這位不安分的未來菁英，已不再相信這些東西了。毛澤東僅僅是學生領袖，他的激進也只是表現在洗冷水浴。但是，時代的性質決定了一種也許毛澤東本人還沒有察覺到的聯繫：教育、體格與政治革命。

以上三者是互相關連的。因爲，要再造中國，首先需要賦予中國民衆知識，接著便是行動，而行動將意味著流汗作戰。第一次世界大戰期間，毛澤東在第一師範成爲了一名叛逆學生和對體育鍛鍊的狂熱者，按照其自身的邏輯，下一步就是接受馬克思主義，雖然在一九一八年，毛澤東的頭腦中還沒有一點馬克思主義的影子。

可以肯定，他處於矛盾之中。紙面上的變革方案醫治不了社會生活中的頑症，傳統和現代不可長期同床共枕。難道一個有教養且精力充沛的青年，到頭來僅僅是撞向中國痛苦之牆的一隻蒼蠅嗎？未來，他將從這些矛盾裡鍛造出一把利劍。同時毛澤東還有自己的信條，這在他讀泡爾生的《倫理學原理》所做的筆記中表現了出來：「凡有壓抑個人，違背個性者，罪莫大焉。」泡爾生曾經寫過如果所有的痛苦和困難都被克服了，那麼奮鬥戰爭也就被排除了。毛澤東則在空白處寫道：「人類不能久無變化。」

一九一八年四月，毛澤東的母親患了結核性淋巴炎，大弟毛澤民帶著她從韶山來長沙就醫。小弟毛澤覃這時已住在長沙，毛澤東將他安排進入第一師範的附屬小學讀書。

次年十月份，文七妹病逝，享年五十二歲。毛澤東回憶起母親的逝世時說：「從那以後，我更不想回家了。」爲了替母親下葬，毛澤東短暫地回了一次韶山，當時有很多人參加了葬禮。

許多年以後，毛澤東對他的一位護士說：「在我母親去世前，我告訴她我不能忍受看見她痛苦的臉。我要在心目中保留我對她的美好印象，所以她臨終時我會躲開。我母親同意了。」最後的離別時刻，毛澤東沒有留在韶山。他後來說他對自己在母親的葬禮上，以及此後對母親流露出的感情有很深的感觸。

毛澤東爲母親寫了一篇文言祭文，其中佛教和儒家的思想成分各參其半：

吾母高風，首推博愛。遐邇親疏，一皆覆載；愷惻慈祥，感動庶匯。愛力所致，原本真誠；不作誑言，不存欺心。

毛澤東陷入了更具體的回憶：

「病時攬手，酸辛結腸；但呼汝輩，各務為良。」

某回，毛澤東提及他的母親時說：「做為她的兒子我是不及格的，在她活著時，我對她不完全忠誠；在她去世時，我未能盡孝——我就是這種人。」

注釋

【1】譯註：作者將「三國時期」混同於「戰國時期」。

【2】譯註：原文有誤，毛澤東是在湘潭求學不成後再到湘鄉東山求學的。

【3】實際上毛澤東一開始是在第四師範學校就讀，幾個月後，第四師範併入第一師範。所以，到一九一三年秋，毛澤東就是第一師範的學生了。

【4】毛澤東卻討厭學校規定的幾分鐘啞鈴操，甚至寫諷刺文章攻擊那些「機械」的鍛鍊。毛澤東喜歡自己所發明的身體「測驗」。

【5】蕭瑜進一步解釋說，「二十八畫生」的喻意是「共產主義者」，因為「廿八」合在一起，有點像漢語中的「共」字。

【6】譯註：學友會，由勸學會發展而來，吸收女同學參加，是一個頗有影響的組織。見蕭三〈毛澤

東同志在五四時期〉，載於《光輝的五四》，第十九頁，北京，一九五九。

【7】譯註：作者將毛澤東得票最多的「人物互選」活動誤作選舉學友會負責人的活動。

4

京滬天地（一九一八—一九二一）

在毛澤東二十六歲生日前不久，他第一次離開了家鄉湖南。《三國演義》中有三位英雄，毛澤東與楊教授的另外兩個學生也以此爲典範，自稱爲「三豪傑」。這兩個同學，一個是蕭瑜，一個是蔡和森。蔡是一位具有戰鬥激情的青年，與毛澤東的母親同鄉。

楊昌濟於一九一八年離開長沙，並執教於北京大學。他在首都寫信給這「三豪傑」，談到如何去西方勤工儉學以拯救中國，新民學會討論了這封信，蔡和森代表長沙方面進京參加赴法籌備工作，毛澤東和另外二十人於一九一八年秋起程赴京，起初是步行，然後坐船到武漢，接著乘火車到達北京。

毛澤東早就想去北京。以楊昌濟爲橋梁，由《新青年》雜誌作媒介，他初步介入了新文化運動。毛澤東後來和蕭三談起北京這份刊物時說：「它有兩個宗旨，其一是反對古文，其二是反對舊禮教。」

毛澤東的個人處境與北京的富麗堂皇正好相反。猶如從小池塘中一躍成爲大魚的任何大學生一樣，他現在感受到了再次做小魚的痛苦。他沒有工作，身無分文。

起初，他在後門附近的楊教授家與看門人同住一間小屋，後來與另外七個湖南青年一起在一個叫三眼井的地方租了一間小房。八個人像沙丁魚一樣擠在炕上。毛澤東後來回憶說：「每當我要翻身，得先向兩旁的人打招呼。」

北京的開銷比長沙大。買煤燒炕使他們拮据，每個人能否買件大衣都成問題。他們只好八個人合買一件（湖南人從不穿大衣，就像佛羅里達人從不穿皮襖一樣），輪流著穿，以抵禦迅即席捲北京的嚴寒。

在人地生疏的地方怎樣找到工作？他去請求楊教授相助。儘管毛澤東很窮，但在湖南那些好學校裡他結識了不少人，並學會了如何和他們往來。楊昌濟給北京大學圖書館館長寫了封信函，詢問能否為一個參加勤工儉學運動而處境窘迫的學生找個工作。

讀了《新青年》，毛澤東最佩服兩位作者，他曾說：「他們一度成為我的楷模。」這兩人中的其一，便是當時擔任北京大學圖書館館長的李大釗教授。

毛澤東得到了一份工作，管理期刊閱覽室，月薪八塊大洋，報酬較低，但事情也不多，頂多是清理書架、打掃房間、登記閱覽者的姓名，對一個師範院校畢業的二十六歲青年來說，這不算是正式的工作。

在北京大學，毛澤東並非什麼長沙才子，而只是靠兩隻蒼白的手整理書刊的雇員。毛澤東回憶說：「由於我的職位低下，人們都不願和我來往。」

或忙碌在大窗戶下邊三屜辦公桌前，或穿梭於書架之間，身穿褪了色的藍長衫，腳踏一雙布鞋，他的大眼睛不放過任何東西。毛澤東透過他的簽名簿，認識了一些新文化運動的領軍人物。「我曾經試圖與他們談談政治和文化問題」，他傷心地回憶道，「可是，他們都是大忙人，沒有時間聽一個講南方方言的圖書管理員要說些什麼。」

在北大的各個場合，毛澤東的地位也同樣低下，只有在緘口不言時他才能去聽講座。一次，他斗膽向胡適提了一個問題（胡當時是著名的激進分子，後來成爲有名的自由主義者，蔣介石的駐華盛頓大使）。胡適問提問題的是哪一個，當他得知毛澤東是沒有註冊的學生時，這位激進而灑脫的教授拒絕回答。

但是，毛澤東像水蛭一樣盯住周圍一切好的東西，他渴望涉足知識界的大門。他參加了新聞學研究會和哲學研究會，這是恰當的選擇，因爲報紙和道德問題是他當時的熱情所在。

在當中，他認識了一些新朋友，其中有張國燾，他是來自韶山以東一個地主家庭的青年，儘管他們沒有成爲密友。

華北與華南有諸多不同，毛澤東二十五歲以前一直居住和生活在南方。湖南的生活方式與北京差別很大，就像佛羅里達與蒙大拿的差別一樣。除冬天嚴寒、口音相異、飲食不同等環境問題外，毛澤東還面臨更重要的心理問題。

北方是官僚傳統的沃土，同時是達官貴人的世界。在權貴眼中，滿頭大汗的苦力是不會有腦子的，他們根本不能理解一個曾在韶山種過田的人的想法。

在一九一八至一九一九年間，毛澤東的活動範圍狹小，那個冬季他產生了對北京生活既愛又恨的矛盾心理。然而，毛澤東的心中另有一個北京，他獨立持重，爲自己建立起一個小天地。

毛澤東喜歡北京古老的文化和悠久的歷史。他漫步在公園和宮殿。在西山，在長城，他抒發思古之幽情。面對北海垂柳上的冰稜，他吟誦起唐代詩人的名句，體驗著岑參筆下那令人讚歎不已的冰雪晶瑩的意境。這位來自湖南農村的青年看到了日趨沒落的中國文明的內在和諧。

這都城處在不斷的政治動盪之中，不過毛澤東似乎更沉湎於細微事物：「北京數不盡的樹木引起了我的驚歎和讚美。」值此時節，這位來自長沙的叛逆者暫時忘卻其使命，迷戀於詩詞和古老的傳統，流連於山水之間。

毛澤東決定不去法國。蔡和森和其他一些來自長沙的朋友起錨遠航了，毛澤東看出自己難於和他們一起前往。留學前必要的準備是學習法語，而毛澤東不會法語。儘管出國留學可以得到資助，但每個學生還得花些路費。毛澤東早因債臺高築而無法再向有錢的熟人張口借錢。

另外，可能還有楊開慧小姐的牽掛。毛澤東在拜訪楊教授的宅第時和在新聞學研究會上結識了楊小姐，楊是學習新聞的學生，她無意去法國的工廠做工。

事實上，毛澤東之所以待在國內，是因爲他打從心裡不想出國。除了先前所說的一切困難之外，還因爲毛澤東並不完全相信在西方能找到解決他個人以至整個中國前途問題的關鍵。他的心靈已被祖國的悠久歷史、壯美山水和近來所遭受的恥辱占據。

我們可以透過毛澤東自己謙虛而矜持的解釋，來說明他不去馬賽的理由：「我覺得我對我自己的國家了解得還不夠，把我的時間花在中國會更有益處。」這一決定是他已然形成的態度之結果，同時我們也可以看到以後的對外政策傾向。

與此同期，在一百二十英里以東的天津，一位名叫周恩來的青年做出了相反的決定，他起航遠赴歐洲。在西北的重慶，另一名叫鄧小平的青年，也以勤工儉學的身分開始了法國之旅。

中國的革命始發於圖書館。當時需要一種理論來指導對舊制度的反抗，有一種理論早已存在。當毛澤東的祖父還是小孩子的時候，就由卡爾．馬克思在另一圖書館——大英圖書館裡提出了。第一次世界大戰之前，馬克思主義僅有隻言片語傳入中國，只是在蘇聯布爾什維克革命之後才逐漸進入中國人的心靈。

馬克思主義是一回事，它主要是根據西方先進國家的實際總結出來的一種理論，列寧主義則與此不同。如果在落後的俄國能進行馬克思主義革命，如果帝國主義自身發展的邏輯會導致社會主義的產生（列寧這樣認爲），那麼中國難道不應該進行同樣的革命嗎？或許馬克思深奧難懂的論文需要更加仔細認眞的研究？因此，一九一七年以後，一些思想敏銳的中國人在毛澤東當時工作的圖書館，開始涉獵馬克思的文章和小冊子。

毛澤東不必花錢就可以讀個過癮，這對已捉襟見肘的他來說倒是實惠，在這裡他第一次讀到了馬克思和列寧的書。

然而，那年冬天的毛澤東並沒有掌握馬克思主義，在他心中占主要地位的是無政府主義。他讀克魯泡特金多於讀馬克思，他對這位熱情的俄國人比對那位嚴謹的德國人了解更多。

像任何其他無政府主義者一樣，毛澤東知道他反對什麼而不大知道爲何反對。同時，他還沒有掌握反對軍閥主義和帝國主義的思想武器。從個人境遇來說，無政府主義對那年冬天生活費毫無著落的毛澤東也頗爲合適。

一九一九年春，北京爆發了學生示威，這個活動後被稱爲五四運動，這一運動把《新青年》的主旨思想推向了高潮。但是毛澤東置身於外，他這時心情抑鬱，尚未認清奮鬥的方向。當北京的學生熱心於國家存亡時，他漠然處之，獨自離開了北京，去了一個誰也想不到的地方。

就在北京的學生砸爛孔家店時，他去山東拜謁了孔墓。

他回憶說：「我看到了孔子弟子濯足的那條小溪和孔子幼年所住的小鎮。」他攀登了東嶽泰山，遊覽了孟子的出生地，然後他又到了梁山，這是《水滸傳》中英雄聚義的地方。

在北京的激進分子宣稱要拋棄中國一切古老東西的時候，毛澤東卻沉溺於古老的泉源之中。五四運動是中國歷史上第一次大規模的知識分子運動——改變傳統、抵制日本對中國的蠶食。而此刻毛澤東卻置身於中國的山川名勝。

在儒家聖地逗留之後，毛澤東乘火車來到徐州（他曾路遇一同窗好友，並借錢買了火車票）。在徐州，他流連於因《三國演義》而出名的地方。到南京後，他環繞著古老的城牆漫步。他唯一的一雙鞋被人偷去，只得再次借錢買票到上海。

旅行本身似乎超越了去上海的目的。毛澤東說去上海是爲赴法勤工儉學的學生送行，他肯定去了上海碼頭。然而他從北京出發時並沒有和任何人結伴同行，他獨自置身於名勝古蹟之間，覓古尋蹤，歷時數週。

無論如何，可以肯定的是，毛澤東在北京待了半年之後就不願再待下去了。

自第一次世界大戰起，上海不僅是中國最大的城市（兩百萬人），更儼然已成爲西方的門戶，商業貿易是其血脈。毛澤東不喜歡待在上海，因爲這裡沒有古蹟、勝景和名山吸引他。

他去拜見透過《新青年》所結識的陳獨秀教授，這位研究文學的學者，在一九一七年迫於軍閥的壓力，從北京搬到了上海。這次會面爲日後進一步的接觸播下了種子，儘管這第一次會面還沒有到火候。

毛澤東在上海漫步街頭，閱讀報紙，拜訪湖南友人。

他浩渺的心思回到了在長沙的事務上。有一件好事來了，赴法勤工儉學的組織者撥給他一筆錢，使他得以回湖南。一九一九年四月，毛澤東收拾行囊，步行兼乘車船回到了長沙。

當時毛澤東的境況非常艱難。他在湖南大學爲投考者而設的學生宿舍裡找到一張床位，不久，他在母校第一師範的附屬小學兼些歷史課的教學。毛澤東有太多的事情要做，確實無法從事固定的工作。

毛澤東過著清貧的物質生活，儘管他的思想漫遊在常人所不及的世界裡。他一雙大腳上穿的是草鞋，草鞋便宜而且在夏天更實用；吃的飯食主要是蠶豆和大米。日常生活中，他經常要依賴別人。

北國之行在他身上留下了明顯的印記。在北京時他沉默寡言，在長沙他有很多話要說。他第一次冒險舉動是公開地講馬克思主義這一新奇思想，雖然對此他只知一點，也只這麼一點。

一九一九年下半年，毛澤東成爲長沙地區新文化運動和反對帝國主義運動的先鋒——五四運動的兩個主題。當時的主要矛頭指向湖南軍閥統治者張敬堯，這位半封建式的親日派曾使五四學生付出了流血的代價。

毛澤東領導了長沙的五四運動，將運動的兩個主題都做得有聲有色。在驕陽似火的六月，他在長沙組建了「湖南學生聯合會」。

學生運動的熱情空前高漲，這在全國首屈一指，即使美國一九六〇年代的學生騷亂較之也略遜一籌。學校有半數時間停課（理想的「眞理」壓倒了現實），一紙宣言可以引起學生第二天更大規模的遊行。包裡裝著牙膏，背上用毛巾袋裹著雨傘，學生走出長沙與其他地方志同道合者取得聯繫。幾乎每個人與自己的家庭都發生衝突。印刷粗糙的小型雜誌不斷湧現，標題都帶著一股高昂的情緒：《覺悟》、《女界鐘》、《新文化》、《熱潮》、《向上》、《奮爭》、《新聲》。

以一九六〇年代的標準來衡量，這些學生絕不趕流行。他們當中，大多數是身穿長袍馬褂的紳士，慣於對僕人比手畫腳。他們一隻腳站在傳統的門檻裡面，嘴上卻言辭激烈地反對傳統。與美國的一些福音派信徒一樣，他們和周圍人一樣生活，但嘴上卻說是周圍的人污染了他們純潔的心靈。

有一個大學生剁掉自己的兩個手指，以抗議督軍張敬堯的殘暴行徑。十三歲的丁玲（她後來成爲中國最著名的小說家之一），帶領全班同學衝進湖南省議會的議事廳，要求婦女有財產繼承的權利。年齡越小，他們越無所顧忌。

毛澤東在一個「使用國貨，抵制日貨」的集會上發表演講，而沒有注意到中國產品還不能滿足人們的需要這一事實。他組織一批女學生——從一開始他就把女學生吸收進湖南學生聯合會的核心——在長沙街頭檢查店鋪，警告老闆要銷毀日貨。

毛澤東後來回憶說：「當時沒有時間談情說愛。」事實的確如此，晚間政治活動之後一、兩個小時的休息，不帶邪念的男女相依而臥不會發生情事。毛澤東和「三傑」之一的蔡和森及他聰明美麗的妹妹蔡暢曾立下三人盟約：發誓永不結婚。但是他們三人都違背了這一誓言，毛澤東則違背了三次。

這不表明他們的誓言是戲言，而是表明他們一度曾經像美國福音信徒般具有的思想，他們並不愧於生活在矛盾中。他們認爲雖然沒有時間談情說愛，但當愛情悄然而入時，反而常常會爲他們的事業增添光彩。

學生的社會處境使他們處於一系列矛盾之中，他們是蒙恥受辱的一代。古老傳統的粉碎使他們根基頓失，國家的風雨飄搖又使他們瀕臨絕望。

做舊中國的反叛者需要具有很大的膽量來付諸行動。對外表堂皇、內部腐敗的舊中國的公然反叛，猶如揮戈猛刺一個外皮尚好、裡面爛如狗屎的西瓜，民衆會哄然大笑。符咒既被揭破，爛透的西瓜又始發青春。在一九一九年的中國喚起民衆的反抗並非難事。

在那個暴風驟雨的夏天，毛澤東爲學生聯合會而奔走忙碌，他創辦了一份週刊，自任編輯和主筆，並依地名將該刊物命名爲《湘江評論》。第一期《湘江評論》印了兩千份，一天之內就銷售一空，以後每期印五千份（這在一九一九年的湖南，印刷量算是很大的）。

該雜誌鋒芒犀利，充分表達了自己的主旨。它使用白話文而不是呆板的文言文，語言的改宗就如用耶穌的原話改寫欽譯《聖經》一般的驚人。

的確，甚至胡適教授也認爲毛澤東是一位引人注目的作者。他在紅格薄紙上草就的文章筆鋒銳利，生動活潑，對每一個論點都表述得很詳細。他以前如饑似渴地閱讀報紙，終於看到了成效。

「人類解放的運動猛進」，毛澤東作爲編者在發刊詞中宣稱，「什麼不要怕？」他作出的回答充分顯示了他當時超然的思想：「天不要怕。鬼不要怕。死人不要怕。官僚不要怕。軍閥不要怕。資本家不要怕。」

在中國的一份報紙上，我們看到當時的一位小學教師對毛澤東的回憶，文中不乏溢美之辭，但很有史料價值。

《湘江評論》只編寫五期，每期絕大部分的文章都是毛澤東自己寫的。刊物要出版的前幾天，預約的稿子常不能收齊，只好自己動筆趕寫。他日間事情既多，來找他談問題的人也是絡繹不絕，寫稿常在夜晚。他不避暑氣的薰蒸，不顧蚊子的叮擾，揮汗疾書，夜半還不得休息。他在修業小學住的一間小樓房和我住的房子只隔著一層板壁。我深夜睡醒時，從壁縫中看見他的房裡燈光熒熒，知道他還在那兒趕寫明天就要付印的稿子。文章寫好了，他又要自己編輯、自己排版、自己校對，有時還自己到街上去叫賣。這時，他的生活仍很艱苦，修業小學給他的工資每個月只有幾元，除了吃飯以外就所剩無幾。他的行李也只有舊蚊帳、舊被套、舊竹席和幾本兼作枕頭用的書。身上的灰長衫和白布褲，穿得很破舊。

毛澤東寫的一篇名爲〈民衆的大聯合〉的文章，集中表達了他的觀點。這篇文章雄辯有力，通俗易懂，極富愛國熱情，儘管還不能說是馬克思主義，但與兩年前的〈體育之研究〉有明顯的不同。

毛澤東開首便直刺中國社會現狀：「國家壞到了極處，人類苦到了極處，社會黑暗到了極處。」他不再認爲強健個人體魄是解救中國之關鍵。中國確需這樣一種修道士，而毛澤東是他們中間的頭一個，他帶領中國走出黑暗。不過，毛澤東在〈民衆的大聯合〉中並沒有提出領導權。

他盡可能爭取廣泛的支持，號召各階層的民衆聯合起來，對壓迫他們的勢力「齊聲一呼」。這聯合將半靠自覺半靠組織，鞏固的團結是其關鍵。一九一一年辛亥革命未能發動民衆，下一次革命非喚起民衆不可。

文章提及了馬克思（「一個生在德國的，叫做馬克思」），與毛澤東欣賞的無政府主義者（「一個生在俄國的，叫做克魯泡特金」）相比較。毛澤東說，馬克思的觀點「很激烈」，克魯泡特金更溫和的觀點雖不能立見成效，但是他的最大優點是「先從平民的了解入手」。

文章富有革命色彩，但是在一九一九年的長沙，馬克思與其他一些革命理論家相比，似乎並不引人注目。毛澤東期望一種更爲公平的社會秩序，他有出色的組織才能，但是當時的毛澤東還沒有找到合適的理論形態。

毛澤東設想多種形式的聯合會彙聚力量形成革命大潮。聯合的目的很簡明：「反對壓迫民衆的……強權者」，婦女、人力車夫、農民、學生等，各界人士都包括在這種聯合之內，沒有階級界限之分。

毛澤東以設身處地的口吻述說了各階層的苦難，而對學生之苦則最爲激動：

> 我們的國文先生那麼頑固。滿嘴裡「詩云」、「子曰」，究底卻是一字不通。他們不知道現今已到了二十世紀，還迫著我們行「古禮」，守「古法」。一大堆古典式、死屍式的

臭文章，迫著向我們腦子裡灌。

在學校時，毛澤東就造過現已與之不聯繫的老師的反。現在，他要造社會的反。他信誓旦旦：「我們倘能齊聲一呼，必將這歷史的勢力衝破。」

毛澤東的文章受到李大釗舉辦的《每週評論》的讚揚（「武人統治之下，能產生我們這樣的一個好兄弟，眞是我們意外的歡喜」）。這激勵了長沙合作組織「湖南各界聯合會」在艱難中形成。

在開始公開自己的觀點中，毛澤東轉入一新的開端。讀書學習，在書頁上寫一萬字的批註是一回事，在公衆面前亮相則是另一回事。這是一種行動，其言論將會造成後果。毛澤東不再只是探索周圍的世界，而是在逐步改造這個世界。

軍閥張敬堯查封左派刊物的習性，就像看門人在能源危機時熄滅燈火一樣。一批全副武裝的士兵一夜之間就把只出了五期的《湘江評論》扼殺了，它的主辦者湖南學生聯合會也在同一夜被取締。

當時各種小型雜誌多如飛雀，過眼即逝。毛澤東很快又入主《新湖南》雜誌，這家由湘雅醫學專科學校的學生主辦的雜誌同樣是五四運動的產物，因暑期人手短缺，故歡迎毛澤東去當編輯。該雜誌創刊於六月，八月份由毛澤東接管，十月份便遭到了與《湘江評論》同樣的厄運。但是它被查封之前引起國內左派的更多注意。

毛澤東的文章被長沙的主要報紙《大公報》採用，他作爲政論家已享有一席之地。忽然間，當地發生了一起可以大做文章的新鮮事。

長沙有位趙女士準備出嫁，她不喜歡擇她爲妻的那個男人，但是家中長輩（她的父親是眼鏡製造商、男方的父親開古董商店）都極力促成這樁親事。娶親的那一天，趙女士穿上新娘的服裝上了花轎。在往新郎家中的路上，她突然從裙子裡拿出一把剪刀割破喉嚨自殺了。

悲劇發生不到兩天，毛澤東寫的〈對於趙女士自殺的批評〉就見報了。在接下來的兩週時間內，他在《大公報》上發表了八篇論述婚姻、家庭的壓迫和舊社會的罪惡的文章。

如往常一樣，毛澤東從自己的生活中挖掘社會罪惡的根源。

他譴責社會：「趙女士的自殺，完全是環境所決定」，毛澤東言辭擲地有聲，「這種環境包括婚姻制度的腐敗，社會制度的黑暗，思想不能獨立，愛情的不能自由。」他把趙女士結婚的花轎稱作「囚籠檻車」。

從這九篇文章的字裡行間，我們可以發現毛澤東奉父母之命的婚姻對他產生的影響，以及他母親逆來順受的個性。「大男人主義」已被列爲中國革命的對象。

毛澤東以父親般的口吻寫下〈婚姻問題敬告男女青年〉。在另一篇文章中，他呼籲讀者「振臂一呼」，砸碎迷信的枷鎖。勇往直前早已是他的一條信念。「命定婚姻，大家都認作是一段美緣，誰也沒有想到這是一個錯舉。」

自此時起，毛澤東終生都持反對在任何條件下自殺的思想。「截腸決戰，玉碎而亡，則眞天下之至剛勇，而悲劇之最足以印人腦府的了。」像趙女士那樣自殺不是對腐朽的舊社會的反抗，它實際上迎合並維護了即將滅亡的舊道德秩序。毛澤東寫道：「與其自殺而死，毋寧奮鬥被殺而死。」

毛澤東鞭撻了婦女貞節牌坊，這在當時給人印象極深：「你在哪裡看見男子貞節牌坊嗎？」這個幾乎可以肯定還是童身的男子問道。接下來，他召集女學生走上街頭說服家庭主婦抵制日貨，爭取各方支持反對軍閥張敬堯的罷工。

毛澤東的思緒被新民學會的名稱牽回。婦女運動只是造就新民的開端。不過毛澤東正在逐漸接近這樣一個觀念，即建立新社會應該是最終的目標。

毛澤東和他的朋友與張敬堯的湖南政權處於衝突之中，直到一九一九年十二月引發了鎮壓。張敬堯的軍隊用刺刀和槍托，驅趕在教育廣場焚燒日貨的人群。[1]深夜召開的籌劃會議一個接著一個，毛澤東寫了一篇呼籲推翻親日派軍閥屠夫張敬堯的宣言。

一萬三千名學生和他們的支持者，在毛澤東的宣言上簽了字，長沙大罷工開始了，勝負要見分曉了。儘管張敬堯的統治動搖了，他卻沒有被推翻。於是，毛澤東和其他帶頭的人大禍臨頭。

毛澤東決定離開湖南，以逃避張敬堯的追捕——張敬堯現在對他們懷有刻骨的仇恨。他要到湖南以外的反軍閥勢力那裡去尋求對驅張運動的支持。

毛澤東重返北京。在北京的四個月是他收穫的季節，儘管並不盡如人意。

毛澤東是由新民學會派遣北上的，他是由一百人組成的驅張請願團的團長。毛澤東還接受了《大公報》和其他報刊的任務，他這次不再是身無分文了。

在武漢停留十天以後——毛澤東在這裡對當地形勢作了考察——這一行人到達北京，正好參加在湘鄉會館舉行的有千餘人參加的反張集會。毛澤東帶著一條標語來到會場：「張毒不除，湖南無望。」

毛澤東在古老破敗的福佑寺租住下來，這裡位於故宮附近的北長街。他睡在沒有供暖的主殿裡，置身鍍金的神像的眼皮底下。他夜間閱讀和寫作的地方是一條香案，油燈搖曳的火苗將其映成怪影。香案旁邊是一台油印機——這是新時代從事政治活動的聖物。這裡就是這位來自湖南的青年政治家自豪地稱爲「平民通訊社」的印刷車間。

毛澤東的驅張計畫並沒有多大進展。北京的世界更廣闊，所關心的是更大的問題：大軍閥統治的「國民」政府腐敗、凡爾賽會議以後國際局勢的急劇變化、布爾什維克革命的迴響、五四思想的傳播。毛澤東走街串巷，但一提起湖南的事情，所得到的是不屑一顧的眼神。

毛澤東這次北京之行的最大收穫是與楊開慧交往。楊開慧比毛澤東小八歲，是一位身材苗條的少女，圓臉龐，皮膚白皙。毛澤東在前一次來北京時，就已萌發對她的愛情，現在他們的感情更深了。

毛澤東到達北京一個月之後，楊教授去世，這似乎爲毛澤東與楊開慧的結合開闢了道路。

這對情侶開始了他們的「試婚」，[2]這是楊教授不曾贊成的，不過他們在北京並沒有共同的居處。他們在毛澤東棲身的北長街寺裡的神像旁見面，或者去溫暖舒適的楊家。春天，他們一起到西山騎馬漫遊，在僻靜處相會。他們的第一個孩子似乎在那年春天過後不到一年的時間裡就降生了。

五四精神鼓舞下的毛楊結合是自由戀愛的結晶，這在舊中國是極爲少見的。一年以後在長沙舉行的結婚儀式只不過是走過場而已，很少有人記在心中，甚至毛澤東本人在一九三六年與愛德格．斯諾談話時，也回憶不起這次婚禮的確切日子。

長沙的趙女士沒能活著去光揚五四道德準則，而楊小姐努力追求自由戀愛的精神，在政治運動中亦得以展現。死去的趙女士使毛澤東滿腔憤懣盡訴筆端，活著的楊小姐則令他心醉神迷。趙女士永離人間，楊開慧則在精神上爲毛澤東注以新的活力，佐促毛澤東在二〇年代進行筆戰和繼之以眞槍實彈的鬥爭。

也是在那寺廟的香案上，毛澤東閱讀了《共產黨宣言》（中文譯本，他熱心搜讀各種譯成中文的有關材料）。這一次，馬克思和恩格斯的思想深深打動了他。部分是因爲《共產黨宣言》——第一部分的中文譯本在中國一九一九年十一月出現——是當時在中國最有影響的馬克思的著作；部分是因爲俄國革命後，經過李大釗教授和其他人的介紹，馬克思主義在中國人的面前綻放了新的光輝。

蘇俄成了毛澤東的指路燈塔，就像一七九〇年法國之於英國的激進派一樣。他對馬克思理論的掌握是逐步的，但是布爾什維克的成功深深地打動了他的心。

他在和一位青年婦女的交談中表現出他對新俄羅斯的熱情。那位婦女說：「搞共產，好是好，但要好多人掉腦殼。」毛澤東激動地回答：「腦殼落地，砍腦殼，當然、當然，但是你要曉得共產主義多麼好！那時國家不再干涉我們了，你們婦女自由了，婚姻問題也不再拖連你們了。」

對毛澤東來說，馬克思主義是一種思想，它解釋歷史是怎樣從一個階段演進到下一個階段。

毛澤東對於革命行將帶來的社會前景考慮不多，他也沒有注意到最爲艱難的關鍵問題是要奪取政權。不過，在一九二〇年他已確立馬克思主義的信仰，並認爲中國的命運要與俄國式的革命連在一起。

只有這樣才能拯救國家，克服落後，人民的能量才能得以釋放，五四英雄們的理想才能在社會中實現。

馬克思主義絕不像一道命令或一種疾病那樣，只是從一種歷史環境傳播到另一種歷史環境，而是在新的環境中再生。毛澤東對馬克思主義的接受也正是這樣。自一九一九年他成爲《新青年》的讀者時，他所理解的馬克思主義已在心中播種。聖彼德堡傳來的消息使馬克思主義成爲中國革命的希望所在。對馬克思、恩格斯和列寧的理論的吸收僅是毛澤東的思想演進的第三個階段。

「有三本書特別深刻地銘記在我的心中」，毛澤東談起他在北京度過的第二個冬天，「使我樹立了對馬克思主義的信仰。」這三本書除《共產黨宣言》外，還有一本考茨基的著作和柯卡普的《社會主義史》。後兩本書給予毛澤東的不是很純的馬克思主義。

不過，毛澤東已經確立了自己的「信仰」。從一九二〇年夏天開始，他認爲自己已經是馬克思主義者了，並且以後從未動搖過。無政府主義、改良主義和空想主義都從他的政治思想核心中擠出去了。

毛澤東並沒有在一夜之間呑食馬克思、脫胎換骨變成純粹的馬克思主義者，這從他繼續從事湖南自治運動的行爲中可以清楚地看出。他在四月份離開北京，原因之一是他在這裡並不能爲湖南自治做些什麼。

楊開慧自父親死後便隨母親一起回到長沙。毛澤東暗中思量，一等到湖南政局稍安便抽時間與她相聚。

在那個時候，他還希望與陳獨秀教授詳論自己新的馬克思主義信仰。毛澤東變賣了自己過冬的大衣買了火車票，起程去上海，腦子裡裝著一大堆未清理的想法。

毛澤東處境艱難，他爲經理和富有的老闆洗燙衣服並要來回取送。他在一家洗衣店當員工，每月的薪水是十二塊至十五塊錢。其中約有八塊錢用作車費，因爲他要往來於洗衣店、私宅及旅店之間。如果說在他以後的生活中對上海很少露出笑臉的話，我們不難理解個中緣由。

毛澤東期望陳獨秀在湖南問題上予以指導，但這位革命的教授手頭有更重要的事情要做。由新近成立的共產國際派遣的俄國顧問已經到達中國，與李大釗和陳獨秀商討關於在中國成立布爾什維克組織的具體事宜。

那年春天，陳獨秀是迄今所知對毛澤東的馬克思主義思想影響最大的人。「在我一生中可能是關鍵性的這個時期，陳獨秀表明自己信仰的那些話給我留下了深刻的印象。」毛澤東後來談起這位以前是北京的反傳統鬥士時說。毫無疑問，洗衣店的艱辛使毛澤東進一步接受了馬克思主義，也幫助他更深刻地理解了馬克思所說的「無產者」這個詞的意義何在。

毛澤東去碼頭向赴法勤工儉學的湖南學生送行，陽光閃爍在黃波蕩漾的黃浦江面上，潮濕的空氣中迴盪著裝卸船貨的號子和汽笛聲。毛澤東身上穿著在自己受雇的洗衣店裡洗得泛白的灰布長衫。

在起航之前，新民學會會員在上海的半淞園舉行了會議。毛澤東講了話，他提出「改造中國與世界」的口號。會議決定委派他回長沙任湖南勤工儉學運動的負責人。大家鄭重地合影後，便沿著吳淞口岸慢慢走向法國貨船。

有些女生隨這夥人一起出發了。讓女生參加這一運動是毛澤東的一個重要貢獻，他曾對領著一幫女生的一位湖南朋友說：「外引一人，即多救一人。」他對婦女的遭遇的同情再一次充分體現了他對舊中國的憎恨。

有位學生對毛澤東沒有赴法表示遺憾，毛澤東回答道：「革命不可能等到你們歸來再著手。」

毛澤東獨自站在斜坡上，看著朋友們依次走進船尾的四等艙。在他轉身走回市內前，他高聲喊道：「努力學習，拯救國家。」

湖南的內戰連續不斷。但是到了一九二〇年夏，戰爭以張敬堯敗走和較爲開明的譚延闓上台而結束。毛澤東在這種新的自由氣氛下帶著滿腹政治計畫回到長沙。

奉譚之命擔任騷亂不已的第一師範校長的人，恰巧是毛澤東過去的老師，這位教育家不久就聘任毛澤東爲第一師範附屬小學修業學校的主事。主編《湘江評論》時，他曾在修業學校教過課。當蔡和森和其他湖南名人正在法國做工時，毛澤東無可爭議地成爲新民學會的領導人。

修業小學的報酬豐厚，主事的職位且有一定的威望。毛澤東很快就顯示出他不只有儉樸的一面，他與楊開慧住在清水塘附近的一幢房子裡，這是一個財主建在花園中的住宅，寧靜而雅致。租金每月十二塊錢，與他在上海洗衣店時的收入一樣多，超過他在北京大學圖書館工作時收入的百分之五十。從表面上看，毛澤東已躋身長沙上層社會。

一九二〇年至一九二一年，是毛澤東的思想和行動趨於一致的時期，這爲他的政治生活帶來新的目標，卻也爲他的親屬多少帶來一些痛苦。

毛澤東把五四精神推向前進。他創辦青年圖書館，又與其他人一起重建湖南學生聯合會。[3]在回韶山的幾週內，他爲家鄉傳送了新文化的火炬，成立了一個教育促進會。他在湖南《通俗報》上撰文並擔任編輯。這是一份半官方的教育報紙，毛澤東的朋友何叔衡任主編後，該報便轉向左派。

在一位與他關係頗好的女同學——她也是楊教授最好的學生之一——的幫助下，毛澤東創辦了文化書社，在湖南傳播左翼文化的種子。「湖南人現在腦子饑荒，實在過於肚子饑荒。」他在《文化書社緣起》中寫道。

毛澤東在湘雅醫學專科學校以低租金租了三間房當文化書社社址，並從楊開慧的母親那裡得到經濟上的資助。他甚至請擅長書法的軍閥譚延闓爲書社寫招牌、出席開業儀式。在那個下午的開業典禮上，這兩個冤家對頭握手言歡。[4]

書社營業很好，不久就在其他城鎮成立了七個分社。初期最暢銷的書籍有（都是中文書刊）《社會主義史》、《馬克思「資本論」入門》、《新俄國之研究》等，雜誌有《新青年》、《新生活》、《新教育》和《勞動界》。

毛澤東在五四運動的主旨中增進了親蘇俄的內容。他和《通俗報》主編何叔衡一道成立了「俄羅斯研究會」，並發起了赴俄勤工儉學運動。在馬克思主義信仰的影響下，毛澤東試圖組織勞工聯合會。在共產國際的建議下——這些建議從北京和上海透過信件傳給他——他開始組織共產主義小組。同時他還組織了社會主義青年團這一共產黨周邊組織。

一九二一年五月，何叔衡被省教育廳辭退，《通俗報》的激進分子也一齊被解雇。毛澤東聘用他們當中的許多人來當「修業小學」的教師。在反抗鬥爭中，如果說學生是中堅力量，那麼小學教師則像一根紅線，把他們與那影響不斷擴大的毛澤東的馬克思主義思想連在一起。

第一師範本身在傳播馬克思主義方面發揮了至關重要的作用。毛澤東在校內學生中招募新的追隨者；靠學校的薪水維持少數學生領導人的生計；利用校友會寬敞的活動場所召集會議，並以文化書社的名義向每個與會者贈送十元錢作爲禮物；還讓年輕人方便地出入圖書館，猶如出入公共汽車站一樣。第一師範對於毛澤東這個嶄露頭角的共產主義者來說像一個大家庭。

毛澤東的家人也被吸收進來。毛澤東的父親於一九二〇年死於傷寒，終年五十二歲——此事毛澤東很少提起，除了說幾乎沒有人參加父親的葬禮外——毛澤東悄無聲息地接過了父親手中的一切。他安排二弟毛澤民進入第一師範，讓三弟毛澤覃在明星中學讀書，還把他繼妹毛澤建送到附近衡陽市一所師範學校。

在毛澤東的直接領導下，這三人不久便參加了共產黨組織；毛澤東像父親一樣發號施令，時時讓他們忙得團團轉。

毛澤東已不再是孤身奮鬥了。他和上海、北京和法國的同志保持通信聯繫。他在長沙這個不大不小的池塘中成了一條大魚，在湖南各地他都有可靠的聯繫。他有自己的小家庭，妻子不久有了身孕。

毛澤東在一九二〇年寫的一系列文章主要都是贊成湖南自治問題的。這是毛澤東最終要支持地方主義嗎？是的。從其生氣勃勃的文章中，可以看出毛澤東是怎樣的一個人。

還在上海洗衣店打工的時候，他就與一位主辦《天問》週刊的湖南活動分子，以及和湖南改造促進會取得了聯繫。現在，譚延闓成了省長，毛澤東和其他一些人希望他能保證湖南的自治，「不引狼（北京政府）入室」。

毛澤東論述這個問題的文章是他以前的自由思想的延伸，還談不上是馬克思主義的（這些文章《毛澤東選集》沒有收錄）。他也沒有爲將來獨立的湖南確立社會目標，僅僅是讓湖南脫離壓在背上的重負。

毛澤東對湖南自治問題的議論是對自己的反對帝國主義的思想的運用。他把「湖南以外的」地方都稱爲「外國」。他呼籲成立「二十七個小中國」，因爲「大中國思想」是一種罪惡，阻礙了平民生活的「自然發展」。

誠然，毛澤東之所以贊成二十七個省都關起門來自治，是因爲他認爲只有各省的小建設成功，一個更爲強大和繁榮的中國才會存在，「這正像美、德兩國由分而合的道路」。

然而，對於一個已經是激進的信奉國家民族至上的人來說，轉而支持分省自治無疑是令人震驚的——他的一些左翼朋友也認爲這是他的一個錯誤。

他沉痛地寫道：「四千年歷史中，湖南人未嘗伸過腰，吐過氣。湖南的歷史，只是黑暗的歷史，湖南的文明，只是灰色的文明！這是四千年來湖南受中國之累，不能遂其自然發展的結果。」

北京，同其軟弱無能的「國民」政府（以及它嚴寒的冬天和對南方方言的歧視）一併受到毛澤東的抨擊。

到一九二一年春，毛澤東已失去對湖南獨立自治的熱情，軍閥的更迭也動搖了這種激進的理想。譚延闓在一九二〇年九月被取代，新統治者贊成自治，但反對通過自治解放民眾的任何意向。

數週後，毛澤東帶頭衝擊省議會，把掛在考究的牆壁上的條幅、旗子扯了下來。他認識到了改良政治的局限，並要在現存政治結構之外組織活動。

蕭瑜在法國勤工儉學回國後見到了毛澤東。他們徹夜長談，淚眼相對，並發現彼此間存在鴻溝。毛澤東是親蘇俄派，蕭瑜則不是；毛澤東贊成強權，蕭瑜則擔心這會危及個人自由。

毛澤東決心組織民眾來奪取政權，蕭瑜則仍是一個書生氣十足的學究。他對毛說：「像劉邦和項羽（漢朝的兩位政敵）那樣爭奪天下的爭鬥，在耶穌基督和釋迦牟尼看來，就像街頭頑童爲爭一個蘋果打架鬥毆一般。」

毛澤東簡單地反駁道：「你不同意卡爾・馬克思的理論，多遺憾。」新民學會兄弟般的團結自此成爲過去。

一九二一年初的一個大雪天，新民學會在文化書社開了三天大會。毛澤東在會上強調

「變革」的目標，反對「改良」。他贊成採用俄式的革命方法，反對「通過幾十年的教育」的改良方法。

從法國歸來的大部分人反對他的觀點，一些繼續留法的人也寫信反對這一觀點。他似乎遭受了挫折，所以他在會上宣布新民學會「已經完成了它的歷史使命」。

但是，在某種意義上他贏得了自己鬥爭的勝利。他轉移了自己的基地，他把和自己觀點類似的會員拉進了社會主義青年團，視新民學會如敝屣。

五四運動的參加者已經分裂成兩派，這一結果使毛澤東與蕭瑜分手。一九一九年在《新青年》上的論戰已經為他們作了總結：「談論主義」還是「研究問題」？知識分子是用理智分析研究具體問題，還是在一種思想意識的指導下付諸一定的行動？

胡適教授為首的五四自由派堅持研究具體問題而遠離政治生活，李大釗教授為首的馬克思主義派則信守「主義」。毛澤東無疑站在「主義」這邊，他希望發生分化。如果把五四傳統與某一具體思想形態聯繫在一起就意味著會產生分裂的話，這種分裂是件大好事。

另一種分化已迫在眉睫。在一九二〇年，無政府主義乘時而「入」。一些敏感、篤信絕對自由的年輕人組成了自己的組織：湖南詩雨社、健學會、青年會和最有影響力的勞工會。毛澤東對無政府主義的信條非常了解，一九一八至一九一九年在北京時他曾為之傾倒，可現在他心中的馬克思已經驅逐了克魯泡特金，他狠命地與勞工會展開鬥爭。

毛澤東以恩格斯的《社會主義從空想到科學的發展》這類馬列主義的書籍為武器，抨擊無政府主義的代表人物。他迷惑對方，嘲笑無政府主義者要「在二十四小時之內廢除國家」的蠢舉妄動。每當從無政府主義的陣營中爭取過來一人，毛澤東就把他引薦到組織嚴密的社會主義青年團中來。

在北京時的孤獨和被人疏遠，使毛澤東傾向於接受無政府主義。現在，他正作爲長沙左派力量的主要帶頭人大踏步地朝前邁進，並把無政府主義視爲令人難容的東西。

一九二一年夏，毛澤東乘船北上。這次旅行是他在長沙十個月的組織活動的最高峰。作爲準備階段，起先是成立馬克思主義與俄羅斯研究會以吸收有才幹者，然後是新民學會的分化，接著是有堅定信仰的社會主義青年團的產生。現在，重要的新步驟到來了。

在此前的幾個月中，毛澤東收到了數省共產主義小組織在聯絡地上海和北京的重要馬克思主義者發來的很多指示。他在一九二〇年九月曾祕密地去過上海這個港口城市參加計畫會議。

現在，毛澤東作爲湖南兩位主要的馬克思主義者之一再次返回上海，參加中國共產黨的第一次代表大會。湖南的兩位代表都是教師，另外還有來自其他五個省及（留學）日本的十一名代表。

非常湊巧的是，在至漢口的船上毛澤東正好與蕭瑜同艙。身爲朋友，他們爭議到深夜，此時的毛澤東正在研讀《資本主義制度概論》。堅固的友誼能戰勝判斷力嗎？似乎大量的前馬克思主義思想習慣仍保留在毛澤東的內心。

十三位代表汗流浹背地來到上海的法租界，住進在博文女校已經訂好的房間（學校暑期放假）。他們大都是年輕人，平均年齡二十六歲，在他們當中沒有一個是工人或農民，幾乎所有人的出身都要高於毛澤東。

會議於七月中旬在望志路一棟裝有黑漆大門的灰紅色房子裡舉行。這棟房子外表平平，底層沒有窗戶，是上海一位代表的長兄的居所。全體代表包括兩名來自共產國際的俄國特使，圍坐在起居室桌旁，桌上放著茶杯和文件。

毛澤東當時二十七歲。他頗爲愼言，眼瞼下有一圈黑暈。身爲代表，他穿著土布長衫像是一位來自湖南鄉下的道士。

有人記得毛澤東在發言時不停在聳肩，他那好鬥的特性讓人留下深刻印象。「他在講話時微笑著布下陷阱引誘對方上鉤，使與之辯論的一方無意之中自相矛盾。然後，他發出一陣笑聲。」這會惹火那些認爲有重要問題要談的人。

毛澤東常常不修邊幅。一位同僚回憶道：「你可以從他的脖子和身上刮下斤把灰塵。」在飯店吃飯時，他用袖子擦去灑在桌上的食物和酒。他常常穿鞋不穿襪子，或是讓襪子耷拉在鞋面上（他的這種習慣保持了幾十年）。

對於毛澤東來說，這是令人十分激動的一週，他一直渴望大會的召開。他在著手湖南自治運動時曾寫道：「無論什麼事有一種『理論』，沒有一種『運動』繼起，這種理論的目的，是不能實現出來的。」現在他相信這種運動應該是布爾什維克式的，而他正與兩名布爾什維克同志，共產國際的馬林和遠東書記處書記尼科爾斯基同桌而坐。

參加會議的十三位代表雖然各有不同的考慮，但終歸都受到布爾什維克革命勝利的巨大激發。如果沒有俄國的影響和幫助，這種會議是不可能在一九二一年舉行的。

但是，長沙的情況不同於整個中國，更不用說莫斯科了。黨的核心提出的思想是否與毛澤東這位地方政治家的方案不謀而合呢？

有跡象表明，湖南代表問題似乎成了會議的關注點。會議認定毛澤東的同伴何叔衡不是完全的馬克思主義者，沒有資格充當代表。毛澤東不願傷害湖南老鄉的自尊心，於是找個藉口讓何返回長沙，說長沙有緊急的事情需要何去親自處理。

會議的氣氛低沉，代表並沒有感覺到自己是在親身經歷一個重大歷史事件。炎熱的氣候使人疲憊不堪。一些代表感到頭昏腦脹，而更多的人則有意見衝突。毛澤東無論如何也不是這次散漫會議上活躍人物（在後來的歲月中，他對這次會議的談論少的驚人）。

能否說中國共產黨第一次全國代表大會是虎頭蛇尾？在某種程度上是這樣，李大釗教授（當時仍在北京）和陳獨秀教授（當時在廣州）都沒有出席。

無論如何，這些代表不是經過考驗、有共同信念的團體。其中一位代表不是住在女校而是住在豪華的東方大酒店，並且花很多時間和精力陪他漂亮的妻子逛商店購物。

這十三名代表也無法完全自主。會議的規模和時間，基本上是由共產國際以及缺席的李大釗和陳獨秀決定的。

在客廳桌子旁的代表所發表的看法與毛澤東的想法並不十分吻合，這尤其使毛澤東不悅。

兩條路線正在形成。占統治地位的是共產國際的路線，且得到了富有才能的張國燾（他的故鄉就在韶山的另一邊）的支持：組織城市工人、推翻資本主義、建立無產階級專政政權、不與孫中山那遍布全國的國民黨發生聯繫。

不贊成該路線的是漸進派。他們認爲需要一個民衆教育時期，中國的城市工人數量太少，不足以推翻資本主義，爲了反對帝國主義和軍閥的事業，可以和孫中山合作。

毛澤東當時究竟是怎樣想的？誰充當組織領導者？採取溫和的方法還是激烈的方法？毛澤東對這兩派並非一無所知。那麼，他爲什麼沒有堅定支持任何一方呢？

原因很簡單，他當時心態複雜，漫無頭緒。俄國模式是他新的熱情所在，但由於他以前存在的信念根深柢固，這種熱情又很不穩固。在長沙反擊無政府主義的過程中，他更加信仰俄式的社會主義，並滿腔熱情地加緊建立政黨。但到了上海，他新近形成的信條似乎有些動搖。

湖南的同志（全國五十七名共產主義者中長沙有十六人）了解莫斯科的精神嗎？這種新的觀點在韶山行得通嗎？毛澤東當時還沒有完全了解俄國的布爾什維克主義。

一天，會場發現有可疑的來訪者。法租界偵探已在偵查這次會議。代表決定轉移到上海南邊不遠的風景勝地去，於是會議在南湖的一艘租來的遊船上繼續舉行。

蕭瑜當時正取道上海回法國。奇怪的是，他與毛澤東乘一列火車抵達南湖（蕭說這是毛的建議）。所有的會議代表同乘這列火車，但沒有坐在一起。毛和蕭閒聊，到南湖後同住一個房間。放好行李後，毛仍然力勸蕭參加會議。

會議在遊船上繼續進行，舒適華麗的十六公尺長遊船飄蕩在水面。代表品嚐著南湖的魚，決定正式成立中國共產黨，加入共產國際，並且每個月向莫斯科的總部彙報。

那天晚上毛澤東很遲才回到旅店。他打開蚊帳，爬到雙人床上與蕭瑜睡在一起，他熱得滿身是汗但沒洗澡。

「代表大多都不錯」，毛澤東用長沙鄉親之間談話的口吻對蕭說。他似乎正在思考他所要進入的更爲廣闊的世界，「有些人還受過很好的教育，懂日語和英語。」

毛澤東對蕭瑜預見道：「假如我們努力奮鬥，再過三、五十年，共產黨就有可能統治中國。」這種預言在當時簡直是空口說白話，蕭瑜當時也沒有多深印象，他擔心獨裁主義會步塵而來。

第二天早晨，毛澤東沒有去參加會議。他起得很晚，這是他的習慣。他起床後便與蕭瑜一起去杭州覽勝，他們在西湖附近的花園、小山和寺廟中度過了整整一天。

然而他們爭辯了起來，蕭瑜羨慕山水的壯麗，毛澤東打斷他說：「這是罪惡產生之地，多少人用他們的金錢來做可恥的勾當。」他們在杭州只住了一夜。

毛澤東不久就回到長沙，擔任襁褓中的共產黨的湘區區委書記。從那以後，他再也沒有見到過蕭瑜。

毛澤東從一個孤獨的山村走出來，現在竟能夠承擔起以震撼世界的俄國革命命名的國際革命學說。他以激奮心態置身於如同西方思想的遭遇中，這種西方思想已部分構成他要求掌握社會變遷知識的初始階段。無政府主義思想曾在一九一九年強烈地影響著他。在這思想形成的年代，博採衆長對於陶冶他那鋼鐵般意志的個性，具有很高價值。確實，在一九一七至一九一八年間，他似乎是個自由的個人主義者。然而在第一次世界大戰爆發後的幾年中，中國共產黨一九二一年在上海成立後，他開始遠離自上而下的強烈個人主義的鼓動做法，最終轉變到依賴下層革命。

注釋

【1】張敬堯在湖南的殘暴統治，詳見周世釗的文章，載於《光輝的五四》，第五十七頁。

【2】譯註：原文有誤。毛澤東、楊開慧於一九二〇年冬在長沙正式結合，婚禮極簡。長子毛岸英生於一九二二年十月二十四日。

【3】毛澤東透過他以前的老師在長沙從事活動的情況，見薩福爾《毛澤東與湖南勞工運動》，第五十五、五十六、二四六—二四八頁。

【4】毛澤東還辦了一個彈棉花的作坊，希望能爲左派事業籌集一些資金，但生意不佳。

5 組織(一九二一—一九二七)

一切都已經改變,激情過後一切又將恢復如常。上海的一次會議並不能就此動搖長沙的政治模式,也不能讓毛澤東放棄他喜愛的事業。中國共產黨第一次代表大會之後,毛澤東有了新的任務,但他仍是沿著熟悉的五四道路前進。

毛澤東是中共湘區黨的負責人,不過沒有多少事要負責。他還可以做自己的事,諸如邊教書邊從事組織活動。他試圖把共產主義這杯新酒倒進湖南這個試瓶中。

他的活動仍集中在長沙。一九二一至一九二三年間,他的文章大多發表在長沙的《大公報》上,而不是在黨的刊物或全國性的刊物上。一九二一至一九二二年的文章全都受到五四精神的啓迪。毛澤東甚至還沒有燒掉他與無政府主義聯繫的橋梁。

他在第一師範的關係網仍然存在,成爲共產主義者的毛澤東沒有停止在附小的教學工作。在第一師範的支持下,他開辦了夜校,參加學習的有黑鉛廠工人、電燈公司的職員、人力車夫、菜販以及鐵路工人。第一師範附近的居民都知道「夜校的毛先生」。

毛澤東還辦了「補習班」,幫那些想學算術和語文的十八歲以上農村青年補習,這使鄉下的泥腿子第一次走進了第一師範寬敞的講廳。他們皮膚黝黑,衣衫破爛,身上散發著汗味,在課堂上出聲地嚼著燒餅和油餅。

有些人試圖把這些魚從第一師範的池塘中趕出去，毛澤東一面盡力說服母校校長，一面當衆以不屑的口吻說服飾和飲食習慣只是「小節」。他軟硬兼施的策略使人難以招架，這使他能把補習班繼續辦下去。

在毛澤東的教育工程園地中，最爲出色的是創辦「湖南自修大學」，它於一九二一年秋季在「船山學社」成立。在辦校的兩年多時間裡，學生最多時達二百人，毛澤東的弟弟毛澤覃也是其中的一個。毛澤東把新民學會的朋友請來講課，楊開慧也曾助一臂之力。

傳播馬克思主義確實是其目的之一。學校出版了言辭甚激的小型月刊《新時代》，毛澤東在上面發表了自己兩篇首次帶有馬克思主義味道的文章：〈觀念史觀批判〉和〈馬克思學說與中國〉。[1]毛澤東解釋說，這份刊物不像普通校刊那樣的「文字的雜貨店」，它將朝著既定的方向前進。這位年輕的組織者在努力使自己靠近既定之規。

然而，毛澤東的身分首先是教師，其次才是理論家，他相信教育會提高「老百姓」的素質。身爲教師他是非常認眞的。

在二〇年代早期，毛澤東寫的文章最有趣的要算自修大學創立宣言，這篇文章寫於一九二一年八月，一九二三年初被上海的一家重要刊物《東方雜誌》轉載。文章中，毛澤東區分了書院與學校，學校的壞處是「先生抱一個金錢主義，學生抱一個文憑主義。『交易而退，各得其所』。……」。毛澤東對傳統教育強烈不滿，便創造出「學閥」一詞，中文的「學閥」由「軍閥」一詞套用而來。學閥冷酷無情，用學問做交易，只知給學生灌輸知識，並要學生的酒喝。

在毛澤東的學校，入學者無須考試，但要求「提出自己對社會的批評主張」或「闡明自己的人生觀」。學校授課很少，宗旨是自己「閱讀和思考」。學習過程成了一個集體尋找光明的過程，毛澤東勉勵學生刻苦鑽研。中國歷史是自修大學的主要課程。

正如該校利用古雅建築作校舍一樣，它亦從傳統教育中借鑒有價值的東西。毛澤東說他要把三件好的東西結成一體：舊式書院的尋根索源的研究方法、現代學校的嶄新教學內容、培養健全人格的常規體制。

學校獲得了成功，然而只有少數菁英才知道學校的眞正目的。湘區黨組織從歷史[2]、地理和哲學各班吸收了許多新成員。但是，很多「老百姓」發現讀書太多太難懂。

二〇年代早期的手工工人能夠並願意上夜校學習世界史，那絕不是一般的人，毛澤東迄時爲止還沒有接觸普通群衆。

從某個方面來說，上海的會議對毛澤東產生了影響，他比以前更加注意勞工運動了。一九二二年中國勞工運動高漲，一小群共產黨人在當中做了很多的運作。他們（以及支持他們的共產國際）認爲這是代表中國未來的潮流。馬克思發現了工業無產階級，它在東方的信仰者也步塵而至。毛澤東儘管有所懷疑，但他還是加入其中。

毛澤東從上海回來時有了兩個新身分：湘區區委書記、中國勞動組合書記部湖南分部主任。勞工運動是當時中共的重點所在，安源是毛澤東的第一個戰場。

位於湖南東部的安源是一座偏僻小鎭，但那裡有一個大型煤礦，一八九八年起由德國人和日本人在那裡開採。它擁有大批的煤礦工人，因此成了姍姍來遲的中國工業革命的最早立腳點之一。

一九六〇年代有一幅油畫，畫的是年輕的毛澤東頂著密布的濃雲，無畏地向前邁進，去發動安源的礦工。畫中的毛澤東比眞人還要大，他穿著白長衫，儀態莊嚴，看上去像一位牧師準備給不信教者帶來福音。

從一九二一年底到一九二三年初，毛澤東四次到安源，實際情況並不全如油畫上所表現的。在安源的這項工作是嘗試性的，也是艱難的。有些工作沒有任何結果，而且毛澤東也不是唯一的領導者。

毛澤東的確穿著白長衫，沿著鐵路步行到安源，但他一看到這座小城就脫了長衫。安源很髒，一萬二千名礦工工作條件惡劣，每天十五個小時的繁重勞動使人累得麻木。在方圓四英里的範圍內有二十四座基督教堂，卻只有一個小小的醫療所爲六千名工人服務。這裡是狄更斯筆下情景的再現，絲毫沒有受到五四精神的觸動。

毛澤東總是深入基層，他住在礦工家裡，察看礦井，勤做記錄。

當他走進屋子與工人交談時，礦工們全體站起。工人們的這種敬重並不利於著手工作。社會隔閡的存在，使毛澤東在精神上感到苦惱，難道他已不再是大地的兒子，反成了一個格格不入的莫斯科眞理守護者嗎？但是毛澤東並不灰心。第二次他和弟弟毛澤民一起到安源，這一次毛澤東頭戴草帽，身穿破舊的上衣，腳上是草鞋，看來土氣多了。

在一九二一年十二月的幾週時間內，他們兩人住在一家旅店裡。在每個大霧彌天的清早，他們都外出說服礦工。「你們的雙手創造了歷史。」毛澤東不停地對著這些黑黝黝的面孔和疲憊無神的眼睛說。

他在安源的主題是要反對天命論。

一個共產黨小組成立了，工人俱樂部，當然還有工人夜校都建立起來了。夜校辦得不成功，毛澤東不久就取消了夜校，代之爲工人子弟辦了一所很有用的日校。

毛澤東會用簡明形象的教學方法。他在黑板上寫上一個「工」字，然後解釋道，上邊的一條橫線是「天」，下邊一條是「地」，中間的豎線代表工人階級自己，工人是站在地上，頂天立地，整個世界都是他們的。他這種教學方法或許會讓楊教授搖頭，但倒是個好的教學方法。

一九二二年九月，當毛澤東第三次來到安源時，這裡已是山雨欲來。這部分是因爲礦工的悲慘遭遇，他們不被當作人看待；部分因爲來自長沙的知識分子的成功煽動。

毛澤東是負責人，但他並不是主要的操持者。有一位重要人物是李立三。他即是對毛澤東一九一七年的徵友啓示沒有明確表態的那「半個」應徵者，直到一九二一年，他還在法國勤工儉學。

另外一個人物是出身於財主家庭並曾在莫斯科受過教育的年輕人劉少奇。在一九二二年秋那次成功的安源罷工中，劉少奇是一位英雄。這次罷工使安源對大部分中國人來說是一面旗幟，並促成了湖南全省工團聯合會的誕生。毛澤東被選爲聯合會的總幹事，劉少奇則在毛的桂冠上加上了漂亮的羽毛。

安源的工人運動使人印象至深，其發展頗爲異常。四億多人口的中國只有二百萬產業工人，安源工人俱樂部猶如沙漠孤堡。「工人萬歲！」毛澤東帶到安源的這一口號在一九二二年的中國聽者藐藐。

安源辦起了閱覽室、合作社、工人議事會，大約有百分之六十以上的工人參加了共產黨領導的各級工人俱樂部。五一節舉行了龐大遊行，十月革命的週年紀念日、列寧的生日，甚至遠在德國的馬克思主義者李蔔克內西的生日都有慶祝活動。

安源成爲一塊基地，共產國際暖在心裡（安源確被戲稱爲「小莫斯科」）。這裡看上去似乎成了對所謂的世界革命有示範作用的前哨陣地，但是它將把世界引向何處？礦工們贏得了較好的工資和工作條件，下一步又該怎麼辦？

一九二二年，毛澤東幾乎沒有寫什麼東西，不過團體請願書、信件、公報除外。他忙著建立一個又一個的組織。清水塘現在成了他的辦公室。這裡是湘區區委所在地，也是長沙左翼分子的會所。周圍是共產黨人用以掩人耳目的菜地，從這所低矮的房子窗戶透出的燈光，常常亮到黎明時分。

毛澤東試圖兼顧自己的小家庭生活，他不像有些共產黨人樂意的那樣，終日埋頭於文件和會議之中。他和楊開慧從清水塘搬到部分由自修大學使用的一所房間，這裡比較舒適。毛澤東的岳母和他們住在一起，她自己有一間中意的房子。毛澤東的第一個兒子毛岸英（意爲英雄的河岸）生於一九二二年。溫馨的家庭生活並沒有因繁忙緊張的工作受到衝擊。

到一九二二年又發生了變故，不知是因爲家庭的原因，還是毛澤東希望離辦公室近一些，他們又搬回清水塘居住。

毛澤東領導了長沙六千名泥木工人的罷工（他們抱怨每天只能喝上兩頓稀粥）。他穿著粗布衣衫裝扮成工人，吹著口哨指揮工人呼口號。他還領著一批人在晚飯時分衝進有錢的工頭家裡，讓工人看看兩者在飯食上的差距。

省長的隨員懷疑毛澤東不是普通的泥木工人，便盤問毛澤東的名字，毛澤東卻巧妙地把話題扯到其他事情上去了。

一九二一年十一月，毛澤東曾會晤當時途經長沙的共產國際代表馬林（他以後沒有提起過）。毛澤東幫助成立了各種各樣的工會組織，成員包括石匠、理髮匠、紡織工、裁縫和排字工等各行業工人。毛澤東南下到衡陽，在第三師範建立了黨組織，他的繼妹爲他這項工作打下了基礎。

毛澤東參加了排字工人的罷工，他們反對毛澤東經常在上面發表文章的《大公報》。這次罷工可能損害了他與編輯部的關係，此後，他很少或再也沒有在這份報紙上發表過東西。

對長沙九千名人力車夫的艱苦生活，毛澤東關心尤切。他拿出黨的活動經費，幫助車夫罷工，要求該市總共三千一百輛人力車的大小車主降低車租，並獲得了勝利。在人力車夫上課的夜校課堂上，毛澤東又採取了新的教學方法。他在黑板上先寫一個「工」，再在旁邊寫一個「人」，這兩字合起來就是「工人」。毛澤東然後再寫一個「天」。他微笑著告訴車夫如何把「人」字放在「工」的下邊構成「天」字。他進一步解釋，如果工人團結起來力量可以頂天。

有些車夫具備了入黨條件，毛澤東在南門外爲他們舉行簡短的入黨儀式。他把中國共產黨的旗幟掛在榕樹上，車夫們一個接一個地前來旗下，舉起右手隨毛澤東宣誓：「犧牲個人，階級鬥爭，嚴守祕密，服從紀律，努力工作，永不叛黨。」喜悅的神色在眼中閃現，毛澤東給每位新黨員一份證書和一些學習文件。

乾坤逆轉，天翻地覆。處於社會最底層的工人，從來都被認爲與政治無關，現在卻成了自認爲是歷史前進動力的政黨的成員。人們會說，這是從貧民窟提出來的權利要求。

此後不久，阿格尼絲·史沫特萊在北京與幾位有教養的中國人共進晚餐。酒過三巡，一位上層人士宣稱：「中國沒有階級，馬克思主義者才發明這階級觀念。我的車夫拉著我走在大街上，我們可以像老朋友一樣談笑。」史沫特萊驚訝地問：「假如是你拉著他走在大街上，或者說他不願意做時，你們還能成爲朋友嗎？」

二〇年代的北京對毛澤東一無所知，然而史沫特萊早已不知疲倦地參與了毛澤東的事業。從某種意義上說，毛澤東是在發明階級。這是有效的發明，它表明人力車夫不是原有之物，而是透過階級鬥爭成爲歷史之物。

一九二二年四月，毛澤東到杭州參加中國共產黨中央全會。他已成爲引人注目的人物，但又並非完全如此。參加杭州會議的一位共產國際的代表回憶說：「扮演主角的與會者是陳獨秀、李大釗、張國燾……和另外一位非常能幹的湖南學生，我記不起他的名字了。」毛澤東當時名聲赫赫，但仍是一隅之士。

一九二三年，湖南的勞工運動進入了關鍵時期。一方面它處於全盛階段，在中國最強大。毛澤東讓李立三、劉少奇和他那有經濟頭腦的弟弟毛澤民留在安源繼續開展工作。他自己在湖南的很多地方播撒革命種子。

他組織工會，發動了多達十幾次的罷工，還不時地在各地暗中發展黨組織。工作正大踏步地朝前邁進。兩年的時間，湖南就有了二十多個工會組織和五萬多名會員。儘管發展黨員條件甚嚴甚愼，但湖南的黨員人數從一九二一年年中的十人，一年後猛增到一百二十三人。

在每一個工會成立之際，毛澤東總是設法把一名黨員安插進去任總幹事。

另一方面，勞工運動缺乏民衆基礎，可由鐵路上發生的危機說明這一點。

像大多數產業一樣，鐵路大部分由外國資本把持，反帝情緒加劇了工人的反抗心理。鐵路工人最爲先進。在華北，鐵路成了襁褓中的中國共產黨的搖籃。根據上海的指示，毛澤東把注意力轉向粵漢鐵路。中國共產黨認爲它與安源煤礦一樣，可以成爲湖南無產階級革命的先鋒。

毛澤東依照安源模式行動。在長沙的新河車站，他運作得非常完整，進展很順利。他在茶館舉行會議，有時邀請鐵路工人到清水塘的家中，徹夜討論罷工計畫。

在北邊的嶽州，毛澤東的工作因爲某些原因成效不大。「工人是世界幸福之母！」這句響亮的口號也沒能帶來多大的成功。一場罷工在一九二二年九月被發動起來，列車像死蛇一樣躺在停車場裡。毛澤東還特地安排了從其他工會和城市發來的支持罷工者的聲援電報。但是，已經控制住漢口的北洋軍閥馬上把軍隊調向嶽州鎮壓工人。工人損失慘重，鮮血染紅了鐵軌。

雖然進行了反擊，也獲得了一些成績，但軍閥最終控制了局面。到一九二三年二月，粵漢鐵路工人運動被徹底鎮壓下去了，湖南的統治者取締了工會。無產者的革命看起來遙不可及。

一九二一至一九二三年的鬥爭階段似乎很快結束了。一九二三年四月，毛澤東逃離長沙，以免作爲「激進派」而遭逮捕。

毛澤東沒有帶楊開慧一起出走，她又懷孕了，由她的母親來照顧。過去的兩年，是毛澤東和他第一位自由戀愛的妻子一起生活最長的一段時間。

當他潛入鄉下時，毛澤東有很多問題要思考。城市工人的革命是否眞的已經在即？如果不是，還能說中國共產黨總是英明的嗎？

黨在城市道路上艱難地行進。黨的總書記還是陳獨秀教授，他是正統的馬克思主義者，以致看不到農村道路的希望。那些從歐洲留學歸來的人，如李立三、劉少奇等也沒有認識到亞洲的革命應該與歐洲的革命有所不同。

然而中國的無產階級人數太少，不足整個人口的百分之一，中國共產黨也還主要是知識分子的組織。很多活躍的工會會員還不知道「馬克思主義」一詞的意思。

再說，軍閥手中有槍，公然蔑視他們差不多是自取滅亡，勸導他們看來也是無濟於事——毛澤東在一九二二年十二月曾與湖南省長據理力爭過。

毛澤東沒有參加一九二二年七月舉行的中國共產黨第二次代表大會，這相當耐人尋味。當代表們在一起開會時，他早已在上海。他解釋過：「我本想參加，可是忘記了開會的地點，又找不到任何同志，結果錯過了這次大會。」很難相信在偌大一個上海他竟沒有一點關係。看來在一九二二年夏天毛澤東並未完全致力於黨的活動。

他的熱情似乎受到壓抑。勞動工會曾是他的生命，爲此他犧牲了自己的寫作，丟掉了在小學的教師職位，而且不得不逃離長沙。

然而，城市的組織工作並不能發揮毛澤東的全部能力。他從沒在礦井或工廠做過事，他熟悉土地卻不了解機器或工業生產。他也沒有去過歐洲，而那裡的無產階級透過起義掀起的世界革命異常活躍。

由於某種原因，毛澤東不太適應勞工運動，不像張國燾（一個地主的兒子，會講英語），李立三（曾留學法國）或劉少奇（曾留學蘇聯）那樣得心應手。

他不像劉少奇相信產業組織的發展好像受引力作用那樣，自然導入社會主義之門。工資與勞動時間問題，沒有帶給毛澤東很大的刺激，至少不像長沙那位新娘自殺或他父親對佃戶的貪婪那樣令他深感震動。

排外傾向使毛澤東受阻。俄國顧問總是很時髦的，但新中國能這樣建立起來嗎？在共產國際的日程表上簡單地勾出幾條，可愛的中國的一土一石和社會生活就會發生改變嗎？

應著手找到同盟軍，毛澤東知道這一點。他在〈民眾的大聯合〉一文中已經表明了他希望廣泛聯合的意願。但在一九一九年毛澤東還是自由地寫作自己感興趣的東西。到一九二三年他已成爲紀律嚴明的隊伍中的一員。這一組織的領袖比他更有能力，它的總部在八百英里之外的上海。

中國共產黨內部對於一九二一到一九二二年的政策也正在重新考慮。第一次代表大會產生的路線是偏執的，五十七名黨員的力量也過於弱小，莫斯科認爲「一大」路線過於自大。

生於荷蘭的布爾什維克傳銷員馬林，試圖遵照共產國際指示改變這個局面。然而一九二二年的第二次代表大會沒有認真對待馬林的意見，實際上路線並沒有改變。不久，廣州發生的事件讓馬林有發難的理由。

自一九一七年起就任廣州政府首腦的孫中山，被軍閥趕出了他的根據地。這位氣質特異、熱情滿腔、性情無常的人物正處窮途，西方國家從未支持過他，軍閥轉而反對他。這時，莫斯科向他伸出了援手。

一九二三年一月，一樁政治聯姻促成了。孫中山在上海與蘇聯特使越飛達成了協定。中國共產黨將與國民黨攜手合作，共產黨員可以個人身分加入國民黨，同時共產黨繼續保持其獨立的存在。但是，「國民革命」這個掛在共產黨嘴邊的新詞，其組織領導權屬於國民黨。

這是決定命運的一步。莫斯科對此很滿意，這是共產國際把自己的標籤貼在中國革命身上所獲得的第一次成功。可是，中國共產黨內部並不是人人都滿意。

對毛澤東來說這是新階段的開始，他在韶山認眞地思考一段時間後來到了上海。他住在黨組織提供的一間屋子裡，周圍是外國租界（比較好聽的名稱是國際租界）喧囂的商業區，他給他的同事遞交了一份湖南工作的報告。

一九二三年夏，毛澤東生平第一次來到廣州。中國共產黨要在這裡召開第三次代表大會，討論與孫中山的合作問題。毛澤東在會議期間說：「一定要有革命的大聯合，不能孤軍奮戰。」他很快就成爲與孫中山的國民黨聯合的熱心支持者。

這座南方城市使他眼界大開，這裡有外國人，有地處內地的湖南所沒有的通商口岸。它的喧鬧對這位舉止有度的湖南人是一種震盪，毛澤東在廣州方言的包圍中無所適從。另一方面，廣州畢竟位於江南，這座城市的氣候、飲食和習慣要比北京更適合這位湖南人的口味。毛澤東和廣州人一樣穿著木屐穿街過巷。

毛澤東爲什麼如此熱心於和國民黨的合作？[3] 毛澤東一直認爲建立新中國的鬥爭是一場反對帝國主義的鬥爭，一九二三年的國民黨是反對帝國主義的。對於正在出現的孫中山——

莫斯科—中國共產黨這種三角聯盟，反帝是較爲合理的，或者說是唯一能把三者維繫在一起的樞紐。爲了反抗外侮，毛澤東也傾向於中國各階層組成最廣泛的聯合。在第三次代表大會上，毛澤東對中國革命提出了預見性的策略。但張國燾不大贊成，他認爲：「在這種特別場合，毛澤東關注的是農民運動。」張國燾記得毛澤東這樣提出：「在湖南工人沒幾個，甚至比國民黨員和共產黨員還要少，農民漫山遍野都是。」

大會表決是否要把勞工運動的領導權交給國民黨時，毛澤東起初投票反對，難道要把這些轟轟烈烈開展起來的工會組織拱手交給只知紙上談兵的外來權威？

但當大多數人轉向另一條道時，毛澤東也改變了自己的調子。他要與大家一致，他不得不如此。從長沙這塊根據地出來以後，他要在全國性的共產黨網路中開闢自己的道路。

大會選舉他爲十四名黨的中央委員會成員之一，這使他取代極左主義分子張國燾而成爲組織部長。因這一工作，他的基地遷到了上海。一九二三年，他的文章主要發表在黨的全國性刊物《嚮導》上而不是在湖南的刊物上。

毛澤東現在成了全國性組織中的一員，在長沙教書的日子一去不復返了，另一位同志接替了他在湖南全省工團聯合會的工作。他清點行裝搬出了清水塘，至少在半年內再也不需在湖南居住了。

但是，他與湖南的兩種重要聯繫依然存在，韶山在他的心中仍占有一定的位置；楊開慧也沒有離開長沙。一九二三年底，毛澤東從信中得知他們的第二個兒子來到了人世，便商量爲兒子取名「岸青」（意即明媚的岸邊）。但他們的婚姻出現了陰影，在離開長沙時毛澤東給妻子寫了一首詞：「更那堪淒然相向，苦情重訴。眼角眉梢都似恨……」詞的最後寫道：「重比翼，和雲翥。」

一九二四年的大部分時間毛澤東都住在上海。這是中國共產黨誕生的地方，在當時的中國，這是無產階級人數最多的城市。在上海，帝國主義勢力像黃浦江上的汽笛聲和小販的沿街叫賣聲一樣，無處不在。

一天，毛澤東邂逅一位剛從歐洲留學歸來的同學。毛澤東穿的是褪了色的舊式中國長衫和草鞋，這位同學則是西裝革履。「你最好換一下衣服。」毛澤東輕蔑地說。這位同學迷惑不解，毛澤東繼續說：「我帶你去看看就明白了。」

他和這位朋友一起沿著碼頭走到黃浦公園。公園的大鐵門上是一塊寫著公園管理規章的牌子，其中一條是禁止折花，另一條是說不許狗進入，第三條則說：「除苦力外，華人不許入內。」

毛澤東與這位勤工儉學歸來的朋友之間的鴻溝，一直沒辦法塡平。在內地長大的毛澤東，在這個通商口岸，不能習慣中國人在西方人面前卑躬屈膝。

這年的冬季，毛澤東再次南下廣州，這次是參加國民黨的第一次全國代表大會。曾一度苦惱的孫中山現在成了親俄分子。在會議期間及在會後，毛澤東比以前都更熱心地爲國民黨工作。剛剛進入而立之年的毛澤東，在馬克思主義派別以外更廣闊的政治舞台上首次亮相。在會上，毛澤東發言爲孫中山那含糊且又是非馬克思主義的「三民主義」進行辯護。他是被選進國民黨權力機構中的十名共產黨人之一，同時還與另外兩名共產黨員一起，選入由十九人組成的國民黨新黨章審查委員會。

在上海的國民黨機構中，毛澤東被委以重要職務。一個月之內，他就成了國民黨駐上海分部的組織部長。一九二四年早春，毛澤東心情舒暢地回到上海。他分別處理兩個黨的組織檔。在被驅出湖南以後，他已有了一個嶄新的開端。在中國共產黨和國民黨結成統一戰線的日子裡，他感到志得意滿。

毛澤東有了新的工作夥伴，其中有米哈爾·鮑羅廷和他率領的共產國際顧問團。

一九二三年到中國工作時，鮑羅廷還不到四十歲，但是他認識列寧，而且聲望較高。在統一戰線中，他成了中國共產黨和國民黨雙方的顧問。來訪者需要出示一個繫著金鏈、上面繪有國民黨黨旗的琺瑯徽章，才能進入他在廣州市區的別墅。

鮑羅廷身材魁梧，一頭柔和的棕色長髮，落腮鬍子。他穿中山裝，著高筒靴，在豪華的辦公室裡踱著步。他不會說漢語，卻能講一口流利的英語（他的美國妻子是布斯特·基頓的親戚）。

在廣州，毛澤東有時與這位嗜煙如命、講話喜歡打手勢的俄國人交談。他認眞地聽著那些精心構思的理論和蘇聯的建議。但是，他與鮑羅廷的世界觀相去甚遠，以至這位侃侃而談的布爾什維克所講的一切都不能打動他。

很少有俄國人能講漢語，他們對中國也不是十分了解。的確，十月革命是世界革命的火花，但這些肉眼凡胎的使者能完成傳播革命的任務嗎？

如果說毛澤東和李立三一樣對共產國際的「傳教士」並不感到敬畏的話，他也和張國燾一樣不與他們作對。他對這位來自莫斯科的活潑年輕顧問保持超然的態度。當時在廣州的另一位亞洲馬克思主義者受鮑羅廷的影響很深。這位穿著歐式亞麻布制服、單薄而患有結核病的青年經常出入於鮑羅廷的別墅。他被法屬印度支那趕了出來，中國民族主義者爲他提供了避難所。這個人叫胡志明。

毛澤東還認識了一些國民黨的領袖人物。他在廣州曾與孫中山匆匆見過一面。孫中山這位曾是少年毛澤東眼中的英雄，現已是風燭殘年，且說話顯得囉唆。「他不允許別人與他爭論，或提出自己的看法。」毛澤東抱怨地說。

在上海，毛澤東見得較多的兩位國民黨高級官員是汪精衛和胡漢民。這兩人都是能幹且健談的政治家，毛澤東和他們比起來顯得有些土氣，他自己也意識到了這一點。

在毛澤東看來，汪精衛和胡漢民都自高自大，誇誇其談，他們兩人（加上當時在廣州的軍事將領蔣介石）都有可能成爲孫中山的繼承人。他們也談論「國民革命」，但如果這些人成爲新中國的政治家，眞不知會「新」在何處。

如果說毛澤東有疑慮的話，那麼整個共產黨的組織也是如此。

陳獨秀教授和國民黨的關係看起來不是那麼密切，他是中國共產黨的頭號人物，也曾是對毛澤東最有影響的馬克思主義者。陳仍保持著坦率誠實的形象，這在俄國人、國民黨那些崇尚虛榮的人中是少有的。但是毛澤東不明白的是：陳獨秀反對傳統觀念的鋒芒到底何在。

有一個細節含義很深：陳獨秀西裝革履，毛澤東則身穿粗布中式長衫。

當中國共產黨中央委員會四月份在上海開會時，毛澤東因爲某些原因沒有出席。張國燾以不滿的口吻說，毛澤東正忙於「國民黨的工作」。當時，毛澤東似乎正在回湖南的路上，中途在安源煤礦作了停留。

與此同時，毛澤東絕口不提他心中的疑慮，國民黨的工作吸引著他。毛澤東對國民黨的事業是如此賣力，以至李立三嘲諷他是「胡漢民的祕書」。

國民黨在二月份採取的一個步驟尤合毛澤東的心意，這就是成立了農民部。中國共產黨還從來沒有這樣做過。這使毛澤東更有理由熱衷於統一戰線。農民部成立後要做的工作很多，毛澤東走上了一條新的重要道路。

一九二四年，毛澤東到過香港一趟。他和張國燾因爲勞動工會的事，前往這個毗鄰廣東的英國管理的島嶼。他們從上海乘船經過碧波蕩漾的南中國海時，一夥流氓把毛澤東和張國燾逼到甲板上的一個角落，手中揮著刀子要錢。毛澤東不願屈服而想較量一番（這表現了他的勇氣和好鬥性格），張國燾則勸說毛澤東不值得爲幾個小錢拚上一命，由於力量懸殊，加上別人勸解，張國燾才勸住了他那火爆脾氣的湖南同事。[4]

毛澤東在政治上沒有張國燾那樣左，但當個人受到挑戰時他比張國燾更容易發火。

在一九二三到一九二四年間，毛澤東寫下的文章反映了他的生活道路。他在共產黨的喉舌刊物《嚮導》上，發表過幾篇談論時政的短文，文章言辭犀利，但缺少理論分析。

在一九二三年的文章中有兩個重點很突出。毛澤東把商人看作是國民革命的關鍵所在，人們會問，他在湖南工團聯合會工作的弟弟對此不知有何感想？他一直堅持反對帝國主義，在〈論紙煙稅〉這篇文章中，他嘲笑北京政府在帝國主義面前發抖，搖尾乞憐於外國勢力。他在文章中譏諷道：「如果我們的外國主子放個屁，那也是非常香的。」

但是這些文章沒有挖掘出歷史根源或上升到哲學的高度。他也沒有涉及解放的主題，機關工作使他越來越注意細節問題，而不是如何成爲一名解放者。

然而，這有一條主線貫穿其中。毛澤東一直認爲人民是最爲重要的力量，只有從人民的利益出發，商人才有資格成爲革命的力量（此乃毛澤東之希望所繫）。

推翻帝國主義的統治終歸是毛澤東最關心的問題。毛澤東認為如果沒有別的變故的話，與國民黨的統一戰線可能是走向「民衆的大聯合」的第一步，從而可能使中國復生。

農民問題猶如天邊的雲，它在五四的主題中未占一席之地。占全國人口百分之八十五的農民仍是沉默的大多數，對此中國共產黨還沒有注意。直到一九二四年，似乎還沒有一位農民是中共黨員。當時之世沒有人認為農民有革命的能力。

毛澤東已經在城市度過了十四年，他一直在學生和工人中間活動。作為新生活的一部分，他差不多已經抹去了身上的鄉村生活方式。中國共產黨內部也沒有什麼東西能激勵毛澤東去考慮農民問題。

在廣州召開的中國共產黨第三次代表大會產生的第一個跡象，是毛澤東開始從政治上考慮農民問題。他督促那些仍持懷疑態度的同事把農民作為革命的必要組成部分，他甚至引用中國歷史來說明農民起義的光榮傳統，而不是談論蘇聯的革命。

但漩渦過後又是一片寧靜。當時唯一的農民組織是彭湃創建的。彭湃是地主的兒子，他改變自己的立場為貧苦的農民而鬥爭，並在廣東東部發起成立了農會。農運工作進展順利引起了國民黨的注意。

彭湃被任命為國民黨新設的農民部部長。在他的指導下，一九二四年七月廣州成立了農民運動講習所。這在中國歷史上，或說在整個人類歷史上，是第一個以政治反叛為目的的訓練農民的學校。

彭湃是先驅者，但毛澤東是彭湃所尋求同事中的第一個可共事的人，能施以援手。

一九二四年八月，受彭湃的邀請，毛澤東在農民運動講習所講了第一課。他的激情打動了學員，講習所也更影響了他。他的光臨帶來一個新的開端，從此較大地影響了中國的未來。

回到上海後，毛澤東的工作不是很順利。毛澤東在廣州與彭湃的合作使他意識到，自己在上海機關裡的做法有些不對頭。

日常工作方式是一個問題。毛澤東不像其他人那樣滿足於從檔案了解世界，他不願墨守成規。有些人常抱怨他的不守紀律，旅途中常常一個人溜走。但這只是一種徵兆。

更嚴重的問題在於，李立三等人嘲笑毛澤東過分熱心國民黨的工作，簡直成了胡漢民的祕書。當孫中山處於肝癌晚期時，風暴乍起。明眼人不難看出，派系複雜、暗懷戒心的國民黨人正在策劃反共。

然而，毛澤東的眼睛只盯著統一戰線，「一切工作都打著國民黨的招牌。」[5] 在一九二四年夏他仍然這樣堅持。共產黨中很少有人同意他的意見。

毛澤東感受到了壓力。他失眠了，這是不常有的情況，也代表他的健康狀況有所下降。他在中國共產黨中的地位更加孤立，到一九二四年底，他離開了共產黨總部；同時，他再也不是可以信賴的連接國共兩黨的橋梁了。

一九二四年二月回到上海後，毛澤東在這一年中沒有發表過任何文章。一九二五年，他的文章主要發表在國民黨的新刊物《政治週報》上，當時他被指定爲這個刊物的編輯。

毛澤東雖然在上海，但沒有參加一九二五年一月的中國共產黨第四次代表大會。這次會議的氣氛是傾向注重城市工作，同時還有對國民黨的疑慮。會議結束時發表的公報中，「農民」一詞在每次提到時都與「工人」一詞用連字號連接起來，好像農民不能夠獨立存在。

會議結果對毛澤東來說是例行公事，他被趕出了中央委員會。

毛澤東筋疲力竭，陷入了困境。在自傳中他掩飾了這種緊張，甚至連第四次代表大會都不提。他曾如此淡淡地對斯諾說：「那年冬天，我回到湖南去休養，因爲我在上海生了病。」

毛澤東善於隨機應變，這種技巧使他終生受益。如果說他能夠受一時的感情驅使而衝動起來的話，他同樣也知道如何退卻。該撤退的時候，他會退回到那有根的地方。

與一些同事不同，毛澤東保留著自己的生活領地。韶山的農田是屬於他的，他沒有放棄也沒有出售。往事並非不堪回首。

父親留下的田產所得能派上很多用場。如果他想脫黨轉向別的人生道路，他不愁缺資金。他也有錢請農民吃飯，並藉機與之攀談。

在長沙時，毛澤東常回韶山小住。一九二五年早春，他在老家待了較長時間。在近半年的時間裡，他脫離了通商口岸，脫離了文件和委員會，脫離了辦公室中的鬥爭。

毛澤東在鄉村召開政治會議，把一部分田產收入用作共產主義事業。在韶山老鄉的眼裡，毛澤東倒是子承父業。他是個地主，即使是紅色地主。他舊爲新用。

毛澤東把血緣關係攏入政治樞紐之中，他所有的家庭成員都投身於革命。這在中國共產黨早期的高級成員中是不常見的。

二十七歲的毛澤民，在完成了安源的工作後，即將出任在上海的中共出版社發行部經理。十九歲的毛澤覃剛剛加入中國共產黨，他一直在長沙忙於長兄曾從事過的學生運動。繼妹毛澤建在湖南的嶽北從事組織工作。楊開慧自一九二二年起就是中共黨員，她在長沙和嶽北從事教育和組織工作。她曾一度到上海工作過，但並沒有與毛澤東在一起。

現在，毛澤東、楊開慧的婚姻關係不再像一九二一年和一九二二年那樣親密了。「知誤會前番書語。」一九二三年年底，毛澤東在給楊開慧的詩中有這麼一句。

除家庭成員外，毛澤東還動員了他的很多親屬。在有關毛澤東回韶山的回憶文章中，可以看到很多「毛」姓的族人。毛澤東發動了毛福軒、毛新枚、毛遠堯、毛月秋和其他許多人，家族關係給毛澤東帶來了方便。

一九二五年春節，毛澤東闔家團圓。楊開慧和兩個兒子都在，毛澤民也回了家，可能還有毛澤建。家族關係和事業上的志同道合一定給了他們力量。

然而，他們並不會成爲聖人，不可能沒有矛盾。在毛澤東的領導下，他們之間也有分歧。不過他們並沒有簡單地鄙視投身共產主義事業以前的生活，他們似乎覺得韶山這個團聚之地能爲不久就要到來的繁重革命工作做準備。

一連幾週，毛澤東沿著農田和山谷漫步。他與鄰居們交談，還下田和雇工們一起春耕。

到二月份，毛澤東開始有了行動。他離開韶山到了幾個縣，還有更遠的一些地方，他住在農民家裡，考察農村狀況，聽取農民的意見。

他的筆記本記得滿滿的，這是調查得來的第一手資料，毛澤東爲此感到高興。他走在青山綠水之間，上海的煩惱似乎一掃而光。

他這時的心情與少年時期完全不同。湖南飽受苦難的農民已經動員起來了，已在向解放之路邁進，民怨鼎沸已經變成反抗。農民們拒交地租，這些破衣爛衫的貧苦農民闖進宗祠的盛宴，豪紳們不得不向農會低頭。

毛澤東很快就從考察轉向組織活動。他不是湖南的農民組織的發起者，對農民來說他不是彭湃那樣的英雄。彭湃出現的時候，廣東的農婦總是高高地舉起她們的兒子，讓他們看一眼這位「農民運動之王」。

但毛澤東在走訪時，總給農民協會打上自己的印記，他甚至還在農民中建立黨小組——上海對此肯定持反對態度。他在山林田間、陋棚草舍向農民談共產主義，他努力與中國不再沉默的大多數接上聯繫。到一九二六年年底，主要因爲毛澤東的活動，湖南七十五個縣中半數以上有了農會，會員人數達二百萬。

在湘潭縣，毛澤東建立了二十多所夜校。辦學的目的在於進行平民教育（中國人稱爲提高文化水準），同時傳播政治思想。他喜歡用「手」和「腳」兩字爲例開始教授語文課。大自然賜給每個人的都是一雙手和一雙腳，一切財富都要用雙手去創造，但是爲什麼地主老財手懶腳懶……。

就個人經歷來說，毛澤東轉了一個大圓圈，從土地上走出又回到了土地上。一九一〇年，他作爲叛逆者離開了韶山，但當時的反抗目的不明朗，他幼稚的心靈中只是覺得生活中存在著不平等而已。

在一九二五年，毛澤東認識到反叛不僅是受傷的靈魂拒絕服從，而且是全體人民尋找新的未來。他應該嘲笑自己以前對待父親的尖刻態度。眞正的問題已遠遠超出感情範圍，它不僅是心理上的，而且是政治上的。現在看來他的父親似乎不再像魔鬼，而是歷史的遺物、舊時代的象徵。

毛澤東最終從他所受的教育中甦醒過來，回到韶山，使他對十幾年所受的城市教育有了更深刻的認識。他矯正了自己對「洋學堂」的態度。

以前回家度假，他總是站在學校一邊，站在東山小學和第一師範一邊，不滿老鄉們的批評。但到一九二五年毛澤東改變了看法。「我認識到，我錯了，農民對了。」他現在喜歡舊式的中國學校勝過洋學堂，他不再反對他的父親，他的視野更寬廣了。他悄悄地轉變思想。

一九二五年八月，在毛澤東的父母曾經住過的那間臥室的閣樓上，中國共產黨韶山支部成立了。第一批共有農民黨員三十二名。上海總部對這種鼓動革命的方法持什麼態度，則無從得知。

一九二五年年中，上海棉紡廠的一名中國工人被一個無法無天的日本工頭打死。在英國人的授意下，租界員警向舉行遊行示威的工人開槍鎮壓，導致十人死亡，五十人受傷。

這一事件像點燃的火柴扔進了火藥桶，很多城市爆發了示威、罷工和衝突。香港的罷工長達六個月，這是世界歷史上時間最長的一次。而且，一直被人瞧不起的北京人力車夫也在自己的車上掛出招牌：「不拉英國人和日本人」。

這給農民帶來的影響是前所未有的，鄉村第一次發出了反對帝國主義的吶喊，共產黨的影響像熱帶的蔓草一樣迅速擴大。一九二五年一月，中國共產黨的黨員人數是九百九十五人，到十一月份就達到一萬人。

革命似乎很快就不再只是在激進派的書本中。

就是在這個時候，國民黨走到了交叉路口。孫中山春天在北京病逝後，他的遺體覆蓋著國民黨的紅、藍、白三色黨旗，悲傷的人們參加送葬。有沒有後繼者能像他一樣走上這條綳緊的繩索？關於國民黨性質的爭論夏天就開始了。

秋天，毛澤東又回到他得心應手的場地。他發現的新問題——農民運動高漲，這在爭論中占重要的地位。

湖南省省長正在搜捕這個在鄉村活動、時年三十一歲的高個子激進派。在鄉下，毛澤東是相當安全的，因爲軍閥對山區鞭長莫及，但是毛澤東鋌而走險去長沙。統治者盯梢他，派出軍隊搜捕他，他逃到了廣州。

外部政治力量？剎那間壓住了社會變革的內在動力。

一九二四年毛澤東在上海爲黨組織寫了幾個月的檔案紀錄，一九二五年在湖南精神抖擻地做了幾個月之後，便塡寫了一首詞以示志念。〈沁園春．長沙〉這首詞既懷舊，又冷靜地希望未來。毛澤東回憶起了求學的時代：

憶往昔崢嶸歲月稠。
恰同學少年，
風華正茂；
書生意氣，
揮斥方遒。
指點江山……

毛澤東感到逝去之物不可追：

萬類霜天競自由。
悵寥廓，
問蒼茫大地，
誰主沉浮？

整首詞充分顯露了毛澤東的個性，結尾充滿自信：

曾記否，
到中流擊水，
浪遏飛舟？

跨過而立之年後，青春的活力會稍減，但還會保持那種改變環境的力量嗎？

在十月雨季開始的時候，毛澤東到了廣州。他離開珠江邊上這座喧鬧的城市將近一年時間，毛澤東發生了變化，統一戰線也發生了變化。

了解一下毛澤東怎樣對他的同事解釋這幾個月的行蹤，將是饒有趣味的。同事們一定非常關心他黯然失色的這段時間。我們所能說的是毛澤東沒有浪費他的時間，他在不事聲張地努力。不久他恢復黨內工作。

這主要是對國民黨而言，因爲他現在在國民黨中的位置高於他在共產黨中的位置。他是國民黨而不是共產黨的領導機構的成員之一。

毛澤東成了國民黨的主要刊物《政治週報》的主編。一九二五年下半年，他在這份週報上非常熱心地發表了出於自己手筆的十五篇文章。所有這些文章都是對時政不斷的激進評論，與他在一九二三年在《嚮導》發表的激進評論如出一轍。

毛澤東在國民黨中還有一個重要的職務，他是宣傳部第二號人物。因爲宣傳部的部長忙於廣州政府總理的工作，毛澤東實際主持國民黨的宣傳工作。

但是，毛澤東的第三個工作才閃現著未來的光輝。一九二五年十月，第五屆農民運動講習所開辦了。在這一屆學員中湖南人占了百分之四十，毛澤東的影響是顯而易見的。他的弟弟毛澤民就參加了這一屆的學習。

毛澤東在講習所像一顆新星一樣升起。經過一段時間的失色之後，他作爲教師東山再起。

毛澤東在興旺的國民黨內的工作引人注目，因爲共產黨與國民黨的關係正從緊張趨於惡化。

統一戰線也許從未發生過作用。不管怎樣，它在一九二六年春天已經破裂。一個右翼團體「西山會議派」（其成員曾在北京西山開會而得名）開始出現於國民黨內，他們不願與共產黨有任何往來。

就在毛澤東從湖南逃到廣州之前，國民黨內一位頗有影響的左翼領導人於廣州被謀殺。「西山會議派」可能出錢資助了這一事件。

在一九二六年一月召開的國民黨第二次代表大會上，反對統一戰線的勢頭稍有收斂。當時國民黨在南方影響很大，大會在廣州商業區舉行，熱鬧非凡。和國民黨的所有會議一樣，大會的第一項議程是全體起立，朝孫中山的畫像三鞠躬，聆聽對他的遺囑的宣讀。

毛澤東坐在前排，他發言與別人辯論，並以一百七十三票再次當選爲執行委員會的候補委員（汪精衛的得票數最多，二百四十八票；共產黨的高級領導人李大釗是一百九十二票）。毛澤東還被選進國民黨的農民部。

在代表宣傳部向大會提交的報告中，毛澤東表達了他的新看法：「我們過多地注意了城市而忽略了農民。」

他是正確的，然而這像是大曠野中的吶喊。國民黨更像是一支軍隊而不像是一個政黨，這支軍隊的核心是家有地產的軍官。像毛澤東曾經接觸並領導的湖南農民運動那樣的革命，國民黨怎麼會贊同呢？那豈不是自己革自己的命？

西山會議派在會上處於絕對劣勢，他們違背紀律引起了爭論。對他們反對統一戰線該怎麼處置呢？毛澤東站在寬容的一邊。[6]

毛澤東的目的何在？在國民黨的「二大」上他似乎偏右，以後的許多事情更說明其立場。

手中有槍桿子的蔣介石，在繼承孫中山的事業的競爭中獲得了成功。一旦把孫中山的幾位信徒拉到自己身邊，他就要反對共產黨。

一九二六年三月，蔣介石對統一戰線進行破壞。他以「中山艦事件」爲藉口對共產黨發起突然一擊，逮捕共產黨員（其中有周恩來），控制共產黨力量較強的勞動工會。在國民黨內部，他用陰謀制服汪精衛的左翼勢力，汪精衛被迫赴歐洲「考察」。蔣介石控制了廣州政府，並使之向右傾斜。

然而，毛澤東絕沒有斷絕和國民黨的往來。儘管實際上國民黨已解除了他對宣傳部的控制，但是他不久就有了新職位。當廣州的監獄已塞滿他的同志的時候，毛澤東變成國民黨第六屆廣州農民運動講習所的負責人。這一屆從五月起始，十月結束。在那不幸的幾個月中，毛澤東是唯一一個在國民黨中任職的共產黨人。

農講所設在廣州市中心的一座古雅的孔廟裡，毛澤東喜歡利用祖宗遺產從事反抗傳統的活動。他住在農講所的一間小屋裡，晚上睡硬板床，沒有蚊帳（在廣州，只有赤貧或以苦爲樂的人才這樣做）。

竹書架上擺著他在湖南考察期間所做的筆記，這些筆記使他能夠開出長達二十三課時的講座：「中國農民問題」。

他還親自負責另外三門課程：九課時的「農村教育方法」，及他素來喜愛的地理。他開設了討論式的獨立學習課程，在教室裡提出對權威的懷疑，他開創了新的衛生課教學。他還採用了新的教學方法，把課堂搬到海豐，讓學員參觀彭湃領導下的轟轟烈烈的農民運動。

毛澤東親自挑選了十五名教師隊伍，他們中大多數都有實際工作經驗，辦事扎實。他選擇舉止文雅的周恩來（此時已出獄）講授軍事課程。

周恩來有許多毛澤東不具備的品質：性情溫和、行爲敏捷、善於交往、根守中庸。周恩來雖已二十七歲，仍像個少年，而毛澤東在少年時就顯得老成。周恩來曾到過日本（一九一七—一九一八）、法國和德國（一九二〇—一九二四），這從其舉止中可以看出來。周恩來出身於書香門第，參加民衆革命是他的一種道德選擇。他對軍事所知並不多，毛澤東也是如此。

那年夏天在廣州可視爲毛周合作的開始，這種夥伴關係經歷了種種波折得以保持下來。這有些不可思議：周恩來出身地主家庭，剛從歐洲回國；而毛澤東則是道地的農家子弟，家鄉偏於一隅。

北伐即將開始。在蔣介石看來這是用軍事行動奪取北方軍閥的權力以統一中國；而在毛澤東看來還不止如此，毛澤東預計當國民黨的北伐軍經過早就騷動不已的農村時，會引起社會的大震盪。他是正確的，他的目的是要訓練全國各地的農民幹部，以指導這場社會變革。

一半是因爲農講所的原因，毛澤東的聲望在共產黨內部得到有限度的恢復。共產黨對農村形勢越來越關心使它的領導人再一次起用毛澤東。

在一九二六年七月召開的中央全會上，農民部終於成立了。毛澤東被任命爲負責人。很明顯，這使毛澤東又一次在中央委員會占有一席之地。是年底，《嚮導》發表了他兩篇論農民問題的文章。

然而共產黨絕沒有掌握住全部農民運動，它的農民部居然不合時宜地設在上海這樣的大都市。與此同時，毛澤東還在廣州忙於爲國民黨負責農講所的工作。他只是短期回上海兩次，但是他的農民工作重心仍在國民黨內而不在共產黨內。

這解釋了毛澤東爲什麼能占據政治舞台的中心。

對共產黨的多數領導人來說，二〇年代中期最麻煩的問題是，共產黨怎樣才能從統一戰線中獲益而同時又能保持自己的獨立性。

同樣，對莫斯科來說，統一戰線是他們在中國的得意之作。的確，中國共產黨是蘇聯的產兒，但是蘇聯人過高估計了這個嬰兒的能力。既然國民黨顯得更有勢力，所以一談到中國，克里姆林宮必定要談到統一戰線。

毛澤東則不然。國共兩黨的關係對毛澤東那種超出常規的獨特性並不重要，行動方法問題也引不起他的注重。

毛澤東所關注的是支持者的問題，革命應該為了誰？什麼樣的星星之火可以點燃中國大地上的革命烈焰，使之有足夠的熱度能夠熔舊化新？

毛澤東的答案來自湖南。革命應該為了窮苦人，他們中的絕大多數住在農村。革命是為了韶山周圍百分之九十以上的人民，毛澤東認為他們屬於貧農或中農。星星之火應該在農村燃起，地主的壓迫比城市買辦的壓迫更嚴重、更殘酷。在毛澤東的心裡，他認為這才是根本的眞理，一切政治方法問題都是次要的。

毫無疑問的，他與國民黨在一起的時間比其他共產黨員要長。因為在二〇年代中期，國民黨比共產黨更加注重農民問題。

毛澤東遭到了上海的反對。陳獨秀教授帶著書生氣推論：「農民是小資產階級……如何能作共產主義的運動？」劉少奇以屈尊俯就的語氣說，無產階級必須「提攜農民」，領導他們走向革命。

對於毛澤東所持的基本眞理，莫斯科靠得近一點，但也不太近。馬林對農民的蔑視使人想起馬克思嘲笑農民的愚蠢。但馬林在一九二三年便永遠地離開了中國。眼見農民趨於活躍，共產國際於一九二六年初在列寧的著作中找到了關於農民革命潛力的理論根據。

然而毛澤東的邏輯並不是共產國際式的。因此他欣賞國民黨的北伐（在這一問題上與蔣介石的意見一致），而莫斯科並不贊同，雖然鮑羅廷在中山艦事件以後贊成北伐。

蘇聯人想要農民在精心設計的統一戰線的嚴格控制下參加革命。他們擔心國民黨軍隊的北伐會引起社會動盪，使擁有土地的國民黨官員無法控制。

進一步說，莫斯科還與北方的三大軍閥相處很好（其中包括一九二三年大肆屠殺鐵路工人的那一位）。史達林不願失去軍閥，也不願失去國民黨。史達林關於中國政策的出發點是要服務於蘇聯的利益，所以他不希望這二者發生衝突，不願在中國革命和蘇聯國家利益之間被迫作出痛苦的選擇。

但是從何著手呢？每一次新的革命是創造性的活動，根據其他地方獲得勝利的經驗而制定的周密革命計畫來看，很少有得手的時候。革命之火往往在絕境中閃現，一經引燃，便暴烈迅猛。毛澤東希望並要求有一場社會變革以擊破莫斯科和上海發號施令的公文。最終他有了成功之道。

一九二六年二月，毛澤東在廣州發表了〈中國社會各階級的分析〉。半年以後，他在北上的途中又發表了〈國民革命與農民運動〉。

「誰是我們的敵人？誰是我們的朋友？」毛澤東在〈中國社會各階級的分析〉的一開始就提出了這個問題。他描繪了特定歷史條件下中國各社會階層的相互關係和地位：城市工人階級人數較少；受帝國主義的欺淩使一部分中國的資產階級同情革命；農民是革命不可忽視的重要力量。

「他們需要一場革命。」毛澤東從自己掌握的事實出發，而不是從馬克思主義的教條出發作出這一判斷。

然而，毛澤東在〈中國社會各階級的分析〉中，還是把人數較少的工業無產階級看作是「革命的領導力量」。他試圖置農民力量於無產階級的領導之下。

九月份的文章是另一種內容。它說農民在革命的各方面都是至關重要的，他們受壓迫最深。買辦只是在沿海和沿江地區占有優勢，「不若地主階級之領域在整個的中國各省、各縣、各鄉」。

毛澤東進一步論證，買辦總是追隨軍閥，而軍閥又是「地主階級挑選出來的」。他從經濟上論證：「財政上軍閥政府每年幾萬萬元的消耗，百分之九十都是直接間接從地主階級馴制下之農民身上刮得來。」換句話說，中國的權力產生於土地。

毛澤東大膽地提出：「都市工人階級目前所爭政治只是求得集會、結社之完全自由，尚不能即時破壞資產階級之政治地位。」他終於說出了他在長沙就有了的對勞工運動力量的懷疑。

他繼續評論道：「鄉村的農民則一起來便碰著那土豪劣紳、大地主幾千年來持以壓榨農民的政權……。」因此，他們最能戰鬥。

毛澤東自然而然地得出結論：「然若無農民從農村中奮起打倒宗法封建的地主階級之特權，則軍閥和帝國主義勢力總不會根本倒塌。」

這是一個驚人的結論。革命的成敗取決於農民，只有農民才能使舊中國這個搖搖欲墜的大廈傾塌，即使是反對帝國主義的鬥爭也要完全依靠他們。隨著這篇文章的出現，卡爾·馬克思降至亞洲的稻田。

毛澤東已經表明了他的思想，這是他一九二五年在湖南時就已經形成了的。

鄉村像磁鐵一樣吸引著毛澤東。農講所第六屆講習班於一九二六年十月結束，廣州再沒有其他事情可以留住他，但是他沒有去上海主持他任部長的共產黨農民部的工作。他回到家鄉湖南，不願在大都市的辦公室裡發號施令，而要在現場處理農民運動中的問題。

湖南發生了很大的變化，它變成了當時中國革命運動的中心。北伐軍於一九二六年夏末抵達長沙，當時統治湖南的軍閥也披上了擁護國民黨的外衣。與此同時，農會在農村各地勢力強大。

兩種勢力之間將有風暴來臨，毛澤東將很快看到這一點。他顯得有些鬱鬱沉思，不能完全意識到將要到來的麻煩。他在進行準備活動——他到過浙江和江蘇的一些農村，並在《嚮導》上報導農民運動「風起雲湧」。他在湖南第一次農民代表大會上作了重要講話。在經過一段時間的活動後，毛澤東又回到了避風處韶山。

他常在冬天回去，那裡雖不是家，但至少環境使他感到適應。就像兩年前正月回家的那一次一樣，他在周圍幾個村莊考察，在五個縣度過了三十二天的時間。

這一次，毛澤東不需要像遊吟詩人一樣尋找聽眾，湖南已有五百名農民加入了農會。他的任務不再是發動農民，而是向外面的世界展示這一整幅農民運動的畫卷。

這一次毛澤東的行動很出色。愛德格·斯諾的《紅星照耀中國》並不是中國革命的經典，經典應該是毛澤東的《湖南農民運動考察報告》。

毛澤東發現人們敲著銅鑼擁著戴高帽子的地主遊鄉，罪大惡極的地主已經被關進縣城的監獄，他們的罪行包括囤積居奇抬高糧價——而毛澤東的父親在一九〇六年也這樣做過。有些地主則拋棄家產狼狽逃竄。

農民成立了梭鏢隊維持新秩序，孩子們很快接受新的道德觀念，毛澤東注意到，在玩耍打鬧的孩子中，其中一個被惹得生氣的孩子跺腳高呼：「打倒帝國主義！」他聽到一位農民對一位鄉紳吼叫：「劣紳，你曉得三民主義嗎？」

社會天翻地覆。由於他久不曾置身於鬥爭的漩渦之中，對於社會的震盪甚至連這位叛逆者也感到吃驚。他懷著敬重之情奮筆疾書：「地主的體面威風，掃地以盡。」他的激動心情使《湖南農民運動考察報告》的風格與國民黨或共產黨的文件風格殊異。

毛澤東欣喜若狂。農民爲了禁絕賭博，「燒了一擔麻雀牌」，毛澤東感到很開心。他不在意有些鄉下人確實喜歡打麻將。他懷著激奮而非責備的心情報告說，被推翻的地主開始稱崛起的農民爲鄉里王。他並不隱瞞對劣紳的譏諷：「如今是委員的世界呀！你看，屙尿都碰了委員。」

毛澤東看到轎子被砸，他並不認爲這有什麼不妥，農民「最恨那些坐轎子的」。他是否想到過他所尊敬的楊昌濟教授在長沙時每天早晨都坐著轎子到學校呢？

革命當然會改變一切。一是呼喚新社會的誕生，再就是要砸碎你所坐的轎子。

毛澤東嘲笑葉公——劉向（西元前七七—前六）所編故事中的一位人物。葉公非常喜歡龍，在室內各處都雕畫出龍的圖案，眞龍聽說葉公如此癡心就下凡而來，葉公卻嚇得要死。

毛澤東總結道：「嘴裡天天講『喚起民衆』，民衆起來了又害怕得要死，這和葉公好龍有什麼兩樣？」

而這和毛澤東的岳父的平和的激進主義有什麼兩樣？學究氣在毛澤東的身上消失了。他開始反對使他認識了更廣闊世界的洋式教育，現在，他認爲楊教授這類人物不能成爲政治盟友。

《湖南農民運動考察報告》沒有提到城市工人階級在革命中的領導角色（北京在二十世紀五〇年代編選《毛澤東選集》時細心地加上了這一點）。不過這些內容即使不是馬克思主義的，也是相當激進的。

毛澤東把農民劃分爲貧農（百分之七十）、中農（百分之二十）和富農（百分之十）。作爲社會科學的劃分，這樣分類只是粗略的，但是作爲變遷的槓桿來說這是英明的。讓貧農意識到自己的貧困，這是革命的第一步。

毛澤東調查評估後宣稱：「最貧苦的人也是最革命的。」這是毛澤東的一貫看法。高山爲谷，深淵爲陵。這是毛澤東在一九二七年對革命的理解，他正在爲之「振臂一呼」。

毛澤東不得不再次回到都市的政治世界中，帶著他翻舊了的報告手稿。毛澤東來到城市參加國民黨中央執行委員會的會議，會議於一九二七年三月在武漢召開，氣氛很熱絡。

在一九二七年的其餘時間裡，武漢成了毛澤東生活的一部分。武漢是湖北（湖的北方）的省會。這座工業城市是中國中部重鎮，扼京廣鐵路要道，又是從重慶到流經上海出海口的長江上的水路樞紐。

一九二六年十二月，國民黨北伐軍占抵武漢，城內一時間隨時可見穿新式綠軍裝和戴大簷帽的將士。國民黨左派政府和少數共產黨人一起，企圖控制迅速發展而又難以駕馭的中國革命局勢。蔣介石則遠在東邊的南昌，自成一統。到一九二七年春，武漢成了中國革命運動的重地，但其內部卻正在分崩離析。

若即若離共產黨和國民黨，都把他們的總部遷到武漢。

國民黨組織爲毛澤東找到了一座雅致的別墅。[7]這所別墅原屬一位商人。灰色的磚牆隔開了大街的喧囂，裝飾著黑色豎板的房間圍成一個院子。

楊開慧從長沙搬來與毛澤東住在一起，她的母親也帶著毛澤東的兩個孩子來了，一住就是幾個月。另外一間臥室則給來自廣東的農民運動組織者彭湃居住。毛澤東甚至還有一間書房，他在書房裡最終完成了關於湖南農民問題的文章。

毛澤東部分時間用來教課。在附近一家有紅柱和拱廊的大宅第裡，成立了廣州農民運動講習所武漢分部，它仍然是國共兩黨聯合創建的。一九二七年上半年，毛澤東在這裡給來自湖北、湖南、江西和其他省分的學員講課。

毛澤東感覺到武漢的政治氣候在轉陰。陳獨秀教授並不喜歡《湖南農民運動考察報告》，《嚮導》上只發表了其中的一部分，整篇報告包括對陳獨秀的否定性評價，均發表在湖南的一家刊物《戰士》上。

在武漢，毛澤東遇到了他在安源時的老同事李立三和劉少奇，他們正在這個中國的第二大工業城市開展勞工運動，並認爲毛澤東過於關注農民問題。

在共產黨內，毛澤東一直被認爲是右翼分子而受到批評，現在他有些激進了，並且實際上很激進。他與國民黨爲伍的日子即將過去。

緊張的生活並沒有使毛澤東文思枯竭。他漫步在對峙於大江兩岸的龜山和蛇山。在蛇山，一座灰白色建築使他迷戀，這座古塔便是建於西元三世紀的黃鶴樓。毛澤東身臨其境，陷入了沉思。

也許是在中國悠久的文化傳統中（當然他還是沒有完全離開政治）再次尋找到了精神寄託，毛澤東填寫了一首古體詞：

煙雨莽蒼蒼，
龜蛇鎖大江。

黃鶴知何去？
剩有遊人處。
把酒酹滔滔，
心潮逐浪高！

他的思緒飛向了大自然，也飛向過去：

他是否已把湖南的鄉村置於腦後？實情並非如此。他的思緒正遨遊在另一個世界，臨江賦詩不過是一時的遺興。

毛澤東面臨的問題——中國南部農民運動的高漲及他如何著手，也是整個時代面臨的問題。對於這個問題，人們在一系列會議上爭論不休，毛澤東每次都是引人注意的與會者，因爲他那已經流傳開來的《湖南農民運動考察報告》，涉及當時最棘手的問題。

然而，武漢政權的大多數領導者對湖南的革命熱潮還沒有清醒的認識。

當毛澤東最終講出這個問題的時候，國民黨的領導者驚動了。毛澤東要求農民沒收地主的土地（方法很簡單，農民抗租不交），在國民黨的執行委員會和新成立的土地委員會上，他都爲此出力。

毛澤東在土地委員會講這番話時，可以明顯看到反對意見來自何方。湖南的軍官都是農民的剝削者，毛澤東一語中的，但這些軍官大都與國民黨親密無間。

在廣東，國民黨採取激進措施可能代價較小，但在北伐的過程中這樣做幾乎等於自取滅亡，因爲在廣東爲國民黨效力的一大批北方官員都擁有土地。毛澤東清楚他正處在與國民黨決裂的邊緣。

他嘲笑一位指責農民已經被「簡直是赤化了」的軍事指揮官，他說：「這一點子赤化若沒有時，還成個什麼國民革命！」國民革命的陣營正在分化。

湖南並不是中國的典型。毛澤東從韶山回來，堅信農民的力量不可抗拒。但是，在一九二七年就提出中國應該走湖南的道路就大錯特錯了。

毛澤東以前在上海時的上司、國民黨領導人汪精衛寫信給毛澤東，指責他是一位煽動叛亂者。甚至來自長沙的一位密友——一位共產黨人，毛澤東親自挑選他擔任湖南省國民黨組織的領導人——也告訴土地委員會，說毛澤東的徵收土地方案必然會引起「窮人和富人之間的激烈鬥爭」。

在國民黨和共產黨內部，當時較受歡迎的一項方案是：爲了保存統一戰線和北伐的順利進行，限制農民的「過火」行動。

毛澤東仍然住則入墅，出則赴會。但這種政治活動似乎已無足輕重。除武漢以外，中國正在出現兩極分化。長江岸邊的統一戰線像一枝脆弱的竹子，來自下游的一陣狂風就要把它折斷。

蔣介石給統一戰線以致命一擊。他早已放棄了與共產黨的聯繫，借助於刺刀——他唯一喜歡的政治方法——他又一次而且永遠地撕裂了與共產黨的合作。

一到上海，蔣介石就開始大肆逮捕和屠殺左派分子（周恩來差一點沒逃掉）。這是蔣介石的猙獰面目的暴露，也表明了他內心中北伐的目的。而正是上海的左派與北方的軍閥作戰，並迎接蔣介石的北伐軍到來。

在中國東部和南部的其他地方，軍閥也開始壓制一些激進的左派組織。在北京，發生了襲擊蘇俄大使館的事件，不少左派人物遭捕，受害者之一就有毛澤東過去的上級李大釗。

就在毛澤東得知李大釗被軍閥張作霖極其殘忍地慢慢絞死後不久，他在長沙的文化書社也被軍閥查禁。革命火光正在熄滅。

共產黨在風雨飄搖的武漢召開了第五次代表大會，國民黨的代表團第一次出席了共產黨的會議。毛澤東在會上毫無熱情地應酬著。

事情比他想像的還要壞。擁有六萬名黨員的共產黨正處於人民擁護的頂峰，但是它的上層卻迷失了前進的方向。

主要問題是莫斯科仍然抱住統一戰線不放，陳獨秀教授對此並不滿意，但是他不得不順其自然。

毛澤東關於土地問題的觀點遭到了強烈的反對。他的同事對他很不滿意，以至取消了他的投票表決權。他發言不多，他肯定已經意識到他將失去農民部部長的職位。但是當預感成爲現實時（一位俄國文學專家瞿秋白取代了他），他仍感到沮喪。此後他未再參加會議。

當這次最終把全黨引向災難的會議繼續進行時，毛澤東在他的別墅裡消閒，到東湖、龜山和蛇山漫步。

在共產國際的指示下，共產黨繼續在蔣介石的烘爐中度日。農民問題已把國民黨中的左翼分子捲了進去。由於急於從中脫身，他們把國民黨拱手交給了蔣介石。現在只有兩條路可供選擇：要嘛進行農民革命，要嘛聽命於蔣介石及各式軍閥。

共產黨沒有選擇其中任何一條路！

國民黨中的左翼最終還是選擇了蔣介石。七月，他們開始把矛頭轉向武漢的共產黨。和中國的其他地方一樣，這裡也是白色恐怖。至仲夏時節，中國革命似乎正走向末路。

湖南發生的事件是時局向右轉的發端。五月，一些軍官在軍閥的指揮下把槍口轉向左派，毛澤東喬裝搭乘運貨火車南下試圖重整勢力進行反抗。

在長沙，士兵們高呼著「蔣介石萬歲」的口號，闖進工會辦公室，對手無寸鐵的工會會員和學生開槍，逼迫他們喊「蔣介石萬歲」。湖南有三萬人在那個夏天被殺害，毛澤東很幸運沒有成爲其中的一個。

毛澤東有些絕望，但試圖竭力挽救。他組織起工人和農民反抗鎮壓，不過他也認爲應該親自去見省長勸說他們阻止這種行動。

難以置信的是，陳獨秀教授還有莫斯科，仍希望修補統一戰線。陳獨秀令毛澤東離湘赴川。毛澤東既沒有服從陳獨秀也沒有改變自己的決心，他還像消防隊員一樣站在烈火中。他與自己過去的上帝的決裂是徹底的。但是，陳獨秀做不到的事，湖南軍閥能做到。軍閥命令逮捕毛澤東——毛澤東又返回武漢。

江南許多原來左派勢力強大的地方頻頻傳來噩耗。罷工者就地殺頭，上海市中心擺放著竹籠子，懸掛著被處死者的人頭。女共產黨員被辱罵她們的士兵槍殺，子彈射穿陰部。面對慘狀，毛澤東潸然淚下。

在農村，去發動農民的學生被用煤油活活地燒死。左派分子被綁樹上，身遭千刀萬剮直至死去，兇手還往傷口裡撒鹽和沙土。剮刑在封建軍閥手裡復活了。兇手還抽去受害者腳上的筋肉。

毛澤東在這種情況下從湖南回到武漢，鮑羅廷正在他那裝有電梯、貼著玫瑰色壁紙的四層樓的別墅忙著打點行裝。他正在闔上論中國革命的講義，莫斯科已經讓他在這裡待了四年。「一切都完了。」這是他離開中國回蘇聯時對中國革命的祝福。

對毛澤東來說，蘇聯革命者的威望在鮑羅廷的火車開動之際下降了。與此同時，蔣介石在南京向武漢發電報，對國民黨分子的愛國行動表示祝賀，稱他們除去了共產主義這塊腫瘤。

如果說夏天帶來的是悲劇，秋天則顯得荒謬。共產黨從一個極端走到了另一個極端。它一反軟弱的合作態度——這爲時太晚；代之以以牙還牙的武裝鬥爭——這又爲時過早。在表面溫和的政治中包藏的是軍事上的極端主義思想——史達林與國民黨的調情畢竟才過去幾個月。

毛澤東陷入這一倒懸之中。在面臨毀滅的情況下，他並沒有比其他人表現出更強的控制能力。

七月十五日，共產黨與武漢政權徹底分裂，陳教授已經絕望地獨自去了上海。共產黨召開了緊急會議，在陳獨秀缺席的情況下，會議討論的是他有可能反對的內容。與會者決計在農村和城市同時發動起義。

毛澤東被派往湖南，去領導後來被稱為秋收起義[8]的農民運動。毛澤東感到茫然，不過仍竭盡全力、四方奔走。但是策略似乎有些不對頭，事情也不盡如人意，抑或這二者兼而有之。

糟糕的是，新的路線也是受到莫斯科的授意而制定的。六月，史達林突然要求中國共產黨也要有自己的軍事力量。更為荒謬的是，這位遠在四千英里之外的蘇聯領導人還堅持共產黨要支持武漢政權。現在眞的應了中國的一句老話：「亂彈琴。」

因此，在八、九月間，中國共產黨在一步步地走向絕境。他們打著國民黨的旗子開始武裝反抗！首先是周恩來領導南昌起義，但起義沒有成功。可是，頭腦發漲的中共領袖們仍然繼續進行沒有正確政治路線的軍事盲動。

危難之際，共產黨的領導人物在八月上旬召開緊急會議。毛澤東參加了這次在華氏一百度、酷熱的武漢一間閣樓裡匆忙舉行的會議。心懷憤懣的十一位委員罷免了陳獨秀的職務。代替陳獨秀的是瞿秋白，這位自由派學者曾成功地取代了毛澤東在農民部的職務。

陳獨秀教授被掃進歷史的垃圾堆。一九三六年，毛澤東提起與國民黨合作曾遭受重大損失時，嚴厲指責了陳獨秀，但他卻沒有責備史達林，史達林才是更大的罪人。

毛澤東對兩位共產國際代表的評價也相當尖刻：「鮑羅廷站在陳獨秀右邊一點點。」事實確也如此，鮑羅廷信任國民黨的時間更長。對一九二五年起就扮演著一定角色的印度人羅易，毛澤東的態度也不溫和：「他站在陳獨秀和鮑羅廷兩人的左邊一點點，可是他只是站著而已。」這是很公平的評價。羅易的激烈言辭當然無助於只顧自己利益的莫斯科對遠在千里之外的中國革命的指導。

在作回顧時，毛澤東說國民黨「是一架空房子等著人去住」，而共產黨人「像新姑娘上花轎一樣勉強挪到此空房子去了，但始終無當此空房子主人的決心」。

毛澤東轉向了左邊，像後陳獨秀時代的所有其他中國共產黨人一樣，他轉向了槍桿子。與大多數人不同的是，他最後完全拋棄了國民黨，「國民黨的旗子眞不能打了。」他在爲秋收起義作準備時，從長沙寫給共產黨總部的信中有這麼一句話。

在土地問題上他仍持激進的觀點。

起義暴動起而複滅，就像放很多爆竹一樣。毛澤東並不比其他的人做得更好，這不僅是因爲毛澤東的新的左派觀點還沒有形成一個整體（他沉迷於國民黨太久，再說農民軍也不可能一夜之間創造出奇蹟），同時還因爲瞿秋白的左派觀點也搖擺不定。

瞿秋白想要從城市開始，毛澤東則仍然堅信中國革命的重心在農村；瞿秋白認爲群眾暴動的浪潮會給左派增強實力，毛澤東則在謀劃通過有組織的行動用槍桿子奪取政權。當時他與瞿秋白若即若離。

骰子擲出去了。毛澤東發動了他的秋收起義。一天夜裡，他在長沙郊區召開會議進行部署。他設計出自己的新旗，旗子上是斧子、鐮刀和五星，這件事使黨中央大為惱火。他通過遍布湖南的所有的老關係，舉行起義企圖最後攻下長沙。

毛澤東占領了江西邊境上的東門市，獲得了幾次小規模的勝利，但很快連連失敗。事情變得一團糟。毛澤東的部隊是烏合之眾，有的人後來甚至相互火拼。經過夏天的鎮壓，革命的群眾基礎被削弱了（五月以來，湖南共產黨兩萬多名黨員有四分之三遇難）。再看到他以前建立的工會、學校及遇到除死亡和逃走以外的少數幾個人，毛澤東像是做了一場噩夢。

在一九二五至一九二六年間，群眾運動處於高潮時共產黨非常謹慎。到一九二七年年中，當群眾激情漸減時共產黨卻迸出激進的火花。對二十世紀中國的社會主義革命來說，第一步就是一個悲劇。

共產黨總部的混亂仍未止息。毛澤東在他的整個起義過程中一直在與黨中央辯論。中央認為毛澤東太熱衷於軍隊，不相信群眾。當事情變得糟糕時，他的部隊又被指責為「自找麻煩」。

毛澤東在答覆中指責中央「忽視軍事而又希望群眾性的武裝起義的矛盾政策」，這導致配合不密切，使起義缺乏湖南以外的支援。

最後，不是長沙被攻下，而是毛澤東被抓。

在去衡陽[9]招募礦工參加他的部隊時，毛澤東被地主的武裝民團抓獲。民團奉命把毛澤東押到總部去處死。快接近院子時，毛澤東沉著機智地想好脫身之策。他先是把從別人那裡借來的錢用來企圖賄賂押送的士兵以便脫身，但這一計策明顯的無用。

在離院子近兩百碼（約一百八十三公尺）的時候，毛澤東決定趕快逃走。他這時身材輕便、行動敏捷。他躲過了飛來的子彈，跑到池塘邊的一片深草叢中藏了起來。

團丁趕了上來，他們強迫老鄉搜索草叢。毛澤東靜靜地蜷伏在地，暗抱一線希望。有幾次團丁逼近了他，他甚至能觸到他們。他感覺到絕望，他以爲他們已經看到了他。

降臨的夜幕掩護了他，追兵停止了搜索，離去吃晚飯了。

整整一夜，毛澤東在山丘灌木中跌跌撞撞地穿行。他赤著腳，因爲押送的士兵拿走了他的鞋，一半是因爲士兵貪便宜，同時也出於迷信說法，即死人沒有鞋就不會變鬼報復殺他的人。

筋疲力竭、遍體鱗傷的毛澤東迷了路。後來，他遇到一個答應幫助他的農民。毛澤東開始吉星高照了，他的身上還有賄賂別人剩下的七塊錢，他用這些錢吃飯，同時買到了在中國革命最低潮時最急需的兩件東西：鞋和雨傘。

毛澤東又追上了留候的部隊。但秋收起義失敗了。此時，毛澤東與中央的關係更加惡化。他認爲應該有自己的行動，所以拒絕攻打長沙。在他看來這似乎無異於以卵擊石的蠢舉。

毛澤東又失去了領導地位，他被趕出了中央委員會，甚至湖南的共產黨分部也把他驅逐出了領導機構。

毛澤東無從知道那些無知的官僚們對他不滿的資訊，他已經背向城市和一切已經建立的組織。當十月的寒風吹走了盛夏的酷暑的時候，毛澤東率領他的一千名心情沮喪的倖存者到達湖南東部邊境一個荒無人煙的地方。

他打算用槍桿子走自己的路。

注釋

【1】譯註：作者將文章弄混了。這兩篇文章的作者，分別爲李維漢和李達。

【2】毛澤東自己講授中國古代史，他認爲了解中國的過去會激發學生的愛國熱情。

【3】張國燾反對與國民黨合作。陳獨秀教授則贊成，他認爲中國還沒有作好革命的準備。

【4】譯註：據《毛澤東年譜》（人民出版社，中央文獻出版社，一九九三）記載，毛澤東一九二四年沒有去過香港。

【5】譯註：張國燾《中國共產黨的興起》（回憶錄），第一卷，第三八〇頁。

【6】譯註：作者此說有誤。毛澤東不僅在《政治週報》撰文激烈抨擊「北京右派」，而且還提議將其開除出國民黨。

【7】一九七三年作者訪問過毛澤東在武漢住過的地方，見到一些資料。

【8】秋季被認爲是最適於起義的時間。因爲這個時候農民要交納地租和各種苛捐雜稅，再說秋收以後也比較空閒。

【9】譯註：應是瀏陽。另，毛澤東的被捕是在起義發動之前而不是之後，並且是用賄賂團丁的方法脫身的。

6 奮鬥（一九二七—一九三五）

毛澤東走向了山頭，這是唯一的去處。路上他不時地停下來鼓勵千餘名情緒低落的追隨者。

當到達文家市時，毛澤東已制定了一個新的計策。他要像《水滸傳》裡的農民反抗者那樣，把隊伍帶進山裡去。他已找到了挽救革命的方法，但是他手下的人膽敢跟著他做嗎？一些人會跟他。另一些人中途退了下來，因爲他們看到前景實在是不妙。想家是一種通病，很多人都渴望回家種田。有人以爲爲國民黨而戰可能會得到更多好處。

在三灣村，毛澤東的部隊都集結在一座破廟裡，以躲避連綿的秋雨和那沾滿草鞋的紅泥。毛澤東一連講了好幾個鐘頭，他闡述了自己關於軍隊的一些想法，而在有些人看來，這支農民武裝不像一支軍事隊伍，反倒更像一個政治團體。他強調在部隊中實行民主，而有些軍官認爲，這樣做會抹殺一些應有的差別。

當時的情況似乎不允許提出異議。身處困境仍有膽識則是毛澤東的風格。

中國共產黨遭到了大規模的破壞，幾個月前還有五萬名黨員，現在只剩下七千名。左翼的國民黨人士不是銷聲匿跡就是被迫流亡國外。湖南和廣東的大部分農民運動領導人要不是犧牲了，就是被捕而將受刑。

毛澤東的這支部隊在一個月前發動秋收起義的工農武裝，損失不少於百分之九十。他現在又在勸說剩下的百分之十擁護他的新奇計畫，而換來的只是汗水和眼淚。他們肯定都已猜測到毛澤東在黨內的不利處境，那麼還值得爲這位獨闢蹊徑的領導人去效力嗎？

毛澤東自己肯定也是心存疑慮。儘管他被黨的機關除名的消息在三個月後才傳到，但他知道這一天遲早會到來。光是來自上海的責難，黨中央硬是要搬回上海，就像一群螞蟻被蜂蜜所誘惑而無視險要的環境，就足以使毛澤東煩惱不已，更令他無法忍受的是，就連他自己創建的湖南黨組織也在詆毀他。

回想整個夏季所遭受的苦難，他的心肯定會因懊悔而隱隱作痛。他已和楊開慧及其他親近的人分離，外形更消瘦，疲憊不堪，愁眉不展，頭髮蓬亂如帚，破爛的衣衫裡藏滿蝨子。如果說當時沒有道出他對前途的憂慮的話，那完全是因爲他堅強的意志在這幾週內發揮了作用。在通往成功的道路上，這個陰暗的冬季是一個轉捩點。

在這人煙稀少的山裡很難遇到地主，故而食物短缺，戰士的薪水也少得可憐。毛澤東的下屬軍官只有極少數是黨員，而且有些人想離開隊伍。有幾個軍官對毛澤東在軍隊中實行民主十分惱火，在離開三灣繼續撤退時，他們顯然企圖暗殺毛澤東。

可是毛澤東毫不動搖。他帶著湖南人特有的固執去實行自己的方針，一種內在的力量驅動著他勇敢向前。一個全新的戰略在他攻打城市失利後就已形成，現在他要將其付諸實踐。才智的煥發來自自衛的本能。回去和黨中央取得聯繫會無益於事，況且他們對毛澤東抱有成見。最好是獨立奮鬥。

毛澤東從未想過要去歐洲避難，而在一九二七年有好多著名的左派分子都流亡國外，毛澤東評論這一趨向的措辭表明了他是何等依戀鄉土：「許多黨的領導人都被黨指派到蘇聯、上海或是安全的地方去了。」

毛澤東似乎把他最後的一點本錢全交付了大自然。他的求生之術與他選擇的崇山峻嶺，差不多是有著密切的聯繫。毛澤東剩下的那幾個扎根於泥土的共產黨員，或許會像自然界萬物輪迴一樣得到更新和壯大。

毛澤東在雲遮霧罩的井岡山紮了營。這是一個以雄偉而與世隔絕的世界，毛澤東用他那集農民和政治家於一身的敏銳目光選中了這塊根據地。這個主意很簡單，他的餘部確實弱小不堪。但敵人肯定也有弱點，怎樣才能尋出這些弱點並加以利用呢？

軍閥不能組成統一的力量。當他們相互爭奪地盤時，爲適合在中國的外國列強的軍事利益，這種爭奪就更加激烈，便不可能同時控制中國邊遠地區的區域性農業經濟。

所以敵人外強中乾。他們雖占據著城鎮，而糧食卻來自鄉村。如果說中國要靠農村吃飯的話，共產黨人就應該在稻田裡扎下根。不過，「鋼」差不多是與食物同等重要。起義者每時每刻都要有防衛的武器。

毛澤東說，中國共產黨一定要在農村建立一支正規部隊。黨在相當長的一段時間內確實應成爲一支軍隊。只有在農村站穩腳跟，並完全控制這個廣大區域時才能去占領城市，以最後完成革命。

這不是歐洲或上海所理解的馬克思主義。它後來成了爲中國所接受的毛澤東主義，並延及非洲和拉丁美洲。

毛澤東只有抓住槍桿子才開始實現政治上的統治權。在二〇年代早期，他在廣東和上海忙於組織工作，幾乎沒有注意到軍事問題，也沒有寫過這方面的文章。他是一個革命者，但他從未用槍殺過人。

從一九二五年起，毛澤東開始轉向農村工作，但他並沒有馬上對軍事感興趣。他在《湖南農民運動考察報告》中也未分析軍事力量。

自一九二七年年中國共兩黨分裂後，毛澤東拿起了槍，他所有的共產黨同事也都握槍在手（在陳獨秀教授回到上海的書房後）。他當時的目標是占據城市，匆忙地把一些人拼湊在一起，根本不能稱其爲正規的軍隊。

井岡山不僅僅是避難處所。這裡恰好處於江西省西部、湖南省東部的山脈地帶，毛澤東在這裡建立了一支新型軍隊。

城市道路在兩種意義上講都已行不通。毛澤東開始和農民生活在一起，直到二十年後他才回到城市。當時的主要任務是暴力反抗，毛澤東成了一名指揮官。他明白的說：「邊界的鬥爭，完全是軍事的鬥爭，黨和群衆不得不一起軍事化。」

五四運動在井岡山獲得了它的第一個眞正的政治果實，這是何等的矛盾！一九一九年的那場運動是學生在城裡發起的，他們反對儒家的思想並高呼打倒帝國主義的口號。而這些又和槍桿子及稻田有何聯繫呢？

奮鬥出英雄。如果說，自一九二三至一九二六年，毛澤東在臃腫繁雜的官僚機構中任職時辜負了楊教授對他所作的普羅米修斯式的評價，那麼，一九二八年毛澤東在井岡山的鬥爭使他眞正成爲一位普羅米修斯式的人物。毛澤東知道：「自覺的能動性是人類的特點。人類在戰爭中強烈地表現出這樣的特點。」

從思想意識範圍內說，五四時期的學生是鋼鐵般的英雄。遊行示威時他們手裡拿的不是槍而是刷子。他們只是言辭激烈而已。毛澤東眞正的創造性在於他把三樣東西結合在一起：槍、農民武裝和馬克思主義。無論在哪一方面，毛澤東都不能稱爲先驅者，但他是把三者結合在一起的第一人。

毛澤東似乎不像一名軍人。他不會雄赳赳地闊步行走，也不注重儀表或一般軍事意義上的軍紀。如果他帶的不是槍而是書，看起來可能會更協調。

毛澤東用槍桿子表達人道主義的世界觀。直到逝世，他還堅信，在戰爭中人的因素比武器更重要。這一道理很簡單，戰爭是政治的一種手段，要得到人民的支持，這二者都絕對不可少。

正是在井岡山，毛澤東提出了他著名的比喻，那就是，他把軍隊比做「魚」，而老百姓是「水」。戰爭總有前因後果，總是具有決定的意義。如果持槍的人不是獻身於高尙的事業，那麼槍桿子就沒有什麼意義。

在軍閥時代，這是一個驚人的思想，但也是一個古老的思想。在中國，俠士總被認爲是有正義感的人。《水滸傳》中的綠林好漢沒有完全用暴力之爭取代道德之爭，即不是西方戰爭理論中所公認的那種邊打邊談，而是在戰爭的進行之中展開道德鬥爭，他們常和敵人展開論戰！毛澤東也是如此，在長達五十多年的政治生涯中，他從未放棄過與敵人進行激烈的論戰。

回首五四時期，兩條通往新中國的道路吸引了毛澤東，而且它們分別被他所敬仰的兩個教授信奉。

一條道路可以說是「過程」。陳獨秀篤信馬克思和列寧提出的歷史發展規律：封建社會、資本主義社會、社會主義社會、共產主義社會。

在尋求馬克思主義的過程中，陳獨秀所抓住的確實是社會變革的科學。城市是這種變革的所在地，工人是這一變革的關鍵。資本主義的矛盾與日俱增，革命將是其必然的結果。

第二條道路可以說是「意志」。李大釗賦予馬克思主義以道德和衝擊力的新解釋。不管二者比例多麼勻稱，在中國建立社會主義的是中國人，而大多數中國人是農民，只有農村完成了自我改造，新中國才能到來。

作爲一名馬克思主義者，毛澤東在早期是沿著「過程」走過來的——工會、城市、布爾什維克革命。他像位記事員站在歷史的大門口等待革命「高潮」的到來。他在這一組織工作上耗費了很多時間。這是陳教授的思想占統治地位的時期。

但是到了井岡山是另一階段。一九二七到一九二八年的冬天，在創立新政治體制的鬥爭中，這位雕塑師在很大程度上獨自和泥土打交道。意志使過程黯然失色。

李大釗早在一九一九年就對知識分子寫道：「我們應當到田間去工作，這樣，文化的空氣才能與山林裡村落裡的樹影炊煙連成一氣……。」

井岡山分散村落中的居民不過兩千人，他們生活簡樸。該地是貧瘠的紅土壤，岩石遍地。農民沒有火柴，只有像原始人那樣擊石取火。

「老兄，你叫什麼名字？」毛澤東遇到膽怯或懷有戒心的農民時總是這樣問。他這樣禮貌、謹慎是明智的，比起城裡的政治來，井岡山上的政治更難開展，也更爲複雜。

這裡也有祕密社團。當地人和北方遷移過來的客家人之間有著激烈的矛盾。當地的鄉紳與山下的軍閥和國民黨相互勾結。毛澤東是地道的外來人。

像是一名手藝人，毛澤東不得不慎重行事。他不能大張旗鼓地搞土地改革，因爲土地太少。他被夾在地主和土匪之間，而地主和土匪幾乎又相伴而生。受地主的壓榨，農民別無選擇，不得不上山當土匪。這裡的階級結構是中國共產黨的檔案或毛澤東以前的文章中沒有論及過的。

毛澤東在這場挑戰中採取了機智靈活的策略，他結識了兩個聲名遠揚的土匪首領，[1]他們給毛澤東六百個人和一百二十枝槍。毛澤東用遊民和懶漢補充自己的隊伍。兩年中，紅軍擴充的大多數成員都是無業遊民，而這些人是工人和農民所鄙視的，毛澤東之所以招募這些無業遊民是因爲幾乎沒有其他兵源。然而，毛澤東並不把遊民看成是社會渣滓，他們也是人，他提到遊民時曾說：「有五官四肢。」他們屬於同一階級，遊民也是受壓迫的人，毛澤東認爲可以改造他們。他一九二八年寫信到上海，說打算「加強政治訓練以給這些成分帶來質的變化」。有趣的是，毛澤東在一九二八年所寫的這些話在五〇年代北京出版的《毛澤東選集》版本中略去了。

毛澤東要做的工作是多方面的。國民黨軍隊來犯時要打仗、要制定社會政策，如何掌握與地主豪紳鬥爭的尺度？能向農民徵稅又可避免不利的影響嗎？

毛澤東確實沒收了一些地主的財產。初到井岡山時，用這種方法來獲取部隊的供養比向普通老百姓徵稅要好得多。他在群眾大會上也槍斃了一些地主，但他卻盡最大努力不去觸動那些中間分子。他的政策是打倒土豪劣紳，團結一切可以團結的人。

他還組織民兵和赤衛隊以補充正規部隊。他採取教育措施，辦起了幹部班、戰士班，還有一些教憨厚的農民識字、寫字的文化班。

沒有課本，缺乏紙張，教師們只好用樹枝在地上教學生寫字。

面對各方面的挑戰，毛澤東在逐步走向成熟，他不像一年以前在武漢時那樣愁眉不展了。他的面容顯得更加坦然、充滿活力，開始給人一種權威感。如果說毛澤東的父親曾是韶山的一個「白」鄉紳，那麼，毛澤東在三十四歲時就成了井岡山的「紅」鄉紳，他似乎成了精神之源。

中共中央起了變化但沒有任何改進。莫斯科很快對瞿秋白變得不滿意，工人階級的代表向忠發取代了他的位置，但實際權力卻漸漸轉移到了李立三手中。對於李立三這位湖南人，毛澤東很了解他，周恩來也看重他。由於在蘇維埃政治中的左傾，加之在毛澤東的根據地與上海及湖南的掌權者之間缺乏聯繫，就不可能解決黨的政策的左右搖擺，也使毛澤東仍然處在不穩定狀態。在中國黨內的一些人，以及在莫斯科的一些人，都形而上學地提出「革命高潮」的觀點。這一期待的前景幾乎是超越歷史的高潮，就像基督徒期待耶穌復活一樣。以懷疑的眼光去看現實會使一切都不同。

這些影響牽制了毛澤東。一九二八年三月，湖南共產黨組織向井岡山派遣一名特派員，他帶來指示，並比手畫腳地批評，使毛澤東處境嚴峻。

撤銷黨內一切職務的消息並沒有使毛澤東感到吃驚，這是四個月前的舊事了，已沒什麼打擊力。但這位特派員批評了毛澤東的社會政策。中央認爲，對階級敵人應進行更多的

「燒殺」，「工人階級化」應當成爲黨和軍隊的口號。（可是工人在哪裡呢？）

毛澤東在井岡山時有些許右傾，當時必須這樣做。爭取各方面的力量並改造他們是他當時的策略（他曾十分寬容地稱那兩位土匪頭子是「忠實的共產主義者」）。

毛澤東被命令到湖南去與軍閥的軍隊打硬仗，他沒有選擇的餘地，因爲井岡山已歸長沙的黨組織領導。這次出征付出了昂貴的代價。井岡山被敵人占領了，儘管一個月後又奪了回來，但他的部隊卻損失過半。

中共中央向井岡山又派了一名特派員，其結果與上一次截然不同。這位特派員是來井岡山糾正毛澤東的政策的，但他的舉動出乎人們意料。他非但沒有斥責毛澤東，反而成了毛澤東的夥伴，這一結合改變了中國的命運。

一九二八年四月，朱德抵達井岡山。中共的極左路線使他在華南屢遭失敗，戰士所剩無幾。然而他仍受中央的委派去批評毛澤東。上海覺得毛澤東像《水滸傳》中的梁山好漢，軍事意識太強，不是發動群眾共同掀起革命高潮，而是去殺富濟貧。

朱德手下的一些軍官覺得毛澤東不像個軍人。他們記憶中的毛澤東是一位身穿褪了色的灰布中山裝、身材高大、熱情健談的人，頭髮長而蓬亂，沒有刮臉，鬍子遮住了下頜上的痣。他們還發現，毛澤東的手掌熱熱的，並有淡紅色的光澤。

毛澤東不擺架子。朱德到達前，毛澤東正饒有興趣地與朱德的幾個下屬軍官坐在那裡暢談，手中端著一大杯開水。

毛澤東和朱德在水坑村的一條小溪旁相會擁抱。他們兩軍相合，組成了一支一萬人的軍隊，紅軍眞正地誕生了。這時作爲共產黨的武裝力量才開始爲世人所知。

兩位領導人需要就很多問題進行商談（一年前，他們曾在中央的一次會議上見過面，但當時很難有機會交流）。更重要的是，他們就要共同指揮一場戰鬥，因爲有個軍閥正在攻打井岡山。他們一起擊敗了敵人。

毛澤東和朱德在某些方面很相似，但有不盡相同之處。他們都來自農村，因此都不擺架子，都和農民談得來。不過，在風度和理論水準上毛澤東更像一位知識分子。毛澤東具有朱德的樸實，但他遠不如朱德那樣率直。朱德是一個非常出色、思想單純的戰士，毛澤東則把自己塑造成了一個脫離了軍人外表的戰士。

朱德很快就把毛澤東看成是一位思想家，他代表上海準備對毛澤東所作的指責從他的唇邊消失了。反過來，毛澤東十分欣賞也非常需要朱德驚人的軍事才能。毛澤東總是樂於制定宏觀的戰略，而把具體的戰術行動交給別人。現在他可以這樣做了，雖然朱德有些覺得毛澤東過度宣傳並試圖「直接管理過多的事情」。在共產黨前途難卜的關頭，他們相互取長補短。自從他們會師後，反李立三路線的火種開始在井岡山燃起。「朱毛」聯盟產生了，二十多年後，億萬中國人還以爲「朱毛」是一個英雄的名字。

毛澤東現在有了合作者。他在長沙時曾有一批忠實的追隨者。他自己也曾追隨過德高望重的人物：在長沙第一師範時的楊昌濟教授、五四時期的陳獨秀教授，在上海爲國民黨工作時他又追隨過胡漢民。但是毛澤東能否很好地與地位相同的人一起工作呢？朱德是他的第一個考驗者。

毛澤東在各個連隊建立了政治組織。不是像上海指示的那樣去成立政治部，而是發動組織普通士兵委員會，通過討論政治問題來提高大家的覺悟。要發動一次反對地主武裝的戰爭嗎？士兵委員會馬上會控訴地主是怎樣欺壓農民的。

毛澤東堅持在每個班設黨小組，每個連設黨支部，每個營設黨委。這樣，黨便由一個抽象的概念轉化成了一個每日都在的實體，黨便來到了夜晚營地的篝火邊，來到了每一個戰士的身旁。

毛澤東不許軍官打罵士兵，帳目公開，由大家監督。每打完仗，毛澤東都組織民主生活會，會上可以各抒己見，還可以點名批評或表揚上級軍官。透過討論，如果取得一致意見，軍官也可能被降職。毛澤東成了導師兼道德家，他創造了一種新型的軍風。

中國的舊軍隊只知道利用士兵的軀體，絕不利用他們的頭腦！雖然朱德有時對毛澤東的做法不適應，但也一步步地接近民主意識。每個戰士都感到自己是一場重大運動的一部分。然而這一系列改革使得一些老式軍官對毛澤東很惱火。他們願意爲實現未來的民主而戰，但不希望在他們領導的軍隊中看到民主舉動。

毛澤東也爲士兵制定了紀律、在群衆中的行爲準則。早在長沙讀書時，毛澤東就發現對中國的士兵來說，掠奪周圍的老百姓以滿足自己已習以爲常。

搶劫和強姦本是軍人們常做的一些事。然而，幾個星期過去了，井岡山小心翼翼的村民才知道毛澤東爲他們帶來了太平盛世。戰士幫農民春播，幫年老體弱者砍柴，送還從農民那裡借來的鐮刀，買菜如數付錢，住宿在有年輕女孩的地方也不騷擾她們。這一切和從前相比簡直有天壤之別。

毛澤東正在努力證明，他領導的軍隊與中國人熟悉的舊軍隊有天壤之別，他要建立軍民魚水關係。

毛澤東從未上過軍事學校，而其他的紅軍將領大多都在軍校學習過。他僅有的軍旅經歷就是曾給長沙駐守部隊的一名軍官當過六個月的傳令兵。和中國老百姓一樣，他討厭在軍隊中所見到的一切。

不是普通一兵，毛澤東直接成爲了統帥。他認爲軍隊一定要有自己的目標，軍隊的一切行動都要服從這個目標。身爲統帥，毛澤東是富有影響力的，因爲他跳出了純軍事的羈絆而提出了自己獨到的見解。

我們能說毛澤東是民主主義者嗎？他的新中國所建立的政治制度與民主相去甚遠。但是在奪取政權的道路上，他是一個民主主義者，因爲他相信決定性的力量存在於民衆之中。他認爲每個人都有其長處，總的說來人與人之間是平等的。毛澤東對別人的此類特點很敏感：不善適應（如像毛澤東在東山學校讀書時那樣）、與人無爭（毛澤東一九一九到一九二〇年在北京的處境）、無拘無束（他幾乎一生都如此）。他有非凡的組織才能，因爲他知道只有充分聽取民衆的意見，才能取得良好的效果。

毛澤東需要朱德的通力合作，因爲他當時處在兩種勢力的夾擊之中。上海的一些人認爲毛澤東軟弱無能，而井岡山地區的豪紳卻驚恐地發現毛澤東絕不是無能之輩，於是就求救於國民黨的軍隊來剿滅「赤匪」。

在茅坪召開的一次重要會議上，毛澤東提出了兩個觀點：其一是「集中兵力」，只有當我軍戰鬥力優於敵人時，方可包抄出擊。毛澤東認爲當時紅軍的力量還很弱小。

其二是關於工作作風，然而這不僅僅指工作作風。毛澤東把政治和武裝鬥爭看成是一枚硬幣的兩面，二者不可分割。「每個人都既能打仗，又能做政治工作。」

毛澤東堅持開展武裝的馬克思主義運動，把槍和書結合在一起。這將使紅軍在廣大的農村扎下根，然後隨著革命高潮的到來向城市推進。中國共產黨的總部仍留在上海，這一事實本身就充分顯示了毛澤東與中央觀點之間的根本衝突。中國共產黨只是一群城市知識分子，根本不是一個能夠戰鬥的黨。

起初，毛澤東並未想長期占據井岡山。這個根據地的建立不是以勝利始而是以撤退始，是在吸取失敗教訓後所進行的一種新嘗試。但是毛澤東慢慢地發現紅色力量能夠在山區生存下去，雖然國民黨仍在南京統治著中國的大部分地區。

毛澤東總結說：「根據地對於紅軍就像人的屁股。」如果沒有機會坐下來休息，一個人肯定會因疲勞而倒下。一九二八年中國紅軍正是如此。

茅坪路線仍然懸在空中，毛澤東無法把這一理論完全付諸實施。整整一個夏季他不得不和黨中央鬥爭。上海和長沙的那些掌權的敗事者讓毛澤東十分惱火，他就像一條暴怒的鮭魚隨著「高潮」而跳躍。

這種局勢在七月份白熱化了。湖南共產黨組織的兩個特派員帶著李立三的指示來到井岡山給毛澤東施加壓力，企圖制服他，讓他去提前發動起義。

爲了尋求支持，毛澤東召開了一次會議，表決結果是反對南征。但是特派員亮出兩張王牌：一是朱德同意他們的意見；另外，很多來自湖南的戰士也都渴望離自己的家鄉近些。不顧毛澤東的勸阻，這次出征開始了。

南征的結果可以說是一場大災難。仗打敗了，部隊損失慘重。原來紅軍占領的村鎮又落入敵人手中。毛澤東匆匆趕到湘南勸說朱德回到井岡山堅持茅坪會議制定的戰略。他成功了，但井岡山的大部分地區已被敵人占據。

湘南沒有出現革命高潮，現在應該做的是抓建設和教育，而不是到軍閥和國民黨力量強大的城裡去冒險。

長沙來的特派員嘲笑道：「山溝裡怎麼會有馬克思主義！」按照馬克思主義的觀點，山溝裡是不可能有馬克思主義的。但是，毛澤東堅信不移地認爲中國具有自己的特殊性。莫斯科和上海在爭取政權的過程中可能有所幫助，也可能幫不上忙，但是山區將是建立新政權的關鍵。

到一九二八年十月，毛澤東和朱德又奪回了井岡山的大部分失地。共同的鬥爭使他們的關係也更加親密。朱德對這次南征很是悔恨，並越發欽佩毛澤東的心智。

把井岡山根據地喻爲人的「屁股」或許有些道理？可能毛澤東溫和的土地政策終歸是明智的？毛澤東仍然沒有得到上海的讚許，但是他在局部地區獲得了道義上的勝利。到一九二八年底，他實際上已成爲當時湖南組織渙散的中共力量中的頭號人物。

與此同時，中國共產黨第六次代表大會在莫斯科舉行，當時在中國很難找到一個安全的地方召開這次會議。嚴峻的事實比大會的任何決議都更有說服力，大會的報告五個月後才傳到井岡山。這一事實本身說明，井岡山具有何等重要的意義。

第六次黨代會選出一個極左的政治局，由李立三掌權。周恩來批評毛澤東「闖州過府、流通遊擊」。絕沒有人提議選舉缺席的毛澤東爲政治局成員，就像沒有人建議感謝蘇聯人爲大會提供的低劣的伙食一樣。然而這次代表大會（顯然是在蘇聯人的敦促下）確實說到農村根據地是走向革命勝利的有效一步。這是新說法，它平息了對毛澤東的井岡山之舉的根本性非難。至少，毛澤東又回到了中央委員會。

然而，第六次黨代會的代表根本不贊成毛澤東的方針。他們僅僅把農村根據地看成是等待革命高潮到來的前站，城市工人仍被視爲革命的中堅力量。他們認爲吸收遊民進入共產黨比不擴大黨的力量還要糟。

毛澤東是否考慮過他在歷次黨代會中的角色？已經舉行的六次代表大會，有兩次（第一次和第三次）他發揮過一定作用，有兩次（第四次和第五次）他成了旁觀者，還有兩次他乾脆沒有參加。

毛澤東發現自己再次步入三角陣中。二〇年代早期的三角是共產黨—莫斯科—國民黨。現在的三角是共產黨（上海）—莫斯科—井岡山。

中國共產黨當時是一個黨員之間很少見面的政治組織。人數最多的一次大會是在武漢召開的第五次黨代會，到會者也只有八十人。黨都是通過信件聯絡來組織和開展鬥爭的。

有時信件從發出到收閱需要幾個月的時間，在此期間此政策很可能被彼政策代替。雖然指令都是來自上海，但當上海草擬重新執行一種政策的信件的同時，很可能一封發自莫斯科的信已在途中，信中指示執行另一種政策。現在回想起來，這些學究竟然想奪取政權，統治一個有四億五千萬人口的國家，確實令人驚訝。

毛澤東時常獲益於這種中世紀的聯絡方式。一九二七年十一月制定的極左路線，他在四個月後才聽說。這樣，他就有了一段自由活動的時間。

然而，有時也會因信件的姍姍來遲而損兵折將。一九二八年年中，在莫斯科就已批判了極左路線，可是毛澤東在十一月份才接到報告。在此期間，他迫於極左路線的壓力，執行了他們的土地政策，使紅軍失去很多支持者。

毛澤東的文筆往往犀利不凡，但在黨內鬥爭中，一枝雄辯的筆並不總是能解決問題。當有人站在毛澤東這一邊時——例如朱德——他們發現毛澤東令人信服。但是，他寫文章的語調常會觸怒一些人。毛澤東寫文章總是像在宣布某些眞理，這使那些不贊同他觀點的人很不愉快。他嫺熟運用格言警句的技巧是一把雙刃的利劍，這既使他能夠鮮明生動地表達自己的思想，也會使那些不會運用格言警句的同事討厭這一風格。

毛澤東的格言和比喻可能顯得有點傲慢，這不過是因爲在黨內那些平淡而煩瑣的散文式文章中，它們顯得突出罷了。瞿秋白和李立三在毛澤東的課堂上絕不是戰略家，而不會過多干涉李立三的周恩來則謹愼太過，缺少毛澤東那樣的獨創性。

毛澤東一直把家人帶在身邊，事業上的失敗和挫折使他更需要親人，毛澤東幾次失意後回到韶山說明了這一點。在井岡山亦同樣如此，不過這裡的戲劇主角發生了重大變化。

毛澤東的弟妹都竭力地幫助他。弟弟毛澤民毅然離開黨中央的上海總部（他在那裡工作得很好，儘管黨中央反對毛澤東的觀點），並忠實地加入了毛澤東在偏僻的農村進行的實踐。毛澤覃也從湖南平原趕來。朱德第一次從南方趕到井岡山時，是他代表毛澤東首先做接洽工作，並出色地完成了任務。在後來的幾年中，毛澤東的兩個弟弟都堅定地跟隨他，他們的妻子也都因此被捕過。

毛澤東的繼妹毛澤建，比兩個弟弟對井岡山的幫助更大。她自成年後始終都是湘區黨組織的活躍分子。自一九二七年底開始，她在險惡的環境中往來於井岡山和平原之間。一九二九年，一個國民黨的爪牙抓住並且殺害了她。

楊開慧帶著兩個兒子住在韶山，困難殊多——讓她上井岡山不是不可能。或許，在當時的情況下她必須選擇，跟毛澤東在一起還是跟孩子在一起。以前與毛澤東在一起時總是心情黯然，近兩年兩人便不再相伴在一起。

確實，絕沒有證據證明毛澤東遺棄了楊開慧，他對楊開慧終身眷戀。但是，毛澤東在一九二八年年中愛上了一個女高中生也是毋庸置疑的。毛澤東見到賀子珍時她才只有十八歲，她聰明、活潑。朱德的一位部下曾描述過他對毛澤東的這位「革命愛侶」的印象：既有魅力又有涵養，說話清晰且有分寸。她的那雙眼睛就像「兩顆水晶」，見到她「就會給你一種甜如蜜的感覺」。

子珍還具有政治頭腦。她父親是一個家產不豐的小地主，思想比較進步，開了一個出售左翼書刊的書店。賀子珍於一九二七年加入共產黨，是井岡山反抗國民黨鬥爭的積極分子。

一九二八年六月的一個晚上，毛澤東在一次黨的會議上做報告。事有湊巧，這次會議在永新縣城舉行，子珍作爲團支部書記參加了這次會議。會議結束後，毛澤東和她閒談起來。他們在一起吃宵夜，宵夜有兩隻雞、兩瓶酒。

兩天後，子珍幫助毛澤東整整工作了一天，晚上她留下沒走。次日清晨，毛澤東在吃早飯時對此事毫不隱瞞，「賀子珍同志和我相愛了。」毛澤東對同事說。

隔了幾天，一位軍官如約來見毛澤東。談完正事後，他微笑著輕快地向毛澤東表示祝賀。毛澤東爽朗地笑著問道：「哪個說給你聽的？」

「軍營裡的喜訊，哪個不知道。怎麼樣，邀我來慶賀一下？」

毛澤東安排了一個喜慶宴。

這件事突如其來。它是青春愛情之火的激發。它似乎表明，毛澤東在井岡山上找到了新的力量之源。儘管在更大的舞台上形勢對他不利，但是毛澤東現在精神煥發，勇氣倍增。

自一九二八年以後的近十年中，毛澤東一直和賀子珍在一起生活。他們的結合預示著毛澤東的一個創造性時期的來臨（與八年前和楊開慧結合時一樣）。她不久就為毛澤東生了兩個孩子（就像楊開慧與毛澤東在長沙生活的兩年中那樣）。

在另一方面，毛澤東與賀子珍的關係和他與楊開慧的關係截然不同。這位十八歲的姑娘完全是在鬥爭中長大的；而毛澤東遇到楊開慧時，她還在父親的保護之下。毛澤東敬仰楊開慧的父親，但並非出於政治原因；賀子珍沒有這方面的影響（毛澤東從未見過她的父母）。她恰巧是一名熱情的共產黨員，能把這塊新琢的美玉得到手，毛澤東眞是欣喜不已。[2]

一九二九年初，毛澤東離開了井岡山。其原因是現實的而非哲理的，他要離開是為再開闢一個更好的根據地。

黨中央對井岡山施加壓力，要求他們向南推進，去掀起壯觀的革命高潮。而當時國民黨的軍隊正在攻打井岡山，每一個寒夜都有一場你死我活的戰鬥。土地政策中出現了極左的錯誤，使紅軍和群衆有所疏遠，一些中農不願再給紅軍糧食。恰在這種場合，彭德懷將軍和他的隊伍於一九二八年十二月來到了井岡山。

彭德懷後來成了中國革命中的傑出人物，但他和他一千人馬的到來並沒有受到熱烈歡迎，因爲這加速了食物的短缺。

毛澤東決定向江西進軍。他和朱德之所以要進入這片綠林，進入這多山省分原因很多。如果能占據另一個省，就可擺脫湖南共產黨組織的吹毛求疵；朱德在江西國民黨中有很多聯繫（他和他們有過多年的交情）。另外，江西的軍隊不像長沙和廣州的右翼勢力那樣有錢，並有外國的幫助來與紅軍作戰。彭德懷則留下來守衛井岡山。

這次可怕的遠征於元月開始，戰士排成一路縱隊走在冰雪覆蓋的崎嶇山路上。四千名戰士（包括賀子珍在內有一百名婦女）每人只帶了半斤炒米，他們滿是蝨子的棉衣一點也不保暖。湊合戴在頭上的帽子使他們看上去像群撿破爛的小販，沒有藥品，甚至二千多名戰士沒有槍而只有長矛。

毛澤東現在骨瘦如柴，衣衫破舊，蓬亂的頭髮垂到肩上。

休息了兩次後炒米都吃光了。這四千人在繼續的跋涉中，已有人凍餓而死。要是沒有仗打，還會有數百人或更多的人餓死。當然，假如不能盡快吃上一頓飽飯，很少有人還有力氣打仗。他們終於發現了敵人，在離開井岡山的第三天晚上，他們打敗了國民黨的一支駐防部隊，當晚飽餐了一頓。

毛澤東的這次進軍付出了代價。在到達較爲暖和的南方之前，他已失去了幾十名戰士。有好幾次，紅軍戰士不得不掰下樹枝作拐杖扶持著走路。在大余（以盛產鎢著名），毛澤東犯了一個仁慈的錯誤，他讓疲憊不堪的戰士在這相對舒適的「綠洲」停留的時間過長，敵人追上了他們，結果損失數百人。

毛澤東和朱德到達江西瑞金的一個小鎮時，正好趕上過春節。當地駐軍正設宴慶祝打敗「朱毛共匪」取得的勝利，一派節日氣氛。拱凳上的紅燭與軍營門口的紅紙春聯相互映襯。斟酒把筷，杯盞交錯，笑聲不斷。

突然間子彈橫飛，狂歡者被這突如其來的變故嚇得目瞪口呆。「朱毛共匪」把住了每一道門，他們用槍把所有的駐軍趕出軍營，然後把他們拘禁在一個祠堂。後來朱德笑著回憶說：「我們替他們吃完了春節的盛宴。」

不久，毛澤東就在瑞金建立了根據地。自離開井岡山以來，他損失了半數的戰士，但他得到了一個實施他的「土地革命戰爭」計畫的機會。

在一九二九年剩下的時間裡，他逐漸用槍把贛南變成了赤紅色。

每攻下一個村寨，毛澤東就將它打上自己的印記。他把宣傳共產主義的標語貼在牆上，召開群眾大會，解釋紅軍的由來和目的，建立人民委員會（蘇維埃）。這些委員會有時能存在下去，有時則是曇花一現。

瑞金地區並不像井岡山那樣貧窮，毛澤東的日常備用物也較以前多了些，伙食也有改善，衣服有替換的了，還可以弄到一些藥品。

朱毛的軍隊攻下長汀後，繳獲了許多縫紉機。他們用這些機器製作了第一套標準的紅軍軍服。這就是有名的紅軍服——深灰色的軍裝，加上綁腿和綴著紅星的帽子。

毛澤東又回到了稻田和綠林之中。然而，這一次與二〇年代中期在湖南時大不相同。他現在有一塊安全的根據地開展工作，而在秋收起義時他所缺少的正是這個。

紅軍不是革命簡單而又純粹的工具，毛澤東不是拿破崙。但紅軍的力量對革命至關重要，它是革命成功的保證。

要是李立三能等到革命時機成熟該多好！李立三現時非得急著去進行需要毛澤東花二十年才能完成的事情不可——率領紅軍開進中國富饒的城市。

這次轉移並未減少上海對毛澤東的非難。雪片一樣的信件很快就追上了毛澤東，內容都是極左的指示。

李立三仍然只會坐在辦公桌旁狐假虎威發號施令。他按照自己的需要（毛澤東也是如此）解釋「六大」決議。整個一九二九年，他發出的指令是：把城市作爲中心；不要建立根據地；不要進行土地改革，因爲條件尚未成熟；把紅軍分散成遊擊隊。他還命令毛澤東和朱德離開軍隊到上海接受批評。

朱德怒氣沖沖，毛澤東則冷靜如常。兩個人都違背了李立三的政策精神，不過他們盡可能對信件表示遵從。整整一年他們都是這樣敷衍過來的。

奇怪的是，毛澤東從未退出過中國共産黨：在一九二四年當他被譏諷爲「胡漢民的祕書」時；在一九二七年第五次黨代會批判了他所堅持的土地政策時；在一九二八年他被指令離開井岡山時；直到一九二九年，及以後的一、兩次情況類似的時刻，他都未退黨。

他之所以還留在這個黨內，是因爲他堅信馬克思主義的革命終究會到來。他的靈活機智的工作方法有時近乎機會主義，但是他要實現的目標一直是共産主義。

進而言之，毛澤東不滿足於建立只包括一、兩個省的王國。中國的面積比整個歐洲還要大，僅湖南省在一九二〇年的人口就與法國一七八九年大革命時的全國人口相等。為了中國的未來，為了取得最後的勝利，他需要一支眞正的全國性力量。沒有共產黨，毛澤東和朱德不可能在三〇年代初就建立起這樣的武裝力量。

毛澤東走的是地方路線，但他的思想不是地方主義的。

如果說毛澤東在二〇年代末或三〇年代初脫離了中國共產黨，那麼就不會有那麼多人追隨他。他被看作是一位著名的人物，但他只是居於黨的權力機構的中層。

他並沒有把自己看成是中國的救星，但他有自己的觀點，而這些觀點又常常偏離黨的路線。當然，毛澤東做了很多努力並多次做出讓步以便留在黨的機構中。

一九二九年，毛澤東得了瘧疾。這場大病持續了三個月，有好幾次是在生與死之間徘徊。江西難以弄到奎寧。等了好久，上海的交通員歷盡千辛萬苦才把藥送到（共有兩個人護送這些寶貴的藥瓶，其中一人在半路上被砍了頭，另一人總算闖過關卡回來了）。

毛澤東在福建境內的一座草舍裡養病，這裡距江西東部較遠，可能是信仰基督教的傅連暲醫生救了毛澤東的命。傅連暲醫生是被紅軍爭取過來為紅軍做事的。在長汀，一位英國浸禮會教徒替他取了個教名叫尼爾森。

李立三路線的影響是毛澤東在江西面臨的主要問題，這一點可以從朱德在毛澤東生病期間的舉動得到說明。朱德好像失去了舵手，開始對李立三半推半就。在「流動遊擊」喊得最響的時候，他也離開瑞金去「發動群眾」了。

天曉得毛澤東在聽到朱德作出這種無益的妥協時是何等惱怒。朱德的從命無論如何也收效甚微。幾個月後，他又回到了毛澤東的路線。

一九二九年底，毛澤東又復出。他已從疾病和對朱德的失望中解脫出來，他準備在福建的集鎮古田召開一次重要會議。支撐在山裡的稻草床上，他草擬出時今著名的《古田會議決議》。

毛澤東像一個雜技演員，他把幾個球同時拋至空中，在較爲熟悉的問題上和李立三展開論戰。

他對如何管理軍隊提出了強硬的觀點，他對一些人的「單純軍事觀點」感到痛惜。毛澤東堅持說：「軍事是完成政治任務的一種手段。」實際上這是對朱德的批評。一些效忠於黨中央的地方人士對毛澤東來說是個問題。古田會議並不是一帆風順的，自始至終都充滿了權力之爭。爲了取勝，毛澤東巧妙地運用了他鍾愛的手段，他開始轉向秩序和紀律。

紅軍已不像在井岡山時那樣是一支兄弟隊伍，官兵也不再坐在一起討論政治問題了。有些官長對政治原則似懂非懂，甚至連一點政治思想都沒有，卻被吸收爲黨員，只因爲他們是官長。毛澤東批評了這種做法，但是，他有時也只得聽之任之。

在《古田會議決議》中，他主要強調的是紀律。他批判了「極端民主化」和「絕對平均主義」。官長應允許騎馬，司令部應配給比連隊較大一點的房子。

他提出的一個新想法就像打向李立三和那些年輕留學生的一記耳光：合格黨員的一個標誌應是「必須沒有發洋財的念頭」。可如此多的人靠獎學金留學去了，又有如此多的黨的領導人到國外鍍金，把一半的時間浪費在橫穿西伯利亞的火車上。他從未放棄自己的觀點，在他給林彪（當時是春風得意的年輕軍官）的一封信中充分說明了這一點。此信後來取名爲《星星之火，可以燎原》，這封寫於一九三〇年一月的信，既表達了他對未來的堅定信念，又清楚地表明了他對一些具體問題的看法。

毛澤東在這時是相當樂觀的，他認爲革命的希望就像「躁動於母腹中的快要成熟了的一個嬰兒」，已可觸摸得到。是不是毛澤東已開始贊成李立三形而上學的高潮論？而在此時，李立三和中央都十分悲觀。毛澤東爲此責備他們，他的推理比他的樂觀主義更具有打擊力。

鬥爭隨著整個形勢的變化而變化，它的漲落不僅和自己的力量有關，同時也取決於敵人的力量。這是一個簡單而又基本的道理。

一九二八年初，毛澤東一度十分謹愼，因爲軍閥之間還沒有相互殘殺，故當上海命令他多方出擊時他感到十分吃驚。到一九三〇年，他已能大膽行動了。因爲這時蔣介石受到兩個軍閥的攻擊，同時日本人也正向中國施加壓力。

一九三〇年三月，共產國際的官僚機構拋出了一條荒誕的消息。他們出版的新聞簡報《印象通報》上刊登了一則毛澤東的訃告！訃告中說毛澤東死於肺結核，並稱毛澤東是「中國無產階級的先驅」。

這一過失算不得克里姆林宮在中國問題上犯的最嚴重錯誤。

隨著一九三〇年的過去，在周恩來的支持下的李立三，起初像蛤蟆一樣把自己吹得脹鼓鼓的牛皮也吹破了。他和毛澤東之間奇特的拔河賽動搖了每個人的立場。

具有諷刺意味的是，毛澤東在江西的成功使他與李立三等人之間的關係惡化，儘管紅軍影響的擴大對李立三有觸動。朱毛軍事武裝（主要是紅軍第四軍）是當時左派在全國範圍內最強大的武裝。但這並沒有使李立三轉向毛澤東的建立長期農村根據地的思想。他說，

「在山裡」建立政權純粹是「開玩笑」。

不管怎樣，李立三確實想利用朱毛的軍隊來進一步實施他的攻打幾個大城市的計畫。他很快就有權這樣做。

彭德懷將軍攻占了長沙，徒勞無益地堅守了十天，最後被趕了出來。賀龍將軍（他的生活不久就和毛澤東的生活交織在一起）被派去攻打武漢，但他在這座大城市面前失利。

毛澤東和朱德的目標是南昌。他們徒勞地占領江西省府二十四小時，[3]工人沒有起來，國民黨沒有垮台，軍閥的軍隊損失也不大。

毛澤東從進軍南昌的失敗中得出的唯一結論是：李立三的路線已徹底破產。

但失敗的硝煙還沒有散盡，李立三又發出一張牌。長沙失利後的一個月，李立三要彭德懷試圖再進攻一次，並命令朱德和毛澤東也參加這次會戰。紅軍人數已超過二萬，是中國共產黨迄時爲止最強大的一支軍隊。毛澤東帶領隊伍進攻了十二天，但國民黨軍隊有飛機、大炮和軍艦……。

毛澤東放棄攻城，沒有服從李立三的命令（帶著彭德懷和朱德）。他用實際行動反對李立三，又返回了贛南。雖然毛澤東在一九三〇年充滿革命的樂觀主義精神，但不是李立三那種與世界革命相聯繫的大城市暴動的樂觀主義。在李立三的眼中，毛澤東的「農民意識」令他頭痛。

李立三垮台了。兩個月內他失去了黨內一切職務。和他的前任瞿秋白一樣，他被召到莫斯科挨訓受責，後來被關進監獄。毛澤東所關心的是他指揮下的軍隊的生存和實際目標，上海與莫斯科之間的迴旋對他來說不是那麼重要（也不是那麼清楚）。因此，在毛澤東與李立三之間的情形不是簡單的反對。實際上，毛澤東的事業在李立三時期的混亂中得到發展。如毛澤東所希望的，最終不是城市而是農村成了中國共產黨注意的中心。

一九三〇年二月進攻長沙的後果是導致楊開慧被殺害，她是拒絕解除同毛澤東的婚姻關係而受刑的。在共產黨攻城之前毛澤東是能夠將他妻子和兩個兒子轉移的，他們作爲毛澤東的家屬是特別危險的，他爲何不將楊開慧和兩個孩子送至安全的地方呢？在三個月前給李立三的一封信中，毛澤東稱他不知道楊開慧的地址，但並沒有說他沒有辦法與她聯繫。造成他如此被動的一個可能理由是毛澤東已與賀子珍生活在一起了，他要避免原有的妻子與新娶的妻子彼此相遇。假如是這樣，足以哀傷的是，這種動機與毛澤東在那時和日後所持的以「政治路線」爲指南的道德行爲形成鮮明對照。在後來的歲月中，內疚似乎攫住了毛澤東，他對楊家極盡情誼，並以楊開慧丈夫的身分保持聯繫。

毛澤東的兩個兒子被救了出來，但他很多年後才見到他們。他家的土地被國民黨查封，更爲甚者，國民黨還掘毀了他雙親的墳墓。不會再有地租交付給毛澤東。這位「紅鄉紳」再也沒有靜修的好去處了。毛澤東在井岡山和江西沒收了許多地主的財產，現在他知道被沒收財產的滋味了。

難以理解的是，毛澤東頗欣賞自己在韶山的名望。後來他向愛德格·斯諾談及他在韶山的形象時說：「當地的農民相信我不久就會回到家鄉去。」他指的是三〇年代早期。這似乎有點自鳴得意。

毛澤東接著說：「有一天，一架飛機從上空飛過，他們就斷定飛機上坐的是我，他們警告當時種我家田地的人，說我已經回來視察我家的田地了，看看地裡有沒有樹木被砍掉。

他們說如果被砍掉了，我一定會向蔣介石要求賠償。」毛澤東總覺得那個靠得住的鄉土世界對他有一種無形的吸引力。

李立三的主要批評者並不是那些受他迫害的人，而是剛從蘇俄學習回來的一個新的團體，他們揪住他不放。毛澤東已看清了自己的前途，他又有事情可做了，即與一夥新的對手——二十八個布爾什維克作鬥爭。

這「二十八個布爾什維克」是在莫斯科學習的一群左派中國留學生，他們受到史達林的賞識，因爲他們站在反對托洛茨基的立場上。他們就讀於莫斯科中山大學，導師就是校長維克多．巴威爾．米夫。米夫還是史達林遠東政策的得力顧問，他不久就從大學的校園來到上海的小巷，成了三〇年代初期的鮑羅廷。

二十八個布爾什維克除了擅長理論，對其他事情一竅不通。他們確實都缺乏經驗，其中的兩位佼佼者——王明和博古——在一九三一年取代李立三掌管黨中央時都只有二十四歲。

除了都是中國人之外，他們倆和毛澤東很少有相同的地方。王明出身地主家庭，性情溫和。博古的父親在清朝時曾當過縣令。兩人都曾是上海大學的學習尖子，又都是十幾歲時就離開中國去蘇聯學習（毛澤東在十幾歲時還沒有離開過湖南）。

他們在一九三〇年離開莫斯科中山大學回國。出人意料的是，一九三一年初在上海舉行的中央委員會上，他們倆竟取得了中國共產黨的最高領導權。

好像是要歡迎王明和博古的回國，毛澤東寫了一篇題爲〈反對本本主義〉的文章。文章主題是論述「山溝的馬克思主義」和在莫斯科學到的馬克思主義之間的區別，毛澤東提出的口號是：「沒有調查，就沒有發言權。」

這是毛澤東自一九二六年以來比較好過的一段時間。李立三已被清除，中央開始對農村工作有些好感，儘管當時的黨中央遠在上海的法租界內。毛澤東在一九三〇年九月被選爲中央政治局委員（一九二七年以來的第一次）。

以毛澤東爲政治首領的江西根據地工作進展順利。到一九三〇年底，根據地的面積已擴展到一萬九千平方英里，管轄人口三百萬。幾次攻打城市的慘敗反倒提高了江西和其他紅色農村根據地的聲望。

李立三的「玩笑」變成了現實。許多黨的高級官員來到了山裡，黨中央決定成立「蘇維埃政權」爲中國的臨時政府，這樣就使對農村根據地的重視具體化了。在後李立三時期的政治氛圍中，毛澤東必然會成爲中共黨內的重要政治人物。

與李立三進行了三年鬥爭，現在毛澤東不得不應付這一鬥爭遺留下來的一個棘手問題。李立三在江西的追隨者不喜歡毛澤東和他的思想，並密謀反叛。其中有些是滲透進來的AB團分子（AntiBolshevik，「反布爾什維克團」），[4] 國民黨組織AB團的目的就在於向中國共產黨滲透。

毛澤東得到警報後，迅速行動，在富田囚禁了幾個反對他的領頭人物。這一行動將反叛推向了高潮，幾千人趕到富田企圖釋放被關押的人，幾千名武裝戰士參加了這次長達幾週的戰鬥。這是共產黨陣營內發生的第一次重大事變。毛澤東贏得了勝利，但他沒有因取勝而變得寬宏大量。他違背了自己制定的「治病救人」的內部鬥爭方針，他處置了成百甚至有上千的人。如果說這個事變使毛澤東再也不像以前那樣受到愛戴，但卻使他的統治地位更加鞏固。

一天，一位自稱是毛澤東的老同學的人前來拜訪，他是毛澤東在東山高小時的同學蕭三。蕭三已與共產黨人心心相繫（他與愛挑剔的哥哥蕭瑜不同，蕭瑜曾隨波逐流加入了國民黨，轉而退了出來，後又去了歐洲獻身文化事業）。當天晚上，毛澤東邀蕭三談了個通宵。

他們倆談到了如何教文盲識文寫字的問題。這次交談彷彿是毛澤東開始戎馬生活之前的回聲，然而也預示了他拿起槍之後的生活。根據地的穩固發展使他能再次考慮做教師的問題，教育別人是他的癖好，他要重操舊業。

毛澤東領導下的江西政權開創了一個自由時期，人們可以像寄封信那樣爲感情自由而隨意離婚。婚姻應建立在愛情的基礎上，生兒育女也不是維繫婚姻的橋梁。

毛澤東的婚姻自由政策和他奉行的其他任何政策一樣帶有革命精神。在舊中國最底層的人們結婚並非易事，毛澤東在江西調查時發現只有百分之十的遊民和百分之一的長工能討到老婆，他對此大爲震驚。而且在舊中國離婚幾乎不可能，對婦女來說則根本不可能。

毛澤東的新法律實施後，結婚以及離婚的場面眞是熱鬧。女孩把當地的蘇維埃政府當作婚姻管理局，她們等在那裡，直到那些心煩的幹部爲她們找到男人才甘休。

有些夫妻即合即離，朝秦暮楚。

有些青年團員在「向封建主義開戰」的名義下，發起令人頭昏的所謂自由婚姻運動。

一九一九年長沙的那位新娘自殺後，毛澤東似乎提倡「戀愛自由」並爲此撰文。然而當新舊思想交鋒時，毛澤東採取了中間立場，這顯示了中國革命的根本特點。他希望每個人都能享受到婚姻生活的幸福，而反對無節制地縱欲、早婚、獨身和其他異常行爲。

他制定的有些政策比他許多同事所希望的要嚴厲。他不同意將男子的婚姻年齡降至二十歲以下，女子降至十八歲以下。他堅持紅軍戰士的妻子只有徵得丈夫同意，或是兩年得不到丈夫消息的情況下方可提出離婚。

他使得普通農民擁有自由選擇婚姻的權利，但他不贊成二〇年代一些布爾什維克知識分子提出的性生活「一杯水」觀點。他認爲應給農民保持自己傳統習俗的一席之地，而不可過於輕率地處理男女之事。

這一點很合毛澤東的性格，他篤信誠實的鄉土美德。他不同於那些五四型的知識分子，他們認爲大膽的社會實踐是件令人激動的事，而且有其自身的合理性。他和楊開慧或賀子珍的婚姻在當時的環境中都是穩定的。確實，毛澤東並不看重結婚的儀式，他在完婚之前就和她們生活在一起——然而一旦確定，這種關係就會穩定地保持下去，直到外部因素促其發生突變。

毛澤東在江西時制定的婚姻法完全反映了他的經歷。兩個人開始同居就視爲「結婚」，不管他們是否領過證書。這樣就消除了私生子的概念，這是中國的一大變化。同時，毛澤東制定法律的宗旨是要把穩定的家庭式愛情作爲所有人的規範和權利。

毛澤東的革命最終給社會帶來的影響具有諷刺意味。共產黨取得政權後改變了一切，因爲它改變了「人」在社會中的地位。然而，中國社會仍保持著的人的「行爲規範」並無多大改變。

蔣介石正準備用武力根除共產黨，在某種程度上說這是自李立三向蔣介石的城市發動幾次進攻之後的以牙還牙，然而，由朱德和毛澤東來與發怒的蔣介石對峙。從一九三〇年十二月至一九三一年七月，他們總共打退了國民黨軍隊的三次「圍剿」，他們以少勝多的戰例在軍事史上留下了光輝的一頁。

毛澤東採取了不少戰術誘敵深入（把國民黨軍隊引到他們不熟悉的山裡）。以置換空間這種方法，毛澤東掌握了時間的主動權，他看著敵人逐步分散兵力，一旦發現敵人有明顯的薄弱環節，就集中所有的兵力圍殲，他稱這種戰術是「以十當一」。

靈活的戰術使得毛澤東的軍隊能夠利用與當地農民的魚水關係，並使他那眾多的軍隊能簡裝行動。在第一次「圍剿」中，蔣介石投入十萬軍隊對付毛澤東的三萬人；第二次，蔣介石把人數增至二十萬來對付毛澤東的三萬；第三次「圍剿」（震怒的蔣介石飛到武漢親自督戰），他指揮著三十萬兵力，而毛澤東的軍隊則只是蔣軍的零頭。

毛澤東取得了歷年來最好的成果。成千上萬的國民黨士兵投向了共產黨這邊，許多國民黨軍官被擊斃，不少人歸順了毛澤東。朱毛軍隊繳獲了大批槍支，在戰利品中他們發現了一些奇怪的機器——他們從未見過也不知怎樣使用的無線電發報機。這是在福建漳州繳獲的。毛澤東與一位年輕的女幹部曾志（陶鑄未來的妻子）來到一所有名的中學，這裡有一個不錯的圖書館。他在書堆中翻尋了一個時辰。「曾志，給我找個箱子來」，他說，「我們把這些書帶走。」曾志裝好了三、四箱書，同毛澤東一起回到了江西。

一九三一年夏，毛澤東抒情至極地填了一首詞，對其令人激奮的內容來說，〈反第二次大「圍剿」〉這個題目似乎平淡了些。

白雲山頭雲欲立，
白雲山下呼聲急，
枯木朽株齊努力。
槍林逼，
飛將軍自重霄入。
七百里驅十五日，
贛水蒼茫閩山碧，
橫掃千軍如卷席。
有人泣，
為營步步嗟何及！

毛澤東和朱德有可能擊退蔣介石，但要擊退二十八個布爾什維克則相當困難。一九三一年對毛澤東來說是喜憂參半，他把人民戰爭的思想付諸實施並獲得了成功，但他在中央的處境卻十分不利。

由於當時異常的環境，毛澤東有機動調遣兵力的自由空間。共產黨總部遠在上海，江西的蘇維埃政權是一種新的政權形式，它曾一度有自己的生活方式，在很多方面偏離了黨的權力的影響。一九三一年緊張的軍事氣氛更是加強了它的自主性。

所有這些都可以從瑞金召開的中華蘇維埃第一次全國代表大會得到印證。這是中國共產黨迄時為止召開的規模最大的一次會議，共有六百一十名代表。開幕式於一九三一年十一月七日清晨舉行，這一天是列寧領導的十月革命勝利十四週年紀念日。

二十八個布爾什維克給這次大會很大的影響，但他們不能控制大會。毛澤東當選為中華蘇維埃共和國中央執行委員會主席（這一脆弱的政權可望包括有華南地區多半少數的幾十個蘇維埃），這是毛澤東當時的最佳頭銜。他成為一個政府的首腦，儘管中國的大部分地區還不知道這一政府，也不知道毛澤東這個人。毛澤東身邊還有兩位副主席，張國燾是其中之一，這個地主的兒子一直與毛澤東合不來。

在上海，王明和博古得到莫斯科同意後決定鞏固在中央的正規統治。一九三二年，他們開始了計畫中的下一步，中共中央由上海搬到了江西這個最富有朝氣的地方，這對毛澤東是一個打擊。毛澤東後來抱怨說：「從一九三二到一九三四年，我在中央根本沒有發言權。」

二十八個布爾什維克反對毛澤東的什麼呢？還是兩個老問題——軍事戰略和土地政策。在落後的中國，要靠槍桿子和農民保證革命的最後勝利。二十八個布爾什維克無論在軍事思想還是土地政策方面與李立三的本本主義都沒有多大差別。

在二十八個布爾什維克眼裡，毛澤東只不過是一名農民遊擊隊員，其軍隊已被遊民思想所腐蝕。他靈活的戰略戰術：「敵進我退……敵退我進」，在二十八個布爾什維克看來似乎是放棄所占有的根據地。「攻占大城市！」他們叫喊著，彷彿一九二七和一九三〇年的慘敗沒有發生過。二十八個布爾什維克將毛澤東看成是《水滸傳》中那樣的農民反叛者，而不是一位布爾什維克式的無產階級軍隊的領袖。「一個紅皮蘿蔔，史達林是這樣稱呼我的」，毛澤東後來說，「紅皮白心。」

在江西，毛澤東根據人民戰爭的要求調整了他的土地政策。「魚」需要「水」，沒收財產要謹慎從事，不要與中農爲敵。在共產黨的修道院裡長大的二十八個布爾什維克，文質彬彬地伸出手輕易地抓住了把柄，毛澤東執行的是「富農路線」。

二十八個布爾什維克對中國共產黨前十年的歷史似乎毫無記憶，那段時間也沒給他們留下任何創傷。另一方面，他們所說的也不假，在某些方面，其批評是有很好的理論根據的。

毛澤東的確是把一些封建主義的現實（如家族）繪入了治理農村的藍圖。毛澤東還不精通馬克思主義和列寧主義，頭腦中還有部分《水滸傳》的思想。

甚至在和二十八個布爾什維克論戰的語言上也是這樣。他認爲簡單地將「Soviet」（蘇維埃）和「Bolshevik」（布爾什維克）直譯過來，普通農民對它一竅不通，許多人都以爲「蘇維埃」是一個人的名字，「布爾什維克」更是像刀叉一樣不爲中國人所熟悉。毛澤東總是儘量避免使用「布爾什維克」這個詞，他還找到了一個有具體意義的詞來代替「蘇維埃」——「工農兵代表會」。

但對二十八個布爾什維克來說，毛澤東適應農民的這種做法恰恰證明了他沒有準確地掌握馬克思主義。

一九三三年，毛澤東被解除了制定政策的權力（儘管他還擁有他的政府頭銜）。此時，蔣介石調集了不下四十萬人的軍隊開始了第四次「圍剿」，但毛澤東已不是此次反「圍剿」的負責人。

周恩來負責此次反「圍剿」，在一九三二年十月的寧都會議上他取代了不被信任的毛澤東，成爲紅軍總政委。

在這些年中周恩來沒有站在毛澤東的一邊。他相信陣地戰，概括起來就是「禦敵於國門之外」。他覺得毛澤東行爲有異，在寧都會議上他倆曾言辭激烈地展開過爭論。周恩來確實不像毛澤東那樣強烈反對二十八個布爾什維克。

紅軍打退了蔣介石的第四次「圍剿」。這是中國共產黨歷史上的一個有爭議的問題，是周恩來在二十八個布爾什維克思想指導下的戰術發揮了作用，還是毛朱留下的影響贏得了這次反「圍剿」的勝利？但無論如何，這次反「圍剿」的勝利使毛澤東更加孤立，他的「膽怯的遊擊主義」也因此而被看成像自動化時代的紡車一樣落後。

一九三三年四月舉行了一次反「圍剿」勝利後會議，它把毛澤東的軍事威望打入地獄。毛澤東沒有參加這次會議，他的瘧疾又犯了，再次受挫使他臥病在床。

那位基督徒傅連暲醫生趕來令毛澤東住院四個月，但他康復得比這還要快。不久，他就責備傅連暲爲他安排的過奢伙食。他說：「我們不要忘記現在是戰爭時期。」這一下輪到這位醫生看起來像得了瘧疾。傅連暲回憶道：「突然，我的臉紅得像個胡蘿蔔。」

一九三三年，毛澤東擬定了在很久不曾動過筆後的第一篇文章〈必須注意經濟工作〉，這是他第一次涉及經濟問題。自從把軍事指揮權交給周恩來後，毛澤東就像生手一樣熱情十足地將自己投入到基層工作中。

他騎馬巡視蘇區，統計糧食的數目，組織販鹽隊到國民黨占領區走私必需品。他又開始聆聽農民的聲音，自離開井岡山後他很少這樣做。

中央發起了擴充紅軍一百萬的運動（一九三三年初還不到五十萬人）。每個根據地周圍都築起了土牆，稱爲「銅牆鐵壁」。毛澤東則暗示這樣擴紅會與農業生產爭奪勞力。他認爲，這些土牆會使紅軍陷入陣地戰。毛澤東在一篇談群衆生活問題的報告中說：「眞正的銅牆鐵壁是什麼？是群衆，是千百萬眞心實意的擁護革命的群衆。」

日本人的入侵又一次給中國罩上了陰影。就像烏雲遮住了太陽，它使國共兩黨之間的內戰置於一種奇特光線之下。他們到底爲何而戰？難道它比抵禦外敵入侵，保衛國家領土完整更重要嗎？

「九一八事變」是一個漂亮的藉口，東京藉機第一次踏上了它鄰邦俯伏著的巨大軀體。它的最初後果是分散了蔣介石消滅紅軍的注意力，而它的長期影響則十分深遠。

毛澤東的民族主義思想絲毫沒有減退，在共產黨的領導人中，他差不多是唯一一個向農民宣傳反對帝國主義的人。他提醒農民，說國民黨做過最壞的事，是與洋人勾結企圖從外面打開統治中國的大門。

當時人們對此感到好笑，蘇區以外很少有人聽到過這種說法。但十年之後，這一說法就顯示出其英明之處。毛澤東和朱德於一九三二年四月對日宣戰，但是他們已有好幾年沒見到一個日本人，他們所控制的中國人口也只是很小一部分（其法令只在九百萬人口中生效）。

然而毛澤東的確有遠見。

他的目標不是抽象的社會主義藍圖，也不是重複蘇聯的革命——像是江西的山溝裡發生了「又一次十月革命」。他從未對世界革命浮想聯翩。中國是基礎，如果中國出現危難，再也沒有比拯救它更重要的事情了。假如沒有中國，任何革命的說教都只能是脫離實際的知識分子空談。

毛澤東開始傾向於建立一個抗日統一戰線，但他當時所擁有的權力只能是謀劃此事。中央還沒有發表任何抗日宣言。實際上二十八個布爾什維克從未受到民族主義的影響，他們把日本對中國的侵略看成是帝國主義聯合進攻蘇聯的開始。

一九三三年十二月，福建省發生了一場悲劇。一支傑出的國民黨軍隊、蔡廷鍇領導的十九路軍轉而反對蔣介石。蔡廷鍇要求抗日而不是圍剿共產黨，他向共產黨派出了密使。

而中共卻舉棋不定，他們對待十九路軍反叛的態度漠不關心並兼懷敵意。王明在莫斯科譴責蔡廷鍇說：「在和他握手時應朝他臉上啐唾沫。」在中國共產黨決定幫助蔡廷鍇之前，蔣介石已用計消滅了英勇的十九路軍。

毛澤東肯定同情蔡廷鍇。他希望建立抗日統一戰線，這個統一戰線包括共產黨以外的所有愛國人士，只要他不是反動派。一九三六年，毛澤東回憶說，中國共產黨沒有團結蔡廷鍇是錯誤的。

然而毛澤東並沒有爲了蔡廷鍇而使自己陷於窘境。實際上，他曾尖銳批評蔡廷鍇企圖在共產主義和反動派之間尋求「不存在的第三條路線」。這主要是因爲毛澤東缺乏必要的影響力去反潮流而取勝——當他明知不能取勝時他是從不出擊的。他隨波逐流，犧牲蔡廷鍇以保住自己在江西蘇區所僅有的一點權力。這是一段使毛澤東回憶起來會感到不安的插曲。

一九三四年一月，毛澤東強使自己來到瑞金參加中華蘇維埃第二次全國代表大會。他是蘇維埃政府的主席，儘管有名無實，他還得來主持會議的開幕式。會堂裡擠滿了一千名代表，裝飾著紅綠彩旗。他看到一幅標語：「只有蘇維埃才能夠救中國」。一聲禮炮和一連串的鞭炮聲拉開了大會的序幕。

毛澤東作了一個簡短、無力、言之無物的空洞講話。大會的所有決議都已在提前召開的中央會議上確定了。而在中央會議期間，毛澤東要嘛缺席，要嘛難以發揮什麼作用。

此時第五次「圍剿」已經開始，但是毛澤東只能做一名袖手旁觀者。這次「圍剿」的方案是由德國人制定的。蔣介石急於徹底消滅共產黨而求助於希特勒，兩位德國將軍馮．西格特和馮．福爾肯豪森成了蔣介石的軍事顧問。二十八個布爾什維克控制下的中國共產黨也同樣急切地求助於外國人，這次反「圍剿」由一名德國共產黨員奧托．布勞恩直接指揮，他是共產國際贈送中國革命的最後一件禮物。

這次代表大會被王明的盲目樂觀主義思想所籠罩，在那時為止布勞恩指揮的幾次戰鬥還不算太壞。毛澤東只能保留自己對陣地戰的懷疑。他主持大會時就像一隻落了毛的鳳凰，誰也不會為他主席職務的解除而驚訝。但過於殘酷的是，甚至在他任了三年主席的政府（人民委員會）中他連委員也不是。

蔣介石開始達到困擾了他三年的「圍剿」目的。一旦敵人進入大門，「禦敵於國門之外」很容易就會變成一場噩夢。因之布勞恩把領地看得比軍隊重要，而結果必定雞飛蛋打。事情偏偏這樣發生，它暴露出「陣地戰」的愚蠢。

一九三四年的春天絕不會給瑞金帶來歡樂。

馮．西格特將軍構築碉堡，並用公路將它們連接起來。這一戰術發揮起了作用，因為中共也選擇把自己的軍隊固守在防守陣地上的戰法。這便使兵力太弱而且裝備低劣的共產黨軍隊失去尋找敵之薄弱環節、靈活機動地對之各個擊破的機會，而國民黨軍隊卻能對給養不足的被困紅軍有效地實行經濟封鎖。

到八月，中共原來控制的七十個縣只剩下六個了，甚至連長汀也落入國民黨之手，許多紅軍將領戰死沙場。毛澤東對此無能爲力，終日悶悶不語。他處於如西方人們說的那種被「軟禁」狀態。自一九三四年仲夏始，他就藏身在於都（瑞金以西）一座小山上的草房裡。

一天晚上，朱德手下的一名軍官來和毛澤東閒談，他帶來了酒和雞。在那艱苦的歲月，這是再美不過的佳餚，他們受用了一頓。

他們坐在毛澤東所在村舍院子裡的籐椅上品著喝剩的酒。當話題觸及令人留戀的往事時，毛澤東對這位老部下歎道：「唉，現在不再是井岡山同志的天下了。」

毛澤東試著回到書本中去，他雜亂地記著筆記，他賦寫忘情於山水的詩詞，他還教他的「警衛員」識字。然而聽到美好山巒之外發生的事情，他無法安寧下來。他在這黯淡時刻再次病倒了。

他高燒達四十一度，這一次的瘧疾發作幾乎和一九二九年的那次一樣嚴重（儘管博古把毛澤東的病稱之爲「外交病」）。從八月直至九月底，他一直臥床不起。當瘧疾加重時，又出現了急性腸痙攣，他當時肯定不確定自己是否還能恢復過來。

傅連暲醫生帶著藥箱來到于都。一天，傅醫生爲毛澤東燉了一隻雞，毛澤東拒絕吃雞。這位要求甚少的病人總是說，他有一個護士就可以了，不需要醫生陪著。職業習慣使然，（是被迫？是眞誠？）他樂於接受上次那位軍官送來的雞，而不願要傅醫生爲他準備的雞，他讓傅醫生把雞吃了。

毛澤東從醫生的病床上硬挺過來了。當他於九月底離開于都時，他發現外面世界亂得無法收拾。然而，這種混亂也爲他提供了機會。

蔣介石輕而易舉地贏得了第五次「圍剿」的勝利，他似乎覺得自己使中國擺脫了「共產主義災難」。共產黨決定放棄江西。

毛澤東覺得這樣做是「驚慌失措」之舉，可這是博古和布勞恩決定的。紅軍余部開始向西北行進，希望在湖南與賀龍領導的蘇區會合。

二十八個布爾什維克爲這次慘重的失敗感到窘迫不安，故而毛澤東又悄然回到爲指揮撤退而組建起來的軍事委員會裡。這是一個小小的轉機，至少，毛澤東應比所有的同事更少遭受到指責。

紅軍就像波濤洶湧的大海中無舵的小船。八萬餘人（還有幾百名婦女）的隊伍毫無目的地走著，一定有很多人意識到自己是在走向死亡。有不少人在伺機偷懶摸魚。

長征就這樣開始了！

兩個星期以後，莫斯科用無線電傳來指示，告訴中共撤離江西。

毛澤東帶了每人都備有的三天乾糧，還帶了一匹馬——這是與國民黨作戰的戰利品，外加一把雨傘和一捆書。

毛澤東沒有帶那個在同事眼裡已成爲他的標誌的破舊公事包，這包包裡通常裝有檔案和地圖。這是奇怪的。周圍的人認爲毛澤東沒有帶公事包是消沉的信號。如果他知道自己很快就會掌握大權的話，可能會把那個包包帶在身邊。

注釋

【1】譯註：原文有誤。「土匪」頭子袁文才、王佐均受過革命影響，各自的隊伍都自稱「農民赤衛軍」。袁文才還是中共黨員，毛澤東曾親自遊說袁文才，送他一百多枝槍，以後便將袁文才、王佐二人所率隊伍改造成工農革命軍。

【2】井岡山時期，朱德也有一位新婚妻子（第四次婚姻）。與毛澤東一樣，他的新婚妻子是從隊伍中選出的一個十幾歲的姑娘。

【3】譯註：原文有誤。朱毛紅軍從未占領過南昌。

【4】譯註：AB團非反布爾什維克團，富田事變有著特殊的環境，對其處理毛澤東確有失誤之處。

7 未來在握（一九三五—一九三六）

如果說未來的趨勢逐漸開始有利於毛澤東，那麼在一九三四年末那些晦暗的日子裡，只有獨具慧眼的人才能洞察到這一點。

實際上，毛澤東在黨內的對手在遠航起初就風向不利（儘管博古和奧托·布勞恩在長征開始時仍處在重要的領導地位）。但相對於整個中國來說，共產黨人的自命不凡實在有點像是犀牛背上的幾隻虻蠅。

很多中共黨外的（當然黨內也有一些）人認爲，自一九二七年大革命失敗和江西根據地被夷平以後，中國共產黨實際上氣數已盡。長征開始後最初艱難困苦的幾個月絲毫沒有改變這一前景。對毛澤東來說，突然離開自己曾是領袖人物的機構是令人心碎的。原則上說來，那些留下來的人，他們的任務是擾亂國民黨，可是實際上他們危在旦夕。後來證明，與其說他們是二十八個布爾什維克的支持者，還不如說他們是毛澤東的支持者。

這些人中有毛澤東的弟弟毛澤覃，他在任何情況下都像是毛澤東的影子，在一九三二年間，毛澤東的失勢使他也受到指責。一九三四年在毛澤東實際上被軟禁的那段日子裡，他仍然與毛澤東站在一起。

過不了五個月，毛澤覃就死於敵人的魔掌（另外一位被處死的是倒楣的前領導者瞿秋白，他主要是身患結核病而留在江西）。

毛澤東還留下了他與賀子珍所生的兩個年幼孩子。當時紅軍規定，只有那些能夠行軍的孩子才能隨軍撤退。毛澤東把兩個蹣跚學步的孩子放在一位不知姓名的農民家裡照料，自此他再也沒有見過這兩個孩子。

賀子珍自始至終是參加長征的中國共產黨領導人的夫人中的一位。長征開始時她正懷著第三個孩子，這個孩子顯然是在毛澤東遭軟禁的時候懷上的。艱難的跋涉對賀子珍的身體是一種殘酷的折磨，實際上這還損及了她的婚姻關係。

長征結束以後，曾訪問過共產黨人的英國記者岡瑟．斯坦因問及毛澤東當時是否發覺自己是少數派而且不能占上風時，毛澤東答道：「是的，我曾是少數派。這種時候，我所做的唯一的事情是等待。」一九三五年，他的機會來了。

長征在進行的過程中按其必然性呈現出自身的形態。在它勝利結束之前，甚至沒有一個人稱之為「長征」。開始時只不過是艱苦的大退卻，後來，毛澤東告訴羅伯特．佩恩：「我們的目的，是擺脫圍剿並與其他蘇區會合，除此以外，我們還深切希望自己能夠處在抗日的位置上。」

長征的每一階段的主要問題是擺脫國民黨的圍剿並生存下來。長征者每天必須做的都是四個緊緊相連的任務：擺脫在江西時三面被圍的絕境；與遠在西邊的其他一個或更多的蘇維埃政權接上關係；在中國的其他地方重建江西那樣的根據地，並在這一新的根據地代表全中國抗日。

共產黨的領導人只是對上述第一個任務不存在什麼分歧。實際上，黨內分裂具有很大的腐蝕性，以至於長征還應有第五個任務（雖不直接明瞭，但卻至關重要）——就是成立共產黨的新領導機構。長征使成熟的共產黨人有別稚童般的布爾什維克。

毛澤東總共有三萬軍隊——第一方面軍占長征參加者的四分之一。他們打的第一個大仗是在湘江邊上，這是毛澤東少年時代夢中的河。這次戰役使黨內的政治鬥爭幾近明朗化。蔣介石準確地判斷出紅軍會向西北方向逃竄，在蔣介石強大而有力的軍事機器面前，共產黨損失了五萬人。在極度痛苦之中，傷患咬住自己的衣服，抑制住自己無法控制的哀聲。

國民黨消滅了將近半數的紅軍。面對如此巨大的代價，毛澤東決定向博古和奧托．布勞恩的領導地位發起新的挑戰。

嚴酷的現實是紅軍不能按照原定計畫與湘西北賀龍的蘇區會合，因爲蔣介石已部署了六倍於紅軍的兵力等待他們。在這種形勢下，毛澤東決定改變計畫，同時向二十八個布爾什維克發起猛烈攻擊。

紅軍應該掉頭向西南進入貴州，這是敵人兵力較弱的省分，然後與四川北部的共產黨軍隊取得聯繫。毛澤東的這一觀點占了上風，奧托．布勞恩向北挺進的計畫告吹。

與此同時，在一九三四年十二月的會議上毛澤東壯起膽來指責導致湘江慘敗的兩個策略錯誤。博古和布勞恩制定的路線是一條直線，這可以使蔣介石坐等紅軍的到來。

毛澤東又抱怨共產黨人沒有利用佯攻這一武器，而這在行軍中應合理地加以利用；沒有注意當地民衆的情緒，也沒有意識到地形的複雜。

毛澤東還覺得紅軍帶著政府的所有裝備從一個城市到另一個城市，負載過重。騾子和驢子馱著沉重的辦公用具、印刷機和檔案，只能搖搖晃晃地行走。

毛澤東在這個問題上與二十八個布爾什維克的鬥爭，觸及了根本問題：中共是繼續作為流動之中的臨時政府（二十八個布爾什維克的觀點）呢？還是有計畫地外撤後，俟機重返舊地，穩立根基，待時機成熟後逐步奪取全國政權（毛澤東的觀點）？

一個細節可以充分地說明二十八個布爾什維克的作風：長征開始時，紅軍實際上沒有一張精確的地圖。博古和布勞恩硬是堅持帶上所有的辦公用具和檔案，但就是沒有想到帶上對行軍最重要的地圖（一個被控幫助國民黨幹事的年輕瑞士傳教士被捕，他答應幫助紅軍指揮員讀一張法文的江西省地圖後減輕了對他的處罰）。

當然，二十八個布爾什維克沒有任何軍事經驗，而毛澤東和朱德在近十年的戰爭中經驗豐富。博古在一九三二年成為共產黨的領導人時還沒有見到過打仗，長征開始時他才二十六歲。儘管布勞恩是共產國際派給中共的軍事顧問，也沒有受過軍事訓練或參加過一場戰役，而且，布勞恩根本不會漢語。

百分之五十四的長征者都是二十四歲以下的年輕人，和他們相比，四十二歲的毛澤東成了老人。只有百分之四的人年齡在四十歲以上，甚至還有十一、二歲的少年充當司號兵、勤務員、送水員、通訊員，或只是作為一般宣傳員。傅連暲醫生宣稱，根據他的判斷，在這些天真樸實、血氣方剛、出身於農民的長征者中，百分之九十的人沒有過性生活。

最初的失敗應歸咎二十八個布爾什維克，而毛澤東不應為此而受責。事實上，毛澤東在黨內的影響正在迅速上升。他不可能在一夜之間贏得領導權，但在湘江戰役以後的幾週時間裡，他的威信在穩定地提高。

他開始用自己的方式制定政策。文件燒毀了，辦公用具被扔進深山峽谷；多餘的槍支彈藥送給當地可信賴的農民；精簡了的運輸小分隊夜間行軍，這就不會輕易暴露目標。用能打動人心的標語口號向部隊解釋每一次即將到來的行動，很多村莊都召開群衆大會宣傳紅軍的神聖使命並招募新兵，具有文藝天才的戰士還爲群衆唱歌跳舞。這一切都帶有毛澤東的風格。

有一次，一個連隊被置於兩個很顯眼的山頭上，故意分散以暴露自己，看上去好像有很多人在那裡。國民黨軍隊眞的就把這些忙碌的士兵當成了紅軍主力，被紅軍竊聽的國民黨電台發布的勝利消息說：「紅軍主力已陷入重圍。」與此同時，共產黨的大部隊在背後向國民黨軍隊發起了進攻。

這種具有濃厚毛澤東主義色彩的聲東擊西戰術做得漂亮。一位將軍回憶說：「整個戰役，就像猴子在狹窄的胡同裡耍流氓。」

這種戰術使得紅軍能夠渡過兩百二十公尺寬、水流湍急、惡浪滔天、兩岸盡是陡峭岩石的烏江。蔣介石似已覺察出他眞正的敵手正在向上游挺進，便飛到貴陽親自安排二十萬特別部隊，想攔截、阻止紅軍通過貴州到達富庶的四川。毛蔣爭雄的態勢由此形成。

紅軍占領了富饒的古城遵義。用計之妙使朱毛部隊享有魔術師的聲譽（紅軍必須使用這種辦法，因爲拼湊起來的國民黨軍隊與紅軍的力量之比是一百比一）。

紅軍首先占領了遵義以東十英里處的一個村莊，抓獲了一批俘虜，這些人對這次謀略的實施有關鍵作用。紅軍審訊者輪番勸誘威逼這些俘虜，給他們銀元，耐心誠懇地向他們講「蘇維埃道路」的優越性（具有當時特徵的中國社會主義）。

共產黨人用這種方法很快就獲得了遵義駐軍的所有情報，還得到了他們的軍服。接下來的一幕與其說屬於中國戰爭史倒不如說屬於中國戲劇史。

當晚，紅軍僞裝成作戰歸來的國民黨軍隊，他們穿著國民黨軍服吵吵嚷嚷地向遵義靠近，講著當地的方言，甚至堂而皇之吹起軍號通報他們的到來。

在漆黑的夜裡，他們和城堡上的守軍講著當地的話，被當作是自家人。他們解釋說，連長在和紅軍的戰鬥中被打死了。守軍還沒來得及懷疑，他們便已入城，手中舉著刺刀高喊：「我們是中國工農紅軍！」

毛澤東睡在當地一個小軍閥的一間雅致的樓上臥室裡，第二天上午很遲才起床。

十二天來，毛澤東在遍是園林宮殿的美麗城市裡，在柔軟的床上得到了很好的休息。貴州的大部分地方都被紅軍從軍閥手中「解放」（這是個新術語）出來，紅軍現已做好了入川的準備。

毛澤東在遵義也成了中國共產黨的領袖。在他得到很好休息的軍閥宅院，毛澤東不失時機地召開會議。會上他扭轉了由二十八個布爾什維克當權所帶來的局面，並賦予長征以新的意義。

毛澤東並不操控那歸屬於他的強大集團，也不屬於業已存在的兩派：二十八個布爾什維克和黃埔軍校派，周恩來是黃埔軍校派中最有名望的。

毛澤東是一位值得信賴的領袖，因爲他與朱德一起在江西的反「圍剿」戰役中有過輝煌戰績。不過，他的行動之所以成功是因爲二十八個布爾什維克明顯地失敗了。共產黨的一些關鍵人物看到了這一點，他們隨時都會消除對毛澤東的疑慮。

博古開始在會上作報告，接著是周恩來作報告。然後是毛澤東發言批評最近的軍事路線，而王稼祥表示支持毛澤東的立場。極為重要的是周恩來後來轉向毛澤東這邊：「他一直都是正確的，我們應當聽從他。」周恩來對毛澤東作了這樣的評價，他還讓出自己在軍事委員會的職位並敦促讓毛澤東任軍委的指揮。

周恩來發言後，二十八個布爾什維克再也沒有獲得主動權。而且自遵義會議後，周恩來再也沒有對毛澤東的領導地位或思想提出過根本性的挑戰。

毛澤東重新獲得的權力其實質是在軍事。至少在整個長征期間，槍桿子居一切權力之首。他成為中國共產黨的頭號人物，並從此入主政治局。這使他比紅軍在井岡山或江西時的任何一位將領都擁有更高的權威。朱德仍是紅軍的總司令，而且繼續與毛澤東保持一致。

毛澤東在遵義會議上提出了一系列策略，這些策略可以說是他的傑出軍事思想的總結。

敵強我弱，紅軍須集中力量打殲滅戰。

不打無把握之仗，大踏步進退，以捕捉戰機。

誘敵深入，避免打陣地戰。

紅軍既是戰鬥隊，又是宣傳隊。對犯錯誤者應予以教育，而不能私下處罰，應讓每一位戰士都知道下一步行動的目的和艱險。

在該城一座天主教堂裡舉行的群眾大會上，毛澤東解釋了這些方略，同時提出了未來幾個月的口號：「北上抗日」。

遵義的十二天改變了長征面貌，使這次慘敗的軍事撤退轉變成爲著民族和革命雙重目的的政治宣傳。

這也使中國革命從莫斯科的影子中擺脫出來變得明朗了。史達林現在有更重要的事情要做而不再顧及四處流竄的中共，他根本不相信這批農民軍隊能完成中國革命的艱巨任務。

更重要的是，中國共產黨第一次由一位並不敬畏蘇聯的人來領導。這絕非偶然。正是在與莫斯科接觸十分困難，共產國際與中共之間聯繫幾乎消失的時刻，權力移交到了毛澤東的手中。

毛澤東依然景仰十月革命。三十年後，當他有充足的理由不再講蘇聯的好話時，他告訴安德列．馬爾羅，當時向西北去的一個原因是「能與蘇聯接上聯繫」。但在毛澤東看來，中國革命的重心還是應該在中國的農村。

此外，毛澤東在黨和軍隊內部的組織方法上也逐步對史達林主義進行抵制。這也特別表明他對人的改造所抱的信念，和他那靈活、植根於本土以及精神高於物質的軍事策略是正確的。

毛澤東的最終目的是要到達陝北並從那裡開始抗日。同時，他還想與四川北部張國燾的軍隊會合，在這一神話般的省分建立蘇維埃政權。

在遵義休整後，長征重新開始時，毛澤東顯得整潔瀟灑。警衛員發現毛澤東穿上了一套特製的合體灰軍裝。

毛澤東有一匹馬，但只是在十分疲勞時才騎。他患過兩次瘧疾，病得很厲害，以致連馬都不能騎，不得不躺在擔架上由兩名戰士抬著行軍。

在他私人的小包袱裡總是裝著雨傘和書，裡面的東西不斷地更換，《水滸傳》卻一直帶在他身邊。沒有資料表明，毛澤東在長征時帶了馬克思或列寧的著作。[1]

他常常通宵達旦地工作，但有時他也破例在他的吊床上睡到正午。他一直把身邊的幾位年輕人當作自己的助手，這些年輕人包括祕書、衛生員和兼作勤務的警衛員。

警衛員陳昌奉是一位年僅二十歲的年輕人。他漸漸地知道了毛澤東的嚴格要求和喜歡獨處的生活方式。隊伍一停下來過夜，毛澤東馬上就要開水。如果情況緊急，他會通宵達旦地工作而不休息。陳昌奉就要趕緊為毛澤東布置好工作的地方——一個岩洞或一塊乾淨的石頭。

有時毛澤東發現他的休息處有出現點奢侈的東西。他的工作人員十分樂意把他安排去某家有院子、床上鋪有稻草、有置放文具和電話的書桌的地主家裡休息，或者工作一、兩個晚上。

如若能找到香煙，毛澤東即使在最晦氣的日子也能夠振作起來。有些資料說，在部隊即將開始作戰時，他的士兵甚至用鴉片與對方換取香煙。在沒有煙草的時候，也就顯示出了毛澤東的靈活機智，他把各種各樣的帶有刺激性的樹葉當作煙草的替代品。奧托·布勞恩也有這一嗜好，尋找上好的煙草或許是這位脾氣急躁的德國人和這位穩重沉著的中國人共有的一種熱情，有時他們共同進行一些冒險的試驗。

落日的餘暉使天際變成了紅毯子，毛澤東身上灰色的軍裝也變成了橘黃色。明月下，錯雜的亂石頓時猶如正在打鬥的巨龍。伸手不見五指的黑夜，部隊燃起松枝火把照亮前進的道路，懸崖峭壁張著血盆大口好像是在尋找機會吞噬這支幽靈般的隊伍。

每當這種時候，毛澤東就會寫下幾首詩詞。他感到自己「離天三尺三」；他視飛雪猶如「飛起玉龍三百萬」；湍急的河流在他筆下可使「人或爲魚鱉」；連綿起伏的群山在他看來是「原馳蠟象」。

毛澤東在長征路上發現了眞正的自己。縱有千難萬險，縱有地理生疏的挑戰，縱有死亡的威脅，縱有黨內的派系鬥爭，縱有紅軍多次遭全軍覆滅之險，但十個月六千英里的長途跋涉充分顯示出毛澤東那尋常難以發揮的天才。

反常的是，毛澤東並沒有受個人生活的牽制，而是開始了一個超群出衆、鴻才大展的時期。他孤身獨處卻總是命繫集體。雖然說賀子珍也參加了長征，但在十個月的時間裡，她可能一直都沒有和毛澤東在一起。當時貼近毛澤東的服務人員撰寫的回憶錄中甚至沒有提到她。毛澤東與他生存下來的弟弟毛澤民的關係也不密切，毛澤民當時負責照管財經、檔案和物質供應工作。

另一方面，長征時期可能是毛澤東詩詞寫作最多的時期。二十年後他有些留戀地說：「在馬背上，人有的是時間，可以找到字和韻節，可以思索。」詩詞把大自然和歷史融合在一起，這種融合最終成了毛澤東這位革命家和東方第一位馬克思主義理論家成功的祕訣。

他把崇山峻嶺看作戰鬥序列的一部分：

山，
倒海翻江捲巨瀾。
奔騰急，

萬馬戰猶酣。

山，
刺破青天鍔未殘。
天欲墮，
賴以拄其間。

毛澤東似乎在土地中找到了革命的證據。橫貫十一個省的長征的廣泛閱歷，可以取代莫斯科的新權威，毛澤東努力使這種新權威面對中國現實。

長征結束時，毛澤東甚至面對群山大發靈感，將它視作超出中國自身革命之外的世界和平象徵：

而今我謂昆侖：
不要這高，
不要這多雪。
安得倚天抽寶劍，
把汝裁為三截？
一截遺歐，
一截贈美，

一截還東國。
太平世界，
環球同此涼熱。

毛澤東是一位探險家，在一次又一次的戰役中，在他的國家的廣袤土地上，他看到了約在二十多年前從書上得知的山巒廟宇。他曾經離開華南，去過北京，然而在那裡他並沒有感受到自由的氣息。現在，他自主旅行、無拘無束，他把壯麗的山河視作生身之地，視作冶煉自己新的革命方式的熔爐。

一九三五年，毛澤東最逼眞的形象應當是：一位視野開闊的詩人；一位帶著農民的精明和將軍的眼光悉心研究地圖的戰略家；一位遠離家人、朋輩，以哲人度量同其熱切誠懇的警衛員交談，或抽出片刻教給祕書幾個生字的領袖。

他大多數重大的時刻存之於孤寂獨處中，然而他又像高山一樣引人注目。在他作爲中國的摩西的歲月裡，他與大地談心，與高山交流，而不需要妻子、朋友或參謀這樣的媒介關係。

四川是一個比毛澤東預料要難以敲碎的硬堅果。蔣介石在現場手忙腳亂地親自指揮對紅軍進行大規模的反擊，他拍電報給他的官員們說：「此役命繫黨國，務將紅軍困在江南。」一部分地方軍閥也振作起來，投身到非同尋常的防守大戰中，準備對付紅軍。

張國燾放棄了在川北的蘇維埃根據地，領著紅軍悲觀消極地向荒無人煙的西藏地區逃竄。這意味著，毛澤東在北渡長江時將不可能得到張國燾的精銳的第四方面軍的幫助，這使蔣介石能夠把毛澤東的運動著的部隊圍困在令人生畏的江河橫貫之地。

在入川的艱難行軍中，筋疲力竭的紅軍抵達茅臺鎮。這裡是聞名於世的中國烈酒之鄉。共產黨人發現自己已置身於釀酒作坊，排列的一百個大缸，每一個都盛有二十擔釀製的酒。年輕的紅軍戰士從未享用過這種東西（或其他任何一種），有些人認爲缸中盛的是洗澡水，他們把自己疼痛的腳浸泡其中！奧托・布勞恩較爲老練，臉上馬上露出愉快的笑容。有些紅軍戰士面對如此之多的酒有些不知所措。當共產黨軍隊離開時，「洗腳水」點滴不剩。

只是因爲有了毛澤東英明的聲東擊西戰術，紅軍才衝破了蔣介石的封鎖。現在看來，最佳方案是迂迴向西進占雲南（雲之南）。毛澤東佯攻貴州省會，蔣介石的軍隊正在那裡高枕無憂等待著最後的勝利。毛澤東對待發制敵的部隊說：「只要將滇敵調出，就是勝利。」紅軍付諸行動，一九三五年四月，毛澤東帶著他的部隊進入雲南。

雲南這地方與越南爲鄰，毛澤東在這裡遇到了春天的熾熱。稻田裡的禾苗鬱鬱蔥蔥，圓坦的山野間遍是鮮花，更有紛飛的彩蝶。但是他必須忍受在炎熱的氣候中進軍。蔣介石像一隻追著花朵不放的蜜蜂飛抵昆明，帶著隨時可供調遣的新裝備起來的十萬精銳部隊。

毛澤東對昆明又發起佯攻。這使他有了渡過長江的良機。長江的這一段稱爲金沙江，它把雲南和四川分隔開。金沙江穿過的這一帶山勢坡度遞降，其比率每英里爲十八英尺，故湍急的江水穿山越石，傾瀉而下。蔣介石確信他已把紅軍困在荒涼的江崖，便命令燒掉靠近紅軍路線的所有渡船。

但是，毛澤東的足智多謀彌補了人力和武器上的不足。在林彪率領部隊佯攻昆明，另外一支部隊在蔣介石的眼皮底下拚力架起竹橋時，毛澤東迅速派遣一營兵力向西到達另一個渡口。由於僞裝示形於敵，使得共產黨的軍隊可大膽著手搶渡金沙江，這比起毛澤東讀而不厭的古典小說中的農民起義故事來毫不遜色。
裝扮成員警、國民黨偵察兵和稽徵隊的先遣部隊，乘坐一艘木船闖過湍急的江水，摸進守軍的院子裡，發現他們正在打麻將，槍支都倚在牆上，便馬上將他們全部繳械。蔣介石狡詐多謀卻不夠靈活，他沒有想到這裡的渡船也應該燒掉。在其後九天的時間裡，六艘大渡船把紅軍接過金沙江進入四川。

紅軍進入了少數民族聚居的地區，在這蠻荒之地，人們在生活方式上也極端野蠻愚昧。對於他們，毛澤東得把原則性和靈活性結合起來。

他堅持讓他的部隊以禮對待當地的部落居民，即使對強取豪奪的儸儸（彝族的一個部落）[2]也是如此，紅軍拿每一隻雞或每一兩糧食都付給銀元。這是因爲毛澤東一直認爲少數民族同胞在舊中國受盡欺虐，他們在未來的社會主義中國應成爲充分平等的一員。

不過，毛澤東也從部落之間的紛爭中漁利。他使用的手段使人想起他在井岡山時對待土匪的方法，同時也預示了中華人民共和國七〇年代外交政策中的均勢策略。

毛澤東識別出儸儸有「白儸儸」和「黑儸儸」之分，二者相互仇視不亞於紅軍與國民黨相互仇視。他偏向黑儸儸這一邊。他對他們說，並不是所有的漢人都是壞人，就像並不是所有的儸儸都是壞的一樣。他建議黑儸儸應和紅軍站在一起，反對他們共同的敵人「白」漢人（蔣介石）。

不久，毛澤東的一位將軍與當地的一位首領歃血結盟為兄弟，叩頭拜見儸儸的女王[3]，並保證給她兩百支槍和一千塊銀元，讓她仁慈地允許紅軍通過她的領地。

如果說這就是毛澤東主義的話，至少它是管用的，不管二十八個布爾什維克對此作何感想。有幾百名儸儸參加了紅軍，並到達中國的大西北。

紅軍長征渡過的最後一條主要河流或許在整個軍事經歷中最驚心動魄。蔣介石決心把共產黨人堵在大渡河以西，這樣他們就會消失在西藏東部的雪山裡。據說，《三國演義》中的英雄在此遭到失敗，偉大的太平天國領袖石達開十八六〇年代亦喪生在這條河邊。對這兩個故事毛澤東非常清楚，他對這兩次起義運動都很仰慕。

蔣介石已飛抵重慶，再次坐鎮指揮以根除共產黨。他也知曉這兩次著名起義，不過卻非常藐視。他的飛機向紅軍撒下傳單說毛澤東正在走「石達開的路」（這位太平天國的領袖失敗後被斬首）。

大渡河水急浪高，一般難以航行，甚至渡船也難免有傾覆的危險，而唯一的一座橋被國民黨守軍牢牢地把守著。

瀘定橋像雜技演員走的鋼絲一樣懸空，它由十三根鐵鏈組成，比湍急的水面高出兩百英尺，兩端分別固定在峭壁之上，巨大的鐵鏈上由一塊一塊的木板鋪成橋面。

作為一種歡迎方式，國民黨守軍把位於紅軍一方的半數木板全部拆走，只留下幾根光禿禿的令人生畏的鐵鏈。毛澤東認為正是因為延誤時機曾使過去的起義軍在此覆滅。為了爭取時間，紅軍戰士在二十四小時內奇蹟般地走完了最後的八十英里路程到達瀘定橋。

一支先遣隊的殊死任務，就是像猴子那樣從一根鐵鏈跳到另一根鐵鏈。他們用繩子把手榴彈和毛瑟槍捆在背上，如果不被打死的話，他們就會通過有木板的另一半鐵橋，接近並強攻國民黨的橋頭堡。當然，很多人中彈掉入激流之中，第一批的二十二人只有五人到達了可以朝敵群投擲手榴彈的地方。

在那天下午的大渡河上，精神戰勝了物質。其他人尾隨這五個人集中火力強攻。國民黨守軍茫然不知所措，他們開始抽掉木板，然而又太慢，於是就澆上煤油燒木板。

但是，毛澤東的戰士像被一種強大的吸引力拉著似的勇往直前。越來越多的戰士跟了上來，槍聲變得稀落了，他們發出令人膽寒的叫喊穿過著火的木板。似乎是被紅軍瘋狂的英雄主義嚇破了膽，敵軍不戰便脫陣倉皇潰逃。大約有一百名國民黨兵就地參加了紅軍。

自願報名參加搶渡大渡河的所有先遣隊員的年齡均在二十五歲以下。

下一步的任務是與張國燾的第四方面軍會合。自然條件和少數民族部落居民使這種會合更加困難。以後發生的鬥爭使毛澤東不得不承認：蔣介石並不是唯一的難題所在。

海拔高度很高的大雪山氣候變化異常，剛到下午天色就暗了下來。沒有大米，食用青稞使人腸胃不適，暴風雪接連不斷，馬鈴薯般大的冰雹從天而降。在海拔一千六百英尺的高山上，數百名衣衫單薄的戰士，特別是氣血不旺的南方人被嚴寒摧垮了身體，一些人永遠地躺在了四川的雪谷中。

更麻煩的是蕃族部落居民心懷殺機，從山上滾下巨石以示他們對紅軍入侵的不滿。

毛澤東努力用吟誦詩詞和宣講故事使戰士振作起來，他用辣椒和生薑熬成熱湯讓這些凍僵的戰士暖和身子。艱苦的生活，可能還有將與張國燾會合而引起的焦慮，使毛澤東感到軟弱無力，他又一次患了瘧疾。

毛澤東的健康觀是：精神的狀態是最重要的。毛澤東與參加長征的兩名醫生——傅連暲、姬鵬飛（姬後來成爲中華人民共和國的外長）談及，心理因素會引起身體疾病的問題。他相信，有時人們不需服任何藥物，單靠極大的希望也能生存下去。

毛澤東把患病歸罪於生理狀況之外的因素，這是受自身經驗的啓發，毛澤東每次生病總是與他事業上的受挫巧合。

事實上也是，一九二三年在上海（他因爲親國民黨的態度而受到批評），一年以後的中共第四次代表大會期間（他失去了在中央委員會的職務），在一九二五年冬和一九二六年隱退到韶山的日子裡（因爲農民在革命中的作用問題，他的人事關係趨於緊張），一九二九年末（來自李立三的壓力）以及在一九三四年夏（與二十八個布爾什維克的衝突使他實際上被軟禁了起來），他都患了病。

現在，當他鬱悶地想到與張國燾會合時，焦慮再一次成爲生病的前兆。並且，這種情況持續不斷，貫穿他的生活。

一天，一塊不像是部落蕃人兇狠地投來的石頭，滾到一名紅軍戰士腳下。石頭上繫著一張紙條，上面潦草地寫著：「我們是紅四方面軍，河上游四十里處有座用繩子結成的吊橋，你們可以從那裡通過。」戰士歡欣鼓舞。

毛澤東則不然。因爲他正要面臨一個人的挑戰，這個人自認爲他應是共產黨的領袖，儘管他沒有參加遵義會議。

毛澤東已有八年沒有見到張國燾了，不過不是躲避他。兩人都不像二十八個布爾什維克，儘管張國燾去過莫斯科並認識蘇聯人。他們二人都比二十八個布爾什維克有經驗，彼此間互不信任也早於二十八個布爾什維克。

一九一八年第一次見面時，他們的風格和背景明顯地相距甚遠。張國燾這位地主的兒子是北京大學的註冊學生，而此時毛澤東則在北大校園的邊緣焦急地徘徊。在毛澤東置身於農村運動後很久，張國燾才開始參加城市的勞工運動。

長征又帶來了新的分歧，張國燾認為毛澤東是在滑向「遊擊主義」。他批評共產黨領導全國抗日的想法是癡心妄想，並認為遵義會議是「獨斷專橫」的，所以遵義會議的決定應該修正。

對於毛澤東來說，他抱怨張國燾不相信建立蘇區根據地的思想。他判定，由於張國燾「逃離」根據地曾兩度使毛朱的部隊失望。在他的眼中，張國燾的第四方面軍沒有絲毫的共產黨人精神，卻有一種高人一等的優越感。

在川西的一條路邊，旗幟、標語遍布，演講台搭建起來。毛澤東站在大雨中等待著張國燾的到來。一支有三十名隨行人員的馬隊飛馳而來。

毛張緊張關係的本質根源從這些漂亮的馬身上就得到了鮮明的體現。張國燾的軍隊（五萬人）比毛朱的軍隊人數（四點五萬人）多。[4] 張國燾的部隊衣著整齊，裝備較好，和整個長征的生活比起來，他們隱蔽式的生活好像是在度假。

當張國燾走近前來的時候，毛澤東有些不自然地笑著對身邊的人小聲說：「不要羨慕那些馬。」他可能回憶起自己的部下曾經吃過作為補給的馬肉。

張國燾對這次會面作了不同的描述：「我一看見他們，立即下馬，跑過去和他們擁抱握手。」

一位親毛澤東的軍官回憶說：「張國燾在他的三十名隨從的陪伴下騎馬而來，就像一位演員出台。朱德和毛澤東急忙迎上前去，他卻在原地等著，甚至沒有往前走半步。」

情形就是這樣。可以肯定地說，毛澤東和張國燾彼此間對對方及對方的部隊都存疑慮。

當天晚上，毛澤東、張國燾和其他主要人物一起進餐。作爲失意者，張國燾注意到飯桌上沒有進行任何嚴肅的談話。他回憶說：「他們甚至沒有興趣聽我介紹四方面軍的情況。」足智多謀的毛澤東的閒談碎語，使笨拙的張國燾煩躁不安。毛澤東自己喜歡吃辣椒，他的話題便是，愛吃辣椒才能成爲一個革命者。張國燾可能不喜歡吃辣椒，他的回憶錄中有一個產生分歧時無趣的鏡頭：「毛澤東遭到了博古的反駁……他不喜歡吃辣椒。」

如果說這是長征中的最低潮的話，它不是沒有原因。兩支部隊企圖融合在一起，各有自己的特點、經歷和目的。幾個月來被忽略的問題終於出現了：性格的衝突、慣常的驕縱、窮苦士兵對未來的美夢。

毛澤東和張國燾各以自己的方式統率軍隊，而且誰也不想失去對自己軍隊的控制權。

爲了未來，毛澤東希望繼續北上以便抗日；張國燾則願意留在西部（他對這裡已較熟悉）積蓄更大力量。

八月份，政治局在毛兒蓋召開重要會議。這一地區的居民主要是藏族，毛澤東住在一家藏民的家裡。這是一棟兩層的木製房子，一層餵養牲畜，二層住人。政治局會議在一個喇嘛寺裡舉行。

毛澤東顯然得到大多數人的支持，但張國燾統率著紅軍中最精良的部隊，因此達成了妥協，兩支部隊分別向北進發。

這一決議在執行時發生了意想不到的戲劇性轉折。局勢的緊張使張國燾找到了藉口——地形惡劣，於是不再向北而是掉頭向西。毛澤東則率領部隊從川西驟然向北，似乎擔心張國燾的部隊會從後面向他的人發起突然襲擊。不管怎麼說，像他一生中許多關鍵時刻一樣，在毛兒蓋發生的事使毛澤東處於生涯中最危急緊要的關頭。他終歸不能與張國燾抗衡。

朱德這時隨張國燾一起向西，這一事實充分證明分裂造成了多麼大的創傷。毛澤東對這一轉折事件的發生肯定感到難過。他後來稱朱德是在槍口的威逼下才這樣做的。張國燾則堅持說朱德和他在一起是他自己的意願，因爲他不滿毛澤東以軍事天才自居。

眞理在兩者之間。

朱德當時的動機是複雜的，在以後的歲月中，他拒絕談及此事似乎可以證明這一點。原因之一可能是他認爲自己是四川人而希望留在他自己的天地裡。另外，也可能是對毛澤東的專橫工作方法的一種報復。

但是，朱德眞正關心的或許是分裂本身。他可能是分兵北上這一妥協政策的製造者，他之所以決定隨張國燾向西是一種策略，可以防止紅一方面軍和紅四方面軍火拼。

無論如何，一年以後朱德與張國燾一起到達毛澤東所在的延安，從此對張國燾很少作什麼評論。

除非這一齣戲是毛澤東故意安排的，不過似乎又不像。毛澤東在從毛兒蓋繼續北上的艱難跋涉中，身心一定都遭受折磨。

在四川過大草地是長征中最恐怖的日子。陷人的沼澤、饑餓、當地居民（藏族）的敵視、驕橫和對毛澤東的一系列政策的不明瞭，使毛澤東喪失了上千名戰士。藏族首領對漢人深懷敵意，她威脅說，誰要是幫助紅軍，就活活煮死誰。[5]

這些長征者爲求得食物不得不開殺戒（不然他們只得吃松果、蘑菇和青草）。毛澤東後來說：「這是我們唯一的外債，有朝一日我們一定要償還當時不得不從藏民那裡拿走的給養。」沒有跡象表明他們這樣做了。

毛澤東的奇妙話語或許是尖刻的嘲諷，五〇年代，中華人民共和國政府對解決西藏問題的一些措施，或許應該與一九三五年藏民對毛澤東的做法有關。

長征還未完全結束。毛澤東的部隊在越過六盤山後到達陝西，它正好在長城的南面。這一地區已有一支共產黨領導下的小部隊，徐海東歡迎了這些形容枯槁的倖存者。毛澤東走向前去，平靜地問道：「你是海東同志嗎？」他果然就是。艱難、壯烈的長征就此結束。

在時而酷熱時而嚴寒的惡劣氣候條件下，毛澤東跨越了二十四條江河，翻過了十八座高山。等他到達西北黃土高原時，一年之前離開江西的士兵僅十中存一。

在那個激動人心的時刻，毛澤東只說了句：「謝謝你不辭勞苦地來接我們。」那天晚上，他平生第一次睡在黃土窯洞裡。

長征將毛澤東「造就」爲一個將思想和行動結合在一起的人，將他推至於中國最有希望的政治領袖的地位邊緣，而且爲他提供了一支鋼鐵般的隊伍，他們一直和他站在一起，直到六〇年代的「文化大革命」。

的確，長征曾是一場大退卻，而且直到一九三五年底，共產黨的命運還是前途未卜。然而長征具有深遠的影響，紅軍走過的路程相當於美國東西跨度的兩倍。毛澤東之於中國猶如摩西率領以色列人走出埃及。長征把一個由不同成分組成的群體鍛造成一種強而有力的運動，並且衆人對自己的事業深信不疑。

長征還有宣傳的功績。一年時間經過了有二億人口的居住區，戰士不停地宣傳他們的事業。毛澤東堅稱，夜晚休息不可能做別的，但至少有時間教農民寫六個字：「打土豪，分田地。」

長征者都像是預言家，每一英勇的創新舉動似乎都證明了明天的社會主義中國的到來。一切嶄新的社會制度都是起源於理想，資本主義的初始階段也不例外。共產主義中國就誕生於長征的汗水、鮮血和冰雪之中，它激發了戰士對新社會的渴望，也培養了他們的使命感。毛澤東曾是他那個時代的摩西。

沒有年輕戰士的勇敢頑強，長征不可能取得成功，這些理想主義者沒有別的道路可供選擇。運氣也是一個因素，滇、貴軍閥如果集中力量作戰，本可以將紅軍一舉粉碎。第三個不可缺少的條件是毛澤東的魄力和手腕。

在領導長征中，毛澤東在政治上天才的一著，體現在他認爲共產黨今後的首要任務是領導中國人民抵抗日本的侵略。這一事業使「毛澤東主義」的所有成分結合成一個相互關連的整體，它提出了西北才是目的地，提出了江西慘敗後共產黨繼續存在下去的理由。它把共產黨從宗派主義的牢籠中解放出來，將他們塑造成壓根就不知道馬克思主義爲何物的千百萬中國人眼中的愛國者。

毛澤東就任中國共產黨的最高職位不是單純憑藉他的組織才能，不是莫斯科的恩賜，也不是因爲他創造性地運用了馬克思主義。他的崛起是因爲他有持之以恆的目標和堅忍不拔的意志，因爲他把一些簡單的心理和社會眞理付諸行動。

思想觀念公式化是以後的事情，當時毛澤東對之有時間作透徹思考。

現在，毛澤東已將中國共產黨扎根於自己的國土，他對中國的了解比對任何別的事物都更充分，這使他能夠做二十八個布爾什維克不可能做到的事：使中國革命眞正地成爲中國革命。

一位敬仰毛澤東的人是鄧小平，早在二十世紀二〇年代，這位四川人曾在法國和蘇聯工作和學習過。他將完全成爲毛澤東的股肱，成爲毛澤東不可或缺的一部分，成爲毛澤東所賞識並願他作爲其周邊的一部分。

毛澤東與鄧小平的第一次會見是在一九三六年初，當時周恩來和鄧小平在瓦窯堡拜訪毛澤東時，政治局已於一九三五年十二月在那裡召開了會議，撤銷了去甘肅執行任務的指示。談到這一問題，毛澤東說：「你們這些人在法國學了些什麼？」鄧小平說他在法國工廠做工。毛澤東對這兩位副手十多年前赴歐勤工儉學的情景很感興趣，便說道：「據說法國人很漂亮，是不是？」紳士般的周恩來張口結舌。鄧小平則答道：「不怎麼漂亮。女人都一樣——特別是在暗處。」毛澤東和鄧小平大笑。周恩來也咧嘴一笑。

在離陝西還有幾天路程的六盤山上，毛澤東寫了一首展望未來的詞：

天高雲淡，

望斷南飛雁。
不到長城非好漢，
屈指行程二萬。
六盤山上高峰，
紅旗漫捲西風。
今日長纓在手，
何時縛住蒼龍？

「蒼龍」是東方七宿的名稱，在毛澤東的詞中是指日本。[6]抵抗日本人的侵略確實是以後十年壓倒一切的任務，長征的結束只是這一任務的發端。

注釋

【1】譯註：此說不確。毛澤東至少隨身攜帶了恩格斯的《反杜林論》和列寧的《社會民主黨在民主革命中的兩種策略》。

【2】譯註：儸儸並非指某一個部落，而是當時對彝族的蔑稱。

【3】譯註：劉伯承將軍與之歃血結盟的彝人首領小葉丹，是男性。

【4】譯註：原文有誤，當時一方面軍不足兩萬人，四方面軍有七、八萬戰鬥部隊，另有幾萬名非戰鬥

人員。

【5】譯註：原文有誤，少數民族首領是男性而非女性。

【6】譯註：詞中的蒼龍比喻蔣介石。

8 抗日（一九三六—一九四五）

在西北，毛澤東有了發展的機會。他有自己的準則，「延安道路」不久就成了一個含義無窮的用語。

二十世紀三〇年代的陝西是一個苦難深重、愚昧不開、沒有希望的地方。

農夫們穿著藍色粗紡棉布衣，頭上裹著條毛巾，他們的飲食與南方大不相同。很多人不知道北京在哪裡，也不知道日本人是誰。

在一九二八到一九二九年的大饑荒中，陝西至少餓死了三百萬人。毛澤東有時會發現整個村子沒有一個六歲以下的小孩。

有人告訴愛德格·斯諾，他看到農民在拆房子，賣了以後繳納賦稅。還有人則說他親眼看見一頭豬的轉賣得繳六種不同的稅。

在南方時，近代帝國主義的侵略激起了毛澤東的怒火，但帝國主義這時還沒有滲透到西北。毛澤東發現延安一個西方的「剝削者」都沒有。另一方面，陝西自古以來一直是中國北部的戰略要衝，這是這片黃土地之所以成爲中國共產黨活動中心的原因所在。

毛澤東的抗日行動代表著整個中華民族，並在這種民族鬥爭中發展共產黨的勢力。

因爲共產黨頑強抗日，紅軍在其後的三年中如雨後春筍般迅速壯大。正因爲毛澤東不僅是一位共產主義者，同時又是一位熱情的民族主義者，所以他贏得了勝利，在沒有他時中國的共產主義事業就不可能這樣成功。正因爲他不能容忍任何對他的「延安道路」的反對意見，所以他要在不斷擴大的中國共產黨這塊纖維布上熨平任何非毛澤東主義的皺褶。

總部開始設在保安。後於一九三七年一月遷到一個較大、較安全的城市——延安。毛澤東的延安實際上是共產黨抗日遊擊戰爭的訓練中心。

延安有著三千年之久的歷史。在一九三八到一九三九年日本人的飛機將它炸成廢墟之前，延安一直保持著古老的風貌，城牆環繞，依偎在黃土山的懷抱中。當建築物倒塌以後，窯洞成倍增多了。

窯洞實際上不是別的，就是在土山上打一個洞。前有拱形門廊，裝上紙糊的花窗格，地面鋪著灰石頭，後牆是在黃土山腹中整理而就的平面。

毛澤東在陝西這個前哨基地的十年中就住在四孔這樣的窯洞裡。他比較了解這些房子的優劣。他把三間用石灰水刷白了的窯洞中的一間闢出作爲書房：桌上點著蠟燭，近處有一瓶燒酒，以及幾乎沒有原版外文書的書架。

他的一丁點奢侈品就是一個木製澡盆了。他總是用一張南方式樣的床，四根杆子上掛上一頂蚊帳。他一直不適應北方農民睡的炕，儘管在保安時他曾嘗試著睡過。

日本人的轟炸把毛澤東從他的第一孔窯洞裡趕了出來。他之所以放棄第二孔窯洞，是因爲附近正在建造一個禮堂，上午叮叮噹噹的敲打聲常常把這位習慣遲起遲睡的人從他的半夜中吵醒。他住的第三孔窯洞在棗園，中央委員會的辦公地點也是在這片寧靜的樹林中。隨著戰爭的加劇，毛澤東希望離軍事委員會的辦公地點更近一些，於是他再一次搬家。

每一孔窯洞的前面都有一塊平地，有一把安樂椅和幾個石凳，毛澤東通常還有自己的小片菜地。

毛澤東的日常生活和工作都在逐步改善。直接參與打仗的日子對他來說已成爲過去，特別是一九三九年以後不時地有飛機來轟炸，要是在十年以前他可能會再次站到戰鬥前線。

到中國西北幾個月後才能聽得懂當地老鄉講的話。毛澤東在那裡聽到過上百種發音急促而不清的方言，幾乎沒有遇到過一個會講中國官話的人。陝北根本不出產大米，所以毛澤東不得不把金黃色的小米作爲自己的主食，偶爾吃一頓羊肉作爲補養。

毛澤東把熱心關照他的警衛員送進了學校，他對陳昌奉說：「你已經跟著我六年了，一直沒有很好的學習機會。」陳昌奉說一想到將要離開自己的首長就感到非常難過，淚水便流到他給毛澤東端送的洗臉水裡。

毛澤東不再需要貼身警衛和隨從，他有大量的公職人員。在延安，他不會再去同一名沒受過教育的青年在深夜閒聊哲學了。不久，他有了新妻子、許多的來訪者，還有一些親密的朋友。

如果說陳昌奉的掉淚是因爲他不願脫離與毛澤東的親密關係，那麼他去上學時，毛澤東送給他本子和鉛筆，則總括了他們倆不同於以往之後的日常生活。

日本和俄國在毛澤東的視閾裡再次同時出現。

毛澤東第一次聽說俄國時只知道它是中國的掠奪者，是一個長期陷於專制統治的國家；十月革命以後，布爾什維克的俄國在他看來是世界的希望。然而，毛澤東開始忽視史達林對中國共產黨的諸多建議。他的權力上升是作爲中國大地的兒子戰勝親蘇的二十八個布爾什維克的勝利。

日本給毛澤東的第一印象是一個英雄的國度。一九〇五年戰爭表明日本已稱雄亞洲，也顯示俄國力量開始衰弱。即使在日本開始對貧弱的中國長期施以侵暴以後，毛澤東仍相信中日有發展成爲兄弟關係的潛在可能。然而到了三〇年代末，毛澤東成了抗日的強而有力的號召者，這似乎成了他衡量一切的尺度。

毛澤東的抗日思想實際上並不深刻，只不過是對中國將可能死中求生的預測。三〇年代末，在毛澤東看來是日本而不是俄國可能會讓中國落入共產黨之手。

可以肯定地說，日本無意之中幫助了中國共產黨。相比之下，莫斯科曾公開宣布要爲中國帶來社會主義革命，但是毛澤東感興趣的只是結果。在二〇年代，沒有史達林的幫助，毛澤東也一樣會成爲中國共產黨的領袖人物。但如果沒有三〇年代日本對中國的侵略，毛澤東不會在一九四九年成爲中國的最高領袖。

一九三六年間，毛澤東顯然已意在恢復與蔣介石的統一戰線。而這種統一戰線的方略曾在一九二七年引起慘痛的破裂！現在毛澤東又要和殺害了他的妻子、弟弟、繼妹和他的近乎半數的親密朋友的集團實行聯合！像一對昆蟲一樣相互廝殺十幾年的兩軍將要再度合作！

毛澤東之所以改變態度希望與蔣介石採取共同的行動有幾個原因。其中之一是他對祖國深摯的愛。長征期間他就渴望國家的統一，一九三六年初所塡寫的一首普羅米修斯式的詞表達了這一點。這首詞用了一個質樸的題目〈雪〉，但內容並不謙樸。不過，如果說詞句豪邁奔放的話，那麼它不僅代表了毛澤東本人，同時也代表了中國。

北國風光，
千里冰封，
萬里雪飄。
望長城內外，
惟餘莽莽；
大河上下，
頓失滔滔。
山舞銀蛇，
原馳蠟象，
欲與天公試比高。
須晴日，
看紅裝素裹，
分外妖嬈。

毛澤東從自然的壯麗轉向志向的壯美。他提到中國古代四位受人敬重的皇帝，還有征服過中國的蒙古無敵英雄。

江山如此多嬌，
引無數英雄競折腰。
惜秦皇漢武，
略輸文采；
唐宗宋祖，
稍遜風騷。
一代天驕，
成吉思汗，
只識彎弓射大雕。
俱往矣，
數風流人物，
還看今朝。

這些詞句浸透了毛澤東對個人使命的領悟。昔日英雄都已成過去，在新的戰爭年代他們不可能再成爲東升的旭日。唯有毛澤東能負託起管理中國多嬌江山的使命嗎？

然而，〈雪〉是一首道地的民族主義的詩詞，是中國壯麗的山河使毛澤東產生了如此堅強的信念：現在的中國比四千年歷史上的任何一個時期都更加輝煌燦爛。

毛澤東是在努力團結所有的人以結成抗日統一戰線的時候寫下這首詞的。他的英雄主義之夢是在把中國作爲最高事業的時候，是在中國自成吉思汗以來所面臨的危險比任何時候都要嚴重的時刻產生的。

毛澤東腦海中呈現的英雄並沒有包括列寧、喬治·華盛頓或任何一位西方人物。這些英雄都是東方人，而且都已謝世。

馬克思主義者往往在民族主義這塊基石上徘徊猶豫。消滅階級最終使人類和諧共處的觀念支配著他們，但這又常常與強烈的民族感情相雜並處。因此，當第一次世界大戰的烏雲密布時第二國際失敗了。

毛澤東在三〇年代和四〇年代獲得成功的重要因素是：他從未犯過這類的錯誤。一九三六年間，毛澤東每次發電報給國民黨的時候，都睜大另一隻眼睛密切地注視著全國人民對此作出的反應。他的雙重任務是既使蔣介石丟臉，又能團結人民大衆。

毛澤東對新的統一戰線是眞誠的嗎？他當然不相信共產黨和國民黨能夠共擁未來，他也不相信隨著戰爭的持續國共兩黨會融合而形成單一的政府。

但是毛澤東確實認爲，共產黨和國民黨能夠站在同一邊。因爲雙方都在全力以赴，以各自不同的方式進行著抗日鬥爭。只要掠奪者還在中國的領土上，就不會對雙方造成決定性的破壞。

毛澤東在保安時與斯諾談話中，有一種消弭敵意的坦誠：「如果我們的國家被人掠占了，也就無從談起建設共產主義的問題。」

在與阿格尼絲·史沫特萊的會見中，毛澤東提出了更爲激進的觀點：「共產黨……最關心中華民族的命運和我們後代子孫的命運。」

蔣介石也企求作個愛國者，然而其政治嫡宗使他不像毛澤東那樣具有民族主義。他的國民黨沒有扎根於占中國大多數人口的農民之中。好像爲了彌補這一點，蔣在尋找外國人做靠山。最後，蔣介石則完全背棄中國，以自憐的形象投入了美國的懷抱。

但是，山姆大叔對中國局勢鞭長莫及，也無力挽救蔣介石。

毛澤東在精明地打抗日這張牌，他也十分幸運。正當他對自己的反蔣策略感到信心不足時，日本人發起了進攻。可是，如若不是代表全中國的抗戰觸動了毛澤東的內心深處，無論是哪一種因素或是兩種因素結合起來都不會起作用。

統一戰線是一種以兩手對兩手的遊戲。不過當時毛澤東的信念也是雙重的，他認爲，馬克思主義的所有學說都是治療中國這位「病夫」的藥，因此，重視治病的良藥甚於病人是絕對毋庸置疑的。

與此同時，毛澤東還希望把他的這種商標的藥加諸蔣介石的身上，並已準備爲此而鬥爭，長征期間和四〇年代的內戰都說明了這一點。他相信，這種對藥物的選擇是出於對病人的關愛。

在一九三五到一九三六年間，毛澤東對少數民族和被迫流浪者的態度，既表現了他的精明和愛國的雙重特點，也促進了他的統一戰線政策的成功。他號召蒙古人與中國共產黨攜手合作，「保存成吉思汗時代的榮耀」。他敦促穆斯林也這樣做，以保證「突厥人的民族復興」。

他對哥老會這樣說：

哥老會歷來是代表民族志士及廣大農民與勞苦群眾的組織，……被目爲「下等人」，被誣爲「盜匪」，而不能公開存在。哥老會所遭受統治階級的待遇，同我們所遭受的待遇，實是大同而小異。你們過去主張興漢滅滿，我們現在主張抗日救國；你們主張殺富濟貧，我們主張打土豪分田地；你們輕財仗義，結納天下英雄好漢，我們捨身救中國、救世界……我們彼此之間的觀點主張都相差不遠，我們的敵人及我們的出路更完全相同。

毛澤東在發給這一祕密會社的傳單最後說：「哥老會和全中國人民團結起來打日本與中華。」理查．尼克森未來的朋友確實無比的靈活機智。

就在毛澤東號召組成統一戰線的同時，蔣介石的一次談話說明他已經失敗了一半。一九三六年十月，蔣介石到西安籌劃第六次「剿匪」，這位總司令在一次講話中傲慢地說：「現在，不要談論日本人的威脅，任何只談抗日不談剿共的人都不是中國士兵。日本人還遠著呢，可是共產黨就在我們眼皮底下。」共產黨人甚至比蔣介石所知道的還要近。兩個月後，經過一系列驚心動魄的事件，蔣介石在西安成了毛澤東的囚徒。

一九三六年，毛澤東在莫斯科的支持下向蔣介石提出了一系列建議，其後果之一是蔣介石手下的軍官出現了騷動。張學良是著名軍閥張作霖的兒子，對張學良來說，到一九三六年秋，蔣介石的反共和動搖不定的抗日態度已讓他忍無可忍。這位英俊而又感情豐富的將軍是東北軍的首領，他的軍隊抗日尤其積極，因爲他們的家鄉東北自一九三一年起就被日本人占領。張學良與共產黨人取得了聯繫，雙方達成默契。一九三六年，張學良的三千名士兵順風轉向，倒向紅軍一邊。

十二月的一天夜裡，張學良包圍了西安北郊的一座宮殿，蔣介石就下榻在這裡。他開槍擊斃了蔣介石的三十名隨從。

靈敏的總司令穿著睡衣、打著赤腳落荒而逃，假牙也丟掉了，翻牆而去，帶著背上的傷跑到附近的小山上。張學良的一名軍官發現他痛苦而暴怒地蜷縮在石縫裡。

蔣介石厲聲提醒這位將軍說他是他們的總司令，這位軍官有禮貌地鞠了躬，然後回答道：「你也成了我們的階下囚了。」

毛澤東和他的同事面臨著微妙而棘手的選擇。張學良的目的也是毛澤東的目的——推動全國抗戰，但怎樣處置這位大名鼎鼎的俘虜以實現這一目標呢？

有些共產黨領導人希望對蔣介石實行無限期的監禁，或者作爲賣國賊對他進行公開審判。毛澤東則另有謀略，他想利用這一時機，顯示自己既往不咎、寬宏大量的姿態，以作爲一名愛國者在全國贏得道義上的勝利，並挫敗這位中國名義上的領袖。

「我們一週時間沒有睡覺，都在做決定。」[1]周恩來說（他贊成寬大處理）。

正當中共領導人在處理這一棘手難題的時候，從莫斯科來了一份令人不可思議的電報。史達林認爲綁架蔣介石肯定是日本人的陰謀，張學良和共產黨應該立即無條件釋放蔣介石。好像毛澤東見到這份電報後勃然大怒，他把電報撕得粉碎，一邊跺腳一邊謾罵。

這是史達林最後一次就基本方針問題直接給中國共產黨發指示。毛澤東一反常態，他沒有縱聲大笑，這表明，他絕非看不起史達林。不過，毛澤東仍然漠視史達林的指示，並且這也使他更加懷疑莫斯科的聰明和誠意。

三方——張學良、共產黨、蔣介石及他難對付的妻子，經過十幾輪會談，「西安事變」

結果以不可思議的妥協浮現出來。

蔣介石自由地飛回南京。張學良陪同前往，但很快就成了蔣介石的階下囚。不過，作爲回報，蔣介石放棄了中國只有一個政府權威的要求。

不出數月，國共統一戰線產生了。這也是受「盧溝橋事變」的影響，「盧溝橋事變」後日本開始大規模地侵略中國。一九三七年夏末，北京和天津相繼陷落。

紅軍改編爲第八路軍，正式成爲中國全部武裝力量的一部分。西北蘇區也不再是企圖取代南京的一個政府，而改稱爲「邊區」。共產黨的名稱降格爲它所屬的抗日救國委員會的名義下。毛澤東也從蔣的財政部門中領取薪金——每月五塊錢。

蔣介石重新得到了他的爪牙，但只有以前屬於他控制的地區才聽從他的指令，並不是整個中國都服從他。蔣贏取了他自身獲得釋放的勝利，但是中國共產黨因爲釋放他使中國共產主義的運動在全國人民中贏得了嶄新的地位。

毛澤東從來也沒有像在西安事變時那樣顯示出他對蔣介石的優勢。他目光遠大，留給蔣介石的是權宜之計。他一直沉著穩定（看到史達林的電報時除外），而蔣介石則驚慌至極，像是缺乏教養。毛澤東不拘泥於形式，而蔣介石則努力抓住總司令的最後一點威風。

西安事變像是一面鏡子，從中可以看到中國共產黨絕沒有把其內部紛爭置諸腦後，遵義會議也沒有使二十八個布爾什維克全軍覆沒。雖然沒有人再企圖推翻毛澤東（儘管有那麼兩個人沉迷於這樣做）但是還會有來自各個派別的中傷。

在左派和右派的意見分歧和鬥爭中，作爲領導者的毛澤東一直喜歡居於中間位置。在第二次統一戰線形成期間，他也就是站在這種位置上。他最反對的兩種極端觀點是「投降主義」和「關門主義」。

前者的主要代表人物是反覆無常的張國燾（他曾一度是「關門主義者」，以致成爲毛澤東左翼的一個污點），以及王明（他作爲二十八個布爾什維克的頭子在莫斯科待了六年以後回國。莫斯科認爲蔣介石是亞洲的希望所在）。他們要與蔣介石進行全面合作。

毛澤東精明地把喜歡吃糖的孩子推到那門鎖上插著鑰匙的糖果店前——他不久就讓王明擔任統一戰線中共產黨一方的負責人，長駐蔣介石的首都。

「關門主義」的宣導者引起毛澤東的反對，但他們中間誰也不像張國燾或王明那樣公開表示與作爲中共領袖的毛澤東相抗衡。這些狂熱分子希望把蔣介石帶進法庭甚至處死，他們排除一切與國民黨合作的可能性，否認這是一種鬥爭方式。

毛澤東對他們反感，因爲他們沒有民族危機感。他認爲他們是在機械地運用馬克思和列寧的學說，而對中國的特殊情況沒有給予足夠的重視。他認爲他們是托洛茨基分子——毛澤東一直對托洛茨基持懷疑態度。

很多熱情的左派分子之所以熱衷於「關門主義」，僅是因爲他們認爲陝北的土地改革已經爲普通的農民帶來了好處，他們擔心與蔣介石的重新合作會沖淡共產黨的社會工程。事實也是如此，毛澤東毅然決然地表示拯救國家比土地改革更重要。

毛澤東對「關門主義」的痛恨甚於對「投降主義」的敵視。實際上，直到一九四一年，毛澤東對重新與國民黨聯合一直抱有很大的希望。這並非因爲他從個人的角度相信蔣介石，而是因爲他過高地估計了共產黨在國民黨心目中的地位。

毛澤東已經確信未來是屬於他的。但蔣介石仍然認爲共產黨不久就會被消滅，他一直沒有把共產黨的問題考慮得像毛澤東認爲的那樣重要。

毛澤東的抗日方法是漸漸廣爲人知的「人民戰爭」。人民戰爭把中國的軍事傳統發揚光大，不是把戰爭限制在狹小的圈子之內，而是把這個任務放手交給人民。

在井岡山和江西蘇區的全盛時期，毛澤東和朱德已經按照這條路走過。現在他們跨上了一個更輝煌的階段。出任指揮的是何種德行的人才！要利用和引導如此衆多的人的情感！人民戰爭確實如此，它不像十幾年前那樣僅指全體人口中的一部分，而是指整個中華民族。

在作爲頭號革命者的毛澤東爲拯救中國發起組成抗日民族統一戰線之際，「人民」一詞進入中國革命之中。

和國民黨維繫在一起並不是毛澤東獨自的主意，莫斯科現在也通過王明這位共產國際的代表推動著統一戰線。但是，毛澤東居於所有其他實行統一戰線的有聲望的共產黨領導人之上。

置身於人民中間如魚得水，共產黨人的武裝不久就增至創紀錄的水準。到一九四〇年春天，八路軍的人數達到四十萬。是年，共產黨的黨員人數比一九三七年的四萬人增加了五倍。

蔣介石不能與紅色戰士相匹敵，不能成爲水中魚。蔣介石對他們也不加以任何形式的控制，因爲他們大多分散成千人左右的流動作戰部隊。

戰爭對國民黨和共產黨的影響是截然不同的。當國民黨被日本人的進攻不斷趕向中國西部的時候，共產黨在北部和東部的敵後根據地不斷發展壯大。到一九四〇年，在毛澤東的華北根據地內已有五千萬人口。通過抗日，毛澤東將會擊敗蔣介石。

當紅色戰士言及解放時，普通中國人認爲這是指從日本人的統治下解放出來。然而毛澤東這時已有自己的想法，即認爲解放是社會的解放，是從地主、苛捐雜稅、高利貸、軍閥和儒家思想對中國的統治中解放出來。

紅色戰士以自己的品行和他們作爲貧苦農民軍隊的性質，將希望極大地寄託在即將到來的社會解放上。毛澤東把他的軍隊投入到與蔣介石一道分擔的民族事業中，但這支軍隊的精神中蘊涵著革命的希望。

很多外國人吃驚地看到紅色軍隊斯多噶式的英雄主義。八路軍的彈藥和給養是蔣介石提供的，但一九三九年以後蔣介石再沒給過任何東西。除蔣介石的軍隊外，蘇聯人沒有給過其他任何中國軍隊以援助。八路軍依靠敵人同時也依靠自己的智慧生存下去，它的軍人主要是由廣大貧苦農民組成，這些農民有著固有的期待和確定的宿命論世界觀。

阿格尼絲·史沫特萊看到一名痛苦異常的傷兵乞求藥品，可是沒有，她所能給予他的只有最後一片安眠藥。輸血根本不爲人所知。服裝供給是如此缺乏，以致士兵們要赤著雙腳蹚過結冰的小河。

史沫特萊跟隨的一個連隊，戰士們戰鬥了整整一天，打完仗後卻沒有一點可吃的東西。小米隨手可得，但是連隊沒有錢，而指揮員不許戰士們不付錢就拿東西。

在這個嚴酷的夜晚，指揮員開始爲戰士們講毛澤東在古田會議上提出的「三大紀律八項注意」，「三大紀律」和「八項注意」中的有些內容就是不允許不付錢強行拿走當地群衆的任何東西。史沫特萊快昏沉麻木了，而這支饑餓的部隊則哼著「三大紀律八項注意」

度過漫漫長夜，「他們的聲音像一支管弦樂隊。」她說。

所有這些人既不會讀也不會寫。他們焚燒日元，因爲他們認爲只有中國的錢才是錢。他們第一次見到火車就像美國兒童第一次見到劍龍。他們初到西安，就像孩子一樣在牛肉餅攤前排隊，去輪著按電燈開關以觀看燈泡在他們手指觸下一閃一亮。

毛澤東這位不是軍人的軍人，深知軍隊是構成他們社會的一部分。對八路軍戰士來說，強姦等於是侮辱自己戰友的姊妹。由中國受剝削者組成的八路軍——並指引它爲理想而鬥爭——毛澤東運用人民戰爭爲他的鬥爭服務。

八路軍的先遣隊很快贏得了農民，他們像追打毒蛇一樣打擊日本侵略者。兒童從豬狗不如的生活中被拯救出來，給他們吃的，教他們念書，並給他們類似通訊員或衛生員的工作。他們自然而然地成了共產主義的信仰者。

八路軍中的新聞宣傳員像中世紀的遊吟詩人一樣，把剛結束的戰役編成快板，並在鑼鼓的伴奏下唱給戰士們聽。留下來的畫有中國共產黨領導人的海報，使無生氣的村莊得到愉悅。畫報上毛澤東的臉龐顯得十分清瘦。

一九三八年上半年毛澤東寫出了很多東西，他系統地總結了自一九二七年他第一次拿起槍桿子以來的最主要的軍事思想。他寫了《基礎戰術》，這成爲幹部的必讀手冊。《抗日遊擊戰爭的戰略問題》是他闡釋人民戰爭意義的經典性著述。在《論持久戰》中他從中國的角度對中日戰爭作了總體考察。

他的一名警衛員著迷地目睹了毛澤東寫作《論持久戰》時的情景。毛澤東坐在窯洞裡的書桌邊，微弱的燭光照著他蒼白的臉。他兩天沒有睡覺，只吃了很少一點東西，用毛巾擦把臉而不顧全身的汗水。筆記本旁邊放著一塊石頭，他的手由於不停地寫作而酸疼時就緊握那塊石頭使手指得到鬆弛。

五天以後，密密麻麻地寫著毛澤東那不受拘束的草體字的稿紙已積滿書桌。不過毛澤東的體重減輕了，眼睛布滿了血絲。當他起身去吃已不止一次幫他熱過的晚飯時，工作人員便把這視爲一個重大勝利。其間，那些有才華的祕書開始編輯和校訂毛澤東的手稿。

第七天，毛澤東突然痛得跳了起來，他右腳上穿的鞋被火盆裡的炭火燒了一個洞，而他正在沉思。他喝了一杯燒酒，然後坐下來繼續寫《論持久戰》的結尾部分。到了第八天，他突然感到頭痛並有些暈厥，醫生趕來爲他診斷後，他仍繼續寫作。到了第九天，終於完成了這篇長達八十個印刷頁的論文。

編輯好的文章送發到劉少奇的窯洞及其他領導人那裡去徵求意見。

毛澤東的軍事論文充滿生氣，具有一種以中國爲中心的民族本位主義特點和對左翼極端分子的本能敵視。

他堅持，在作出判斷之前要有實際的調查研究，他嘲笑那些以偏概全而認識不到問題全貌的人。左翼分子總是想一步登天，他勸這些人要有耐心。

爲了最大限度地突襲（弱者對抗強者的少有手段之一），毛澤東借用了中國傳統軍事思想中的二元論：進攻與防禦、運動戰與陣地戰、持久與速決、集中兵力與各個擊破。

毛澤東重提他首次在一九二七年使用的著名格言：「槍桿子裡面出政權。」這並不是說軍事可以支配政治。相反，毛澤東堅信沒有一個崇高的目標，軍隊的工作沒有任何意義。不過，毛澤東在三十年代就已認識到，在中國這種落後的條件下，共產黨要想贏得政治行動的獨立性就必須有自己的軍隊。

即使毛澤東在談論槍桿子的時候，他眼睛總盯著超出槍桿子的東西。毛澤東是反戰的勇士，然而他認爲在他這個時代的中國戰爭是對政治合理性的眞正檢驗。

他揭示出了戰爭中不可低估的人的因素：「我們是人，敵人也是人做的，我們都是人，那我們還怕些什麼呢？」

他善於把共產黨軍隊的弱點轉變成優點：「反對兩個拳頭同時打人的戰略，集中兵力向一個方向作戰。」

他從政治的立場出發認爲戰爭要有戰略防禦階段：「一切正義的戰爭，戰略防禦不僅可以吸引政治上的異己分子，還可能集合一部分落後的群衆加入戰爭。」

他高瞻遠矚且自尊自大：「從此以後，人類將億萬斯年看不到戰爭。已經開始了的革命戰爭，是這個爲永久和平而戰的一部分。」

毛澤東認爲抗日戰爭可以分爲三個階段。第一階段——已接近尾聲——日軍大舉進攻，大片的中國領土將淪陷。毛澤東對這種損失並不驚慌，誘敵深入是有益的，日本人在這方面將犯錯誤，他們將被同仇敵愾的廣大民衆所包圍。

隨之而來的第二階段時間較長，雙方相對處於一種均勢狀態，同時在敵後有小規模的游擊戰爭，這將削弱敵人使第三階段到來。這時中國人能夠進行反攻，並以大規模的常規戰代替曾有戰略地位的遊擊戰。

在一九三七到一九四五年期間，所有這一切都進行得不錯。只是共產黨的游擊隊在第二階段並不是削弱日軍的唯一力量。

毛澤東在延安寫成的很多軍事著作都是以他在二〇年代內戰時期的經驗爲基礎的，但是也有新的主題。他很少有宗派色彩，因爲在三〇年代民族危機的關頭不像二〇年代主要是小股勢力的農村遊擊隊時期。

他開始像一位世界政治家那樣講話。在延安，毛澤東第一次把世界事務作爲他日程表中的一部分。他需要這樣做，把中國人民的戰爭描繪成全球危機的一部分，這對他的事業有利。

毛澤東預見到，西方民主國家反對納粹德國的努力對他自己的抗日存在著潛在的價値，他的筆雄辯地論證了全世界反法西斯主義的重要性。他對西方有時出現的軟弱感到焦慮：這會不會使蔣介石感到絕望而去同東京達成密約？他稱讚美國和英國對戰爭做出的努力。一句話，毛澤東賦予他的統一戰線思想以世界性的意義。

毛澤東開始談論中國的激盪對不發達國家的影響。他對非洲和拉丁美洲所知不多，但是他看到了正在形成的反對殖民主義要求解放的泛亞運動。印度出現在他的談話和文章中，這是他後來所想像的第三世界革命問題的第一個信號。

毛澤東此時同外國人沒有過多的接觸，其他的中共領導人就更少了。

實際上，共產國際代表是毛澤東迄時爲止打過交道的僅有的外國人。這些人——從鮑羅廷到布勞恩——毛澤東對其印象不佳且關係不融洽。但是毛澤東在四十三和四十四歲時接觸過的西方人（主要是美國人）則與此不同。

中國有一種以自己的生活方式吸收並同化傑出外國人的傳統。十七世紀時，耶穌會的教士來到中國企圖使一些中國人皈依天主教，可是他們卻慢慢地被中國化——甚至在中國宮廷擔任一定的職務。直到教皇警覺地意識到這一點，才改變了這種顛倒的宣講福音的活動。

然而，在中共一九四九年以前的歷史上有那麼多外國人參與中國的事務，可謂空前絕後。首先是二〇年代共產國際的代表，然後是第二次世界大戰期間在延安作短暫逗留的西方人。

一天下午三點鐘，英國記者岡瑟．斯坦因到毛澤東的窯洞接受「會見」。毛澤東一直談到吃晚飯時才停下來，然後他們走出窯洞在一棵老蘋果樹下共進晚餐。毛澤東仍然不停地抽煙，斯坦因則繼續在紙上記錄有關中國共產黨以及它在第二次世界大戰中期的一些目標。晚餐後他們回到窯洞，一邊喝酒一邊繼續交談。毛澤東看到斯坦因寫字的桌子不穩當，就走出去從院子裡撿了一小塊石頭，彎腰墊在搖動的桌腳下面。晚上，斯坦因幾次站起來想離開，但毛澤東對此像是沒有看見。

毛澤東和這位敏銳但毫無名氣的新聞記者一談就是十二個小時。斯坦因回憶說：「直到淩晨三點，當我最終站起來離開的時候，我感到意識不清，四肢發麻，眼睛發脹。而毛澤東還像下午時那樣精力充沛，講話有條有理。」

阿格尼絲．史沫特萊總去拜訪毛澤東——毛澤東也同樣回訪她——她可以拍毛澤東的肩膀，甚至教毛澤東跳舞。史沫特萊回憶說：「我轉交給毛澤東一張紙條，希望他來聊聊天，他一會兒就到了，帶著一包花生。」

透過斯坦因和史沫特萊這樣的來訪者，毛澤東精明地讓西方世界了解了他；同時，透過這些外國人，中國人民也更加了解了毛澤東。愛德格·斯諾成功地扮演了這一雙重角色。

在一九三六年夏及以後，在與這位來自密蘇里州的頗有才華的冒險家一起度過數百個小時以後，毛澤東破例與一位外國人建立了良好關係。爲了在炎熱的夏天作長時間聊天時更舒服些，毛澤東曾當著斯諾的面——還有林彪——脫去長褲。

在《紅星照耀中國》及其他一些作品中，斯諾透露了許多不爲中國人所知的故事。在三〇年代，毛澤東還沒有機會利用中國的新聞媒介來擴大自己的影響，斯諾作品的中文譯本有助於毛澤東在本國提高知名度。

毛澤東也透過與斯諾的交往逐步了解美國，這種了解的重要性幾年之後便顯示出來。

在三〇年代的延安窯洞裡，他並不幻想一位外國人會和他一起分享建立社會主義中國的目標，但是他相信外國人會理解他的目標。不然，他就不會告訴一位美國人他自己的生平經歷——這在中共領導人中和其他國家的共產黨領導人中是不尋常的。

在斯諾與毛澤東談話時，賀子珍常常會送來一碟酸棗或炒辣椒。當毛澤東在共產黨內的權位不斷上升時，他妻子的處境卻在惡化。

三個孩子的出世使她從一位生氣勃勃的政治人物變成了一位默默無聞的家庭主婦。賀子珍瘦小的身上還留有二十塊彈片，這是長征途經貴州時留下的紀念。她已變得骨瘦如柴，而且受精神失常的困擾。

一九三七年的一天晚上，毛澤東來到阿格尼絲·史沫特萊住的窯洞吃晚飯。客人只有尼姆·威爾斯，即愛德格·斯諾的夫人；還有吳麗麗，一位漂亮的女演員。吳麗麗性格開朗，塗著口紅，留著長髮，在這種前共產主義的環境裡仍「上海」味十足。

未待夜臨，小箍便開，毛澤東與吳麗麗共酌，相依把盞。

然而，不是吳麗麗，而是另一位姿色稍差卻更爲鍾情的女演員帶給毛澤東新的感情波濤。

一天，毛澤東在藝術學院作演講。在聽衆裡面，在爲幹部保留的單獨一排座位後面，離前面最近的地方有一位剛從上海來到延安、長著一雙明亮眼睛的女子。她使勁地鼓掌，提一些很受人歡迎的問題，並在演講結束後又私下裡向毛澤東請教一些「理論問題」。

毛澤東並不是藍苹所親近的第一位中共領導人，但自從在藝術學院的那次會面以後，她再也不需向其他人拋出彩球了。

藍苹——這並不是她的原名也不是她最後一個名字——出身於貧苦家庭（在這方面，她不同於賀子珍，也不同於大多數中共著名人物）。她在一個經常用鐵鍬毆打自己的妻子和女兒的父親手下度過了苦難的童年。她設法在上海的劇院裡找到自己的生活之路，同時也經歷了有如瀑布一般激情的羅曼史。和很多來自東部城市的青年藝術家和學生一樣，她聽到西北的情況時很激動，她本人在某種程度上是接受延安新生活的挑戰而去的。

她與毛澤東的相遇相識使人們想起一九二八年在井岡山附近的一次青年團會議，這次會議使毛澤東擺脫了早期孤獨的生活。但這兩個女子表現自己的方式並不相似。

藍苹相當漂亮，儘管缺少賀子珍的溫柔賢慧。她有一雙聰明的黑眼睛，而且她能老練地分配自己的感情以得到自己想要的東西。她從不無緣無故地把自己拋出而不取得更大的回報，在爲個人獲得名譽和權力的鬥爭中她會把網撒向更大的範圍。

毛澤東輕快地走向了他的第三次婚姻，這雖然有困難。事情是在康生的協助下，康生是藍萍的山東同鄉，剛好和王明一起從莫斯科回國。像是貓頭鷹般的影子的康生是位藝術愛好者，慣於耍弄詭計，總是在毛澤東黑暗的一面不時發揮了關鍵作用。他是毛澤東的安全主管，總是巧妙地安排藍萍與毛澤東接近的最初通路。藍萍後來說，她攀附毛的「過程的每一步」都是隨康生推動的。

中央委員會就毛澤東與藍萍的事情有過激烈的爭論。這位有野心欲求的女演員是何許人？有沒有可靠的政治背景？難道一位參加過長征的老戰士、一位三個孩子的母親應該被迫讓位？康生應藍萍的行爲習慣耍起手腕來。

毛澤東本人決意已成，他威脅說要「回到老家當農民去」。黨對此默認了，只提出一個條件：藍萍只能作爲一名家庭主婦，不能參與政事。

這樁婚姻當然讓雙方都感到了興奮：毛澤東這位來自農村的男子，欣賞中國的傳統，現致力於政治和戰爭；藍萍這位漂泊不定的女演員，無視中國古代經典，是一隻在上海文化界的溫室中飛來飛去的蝴蝶。

在個人生活發生危機的一個夜晚，毛澤東曾在阿格尼絲·史沫特萊的窯洞裡聊天。他忽然把話題從世界風雲轉到愛情上，他問阿格尼絲是否愛過男人，爲什麼愛？愛對她意味著什麼？然後，他背誦了一首寫給他犧牲於七年前的妻子楊開慧的詩。

這種個人表白對毛來說是不同尋常的。毫無疑問，這表達了他內心的某些價值衝突（啊，可惜純正的史沫特萊小姐不能進一步激發毛的感情。她的心思都在吉普車、繃帶和納粹主義上）。

與此同時，藍萍似乎已經認定進攻是最好的防衛手段。她爲自己選好了一個更雄偉的新名字——江青，其意是「綠色的江」，不過，根據它的音還有第二個意思：「清澈的水」。「綠色的江」似乎更合適。這個女人城府很深，令人捉摸不透，猶如貓一般冷豔這個短語所說：具有魔法般的魅力。

毛澤東最小的弟弟娶了賀子珍的妹妹做第二個妻子。毛澤覃第一次結婚是在一九二五年，他的妻子在一九三〇年與楊開慧和毛澤建一起被捕。儘管毛澤覃的妻子後來被釋放——國民黨認爲他與毛澤東相比是一條小魚，因此他的妻子比楊開慧的結果要好——但是毛澤覃沒有再和她聯繫。毛澤覃與賀子珍的妹妹賀怡的婚姻是短暫的，因爲他於一九三五年被殺害。

但賀怡作爲家庭的影子在一九三七到一九三八年間重新露面，她再次結婚並來到延安。她和她的新丈夫對毛澤東「遺棄」賀子珍很惱火。這無助於事。賀怡的丈夫被派到華南工作，賀怡則被安置在延安。或許這是平息吵鬧的一種方法，因爲這對夫婦反對毛與江青的結合。

自從一九二七年毛澤東在韶山最後一次見到他們後，毛岸英和他的弟弟毛岸青一直過著艱苦的生活。他們的母親在一九三〇年被殺害後，黨組織和外婆家設法把他們撫養大。可是，作爲「共匪」的後代，他們過日子眞是不容易。

他們在上海賣報紙。有一陣，他們在一個破廟裡棲身，並在廟外貼一張招牌：「我們講故事，一次一分錢」。

奇怪的是，他們在三〇年代初期用的名字是楊運福和楊運壽，用的是他們母親的姓。不過，假定毛澤東不在世或外婆沒有收養他們，他們這樣命姓取名倒很自然。

一九三六年，共產黨地下組織與兩個孩子聯繫上了，他們乘船到達馬賽後不久，康生就從馬賽護送他們到莫斯科上學。後來他們回到延安，岸英與父親一起生活，岸青因顯露出精神病跡象而在一個農民家庭休養。[2]

在莫斯科，賀子珍的狀況沒什麼改善，她狠心地打她的小孩。不久，她發現自己被送進莫斯科近郊的一家精神病院。在四〇年代末，她又被轉到上海的一家精神病院。毛澤東再次見到她好像是十年以後的事，此外再也沒有見過她。[3]

莫斯科沒有利用過賀子珍的遭遇或她在蘇聯的出現，來批評毛澤東對待她的態度。

到了一九三九年，毛澤東與江青生活在一起。一九四〇年秋，他們的第一個女兒出生。毛澤東又一次不費力地處理了正式手續的問題，沒有什麼地方記錄了毛澤東與賀子珍離婚的確切時間——江青說首先提出離婚的不是毛澤東，甚至也無法確知毛澤東與江青結婚的時間。然而，對於毛澤東後來的事業，對一九六〇和七〇年代的中國來說，這是一次事關重大的婚姻。

毛澤東的新婚妻子的獨斷專行似乎從爲新生女兒取的名字中得到鮮明的印證：李訥。李是江青本來的姓；訥是江青在上海的前夫、一名男演員的名字的諧音。多少年中，江青總是過於自信。不過，在與毛澤東生活的最後時期發生了戲劇性的變化。

一九四一年下半年，毛澤東的兩個兒子岸英和岸青從莫斯科的學校寫信給他們的父親告知學習情況，毛澤東在一九四一年一月回信時說：「唯有一事向你們建議，趁著年紀尚輕，多向自然科學學習，少談些政治。……只有科學是眞學問。」

注釋

【1】曾任中國外交部部長的黃華，也與作者談過毛澤東在這一時期的行動。

【2】譯註：此處有誤。岸英此時正和弟弟一起在蘇聯學習。

【3】根據魯強《井岡山上的英雄》第六十三頁記載，上海市當局對賀子珍在物質上給予了很好的照顧。

9 聖人（一九三六—一九四五）

在外表上，毛澤東此刻顯現出足智多謀，對有些見過他的人來說，卻感覺城府很深。但正是這種足智多謀，將他推到至高無上的地位。他舉止老練深沉，目光和微笑讓人難以捉摸。

有時，他注視著和他講話的人，歪著頭，好像是在掂量其話語的分量。他嘴上總是叼著香煙，吱吱有聲地大口吸著。

有些外國人在與毛澤東交談後離去時，竟嚇得想不起毛澤東剛才對他們說了些什麼話。毛澤東內心的剛毅掩藏在一些人稱之爲女人氣的沉默寡言。美國人克雷爾和威廉・班德曾說：「遺憾的是，我們注意到毛澤東外表上的女人氣質。」

和許多男人都有交情的阿格尼絲・史沫特萊，對毛澤東也有類似的印象：「一個高大而令人生畏的身材緩步向我們走來，高聲向我們問好。一雙女人般的柔軟的手握住我的手。……他黝黑的國字大臉表情深不可測，天庭飽滿，嘴唇則女性化。不管怎麼說，他是一位唯美主義者。」

「他不握緊也不搖動你的手，而是讓你把手放在他的手裡，然後再把你的手推開。」史沫特萊有些抱怨地說。

按照史沫特萊的標準，在中共領導人中，她認爲朱德樸實敦厚，古道熱腸。但這位世界革命的聖母瑪麗亞如果希望在與毛澤東的政治交談中得到更多的東西，那麼這種希望在她落座之前就會消失。「實際上，我對他的女性氣質和陰鬱情緒感到討厭。一種本能的厭惡從我內心湧起……。」

正如斯諾一開始就發現毛澤東是「奇異人物」一樣，史沫特萊不久就領悟到至關重要的一點：毛澤東不再是一望便知的一本打開的書。他正在逐步變成聖人，只有聖人才會神祕莫測且無拘無束。

在延安，我們看到毛澤東正處在他事業的中期。他的目光已經脫離過去的戰場，他統治了中國的部分地區，他開始把自己看作是下一位中國的統治者。作爲一位四十多歲的人，他要隨心所欲地做事。

毛澤東的身上開始顯露出一種主宰的風骨。急不可耐的表情已不復存在，他的眼睛亦不再在銀盆似的臉龐上閃爍，而是開始顯出一種釋迦牟尼式的穩重。

毛澤東的個性由諸種不可調和的色彩組成。儘管他領導著一個非常複雜的組織，他還是喜歡長時間地獨處，只是偶爾才與大家相處。他並不關心（也可能是沒有注意到）人們在其他場合是否會議論他。

處於中共領導人的地位，毛澤東處事泰然自若，獨具風格，自成一體。

在這個團體中，軍人只能留短髮，毛澤東卻任意留著音樂家般的頭髮。抽煙和起晚床被認爲是違反紀律的表現，可是毛澤東抽起煙來就像煙囪冒煙，而且正午之前很少起床。儘管統率著軍隊，他敬禮起來總是心不在焉地比畫一下，走起路來則拖著步子像個農夫。

在他的文章中，毛澤東說任何形式的批評都應該是溫和有節制的。但是，他有時卻大發其火，甚至破口大罵，直到對方慚愧滿面地離去。

在黨內人士的非議聲中，毛澤東不理不睬地新娶了一個妖豔的女子為妻。毛澤東經常獨處，但他的家庭卻是所有中共領導人的家庭中最熱鬧的。活潑的藍萍以及兒子和侄兒在他書房裡穿進穿出。

毛澤東在延安開始發福。他年老的教師，來自長沙湖南第一師範學校、負責根據地教育工作的徐特立則仍然那樣清瘦。二十年前，徐特立像毛澤東一樣一直提倡斯巴達式的體育鍛鍊，到了延安他仍堅持鍛鍊。花甲之年，他仍在冰冷的河水中游泳，從不穿大衣，食量也很小。

但是毛澤東不講究什麼養生之道，他的許多行為在徐特立看來都是受了魔鬼的誘惑。這多少可看作是他那不受拘束風格的延伸。

這個卓爾不群的人之所以不循規蹈矩，並非僅僅因為規矩難以遵循，而是出於要超越既成之規的天性。清規戒律是一根拐杖，他發現自己足可以不用它，這就是延安時期的毛澤東。

史沫特萊準備寫一本關於朱德生平的傳記，她有些天眞地問毛澤東對她的這一想法有何見教。那是在一九三七年，恰好在年前毛澤東對斯諾談了自己的生活經歷。「我問毛澤東，待在延安寫朱德的傳記和到前線去寫戰爭，對我來說哪一個更重要些。」毛澤東回答：「這場戰爭比已經過去的歷史更重要。」很遺憾她未能錄下毛澤東說這話時的表情。

毛澤東的王者之氣日顯。他感到中國的歷史重責落在了他的肩上，這是他的行為不再自由放任的原因所在，他的自負感也變得更加強烈。

不可泛泛而論一位政治家身體的發福或工作中的放縱，而應看到這是一個已過不惑之年的聖人已具自覺意識。毛澤東並沒有變得喜好奢華，卻仍然保留著無所畏懼的性格特點。

進而，崇拜在他周圍升起，毛澤東的畫像開始出現，公共場所可以看到他的題詞手跡。兩個超乎尋常的字眼與他連在一起：一個是一九三八年林彪（以及後來的其他人）所稱的「天才」；另一個是一九四一年蕭三（還有其他的人）所稱的「我們的救星」。

四〇年代中期拜訪毛澤東時，不復有像斯諾和史沫特萊所熟知的那種不拘禮節。得到被毛澤東接見的傳喚成為一種令人激動的事，衛兵拿著帶有刺刀的槍站在他的門邊，忙碌的工作人員讓毛澤東與來訪者保持很大的距離，毛澤東也不再到其他人的窯洞中去。

毛澤東的形象的樹立在一定程度上是戰爭帶來的結果。在一切主要國家中，戰爭領袖多少都被神化。對毛澤東的崇拜並沒有超過史達林、邱吉爾或羅斯福。

在中國，共產黨與國民黨對立的時候，提高毛澤東的形象合乎邏輯，也有著特殊的意義。共產黨也需要為全中國提供一位可以與蔣介石匹敵的人物。確實，一九四三年共產國際解散（莫斯科對資本主義盟國的一種姿態）提升了毛澤東的地位。對莫斯科來說，再沒有一個像王明那樣的中國人如此小視毛澤東了。

在延安這座小城，毛澤東的舉止行蹤足能家喻戶曉。很多人都認識他，老鄉們常常看到「主席」走在灰塵飛揚的小巷裡。這種環境中，個人崇拜不會走向極端以使其超出凡人的身分。這種崇拜還沒有發展成為一種宗教，以致人們對之哭天搶地，即使他們對自己崇拜的神靈一無所知。

在延安時期，毛澤東的權威是職務上的，但他仍然是一位可以接觸到的人。即使驅車外出，他也不避人耳目。他的「轎車」是一輛雪佛萊，車上寫著：「救護車：紐約華裔洗衣工人救國聯合會捐贈」。他常常是坐在前排，看上去像是司機的助手。毛澤東不停地寫文章，不斷地發表演講。在這種小地方，他的指示可以直接告訴執行者而不需要中間環節。政治局每週有例會。

在延安以前的歲月中，毛澤東有豐富的思想觀點，但沒有多少權力。進入五〇年代，他擁有了權力，但這個地球上最大國家的龐大官僚機構使人們只能聽到這位導師的聲音。而延安之所以令人激奮，是因為他在那裡既教導著人們又統禦著人們的行動。延安的歲月是毛澤東作為中共領袖的黃金時代。

作為一名政治領袖，毛澤東文武雙全。

他曾持槍跋涉於中國大地一年之久，這在中國的統治者中沒有先例。他坐之於書房建構了自己的思想，幾個大國的近代統治者中——戴高樂算是一個——都未能做到這一點。

毛澤東的行為並沒有沾染中國軍閥所具有的封建習氣，比如坐轎子、朝孔、華麗住宅、在床上擁著小老婆接見來訪者——山東一位軍閥就是這樣。

同時與二十八個布爾什維克、蔣介石、民主同盟（介於共產黨和國民黨之間的左翼第三勢力）的領導者相比，毛澤東則顯得更受中國傳統的影響。他喜用毛筆寫字，潛心於中國歷史經典作品。

「我在他的住處沒有見到過西裝或正式的長袍。」伊斯雷爾·愛潑斯坦寫道。這位美國記者在一九四四年曾遊歷了中國西北。如斯言，毛澤東既不穿西裝也不著長袍，他（和政府其他官員）穿的衣服與農民一樣，寬大的褲子，對襟上衣。

標準的棉布服似乎反映了一種新型的身分關係：沒有階級之分，也沒有代際之別。延安精神肯定不是洋化的，但是在中國歷史上又沒有先例。

某種全新的狀態在黃土群山中萌發。

延安是屬於毛澤東的歲月。已經存在的穩定政權可以說是毛澤東的政體。萌發狀態的「毛澤東主義」其各方面的特徵都有所顯露。

相比之下，在江西時期度過的淒迷的歲月裡，毛澤東很少能做自己想做的事。他的社會主義思想既沒有得到充分發展，也沒有受到地位高於他的中共領導人的賞識。

毛澤東證明他不是一個軍閥。對軍閥來說，槍桿子就是事業，權力就是目的。一種社會視野引導著毛澤東要塑造出新的社會制度，這種制度讓他贏得那些長途跋涉來到黃土高原的人的讚頌——甚至說是迷戀。

如果說僅僅擁有權力就是毛澤東的目標，他可能會裹足不前，因爲在延安他的權力已經得到了保證。他的目標是要改造九千萬中國人的心靈，他們在一九四五年稱他爲「領袖」。

另一方面，毛澤東的「改造」概念令人生畏，其大部分原因應歸於他童年時期的心靈創傷。他正在逐步證明自己權威性的人格特徵，正在做許多他的父親曾經做過而且認爲年輕的毛澤東不可能做的事。

到延安訪問的人會感到兒童團的活躍氣氛和合作精神。不管物質條件如何艱苦，他們有共同的目標。財富沒有成爲負擔，也沒有帶來令人厭惡的等級觀念。人們知道他們正在用自己的雙手建造一個嶄新的世界。

在延安，毛澤東不是實行共產主義。蘇聯式的國家工業化只能是「畫餅充饑」或「空中樓閣」一類應拋棄的東西。但是他一直把共產主義作爲他戰爭結束以後的目標。

因爲當時的問題是抗日，毛澤東掛起了階級鬥爭以努力動員社會各階層一切可能的力量投入這場鏖戰。這是由共產黨領導的，但本質上是民族主義的。

土地政策是關鍵所在。在與國民黨合作的統一戰線形成之際，沒收地主的土地已告一段落。地租控制到適當的水準——在共產黨取得土地之前，地租高達百分之六十——但是要得到保證。這既促進了經濟的發展，也鼓舞了士氣。

毛澤東的稅收政策也深得民心。稅收曾一度被取消——毛澤東的政府在統一戰線的名義下從蔣介石的財政中得到補給。後來稅收重又實行時也是相當進步的，它只要求不到百分之二十的家庭納些稅。

整個邊區都實行了選舉制度。各級政府都採用「三三制」，即共產黨員的數量在政府機構中不超過三分之一，三分之一的名額是非共產黨員的左派分子，另外三分之一給那些毛澤東稱爲中間分子的人。

這些措施並不等同於西方的民主，儘管在政府機構的選舉中有時共產黨員得票最多，但它改變了西北的群衆心理。延安精神的祕密就是參與。

在中國以前的歷史上，還沒有實行過普遍投票的選舉（在江西蘇區，「剝削階級」是被排除在外的）。

的確，選舉者在選舉領導人時絕無選擇的餘地。然而實際上普通老百姓能以「我們的政府」相稱則是從未有過的新鮮事，毛澤東從根本上改變了中國人對其統治者的態度。每一個男人、女人和孩子都有一種集體責任感，一種民主意識似乎首先就已存在。

毛澤東這位半知識分子開始對知識分子表現出極為矛盾的心理。隨著大城市中人們對國民黨越來越失望，學生、作家、藝術家及其他各種人成群結隊投奔到西北。他們尋求新的角色，充滿活力和愛國氣氛的延安為他們提供了場所。

毛澤東引以自豪的是，在這些男男女女的觀念中，他的根據地是一塊磁鐵。他歡迎他們的到來，不只是因為蔣介石冷落他們。然而，毛澤東沒有把知識分子視為他鬥爭中的重要角色，而且他不斷地拒絕他們要求更多自由的願望。

對文人學者又愛又恨的複雜態度，反映了仍存在於毛澤東的潛意識中的兩種影響。看來，毛澤東沒有忘記一九一九年他在北京大學受到的冷遇。這使他有一種糾纏不清的心理欲望，一有機會就把知識分子置於他們應在的位置。

毛澤東曾恨過他的父親，然而最終父親的影子還是在他身上有所浮現。他的父親不喜歡看到毛澤東讀書，年輕的毛澤東反抗過這種狹隘的思想意識。但是，毛澤東嘲笑讀書的某些做法很像他父親在韶山所做過的那樣。

或許毛澤東的父親對他的影響最終還是超過了他的母親，如果說這種影響只存在於潛意識中，那麼他的母親曾是他反對父親的同盟軍。但是，他的父親是一種楷模，是毛澤東的人格特徵中某些方面努力仿效的榜樣。

毛老先生堅持要從事體力勞動，年輕的毛澤東討厭做農活。然而，延安時期（和以後）毛澤東把知識分子趕出他們的書房去參加體力勞動。

毛老先生曾獨斷專橫，他指責兒子懶惰。現在，毛澤東的社會主義哲學已經形成，其核心主要是強調意志。

所有這一切，都說明毛老先生不僅曾是兒子的壓迫者，而且亦使毛澤東的潛意識中存在著一種欲望，即希望成爲令父親滿意的人。在一九四一到一九四四年的延安，壓制的陰影又籠罩在被毛澤東「整頓」過的人身上。

還有一種性慾衝突。在江西，按照中國當時的標準，毛澤東是一個從思想到行動都主張愛情和婚姻自由的人。但是在延安，毛澤東號召把所有的精力都用在民族的事業上。他認爲人們考慮性的問題是一種精力的浪費。

在這個問題和其他方面上，毛澤東與一位大膽的女性觀點相左。這位女性當時是延安《解放日報》的文學編輯，叫丁玲。丁玲是一位活潑而坦率的作家，來自毛澤東的家鄉湖南。[1]三〇年代，很少有像她的作品那樣如此生動地描寫公私觀之間的衝突。

她在個人生活中實際上奉行普愛生活，並認爲這是一張社會主義王牌。她不止是一種第三者的角色。她毫不隱諱自己是自由論者柯倫泰所著的《三代人》一書的熱心讀者，她把男女關係戲稱爲「不受紀律約束的游擊戰」。

毛澤東與丁玲的關係在延安非常密切。

毛澤東在個人生活中對愛慾不會遲疑。但這位延安聖人不相信社會主義意味著性關係的自由放任。

他於一九四四年頒布的婚姻法，比史達林頒布的婚姻法更重視家庭意識。離婚也變得比以前更難，作爲抗日戰士的妻子要想離婚幾乎是不可能的。

十名來到北方加入共產黨行列的青年學生組織了「自由戀愛俱樂部」，他們被一一逮捕。

毛澤東對這類事情變得越加小心出於諸多原因。首先，共產黨的社會激進主義的所有特徵，都要與統一戰線的溫和性質相適應。其次，陝西農民的思想觀念，要比江西農民的思想觀念落後。他們是「水」，共產黨的軍隊這條「魚」必須在水中才能生存，因此不能完全忽視他們的保守觀念。

而且戰爭有它自身的邏輯，「我們的」努力就是一切，「我的」打算一錢不值。民族戰爭是衡量一切的天平，是一個毫不憐惜個人意願、焚毀脆弱的個人幻想的大熔爐。

毛澤東自己婚姻的起伏變化，也使他從心靈上關上了自由的大門。他曾經問自己愛情的意義何在，如在與史沫特萊的對話時。他與賀子珍關係的破裂是他四十歲以後的事，他現在似乎感到需要一個長久的伴侶。毛澤東以自己的方式和江青一起生活了三十多年，他安定下來了，孩子成了他日常生活中的一部分，作爲「一杯水」的性已經蒸發。

他傾向於認爲，自己有這樣的經歷，也就爲別人建立了規範。

丁玲批評毛澤東和共產黨在婦女問題上的退步。在一九四二年的「三八國際婦女節」，丁玲寫了一篇題爲〈三八節有感〉的短文，文章質問共產黨（她屬於這個組織）是否還是婦女解放的先鋒。

與毛澤東不同的是她瞧不起結婚。儘管毛澤東剛與江青開始溫暖的家庭生活，丁女士卻敢於揭示領導人的夫人將面臨的特殊命運。

丁女士指出，如果一位女同志不結婚，就會受到責難；然而如果她眞的結了婚，不是因爲工作而忽視了家庭義務，就是耽於孩子和家庭的負擔，沒有發揮一個新型社會主義公民的作用，結果都會受到批評。

毛澤東的延安成了大男人主義者的俱樂部，只有很少有魄力的女性在一些特殊的崗位上工作。男女的性別比例幾乎和軍隊一樣是十八比一。根據毛澤東在長沙時的老朋友蔡暢的說法，整個延安沒有一名女性來自勞動階級家庭（不過她「忘了」江青）。

在丁女士寫下那篇滿是怨氣的文章後，不久毛澤東找到了諷刺挖苦丁女士的機會。在一次文化界人士合影時，毛澤東看見丁玲來了，就從他在前排中間的位置上急忙站起來，以極恭敬的姿態對這位固執的女權主義者說：「讓我們的女同志坐在中間嘛，我們可不想在下一個三八節再挨罵。」

在有關政治與藝術的關係問題上，毛澤東與來自上海亭子間的一批知識分子，展開了鬥爭。

毛澤東排斥「爲藝術而藝術」，知識分子的每一件工作都要服務於加快中國的解放這一明確目的，這種觀點使他不僅與丁玲而且與大多數左翼知識分子關係緊張。當他在《在延安文藝座談會上的講話》中提出他強硬的列寧主義路線時，知識分子即進行了抵制。

毛澤東向延安的文藝界扔出了幾枚思想炸彈。他嘲笑「獨立呼籲」，這既是理論之爭，又是政治策略之爭。「眞」和「愛」脫離了時代具體的階級鬥爭也就變得毫無意義。作家是黨的事業這一大型「機器」上的齒輪（毛澤東在這裡受到列寧的影響）。

毛澤東宣稱：「一個人只要他對別人講話，他就是在做宣傳工作。」這一未經推敲的粗糙觀點是毛澤東的發明。學習是改造世界的武器，他年輕時在長沙初露頭角，那時他已經感受到這一點。而在延安，他看到作家、藝術家僅爲自己的愛好而工作，他們還不能像他那樣把思想作爲推動時代進入新社會的車輪。

與盧梭一樣，他希望那些學究不要忘記更簡樸、更艱苦的生活方式。毛澤東認爲，落後但可靠的陝西農民比來自東部嘰嘰喳喳的知識分子對戰爭更爲有用。他安撫農民，因而這幾年實行了溫和的土地政策。但是他覺得對文化界的那些男男女女沒有必要用這種類似的方法。

「不允許把看法變成結論。」毛澤東對延安的文藝界宣布。換言之，你只有提出正確觀點的自由，不正確的觀點不允許公開提出來。

王實味這位上海的作家、《野百合花》的作者，揭露了延安的不平等及其他一些問題而成了文藝界整頓的主要目標。他試圖在延安這片天地中發揚五四運動的個人主義，但被毛澤東的新的精神集體主義所擊中。一天晚上，毛澤東打著燈籠到中央研究院看壁報，以了解王實味發表在壁報上的材料。最後他說：「思想鬥爭有目標了，放箭有靶子了。」一九四七年，王實味被安全機關處死。

年輕時的毛澤東認爲威嚇是捍衛眞理的合適武器，他絕沒看到這易使人從尊重正確的東西轉而走向錯誤。在延安，這種本能開始在制定充滿強制色彩的政策方面發生作用。

毛澤東還要求知識分子在他們的藝術作品中，只描寫生活中的光明面，創作應來源於「現實生活」，又「高於現實生活」。

在四〇年代，人們不會毫無怨言地輕易接受這些觀點。《在延安文藝座談會上的講話》開始了毛澤東與中國很多富有創造性的知識分子的對立，這種對立持續他的整個後半生。

在延安、在各個領域，不光在文化界，毛澤東創制了新理論學說。毛澤東主義已經誕生，很難說它是某一單純幼稚的概念思想或觀念的綜合，而應說它是爲生存而作的艱苦鬥爭的副產品。

一九四二年以前，日本人的侵略是毛澤東首要關心的問題。東京制定了滅絕人性的「燒光、殺光、搶光」的政策（美國在越南也與此相似），以此對付中國共產黨。這給紅區帶來的損失極爲慘重，因爲這時國共統一戰線在趨於萎縮。

蔣介石不僅不再給毛澤東的邊區援助，反而對它實行嚴厲的封鎖。「人民戰爭」是否還有足夠的空間和人力進行下去？

在中共內部，毛澤東在上層遇到的敵手與長征時期相比要少得多，但是他在基層遇到了更爲棘手的問題。

張國燾不再是毛澤東的障礙，他於一九三七年灰溜溜地跑到延安。[2]他的軍隊在西康的荒山野嶺中差不多喪失殆盡，他本人也威信掃地。毛澤東靜靜地等待張國燾自生自滅。這位洩了氣的對手住在延安近郊一所漂亮的房子裡，在抗日軍政大學講一點課，像往常一樣，他把自己好好地保養起來了。

張國燾和毛澤東在最後一次見面時一場好戲上演了。事情是因幹部子弟學校的學生演出歌舞節目所引起。張國燾的兒子是這所學校的學生（在延安平等主義的高原中，特殊化已開始露頭），這孩子能歌善舞，自然在節目中扮演了一個角色。

但令張國燾勃然大怒的是，他兒子演的是一個叫張慕燾的反面人物，是一個叛徒。毛澤東在現場觀看演出，與其他領導人一起欣賞孩子們的表演。根據張國燾的說法，毛澤東在看到叛徒受到責罵時笑了起來：「由張國燾的兒子來演張慕燾是再合適不過了。」

毛澤東的老對手馬上站起來，撕下他兒子臉上的面具，一邊拽著兒子走出大廳，一邊憤怒地吼道：「畜生！混蛋！豬狗不如！」

不久，張國燾脫離延安投入國民黨的事業，毛澤東再也沒有見到他（張國燾在加拿大居住了多年，直到一九七九年去世）。毛澤東沒有處死、傷害或趕走張國燾，張國燾一直待在領導機構中，直到離開延安。

毛澤東對他在三〇年代的第二名主要對手態度也很冷淡。王明於一九三七年終於從莫斯科回國。他從「投降主義」的立場出發攻擊統一戰線，使毛澤東爲之困擾達兩年之久。但是王明極力迎合史達林——據說「西安事變」時史達林發給毛澤東的電報就是由王明草擬的——其主要問題是忠誠於全民族抗日事業。

「你是中國人還是俄國人？」在召開統一戰線會議上的一次激烈爭論中，一位國民黨官員怒氣衝衝地問王明。後來，他又從極左轉而極力討好國民黨，支持與蔣介石成立聯合政府，使他看上去像是「紅蘿蔔」（紅皮白心）。雖然是政治局委員，王明常以生病爲由缺席會議，所以民主對他來說是陷於毛澤東的政治和思想觀念中。一九三九年以後，他在中共權力機構中已無實權，雖然還有一些影響。

然而毛澤東並沒有懲罰或者報復這位二十八個布爾什維克的主要政策執行者。王明仍不斷聲明自己的觀點，在四、五〇年代，他都留在中央委員會中（博古也是如此，直到一九四六年他去世）。毛澤東顯露出了他的歷史意識——他自己在其中的中心地位——當他準備向王明一幫人攤牌時。在祕書胡喬木的協助下，他仔細地清算了中國共產黨自第六次代表大會以來，政治和思想發展的狀況。這是一個思想任務，也是一個政治任務，它表明毛澤東的思想上的綜合和冷酷是一枚硬幣的兩面。

接連的成功使共產黨的隊伍不斷壯大，但很多剛來延安的年輕人不像參加過長征的老戰士那樣意志堅定。在一九三七到一九四〇年間，統一戰線的工作對共產黨來說是輝煌的，而這意味著毛澤東的政權有一種潛在的危機。愛國者大批地湧來，但魚龍混雜——到一九四二年，毛澤東已意識到他可能要再次對抗國民黨——他們會不會支援共產黨的這一目標？

更加困難的日子在一九四一年到來了，經濟困難使毛澤東不得不第一次開始向農民徵收賦稅。在一九四二年，他甚至還發行了獎金豐厚的彩票。難道說與群眾蜜月般的生活已成爲過去？

因爲紅色敵後根據地具有分散的特徵，共產黨具有政府的作用，這產生了官僚主義和對名利的追求，有些人認爲邊區政權也至此爲止了。

委員會增多，小凱撒突現。棉布服裝也開始分成三種不同的顏色，以表明人的等級身分。延安精神已失去振奮共產主義的精神本能。

在這種形勢下，毛澤東把毛澤東主義的理論集中起來——這可以實現多個目的，也爲毛澤東成功地壓倒共產黨內部的所有對手而居於高位奠定了基礎。

毛澤東的學說爲整頓黨的工作作風而開展的「整風運動」（毛澤東這樣稱）提供了簡明的教材。而整風運動給中國革命提供了思想理論，這不是產生於莫斯科而是產生於中國。

毛澤東在整風開始時的一次千人大會上深感不安地說：「我們的理論還落後於革命實踐。」在延安，這位歷次鬥爭中的勝利者開始回顧自己的鬥爭方法，他利用時間把這些寶貴的經驗昇華到哲學的高度。

長征途中，毛澤東沒有精力，甚至也沒有紙張可以撰寫政治文章。四〇年代，毛澤東讀了很多馬克思、列寧和史達林的著作，他們的名字閃耀在毛澤東在延安時期所寫的文章中。然而，毛澤東在引用這些西方大師們的話時有一個自相矛盾的地方，他讀他們的書越多，對他們的敬畏就越少。他之所以援引馬克思、列寧和史達林，主要是爲了支持和美化自己的思想結構，這一思想結構既是中國的，也是歐洲的。

毛澤東在命名爲《實踐論》的論文中說：「你要知道梨子的滋味，你就得變革梨子，親口吃一吃。」毛澤東主義意味著從實際出發思考問題。

毛澤東把經驗——而不是問題——置於認識過程的核心地位。這種非同尋常的唯物主義可能會讓馬克思也大吃一驚。

二十八個布爾什維克批評毛澤東是「狹隘經驗論」，但是他仍執著地堅持自己喜愛的公式。他在整風運動中的一次講話中說：「沒有調查就沒有發言權。」毛澤東主義意味著調查研究與發言權這兩者的緊密結合。

這位農家子在湖南的經歷，加上他堅持己見的勇氣，使他把農民看作是中國革命的脊梁。

毛澤東反對黨的領導者（他們為數不少）把馬克思主義的教條看作是包醫百病的靈丹妙藥，而忘記了它所要影響的對象。「無的放矢。」毛澤東在一次講話時這樣針對性地指出，這篇講話就是著名的〈反對黨八股〉。毛澤東主義意味著既重視聽眾也重視聽眾所需掌握的內容。

一天，毛澤東在延安的城牆上看到一幅標語：「工人農民聯合起來爭取抗日勝利」，這位半知識分子犀利的眼光發現「工人」二字進行了藝術加工。「工」第二筆不是寫了一豎而是轉了個彎，成了「ㄗ」；「人」字在右邊加寫了三撇，成了「亼」字。這使得這條標語一般人看不懂。在一次講話中，毛澤東諷刺挖苦了這種故弄玄虛的書法。

他要求人們學習有用的知識：

做飯當然是一門藝術，那麼書本知識呢？如果你什麼都不做，只是讀書，你只能認識幾千個字，只會翻字典。手中拿本書，吃著人們供給的小米。然後你心滿意足地點點頭，再去啃書本。

民本論者毛澤東這時已羽翼豐滿，他對煩瑣哲學的厭惡使他像他父親一樣講話：

書沒有長腿，你可以隨意打開闔上。讀書是世界上最容易的事，比大師傅做飯要容易得多，比屠夫殺豬容易得多。豬有腿能跑，他必須捉住這頭豬，他殺豬，豬會叫；放在桌上的書不會跑，也不會叫，你可以隨意翻它，還有什麼事比這更容易嗎？

這位教員開了一系列藥方：

所以我勸那些只有書本知識但還沒有接觸實際的人，或者實際經驗尚少的人，應該明白自己的缺點，將自己的態度放謙虛一些。

毛澤東不拜倒在「現成書本」腳下。他建議共產黨員到城市去、到農村去，親自體驗一下中國的實際生活。土匪和「名妓」都可以講出很好的傳記題材。

與此同時，亦受孔子思想影響的毛澤東認爲文字是很有影響力的。他告訴幹部們，不要利用平民對文章的敬畏而去用官樣文章嚇唬人。

毛澤東推論說：「一個人偶然一、兩天不洗臉，固然也不好，洗後臉上還留著一、兩個黑點，固然也不雅觀，但倒並沒有什麼大危險。寫文章做演說就不同了。」毛澤東主義的意思是，與群衆講話要誠心誠意。

所有這些都是對二十八個布爾什維克的猛力一擊。他說：「十七、八歲的毛孩子」——王明和博古都比他年輕很多——「讀了點《資本論》、《反杜林論》的皮毛。」他甚至指責他們不是革命者。

「馬克思列寧主義和中國革命的關係，就是箭和靶的關係」，但是，「有些同志則僅僅把箭拿在手裡搓來搓去，連聲讚曰：『好箭！好箭！』卻老是不願意放出去。」

毛澤東繼續說：「馬克思列寧主義之箭，必須用了去射中國革命之的。」「不然，我們爲什麼還要學習馬克思列寧主義呢？」毛澤東繼續沿著以中國爲中心的實用主義道路走下去，「我們學習馬克思列寧主義不是爲著好看，也不是因爲它有什麼神祕，只是因爲它是非常有用的。」毛澤東主義就是要把馬克思主義這一激進的德國哲學，移植到中國實用主義哲學的土壤之中。

「教條主義狗屎不如」，他對傲慢的極左主義者說，這是他在整風運動中所要反對的主要問題，「狗屎可以肥田，人屎可以餵狗。但教條主義呢？既不能肥田，也不能餵狗。有什麼用呢？」

對那些自以爲能背誦蘇聯共產黨教條就是一種成績的人，毛澤東給予直截了當的批評。他把這些錯誤的狂熱者比作「山間竹筍，嘴尖皮厚腹中空」。

這很像是在東山小學讀書時的毛澤東，他討厭油嘴滑舌的紈褲子弟把書本當作仕途的階梯。現在，他批評黨內的形式主義者，因爲他們對待馬克思主義教科書，也是差不多的態度。

毛澤東用來說明馬克思主義思想要適合中國的具體情況的一個術語——「中國化」——是對馬克思主義頗不尋常的運用。馬克思主義作爲一種社會理論，自產生時起就是「歐式的」，它能夠「中國化」嗎？毛澤東認爲能夠中國化。

他在一九三八年寫道：「沒有抽象的馬克思主義這回事，只有具體的馬克思主義。」把馬克思主義的學說譯成漢語就已經賦予它以新的意義。「無產階級」——「沒有財產

的階級」——在中國人看來並不單純地指城市的工人階級。【3】

「大同社會」，這是毛澤東對中國未來的樂觀展望，它用來說明「共產主義社會」，這似乎令人新奇，因爲「大同」是指一種烏托邦式的黃金時代，人們認爲它曾存在於中國的古代，現在已經絕跡。

對馬克思的某些結論毛澤東是反對的。這位德國人認爲歷史發展要有五個階段，中國西部少數民族地區的發展，使毛澤東相信奴隸社會可以直接過渡到社會主義社會，可以跳過封建社會和資本主義社會兩個階段。

馬克思所作的其他一些結論毛澤東則加以發展並賦予新意。是的，城市工人必須「領導」革命，但農民是它的「主力軍」。毛澤東借鑒了馬克思的學說，可是毛澤東主義並不完全等同於馬克思主義。

在官方出版的五卷本《毛澤東選集》中收編了兩百二十八篇文章，其中有一百一十二篇是在西北寫就的。這些文章包括了他的所有主要哲學著作，文章是聖人的語氣。

毛澤東在一次講話結束時意味深長地說：「希望同志們把我所講的加以考慮，加以分析……每個人應該把自己好好地想一想……把自己的毛病切實改掉。」

甚至他的謙虛也有如一位巨人堅持說自己是一個矮子。他在談研究方法一文的序言中寫道：「我自己也是在黑暗中摸索這些事情。繼續當一名小學生，這就是我的志願。」十五年前，毛澤東在《湖南農民運動考察報告》中的激昂語調已經預示他將是中華民族的導師。

在第二次世界大戰快要結束之際，毛澤東召開了中國共產黨代表大會。自一九二八年在莫斯科召開第六次代表大會以來這還是第一次。毛澤東沒有出席中共六大，他當時在井岡山。

中共第七次代表大會對毛澤東和毛澤東主義來說是一次輝煌的勝利。從「一九二八年的莫斯科」到「一九四五年的延安」是一段長長的時空之旅，中國革命也由低潮走向了高潮。

「一個勝利的大會，一個團結的大會。」毛澤東把這次在延安的果園裡召開的會議恰當地這樣稱呼。這時，佛蘭克林·羅斯福已去世，希特勒也在已成廢墟的柏林自殺。參加會議的代表選自一百二十萬名黨員，中國共產黨這時已成爲世界第二大共產黨。

代表們坐在木製長凳上，前面是一排綠色植物和一幅巨大的毛澤東的畫像。二十四面紅旗標誌著中國共產黨自誕生時起走過的歷程，每一根柱子上都有一個很大的「V」，表示與盟軍一起反對法西斯主義的中國共產黨的巨大勝利。

灰色的磚牆上也有標語，這是毛澤東努力使馬克思主義中國化的結果，同時又帶有儒家道德的氣息。「堅持眞理，修正錯誤」，一幅標語這樣寫道。「同心同德」，這是會場後面的一幅標語。

新的黨章提出「毛澤東思想」是中國革命的指導思想。它沒有提到史達林的名字。莫斯科現在已經意識到毛澤東戰勝了王明，但是毛澤東並沒有改變自己的觀點向北頂禮膜拜。

毛澤東總結了黨早期鬥爭失敗的教訓和遵義會議勝利的經驗。他在報告中的發言對蘇聯是尊敬的，但沒有提到蘇聯對一九二七年以後中國革命提供的援助。

自一九四三年任該職務以來，毛澤東作爲中共中央主席領導著第七次代表大會。

劉少奇已是中共的第二號人物。他在一次單獨講話中共計一百零五次提到毛澤東的名字，毛澤東對此並不難爲情。劉少奇宣布：「我們的偉大領袖毛澤東……把我國民族的思想水準提到了從來未有的合理的高度。」

反過來，毛澤東提攜劉少奇至最高地位，進入包括由毛澤東自己、任弼時三人組成的最高領導地位——高於周恩來、朱德和陳雲。他這樣做部分是因劉少奇時常反對二十八個布爾什維克的「左傾主義」。但是也因爲劉少奇一開始就不在延安，在重新審視黨的歷史並形成矯正的背景問題上不會向毛澤東挑戰。

在七大期間，毛澤東在與代表們舉杯共慶時，一改平時性格而顯得和藹可親，並無矜持之態。會議廳的上層就是乒乓球室，這個「團結勝利」的會議則分出了勝方和負方。毛澤東拿起球拍，他的球藝不高，但他的一位同事注意到他總是「泰然自若」地把球輸給對手。

毛澤東往往是對別人明顯的傷痛加以自責以顯示他走之字路的技術，一九四四年五月他在黨校對整風的受害者致了歉。他在講話中意識到有些人受到傷害，說他們有怨氣是可以理解的。他向他們鞠躬時說，如果他們不接受他的道歉，他將不再抬起自己的頭，並且一定要鞠第二次躬。當然，他要這些受害者回來與他握手，不管什麼情況，不論過多少年，他要請他們到那裡去。

唉，共產黨人「整風」不總是整人這一教訓毛澤東並沒有保留下來。在延安歲月，他取得了雙重功績，既抵制莫斯科的馬克思主義的緊身衣，也塑造了新的中國式的馬克思主義緊身衣。

注釋

【1】前文曾提到過她，她很早就參加過五四運動期間毛澤東在長沙的活動。

【2】與張國燾一起到達延安的朱德，雖有不愉快，但他逐漸恢復了與毛澤東的關係。

【3】毛澤東沒讀過馬克思的德文原著，他所讀的這類書已經帶有中國的思維模式。

10 成熟的桃子（一九四五—一九四九）

對於毛澤東來說，二十世紀四〇年代末不是空談理論，而是必須立即付諸軍事行動的時期，當時的政權，就像一顆成熟的桃子引誘著他。

各種決策皆由他來定。他開始向美國示好，然後又憤憤地轉過臉去。他和蔣介石的國民黨對抗，其獲勝之易可能連他自己都感到吃驚。他悶悶不樂地密封好與蘇聯的聯姻。

美國之於毛澤東恰似中國之於羅斯福——遙遠處的一絲微弱的燈光。零碎報導使毛澤東在心目中對美國這塊華盛頓從英國的欺壓下拯救出來的土地勾畫出美好圖景。

蘇聯和日本近在咫尺，而美國還只存在於想像中。

到一九四四年一切都發生了變化。毛澤東需要美國幫助打敗日本人。然而山姆大叔作為蔣介石的支持者，以醜陋姿態出現在他的家門口。毛澤東開始思考美國在戰後亞洲的角色，他曾希望中國成爲亞洲的中心。

在延安，毛澤東對美國的好奇心迷住了他，他曾詢問過他所接見的美國記者。現在，他已能獲取國際新聞資料，他像經紀人盯著股票行情一樣審視著美國。

毛澤東看過幾部美國電影，他認爲《憤怒的葡萄》很出色，貝蒂．格拉布林的表演使他驚歎不已。在描寫美國士兵在義大利作戰的影片《太陽之行》中，美國士兵那種無憂無慮的風格使他驚訝——他們是在打仗，還是在野餐？查理．卓別林是他極爲欣賞的。

一九四四年夏，一架滿載美國士兵和外交官的C—四七飛機，在延安的黃土地上降落。毛澤東乘著用救護車充當的轎車來到機場歡迎「迪克西使團」。[1]

這是毛澤東平生第一次與美國政府官員握手。

在與大衛．巴雷特上校、二等祕書約翰．S．謝偉思等人會面時，毛澤東顯得小心翼翼，但並不是不抱希望。毛澤東與羅斯福的代表們開始了對話。

迪克西使團的延安之行是約琴夫．史迪威將軍促成的，這位遠東戰區司令試圖估算一下共產黨的實力，以便幫助美國結束對日戰爭。「刻薄的喬」[2]對共產黨頗有好感，並希望與其有更密切的合作以便加強作戰能力。

毛澤東在一九四四年似乎是親美的。他已感覺到美國軍隊要踏上中國的土地打日本，但沒有預料到美國人會使用原子彈。他對此表示讚賞，並開始喜歡美國來訪者無拘無束的風格。他甚至同意美國的建議，派一名美國將軍來統率中國的所有軍事力量（蔣介石對此不同意）。

他與迪克西使團成員談話時使用了「民主」一詞，好像這是延安和華盛頓共有的價值觀念。但西方人都知道，毛澤東沒有成爲西方民主的崇拜者。「反法西斯主義」的全部意義就是他所說的全世界的民主。

在五〇年代就可以看出，毛澤東堅持用僵硬的馬克思主義的觀點看待美國的前途。

資訊靈通的美國人對自負、腐敗無能的蔣介石的國民黨十分失望。毛澤東對美政策的思想也是圍繞著國民黨來考慮的。

除了打敗日本人之外，毛澤東還希望羅斯福停止給國民黨提供美元和援助。不然，共產黨與國民黨的戰爭將會是長期的、血腥的。

毛澤東試圖讓美國人相信共產黨把握著未來。蔣介石沒有占中國人口絕大多數的農民的支援，如果華盛頓認識到這一點，中國的內戰或許可以避免。如果美國承認共產黨有著與國民黨平等的地位，或許可以組成一個聯合政府。毛澤東相信即使有這樣的聯合存在，他也會戰勝蔣介石，猶如黎明會取代黑夜一樣。

毛澤東發現要使羅斯福相信中國共產黨能戰勝國民黨絕非易事，這比說服史達林要困難得多。

毛澤東意識到美國政界對華政策包藏禍心時已爲時太晚。蔣介石和他的妻子已經運作了幾位關鍵的共和黨人，結果他們百分之百地同意支持國民黨。因此，在這種處境下的羅斯福，不得不謹慎地對待蔣介石。

在中國問題上，「刻薄的喬」與克雷爾·陳納德將軍存在分歧。陳納德不希望與毛澤東合作，而要用強大的空中力量以了結日本。羅斯福的來自奧克拉荷馬州的「推土機」派翠克·赫爾利少將，反對史迪威及國務院中一些中國問題專家所持的觀點。

可憐的毛澤東被矇騙了。絕沒人告訴他，美國在對待中國問題上百分之七十的時間是在唇槍舌劍地爭吵，只有百分之三十的時間是在採取行動。

派翠克·赫爾利於一九四四年下半年到延安。毛澤東趕到機場迎接這位羅斯福的私人代表。赫爾利以莫希干人戰爭吶喊般的聲音介紹自己，他的喊叫甚至會使周圍的塵土飛揚起來。辦事幹練，具有尚武精神的赫爾利（據說他可以馬步站很長時間），穿著佩有勳章的軍官制服。毛澤東平靜地走上前去，穿著不像樣的棉衣和布鞋。

「毛思同！」他的一位助手聽到赫爾利這樣向毛澤東問候。而另一位助手則聽到這個咋咋呼呼的使者在叫「毛思董」。

毛澤東和赫爾利擠進救護車，「國際交往中很少有過這種嚴峻的考驗」。當他們越過延河的時候，毛澤東告訴他延河冬天漲水，夏天變乾涸。赫爾利回答說，在俄克拉荷馬，夏天的河水也是少得可以。

他們看到一位農民用鞭子趕著騾子，赫爾利把頭伸出窗外，用英語向農民建議道：「老兄，打牠的那一邊。」毛澤東插話說他小時候在韶山時曾趕過騾子，赫爾利說他曾做過牛仔，他一邊描繪他的那一段生活，一邊大聲叫喊「呀呼」。

毛澤東後來對朱德說：「這傢伙是個小丑。」從此，「小丑」就成了赫爾利在延安的綽號。

「無知」是赫爾利的最大問題。他對中國或馬克思主義的了解，還不如毛澤東對莫希干人的戰爭吶喊知道得多，他甚至也不了解他的朋友蔣介石。

毛澤東和赫爾利制定了國共聯合的方案。毛澤東對這一方案很滿意，他們都在上面簽了字。但是在重慶的國民黨領導人嘲笑這個「五點方案」。

毛澤東對巴雷特上校說他懷疑蔣介石是否眞會同意這一方案，因爲赫爾利說在他來延安之前蔣介石已經知道方案的要點。

赫爾利有著坦克般的樣式，但在智力上他就像靠墊一樣軟弱，不幾天他就改變了自己對

「五點方案」的態度。接下來的一年，他一直使美國的政策傾向於蔣介石——直到他憤憤地辭職。他一直認爲，國民黨的日趨衰敗是由於美國國務院的親共態度造成的。

毛澤東又打出了一張牌。似乎最高首腦會談是唯一可行的途徑，他要求到華盛頓去。他的信件於一九四五年一月交給迪克西使團駐延安的辦事處，希望他們轉交給「美國最高官員」。信中說，毛澤東或周恩來，或是他們二人已做好赴美準備，如果羅斯福總統把他們當作中國主要政黨發言人接待的話。

毛澤東要求，如果羅斯福總統不打算邀請他們，請予以保密，以免激怒正在與共產黨進行不愉快的談判的蔣介石。

赫爾利扣押了這一信件。信件先到重慶，而這位俄克拉荷馬人已是駐華大使。信件一直沒有送到「美國最高官員」的手中，直到最後有人向羅斯福抱怨巴雷特上校與中共祕密聯繫時，這封信才被發現。毛澤東始終沒有得到答覆。

十週以後，毛澤東聽說謝偉思要被召回華盛頓，便馬上邀請這位年輕的美國外交官交談了半天。他毫不遲疑地猜測謝偉思回去是爲安排毛、周對羅斯福的訪問（謝偉思自己也不知道他被召回國的原因）。毛澤東可是大錯特錯了。

在仲夏時節，謝偉思被逮捕，他被指控向左翼的《亞美》雜誌洩露機密。毛澤東被攪得心煩意亂。羅斯福在蔣介石的堅持下已經將史迪威將軍解職。現在，赫爾利把那些認爲毛澤東將掌握未來的美國官員一一趕了下去。

毛澤東寫了一篇題爲〈赫爾利和蔣介石的雙簧已經破產〉的文章。他對美國的調情像羅斯福的生命一樣，已差不多走到盡頭。

這位俄克拉荷馬人和蔣總司令又挑起了一輪新的國共內戰，這等於把中國的未來拱手交給毛澤東，而且迫使毛澤東更加接近蘇俄，這比已有的關係或他所希望的關係還要更加接近。

赫爾利和蔣介石所堅持的一切，很快都在向下滑落。這年秋天，當毛澤東看到蘇俄與蔣介石的政府簽訂友好同盟條約時，一種與美國合作的新的興趣再次閃現。但這也只能是曇花一現，因爲華盛頓現在完全聽從蔣介石的使喚。

在美國「失去」中國的前四年，毛澤東就失去了美國。巴雷特在毛澤東和赫爾利之間兩頭受氣。當赫爾利帶著「五點方案」回去後，這位倒楣的上校被派往延安與毛澤東協商是否有補救的可能。毛澤東發了脾氣，怒斥蔣介石是「雜種」。

他叫道：「你們吃飽了麵包，睡足了覺，要罵人，要撐蔣介石的腰，這是你們美國人的事，我不干涉。」

他盛怒之下所做的預言在將要發生的悲劇中得到了驗證：「你們愛撐蔣介石的腰就撐，願撐多久就撐多久。不過要記住一條，中國是什麼人的中國？中國絕不是蔣介石的，中國是中國人民的。總有一天你們會撐不下去！」

當巴雷特去向這位將軍大使（其部下對這位老闆的不雅稱呼，赫爾利愛插手軍事和外交問題）彙報時，赫爾利也暴跳如雷地罵「毛思同」先生「混蛋」。

毛澤東在延安從赫爾利那裡聽到的大多是美國革命時的術語。毛澤東可能從未聽說過「人身保護法」、「民有、民治、民享的政府」。赫爾利從美國人權法案出發，規定了他認爲中國戰後聯合政府應遵守的價值標準。

毛澤東對此反感嗎？不！與赫爾利的第一輪會談結束後，毛澤東的反應是值得讚賞的。可笑又可悲的是，那個對毛澤東宣講美國憲法的人，也就是後來在毛澤東的腳下使絆子的人。

以這種方式接觸到的美國民主信條，不會使毛澤東在五、六〇年代增加對美國這一理念的信任。在《毛澤東選集》出版時，有關四〇年代對美國表示熱情的內容大多被刪了去。

如果毛澤東當時訪問了華盛頓，或許他可以讓羅斯福相信，是他把握著中國的未來。這雖不能完全制止毛蔣之間的攤牌，但至少中國的內戰不會持續三年，使三百萬人命歸黃泉。蔣介石也不會直到失敗時還得到美國的支援——實際上甚至在失敗以後還得到支持，喬治．馬歇爾也不會在對雙方的調停中受挫。

毛澤東將可能戰勝蔣介石，不管馬歇爾怎樣作爲，即使讓他自行其是也無濟於事。但是，如果毛澤東在一九四五年作爲政治領袖來造訪白宮，而不只是作爲遙遠的命運之神懸浮於美國人的想像中，美國所受的震動將會小一些，所遭受的「損失」也不會引起如此強烈的不滿。

毛澤東的第一次出國應該是在五十一歲時到美國，而不是五十六歲時去了蘇俄。他在其後二十五年間與美國的關係或許不會這樣痛苦地陷入泥潭，也不會被戰爭和戰爭的威脅所中斷。

抗戰過去了，但和平卻沒有到來。緊張的氣氛隨著日本人的投降降臨了。國共兩黨競相受降，能從日本人手裡接過槍就等於控制未來。爲了這個，語氣強硬的電報在毛澤東和蔣介石之間飛來飛去。

其時蔣介石暫時占優勢，毛澤東不得不讓步。兩大國際勢力都站在蔣介石一邊。美國的後勤援助，使蔣介石先於共產黨接受日本投降。而莫斯科與蔣介石的政府簽訂的條約，則使毛澤東擔心與國民黨的內戰將會長期而艱巨。

因此，毛澤東決定赴重慶與蔣介石談判。「鄙人亟願與先生會見，共商和平建國大計」，他以中國傳統的禮節用語發了電報給蔣介石，「弟亦準備隨即赴渝。」

一些共產黨的領導人反對毛澤東的重慶之行，認爲沒有美國對毛澤東在蔣介石領地的安全保證，和史達林的強而有力的斡旋，毛澤東就不應該前往。毛澤東告訴劉瀾濤，他打算帶著開放的心態去重慶。「簽訂協定這是以我的人身作保。」他對劉少奇強調自己的自由意志。他也告訴那些在延安參加完七大準備回去的同事：「回前線去戰鬥，不要爲我在重慶的安全擔心。實際上，你們的仗打得越好，我的安全越有保障，與蔣介石的談判就越能成功。」

一九四五年八月，依然是熱情奔放的赫爾利飛赴延安接毛澤東。毛澤東生平第一次走上飛機，第一次公開進入蔣介石統治的地區。在向南飛的路程中，赫爾利對世界形勢發表了看法，毛澤東則寫了一首詩。

毛澤東平生第一次不得不戴上帽子。當他戴著太陽帽下飛機時，有人認爲這是他採取的安全措施。毛澤東的目光警覺而冷峻。

自一九三八年日本人攻占漢口，重慶就成了國民黨的基地。重慶是一座橫跨長江的山城，這對毛澤東來說是新的景觀。他住在紅岩區一條小巷中的一棟舒適房子裡，蔣介石調派了一輛美國轎車供他使用。

這是十八年來毛澤東第一次不以土匪的身分進入一個城市。就像一九二七年在武漢，他的來到是合法的。有許多人前來拜訪他，報紙提到他的名字時也沒有誣衊之詞。

毛澤東見到了老朋友，也見到了過去的對手。對所有這些人他都顯示雍容大度，表現出愛國熱情，與之互贈字畫。毛澤東把他的詞〈沁園春·雪〉透露給了《新華日報》[3]（這是他發表在主要刊物上的第一首詩詞）。整個重慶都見識到毛澤東對中國山河的熱愛，都感受到毛澤東自身的使命感。

已逾二十載未晤面的蔣介石、毛澤東握手了。

一個看起來衣冠肅整，另一個則不修邊幅。蔣介石的制服筆挺合身，戴滿了勳章；毛澤東的衣服則皺皺巴巴，暗淡無光，好像是從衣堆中隨意取出的（儘管他穿了一雙新皮鞋）。

據說，當時蔣介石顯得緊張而毛澤東則鎮靜自若，這不一定確實。像毛澤東那樣嗜煙的人絕不會內心完全鎮靜，儘管毛澤東當時盡可能慢悠悠地吐著青煙。

毛澤東之所以在蔣介石面前保持鎮靜是因爲他知道他能以智慧取勝，是因爲他相信他的事業（及個性）終將會戰勝蔣介石。由於各方面的原因，毛澤東坦誠相見，蔣介石則陰遮陽蓋。

四十三天以後，毛澤東和蔣介石簽訂了一紙協定，蔣介石工工整整地寫上自己的名字，毛澤東的簽字則是一揮而就，如行雲流水。

協定沒有解決任何本質問題，國共兩黨眞的能夠共掌政權嗎？如果組成聯合政府的話，紅軍眞的就會遺散嗎？但是，召開國民代表大會的事宜被小心翼翼地提上了日程，一些地區邊界的劃分問題達成了一致。

當兩位對手舉杯共酌時，雙方都笑容可掬。宴會上的其他人注意到了這種不可思議的場面，臉上卻無一絲笑意。

回延安前夕，毛澤東作爲客人應邀出席觀賞京劇。戲演到中場時，有一張紙條遞給共產黨代表團，周恩來極其不安地離開了座位。

毛澤東停在劇場外的汽車遭到子彈的襲擊，毛澤東的一位助手中彈倒地，已經斃命。周恩來面色煞白，他找來蔣介石的首席談判代表表示抗議。

毛澤東仍坐在座位上。他喜愛京劇（儘管取得政權後他對之進行了壓制），他要享受這種時刻的每一分鐘。演出結束後，雙方領導人舉行告別招待會。毛澤東忘了他的汽車遭受襲擊的事嗎？他寬宏大量地笑著舉杯祝酒：「爲蔣介石先生長壽，乾杯！」

自劇場一面之後，毛澤東再也沒有見過蔣介石。

毛澤東和蔣介石豈能彼此信任？毛澤東不會相信蔣介石，「世界上沒有直路，要準備走曲折的路。」他回到延安後說。他的重慶之行就是走曲折的路，他並不認爲與蔣介石談判就此結束國共兩黨的爭鬥。他之所以去重慶，是因爲國際形勢迫使他不得不如此。蘇聯和美國（以種種方式）支援蔣介石的國民黨，毛澤東不得不對蔣介石以禮相待。

他之所以去重慶，還因爲中國的「老百姓」不要內戰，毛澤東似乎不願被看作是反對和平的人。

並且他去重慶也在於顯示自己的實力。蔣介石不得不邀請他，對毛澤東來說這比談判的內容和結果更為重要。他適時地向中國和世界暗示，蔣介石還有一個對手存在，而且這個對手已經統治了一億人口，並有一百萬軍隊聽其指揮。

「天無二日。」蔣對他的部下強調。可是毛澤東的行動，已經證明中國的天空會對這兩個太陽作出選擇。

毛澤東蔑視蔣介石，他不久就總結說：「蔣介石已經失了靈魂，只是一具殭屍，什麼人也不相信他了。」然而，他在重慶的時候掩藏了這種感情。

有些共產黨人對與蔣介石談判毫無興趣，因為他們自一九二七到一九三七年就一直和蔣介石這個人作戰，現在又是如此。另一些人則厭惡戰爭，他們相信與蔣介石的談判可能會獲得成功——周恩來可能就是其中之一。

毛澤東巧妙地回答了這兩個問題。他堅持認為，世界是在不停的變動中，一切事物都不能只從表面作出判斷。現在是眞實的，但是未來也是眞實的。如果一個人既尊重現在又想把握未來，須得迂迴前進。

一九四六年初，馬歇爾再次來到延安，這是他為縮小毛澤東和蔣介石之間的裂罅所作的最後一次努力。陪同馬歇爾的周恩來對馬歇爾的調解仍抱有希望。和毛澤東相比，周恩來認為有可能找到一條直路，因此馬歇爾發現周恩來是一位更為直率和誠實的人。

毛澤東對此不抱多大幻想。與一年前不同，他顯得更獨立。像一位演員一樣，他已演完在談判中的角色。

在向馬歇爾祝酒時，他的話肯定帶有諷刺的味道：「讓我們為中美兩國、為國共兩黨持久的合作，乾杯！」

馬歇爾雖在雲裡霧中，倒是誠心誠意地想摸索出一條捷徑。飛機在延安機場就要起飛時，他問毛澤東準備何時再與蔣介石談判，「什麼時候蔣介石邀請我，我就什麼時候去。」毛澤東回答，聲音像從遠山中傳來。他以自己的方式說了句令馬歇爾激動不已的話：「可以說，一個前所未有的進步時代還等著中國。」

毛澤東再也沒有會見過美國官員，直到經歷了三場戰爭和美國換了四屆總統之後。一切調解都失敗了，馬歇爾不久即離開中國。到一九四六年秋，毛澤東和蔣介石開始了最後一輪廝殺。雙方都撕毀了協定。

毛澤東知道，「兩個想不開，合在一塊，就要打仗。」其後的三年在幾個方面對毛澤東是有利的。他的軍事計畫收效極大，他的政治預言使他像一位技藝高超的奇妙魔術師，能從帽子裡變出大量的兔子來。

政治局內出現了分歧——在土地政策上和取得政權的時間上——但這些分歧並沒有成爲削弱整體戰鬥力的對立。行政上的失調的主要原因是來自對勝利的頭昏腦漲。

一九四六年，國民黨掌握著整個華南和西部人煙稀少的地區，共產黨在北方力量強大。毛澤東的軍隊只有蔣軍的三分之一，武器則是其五分之一。

第一年，當蔣介石全面進攻時，毛澤東採取的是防禦。到一九四七年初，世人確已相信共產黨像過時的黃花一樣開始枯萎了，特別是在三月份毛澤東放棄延安後更是如此。毛澤東的一些同事希望堅守該城決一死戰。莫斯科認爲撤退的決定是錯誤的，並眼見共產黨的失敗就要來臨。

毛澤東並沒有什麼牽掛。他說延安「不就是幾座窯洞嗎？」他採用的是中國古代的戰略，「失掉一座空城有什麼關係，目的是要打敗敵人的軍隊。」但最終毛澤東在離開之際冒著被轟炸的危險仍不願走，「要看看胡宗南的軍隊像個什麼樣子。」毛澤東一面抽煙一面吃著飯，而周恩來和彭德懷都爲他這種膽量焦急。彭德懷顧不得許多從毛澤東手中奪走了筷子，並衝著他吼道：「你還在這裡等什麼？」毛澤東終於站了起來，「一定注意不要掉了檔案」，他慢悠悠地說：「帶不走的書要擺好，馬克思主義、列寧主義對胡宗南的軍隊是有用的。」

蔣介石在勝利中飛到延安，任意毀壞那裡的瓶瓶罐罐。他預言，再有三個月的時間就可以徹底消滅人民解放軍。三個月以後，他的軍隊被一點一點地吃掉，這是他在這座空城裡叫喊時沒有預料到的。

毛澤東又回到了農村，再一次扛起槍。這一次，他騎著一匹精壯的馬，抽著來自東部沿海地區的優質香煙，他有收音機和較好的電話系統。他夜間工作、白天睡覺成了固定的習慣，劉少奇、周恩來也都是這樣，其他領導人全都調整其作息時間以與毛澤東相適應。

一年的流動生活使毛澤東的體重有所減輕，雖然吃的食物一般來說並不壞。通常他能吃到肉，有小米，可能還有蘿蔔和白菜。有一週的時間斷過糧，只得喝榆樹葉熬麵糊。「味道鮮美。」周恩來文雅地對工作人員說。喜歡辣味的毛澤東不知是何評論。

他用電報發出具體指示。他和其他的人一起工作——他不得不如此，因爲小分隊的指揮員執行他的命令——很少有時間去面對高山沉思。

毛澤東的生活與長征時期相比不再那麼儉樸了，但他的領導方法更加正規化了。他的大部分時間都是在密室裡與周恩來等人開會，祕書匆匆從他們的窯洞跑進跑出，用收音機了解前線的戰況。

他讓江青和在延安出生的女兒留在身邊，全家人關係親密，共同奮鬥奔波。

毛澤東這時候沒有產生新的基本思想，也沒有寫詩，至少在公開發表的詩詞中，沒有一首是這一時期寫的。他只是爲別人的詩續上幾句。一天早晨，一名警衛員看到東邊黃河上噴薄欲出的紅日，即興寫了一首詩，但寫了一半就寫不下去了。毛澤東聽他朗讀之後說：「可惜沒有結尾。」說著就拿起筆在後面加了三句。

由於毛澤東的名聲越來越大，他用了一個化名——李德勝，意思是「離得勝」。

他和一位從未見過收音機的老鄉聊天，這位姓王的老漢正要把一個木盒子劈開當柴燒。「李德勝」盡其所知講解電磁波的原理給他聽。「下次看到這樣的東西，不要把它劈開當柴燒囉！」他告誡道。王老漢答道：「不會的，我要用它聽毛主席講話。」

毛澤東開始流露出自己擁有權力的感覺，他的文章開始代表中國說話（「要不是這樣做，中國人民將認爲是很不恰當的」）。

蟠龍戰役大獲全勝之後，毛澤東和周恩來坐在一棵大樹下收聽共產黨電台的廣播。乾電池收音機放在一隻翻過來的木盆上，裡面傳來女播音員那愛恨分明的聲音。她說到蔣介石的時候聲音冰冷，談到毛澤東時則充滿感情。毛澤東對周恩來說：「這就叫愛恨分明，我們應該訓練更多一些像她這樣的廣播員。」

如果能在一個村子裡住上一段時間，毛澤東總是在黃昏時分走出窯洞，坐在一隻小凳子上，手中拿著一本《學英語》手冊。他仍然缺乏學外語的天賦，可是在一九四四年和一九四五年間與美國人打交道使他想學美國語言。一個戰後國家領導人的形象正在形成。

有一部論文集將毛澤東和周恩來作了不恰當的比較，說周恩來更兢兢業業。「有時候，爲了減輕主席肩上的重擔，周總理睡得比主席還遲，起得更早。」按照北京的標準，這是尖銳的評論。

然而，有意思的是沒有一個人——甚至張國燾——暗示過毛澤東缺乏毅力。

毛澤東與國民黨將領胡宗南進行了一場激烈的決戰。胡宗南在毛澤東撤離後就占領了延安，並在那裡擺宴，他曾聲稱不拿下毛澤東的司令部就不結婚。

毛澤東的人馬不足二萬，而胡宗南卻有二十三萬。毛澤東在陝北轉戰，使胡宗南戰線過長，並牽制了其他戰場與人民解放軍作戰的敵人。

毛澤東的軍隊唱著：「存人失地，地可復得。存地失人，地人皆失。」毛澤東並不在意土地的得失，在與胡宗南周旋的大部分時間裡，他常常給圍坐在他身邊的工作人員講故事。他鼓勵警衛員寫日記以提高寫作水準，並親自幫他們修改。

胡宗南的二十三萬人馬四處分散。他們與老百姓的關係不好，不像毛澤東的「魚」那樣。當胡宗南被誘上鉤時，毛澤東開始出擊了。他說：「胡宗南像是一隻拳頭，我們要讓他把手張開，現在，可以將他的手指一根一根地剁掉了。」

一九四七年底，毛澤東在全國範圍內展開反攻。人民解放軍用他對付胡宗南的戰術，在整個華北和中原地區同國民黨軍隊作戰。「人民是我們的銅牆鐵壁。」毛澤東的話聽起來有些誇大其詞，但結果確是如此。「共產黨有廣大的民衆，國民黨有大片的土地」，一九四七年，一位美國軍事觀察家聲言，「在華北，百分之七十的農民都傾向於共產黨。」

在離開陝西到華北的路途上，毛澤東在五臺山的寺廟停留了兩天。毛澤東向方丈詢問兩位有名的退伍軍人在出家後的詳細情況，細聽方丈述說五臺山的歷史、佛事活動，並對方丈保證：「共產黨允許人民信教。我們的政策是保護宗教活動。」

蔣介石在東北有了慘痛的教訓，只占有城市而不占有民心是沒有用的。他的火車從一座城市到另一座城市，但看到的只是親毛的農民將鐵軌掀掉，扛進山裡。蔣介石只占有火車站！這就是內戰的局勢。農村包圍了城市，人戰勝了武器。

在城市中人心已傾向毛澤東，這是他的另一個有利的條件。「要飯吃，要和平，要自由。」這是新的學生運動提出的口號。這一運動是反蔣的，因爲蔣介石的國民黨什麼也不給人民。

身居農民窯洞，毛澤東距這場小型五四運動很遠。不過他善於因勢利導，而不是完全投入知識分子先鋒的這些活動中。這同一九一九年一樣，當呼喚新世界的吶喊此起彼伏的時候，他正在孔夫子的出生地沉思。而在一九三五年，當學生運動在北平掀起轟轟烈烈的反日運動時，他正在遙遠的延安。

然而，毛澤東在一九四七年立即就看到城市反蔣浪潮的重要意義，毛澤東稱之爲「第二條戰線」——第一條戰線當然是指武裝鬥爭。

一九四八年春季的幾次重大戰役，充分展現了毛澤東的戰略戰術靈活多變。他從未反對這種正面陣地戰，除非他認爲自己的力量太弱，沒有把握取勝。現在他的力量強大了，形勢急轉直下，廝殺不是在毛澤東的解放區進行，而是在蔣介石的國統區展開。

蔣介石寫了一本書《中國之命運》，預言他將獲得全面的勝利。現在，局勢有如電影鏡頭以不同尋常的速度掠過中國這塊螢幕。與蔣介石的預測相反，每一新畫面都顯示蔣介石的國民黨受到重創。蔣介石的半數軍隊在堅守防禦陣地……「共匪」作爲祖國的兒子爲國家而戰……蔣介石對他一個剛丟掉一半軍隊的將領大發雷霆……毛澤東在沉思，面部表情像如來佛般地泰然自若……蔣介石穿梭於機場之間……毛澤東漫步於鄉間小道。

史達林邀請毛澤東去莫斯科「休養」，但毛澤東在一九四八年的風暴中不可能安閒地離開中國。於是，史達林派米高揚祕赴河北見毛澤東。「史達林有點像杞人憂天。」聶榮臻回憶說。米高揚來檢測中國共產黨的武裝力量的強大程度，中方感覺到了他的這種將信將疑，因爲幾個大的艱難決戰使他們已極度衰弱。

在河北，在一次國民黨利用特務派飛機投彈空襲時，聶榮臻救了毛澤東的命。聽到B—52飛機的聲音，聶將軍跑進毛澤東的房間要他躲進防空洞，毛澤東正要穿上藍色花紋的睡衣躺著。聶榮臻勸他，但毛澤東平靜地坐在床沿上。「不要緊，沒什麼了不起」，他說，「無非是投下一點鋼鐵，正好打幾把鋤頭開荒呢！」聶榮臻堅持要毛澤東到防空洞中去，毛澤東拒絕不去。聶榮臻命令衛兵抬著擔架到毛澤東的臥室，放在毛澤東的身邊。聶榮臻和他的兩位警官將毛澤東輕輕地抬入擔架，衛兵抬起這超過他們兩人體重的擔架跑進了防空洞。炸彈如雨點般地落下，一塊彈片正好落在院子裡毛澤東所在的房子裡。毛澤東一時無言表達對聶榮臻的感激之情。後來，聶榮臻逮捕並處決了兩個國民黨特務，他們出賣毛澤東，提供了炸彈襲擊的目標。

拿下東北之後，毛澤東並沒有直取北平。這使蔣介石相信毛澤東無力取北平。但毛澤東之所爲有其原因。這是爲了讓解放軍有足夠的時間休整，並使處於窮途末路的國民黨軍隊更加陷入混亂。同時，這也使林彪和他的指戰員能夠包圍住五十萬國民黨軍隊，在平津地區把他們一點一點地吃掉。

與國民黨預料的正相反，人民解放軍推進至天津先攻克了一些小城市——幾乎是用德國人的效率拿下的。如果李立三和奧托·布勞恩不與毛澤東的意見相左，他們看到這種場面時一定會欣喜若狂。可惜他們曾在錯誤的時間裡想做正確的事情——他們早已離開了決鬥場。

毛澤東的一些同事對擊敗蔣介石的勝利所抱的期望值要比毛澤東低。「我們不會失敗」，一九四六年彭德懷將軍坦率地說，「不過，我們不一定能打贏。」

劉少奇等人認爲，中共應暫時滿足於把中國分成南北兩個不同的政權。按照這一愼重的理論，解放軍渡過長江不僅與史達林的意見相違背，還有可能引起杜魯門的干涉（一九四八年，美國有十萬軍隊駐紮在中國）。

一九四八年的毛澤東嘲笑了這種悲觀主義論調。

一九二一年，毛澤東和蕭瑜一起乘船去上海時，他曾對蕭瑜預言說，共產黨會在「三十至五十年」內取得政權。他在一九四六年夏季預計要經過「一年半的戰鬥」。一九四八年春，他談到了「一九五一年七月」。一九四八年下半年，他宣布還需要「一年左右的時間」，結果證明了他預言的正確。

蔣介石成了一個急於講和的人，滿紙溫情的信件從南京發出來了。可是目前毛澤東不願意分享權力，他的言辭猶如勇往直前的解放軍戰士的刺刀一樣堅硬。毛澤東給南京唯一的眞正答覆是人民解放軍從綠色群山中突起，於四月份一舉攻占了這座美麗的城市。南京陷落不久，整個南方也陷落了。

毛澤東即興賦詩，首次筆落詩成。詩中，他寫到鐘山像巨龍一樣蜿蜒於南京以東。歷史上南京被描繪成虎踞龍蟠之地。

鐘山風雨起蒼黃，
百萬雄師過大江。
虎踞龍盤今勝昔，
天翻地覆慨而慷。

詩的最後幾句似是發之於毛澤東的虎膽：

宜將剩勇追窮寇，
不可沽名學霸王。
天若有情天亦老，
人間正道是滄桑。

「人間正道」是道地的儒家思想的翻版，但緊接著的後半句改變了孔夫子的意思。因爲孔夫子從來不提倡用政治的力量帶來滄海桑田般的變化。

毛澤東讀過《伊索寓言》，他從中找到「以怨報德」的邏輯來辯解：「一個農夫在冬天看見一條蛇凍僵著。他很可憐牠，便拿起來放在自己的胸口上，那蛇受了暖氣就甦醒了，等到回復了牠的天性，便咬牠的恩人一口，使他受了致命的傷。」毛澤東引用農夫臨死時的一句話說：「我憐惜惡人，應該受這個惡報！」

在這種決戰的時刻，毛澤東無須以猴的精靈施用任何計謀，楚霸王自取滅亡在於他憐及敵手。使世界發生滄桑變化的時機已經到來，沒有任何東西能阻止毛澤東抓住這一機會。

毛澤東的勝利是對蔣介石的當頭一棒：

「抗戰勝利的果實應該屬誰？」他問，「這是很明白的。比如一棵桃樹，樹上結了桃子，這桃子就是勝利果實。桃子該由誰摘？這要問桃樹是由誰栽的，誰挑水澆的。蔣介石蹲在山上一擔水也不挑，現在他卻把手伸得老長老長地要摘桃子。他說：『此桃子的所有權屬於我蔣介石，我是地主，你們是農奴，我不准你們摘。』我們說，你沒有挑過水，所以沒有摘桃子的權利。」

毛澤東已登上了世界政治舞台。一九四五年的重慶之行提高了他的知名度。一九四七年他在戰場上取得的勝利使他成為人們敬畏的人物。

毛澤東延安的辦公室牆上曾掛有四幅偉人像：蔣介石、邱吉爾、羅斯福和史達林（其順序是按照西方的字母排列的）。這種排列順序已經把中國置於世界強國之林。

到一九四八年，毛澤東感到他所要做的就是取蔣介石而代之，成為中國的領袖。（在談及國民黨準備釋放一名臭名昭著的日本戰犯時，毛澤東已經開始對蔣介石發號施令：「這是不能容許的。」）在他的心目中，他已置身於世界的競技場。接下來發生了一個事件證明他是正確的。

英國人此時還認爲這個東方古國是約翰·布林的後花園，派了一艘護衛艦沿長江而上。「紫石英號」到南京後，馬上揚起國旗。水兵們叼著雪茄擁入了這座搖搖欲墜的城市中的英國大使館。

英國人已經習慣於控制柔順的中國人。但長江此時已不在蔣介石的控制之下，毛澤東的人開炮重創了「紫石英號」，二十三名英國人被打死。這艘護衛艦像一條病魚在長江裡泡了一百零一天，因爲它的艦長拒絕簽署檔承認「侵犯中國水域」。

英國下院對此怒髮衝冠，邱吉爾稱人民解放軍的行動是「公然的暴行」。毛澤東以一個簡單的道理做了回答：「一個主權國家不會允許外國船隻在它的江河中任意航行。」這位「共匪」現在代表中國講話了。

毛澤東在一次聲明中宣布：「外國政府如果願意考慮和我們建立外交關係，它就必須斷絕同國民黨殘餘力量的關係，並且把它在中國的武裝力量撤回去。」這一今天看來符合邏輯的聲明，當時卻激怒了英國。

史達林對毛澤東的勝利所做的貢獻是在毛澤東接近政權邊緣時要求他放棄努力。史達林後來承認：「我們當時認爲，中國的農民起義沒有發展前途，中國同志應和蔣介石尋求妥協，他們應該參加蔣介石的政府，解散自己的軍隊。」

毛澤東準確地預感到一個戰後的亞洲正在形成，而且要超出蔣介石、邱吉爾、羅斯福、史達林這四個大人物的預料。他後來對「超級大國」的不信任，部分原因應歸於一九四八年超級大國沒有發出信號，歡迎他進入他們的俱樂部。

蔣介石南遷廣東，美國大使這次沒有隨蔣介石一起走，其他主要國家的大使也都留了下來，他們都繼續留在南京。但有一個例外，那就是蘇聯的使節隨蔣介石去了廣東，當華北地區在毛澤東的領導下赤化的時候，他們仍依附在蔣介石這堆白骨上。

毛澤東邀請萊頓·司徒雷登大使前來會談。這是一個註腳，即毛澤東對自己一九四五年試圖到華盛頓與羅斯福會談的一個注解。毛澤東已經決定中國將暫時偏向蘇聯，但毛澤東的中國是否會與美國方面有事務聯繫尚不得而知。【4】

可是司徒雷登慌了手腳，華盛頓對毛澤東和司徒雷登的會談則三心二意。【5】

一九四五年，在毛澤東力量較弱的時候，應該來華盛頓，但是美國不邀請他。一九四九年他已經強大，無須去那裡求援。他以高姿態邀請美國官員會晤，而不是自己親自去拜訪，但美國對此仍不感興趣。

一九四五年，華盛頓看毛澤東勢力太弱，不願和他打交道。但僅僅四年後，美國又認為毛澤東太強，和他交往不會有什麼好處。

毛澤東憤慨了。很快，他下令對駐在華北的美國領事館人員採取強硬措施，很多人被指責為「間諜」並被驅逐出境。

美國與中共在南京的最後一次接觸是不愉快的。司徒雷登在日記中寫道：「黃華坦率地說他們把美國當作敵人。」這位脆弱的美國大使回國不久便一蹶不振。毛澤東寫了一篇〈別了，司徒雷登〉與他告別，這是毛澤東所撰寫有關美國的最不友好的一篇文章。

毛澤東回顧說，馬歇爾的調解是企圖「不戰而控制整個中國」。他稱蔣介石的政權是「美國殖民政府」。文章語言尖刻，帶著強烈的反美情緒，時而還引述古籍。

毛澤東無法隱藏他對美國的不滿，因爲美國富有，而中國貧窮。他討厭美國的「慈善」勝過它的武器。「美國人在北平、天津、上海，都灑了些救濟粉，看一看什麼人願意彎腰拾起來。」

美國對待其附庸的傲慢態度使他想起周朝（西元前一〇四六－前二五六）的一位漁夫，這位漁夫釣魚不用魚鉤和誘餌，魚線高出水面三尺，此謂「願者上鉤」。

他引用中國古代經典《禮記》中的一句話，告誡那些仍然希望依靠山姆大叔的人：「嗟來之食，吃下去肚子要痛的。」

在英雄氣概的外表下毛澤東也有隱憂。美國曾是那樣輕蔑地對待他，現在，他反過來羞辱美國，「沒有美國就活不下去了？」語音如此強烈，反而表現出他內心的不安。

爲什麼毛澤東攻擊自由主義者——司徒雷登、艾奇遜——而對麥卡錫之類的保守分子毫不留意呢？美國的自由主義者是毛澤東的主要敵人，因爲他們吸引了中國的自由主義者，這爲毛澤東的親蘇設置了難題。

一些「第三力量」的人們，甚至一些共產黨人都看好美國的民主。他們覺得美國（畢竟距離遙遠）不像蘇聯那樣可惡。毛澤東在制定外交政策時主要是想擊中國內的目標，用中國的俗語說就是「指桑罵槐」。

蔣介石在一九四九年搬了五個地方，在當年十二月離開中國去臺灣。司徒雷登在他日記中寫道：「蔣介石去臺灣會招致許多問題。」但是，司徒雷登和毛澤東當時都不知道這些問題將會有多麼嚴重。

是毛澤東獲勝了還是蔣介石失敗了？兩者兼而有之。一九四八年，蔣介石在一次國民大會上承認，共產黨比國民黨更有獻身精神，爲中國人民服務得更好。人民解放軍在軍力和智力上都戰勝了國民黨軍隊。中國的經濟在蔣介石無能的手中已變得支離破碎。

軍事和經濟這兩者的失敗原因實際上是一個，蔣介石的支持者太少。

美國記者安娜·路易士·斯特朗問毛澤東對延安失守有何評價，毛澤東回答說：「人民戰爭不取決於一個城市的得失，而取決於怎樣解決土地問題。」毛澤東之所以能打敗蔣介石，是因爲他深諳此道：戰爭的社會意義存在於中國廣大的群山綠野之中。贏得中國農村「老百姓」的支持，就等於贏得戰爭。而蔣介石不了解這一點。

與蔣介石不同，毛澤東沒有徵兵徵糧引起人民的反對。他的幹部也不像蔣介石的部下那樣用大部分時間來建造自己的安樂窩。他沒有依賴外國的援助，蔣介石到一九四八年還依賴外援（抗日戰爭勝利後，蔣介石從美國得到價值三十億美元的援助，而同一時期毛澤東一點外援都沒有得到）。

毛澤東贏得了知識分子的支持。知識分子們發現，蔣介石一邊宣揚對自由世界的忠誠，一邊減少自由的空氣。一些愛國的知識分子，看到他們的國家在蔣介石的統治之下，正遭受極大的痛苦和折磨，正在走向崩潰。任何一個對未來抱有一線希望的人，都會對這種社會現實產生極大的不滿。

蔣介石的精明只限於應付一個接一個的危機，他胸襟狹窄。毛澤東則遠見卓識，諳熟歷史的動力。

蔣介石是自負之人，常被事物的假象所迷惑。毛澤東（在二十世紀四〇年代）是頭腦清醒之士，專注於自己的主旨目標。

蔣介石只是一介武夫；毛澤東則是一位思想家，槍桿子只是他的工具。一九四三年，在共產黨處於弱勢時，蔣介石完全可以與毛澤東達成一項對自己有利的協定。但是蔣介石不了解戰爭和政治之間的關係，而毛澤東卻深諳其重要性。蔣介石只知道尋求軍事手段來解決共產主義問題，結果既丟了軍隊，也失去了中國人民。

毛澤東在《紅樓夢》中悟出了蔣介石和他的軍隊的處境。含玉而生的賈寶玉，日夜不能離開「他的命根子」，掛在脖子上的那塊寶玉給了他生命和智慧。在毛澤東看來，蔣介石的軍隊把自己與外界隔絕起來，等於丟掉他的護身符。

毛澤東本人對軍隊的看法與蔣介石不同。從根本上說，正是人民動員和支持了軍隊。軍隊不是一架機器，不是什麼神祕的東西，簡言之，它是服從於政治鬥爭的一種方式。毛澤東從未丟掉過他的軍隊，如同賈寶玉沒有丟掉他的寶玉一樣，但喪失軍隊的恐懼卻時常纏繞著蔣介石。

到一九四八年年中，中共已有三百多萬名黨員，二百五十萬人的軍隊。這支軍隊不得不分成地區性的游擊力量，遵守紀律和相互協調的問題由此產生了。毛澤東爲此寫了〈關於建立報告制度〉之類的文章。

在井岡山，毛澤東曾像牧羊人一樣管理他爲數不多的戰士。現在，他指揮著世界上五支規模最大的軍隊之一，其指揮方法不可同日而語了。

城市生活使毛澤東的那些來自農村的人面臨著從未有過的現實困境。毛澤東已經贏得了武裝鬥爭的勝利，但同時在純潔思想的戰爭中卻倒在地上。他的矛盾的心理不斷增長，並開始懷疑是否得到的越多，失去的也越多。

猴子將不會讓老虎憑藉全力而稱王。導師的角色——在延安時，他曾把這一角色和領袖的角色完美地結合在一起——看來已經從他身上消失。

一九四八年四月，人民解放軍收復延安。但是它沒有——也不可能——恢復延安精神。毛澤東口授了一份電報，祝賀延安人重又回到家園，而他再也沒有重訪延安。

隨著全國解放的到來，毛澤東很少露面了。他似乎已厭倦拋頭露面。他運籌帷幄，其決策主要是圍繞怎樣和以什麼樣的方式去摘取懸在他頭上的果實。

一九四八年快要結束的時候，大衛．巴雷特上校和約翰．梅爾比在北平共進午餐，後者也來自南京的美國大使館。這天陽光明媚，和煦的陽光透過柿子樹。然而，隆隆的炮聲震落了桌上的筷子。人民解放軍已經到達西山，從那裡可以俯瞰北平全城。炮彈彈片飛落到了北平機場。

一位孤守北平的國民黨將軍派了幾名代表出城，要求與毛澤東的農民勇士們談判。這是在安置和平改編，但在聯合的名義下進行。這不再意味著分享權力，而只是移交給共產黨控制的一種象徵性。一九四九年一月，這位國民黨將軍交出了北平城和二十萬軍隊。

毛澤東的戰略戰術拯救了這座城市，使之免於遭受巨大的破壞。由於拖延了很長時間，而在此之前已占領了其他一些城市，毛澤東認爲國民黨不會再爲北平而戰。後來，毛澤東讓蔣介石的這位將軍當了水利部部長，以示獎勵。

人民解放軍很快就進了城，像鄉下的孩子週六進城一樣。他們腳穿布鞋，軍裝肥大，表情靦腆。有些人試圖湊到燈泡上去點煙。

在隊伍前面，一個高聲喇叭竭力虔誠地呼喊口號：「祝賀北平人民獲得解放。」有些旁觀者看到戰士們羞紅的臉，還以爲是長途跋涉的疲勞所致。人們看到靜靜駛過的坦克、吉普、重型大炮，幾乎全是美國人的。

「蔣介石是我們的運輸大隊長。」毛澤東曾開玩笑地說。他的話應驗了。

毛澤東和朱德的畫像被高高地舉起。朱德面帶微笑，而毛澤東則表情嚴肅。牆上、電線杆上到處貼著「新中國」字樣的油印傳單。蔣介石的新聞機構的刊物《華北每日新聞》，一夜之間變成了毛澤東的《人民日報》。[6]

北京的編輯們十分明智地馬上轉向新的路線，毛澤東對這一宣傳工具的控制，比對其他方面的控制都要嚴格。

毛澤東指派文章。他要求嚴格校對每一篇重要文章，並用自己的草體字在其上作出修改標記，他爲報紙寫了許多文章從未署名。多年來，他像對待家裡的廚師那樣，不斷地雇用和辭退報業人員。

北京紅遍了。可是，它的市民們卻還沒有見到這位改變北京顏色的著名丹青妙手。他眞的存在嗎？一些資訊不靈的人們這樣問。國民黨軍隊收編七週以後，毛澤東還沒有到京。一些知情人士猜測，是因爲一九一八到一九二〇年的北京冷遇過他呢？還是他已決定把他的政權安紮在別的什麼地方？

然而一九四九年的一天，小街小巷傳來了一條消息，毛澤東正在來北京的路上，他的飛機剛從石家莊起飛，將於三月二十三日到達北京。石家莊在北京一百六十公里以南，是解放軍攻克的華北第一座城市。從河北出發時，毛澤東對周恩來說：「今天是進京的日子，我們是進京趕考嘛！」周恩來笑著回答：「我們都應當能考試及格，不要退回來。」毛澤東說：「退回來就失敗了，我們絕不當李自成，希望考個好成績。」他所說的這一歷史典故中的農民起義領袖，曾試圖在一六四四年建立一個王朝。

《人民日報》發表了它的第一份號外：「毛主席已抵達北京。」報童們用高嗓門喊著。標題是四英寸的紅色字體。路人紛紛搶購，僅僅四十五分鐘的時間報紙一售而空。

進步人士和左派人士爲形勢的變化歡欣鼓舞，富人則擔驚受怕，人力車夫平靜地談論著將來的前景。每個人都在談論毛澤東，他的性格、權位。

在北京大學，一位姓郭的勤雜工回憶起一位圖書管理員：「他就在這間房子裡，就坐在那張桌子旁邊整理報紙雜誌……」姓王的管理員盯著那地方，「是的，我想起來了。我最後一次見到他到現在有三十年了，從照片上看，他現在胖了點兒……。」

他們倆一起上樓，去看一看毛澤東在業餘時間讀書的閣樓。郭用掃帚把指著說：「就是這裡，三十年前他就坐在這把椅子上。有時候，一讀就是一整天呢。」

王管理員對著天花板感歎：「當時誰知道啊？……。」也許他希望在一九二〇年應該對毛澤東好一點，應爲他讀書提供一些幫助。

王管理員是對的，毛澤東是胖了一些，「你胖了。」四年前見過毛澤東的一位來訪者對他說。「反動派把我變瘦了」，毛澤東帶著勝利者的幽默說，「現在他們被打跑了，我又長胖了。」[7]睡覺是一個因素，他睡覺睡得早的時候就會發胖。

當長沙被人民解放軍攻克後，一封祝捷電報送達毛澤東的手中。電報是楊開慧的哥哥發來的。五天以後，毛澤東回覆了一封簡函。他告訴楊家一些家事，毛澤東和楊開慧生的兩個兒子現在都在北京。毛岸青在上學，毛岸英在中央機關從事俄語翻譯工作。「他們很想看外祖母。」毛澤東又加了一句。隔年，毛澤東安排他的兩個兒子回湖南，但不是同行。毛岸英於一九五〇年回到湖南，毛岸青在一九五一年才回去。他們來到母親的墓前致哀，拜訪了楊家的人。毛澤東還和陳玉英取得了聯繫。他在長沙清水塘和楊開慧一起生活時，陳玉英是他們家的保姆。毛澤東曾四次邀她到北京，每次都花很長時間單獨陪著她。

毛澤東沒有去感受北京街頭的熱烈氣氛，他逕自來到香山雙清別墅，帶著他的書、煙捲、衛兵、舊衣物等用品住在那裡。香山位於城西，那裡更安全。後來，他於一九四九年冬末至一九五〇年出訪莫斯科歸來，就遷址被環繞宮殿的紅牆隔開的紫禁城。他的住所名叫菊香書屋，在松柏掩映之間，其臥室像個舞廳。

把家選在這裡的確有眼光。在其後的幾年中，北京很多舊建築都進行了修整。城牆、城門都像演出後落幕一樣推倒在地。工匠不再製作藝術品，而是被派去製作肥皂。幾乎所有的外國使節都被要求搬出原使館區優雅的住宅，到閉塞的郊區建造新館。

然而，毛澤東沒有建造史達林式的小別墅，他住在過去皇帝曾經住過的地方。

「房子」是明代建築的樓閣，坐落於王朝的心臟紫禁城一個靜僻的角落。金黃色的琉璃瓦頂掩映在綠蔭叢中，紅色的立柱像衛兵一樣立在那深棕色的木牆周圍。

毛澤東住房窗外的青銅雕龍，張著大嘴，像是訴說著從過去到現在的經歷，在一九四九年的北京沒有人能在此中聽到龍吟。漢白玉臺階一直延伸到寬大的田字型琉璃門下，門內用下垂的窗簾遮住。

這地方是中南海。毛澤東站在他的前門可以看到魚兒遊動的清澈湖水。

房子裡簡樸而雅致，毛澤東不喜歡花或其他的裝飾品。高高的屋頂有一種陰森的氣氛。高大的窗戶投下的光線像是教堂一樣。

木雕屏風和絲綢帷簾顯示出一種淡雅的情調。像街燈一樣的大吊燈掛在距沙發十英尺高的地方。書籍橫著堆放在一起，中國古書都是這樣放法。書籍中有一套《大英百科全書》，可能這是毛澤東不時攻讀英語的工具書。

一個茶杯和一支放大鏡置在毛澤東那罩著檯布的書桌上。木床的一邊，一條長凳上是很厚的一摞書，另一邊是痰盂。衣服掛在衣架上像是醫生的白大褂。窗戶外是一小塊菜地，毛澤東在思考問題或休息時，常去照料地裡的菜豆。這是皇帝所沒有做過的。

毛澤東的心靈之眼，一定急速地浮現起「解放」的一幕幕場景。誰在他家鄉韶山的農舍升起紅旗？長沙《大公報》是怎樣辯論的？人民解放軍經過龜山和蛇山攻克武漢時的情景又如何？

解放很快就成了過去的回憶。「中國共產黨掌權」對世界的「解放」具有嶄新的意義。毛澤東爲中國人民卸去脊梁上因襲的負擔做出了巨大貢獻，以後的評價就要看他在辦公室裡會爲中國做些什麼。

「是這些破衣爛衫的泥腿子改變北平」，毛澤東在取得政權時也在沉思，「還是北平改變泥腿子？」

一九四九年五月，表明是新中國新聞處起草的社論以上海解放的名義發表了，毛澤東親筆加寫了一句：「外國政府必須從過去制定對中國外交事務的錯誤政策中吸取教訓，對中國人民採取友好政策。」是年中，毛澤東派遣周恩來的妻子鄧穎超去上海送一封專信給宋慶齡。身爲孫中山的遺孀，她被邀請北上北京參加人民政治協商會議。毛澤東寫於六月十九日的信謙遜而恭敬。兩週之內，宋慶齡於七月一日對毛澤東發出悅耳之言，祝賀共產黨人「從泥腿子成爲最高領導」，並祝賀他們「英雄的長征」。得到宋慶齡的評價，毛澤東說：「鄧穎超代表黨中央出色地完成了上海之行的任務。」

也許一九四九年這一年眞的是毛澤東的生涯中的分水嶺——一種民主比他性格的二重性更爲重要，因此之故，那與之俱來的「社會主義建設」現在便等著他。所以，「革命的理想主義」是在「政治的現實主義」的控制之下。不過，往後的年頭基本上與這些任務相反。毛澤東總是經常反對他自己。

注釋

【1】譯註：迪克西指美國南部各州。

【2】譯註：指史迪威。「喬」在美國俚語裡爲「傢伙」，美國人對非正式相識者有時泛稱之「喬」。

【3】譯註：應是《新民晚報》。毛澤東離開重慶後，他的〈沁園春．雪〉在一九四五年十一月十四日《新民晚報》刊登出來。

【4】一九四六年，周恩來曾對馬歇爾這樣說：「我們將向一邊倒，當然，倒向哪一邊將取決於你。」

【5】美國一直沒有公開毛澤東對司徒雷登的邀請。

【6】譯註：此說有誤。《人民日報》在解放戰爭期間就已在華北解放區誕生。

【7】實際上，毛澤東在整個戰爭年代都很瘦，延安時期胖了一些，內戰時期又變瘦了。一九五〇年起，他的面容不再虛弱和發黃。

11 「我們熟悉的事物將要被撇在一邊了」(一九四九－一九五〇)

一九四九年十月一日，五十五歲的毛澤東步出他的書房，宣告中華人民共和國成立，並親自升起國旗。

這時遊行人群已慢慢擠滿了長安街。毛澤東乘坐的小車前面有一輛坦克開路。這是輛謝爾曼坦克，編號爲二三七四三八W一四。它是美國送給蔣介石的禮物，從底特律運來上海，目的是幫助蔣介石消滅毛澤東。謝爾曼二三七四三八W一四曾在「自由世界」服役一個時期，現在它正隆隆地碾過故宮門前的大道駛向一個不同的世界。

毛澤東身穿新裝站在高高的天安門城樓上。南邊，孫中山的巨幅畫像微笑著向他祝福。成千上萬的人聚集在天安門廣場——石板地面上的標記使他們井然有序——聆聽毛澤東總結自己何以奮起而鬥：「占人類總數四分之一的中國人從此站立起來了。……我們的民族將再也不是一個被人侮辱的民族了，我們已經站起來了。」毛澤東下了一道批示。於是政府不顧繁忙的公務，決定建立人民英雄紀念碑。毛澤東爲之題寫了碑文，他以常見的紀念戰爭英雄的風格寫道：「人民英雄永垂不朽。」

碑文首先向「三年以來」在人民解放戰爭和人民革命中，所犧牲的人民英雄們致敬；接著的第二段頌揚了「三十年以來」的鬥爭；最有意思的還有第三段：毛澤東感謝那些「一八四〇年，從那時起，爲了反對內外敵人，爭取民族獨立和人民自由幸福，在歷次鬥爭中犧牲的人民英雄們……。」

毛澤東把鴉片戰爭作爲革命的起點，他想到的不僅僅是三年的反蔣，不僅僅是中國共產黨三十多年的歷史，而且想到了中國百多年來屈辱的歷史。

共產黨的時代不是歷史長河中一個孤立的片段，而是整個反帝鬥爭的高潮。我想，任何一位毛澤東的同事都不可能寫出這樣的碑文。鐫刻著毛澤東所書碑文的花崗石紀念碑，屹立在占地九十八英畝的坦蕩蕩的天安門廣場，成爲毛澤東爲中國歷史篇章留下的證言。

毛澤東在一次講話中回憶起他學生時代崇拜的英雄康有爲——他曾在一九一一年提出要康有爲任總理。「他沒有也不可能找到一條到達大同的路。」毛澤東找到了這條路。他以一個歸復馬克思主義者的口氣說：「唯一的路是經過工人階級領導的人民共和國。」

在這裡，馬克思主義被當作一種工具，用來實現像中國的山川一樣古老的夢想。

康有爲認識到了這個目標，毛澤東則實現了這個目標。毛澤東是跟馬克思的，而康有爲是尊孔夫子的。康有爲相信，如果正確地去解讀的話，現代社會生活的價值觀在儒家的學說中能找到。毛澤東則認爲，馬克思的共產主義思想在中國過去確實存在，但是在中國共產黨之前，這一目標無法實現，因爲他們沒有找到實現這一目標的途徑。

莫斯科肯定感到震驚。毛澤東把馬克思主義從它在歐洲體系中拿出來，移植到中國的土壤中，並給它一張中國的出生證。

毛澤東把西方還置於其自己的位置上。「中國人被人認爲不文明的時代已經過去了。」他宣稱，中國文化超過西方任何時期的文明。「艾奇遜之流」對於現代中國和現代世界的認識水準，毛澤東稱之爲「在中國人民解放軍的一個普通戰士的水準之下」。

一九四九年中期，毛澤東有些焦慮地說：「我們熟悉的事物將要被我們撇在一邊，我們不熟悉的東西正在強迫我們去做。」農村的日子伴隨著扛槍的生活已經成爲過去。現在擺在面前的是新的問題：編制預算、地區間的爭端、軍官們之間的鬥爭、官僚主義紛至沓來，以及隨勝利而來的道德上的問題。

這段時間毛澤東的任務很明確。一些地區的殘敵要肅清。還有毛澤東所謂「未解放」的地區臺灣和海南島——一個盛產香蕉、靠近越南而和風習習的島嶼，以及西藏。一些邊疆地區還處於混亂狀態，它們與新政府的關係並不密切，這是殖民地時期留下的後遺症。

置史達林的強調於不顧，毛澤東絕不打算觸及香港，這隻金鵝還可以爲中國下很多蛋，再說香港處在中國的環抱之中。

生產力非得大大提高不可。中國處於戰亂之中已有十二年，而且多年前就處於半戰爭狀態。工廠破敗不堪；運輸在中國九百六十萬平方公里的土地上簡直是一個笑話；一九四〇年代後期，中國實際上還沒有鋼鐵生產。

五點五億人口要進入一個新的組織網路，這對中國共產黨來說是很棘手的問題，因爲中國大部分地區仍被某種神祕氣氛所籠罩。在這張白紙上沒什麼可寫的——毛澤東把中國民衆比作一張白紙。毛澤東遇到了難題。再說，這張白紙在這位書法家面前並不是紋絲不動的。

要使中國啓動向前，毛澤東需要調動社會所有方面的力量。在他第一屆政府的二十四位部長中，有十一位部長不是共產黨員。在中國第一個憲法的起草過程中，有十四個政黨的成員參與其中。在一九四九到一九五〇年間，毛澤東幾乎沒有責備過人。

只要細心閱讀毛澤東寫的東西便知，「新民主主義」是他對國民經濟恢復階段的稱謂。在這一時期，私營企業可以和國營企業並存。但是，他的「新民主主義」只是指一個階段，而不是新社會的固定模式。他絕不隱瞞，隨之而來的是向「社義主義的過渡」，向社會主義的過渡是要達到一個階段的目的。

毛澤東在〈論人民民主專政〉這篇內容豐富的就職演說中，提出了這種過渡方法。一方面，在談到馬克思的「無產階級專政」時，毛澤東用「人民」來代替「無產階級」，這不是變換手法。毛澤東的革命比列寧的革命有更廣泛的意義，其理由是明顯的。中國共產黨得到中國人民的廣泛支持，是因其敵人大多不是中國人。「人民」是與「帝國主義」相對而言的。

另一方面，毛澤東所說的「專政」也不是原文照搬馬克思的意思，他的取意是將之作爲重新鑄造中國社會的一種方法。他很從容地宣布：「對人民內部的民主方面和對反動派的專政方面，互相結合起來，就是人民民主專政。」關鍵在於，由於時間不同，「人民」的含義也就有所變化。

毛澤東的階級目標也非常明確。開國慶典由他升起的國旗上，紅色的旗面點綴著五顆黃色的星，有一顆星比其他的星都大。天安門廣場上閃耀的這五顆星代表著毛澤東所指出的在新民主主義革命中互相合作的五個階級，但是最大的一顆星代表無產階級。

中華人民共和國成立兩個月以後，毛澤東打點行李準備第一次出國訪問。他要到莫斯科去拜訪史達林，以示中國確實要「一邊倒」。他的上層同事們十多年前大都去過蘇聯，他認爲已經準備就緒，應該到共產黨權力的源頭去看看。

毛澤東，這位五十六歲的馬克思主義者，五點五億東亞人的首領，要去與史達林談論未來。七十歲的史達林是世界馬克思主義的教皇。

從莫斯科返回紫禁城後，毛澤東可能對自己寫作〈別了，司徒雷登〉感到後悔，因爲這次到寒冷的蘇聯首都所作的是一次不愉快的訪問。毛澤東後來回憶說：「史達林不願意簽訂條約，經過兩個月的談判，我最終還是簽了。」

在莫斯科，毛澤東第一次看到中國以外的世界。他沒有興趣欣賞蘇聯人的芭蕾舞，也吃不慣在中國人看來是半生不熟的厚厚的魚片和肉片。

毛澤東面對的是史達林的傲慢和妄自尊大，史達林還沒有摸準中國共產黨勝利的分量。「又一個鐵托。」這是這位蘇聯領袖在一九四九年對毛澤東的詛咒，他還稱毛澤東是「麥淇淋式的馬克思主義者」。並非是俄羅斯的甜菜濃湯和伏特加酒等食物不合口味，應該是心理上的焦慮，使得毛澤東在重重壓力之下又再一次生起了重病。

史達林對中國的興趣，和毛澤東對中國的命運的看法並不一致。史達林把社會主義中國看作是新入校的小學生，他要在他的馬克思主義班上幫它找一個位置，與波蘭、匈牙利等國家在一起。他希望新中國像東歐一些國家一樣敬重蘇聯這位長者——並且有所進貢。

毛澤東認爲他的革命是獨特的。他感到，他開的這一槍會在歐洲以外的整個世界迴響幾十年的時間。這不單是蔣介石的世界，要讓他把自己對中國的自豪感與複雜的世界局勢統一起來，並非易事。

史達林讓毛澤東像一名小聽差一樣地等候著，他好多天不見毛澤東；又因史達林不允許其他的人與毛澤東交談，所以沒有一個蘇聯人敢去看望他。毛澤東感到自己受到了冷落，曾有一次威脅說要打點行裝回國。

毛澤東從他的東道主那裡只擠出三億美元的貸款（爲期五年），中國以原材料和中國貨作爲償還，外加百分之一的利息。這遠遠小於莫斯科給波蘭的援助，儘管中國比波蘭大二十倍，並且這大約相當於蘇軍在四〇年代後期從中國東北取走的三分之一。

就在毛澤東回到北京的時候，正巧發生盧布貶值百分之二十，這一下就從僅有的三億美元貸款中削減了六千萬。

史達林爲他的貸款強要代價，毛澤東答應了三個苛刻的條件。一九五二年以前（實際上直到一九五五年）蘇聯繼續控制中國東北的部分地區：兩大海關門戶大連和旅順以及中國東北的鐵路；成立聯合股份公司開發中國新疆西部沙漠地區的礦藏；中華人民共和國承認外蒙古是一個主權國家——毛澤東在此之前一直說它是中國的一部分。

毛澤東看上去悶悶不樂，事實也是如此，這些讓步擊中了他的民族自豪感的要害。爲了得到貸款，這是丟面子的事，而且（根據印度政府提供的資料）他希望得到的貸款是這筆款項的十倍。

一些中國人認爲毛澤東對史達林過於軟弱。這是自從成爲黨的領袖以來，毛澤東第一次受到的批評。在北京，人們傳閱著一份小冊子，標題是《爲什麼要倒向一邊？》。還有人公開地反對與史達林聯盟，他們甚至提出：「不要國際援助也可以勝利。」

毛澤東比史達林清醒，但是史達林比毛澤東更富有世界經驗。在外國的草地上較量，毛澤東遠不如在紫禁城的古書、紅柱和茂密的桐樹間老練——就像赫魯雪夫一樣。

毛澤東所得到的《中蘇友好同盟互助條約》，在他的嘴中不到十二年就化爲烏有。北京的一些人物（不是中共高層領導人，而是一些知識分子）對此早有所料：「我說過是這樣吧。」

當史達林問及毛澤東此行目的時，毛澤東說：「我要的這個東西應該是既好看又好吃。」史達林不明白毛澤東的意思。通過蘇聯外交部從中國大使館得到解釋後，莫斯科摸準了毛澤東的脈：他所要的條約是形式好看，要做給世界上的人看，冠冕堂皇；好吃就是有內容，對中國實實在在。史達林同意並希望同毛澤東簽訂作爲結果的條約，但毛澤東不同意：他是黨的領袖而不是政府首腦，所以史達林應該和周恩來簽約。史達林屈尊和周恩來簽約，於是兩國的外交部長簽訂了這個條約。

「蘇維埃中國不會在蘇聯的控制之下嗎？」斯諾在二十世紀三〇年代曾問過毛澤東這一問題。毛澤東當時以少有的洋洋自得的挑戰口吻答道：「如果這種事會發生的話，也就可以修一條鐵路到火星上去，並從赫伯特．喬治．威爾斯先生那裡買火車票。」然而，一九四九到一九五〇年的毛澤東感到自己別無選擇，不得不拜倒在史達林面前。他已經失去了美國，他需要北部邊境的安全，也需要有抗衡日本的保證，並且他從其他地方也不可能得到三億美元的貸款。

毛澤東對史達林仍然敬畏。

毛澤東明知自己看重史達林而對方卻不尊重自己，但他沒有背叛這位馬克思主義的教皇。當然，毛澤東有很多理由懷疑史達林。在馬歇爾放棄蔣介石之後，莫斯科仍抱住蔣介石不放。[1]但是至少可以說，在一九四八年，史達林為中共對付蔣介石提供了間接的幫助。與杜魯門和艾德禮相比，史達林可以說是毛澤東較好的朋友（猜疑總比敵視好）。中華人民共和國宣布成立後二十四小時，莫斯科就承認了它，如果說史達林是最後一位承認蔣介石失去中國大陸的主要領導人的話，但卻是第一個承認毛澤東獲勝的人。

史達林在中國東北的活動，並不像某些人認為的那樣是反對中共的，這些活動主要是因為他們過低地估計了中國共產黨掌握未來的能力。在史達林強掠瀋陽的工廠時，他做夢也沒有想到，毛澤東不到兩年的時間就統治了這座城市。

毛澤東自莫斯科回北京以後不久，史達林突然喜歡起鳳梨來。他命令馬林科夫：「給中國人發個電報，我想讓他們給我一塊地方建個鳳梨罐頭廠。」赫魯雪夫戰戰兢兢地告訴史達林，中共不願意外國人在他們的土地上建工廠。「這肯定傷害了毛澤東。」這位後來成為克里姆林宮頭號人物的人深有體會地說。

毛澤東對史達林的主意不滿意，不過他發回的電報是溫和的：「如果你們對鳳梨罐頭感興趣，可以貸款給我們，我們自己建工廠，用工廠的產品償還貸款。」史達林惱羞成怒。中國的鳳梨沒有一個「榮幸」地登上克里姆林宮的餐桌。

毛澤東對史達林絕沒有文字上的許諾，正如他對其他許多人所做的那樣。

毛澤東尊重莫斯科達到令人難解的鐵心程度從這件事上可以看出來。一九五〇年，毛澤東降低他認為自己是創造性的馬克思主義思想家的調子，以免給史達林罩上陰影，這對毛澤東固執的脾氣來說是少有的。他甚至要求史達林派一位出色的蘇聯馬克思主義者到北京來，審查將於一九五一年交付印刷的《毛澤東選集》。

毛澤東六十歲的時候，傳來了史達林去世的消息。一方面，毛澤東稱這位蘇聯暴君爲「當代最偉大的天才」；另一方面，他沒有飛赴莫斯科參加史達林的葬禮。在蘇聯陣營中，他是唯一這樣做的領導人。

這兩者都值得深思。毛澤東敬慕史達林，同時他認爲他有資格成爲世界上第二個史達林。不去參加葬禮，毛澤東似乎提高了他在蘇聯陣營的衆領袖中的地位，他認爲自己在其他人之上。

多年後，即使在史達林自己的同僚也開始剝去他的外衣時，毛澤東仍然拒絕公開批評史達林。不過他在一九五六年十一月告訴他的同事：「在我的一生中，我有三次寫文章稱讚史達林。在延安是他六十歲生日的時候，在莫斯科是他七十歲生日的時候，這次是在他逝世之後（一九五三年）。所寫的這些沒有什麼意義——是不得不說這些事。」

毛澤東首先頒布的國家法令是婚姻法和土地法。兩部法律都帶給舊中國打擊，而且似乎賦予個性給集群性強的中國老百姓。毛澤東試圖給農民以選擇配偶的自由，給他們一份自己的田地。但是，讓人民獲得個人自由並不是毛澤東的最終目的，他心中有新的、美好的設想。在這一新的計畫中，中國的民衆將再次成爲一種擺設，就像他們在封建主義輝煌的大廈中一樣。毛澤東無意把中國變成傑弗遜式的小農耕作地。

第一步是要砸碎地主的統治，把土地分給農民。這也是很重要的一步，幾乎像宗教的皈依一樣，因爲這一步解除了農民身上的枷鎖，成千上萬的地主一夜之間一貧如洗，很多被處死。

這是一場風暴而不是氣候的變化。風暴過後，農民很快就要把他們的土地交給公社。

在政治上，毛澤東仍然實行家長式的統治。中國太落後，不能直接跨越到現代化。實現民主和平等（毛澤東所崇尚的價值觀）是非常艱難的。

一部婚姻法和一部土地法不可能一夜之間完全消除舊中國的各種弊病，社會秩序仍然需要監督保護。

思想意識至少被語錄統一了起來，中國終由「人民」掌權，和平到處受到「帝國主義」的威脅，蘇聯是全世界「民主的典範」。《毛澤東選集》第一卷的出版發行，爲中國提供了規定的用語——這本書在一九五一年印刷了兩百萬冊。如果說不是靈魂的話，至少語言已經歸於一致。

數十年後再看中華人民共和國，仍可以看到它在一九五〇年形成時期的樣子。二元化統治支撐著中國的社會舞台，處在前景突出地位上的是一些這樣的組織——婦聯、共青團、工會、少先隊；其背景是黨——它無處不在。

參加各種會議成爲群眾新生活的標誌。有些人一天到晚地開會，這不禁使人想起毛澤東在《湖南農民運動考察報告》中描繪的現象。早在一九二七年，一位地主就抱怨說：「如今是委員世界呀，你看，屙尿都碰了委員。」

每家書店都有標著「哲學」書籍的櫃檯，上邊擺的是馬克思、列寧、史達林和毛澤東的著作。解放以後，哲學還有其他的意義嗎？不言而喻，答案就在櫃檯上。

直到一九四八年後期，在四川省的部分地區，人們還一直沒有聽說過毛澤東這個名字。

儘管毛澤東控制華北已有十五年時間，但是中國太大了，一套制度普及整個中國需要很多年的時間。

在上海有數不清的街道會議。在一次街道會議上，要一位文盲老太太談談她對新憲法草案的看法。在上海方言裡，「憲法」和「戲法」兩詞的發音相同。整個討論在老太太聽來都是要「支持什麼魔術師變的新戲法」。在一位主持會議的黨員的催促下，她站起來大聲說：「我活到七十三歲了，記得只看過一次戲法。現在人民政府要表演新戲法，我完全擁護，一定要去看看。」會議主持人很惱火。結果會議一直開到半夜，直到這位老太太講出幾句熱烈擁護憲法的話才作罷。

毛澤東在一九四〇年代曾一度消失的猴子般的精明，又多少有些回到了輝煌的金殿。

在一次莊嚴的黨會議上，毛澤東說：「人到老年就要死亡，黨也是這樣。」這句話一定震撼了某些人。死亡，永遠不是一個文雅的話題，差不多所有的共產黨員都不認爲自己的黨會死亡。

毛澤東在談到他引進的階級制度時說：「革命的專政和反革命的專政，性質是相反的，而前者是從後者學來的。」確實是這樣，但這些學來的東西都是好的嗎？其中是否隱藏著毛澤東在長沙歲月時信奉的無政府主義的痕跡？

新民主主義青年團的領導者來見毛澤東，毛澤東告訴他們：「要有較多的獨立性。」儘管他們周圍的人都持相反的觀點，「革命帶來很多好處，但也帶來一個壞處」，毛澤東脫口而出，「就是大家太積極太熱心了，以致過於疲勞。」他要求他的來訪者保證「學生的睡眠時間再增加一小時」。

各種委員會是不是太多了？毛澤東繼續說：「積極分子開會太多，也應當減少。」

這些年輕的幹部給毛澤東看他們起草的團章草案，有一條是：「不要背後亂講。」毛澤東清楚地知道書面檔案和實際行動存在著很大的差距，便說：「不准人家在背後罵一句話，事實上辦不到。」

毛澤東說：「群眾對領導者眞正佩服，是在透過革命實踐過程對領導者有了了解之後。」那麼，現在革命鬥爭已經取得了勝利，年輕的幹部怎樣才能獲得威信呢？

革命的成功改變了毛澤東政權的性質。矛盾在於隨著中國共產黨對中國的控制日益加強，毛澤東發現他對黨的控制越來越困難。與延安和內戰時期一樣，毛澤東還是實行個人領導制。他在幾年後的一次會議上說：「我們一進城，就四分五散，各管一方。」

不久，毛澤東就抱怨說：「我在北京，差不多聽不到什麼，以後還要出外走走。」治理一個近六億人口的國家，毛澤東需要一個複雜的中間機構與人民群眾保持聯繫。而這種機構的獨立形成使毛澤東萌生出一種對國家的失控感。

在革命勝利前夕，毛澤東津津樂道中國人民將接管「中國的」所有權力，而所有權力已被證明是難以捉摸的東西，「人民」的範圍也不易界定。一九四九年的毛澤東絕沒有預見到一九五〇和六〇年代的中國會是什麼樣子。

他最感震撼的是朝鮮戰爭的爆發。

一九五〇年六月炎熱的一天，毛澤東在他的講話中說，中國人民要過「兩個關」。「戰爭一關，已經基本上過去了」，他說第二個關是土地改革。第二天，他在談到士兵轉業復員的問題時再次提到這一點。

就在那天之後，北朝鮮的軍隊進入南朝鮮。兩天以後，杜魯門發表聲明表示美國決心抗擊對南朝鮮的進攻，並派第七艦隊保護臺灣海峽。

臺灣和西藏是人民解放軍唯一還沒有進入的兩個地區，毛澤東希望人民解放軍繼續向這些地區挺進（海南島已於當年春天被解放軍用兩棲登陸的戰術占領）。絕沒有整裝待發的人民解放軍駐在東北邊境與朝鮮接壤的地方。

再者，從一九五〇年春季開始，毛澤東對金日成進攻南朝鮮的計畫採取贊同態度。「我們將幫助一下金日成。」他在莫斯科對史達林說。他準備冒將中國軍隊投入朝鮮戰爭的風險，只是與莫斯科聯繫交涉需要時間和條件。自一九四八年以後，史達林迫使毛澤東對美國採取更強硬的態度，但莫斯科不想直接捲入朝鮮戰爭。「給朝鮮提供幫助，對於你（中國）是可能的」，當中國軍隊準備入朝時史達林對周恩來說，「不過對我們來說是不可能的，因爲……我們還沒有準備好第三次世界大戰的到來。」毛澤東有很好的理由進入朝鮮，但他處於複雜的形勢下，在行動之前需要有史達林撐腰。史達林同意金日成進攻南朝鮮，但非得毛澤東協助行動不可。

毛澤東認爲朝鮮這塊地方和中國一樣同受日本的蹂躪。從一九四五年起，這一鏈條上又多了一層聯繫：杜魯門似乎想由此踏上進入中國的門階。

如果說，毛澤東還談不上對朝鮮民族特別尊重的話，他至少認爲朝鮮是一塊和中國利益相關的地方。地理因素就說明了這一點，中朝兩國的邊境線沿鴨綠江和圖們江蜿蜒五百英里。

隨著麥克亞瑟將軍戰爭意圖的進一步膨脹，毛澤東通過印度駐北京大使向美國政府轉達了他的立場。這種立場雖不帶有強烈的進攻性，但是非常明確：如果麥克亞瑟讓戰爭靠近或越過中國邊境的話，中國就要介入。

然而這是戰略上的。周恩來的警告通過印度而發出，其意圖是作爲防禦中國將派人入朝。在美軍於仁川登陸扭轉戰局而使之不利於金日成之前，在美軍確定地要到達鴨綠江之前，毛澤東已深深捲入金日成及史達林的謀略，認爲中國軍隊入朝只是一個時間問題。

一九五〇年五月，毛澤東在北京祕密會見金日成。到八月，毛澤東透過電報問彭德懷是否已準備好十二萬軍隊「靈活使用」，他對朝鮮戰局了然於胸。在仁川登陸前，毛澤東將他的二十五萬軍隊集結在鴨綠江。所有一切都有待於史達林如果促使毛澤東的軍隊入朝，蘇聯將提供武器裝備和輿論支援。美國軍隊於十月一日越過鴨綠江的一個主要後果是，金日成原先對中國軍隊介入遲疑不決，現在迫切需要。骰子擲出去了。「老人家（史達林）發文要我們行動。」毛澤東手裡舉著一份史達林的電報在隨即召開的政治局高層會議上說。當毛澤東參與行動時，史達林給予軍事援助方面的支持。

隨著干涉的深入，毛澤東斷定對金日成革命武裝的支持，維繫著他自身與史達林的關係，並且思想觀念的信條是：中國革命的鞏固需要革命的外交政策。他並不尋求與美國打仗，在參與金日成驅趕南朝鮮軍隊的時候，他假定華盛頓不會干涉。至少他告訴過史達林，希望史達林也相信華盛頓在毛澤東準備解放臺灣時將不致干涉。

可是基本情況是，毛澤東對朝鮮大規模的干涉沒有顧及北京下屬同事的諸多懷疑，並缺乏蘇聯的輿論支持。他之所以下決心部分是擔心朝鮮的衝突，會爲中國本身帶來「反革命」的威脅。「如果我們不派軍隊」，他說，「當敵人的軍隊逼近鴨綠江時，國內外的反革命就會頭腦發熱。」他從蘇聯發給周恩來的電報有非常強烈的干涉意圖：「總之，我們將要並且必須參加這場戰爭，這樣做將會特別有好處，不這樣做會特別有害處。」

在著手領導朝鮮諸戰役時，毛澤東一連五天中發出不下十八次的電報以具體指導在前線的彭德懷。在朝鮮戰爭期間，毛澤東的煙灰缸不得不每兩小時清理一次。

毛澤東的大兒子毛岸英，和他的繼母賀子珍及患精神病的弟弟毛岸青去了莫斯科。那時，毛澤東和江青剛剛開始新生活。整個第二次世界大戰期間，毛岸英都在讀書。他努力使自己適應蘇聯的生活，雖然他不是與蘇聯人而是與義大利共產黨領袖路易吉．隆哥的兒子同住一室。與此同時，他的繼母在一家精神病院裡打發著時光，他的弟弟毛岸青則常與一位金髮的俄國女孩在一起下棋、嬉戲。

毛岸英於一九四六年回到中國。毛澤東斷定他有足夠的書本知識但不懂得做農活，所以毛岸英離開延安，來到陝北的一個村莊做農活。他學起掏糞，把糞裝入袋中然後用驢子把它馱走。

毛澤東欣喜地看到兒子學會了他自己當學生前不得不做的農活，在毛澤東對待毛岸英的方法上我們可以看到他父親對待他的影子。[2]

岸英碰到了一位姓傅的嬌美姑娘並想和她結婚。毛澤東不顧江青爲兒子作的介紹，予以反對。「見了漂亮的就都動心，這件事我就不敢認同你了。」他說道。他又抱怨道：「婚姻對你來講，既是婚姻大事，也關係著我們的革命事業。」後來在西柏坡，毛岸英遇到了另一位姑娘，要和她結婚，毛澤東認可了，但等到事情剛開始他又制止結婚，說是那姑娘不到十八歲，太年輕。父子倆激烈爭吵過後，毛澤東氣得發抖，毛岸英則號啕大哭。毛澤東問他的衛士：「你看我對誰更親啊，是我的兒子，還是你？」

毛澤東認為他的兒子不僅要學養豬，還要學打仗，他讓彭德懷將軍把毛岸英帶到朝鮮前線去做俄語翻譯。一天，美國飛機轟炸設在小山上的中國人民志願軍第二軍司令部。炸彈逕自投向司令部，大多數參謀人員被炸死，屍體血肉模糊，毛岸英英勇犧牲。聽到這消息後，毛澤東整天不吃不睡，只是坐在沙發上吸煙。

在經歷了拉鋸戰之後，到一九五二年這場戰爭可能使得哪一方都無力統一朝鮮。然而，毛澤東懷疑簽訂停戰協定是否明智。「我告訴史達林和金日成」，他說，「如果我們堅持再打一年，美國將會失敗，朝鮮就會統一。他們將什麼也得不到。大老闆（史達林）和金日成都想停戰。我能怎麼辦，只得停戰。」

如果毛澤東沒有在朝鮮參戰，中美兩國可能會於一九五〇年代在臺灣海峽發生一場戰爭，也可能於六〇年代在印度支那邊緣地區發生一場戰爭。然而，朝鮮戰爭令毛澤東的生活和工作都蒙上了一層陰影，兒子的死一直縈繞在他的心頭，戰爭使中國花費了大量的錢財。毛澤東在一九五二年說：「去年抗美援朝戰爭的費用，和國內建設的費用大體相等，一半一半。」

朝鮮戰爭的其他陰影更長久，多年來影響著中國的國際地位。一九五〇年秋的一天，兩位仍在北京居住的美國人在北京大學圖書館附近看到很多人擠在公布欄前。公布欄裡貼著從《美國新聞與世界報導》和《柯里爾》雙週刊上摘錄的文章，中國人在看這些文章時顯得群情激昂。

《美國新聞與世界報導》的一篇文章中有一幅地圖，上面是北朝鮮和中國東北部的一部分。箭頭從北朝鮮指向中國的好幾個城市，並標有飛行距離。《柯里爾》雙週刊上的一篇文章也有一幅紅色地圖，箭頭從臺灣、朝鮮、日本和沖繩群島指向中國。這兩幅地圖都在美國印製，都是在毛澤東出兵朝鮮之前出版的。

不久，在整個中國都可以聽到「抗美援朝」的口號。美國和中國之間的聯繫管道被割斷，就像電力中斷一樣。對「紳士們的世界」——毛澤東譏諷美國的叫法——採取開放態度的中國知識分子一夜之間驚呆了。到處都在逮捕「特務」、「反動派」，一些思想觀點、歌曲、繪畫在一九五〇年尚是生活的一部分，到一九五一年則成爲「顚覆」行爲。

朝鮮戰爭挽救了蔣介石的政權，它使美國與蔣介石更加親近，這在六個月以前看起來還是不可能的。這也使得寫有「毛主席萬歲」的紅綠彩旗在毛澤東的有生之年，不可能在臺灣出現。

毛澤東在作出決定進行干涉之後，他發電報給中國新聞處負責人胡喬木，令他收回任何有關在一定時期內將要解放臺灣的輿論。「從現在起需注意」，他寫道，「我們僅僅是說準備解放臺灣和西藏，但並沒有說在什麼時候進攻。」

毛澤東的心中對山姆大叔已有所準備，他認爲美國會從朝鮮、臺灣和印度支那三個方向侵略中國。華盛頓很多行動又使毛澤東更加確信這一點。在長達十五年的時間裡，這一直是毛澤東考慮亞洲問題的重心。

「我們革命成功的時候」，幾年之後，毛澤東在成都對一些黨的領導人說，「史達林說它是假的。」毛澤東坦率的總結使聽衆震驚：「我們不與他爭論。當我們一開始抗美援朝戰爭，我們的革命才變成眞的了。」然而，當史達林學會了尊重時，毛澤東則學會了不信任。如果說毛澤東在一九四九到一九五〇年間沒有與史達林「爭論」的話，那麼中國在朝鮮戰爭中的勝利使他更傾向於反對莫斯科——至少在私下裡是如此。

毛澤東終於認識到，這種聯盟不是花崗岩製作的。如果毛澤東不把他的二十五萬軍隊派到朝鮮，如果麥克阿瑟在得意忘形中向北開進到中國，史達林會保護中國嗎？我們無法回答，不過毛澤東對此表示懷疑。

實際情況正是毛澤東冒著一切危險，他的軍隊開進朝鮮，站在金日成一邊參加戰鬥，而蘇聯人則只坐在後方爲金日成一方講話。

假如朝鮮戰爭對中國內外都有影響的話，那一定可以說，不捲入其中毛澤東肯定會更好一些。他失去了解放臺灣的機會，也失去了取代國民黨代表中國在聯合國中占有的席位。他失去機會——約二十年——和美國建立一種合作式的聯繫。更爲重要的是，朝鮮戰爭對中國國內的影響是推動階級鬥爭以致將經濟建設放在不適當的地位。

多年後，在一次談到鬥爭妥協的關係時，毛澤東提及了這次戰爭：「妥協總是要的，我們不是在朝鮮的三八線與美國人達成妥協了嗎？」

毛澤東回憶起他準備讓北朝鮮做戰後重建的方法。「遵照史達林的邏輯」，他對王力說，「既然中國幫朝鮮打了仗，朝鮮就是我們的了。我不同意。朝鮮是屬於朝鮮人民的。我們幫助他們，他們也幫助我們。我們會從朝鮮撤出我們最後一名戰士。朝鮮不僅要擺脫美國人，也要擺脫蘇聯人——他們自由地管理他們的事務。」

胡志明在一九五〇和一九五一年兩次到北京祕密會見毛澤東，毛澤東對越南革命予以慷慨援助。胡志明告訴毛澤東，他需要羅貴波，羅貴波是毛澤東以顧問的名義派往越南的，但負起了充分責任，並參加河內共產黨的政治局會議，必要時還提出批評意見。毛澤東對此表示同意，但告訴胡志明，決定一定應由越南人自己來作出。胡志明告辭後，毛澤東對他的特使羅貴波說：「長征前你在蘇區，你一定知道李德（奧托．布勞恩）吧？」羅貴波確實知道這位派到中國的共產國際顧問。毛澤東接著講了一大堆道理：李德不了解中國國情、不注意吸取與自己意見相反的意見。「你在越南工作」，他對羅貴波說，「好好吸取李德在中國的教訓。」毛澤東知道亞洲共產主義中的民族力量，朝鮮給了他豐富的經驗。

注釋

【1】直到一九四九年八月，史達林還在與蔣介石談判，希望能在中國新疆得到一些特權。

【2】譯註：原文誤爲毛岸英離開北京到河南的一個農村做農事。

12 改造（一九五一—一九五三）

「毛主席給了我們土地！」一位剛分得土地的農戶高興的大喊。

「土改」這個詞，讓有些人「心驚膽戰」，有些人「欣喜若狂」。

中國是一個由鄉村組成的社會，歷史上沒有哪一個政府能像毛澤東的政府那樣，滲透到每一個村落。這不是經濟或技術的變化。中國的鄉村看上去（現在還是）與亞洲其他地區的鄉村十分相似。

在那些地方，人們仍然日出而作，日落而息，面朝黃土背朝天，使用著鐮刀和與二千年前沒有兩樣的斧子勞作。地方風俗令人窒息，生老病死、婚喪方式循環往復地一成不變。在簡單的娛樂活動中，著裝演戲必不可少。

正如毛澤東三十年前所參加發動的湖南農民運動一樣，這個變化，是組織上和心理上的。沉重的捐稅和地租負擔從農民肩上卸了下來。擁有土地不再意味著可以奴役別人。耕作不再是單家獨戶，而是逐步由生產隊統一進行。

毛主席開始像以往那樣被認作是新的「賢君」。

分地主的財物給貧農的「清查運動」神聖而嚴肅。中國農民的實利主義思想，在這種時候不僅沒有降低，反而增益其精神的振奮。

一位新當權者就向富人復仇一事對一位美國作家說道：「你想要一個人坦白交代，只需把鐵棍放在爐火裡燒。」「可是女人很頑固，她們寧死也不願告訴你金子藏在哪裡，她們不怕燒。」

毛澤東從未親自參加這種手交手的階級報復。他年輕時在農村的經歷十分複雜，因而他對地主未產生任何直接的個人仇恨，他從來沒有挨過餓或受過奴役。儘管他反對虐待，但他並不能阻止這種行爲，因爲憤怒的農民控制了土改。

農村的精神生活在改變。一向被認爲是合情合理的權威，現在也受到責難。一直被視爲天理的陳規舊俗也被雨點般降臨的新觀念所取代：階級、熱愛蘇聯、鬥爭、翻身。

農民向兩位美國客人提出的也是些新問題：「爲什麼杜魯門要支持老蔣？」「你們吃飯用筷子嗎？」「耕耘機是個什麼樣子？」「美國共產黨也一樣有自己的軍隊嗎？」

毛澤東青年時期關心的婦女解放終於有了結果，財產是問題的關鍵。毛澤東的政府給了中國婦女以自己的名義擁有土地和其他財產的權利。總之，土地改革重新分配了百分之四十的耕地給百分之六十的農村人口。

毛澤東現在住進了城市。城市所發生的變化不是暴風驟雨式的，而是一步一步進行的。中國共產黨治理城市的技術，遠不如它在農村的工作得心應手。它的幹部也不是城市型的；三百萬國民黨的舊職員還要繼續用來爲新的事業服務。

然而，城市問題比農村問題容易對付。資本家寥寥無幾，他們很少有道義上的權威，因爲他們依賴剝削中國的外國人扶持，並且又是暴發戶，只不過是兩千年來以土地爲基礎的社會體制這塊草地上的晨露。

毛澤東用不著在北京、上海或廣州消滅這一階級，許多資本家猶如進入熱水中的龍蝦，在溫度升高時，便輕悄悄地、輕易地變紅了。

毛澤東的目的在於把「消費城市」變成「生產城市」。大城市將不再是外國人的經商地，也不再是消費農產品的鄉紳休閒、坐收房租的地方。每一個城區都新建一些小型工廠，作爲其生活的核心。

對外貿易突然中斷，財產典當業也被取締。夜生活的繽紛燈光也熄滅了，這與其說是出於清教徒式的節儉，不如說是能源轉用於製作機床、自行車和塑膠鞋。

因爲朝鮮戰爭引起的緊張氣氛，城市整頓更加嚴厲。在毛澤東看來，「反革命分子」還有很多。朝鮮燃起的戰火使毛澤東感到，與蔣介石和美國的戰鬥還沒有取得徹底的勝利。

成千上萬的人不是被處決就是被投進勞改營，這是中華人民共和國歷史上從肉體上消滅（這是毛澤東自己用的詞）大批人的一場城市運動。

消滅「反革命分子」並不是每一步都按照毛澤東的路線辦理。與其他一些運動一樣，這一次員警成了執行者。其規模之大，毛澤東也無法控制。因而「治病救人」也就不再是其主旨。

另一方面，毛澤東十分謹慎地著手接管城市工業和商業，直到一九五五年後期，這些行業大部分還都控制在私人手裡。

改造知識分子的運動冠之以令人不寒而慄的「思想改造運動」。這場運動因爲朝鮮戰爭的爆發而變得鋒芒畢露，它的確具有毛澤東的特徵。

梁漱溟是一位半儒家式的鄉村民粹主義者。他不是共產黨員，但毛澤東樂意與他爭論，他提供資金讓梁漱溟建立一所小型的研究機構。

但是一九五三年秋，毛澤東向梁漱溟發起猛烈攻擊，使兩人關係破裂。它始於一次政府委員會的會議，梁漱溟是以黨外人士的身分出席的。梁漱溟在會上發表講話對共產黨的農業路線、朝鮮戰爭和階級理論持異議。

毛澤東怒氣沖沖地抓過麥克風。「你認爲你美得很」，毛澤東用唐朝一位名妃的故事譏諷梁漱溟，「比得上楊貴妃。在我看來你臭不可聞。」

毛澤東氣憤已極，一會面對上千名情緒激昂的聽眾，一會轉身用手指著仍尷尬地站在台上的梁漱溟，「（國民黨）那樣高興你」，毛澤東憤怒地說，「罵我是『土匪』，稱你是先生。」人們不難看出其中的個人恩怨。但不可思議的是，毛澤東似乎感受到了這位想要成爲中國的甘地之人對他的挑戰。

毛澤東對委員說，梁漱溟竟認爲自己對於農民問題的見解比共產黨還高明，眞是「班門弄斧」。

半知識分子的毛澤東嘲笑眞正的知識分子梁漱溟的無用。「你說他有沒有工商界那樣的供給產品、納所得稅的好處呢？沒有。」他挖苦梁漱溟，既然那麼熱心地想幫助農民，就不要去降低工人的工資，就要自願地降低他自己的高薪。

「蔣介石是用槍桿子殺人」，毛澤東高聲說，「梁漱溟是用筆桿子殺人。」毛澤東在說到這兩種殺人手段時拖長了語調，彷彿是自己三十五年來兩種性質鬥爭的重演。他在談到「用筆桿子殺人」時轉而譏刺梁漱溟說：「你就是這樣一個殺人犯。」

權力的威嚴赤裸裸地暴露了出來：批評就等於殺人。

毛澤東的干涉使會場的矛頭轉而指責梁漱溟，坐席上響起一陣陣的喊聲。梁漱溟受到衆多人的詰難，不得不走下講台。另一位非共產黨人士站起來勸阻大家安靜：「我們今天不該這麼激動。」

然而毛澤東卻激動了。他要那位叫大家安靜的前國民黨老人作自我批評。

毛澤東仍讓梁漱溟保留原來的職位。[1]他要梁漱溟反省（儘管它不會給中國帶來任何稅收或產品），他需要這個封建主義遺老充當「活教材」。這種以教代罰的方式（或以罰當教）在毛澤東以前的共運史上還沒有先例。

梁漱溟仍留在全國政協委員會，毛澤東令人驚訝地宣稱：「除非他自己不願意借政協的講壇散布他的反動思想了。」毛澤東的這一聲明讓人震驚。毛澤東之所以要與梁漱溟針鋒相對是因爲他欲以戰勝梁漱溟的思想作爲毛澤東主義控制中國思想界的見證。

毛澤東二十五年來的鬥爭，就是要把粗糙的現實變成太平的理想世界，這個世界在他看來比周圍亂紛紛的現實世界更眞實。

「我們會再次篤信宗教」，一個世紀以前，費爾巴哈就指出：「政治應當成爲我們的宗教。」這位《基督教的本質》的作者早就預見到了這種世俗思想時代的到來，毛澤東則以中國式的方法把自己置身其中。毛澤東以前的聖人早已開始尋求這種大同社會，毛澤東則採取了新的步驟：他把眞理和權力融於一體。

二十多年來，成立一個武裝政黨的全部主旨就是在於把這一自古以來的夢想變成現實。當然，在通往政教合一的道路上，知識分子成了主要的犧牲者。

半知識分子的毛澤東始終對高居於象牙之塔的人懷有不滿。他討厭他們的患得患失、他們的不偏不倚、他們的缺乏熱情、他們懷疑的目光，以及他們勝過自己的滿腹經綸。

毛澤東融政教於一體，並不僅僅是出於權宜之計，而是因為他深深地感到這兩者應該融合在一起。這就更加糟糕了。

在思想改造運動期間，人們憂心忡忡，暗中算計帶來的精神折磨成了殘酷的現實。一位新聞工作者幾進幾出監獄，起初他感到莫名其妙，後來也就淡然了。一次，他坐在監獄的院子裡自言自語：「或許待在這裡更好些，在外面，隨時都有被捕的可能；而在獄中，至少沒有這種擔心。」

毛澤東時而像彌爾頓——「我不讚頌修道院裡的美德。」時而又像J．S．穆勒——「做別人討厭的蘇格拉底，也比做受寵的豬強得多。」然而毛澤東又不像穆勒，認為眞理是一個五光十色的東西。他相信辯論不在於發現眞理，而在於在每個人的心中建立一個先驗的眞理。

毛澤東與彌爾頓一樣（不同於穆勒）有自己的上帝。他認為眞理不是過程的最終產物，而是從一個固定的源泉向外放射出的東西。在這方面，中年時期的毛澤東是一個堅定的馬克思主義者。五〇年代時，他相信社會思想是一門科學。毛澤東像穿著長袍的牧師一樣成了一位穿著白大褂的科學家，審視著試管中知識分子的變化。他確定自己的算式，不時向試管中添加「正確的思想」晶體，從容不迫地等待著所預計的合成物出現。

在這種背景之下，毛澤東的諄諄告誡「鬥私」成了人們注意的中心，毛澤東並不僅僅讓人們像《聖經》要求的那樣「不要有私心」。「私」這個詞意味著「隱私」和「自我」。毛澤東教導人們要與別人一致，不要獨出心裁。在新中國，沒有任何自然空間或心理空間留給個人，以讓個人去思考眞理。

毛澤東是一位中國式的整體主義者，他曾聲明有一個上帝——即群衆。如果群衆是一個集合體，是純一的統一體，可行的道路只有一個而不是多個：人們不可自行其是。

人們甚至只能說「它」（指毛澤東的群衆），而不是「他們」（指中國人民）（這使人聯想起戴高樂的奇怪行爲，他愛法國而不愛法國人）。對毛澤東來說，接受多元論就是接受六萬萬私利者。「鬥私」不意味著就是「利他」，而是意味著「和群體打成一片」，這一度成爲道德的規範和社會的準則。

「鬥私」，包括「鬥家長制」，因爲家庭很可能成爲私利觀念的溫床，它與毛澤東力圖把一切自我價値觀念納入大同理想的努力格格不入。

在思想改造運動期間，很多人由於不得不檢舉自己的父親而導致精神全面崩潰。毛澤東對這種現象並不同情，他把孝道視爲舊中國遺留下來的糟粕。在毛澤東看來，他自己的父親就曾是封建秩序的象徵，是一位吝嗇的、心胸狹窄的父輩。

這樣，毛澤東以西方人的敏銳目光看到了一隻馴服的羊與不離開羊群的羊之間的不同。他要求在羊群中間的每隻羊都能自由說話、自主獨立、自我完善，而不要溫順馴服。但是，脫離群體的生活是不正常的，毛澤東看到了這一點，因此他需要的是一個羊群。

毛澤東開展了反貪污、反浪費和反官僚主義的「三反」運動。政府官員成了運動的目標。他們中間有些人開始認爲，這種新體制已到此爲止。但毛澤東不這樣想。

與此同時，爲了清除經濟生活中的不良現象，開展了「五反」運動：反行賄受賄、反偷稅漏稅、反盜竊國家財產、反偷工減料、反盜竊國家經濟情報。反對的目標是私營工商業者，他們在五〇年代仍是中國城市舞台上的正式角色。這一運動籌集的額外收入支援了朝鮮戰爭。

發動這兩場運動旨在使所有的馬克思主義領導者認識到，毛澤東的領導在道義上是完全正確的。然而，使用的方法大部分是沿襲了思想改造運動時期的方法。不像史達林時期的蘇聯，深更半夜破門而入，突然抓人，而是利用社會壓力促其坦白。因而，這大膽地使人們把自己的良知與社會的利益聯繫起來。

「三反」、「五反」運動帶有列寧主義的味道，但也可看到儒家道德禮教的影響。毛澤東不僅是新中國馬克思主義的創始人，也是舊中國的產物。在中國，個人從不依靠自己的力量奮鬥。個人從不單獨地與上帝鬥或與博大的清教徒意識鬥，而是在一群人之中鬥。

在毛澤東的中國，人民之成爲社會主義者，不像聖保羅的信徒前往大馬士革的途中所發生的宗教皈依那樣。再生——如果發生的話——是全社會性質的。在西方，我們認爲人能孤立地改變自己，在毛澤東的中國，絕不能指望這種靈魂的變化會單獨發生。

毛澤東爲「三反」、「五反」運動發出了指示，但是，他對政府官員和商人的批評遠比對知識分子的批評要輕得多。

胡風是一位有鄉土氣質的詼諧詩人，他在上海文藝界光彩出衆，他很早就是一位左翼分子（儘管他對毛澤東《在延安文藝座談會上的講話》曾持有異議）。他寫了一首慶祝一九四九年勝利的詩〈已來臨的世界〉，這首詩遠非像某些人認爲的是反毛澤東的。「毛澤東如崇高的神，向全世界宣布，新時代建立新秩序。」詩行中熱情洋溢。

然而到五〇年代初，胡風開始不滿「輿論一律」。他感到毛澤東的《在延安文藝座談會上的講話》變得凜然不可侵犯了。他反對讓人民把這本小冊子「當作圖騰崇拜」，他稱思想改造運動中那些愛管閒事的組織者爲「官僚」。

《人民日報》發了一連串批判胡風的文章，其中大部分出自毛澤東的手筆。當然，公衆輿論對胡風的反駁與其他一切行動一樣，是階級問題。在人民民主專政下，允許人民有言論自由，而反革命分子則沒有這種自由。[2]胡風試圖游離於階級之外。

由此出發，毛澤東進而斷定，在社會主義建設的進程中，敵人並沒有滅亡，而是更猖獗了！人民並不總是善於識別反革命。他說：「我們的人眼睛不亮，不善於辨別好人和壞人。」

這是悲觀主義的首次流露，這也是一種強制性的推理。

同一性並沒有實現，知識分子依然唱反調。然而，同一性體現在歷史的無情進程中。過去的階級劃分要重新判定，否則，如何解釋知識分子的叫喊呢？

毛澤東認爲，唱走了調就是犯罪。「胡風……這樣的人不殺」，毛澤東解釋道，「不是沒有可殺之罪，而是殺了不利。」

至於胡風，人們把他塗抹得已面目全非，正如麥卡錫把任何懷疑蔣介石的人都看成是共產主義分子一樣，胡風對毛澤東的《在延安文藝座談會上的講話》的懷疑，是認定他爲反革命分子的證據。不久，這位有稜角的詩人被查明是個「間諜」，這足以使紅色的官僚們把他關進監獄。他的精神被摧垮了。

毛澤東的懷疑是對的。在胡風的周圍有一幫愛發牢騷的作家，胡風是他們的中心人物。其中有一位寫信向胡風吐露：「因爲我想寫點東西，就讀了毛主席在延安的《在延安文藝座談會上的講話》，但是讀過以後，就再也不想寫了。」

然而對毛澤東來說，欲將論戰納入階級鬥爭的範疇，有如用紙遮雲一般。

一九五一年中期，《人民日報》開始連載一系列文章。作者是毛澤東，連載的是他的《毛澤東選集》。

《毛澤東選集》確實是精選的集子。本傳記引用的很多文章無法在這本權威性的《毛澤東選集》中找到。一些寫於二〇年代的文章太缺少馬克思主義的內容；還有一些寫在江西時期——當時毛澤東只掌握極小的權力——的文章中含有可能連毛澤東本人也不相信的思想。他的詩詞也沒有選入。

《毛澤東選集》的文章經過潤色，粗俗的比喻和俏皮話蕩然無存。經一群遠勝於文學權威的筆桿子的修改，去掉了文中一些關於世界政治的小錯誤，顧全了作者的名譽。同時被編者刪去的，是毛澤東早年關於某些亞洲國家將被中國同化的見解。

一些奇言怪語及毛澤東在不同的背景下所發表的親西方的談話，被大段大段的刪去。凡是對蘇聯的不恭之詞也都沒有保留下來。甚至對李立三的批評也溫和了許多，以免激怒李立三的莫斯科顧問們。

帝王們未能做到的，毛澤東做到了。語言是規範的，所發表的都是當局認爲對其統治有利的東西。

中國的方塊字不僅僅是字，還具有象形。六畫代表「草」（「艸」），屋頂下面養豬（「豕」）表示「家」，表示「日」或「明」的漢字都有太陽（「⊙」）這個圖形。

在列寧主義者看來——一條標語就像一輛坦克一樣有用，這與儒家是一致的。沒有哪種語言能像漢語那樣產生如此簡潔的標語，四個字，甚至兩個字就可表達全部的意義。標語中的含糊暗示極具煽動性，毛澤東是掌握這一藝術的語言大師。

對於受過教育的人，這種表意文字猶如閃電，引導人們走進歷史的廣闊領域。毛澤東在這方面的嫻熟技巧，使他有能力對付所有的人，包括那些不喜歡他的馬克思主義的知識分子。

毛澤東的詩詞正好是一種恰如其分的表達，但是大多數人對此只能一知半解，不過這沒什麼關係。最高領袖的詩作增添了他的光輝，這實際上是一種統治藝術。

一九五二年後期，毛澤東的注意力從政治運動轉向了經濟工作。不久，《人民日報》宣布中華人民共和國的第一個五年計畫的開始。百分之五十八的資金用於重工業（蘇聯的第一個五年計畫只占百分之四十一；美國在一八八〇到一九一二年間只占百分之十九），百分之六十的基本建設需要依靠莫斯科的技術援助。

有一天，在一次黨的會議上，毛澤東承認中國不能一味地異想天開。這似乎是一種全新的語調：「我們吹不起牛皮……。我們竟然都比不上比利時這樣的國家。」他一直盯著鋼鐵和煤的產量。

識文斷字在軍隊裡已不是什麼稀罕的事了，但道路是艱難的。在創建空軍和海軍之前，人民解放軍沒有電力供應。現在，這些東西成了毛澤東走向下一個旅程必不可少的腿腳。

在社會主義思想王國裡，毛澤東比在延安時期更加親蘇。一九四五年，他提出要把馬克思主義同中國的具體現實相結合，這樣差不多擠掉了蘇聯模式。然而，五年以後，北京提出了一個令人驚訝的口號：「蘇聯的今天就是中國的明天。」這兩個社會主義國家眞的完全相同嗎？

第一個五年計畫完成得很好，工業年增長率是百分之十一，鋼鐵產量增長了四倍，煤炭和水泥增長了二倍。在這期間訪問中國的人已拋開了中國的思想目標這一話題，一些人稱中國人爲「藍螞蟻」，一些人稱中國人是「嶄新的人」。但不管怎樣稱呼中國人，中國正在闊步向前。橋梁和鐵路出現了，文盲大大減少，人民的健康得到改善，平均壽命已經超出亞洲人的通常水準。這幾乎是一個東方大國第一次邁出了向工業化進軍的步伐。

中國依然貧困。從經濟整體上看，發生了三件大事：在農村，封建結構被打破，釋放出了新的活力；向工業化邁出了第一步；分配亦前所未有地平均了——這對五〇年代毛澤東的中國的精神面貌有極爲重要的作用。

一九五三年，一個沉寂多年的聲音又叫喊起來。定居香港、身體虛弱的張國燾撰文描繪了他昔日的老對手的印象，這些有偏見的文章也透露了一些事實眞相。

「毛澤東的生活沒有規律，而且頗有些神經質」，張國燾寫道，「在與別人交往時，他常常謙恭有禮。然而，又常常固執己見。」中南海的工作人員當知，這些評論講的是他們的領袖。

「他雖然知道身居高位該怎樣行使權力」，張國燾斷言道，「但是他缺乏吸引追隨者的才能，人們只對他敬而遠之。」毛澤東確實發現，雖然他在群衆的眼裡是巨人，但同時還要在政治局中贏得支持。

張國燾的評論有一定道理，因爲他並不僅僅是否定毛澤東。「毛澤東在很多方面甚至比史達林更有手腕」，這位對毛澤東和史達林都了解的人寫道，「但是他並不那麼狠毒。」張國燾也半公開地承認，毛澤東以自己的才智戰勝了他。「和中國歷史上衆多的君主相比」，這位毛澤東以前的對手認爲，「毛澤東的確更有才能。」

像比爾·柯林頓一樣，毛澤東衝動起來也會半夜三更打電話給工作人員或同事。爲尋求了解，他會把專家們召集起來，長時間地問這問那。他在花園中散步時，會突然向衛士談起自己對某一重要政策的看法，然後立即從古書中（和比爾·柯林頓一樣）去查找先例或者發現佐證。

深夜裡，他還驅車登門拜訪蘇聯大使尤金。尤金是一位知識分子，毛澤東同他談論哲學，直到天亮。《毛澤東選集》結集以前，某些文章的修正在很大程度上應歸功於這種徹夜長談。

中國是世界上最大的煙草消費國。毛澤東至少有六十多年的吸煙史，可能任何國家的政治領導人都不如他抽掉的捲煙多。

好像只有一段時間，毛澤東戒了煙。伏羅希洛夫元帥在史達林死後訪問中國時，曾告訴毛澤東，蘇聯的醫學專家認爲，如果史達林遵照醫囑戒了煙的話，他可能不會逝世那麼早。於是毛澤東也戒了煙。

但是，十個月以後他又抽了起來。

「沒用處」，他說，「工作太辛苦，不能不抽。」

五〇年代，毛澤東很少寫文章，但是講話卻很多。他不是一位才華出衆的演說家，相反，王明演說充滿激情，而朱德講話則眞誠坦率。史沫特萊說，毛澤東在公開場合發表演說時，語言極爲豐富和幽默，也沒有任何手勢。

然而，和少數人在一起的時候，毛澤東則更顯得才華橫溢。他嚴謹、練達，喜歡巧妙運用比喻。但這些特點只適合於討論而不適用於群衆集會。

毛澤東的講話大多只有一個粗略的草稿，只是在五〇年代初期，有那麼一、兩次，他才坐下來寫重要文章。一九五三年年中，毛澤東重新開始學習英語，然而東北的形勢惡化又使他中斷了學習。政治家最終取代了學者。

一天，毛澤東對滿屋子的地方幹部說：「官越大就越無知，北京不是獲得知識的好地方。」掌握政權三年之後，儘管取得了一些成功，毛澤東仍對政治體制焦慮不安。

平民百姓（當他們確信幹部們不聽群衆意見時）嘲諷高高居於他們之上的各層官僚爲「寶塔尖」。毛澤東感到自己像是處於寶塔的頂端。

他決定從塔頂上下來到各地去看看，「我在北京，差不多聽不到什麼」，一九五三年年中，他在給一批財政官員作報告時說，「以後還要出外走走。」

不喜歡乘飛機，毛澤東出行時坐著自己的有十一節車廂的專列。毛澤東的車廂內有他自己的大木床和許多書。江青也有她自己的包廂。四節車廂供貼身侍衛及工作人員使用，此外還有一個醫療室、一個餐廳和一個廚房。六部保密電話連接到中南海保安局。所有的交通路線毛澤東都可以隨時停車，沿途車站的人都被清理並布滿保安人員，沿線每五十公尺就有一崗哨。絕不會有旅行計畫，因爲列車的運行要在毛澤東醒著的時候，更沒有人知道他什麼時候睡覺、什麼時候起床。

當毛澤東結束莫斯科之行返回路上途經東北時，爲迎接他的到來，士兵和民兵在隆冬季節沿途站崗達兩星期之久——沒有人知道他們保衛的是毛澤東的列車。毛澤東絕不會需要如此嚴密的保安，他相信群衆熱愛他，不會謀害他。

當毛澤東離開北京後，他運行著的專列與首都之間透過密電碼通訊聯繫。密電碼每一個漢字編爲一個號碼——改變迅速——一位精明的年輕職員全靠記憶處理密電，絕不留下片紙隻字。

他調派他的下屬去農村。負責中南海警衛工作的是八三四一部隊，這支精銳武裝的前身是毛澤東一九四九年前的貼身護衛隊。這些年輕的警衛員樣樣都幹，從幫助毛澤東鋤園種瓜，到警惕宮殿中的任何意外。

曾在一九五五年，可能還有其他時候，毛澤東分配了一項他想做的任務給八三四一部隊。他派這些來自全國各地的士兵回到家鄉以便透過他們了解農村情況。八三四一部隊的軍人們四下探聽消息，詢問群衆的意見，了解家人的情況，然後不經過正式管道而向毛澤東彙報。這是過去君王體察民情慣用的手段，但毛澤東的同事並不認可一位工人階級政黨的領袖這麼做。

一天，毛澤東走出書房，到懷仁堂作報告。這是一座別致的古代建築，位於紫禁城內，是中央委員會所在地。許多黨外人士參加會議，其中，鍾敬文是四〇年代「第三勢力」的頭面人物，同其他人一樣，他在一九四九年倒向了共產黨。

毛澤東一到來，這個國家的任何人都會起立鼓掌，毛澤東已經習慣了這些。但是，毛澤東的助手總有些不放心。在毛澤東到來之前，禮賓官員就走近鍾，告訴他儀式的程序，因爲他坐在門口，他將第一個見到毛澤東。毛澤東一出現，他就要馬上起立鼓掌，以此爲信號，整個會場裡就爆發出雷鳴般的掌聲，以示對這位主席的敬意。

鍾回憶說，當毛澤東緩步從走廊過來時，一切按程序進行。暴風雨般的掌聲顯然使毛澤東受之無愧。

若要表示一下深入群眾，毛澤東就會走到群眾面前。開會時，他四處走動，向熟人問候，並長時間傾聽別人的談話，也聽取別人的批評意見。他解決下層向他提出的問題，並答覆別人的插話。但不總是如此。

注釋

【1】中國人民政治協商會議全國委員會委員。

【2】漢語中，「人民」有兩層意思：「公民」和「人民」，這裡的「人民」，指不是反革命的公民。

13 建設(一九五三—一九五六)

一九五四年,毛澤東在其政府的外觀上做了一些變動,這也反映出一九五三年間其內部的傾向。

中華人民共和國建國初期,毛澤東在三個方面進行了讓步。他讓民主黨派在政府中發揮一定的作用,儘管他對他們並不十分信賴;他讓軍隊參與國家的統治,雖然他堅信軍隊屬於人民;另外,他允許六個行政大區有許多自主權,儘管這具有削弱他個人權力的危險。

到一九五四年,毛澤東想使權力更加集中。在朝鮮停戰,城市經濟基本穩定和成功地完成了土地改革之後,更多地加強中央集權似乎成為可能。

一九五四年九月,共有一千二百二十六名代表雲集北京,參加第一屆全國人民代表大會。毛澤東在大會上的發言不滿一頁紙,其主要觀點卻像夜空中的星星一樣閃耀奪目:「領導我們事業的核心力量是中國共產黨。」這一句話就決定了全國人民代表大會的地位。

毛澤東撤銷了六大行政區,包括不久升遷更高職務的鄧小平所在的西南局。他削減了軍隊參與政府的直接管理任務。總之,在一九五四年的新憲法頒布之後,黨對國家的控制加強了,各種「獨立王國」被廢除。

有一個特殊的獨立王國,這就是東北領導人高崗的獨立王國,在一九五三年一度起來對毛澤東構成威脅。毛澤東摧垮了它——但這並沒有使他心情轉好，他感到黨內團結發生了動搖。

高崗是位左派，性格活潑、脆弱，是毛澤東所喜歡的人物。高崗念念不忘的是，他爲長征到達陝北的紅軍提供立足之地具有關鍵作用。高崗常常回憶說，長征隊伍到達陝北時「就像破衣爛衫的乞丐」。他甚至自詡：「要是我當時不接受毛，他哪裡會有今天？」高崗的幼稚還表現在他把毛澤東的諷刺性評價「只有高崗同志不犯錯誤」當作自己一貫正確的證據，天經地義常加以引述。

毛澤東不是新中國成立時期第一個會見史達林的中共領導人，早在一九四九年中期，高崗曾代表東北地區去莫斯科與蘇聯簽訂了一個貿易協定。根據一九五〇年毛澤東和史達林的協定，中國的工業重地東北仍處於蘇聯的控制之下。一九五〇年，蘇聯同意援助的五十項工程中有三十項是在高崗的王國中。

數年後，毛澤東曾把東北和新疆說成是解放初期的「兩個殖民地」。

高崗淩駕於毛澤東之上與史達林交往，他給予蘇聯人特別情報（這與史達林贈給高崗一輛小轎車不無關係）。結果，按照赫魯雪夫的說法，高崗被中國看作是「俄國的人」。蘇聯的消息來源說，一九四九年高崗在莫斯科提議東北成爲蘇聯的第十七個加盟共和國。半年後，毛澤東去莫斯科會見史達林時在瀋陽作了停留。他視察東北的城市時，在高崗的這塊基地內看到史達林的像比他自己的像大得多。回到列車上，毛澤東下令將高崗（和林彪）贈給史達林的禮物箱搬下車。東北已不是中國的一部分？他動怒了。

史達林讓人把高崗和蘇聯駐北京大使關於中國事務的談話紀錄，轉交給了毛澤東。「天曉得史達林怎麼想到會這樣做。」這是赫魯雪夫的恰當評價。

在毛澤東眼中，高崗的最大錯誤是對毛澤東的批評進行解釋，這涉及劉少奇、周恩來爲他的政治派別活動開綠燈，高崗想取代劉少奇以推舉爲毛澤東的接班人云云。他的冒險計畫開始於一九五三年下半年，其同盟者是上海的領導人饒漱石。高崗甚至許諾將來任職後，他的政權中由這個或那個同僚組成。一些高級官員，包括林彪，出於種種動機都出現在高、饒身旁，但是鄧小平和陳雲將這個計畫向毛澤東和盤托出。當毛澤東與高崗談話時觸及了高崗的動機，因而毛澤東迅即部署反對高、饒。

史達林一死，毛澤東就開始整高崗。毛澤東之所以拿高崗開刀，是爲了阻止在高崗以後有任何陰謀出現，也是爲了殺一儆百。

高崗還有其他同夥。當時，毛澤東收到了幾位高級領導人的一封信，信中敦促毛澤東「去休養」。[1] 這封信最初可能來自饒漱石的王國（饒漱石沒有贏得毛澤東的好感，因爲他評論說，世界上最偉大的政治家是亞伯拉罕．林肯和富蘭克林．羅斯福）。

最後的攤牌是在一九五四年耶誕節前夕的一次政治局會議上。毛澤東向高崗、饒漱石發起攻擊，並撤銷他們的職務。然後毛澤東去了浙江，四個月沒有露面，官方稱他在「休假」。這是以前常見的情況，高度緊張使毛澤東病倒了。他隱退很長一段時間，然後帶著恢復過來的充沛精力再次投入戰鬥。「高饒事件」是新中國成立後給毛澤東帶來嚴重心理創傷的第一個事件。

當毛澤東仍在離休思考問題時，一九五四年二月中央委員會開會，毛澤東因「休假」缺席而引人注目。這是自一九五〇年中期以來召開的第一次中央委員會。直到一九五五年四月，才又召開了一次會議，這次會議對高崗、饒漱石進行了正式清洗。毛澤東或許不想在現場看到結局。[2]

劉少奇主持會議。高崗、饒漱石被輪流叫進會場接受大家的批判。高崗進來後，表白他是清白的，沒有任何反黨陰謀。然後他拔出了手槍，對準自己的太陽穴，旁邊的人抓住他的胳膊肘，子彈射穿了天花板。

這僅僅是死期的延緩，後來高崗在獄中服毒自殺。他是第一個（但不是最後一個）與毛澤東較量而亡命的共產黨高級領導人。

毛澤東並不願意見到高崗事件有如此結局，這可以從他在處理高崗事件的第二次會議的講話中看出來。他引用了一句文言比喻說：「人是需要幫助的，荷花雖好，也要綠葉扶持。」一九五五年春天的這個講話的主要意義在於，毛澤東號召相互幫助、集體領導，並在同志之間建立合作的態度。

毛澤東清楚地意識到，高崗的「餘毒」並沒有隨著他的死亡而消失。

然而，最終結局是這樣，毛澤東並不能堅持將反對高崗的鬥爭神聖化。六個月後，毛澤東找到了一個冠冕堂皇的理由，把高崗稱爲是那種「不繼續革命的人」。「高饒事件」恰恰不是「對什麼黃金時代造成了破壞」。正是這第一次嘗試使難以捉摸的毛澤東被週期性地吸取到這一社會工程的極端，恰恰滋生了可疑動機，並去尋找盡可能的政治穩定之夢。

與毛澤東一起倚坐在北京的一個游泳池邊上的人是誰？那是尼基塔．赫魯雪夫。世界上的兩位馬克思主義巨頭，在剛好容下他們碩大身軀的游泳池內爭論著核戰爭。

我們這個時代許多重大爭論中的一個就這樣開始了。在這兩個巨頭中，究竟誰是國際共產主義運動中史達林的眞正繼承者？誰的路線將在對美國擴張這一至關重要的問題上獲得成功？與大多數烏克蘭農民一樣，赫魯雪夫向來不喜歡游泳，因此，這一輪談話暫時是毛澤東占上風。

赫魯雪夫是作爲貴賓來參加中華人民共和國五週年國慶的。他參加檢閱遊行，出席盛大招待會並發表祝詞。赫魯雪夫後來回憶說，毛澤東的熱情友好是他未曾料到的。他們倆熱烈擁抱互吻面頰。整個世界對不可遏制的共產主義堡壘甚爲不安（一九五四年秋，東南亞條約組織成立，美國與蔣介石也締結了盟約）。

從個人特點看，他們倆除了都有一個大肚子外，很少有共同點。毛澤東的思想不輕易外露，炮筒子赫魯雪夫曾說：「我從來也不敢保證我完全摸準了毛的話。」毛澤東愛好讀書，赫魯雪夫則喜歡玉米棒子；毛澤東（用赫魯雪夫的話說）「行動起來像熊一樣沉著遲緩」，赫魯雪夫則像公牛到處亂撞；毛澤東放眼世界未來，赫魯雪夫則天天想著怎樣對付美國的實力挑戰。

這次毛澤東和赫魯雪夫在北京的會談，是五年來中蘇最高領導人的第一次會晤。周恩來曾去過莫斯科兩次，劉少奇去過一次（歷時三個月）。較低等級的蘇聯領導人也曾訪問過中國，但這五年來毛澤東從未離開過中國。

儘管毛澤東沒有這樣明說，但史達林死後莫斯科確實對毛澤東更信任，也更慷慨了。以前在莫斯科的公文袋裡堆積的有關兩黨的所有分歧，在一九五三到一九五四年期間得到解決。令人吃驚的姿態變化是，《眞理報》甚至稱毛澤東是「一個偉大的馬克思主義理論家」。赫魯雪夫欣然來到北京，這是他第一次訪問亞洲，這次的訪問似乎也是更加友好的信號。

這次中蘇最高級會晤的具體成果對毛澤東有利。毛澤東得到了更多的貸款，收回了在蘇聯人控制下的東北的兩個港口。毛澤東不喜歡的中蘇聯合股份公司被解散，這比毛澤東和史達林所簽協定規定的日期提前了二十五年。蘇聯的報導史無前例地稱中國為「平等夥伴」。

然而赫魯雪夫是在悶悶不樂中離開中國的。在回到莫斯科後，他告訴同僚：「與中國的衝突是不可避免的。」

毛澤東向赫魯雪夫提出了蒙古問題。他曾同意史達林堅持外蒙古可以獨立的意見——他當時不得不這樣做，但他認為莫斯科把烏蘭巴托變成了關在籠中的猴子。毛澤東後來說：「我們提出了這個問題，但他們（赫魯雪夫和布林加寧）拒絕回答我們。」

從文化背景上看，這次會晤像是黑夜中交臂而過的兩艘戰艦。赫魯雪夫說：「每當我們要改變話題時，中國人就送來茶——請喝茶，請、請……按照中國的文化習慣，如果你不立刻喝光，他們就會把杯子拿走，再泡上一杯，放在你面前——如此接連不斷。」心胸狹窄的赫魯雪夫感到毛澤東是在捉弄他。

赫魯雪夫曾要求中國派十萬工人去蘇聯開發西伯利亞地區，毛澤東覺得這有些冒犯了他。赫魯雪夫放棄了要求，毛澤東（按照赫魯雪夫的說法）卻說這個計畫可以試一試。這時赫魯雪夫失去了勇氣，但他只得履行他所提出的建議。二十萬中國工人去了西伯利亞。這個計畫夭折了。

赫魯雪夫愈來愈感到毛澤東過於精明：「他知道怎樣制服我們。」

當毛澤東和赫魯雪夫站在天安門城樓上檢閱國慶遊行隊伍時，赫魯雪夫像是一個察看莊稼長勢的農民。焰火使毛澤東興致勃勃，赫魯雪夫則不然。忽然周恩來發現了毛澤東的夫人，就走上前去要把她介紹給赫魯雪夫，但被毛澤東阻止了。他帶著江青迅速地穿過紫紅色平台。走到稍遠的角落，夫妻在那裡一起觀看焰火。

很難說究竟是毛澤東不想讓赫魯雪夫見江青，還是他不想讓江青見赫魯雪夫。

令赫魯雪夫吃驚的是，毛澤東蔑視美國的威脅。在游泳池邊，毛澤東對赫魯雪夫表達了帝國主義是紙老虎的觀點。赫魯雪夫後來說：「我努力要他相信，一、兩枚導彈就足以把整個中國化爲灰燼。」

一九五四年的這次討論，使人想起毛澤東對九年前廣島上原子彈爆炸的看法。中國共產黨最初的反應是與其他國家一樣的。在美國的原子彈襲擊廣島之後，重慶的共產黨報紙《新華日報》說：「這是軍事技術的一次革命。」但毛澤東不同意這種看法。

「原子彈能決定戰爭？」毛澤東在四天後的一次講演中問道，「不能！」這是毛澤東本人投下的一顆炸彈。他批評道：「我們有些同志也相信原子彈了不起，這是很錯誤的。」毛澤東極其嚴肅，「原子彈是美國反動派用來嚇人的一隻紙老虎」，他向來自內布拉斯加州的關心中國革命的美國記者安娜·路易士·斯特朗重申了這一觀點，「看樣子可怕，實際上並不可怕。」《解放日報》不得不糾正原來的看法。

直到一九五四年，毛澤東仍然相信人的意志比武器重要。對赫魯雪夫來說，一樣東西，如果你能吃或能觸摸到，那它就是眞實具體的。而毛澤東則是一個很自信的預言家，他堅信中國以及整個世界都將螺旋式地向共產主義過渡，資本主義必將滅亡。赫魯雪夫感到毛澤東把他看成是一個懦夫。

赫魯雪夫訪問毛澤東以後，隨之而來的是詆毀。幾個月後，赫魯雪夫向西德總理阿登納暗示，中國「可能會給西方帶來麻煩」。毛澤東毫不懷疑，蘇聯人把中國共產黨看作是「兒子黨」或僅僅是「愛國黨」。五年以後，赫魯雪夫還對艾森豪說，他和毛澤東「是好朋友」，看來這話不可信。

游泳池的那一幕不過是中蘇分裂的開端。究竟有無必要害怕戰爭？這一問題使毛澤東和赫魯雪夫的分歧越來越大。在赫魯雪夫抵達北京的當晚，毛澤東就表明了他的立場。作爲「意圖的測試」（這是北京的說法），他下令猛烈炮擊臺灣與中國之間的大小島嶼。炮聲將引起更大的迴響。

一九五一年末，毛澤東曾告誡江青「做好分內的工作」，這是他一種進退兩難的答覆。這導致毛澤東的第三次，也是最長的一次婚姻步入微妙關係階段。

黨在一九五〇年給了江青相當重要的工作。她負責中共中央機關的部門管理工作，同時管理文化部電影處。

但是，毛澤東的「繡花枕頭」（赫魯雪夫這樣稱江青）樹敵過多，有人要求她辭去黨內工作。江青向毛澤東申訴，但江青本人也承認，毛澤東實際上站在批評她的一方。毛澤東的解決辦法是叫她做好分內工作。

事實上，江青大多數時間是在病床上或在莫斯科度過的，或兩者兼而有之。她在五〇年代確實經常生病。但毛澤東認爲她實際上的病比她胡亂猜疑的要輕得多。毛澤東在幾年後的一次會議上的講話似乎是對江青而發：「過分講究吃、穿、住和小汽車，是高級幹部生病的四個潛在原因。」

有時可以看到江青和毛澤東一起出席招待會，但他們倆一分居便是數月之久。在一九四九到一九五七年期間，江青爲治病四次赴蘇，她不在中國的時間加起來差不多有三年。儘管在這一時期毛澤東也去過莫斯科兩次，但他們在這個蘇維埃首都並未住在一起。

江青去莫斯科療養至少有一次是違背她自己的意願的，然而毛澤東支持那些堅持要她離開的人的意見。在一九五六至一九五七年間，江青第四次赴蘇時消沉到了極點，渴望能回國。然而，一九五七年一月周恩來去莫斯科與赫魯雪夫會晤時帶著毛澤東的明確指示，江青應當待在莫斯科直到恢復健康。

江青一直擔心會有與毛澤東的前妻賀子珍同樣的遭遇，這是不足爲怪的。因爲賀子珍也曾被毛澤東送到蘇聯，後來又從一所蘇聯精神病院出來。

所謂江青只需做好分內的工作可能意味著，從黨的角度上講，就是不讓她擔任要職。但江青以毛澤東的祕書自居。不過好景不長，不到一年的時間，她就被趕到了莫斯科。江青說，是「某些領導人」作出的這個決定。但是，如果毛澤東不同意這個決定的話，他能夠否決它。

不管怎樣，按江青自己的說法，在五〇年代她曾爲毛澤東工作過一段時間。在一張特製的躺椅上，她翻閱著檔案，把重要的內容呈送給她現在稱爲「主席」的人。當她爲他讀電文和報紙時，他坐在她的床邊，似乎江青了解的情況比毛澤東多。

毛澤東從來沒有公開談起過江青在這一時期給他的幫助，他對江青五〇年代受到的冷遇不聞不問。之所以這樣，部分原因是黨給毛澤東施加的壓力。毛澤東與江青的婚姻在執政高層中一直不受歡迎。

在北京，毛澤東經常看到他的兩個女兒，因爲李訥和李敏就住在家裡。五〇年代中期，她們進入北京大學[3]讀書。李訥顯然是兩人中較爲聰明的一個，她選讀了她父親喜歡的歷史，李敏則學習自然科學。

經常出入毛家的另一個人是毛澤東的侄子毛遠新，他是毛的弟弟毛澤民的兒子。毛澤民在一九四三年被國民黨殺害。

五年了，毛澤東的中國是個什麼樣子呢？

毛澤東在天安門城樓談到「革命」。革命進行了這麼長的時間，它已具有一種包羅萬象的意味。現在，革命像一只打開的箱裡的物品一樣分解爲各個部分。

革命的內容已經發生了變化。

革命意味著整天在工廠工作、意味著學習毛澤東思想、意味一個小女孩把她剛在學校裡學的漢字教給她的祖母、意味著有理想的年輕人從北京奔向農村，向那些只關心天氣和溫飽的農民傳播共產主義思想。

革命就是較好的健康衛生、長長的會議、高高的帽子、關閉的寺廟、新建的橋梁、糧油票證、印尼總統蘇加諾對「人民中國」的致意。

在農村還有一些小的戰鬥，但很少有大的戰役。沒了地主，也沒了日本人，只有勝過窮互助組的富互助組。懶漢受到管教，愛管閒事的人受到處置。

鄉土中國離高福利國家還相差很遠。收入尚不平均，沒有社會保險，必須勞動謀生，家庭出身至關重要。

但每個人之間互相合作的義務比過去增強了，社會主義就意味著這樣。此外，社會主義還意味著那些終身制的幹部們不斷召開會議，告訴人們應怎樣生活。他們工作努力，襟懷坦蕩，可以說無懈可擊。但他們事無巨細，包攬一切。

當毛澤東改變自己以前對人口增長的看法，提出要計畫生育時，幹部們積極回應，把農民召集起來開會，「他們甚至告訴你夫妻什麼時候同房。」有人曾這般抱怨說。

新年貼出的春聯也換上了新內容。以前春聯的內容是美德和富裕，現在你要貼上實現五年計畫的標語。從傳遍千家萬戶的喇叭中傳出來的也是新口號。「中國共產黨萬歲！」是聽到最多的口號之一。

走進每一節火車廂，都可以聽到女播音員清脆的聲音：「我們就要到達北京了，那是毛主席居住的地方。」播音員們把播放唱片音樂和啓發式宣傳的職責結合起來，她們刺耳的聲音使新中國保持思想上的警覺。

他們果眞如此嗎？主要問題是社會性的而不是思想觀念上的。人民以建設者的姿態共同做對中國非常重要的工作，至於每個人內心裡究竟怎樣想，毛主席很快就發現他自己也不了解。

毛澤東讓中國尋求一種單一的世界觀。他喜歡聽解放軍軍官爲士兵洗襪子、內衣褲一類的事，以顯示差別已隨風而去。在這種姿態拍打下，他的時代開始了，在一個幅員遼闊、等級意識強、相當看重物質的社會它絕不會眞正達到制度化。然而將軍自己洗襪子的可能性確實存在，這是容忍落後，激起人民去努力使中國成爲一片更好的淨土。如果沒有這種帶有偶然性的姿態，中國不見得會更好一些。

在五〇年代，毛澤東的中國是比史達林的蘇聯更爲自在、更少憤世嫉俗的地方。大多數人似乎具有工作的精神而不是把眼睛盯著鐘點。他們似乎可以在公園或在家中放鬆一下，社會主義不會削弱中國廚師的奉獻。

另一方面，毛澤東並沒有打破中國人由來已久的自得其樂的思想。他沒有激勵他的人民去探討中國以外的事情，中國就是他們的世界，他們的視野是這樣的狹小。

毛澤東的中國像是一個大家庭。他要求人民要像過去尊重宗族關係那樣，建立並尊重新型的同志式的親密關係。當聽說他的兒子戰死在朝鮮戰場上時，他所說的話反映了這一點。噩耗傳來，他控制住自己的感情，沉默了好久才說：「沒有犧牲就沒有勝利。犧牲我的兒子和犧牲別人的兒子是一樣的。」

諸如此類的關係在中國並不新奇。在漢語中，「大家庭」是指「所有的人」。古代的君臣關係如同父子關係，縣官被稱爲「父母官」。任何人都不是眞正獨立的個體，包辦他人的事被看作是天經地義的。

這樣，法律的作用就很小。父母從來不透過法律來解決與子女的糾紛，子女也沒有訴諸法律的自主權。

毛澤東的中國就是這樣。如同在舊中國的家庭裡孩子有一種安全感一樣，在毛澤東的中華人民共和國公民也有這種感覺。在過去，如果父親指責孩子有錯誤行爲，孩子沒有權利爲自己辯護或要求公衆裁決，毛澤東的公民也是如此。父親對子女是恩威並重，毛澤東的權力也是與其思想的威望密不可分的。團結合作的大家庭而非有限公司，正是毛澤東的目標所在。

這一事實能說明毛澤東與中國存在著對抗嗎？很難這樣說，至少目前還不是。

毛澤東奪取政權的方式是從本國實際出發的。他脫去了馬克思主義身上的西裝，並給它穿上中國的長袍。他像農民起義者一樣上山打游擊，而不是像列寧占領聖·彼得堡的十月革命那樣去攻占上海。他的奮鬥目標也是從中國傳統中採擷而來的，他認爲未來的共產主義國家就是實現大同世界。

他對宗教沒有太大的鬥爭。卡斯楚要反宗教、波蘭人要反宗教，甚至蘇聯在某種程度上也要反宗教。在中國，對另一個世界景觀的嚮往要比天主教的古巴和波蘭以及東正教的俄國更淡漠。

毛澤東將自己融入中國的精神傳統就如戴手套一樣方便。孔子不相信有上帝其人，毛澤東也沒有廢黜什麼東西；孔子相信宇宙有其內在的規律性，毛澤東也是如此。

對於毛澤東主義者來說，道義上的眞理受制於自然秩序，這與清朝達官有共同之處。

然而，毛澤東的確和中國——和兩個中國發生了衝突。例如，在這一文明中，極少有過靠社會紐帶緊緊維繫在一起的如此強大的國家政權。毛澤東的政權用法規來管理人民，這只有在兩千兩百年前的秦始皇朝代能夠這樣，秦始皇以後的朝代很少如此。他用中國的法家傳統、依靠管理法令而不是占統治地位的儒家公德思想把中國治理得井井有條。

毛澤東甚至還與他自己創立的新中國相矛盾。作爲一個新法家，他使中國從束縛和神祕中獲取了自由。這些束縛和神祕就是：家族壓迫、對天的敬畏、極端的地方觀念。但他又是一位名副其實的中國整體主義者，他要把億萬中國人按照一種新的方案結合起來。他的新國家已開始培養現代公民，但要多長時間這些公民才能跳出受前現代社會影響很深的毛澤東的體制呢？

這仍是未來的危機之所在。

五〇年代中期，毛澤東坐在他的書房裡注視著中國的威望在世界上日益提高。他不出訪，也不寫有關外交的文章。在《毛澤東選集》第五卷（收集了一九五〇到一九五七年毛所寫的文章）中，百分之九十九是關於國內問題的。在這一時期，毛澤東在非正式講話中也很少討論外交政策。

出國訪問主要由周恩來執行。一九五四年，周恩來出席討論印度支那問題的日內瓦會議，擴大了中國的影響。在一九五五年的萬隆會議上，周恩來使中國與不結盟國家建立了親密友好的關係。毛澤東只是運籌帷幄，他進一步發展了古代中國的無爲而治思想。

可以肯定，中國在朝鮮的勝利提高了毛澤東在世界上的威望（在朝鮮戰爭期間，有許多國家不承認中華人民共和國。戰爭結束後，不承認中華人民共和國的國家馬上就少了）。史達林逝世後，毛澤東的威望進一步提高。毛澤東在國內所取得的成就，對第三世界產生了特別大的吸引力。

外國人紛紛來拜見毛澤東，[4]他們主要來自亞洲。緬甸的吳努總理於一九五四年來北京向毛澤東表達敬意，毛澤東給他留下的印象如其所願。西哈努克一九五六年第一次在北京見到毛澤東。「我喜歡那些親王們」，毛澤東對這位柬埔寨親王說，「因爲當他們不反對革命時，會像你一樣反對帝國主義。」另一個親王——老撾的蘇發努馮．富馬，在一九五六年也去了北京，但毛澤東並不像喜歡西哈努克那樣喜歡他。毛澤東一直支持柬埔寨的中立派即親王的力量，對老撾中立派即親王的力量的支持時間則較短。

第一位駐中華人民共和國的印尼大使莫諾努圖在回憶他拜訪毛澤東並向毛澤東遞交國書時說：「就像去路易十四的宮殿，儀式是那樣的莊嚴。」

上午十時，莫諾努圖大使在紫禁城的朱紅大門前受到中國禮賓司司長的迎接，樂隊奏起中國和印尼兩國國歌。莫諾努圖的六位隨從留了下來，他被領進一個古色古香的大廳。大廳兩旁擺著明代瓷花瓶，一條巨大的紅色地毯鋪在中間。大使穿過大廳，一扇門輕輕打開。他走進了裝飾相同的第二個大廳，這時又一扇門打開了，毛澤東就站在那裡，高大、沉著、慈祥。

當接見外國大使時，毛澤東的禮儀官員要他穿上深色西裝和黑皮鞋。毛澤東拒絕了，寧可不經意地穿著舊襯衣、舊褲子，一種折衷方案是穿中山裝和棕色皮鞋。

沒有談話，毛澤東和大使只是交換了國書，然後，一直陪同在旁的周恩來把大使領進隔壁房間。在那裡，毛澤東和這位印尼人就愛國主義與和平作了簡短交談（與此同時，另外六位隨行人員被帶到另一個房間去喝香檳、吃中國甜點心）。

例行談話結束後，毛澤東起身離去。莫諾努圖發現自己從另一個門走了出來，「我覺得不應當問毛澤東任何問題，他像是一尊神。如果你有什麼實際問題，應當去找周恩來。」

毛澤東似乎的確把自己視爲亞洲（而不是西方）來訪者的君主。有的人喜歡他這樣。緬甸總理吳努說：「他看上去慈祥寬厚。」但有人悻悻察覺出這位中國老人的傲慢，「毛從來沒與我談論過天國」，莫諾努圖說，「但我認爲他肯定信仰它。」儘管那些喜歡毛澤東的亞洲人的報導經過竭力烘托，但毛澤東給人的印象總是欠欠身子，似屈尊俯就，迷惑一下來訪者。

在五〇年代，毛澤東很少注意非洲，也很少會見非洲人。只有一次他把中國與非洲大陸相提並論，就是當他得知南非的種族隔離法將對那裡的華人產生歧視時，他支持黑人抗議該法案的行動。

一九五五年秋，毛澤東接見了自抗日戰爭以來到訪的第一位日本人。幾週內，他又接見了兩個日本代表團。毛澤東正以新的姿態對待日本。在以後的二十年中，毛澤東會見日本人的次數比其他任何國家的客人都要多。

五〇年代初期，毛澤東曾希望日本左派能執政，他過於樂觀了。整個亞洲並不會隨著中國的沸騰而沸騰。到一九五五年，毛澤東改變了態度，他開始與任何日本人握手（不管是左派還是右派），爲的是想讓東京的天平傾向於承認中華人民共和國，而與蔣介石斷交。

一九五六年年中，毛澤東曾向日本提議簽訂一項包括中、日、美三國在內的《太平洋條約》。雖然當時被輕蔑地拒絕，但在七〇年代當毛澤東聯合日美反蘇時，《太平洋條約》已在精神上達成默契，只不過沒有形成檔罷了。

毛澤東沒有會見任何美國人，因爲杜勒斯咒罵他、「封鎖」他（讓人好笑的是，美國花那麼大的力氣去封鎖一個世界上最自給自足的大國），並且預言他的政府將「垮台」。毛澤東不時地會見蘇聯官員，他要與俄國人安然相處不得不這樣做。

正是通過亞洲舞台（還包括一些屬於第三世界的其他一些地方），毛澤東樹立起了自己的外交形象。在第三世界的舞台上，毛澤東可以說是一個英雄——他只待在幕後派周恩來去傳達路線方針。

中國曾受盡欺壓——這與亞非其他國家命運相同。中國是落後的農業國——亞非國家也是這樣。中國也同樣是有色人種——在歐洲，即使共產黨也沒有與第三世界的有色人種建立起這種穩固的關係。

萬隆會議時代使毛澤東在國際上的威望大大提高，許多第三世界國家同他的政府建立了外交關係。

這一時期毛澤東腳踏著兩隻船。他開始打第三世界這張牌，他知道他的蘇聯朋友做不到這一點。總有一天這會導致中蘇關係緊張，所以在五〇年代中期，毛澤東打第三世界這張牌時小心翼翼。

作爲亞洲最大的馬克思主義國家的領導人，又領導了規模宏大的馬克思主義革命，毛澤東在第三世界陣營中有著特殊的影響。但在五〇年代毛澤東並不以此來對抗莫斯科。他不說第三世界是世界政治力量中的最重要力量，他也不把中國革命看作是世界革命的新發源地，這些思想是後來才提出的。

許多來自前殖民地國家的領導人，對於毛澤東的隆重接待感到激動萬分。這些領導人一踏上中國土地，首先看到的就是從機場進入市區時，兩旁懸掛著高達三十英尺的他們本人的神采奕奕的肖像。當天早晨的《人民日報》早已告知億萬中國人，來訪者是這個時代的重要人物。中國以自己的方式來對待所有來訪者，保證其名字出現在報紙頭版的熱烈歡迎的文章裡。

來訪的領導人從未見過像天安門前的國慶遊行那樣如此壯觀的場面。毛澤東的巨幅塑像架在引導著遊行洪流的彩車前部，塑像的手向前伸展好像是要去觸摸正在淩空飛舞的彩色氣球。這些外國政治家的心緒也同氣球一起飛舞騰空。

盛大宴會照例舉行，對來訪客人國內經濟的發展給予援助作出了許諾。最後，受到毛主席接見的極大榮幸，使來訪者欣喜異常地回到自己的小國。

生活在監獄中的情況絕不是這樣歡欣鼓舞（如尼赫魯一樣，許多人曾在監獄待過數年）。華盛頓、巴黎和莫斯科似乎都不樂意看到，北京能與它的億萬民眾和諧共處。

一九五六年秋天，印尼的蘇加諾來北京見毛澤東。蘇加諾的一位助手回憶說：「他們相互擁抱，就像是多年未見的老朋友。」他們一起站在一輛帕卡德敞篷轎車上，車子像烏龜般的緩緩駛入北京市。毛澤東面帶微笑，揮動右手向群眾致意；蘇加諾像個小學生的樣子，微笑著向群眾做手勢。到處都充滿了泛亞友誼，歡迎的人群站在離敞篷車五英尺遠的路旁拋撒著鮮花。漫步而行的員警並不阻攔他們，絕沒有荷槍實彈的士兵。

禮炮鳴過二十三響。當毛澤東和蘇加諾落座於天安門城樓上，十六排縱隊的遊行隊伍在下面開始接受檢閱。隆隆坦克，如林槍枝，喧天鑼鼓。運動員翻著筋斗。遊行的人們一會揮舞彩扇，一會又舉起鮮花或標語，人潮花海，令人目不暇接。太陽好像也來增彩，將光輝灑向歡迎的隊伍。據說動員了五十萬群眾……。

在前一天晚上近八點鐘，就有一位婦女在紫禁城附近西單街上挨院串戶，每到一家她就以清脆的嗓音通知：「蘇加諾總統明天到達北京，政府已決定動員五十萬居民隆重歡迎他。」這位婦女是這一地區不拿工資報酬的居民委員會成員。

在一家住戶門口，她特地這樣具體布置：「你們家有四口人。居委會希望去兩個，下午兩點之前到西單街，你們的位置是在這條巷子的出口東面。你們要等到蘇加諾總統和毛主席通過以後才能離開。」

這種歡迎場面不僅僅是因爲太陽才有了光彩。

西單大街的居民們對毛澤東和蘇加諾有什麼感想呢？在五〇年代，感情並不是最根本的，感情應該要鎖定在愛國熱忱中。在毛澤東的領導下，中國人民不愁吃穿、沒有失業、生活安定，他們個個都有自豪感，人人爭做貢獻，因而這樣艱巨繁重的任務對於大多數人來說是可以承受的。

尼赫魯來了，這是一次重要的訪問。因爲印度對毛澤東來說很重要，尼赫魯引起了毛澤東的興趣。尼赫魯不像大多數印度人那樣令人難以理解。他是一個現代人——不像莫拉爾吉·德賽那樣愚昧。在一九四九年，毛澤東曾譴責這個印度人是終將被掃進歷史垃圾堆的資產階級分子。這次來訪時，毛澤東以極大的敬重之情，熱情洋溢地讚揚尼赫魯反抗英國人的鬥爭。

但是，在談到核戰爭時，毛澤東的論斷卻令尼赫魯大爲震驚。毛澤東說：「他（指尼赫魯）相信，如果原子戰爭爆發，整個人類將毀滅。我認爲，即使發生最壞的事情，也不過是有一半人死去，另一半人會活下去直到消滅帝國主義，全世界都變爲社會主義。」

毛澤東和尼赫魯在一九五四年間在大多數問題上的觀點是一致的，只有關於戰爭的看法兩人截然對立。尼赫魯對國際事務採取道德主義態度，毛澤東只是對國內事務採取道德主義態度。

在處事方式上，這兩位領導人大相逕庭。毛澤東認爲尼赫魯講話囉唆——中國人發現印度人總是這樣，毛澤東在二〇年代就發現M·N·羅易有此毛病。尼赫魯則認爲毛澤東狡猾——這是印度人對中國人的普遍看法。

毛澤東主張與印度友好相處。他尊重列寧把德里看作未來世界革命樞紐的論斷。然而，對於毛澤東來說，他缺乏那種與中國之外的世界建立穩固關係的衝動，這就使得毛澤東和尼赫魯在反殖民主義的道路上不能在一起走得很遠。

作爲中國人，毛澤東是以「黃種人的眼光」來看待世界的（事實上，許多大國的公民都有種族優越感，像中國這樣的大陸強國更是如此）。在歷史上，中國很少走向世界去尋找它所需要的東西，只是到了十九世紀才需要這樣做。中國是一個「中央帝國」，這不僅是它的自我認識，也是在地理上的現實存在。

對於毛澤東來說，還有其他一些因素影響了他這個人。他出生在山區而不是沿海。他的性格形成時期不是在大城市度過的。這位主席的革命生涯是從中國內地開始的。

他是從延安而不是從整個中國的角度來看待世界，這與史達林不一樣。在史達林與希特勒簽訂條約的翌日，他像所有虔誠的共產主義者一樣，對此不能理解。毛澤東五〇年代的絕大部分觀點，都是他在三〇年代末期所接受的馬克思主義觀點的穩步發展。但在這一時期，毛澤東已開始故步自封，傾向於脫離馬克思主義正統。

毛澤東對中國之外的世界沒有親身的經歷。赫魯雪夫在一九五九年對美國的訪問，哈樂德·麥克米倫一九六〇年的非洲之行，使他們的思想都受到震動。而毛澤東沒有這樣的經歷。

毛澤東非常了解外部世界。他不斷地讀書，在五〇年代的世界領導人中沒有哪一位——甚至包括戴高樂——在讀書和寫文章方面超過毛澤東。[5] 歷史和地理是他外國知識的兩個主要方面，對科學技術、政權上執政黨和在野黨的更替他不甚感興趣。

對毛澤東來說，對外政策只是爲著單一的目標，即使新中國可以順利地進行社會主義建設。他對國外的事務一概不感興趣。他對每個國家（除了蘇聯）的態度都是：「你們到我們這裡來。」至於同「帝國主義國家」建立外交關係，他告訴他的同事：「不但現在不應急於去解決，而且就是在全國勝利以後的一個相當時期內也不必急於去解決。」

在生活方式方面，毛澤東是以一位農夫來過皇帝的生活。他可能會爲了想吃有蛆浮在上面、冷卻了的蘑菇湯而責怪護衛，然而在與另一位職員談話時則暗示他自己儼然「皇帝」。他的生活方式的慷慨大度主要在於大量的服務和獻好。做好的豬肉雖肥，擺上了桌子就是上品。毛澤東從不梳理他自己的頭髮、不把書放回書架、不是自己穿襪子、不使用房門鑰匙、不吃未經專門的食物品嚐師事先品嚐過的魚，也不親自撥打電話。

毛澤東不可能輕易就放鬆心情。他不怎麼欣賞音樂、不怎麼打牌，也不頻頻出席宴會。中國傳統戲劇倒不時能打動他。他第一次欣賞川劇時是如此入神，戲至高潮時他眼睛盯著舞台，以致香煙快要燒盡而燙傷他的嘴巴。游泳和跳舞是他最喜愛的娛樂。舞會發端於延安並延續至五〇年代，有些舞會在中南海舉行，有一些則在北京飯店或國際飯店。中南海的舞會由於有職員和家人參加而氣氛溫馨，毛澤東的孩子和保安局負責人葉子龍的孩子特別喜歡參加成人的舞會，她們不是邀毛澤東跳舞，就是去邀請朱德跳舞，當音樂聲起時，狐步舞隨即跳了起來。

注釋

【1】在以後的鎮壓年代裡，這封信的簽名者之一曾說：「這封信是出於對毛主席健康的關心才寫的。」

【2】兩個當時在場並取代高崗、饒瀨石在政治局中位置的人是林彪和鄧小平。

【3】譯註：李敏就讀於北京師範大學化學系。

【4】蘇加諾抱怨說，他曾八次邀請毛澤東訪問印尼，但毛澤東沒有任何接受的表示。

【5】毛澤東與戴高樂在這一點上是一致的。二人都是自己動手寫信函等，既不喜歡口授由別人代勞，也不願用打字機。

14 疑慮（一九五六—一九五七）

有時一年猶如人生百年。對美國和歐洲大部分地區來說，一九六八年正是如此。對於中國（乃至整個共產主義陣營）來說，一九五六年就是這樣的一個年代，它改變了國際共產主義內部的運作規則。自解放以來，毛澤東從來沒有像在非史達林化的時期那樣受到震盪，他喜憂參半，小心謹愼。

一九五四年對毛澤東來說是個好年成，權力得到鞏固、第一個五年計畫進展順利、是年秋在與赫魯雪夫相處時處於較有利的地位。一九五五年，他開始感覺到：他可以加快馬力實現某些宏偉目標了。

然而，他在一九五六年遇到了來自國內外的各種阻力。

一九五五年年中，毛澤東在談到農村形勢時，疾言厲色道：「我們的某些同志卻像一個小腳女人，東搖西擺地在那裡走路，老是埋怨旁人說：『走快了、走快了。』」他認爲，農村出現的將是一場風暴，像他在一九二七年看到的那樣。「在全國農村中，新的社會主義群眾運動的高潮就要到來。」

爭論的問題是怎樣推進農業集體化，這是世界上前所未有的事業。五億農民在黨的領導下，正被引導著進行集體勞動以取代各自單幹。

第一步是大約每十戶組成一個互助組——和小農所有制相比沒有很大改變。下一步便是合作社，實際上就是公有制。

對毛澤東來說，這令人心情激奮。自五十年前反對父親的壓制時起，他就一直在考慮土地問題。現在，解決的辦法就在眼前，他當然會毫不猶豫地抓住它。他認爲，只要使農業集體化，就能牢牢地鞏固社會主義政權。

並非每個人都同意毛澤東的觀點。土地改革完成之後，劉少奇就曾對農民說過：「從現在開始大規模的運動已不再合適，主要的問題是集中力量進行經濟建設。」一九五四年，籌備起草新憲法期間，另一位高級官員也表示過同樣的意見：「過去，共產黨依靠搞運動取得了勝利，今後，必須依靠法制建設社會主義。」

由於農業部拖後腿，毛澤東不得不把精明但脾氣暴躁的親信陳伯達安插進農業部任二把手，以便執行他的路線。與此同時，一些地方領導人卻在籌劃著解散合作社！全國六、七萬個合作社中有二萬個因爲辦得不成功，已被強令解散。這些人的行動得到劉少奇的支持，他們認爲，大規模的集體化只有到農業機械化時才有意義。

毛澤東提出一個口號：「多、快、好、省。」但農業部作了篡改並拖了很長時間才在《人民日報》上發表。

五〇年代的毛澤東不是史達林。他不能夠對那些妨礙他行事的人加以屠殺或者把他們流放到西伯利亞，他只能進行誘導和利用。一天晚上，他會見了八十位上海工商界領袖。這些人都是私營企業的老闆，共產黨把他們稱作「民族資本家」。考慮到他們有愛國之心，同時也需要他們的經營管理能力，到目前爲止，毛澤東一直允許他們自由經營。

爲了使這些企業界巨頭們不受拘束，毛澤東語調緩慢，如敘家常。「你們怎麼不抽煙？」他親切地詢問這群忐忑不安的聽衆，「抽煙不一定對你們有害。邱吉爾一生抽煙，身體很健康。我所知道的唯一不抽煙而命長的人是蔣介石。」

毛澤東說，資本家的表現一直是好的，但最近他在北京聽說，有的商業資本家自己提出要國有化，他們不想在建設社會主義大廈的過程中拖後腿。毛澤東說他不相信、有懷疑，所以，他來到了大城市上海，想聽聽諸位的意見。「我今天只帶兩個耳朵來參加會議。」

這是毛澤東的策略。當然，如同脫毛鳳凰，這些資本家，已經嗅出正在發生的變化。在兩個小時的會見中，他們競相表態要轉向國營，他們的「要求」當然得到了滿足。結果，一個資本家星期一還是私營企業的老闆，到了星期五，就發現自己成了拿薪水的經理了。可見，毛澤東不僅在農業中，而且在工業中也在探索更具特色的社會主義形式。

這次會議之後，有一則關於毛澤東的方法的故事在上海各單位流傳開來。毛澤東召見了劉少奇和周恩來，向他們提了一個問題：「你們怎樣使貓吃辣椒？」

黨的第二號人物劉少奇首先說：「這還不容易，你讓人抓住貓，把辣椒塞進貓嘴裡，然後用筷子捅下去。」

對於這種莫斯科式的解決方法，毛澤東極爲厭惡地擺擺手，「絕不能使用武力……每件事都應當是自覺自願的。」周恩來一直在聽著，毛澤東要周恩來談談看法。

「先讓貓餓三天」，這位善於走鋼絲的人回答，「然後，把辣椒裹在一片肉裡，如果貓非常餓的話，牠會囫圇吞棗般地全吞下去。」

與不同意劉少奇的辦法一樣，毛澤東也不贊成周恩來的辦法。「不能用欺騙手段——絕不能愚弄人民。」那麼，毛澤東自己的策略是什麼呢？「這很容易（至少這口氣與劉少奇相同），把辣椒擦在貓背上，牠感到火辣辣，就會自己去舔掉辣椒，並爲能這樣做感到高興。」

且不管這故事出自何處，毛澤東不喜歡強迫是確實的。他還認爲，政治欺騙不能喚起人們的參與熱情。但是，這並沒有影響他爲自己的目標而成爲一個權力主義者。

毛澤東並不僅僅陶醉在抽象的社會一體化之中。當時，在毛澤東看來，富裕和社會主義是一枚硬幣的兩面，這也是劉少奇一直主張的觀點。毛澤東的特殊之處在於，他更強調道德意志。

他感到，中國農村正呈現出一種新的精神面貌。這足以使農村一夜之間進入一種新的更高級的社會組織形式，而不需要機械化作爲基礎。當然，對於落後的中國來說，這是一種合乎邏輯的過程。在沒有物質刺激的情況下，集體主義精神是行之有效的手段。

農村形勢的高漲有利於工業的起飛。在一九五五年即將過去之際，現代社會主義之光正在毛澤東的視野中閃耀。

一九五六年是共產主義世界大動盪的一年。在這一年，從布拉格到北京，「自由」成了時髦的口號。在一九五五年末第一片雪花還未落下之前，毛澤東也是鼓勵「自由」的，他的動機主要是出於發展經濟——他那種類型的經濟。

毛澤東給知識分子鬆綁，他稱知識分子是結束中國極端落後狀況的「決定性因素」。他扔給富裕中農一塊骨頭，一九五六年二月，他改變了以前的政策，明確表示富裕中農也可以參加合作社（留在合作社之外的人被看作是遭社會拋棄的）。

向富裕的王國奮進要想成功，需要知識分子和富裕中農，這兩種人都將被誘導著去「舔掉背上的辣椒」。但荒唐的是，知識分子和富裕中農在毛澤東所要建立的社會中將沒有一席之地。毛澤東的最終目標是使每個人都成爲多面手，高度專業化的專業人員將被遺棄。在農村中將出現新秩序：一切財產歸屬集體，個人所有權無甚意義。

儘管如此，在一九五六年春天，中國人的狂熱並沒有絲毫減少。〈論十大關係〉是一九五六年四月毛澤東在政治局會議上的重要講話。長長的講話滿載著方針政策，也是毛澤東的哲學思想的回歸。五〇年代初期，毛澤東一直將翅膀夾緊，現在他要展翅欲飛了。

文章題目暗示，毛澤東不相信有什麼穩定的直線發展。他很少談「過程」這個詞，只是談「關係」，他認爲萬物皆在變動。「世界是由矛盾組成的。沒有矛盾就沒有世界。」任何現象都蘊涵著矛盾，這是他立論的核心。「一萬年都有兩點。將來有將來的兩點，現在有現在的兩點，各人有各人的兩點。」沒有絕對不變的事物，因此只有很好地去利用它的不穩定性。人們不能停滯不前。眞正的平衡不存在於純粹的計畫之中，而是來自矛盾鬥爭的消長起伏。

毛澤東喜歡說「兩條腿走路」，這是一種形象的概括。離開了任何一條腿都不能走路，全部道理就在於二者運動的關係。由毛澤東的馬克思主義思想中可以窺視到古代中國的陰陽、明暗、雄雌等思想的影響；它們反映了一切事物固有的雙重性，包括毛澤東自身具有的虎氣與猴氣的雙重性。

經濟依舊是毛澤東的主題，但是他要的是一個更具中國特色的經濟發展模式。

他要求：還要適當地調整重工業和農業、輕工業的投資比例，更多地發展農業、輕工業。中國不可能一夜之間變成另一個蘇聯，況且中國人民應當得到更多更好的消費品。「他們是竭澤而漁。」毛澤東曾對他所信任的陰險狡詐的康生這樣談論蘇聯。毛澤東所說的「漁」喻指工業生產，「澤」喻指人民生活。

毛澤東說，要精簡黨政機構的三分之二。這是驚人之言，乍看起來不切實際，但它表明了毛澤東的思路：他想要鬆動一下僵化的官僚體制。

在與之相關的另一講話中，毛澤東談到中央的統一性和地方的獨立性之間的關係，這是他長期關心的一個問題。這回輪到他的猴性的發揮了：「統一性和獨立性是對立的統一，要有統一性，也要有獨立性。比如我們現在開會是統一性，散會以後有人散步、有人讀書、有人吃飯，就是獨立性。如果我們不給每個人散會後的獨立性，一直把會無休止地開下去，不是所有的人都要死光嗎？」他還把這種道家的格言用於分析工業。

毛澤東感到國防預算應當削減。「你對原子彈是眞正想要、十分想要，還是只有幾分想，沒有十分想呢？」他問政治局的同事們，「你是眞正想要、十分想要，你就降低軍政費用的比重，多搞經濟建設。」

國防部長彭德懷在這次會議上說：「如果將來爆發戰爭，由我們出軍隊，蘇聯出原子彈。」從彭德懷和毛澤東的關係來看，彭德懷的這一思想潛伏著對他自己不利的因素。

毛澤東是從三個角度來考慮國防預算的。他已開始意識到，中國和蘇聯將來不會攜手並進。

在一九五六年，他堅信經濟的增長會加速，這將成爲整個中國六〇年代的關鍵。他闡明他自己的國防哲學：人民戰爭加原子彈。他不熱心發展擁有大量昂貴常規武器的中等水準的正規軍。

中國百花盛開之時，正值東歐硝煙彌漫。就在毛澤東第一次發表他那新的溫和路線的講話後的幾週內，赫魯雪夫關於史達林的祕密報告便傳來了。毛澤東不喜歡赫魯雪夫的報告。兩年後，毛澤東在成都的一次談話中說：「我們一則以喜，一則以憂。」確實，赫魯雪夫的報告深深地震撼了他。報告產生的刺激就像鼓點，在一九五六年餘下的時間裡毛澤東的所有活動中不斷迴響。

先前，毛澤東曾在私下裡詛咒過史達林並且在公開場合發洩過。現在，他在《人民日報》的一篇六千字的文章中小心謹慎地試圖用自己的機智把內容彌合起來。他認爲史達林的錯誤是屬於個人的，而不是制度的錯誤。

在六個月的時間內，毛澤東四次接見了蘇聯官員的來訪，這對於其他任何國家來說都是沒有先例的。到十月，他甚至打電話邀見蘇聯大使，因爲他對波蘭和匈牙利發生的政治動亂表現出極大不安。

毛澤東曾在四月份告訴米高揚，他認爲「史達林的功大於過」。這就是他對每一位來自莫斯科的來訪者所講的主要觀點，其精神實質與《人民日報》的文章觀點一致。他認爲，對於國際共產主義運動來說，任何其他的觀點都會像打開的潘朵拉盒子。[1]

這難道不會給中國的史達林投下一層陰影嗎？毛澤東沒有公開提過這個問題，但這確實是他對於非史達林化的主要憂慮所在。當然，還有些理由已足以使他反對赫魯雪夫的祕密報告。例如，關於反史達林一事，莫斯科應當事先與他交換一下意見。如果史達林眞是這樣的惡魔，那麼，在他身邊的那些人這麼長時間裡都在做什麼呢？毛澤東認爲，赫魯雪夫自己即使不是「幫兇」，也是「傻瓜」。

但無論何種指責，都同他在中國的最高權力相比無足輕重。毛澤東不僅是中國的史達林，他還是中國的馬克思和列寧，不過他當前的角色是中國的史達林。

毛澤東在一系列的講話中號召知識分子自由鳴放。「百花齊放，百家爭鳴！」這一口號可不是來自馬克思，而是來自古代中國的傳統。

劉少奇公開指出這一口號不是毛澤東本人思考得出的。這位黨的第二號人物在北京大學歷史系的一次講話中說：「百家爭鳴早在春秋戰國時期就出現了。……後來毛主席改進了它，並把它作爲『百花齊放，百家爭鳴』的政策。還有許多事並不是毛主席先想到的，他僅僅加工改造了它們。」這是一個大膽的評論。（事情挺多的！劉少奇還有什麼其他想法？）

毛澤東主動撤去了對中國思想自由的壓制，這在馬克思主義政黨中是沒有先例的。歐洲的非史達林化也在做同樣的事情，但是毛澤東的行動早於他們。

爲了發展經濟和其他事業，毛澤東需要的是來自中國男女老幼的革命激情，而不是唯唯諾諾。他認爲中國已經取得了某些成就，而新的圖景正在考慮之中。

毛澤東作爲虎需要更多的經濟成果，作爲猴則想知道他受到敬愛的程度。

毛澤東說，可以讓「美國之音」和蔣介石講話出籠。劉少奇插話說，新聞報紙應當從政府機構中分離出來以使其更加獨立。他建議，要給記者以較大的自由度，保證他們有高工資，「甚至可以比毛主席的工資還要高」，這樣，他們才會「講眞話」。

許多老的自由派知識分子毫無顧忌地談出了內心想法。他們只是從表面上理解毛澤東的意圖。「中國屬於六億人民」，一位學者在《人民日報》上撰文說，「它不只是屬於共產黨。」這種反對一黨專制的叫喊，便是在毛澤東四周突然開放的百花園中普通的一朵。

第二朵花差不多也是普通常見的，這就是反對共產黨對中國各個領域的生活實行嚴密控制，作家們要求有更多的思想自由。

毛澤東後來問赫魯雪夫（不知是出於好奇還是只想激怒這位蘇聯人）對「百花齊放」這個口號怎麼看，赫魯雪夫否定了它。他說：「任何一個農民都知道，有些花應栽培，而其餘的應砍掉。」赫魯雪夫聲稱：「毛澤東也認爲這一口號可能不適合於蘇聯。」

這確實是一種毛澤東主義的口號，它反映了毛澤東性格中的兩重性。在他內心深處他是蔑視每一個知識分子的。這部分是由於他贊成列寧的觀點（赫魯雪夫也贊成列寧的觀點），部分是由於毛澤東在早年深受「學閥」之苦。但與列寧主義者不同，他認爲知識分子是可以改造的。

「在團結他們的同時，要教育他們。」[2]這是毛澤東建立統一戰線的信條。對於史達林來說，統一戰線就是爭奪權力，要純而又純。對於毛澤東來說，處理好統一戰線內各派別之間的關係，就可以聯合一切可以聯合的力量共同抗擊眼前的敵人。

史達林把他在戰爭時期與美國和英國的結盟看作是統一戰線，他的目的只是要打敗希特勒及其幫兇，並不試圖去改變美國和英國的社會制度。毛澤東與蔣介石建立的統一戰線有雙重目的：一個是打敗日本，另一個是在與蔣介石共處的同時削弱他的勢力。

毛澤東採取一種比史達林更溫和、更有耐心而且從根本上不妥協的政治技巧。即使是在掌權時，他的這種導師氣質從未消失過。

一九五六年歲末，毛澤東說出了他理應在多年前就想說出的話：在二〇年代末和三〇年代初，中國共產黨黨內打擊他的那些人都是史達林的弟子。毛澤東沒有早一點說出來，表明他對這位蘇聯獨裁者還是非常敬畏的。

儘管爲時過晚，但將其擺明不愧爲巧棋一著。他鞭打史達林這具僵屍，就爲自己作爲正確的中共領袖罩上了一圈美麗光環。

百花叢中出現了毒草。在武漢爆發了一場大規模的學生運動。在一九五六年炎熱的夏季，大規模的示威使這場運動達到高潮，叫得最響的口號是「歡迎國民黨！」「歡迎蔣介石！」

香花也許確實已變成了毒草。在英國和美國受過教育的著名社會學家費孝通在《人民日報》發表文章，對毛澤東的百花齊放政策有所貶低。文章說，毛澤東的號召有點像「早春的天氣」，「乍暖還寒，開放的鮮花易遭霜打而凋落。」

與那些敢於直言要求議會選舉和新聞自由的持不同政見者相比，這些在基層廣泛蔓延的懷疑主義態度更使毛澤東感到失望。

毛澤東下令禁止百花齊放，原因之一是迫於劉少奇及其他同事的壓力。在一九五七年初的一次講話中，毛澤東第一次提出區分兩類不同性質的矛盾，即人民內部矛盾和敵我矛盾。這一區分是模糊不清的。這種模糊性，像是令人膽戰心驚的陰雲，在毛澤東餘下的二十多年裡，一直籠罩在中國的上空。

費孝通的懷疑是明智的。到一九五七年末，許多學者在幾個月前還滿懷希望、妄自尊大、直言不諱。現在，他們卻在打掃辦公室（坐在辦公室裡的都是一些沒有大膽直言的人）隔壁的廁所。丁玲（她與毛澤東的關係時冷時熱）當時在擦洗作家協會大樓的地板。

毛澤東說：「我國現在的社會制度比較舊時代的社會制度要優勝得多。如果不優勝，舊制度就不會被推翻，新制度就不可能建立。」口氣已變，調子明顯降低，似乎含著哀歎。在未修訂的二月講話版本中，毛澤東絕沒有使用「修正主義」這個詞。這個粗糙的、未修訂的版本中隱藏著非民主的思想。

毛澤東在一九五六年樂觀地、過高地估計中國已變成一個有組織的大家庭。當時毛澤東認爲：「急風暴雨式的群衆階級鬥爭已基本結束。」但後來他又改變了思想。在他往後的年月裡，這樣的階級鬥爭每隔一段時期就要開展一次，不管「階級」是否眞正存在。

毛澤東發動「雙百」運動，允許自由表達不同意見。他認爲，各種批評和抨擊可以防止政權的僵化，可以保證新的一代有活躍的思想，越開放越好。但是且慢，花苞必須按照園丁的旨意長大和開放。允許自由鳴放並不是爲了去追求眞理，而是治病救人的藥方。

在政治局中，不是每個人都能理解毛澤東提出雙百方針的要旨（他們也不像毛澤東在一九五五年底有那麼一種活躍的心情）。劉少奇和其他一些人對於讓共產黨接受放肆的、公開的批評很不高興，只有毛澤東一個人認爲邀請黨外人士來批評共產黨有好處。

即使一九五七年初毛澤東作出了讓步時，對某些人來說這種讓步是不徹底的。毛澤東在二月份一次會議上發表講話時，一些高級領導人起身離開會場以示抗議。結果，就這篇講話是否應公開發表引起了激烈爭論。劉少奇從《人民日報》發表的會議照片中消失了，另外還有包括朱德在內的五名政治局委員的照片也沒有出現。

毛澤東未來信仰的一個重要支柱，就這樣消失在一九五七年的冬雪之中。他促成社會制度的改造並獲得成功，土地集體化了，新的精神面貌正在農村興起。這些變化看來是不可逆轉的了。

但是，毛澤東在構建政治制度方面卻沒有這麼成功。他冒著風險徵集反對意見，然而又把它們拋在一邊。結果便導致了一個謹小慎微，甚至沉悶的知識界。在毛澤東執政期間，「雙百」運動只是毛澤東在追求一種不可能實現的政治體制之曲折道路上所發生的第一個波折。毛澤東想以民主方式解決衝突，同時又要確保不離開共產黨的領導；他想激發起人民自由爭論的生動局面，同時又不能離開早已確定的目標。「我告訴右派，要他們批評是幫助整黨」，他對他的同事說道，「絕不是要他們反黨或向黨奪權。」

在一九五六年的緊張時期，毛澤東做了一件特別的事情。他離開北京來到武漢，儘管首都五到六月份的氣候要比武漢更宜人。他不顧同事們的阻攔，下水游泳。

一次在廣東游完珠江，毛澤東的保健大夫著急了，他眼睜睜地看著人們護圍著毛澤東悠閒地漂流著。游完珠江後，毛澤東提出要游長江。沒有人，甚至沒有一個當地漁民下過這條水流湍急的大江。毛澤東的下屬同僚都感到擔心。鄧小平說：「每個人或多或少都有點主觀主義，毛主席也不例外。他要去游泳，儘管大家都不同意，他還是去了。」兩位負責安全警衛的隊長先被派去武漢試水，他們想，在長江游泳對毛澤東是不安全的，因而想阻攔。然而其中一人說了謊，說江水適應主席去游。反對游泳者被毛澤東斥爲「白癡」並讓他「滾蛋」。

同時，毛澤東出行長沙去游湘江。早幾年他就知道，他的一名衛士被水蛇咬過，不過毛澤東倒幸運，他樂陶陶地從江中爬起來點起一支煙。在長江，武漢軍區陳再道這位後來在「文化大革命」中頗有名聲的司令員，當他爲毛澤東準備下水游泳打前哨而奮勇探索、躍入兇猛的江水中時差點溺死。甚至周恩來和林彪都試圖勸阻毛澤東去游長江，可是他不聽任何人的。他從汽艇甲板放下的軟梯爬下洶湧的黃色江水中。爲了避免陳再道試圖逆流而遊的錯誤，毛澤東只是順流而下。他從武漢三鎮的武昌出發，遊到漢口登岸，花了兩小時時間。身上還滴著泥水，他就坐了下來品嚐起有名的武昌魚，然後揮毫寫道：

不管風吹浪打，
勝似閒庭信步，
今日得寬餘。

毛澤東禁不住將自己與孔子比較，似乎不僅要顯示自己身體的強健，而且要顯示他政治的強盛：

子在川上曰：
逝者如斯夫！

毛澤東大爲孔子所感染，他的游泳確乎有點想使自己躋身那顯露個人精神價值的傳統統治者的佇列中。毛澤東爲舊的模式注入了新的手法。古代帝王是通過優美的書法，或遠離色慾的高雅來顯示其精神價值，但他們從未使用過游泳方式。

從〈水調歌頭．游泳〉一詞的下片可以看出，毛澤東的心緒所繫仍是經濟的發展。他提到了在扼守武漢的長江兩岸的兩山之間建造一座大橋：

一橋飛架南北，
天塹變通途。
……
神女應無恙，
當驚世界殊。

人們不能不感受到，毛澤東此時既爲中國有可能被改造而興奮著，同時也在擔憂舊事物不會被輕易改造成新事物。

游完長江之後，毛澤東的同僚下屬都誇讚他。但毛澤東風趣地對朱仲麗（一名醫生作家，王稼祥的妻子，是常接近毛澤東的一位）說：「人可不能逞能啊！我這次在長江游的時間太長了，已經感到全身疲乏，還要逞能，繼續游，要不是葉子龍叫我上船，我只怕淹死了。」

「我不相信」，朱仲麗笑著說，「您很會游泳。」

「你不相信，群衆也不相信，這種心情我理解。所以，我就越游越起勁囉。」

毛澤東一直在南邊巡遊（直到波蘭爆發了波茲南事件及中國的後院西藏出現叛亂跡象）。他試圖擺脫在北京時日常事務的纏繞，愼獨深思。他也是在用他最喜歡的方式，融於大自然之中來放鬆一下。他的醫生說：「毛澤東用他游水的方式統治中國——他堅持實行一些前所未有，猛進危險的政策……。」

當一九五六年九月中共八大召開時，毛澤東心情不好。這是自一九四五年以來的第一次黨代會。十一年來中國獲得了巨大成就，但毛澤東不是在各方面都能貫徹自己的路線。有五十六個外國共產黨代表團出席了大會。毛澤東主持了開幕式。事實上，中國在國際上的威望已經大大提高。黨代會的報告談到中國的國際成就時，不時贏得陣陣掌聲，而在談到國內建設成就時掌聲較少。

就毛澤東的感受來說，這次黨代會表現出過分的自滿。的確，他取得了幾個明顯的勝利：國防開支被削減；毛澤東當時喜歡的鄧小平被提拔到新的重要崗位上，擔任黨的總書記。這就使毛澤東能與第二號人物劉少奇那難以對付的勢力相抗衡。

但是，黨代會沒有認可毛澤東的「大躍進」計畫，而提出了穩定發展經濟的計畫。更有甚者，它開始限制對毛澤東的個人崇拜。一九四五年寫進中國共產黨黨章中的「在毛澤東思想的指導下」這句話，在一九五六年黨代會通過的新黨章中刪去了。當然，這次大會肯定受到七個月前赫魯雪夫大反史達林的影響。這在毛澤東同赫魯雪夫對抗的史冊上又增添了一個斑點。

表面的平靜中，中國共產黨黨內的第一次大分裂已悄然開始。儘管黨章中對歷史發展必然性的信仰絲毫未變，黨內爭吵也沒有激化。而且，毛澤東對批評採取了容忍態度（李立三和王明得以重新入選中央委員會），但裂罅依然存在著，其中有兩條裂罅在以後的十年內已似鴻溝。

劉少奇第一次大膽地衝撞毛澤東。隨著踏平這些「障礙」想法的萌生，毛澤東不再是在跋山涉水途中滿腦子只想著革命事業的純而又純的英雄，而是變成了有著複雜經歷的政治家。在一九四五年黨的七大上，劉少奇的報告中一百〇五次提到了毛澤東的名字，但在八大上僅有四次。「集體領導」的話總是掛在劉少奇的嘴邊。劉少奇說，在中國，基本的政治鬥爭已經結束，今後的任務是進行經濟建設，其目的是要轉移毛澤東對政治運動的熱情。他大聲呼籲，說出了許多經濟計畫者想要說出的話：「在革命戰爭中行之有效的經驗不能夠用於新中國的經濟建設。」

劉少奇在解釋爲什麼把「毛澤東思想」從黨章中刪去時顯得無動於衷。他說：「七大已經確立了毛主席在全黨的領導地位，即使現在不再提毛澤東思想，我們每個人仍然知道它。」劉少奇進一步說：「另外，如果總是重複已經習慣了的東西，也沒有什麼意義。」

毛澤東清楚地知道，赫魯雪夫對史達林的攻擊已經對他在黨內的最高權威的地位產生了影響。當時親近毛澤東的鄧小平在一次對共青團講話中說：「毛主席從來沒有說過他不會犯錯誤。」這聽起來像是爲毛澤東辯護。交通部長（非中共黨員）說：「社會主義民主應當比資本主義民主更優越。資本主義國家的總統有三年或四年的任期……誰知道毛主席要當多少年的主席？」

毛澤東在一九五七年初確實考慮過引退問題。他把自己比做一名戲劇主角，他也懷疑自己是否正在衰老而不能把戲唱好，但他沒有下台。他沒有向黨和政府提出辭職請求，仍然是黨和政府的首腦。

對於蘇聯，毛澤東在公開場合出言謹愼，但在私下裡他是指責莫斯科的。他決定同時接見米高揚和波蘭領導人奧哈布，這是帶有惡作劇性的行爲。在交談中，他明顯偏向波蘭，甚至讚揚被蘇聯人詛咒的哥莫爾卡。

毛澤東對波蘭的這位第一書記奧哈布說：「好像不謀而合，中國和波蘭一直是很好的夥伴，我們對此很滿意。」米高揚怒氣沖沖。奧哈布深受鼓舞，當即大膽地批評了莫斯科。毛澤東就在他的辦公室裡挑起了兩個外國領導人的爭端。

米高揚不同意奧哈布對「波茲南事件」所作的冷靜分析。奧哈布反駁說：「波蘭人比蘇聯人更清楚波蘭正在發生的事情。」米高揚大發雷霆：「發表如此反蘇言論的人，只能被當作敵人來對待，這也適用於那些喜歡聽這樣宣傳的人。」

奧哈布很難堪，與毛澤東握了握手，離開了毛澤東的房間。

可是毛澤東也站了起來，與奧哈布一起走了出去。米高揚被冷落在一邊，氣急敗壞。他沒有繼續參加中共八大，當天就飛回莫斯科。

在一九五六年結束之前，毛澤東使用了一個詞，這個詞馬上在中國排字工人中傳開——反對「修正主義」應該與反對「教條主義」並重。這是神秘而嚴重的。史達林被看作是犯了教條主義的錯誤，而毛澤東又指出另一個相反的錯誤也存在於黨內。

這是一片不合時宜的雪花，然而這片雪花將會變成一場暴風雪。

一九五七年初，毛澤東像是一位波斯地毯編織工，用各種彩線編織著，在毯子織好之前他還不知將會成什麼圖案。毛澤東手裡現在握著六根線，要組織好它們之間的相互關係：百花園中的毒草已多於香花；對史達林的評價應保持平衡；波蘭事件不應受到譴責；匈牙利的教訓不能忘記；必須悄悄地消除中國的個人崇拜；中國經濟要以盡可能高的速度向前發展。

幾個月來，毛澤東一直試圖對這些問題進行公開辯論，但是黨內反對這樣做的壓力相當大。匈牙利事件使毛澤東心存疑慮，應該在何種程度上容許黨外人士對共產黨的批評呢？「匈牙利事件發生以後，我國有些人感到高興。」他在《關於正確處理人民內部矛盾的問題》的報告中說：「他們希望在中國也出現一個那樣的事件。」這是一個哀傷的聲明。但是，毛澤東最初絕沒有反對匈牙利事件。這猶如一個不誠實的求愛者，在與人調情後，然後又疏遠人家。

一九五六年十月，毛澤東緩步走向在懷仁堂中的座椅，這裡在召開政治局擴大會議。他穿著睡衣，談論著從莫斯科發來的調子憂鬱的電報。蘇方說，波蘭的反蘇勢力正在增長，在這種形勢下莫斯科有可能派出蘇軍進入波蘭以維持東歐的穩定，並已做好準備。莫斯科徵求北京對此次行動的意見。

正是在這種危難局勢中，他解釋為何要召開這次會議。他回過頭去問吳冷西相關的情況，吳冷西是新華社負責人，應邀前來提供最新消息。吳冷西報告了蘇聯和波蘭雙方的軍事準備情況，總括了波蘭工人為反對蘇聯威脅有準備暴動的跡象。毛澤東嚴肅地說：「孩子不聽話，父母拿出棍子。一個社會主義國家出兵反對另一個社會主義鄰國完全違背國際關係的原則，更不說在社會主義國家中的原則。這是不能容許的，是大國沙文主義。」

會議決定告訴莫斯科，中國反對干涉波蘭，並反對這次出兵行動。半小時內，蘇聯大使尤金被毛澤東召來，毛澤東在菊香書屋告知他這一消息，仍然穿著睡衣。毛澤東以不容分說的語氣告訴尤金，政治局已決定，要求他打電話立即轉告赫魯雪夫。

毛澤東開始縮回他的角落了。在國內，毛澤東通知追查「右派」，他認爲武漢的學生運動是「小匈牙利」。在國外，他很快就讚揚莫斯科扶持的布達佩斯的監控者卡達爾，一年之內他在北京兩次宴請他。他在同匈牙利的領導人談話時表示，在一九五六年危機中他給赫魯雪夫發出急件，敦促迅速出兵反對布達佩斯的「修正主義分子」。

毛澤東對波蘭的同情也隨之消失了。四月份，他曾宣布將在夏季訪問華沙——這將成爲毛澤東一生中除蘇聯外的唯一出訪，但後來又突然取消了這次訪問。到一九五七年底，他開始大談社會主義陣營的團結，並願意由莫斯科來領導。

在北京，由於毛澤東的讓步，一九五七年倒是團結的一年。經濟發展在一九五六年沒有出現毛澤東所期望的「躍進」，他在馬克思主義經濟學中實行的言論自由實驗也由此告罄。毛澤東的許多同事在看到這兩個倒退之後，不無寬慰地說：「我早就料到會是這樣。」毛澤東退回來與他們站在一起。

但並不盡然。自史達林的神話破產之後，他的內心深處發生了極大的變化。他對莫斯科根深柢固的敬重已不復再存。似乎有什麼東西在他內心敲擊。他試圖走一條更具中國特色的道路。

三年來，毛澤東的醫生一直不允許他吃雞蛋或雞湯，因爲蘇聯醫生說這些東西對老人的健康不利。某一天蘇聯醫生改變了這種說法，毛澤東的那些亦步亦趨的醫生們也改變了主意，毛澤東又能吃雞蛋和雞湯了。經過這件事，毛澤東發誓說，絕不能再盲目崇拜蘇聯道路了。

毛澤東抱怨說，畫他和史達林的畫像，中國的藝術家們總是把他畫得比史達林矮一些。毛澤東確實提起過這些令人不快的小節，但他所執行的一系列政策表明，他對莫斯科道路的信仰依然存在，只是有所收斂而已。他對莫斯科相當敬畏，但他不願公開承認這一點。

如果劉少奇認爲一九五七年的平穩爲解決分歧提供了機會的話，那是大錯特錯了。劉少奇和毛澤東都熱衷於發展經濟，但是究竟「怎樣」發展，他們之間有分歧。匈牙利事件對他倆都產生了巨大震動。劉少奇認爲，較好的生活水準是防止中國出現類似危險的最重要保證，毛澤東則認爲要優先重視道德領域的改造。

毛澤東後來稱一九五七年是糟糕的一年。這年年中，毛澤東寫了一首優美而令人驚訝的詞〈遊仙〉，[3]這首詞是懷念他的前妻楊開慧的。隨著繚繞於他身邊的雲朵，毛澤東沉浸在對美好往事的回憶之中，表達了一種雖死猶榮的心境。

毛澤東的這首詞是答贈一位女士的，和毛澤東一樣，她的先生也是在三〇年代死於蔣介石的屠刀之下。當時他們四人同在湖南從事共產黨活動。毛澤東巧妙地使用雙關語來稱楊（「楊」又可指楊樹）和柳（「柳」又可指柳樹）：

我失驕楊君失柳，
楊柳輕颺直上重霄九。

毛澤東接著用了一個古代的神話傳說：吳剛由於「學仙有過」，受到懲罰，到月宮去伐桂樹。但是他每砍一刀，刀口又會自動長合，桂樹依舊恢復了原樣。這樣，他不得不永遠砍下去。

毛澤東以天國的祝福來讚美人間為正義而戰的壯舉。詞中的「虎」是指蔣介石，淚水則形容心情的喜悅：

忽報人間曾伏虎，
淚飛頓作傾盆雨。

這是濃厚的浪漫主義奔放，交織著天國神話、人間歡樂、革命壯舉和悲痛的回憶。〈遊仙〉這首詞並不是毛澤東懷念楊開慧的唯一跡象。在寫了這首詞之後幾個星期，毛澤東在書房裡接待了二〇年代曾給楊開慧和他當過保姆的陳玉英。在與陳的兩個小時的談話中，毛澤東回憶往事，情不自禁地說：「我今天看見你就像看見了楊開慧一樣。」從有關這次談話的資料可以看到，當時淚水在毛澤東的眼眶裡打轉。毛澤東說：「為什麼不每年來北京看看？」他提出了一個堂而皇之的理由來掩飾他真正的心衷：「來看看這裡的發展變化也好嘛。」

毛澤東對待陳玉英的行為方式與對待其他人尤其不同。他幫助她入座、起身，當她下台階時又溫和地說：「小心點。」對這位女傭來說，她視這種特殊待遇為當然。她以稍帶抱怨的溫和口吻說：「放鬆點，我老了，走不穩了，你曉得的。」

江青已於這年的早些時候從蘇聯醫院回到北京，她的身體仍然不佳。毛澤東帶著她去各地巡遊，但事情總不盡如人意：南京天氣過熱，青島又太潮濕，使她患了感冒。毛澤東只好打發她回北京，自己則待在青島這個北部港口籌劃著發動一場「反右」運動。

在其八十二年的生涯中，毛澤東只參加過一次國際會議，這就是一九五七年深秋在莫斯科召開的世界共產黨高級首腦會議。毛澤東率領中共代表團飛往莫斯科，同時也參加十月革命四十週年的慶祝活動。莫斯科派了兩架圖－一〇四飛機去接中國代表團。毛澤東、宋慶齡以及毛澤東的醫生乘一架飛機，其他中國的黨領導人乘另一架飛機。

在莫斯科機場，毛澤東熱情稱頌蘇聯。但在訪問過程中，他又幾次巧妙地使用了「人民」這個詞，來避開說是莫斯科幫助了中國共產黨。「中國人民得到了蘇聯人民的巨大同情和慷慨援助。」

毛澤東覺得他有資格擺點架子。當然，他已準備好要談一些赫魯雪夫不贊成的觀點，但是又同赫魯雪夫一樣感到要以團結為重。毛澤東在這次會議上的地位舉足輕重，正如同一些東歐人士後來抱怨的那樣，毛澤東和赫魯雪夫在他們之間拔河。這樣說一點也不過分。

毛澤東衝著慶祝會發火，便裝做不喜歡克里姆林宮的豪華。他看了看為他下屬安排的房間後，便叫來翻譯李越然，李越然與一位醫生住在一間適中的房間。「你去告訴蘇聯同志，說這間房子太大」，他對李越然說，「請他們給調一下。」年輕的李越然不大同意，惶惑之中，他只有去找楊尚昆來交涉，好讓毛澤東仍住在這間原屬葉卡捷琳娜皇后的富麗堂皇的臥室。毛澤東拒不使用盥洗室，堅持用自己從北京攜帶的馬桶。在應邀觀看芭蕾舞劇時，他到得遲，走得早，還對表演指指點點。

毛澤東拜謁列寧墓時對在莫斯科大學讀書的中國留學生發表演講：「我們社會主義陣營要有個頭，這個頭就是蘇聯。」儘管這是站在國際講台上（這是他一生中僅有的幾次中的一次），但這並不意味著他已擺脫了他身上的全部鄉土氣息。當他開始對留學生演講時，他問有多少學生聽不懂他的湖南口音，大多數人舉起了手。結果，面對這些中國聽衆，他得透過一個翻譯把他的演講從湖南話譯爲普通話。

毛澤東拉著哥莫爾卡的手去擁護以蘇聯爲頭子的社會主義陣營。「帝國主義是有一個首的」，他對波拉說，「我們需要一個首。」必須有那麼一個國家，召集會議，他爭辯說，只有蘇聯才有力量爲首。哥莫爾卡在與毛澤東會談之後咕嚕著走開時，對毛澤東堅持要共產主義陣營內「保持團結」的做法甚爲「失望」。南斯拉夫不喜歡毛澤東那樣效忠於蘇聯在共產主義陣營中的領導地位。毛澤東也沒有在公開場合談論他在國內執行的「雙百」方針，和赫魯雪夫一樣，他被匈牙利事件嚇著了。

在毛澤東的思想中，戰爭與和平有雙重的意義。就在他飛往莫斯科前的兩個星期，蘇聯人已達成一項協定——答應幫助中國得到一顆原子彈。

如果沒有這樣的背景，毛澤東也許不會去莫斯科參加十月革命的慶祝活動。毛澤東仍然需要蘇聯在軍事上的幫助，但是毛澤東並不贊同赫魯雪夫關於戰爭與和平的觀點。他非常輕蔑地談到核武器，與一九五四年他對尼赫魯所說的觀點一樣，這使蘇聯人和東歐人都大爲震驚。「東風壓倒西風。」[4]毛澤東的這句話不久就風行起來。毛澤東的意思是，以蘇聯爲首的社會主義陣營必將戰勝以美國爲首的資本主義陣營。

那些聽了毛澤東講話的人感到，準是幾天前蘇聯發射的人造地球衛星給他留下了深刻印象。毛澤東一到達莫斯科機場就發表講話說：「蘇聯發射的第一顆人造地球衛星是一項偉大的成就，它標誌著人類進一步征服大自然開始進入新紀元。」中國五四運動對科學的追求仍在毛澤東的心中閃耀。在毛澤東看來，社會主義陣營只要有了人造地球衛星，就能夠蔑視帝國主義的一切挑釁。

私下裡，毛澤東不斷勸說赫魯雪夫，敦促他不要與西方進行裁軍談判。如果說毛澤東與赫魯雪夫在對待西方的政策上有分歧的話，那麼在國防戰略上他們更有著根深柢固的異見。

「如果蘇聯遭到西方的襲擊，你們不應當抗擊，而應該後撤。」毛澤東的這一觀點使赫魯雪夫大大為驚訝。

「你所說的『後撤』是什麼意思？」

「就是有目的地撤退，準備打一年、兩年甚至三年的持久戰。」

毛澤東是意指蘇聯在第二次世界大戰時就撤到斯大林格勒。赫魯雪夫目瞪口呆，他只得向毛澤東解釋，那次由於希特勒的入侵所導致的撤退是被迫的，況且，如果再發生戰爭就與第二次世界大戰不一樣了，因為有了核武器。

「如果你們後撤到烏拉爾」，毛澤東平靜地說，「到那時我們中國就可以參戰。」這使我們想起兩艘戰艦黑夜裡在三條航線中交臂而過的情景。

毛澤東根據中國的弱處提出，要打敗入侵者，必須重視戰略防禦，但蘇聯人並不這麼想。

毛澤東不害怕核武器（當然，他對核武器知道得要比赫魯雪夫少），他認為，只有當你害怕它時，它才可怕，如果你不怕它，它也就嚇不倒你。

總之，毛澤東是在儘量利用時間，建立一個至少能與美蘇抗衡的強國是他的目標。在實現這一目標之前——儘管還要走很長的路——阻止美蘇聯盟反對中國，對於毛澤東來說，是頭等重要的事情。

毛澤東對赫魯雪夫談到他的許多中國同事。據赫魯雪夫說，這些同事中的大多數人後來都沒有好的結局，高崗就是典型的一例，「你甚至不能在毛澤東的面前提到高崗的名字。」這充分反映出毛澤東在北京一直經歷著複雜的政治鬥爭。令人感興趣的是，他現在是把這些經歷當作過去的往事向赫魯雪夫提起。

大概只有一位同事是毛澤東眞正欣賞的。「你看到那位小個子了嗎？」毛澤東指著中國代表團的一位成員對赫魯雪夫說，「他聰明能幹，很有前途。」他指的是鄧小平。事實上，這位頑強的四川人後來三起三落，兩次是因爲毛澤東改變了對他的看法而罷黜了他，這是後話。

赫魯雪夫在玩笑聲中告訴毛澤東，布林加寧現在工作不得力。毛澤東問誰可以代替他，赫魯雪夫說，將由柯西金取代他。「柯西金是誰？」毛澤東問。他從未聽說過柯西金，就像赫魯雪夫對鄧小平一無所知一樣。赫魯雪夫把柯西金介紹給毛澤東，於是兩人走到一邊攀談起來，柯西金後來確實取代了布林加寧。八年後，毛澤東在北京會見了他，這是毛澤東最後一次會見蘇聯領導人。

毛澤東在他的告別講話中號召團結，這既照顧到他的聽衆也不滿於他的聽衆。他引用一句古話來進行解釋，「中國有句古語」，他對這些共產主義頭領說，「兩個泥菩薩，一起打碎，用水調和，再做兩個。我身上有你，你身上有我。」

當毛澤東成了社會主義陣營中，堅持與西方勢不兩立的好戰立場的代表時，他的內心也升騰起另一種憂慮。他發現人們對馬克思主義的信仰在動搖和衰減。「我看有兩把『刀子』」，毛澤東在回到北京後說，「一把是列寧，一把是史達林。」這表明毛澤東仍然把蘇聯看作是馬克思主義的搖籃。

「現在，史達林這把刀子，俄國人丟了」，他繼續說：「列寧這把刀子現在是不是也被蘇聯一些領導人丟掉一些呢？我看也丟掉相當多了。」

「十月革命還靈不靈？」毛澤東的這些話說明他在信仰上正經歷著激烈的內心鬥爭。對此問題，毛澤東懸而未答。在毛澤東以後的十九年餘生中，對此問題的態度雖然幾經變化，但他一直未做出徹底的回答。

注釋

【1】譯註：據希臘神話，宙斯命潘朵拉帶著一個盒子下凡，潘朵拉私自打開盒子，於是裡面的疾病、罪惡、瘋狂等各種禍害全跑出來散布到世上。

【2】譯註：《毛澤東選集》，第四卷，第二一〇頁。此處引文原書所註出處疑有誤。

【3】譯註：此詞公開發表時題目改為〈蝶戀花・答李淑一〉。

【4】愛德華・弗里德曼教授指出，「東風」一詞的提出，只是為了反對固定不變的僵化思想。

15 修補體制（一九五八—一九五九）

「到一九五七年，他變成了另一個人」，一位在五〇年代早期就認識毛澤東的緬甸人後來回憶說，「他越益靜坐沉思，顯出老相，且行動遲緩。」他們二人在天安門城樓上交談，「毛澤東的眼睛望著遠方，他在回憶朝鮮戰爭……。」

度過艱難的一九五七年，毛澤東自莫斯科回來後，就把希望寄託在一九五八年的大躍進上。

他把五億農民趕進了二點五萬個人民公社的集體生活之中。他不僅想使經濟發展的速度加倍，而且試圖改造人們的靈魂。他要讓中國人民相信，革命並不是像其本身所表現出來的，是來自上面的一種壓力形式，而是人們發自道德選擇的絢麗花朵。

他在一月份北京的一次幹部會議上說：「我在北京住久了，就覺得腦子空了，一出北京，又有了東西。」

帶著沉著挑戰的心情，毛澤東南下到了南寧。他在邕江裡游泳（邕江流經南寧），在南湖公園的蘭花叢中漫步。他感到自己接觸了眞正的中國。

在南寧的一次會議上談到長期存在的官僚作風時，他怒不可遏：「這個問題我講過一萬次了，但是一點用處也沒有。」「不管怎麼說，我還有點資歷吧，有些事應該給我打個招呼吧。」他怒氣沖沖地提到另一個問題。

他對作經濟計畫的專家說：「你們的文件，我兩年不看了，今年還不準備看。」他對官僚機構的效率低下很不滿，他希望下邊有更多的能動性。

「拆除城牆是好事。」毛澤東以挑釁的口吻對一位高級知識分子說，這位知識分子看到北京的城牆被破壞，痛哭流淚。毛澤東固執地高聲說拆牌樓是好事，很明顯，他不只是要拆除幾座舊城牆，他是在與他認爲不合時宜的世界觀作鬥爭。

毛澤東用水來形象地比喻大躍進。他在一次談到要清除黨內的宗派等級思想時說：「臉是天天都要洗的。」他說，對那些變得傲慢自大的官員「要澆上一盆冷水」。他還說到了「細菌」和「洗掉」積滿的灰塵。

他自己就下過水。他七次在武漢的長江水中游泳，而且每次都是在衆目睽睽之下暢遊。激流是一種挑戰，而水可使人的皮膚光潔。一九五七年，毛澤東感到煩躁不安，像一個好長時間沒有洗澡的人。到一九五八年，解脫的機會來了，毛澤東躍入水中盡情洗浴。

五〇年代後期的毛澤東，一直不停地揣測誰和他站同一陣線，誰想反對他。他發現在他的花園中毒草的數目遠遠地超過了強行種植的鮮花，便無法容忍。他在某次的會議上說：「現在，全國究竟有多少人贊成社會主義，我正在和地方上的同志摸這個底。」

對毛澤東來說，一九五八年從一九五六年就開始了。「百花齊放」的口號令人失望，知識分子使毛澤東情緒低落。現在，他只信任那些未受過正規訓練的社會階層的能力。

毛澤東在北京的一次政府規劃會議上說：「青年人不壓迫老年人，老年人不會進步的。」知識分子大多都是年老的，是一九四九年以前社會遺留下來的。正處在上升時期的年輕人更單純，對新的社會秩序更充滿熱情。

這位來自韶山的人總結說：「譬如積薪，後來居上。」

在一定程度上說，毛澤東自一九五八年以來所做的一切，都可以在他早年沒有實現的理想中找到根源。同時毛澤東也不滿於蘇聯的道路，不滿於當時的中國對蘇聯的效仿。毛澤東還開始了與幻影的鬥爭，因爲新中國已經出現的東西和他希望出現的東西之間存在著差距。

毛澤東之所以要對體制進行修補，還有一個根本原因——他越來越感到自己終有一天要死去。

「就像養豬一樣」，這位農家子在談到「大躍進」時說，「骨架在頭四個月就定型了。」「大躍進」的目的就是「建造這種骨架」。

「大躍進」實際上是一種發展的思想，但它不是清晰、一致同意和具體詳細的發展計畫。

極爲矛盾的是，毛澤東這位「五四」精神的產兒，在「大躍進」期間創造了一種近乎宗教色彩的氣氛。「敢叫日月換新天」、「改天換地」，這類口號廣爲流傳。當工人們被迫通宵待在工廠以完成過高的定額時，他們看到牆上有這樣一條標語：「一夜賽千年」。這很天眞，但也極具感染力。甚至連監獄中的犯人也被觸及到了。一位在「大躍進」期間服刑的犯人（後來離開中國）回憶說，他妻子給他寫信說，爲了支持大煉鋼鐵，她已把他們結婚時的鐵床獻給了國家。

在同一所監獄，犯人們積極參加消滅蒼蠅的運動。監獄給每個犯人的定額是一天要打死五十隻蒼蠅，超額完成數可以累積起來或用來換香煙。

毛澤東的情緒也被「大躍進」的熱潮提了起來。儘管他的一些同事很保守，儘管後來很多中國人爲自己的虔誠努力被擺布而不滿，毛澤東本人則因一九五八年的新政策而意氣風發。

毛澤東想起了他最近與莫斯科進行的核武器問題談判，他形象地比喻說：「我們國家像一顆原子彈，一旦爆炸，就會釋放出巨大的能量。我們能夠做到以前從未做過的事情。」

他在中南海的辦公室裡也拍打蒼蠅。在杭州，他夜間在別墅外的小路上散步時，也要追趕偶爾飛過的蚊子。他爲自己沒有打死過老鼠感到遺憾（老鼠也是四害之一）。他把自己與中國幾千年前的孔聖人相比，「幾千年來，包括孔夫子在內都沒有搞過除四害。」

毛澤東的頭腦隨著統計上的估計而膨脹著。

十個月的時間建成了人民大會堂（在蘇聯專家認爲這個設想不可能完成之後），這難道不說明共產主義精神已經在中國出現嗎？一萬二千名建設者每天做十二個小時的活，而不是標準的八個小時。毛澤東在談到這些人時說：「他們需要物質刺激嗎？他們需要額外的報酬嗎？他們不需要，他們不需要那些東西。」這種從社會主義道德向共產主義道德過渡的速度，使毛澤東非常激動。他宣稱：「這不只是『按勞分配』的問題，其中還有列寧的『共產主義星期六』的偉大思想。」

一天晚上，毛澤東在訪問了幾家工廠歸來後，被工人們的沖天幹勁所鼓舞，他揮毫抄寫了一首感情充沛的詩用以讚揚工農階級的風發意氣，也表達了對組織工作的不滿：

九州生氣恃風雷，
萬馬齊喑究可哀。
我勸天公重抖擻，
不拘一格降人才。

一九五八年夏的又一個夜晚，他看到《人民日報》上的一則新聞說：江西的一個縣消滅了血吸蟲病——這個縣距毛澤東過去的根據地井岡山不遠。他興奮得夜不能寐，黎明時分，他披衣起身，走近書桌，清晨微風拂煦，旭日臨窗，他遙望南天，賦詩一首。

綠水青山枉自多，
華佗無奈小蟲何！
千村薜荔人遺矢，
萬户蕭疏鬼唱歌。

他描述過去的悲慘歲月，當時丁螺和水蛭彷彿占取了那片令人沮喪的土地。

此時此刻他的視野浩瀚無垠：

坐地日行八萬里，

巡天遙看一千河。
牛郎欲問瘟神事，
一樣悲歡逐逝波。

《送瘟神》就以水、發展和大自然的讚美展開這般想像，它通篇表達了這位「大躍進」時期的普羅米修斯的激情：

紅雨隨心翻作浪，
青山著意化為橋。
天連五嶺銀鋤落，
地動三河鐵臂搖。

一九五八年五月，中共八大二次會議召開，這次會議與一九五六年的八大一次會議基調不同。毛澤東擺脫了羈絆。

毛澤東對驚訝的代表們說：「我問我身邊的同志：『我們是住在天上，還是住在地上？』他們搖搖頭，說是住在地上。」毛澤東以猴的精明持不同看法，「我說不，我們是住在天上。如果別的星球有人，他們看我們不是也是住在天上嗎？所以，我說，我們是住在地上，同時又是住在天上。」

毛澤東用同樣的方法還與人爭論過「我們是神仙嗎？」「我們是洋人嗎？」等問題。

這從一個側面說明了毛澤東的思想變化過程，在以後十幾年的時間裡，他一直用這種思想衡量中國。一切事物都不能僅從表面出發作出判斷，不斷的變動才是唯一眞正的現實。未來不是存在於「彼岸」，而是必須從現在就抓住它。亂是美好事物的助產士。

有一天，毛澤東這樣說：「長江後浪推前浪，一切事物都在不斷的變化之中。」這並不是以一種歷史觀去否定任何其他歷史觀。

一則湖南諺語說：「草鞋無樣，邊打邊像。」在毛澤東以後的歲月中，他就像打草鞋一樣治理中國。

毛澤東宣稱，大躍進「破除了」許多陳舊的東西。在他心中，「迷信」就是那些認爲外國比中國好，中國應該承認自己永遠落後以及只從表面看問題的思想。

實際上，毛澤東對迷信的定義是非常寬泛的。在一九一九年，迷信是指宗教和祖先崇拜，這裡每個人都知道封建迷信是指什麼。到一九五八年，迷信變成了各種束縛人們意志的鐐銬。

他在一則批註中寫道：「那些近來攻擊人民公社的人們就是指把馬克思（《政治經濟學批判序言》）這一科學原則當做法寶祭起來打我們，你們難道不害怕這個法寶嗎？」

現在，是不是連馬克思也變成了應加以反對的迷信？

毛澤東的確開始輕手輕腳地把馬克思置於他應有的位置上。他在黨的會議上提醒大家：「馬克思也是兩隻眼睛兩隻手，跟我們差不多，只是他腦子裡有一大堆馬克思主義。」

馬克思不是革命沒有革成嗎？列寧不是在這方面超過了他嗎？「中國這樣的革命，馬克思沒有做，我們做了。我們的實踐超過了馬克思。」毛澤東繼續闡述自己的觀點。

大躍進並沒有破除魔法，只是用毛澤東的魔法代替了一切與之不同的思想方法，其中也包括馬克思的一部分。

如果說毛澤東懷疑所要達到的目標的話，他對怎樣前進則有堅定的信心。他感到經驗已經教給他很多政治行動的祕訣：

利用矛盾是獲取和掌握權力的方法。

平衡只是假像，甚爲不利，不平衡才是最有創造性的事物的狀態。

進步靠「波浪式」推進來實現。

如果只有上面的命令，而沒有群眾熱情投身變革運動的積極性，那就不會有什麼結果。

鬥爭保持純潔，它不僅能讓你得到想得到的東西，而且是政治中的神聖的東西。

可信賴的人不是專家，而是老粗、外行、卑賤者或所有那些願意爲公眾服務的人。

他在中共第八次代表大會上說：「從現在開始十五年以後，當我們變成一個現代化的、工業化的、文化高度發展的強國時，我們可能會變得趾高氣揚，尾巴會翹到天上去。」這是過分樂觀的預言和對功業難就意識的奇異混合。

對很多中國人來說，大躍進的熱情，主要是受現代化之夢的激發。正如毛澤東所宣稱的，十五年內鋼產量將增加八倍，將超過英國，小轎車遍地。

但對毛澤東來說，這場戰鬥及戰鬥的目的有著更根本的重要性。假如毛澤東是空想家，他的烏托邦主義也不得不與實現途徑結合起來而不是作爲終極目的。在這條道路上人民的心靈將發生某種美妙的變化，即使不大清楚這條道路將把人們帶向何方。

他用統計數字來作隱喻。確實，很多被誇大了的數字之所以能夠出籠，僅僅是爲了獻媚而允許強姦事實。而毛澤東本人的哲學觀點，對大躍進時所出現令人無法相信的虛假數字的檔案也有影響。

漢語對數字統計數有不精確的一面。「萬」在中文裡常常意味著「數千」，這同英文裡的「很多」相當。毛澤東本人的情緒又強化了這種傾向，「百分之九十的人是擁護我們的。」這不過是對士氣的自我激勵。毛澤東總是說，既定的任務要在二年內完成，有的任務用四年完成，四年沒辦法完成，五年完成。這都是強迫命令，而不是精確統計。

毛澤東把鐘錶的擺動作爲一種哲學眞理來加以信仰。在一次談到辯證法問題時，他舉了休息和起床的例子：「中國有句古話叫『久眠思起』，眠後即醒，醒後又眠。」這是中國道家的說法。

一天，毛澤東邀請一位學者交談。這位學者就是曾受過西方教育的著名社會學家費孝通教授。費教授的花朵在「百花齊放」期間小心翼翼地開放過。「你能不能轉變一下？」這位統治者問他的公民。

這是一個能打動人的問題，這表明毛澤東並不只是專橫跋扈者。

費孝通解釋說，他已確立了自己的道路，他已加入有兩百名高級知識分子組成的團體，這有利於相互幫助。

毛澤東迅即反駁：「不要同那兩百個人打交道，另外找兩百個人嘛。到工人農民中走一走，在那裡就會找到兩百個人。」費孝通懷疑這是不是有效。

毛澤東脫口而出：「眞正的朋友要到工人農民中去找。」毛澤東鄙視形形色色的專家，大躍進就是對非專業觀念的慶賀。在毛澤東看來，知識分子型的專家沒有生氣，行止古怪。這位半知識分子喜歡冷嘲熱諷，同時又要與爭道擋路的教授爭個高低。

在漢口的一次講話中，他列舉了歷史上一些沒有受過教育，職位不高，年紀又不大，而成就了偉大事業的著名人物，以此來譴責專業知識、榮譽和高級地位。「范文瀾同志」，他轉向正在聆聽他講話的著名學者，「我說得對不對？你是歷史學家，我說得不對，請你糾正。」毛澤東沒有停頓，繼續說：「馬克思也不是在中年或晚年以後才創立了馬克思主義，而是在青年時期。列寧創立布爾什維克的時候也只不過三十二歲……。」

在那些年月裡，毛澤東用這種方式裝作向年邁的范文瀾請教有五、六次之多。范文瀾又不能不回答。毛澤東喜歡顯示自己歷史知識的淵博，同時又表現出對歷史學家的輕視。

在「百花齊放」夭折以後，他在一次強硬的講話中提出：「無產階級必須建立自己的知識分子隊伍，用資產階級建立他們的知識分子隊伍的方法。」

毛澤東召喚優秀的知識分子在他身邊做醫生，像李志綏這樣的背景或按他的意願爲共產主義目標而工作的人是不多的。但是毛澤東喜歡那些去過西方或受過西式教育的職員，李志綏是從澳大利亞回來爲國效力的。在一九五四年應召作爲毛澤東的醫生時，李志綏就說明他的「階級背景」遠不是「工人階級」，可是毛澤東告訴他，「誠心誠意」就行了。由於李醫生之故，毛澤東似乎喜歡對那些應選擇正確道路的知識分子進行挑戰——當他這樣處置與他的醫生的關係時，這在一個幅員遼闊的國家的領導人中是有極爲不同的特質的。也許毛澤東這裡有值得讚美的根基使他信任這位頑固的醫生。阿諛奉承在毛澤東身邊是常見的，但李醫生卻是頗爲高傲自大的人，他一般不去奉承人，有時候毛澤東可能意識到李志綏確實具有獨立的意志。

為了摸索出一條中國式的道路，毛澤東又回到了他在延安時期的做法。折衷的辦法又用了——在國內爲了贏得權力而結成聯盟，在國際上爲了贏得時間和援助與蘇聯合作的方式，「大躍進」期間，他已將這一切置諸腦後。

「公社」這一術語可以追溯到同中國一樣古老的原始共產主義思想。對任何一個中國人來說，當他第一次聽到「人民公社」一詞時，不需查閱馬克思或列寧的著作就能理解它的意思。

毛澤東重申：「山溝裡出哲學。」自三〇年代與二十八個布爾什維克鬥爭以來，他還沒有這樣說過。

「得道者昌。」毛澤東的談論驚懾了高級幹部聽眾。這是儒家用來指事實上的道德政治。毛澤東再次把他的馬克思主義置於中國的優良傳統之中。會議紀錄稿表明，毛澤東在引用這句名言時，他的聽眾都笑了起來。毫無疑問，那些忠誠的馬克思主義者是神經質的笑。

一天，一位同事謹慎地向毛澤東指出：「《孫子兵法》中沒有馬克思主義。」毛澤東惱火了，一名中共黨員居然機械地把一位聖人從中國豐富的歷史中排除出去。儘管其觀點有些搖擺不定，但毛澤東感到《孫子兵法》中有馬克思主義。

或者，他眞的認爲馬克思主義中有孫子的思想？這使他在運用馬克思主義的同時也可以與孫子的思想相一致？

「中國有自己的語言」，他在中共第八次代表大會上說，「在俄語和英語中，『共產主義』和『帝國主義』的發音基本上是一樣的，但是在我們漢語中就完全不同。」借助於這種語言的分析，毛澤東在精神上已經脫離了蘇聯陣營，蘇聯終究是腐朽西方世界的一部分。

在批評俄國經濟的時候，毛澤東更趨近儒家學說，更遠離歐洲的馬克思主義。「中國的『道』能否與中國的經濟規律一致，還需要研究。我看，一般說來，它們是一致的。」他已準備把中國的「道」置於具體的經濟成就之上，這與儒家傳統一致，而與歐洲的馬克思主義則不一致。歐洲的馬克思主義所根據的是經濟規律，它認為「道」只是經濟規律的反映。

為了說明一切事物都有兩個方面，毛澤東在一九五八到一九五九年間走到了極端。他在一次地方幹部會議上說，懷疑是好事，儘管他沒有進一步說明為什麼是好事。對失敗他也是這種態度。他要求要把好人和壞人都邀請來參加會議，「如果沒有壞人，也就沒有了好人。」

「臺灣打炮是件好事」，他在一九五八年十一月的一次會上講，「不然民兵不可能這麼快就組織起來。」這種對臺灣海峽局勢的評價，等於說生病是好事，因為生病為醫生提供顯示自己本領的機會。

地位卑微總是件好事，毛澤東常常對那些身居高位的人說。有一次，毛澤東看到一份放在他辦公桌上的報告眼睛發亮，廣州附近的一位男青年偶然發現一種有效的消滅白蟻的方法。他在第八次黨代會上向高貴的代表指出：「全世界都沒有發現有效地控制白蟻的方法，廣東的一名中學生就發現了一種方法。」

毛澤東甚至開始說美國也是件好事。他在一九五八年十一月對一群幹部說：「要兩條腿走路，要有俄國的革命熱情和美國的實際精神。」兩個月後，他從美國歷史中發現了大躍進的先例，「在一百多年的時間裡，就變成了世界第一，這只能被認爲是大躍進。」

毛澤東甚至這樣議論，說「國家的消亡」看起來是可怕的事實，但終歸應辯證看待。所有這些，都震懾著中國的菁英分子。它似乎不是屬於馬克思主義的。它蔑視中國的（和列寧主義的）制度的寶貴價值，沒有引向正確政策的道路，也不包括對於共產黨人來說如同飲食般不可少的樂觀主義。

「大躍進」時期，非同尋常的是，毛澤東從心底裡確信中國共產黨的分裂是件好事。他在黨的第八次代表大會上說：「世界上永遠存在著分裂現象。」沒有人能否認這一點，但是毛澤東用自然界的更新現象來說明這一點。「這不過是新陳代謝！」他對代表們說，「就像細胞的死亡一樣，每年、每月都存在分裂。」他似乎喜歡「分裂」這個詞。

毛澤東視分裂是一種正常現象，這一信仰使他不久進行了一次可怕的試驗。

毛澤東對建設中國的實驗做得不大好。前晚欣喜不已，清早起來沮喪萬分。沒多久，「大躍進」看來走向更像悲劇的一方了。

每一代人都必須找到自己的興奮所在，一九五八年就爲億萬農村青年提供了諸如此類的東西。地方的積極性被激發起來，公社精神在成長，平民百姓感覺到自己是新型中國人。一種農村政府的新機構——融勞動生活與公民生活於一體——出現了。

但是作爲一種經濟政策，「大躍進」是一場災難。中國在邁向現代化的新長征中浪費了五年的時間。新的農村制度框架沒有堅持下去。

糧食產量大幅度下降。一九六〇年，毛澤東的中國第一次遍地饑荒。毛澤東對鋼鐵產量的預測和他對實現農業機械化所需時間的預測，證明是盲目的樂觀。

對毛澤東的一個殘酷的打擊是資本主義習慣勢力在抬頭。當食物短缺時，手中有糧食和蔬菜的農民便騎腳踏車將這些弄進城裡的黑市賣高價，再把得來的收入花在非毛澤東主義的肆意揮霍上。

麻雀的生死沉浮結論說明了很多問題。宣布麻雀為「四害」之一是毛澤東的主意，它們不是吃掉了寶貴的糧食嗎？看到六億中國人為了響應北京發出的英明號召，全民動手消滅妨礙經濟進步的四害，這難道不令人興奮嗎？

但是，向麻雀開戰並不大明智，這些鳥既吃糧食，但也吃禍害糧食的害蟲。害蟲像龍捲風一樣襲擊中國的農作物。毛澤東默默地接受了「四害」的新定義，麻雀取消了，臭蟲起而代之成為四害之一！（老鼠、蒼蠅、蚊子已在魔鬼殿裡占有了位置。）

就六億中國人以感人的忠誠響應毛澤東的號召而言，「大躍進」是一項輝煌的成就。就毛澤東的計畫脆弱和不協調而言，它是一場慘痛的失敗。

把兩者結合起來——高期望值和低效果——我們就會知道為什麼「大躍進」在中國的政治肌體上會留下很大的裂傷。

「我的思想也起了變化。」當一九五八年末批評意見增多時，毛澤東有些悲傷地這樣說。他意識到公社太大，無法一口就吃下去。要求搞一平二調——把富村的東西拿出來與窮村共用，引起很多人的反對。毛澤東本人在一九五九年二月的一次激烈的談話中也承認了這一點，認為這樣的平均是「綠林豪傑的捷徑」。所以，他同意退回到較小的生產單位大隊，把大隊作爲農村新的所有制單位。

「大隊就是公社。」毛澤東厲聲說，這只不過是換了口氣說話。「什麼事情都要一步步來。」他像一隻剛從蒸鍋裡抽出爪子的貓一樣滿意地說。這使人想起一句中國諺語：「打腫臉皮充胖子。」

不管是出於怨怒還是出於同僚們的壓力，毛澤東在一九五九年年中把國家主席的職位讓給了劉少奇，他自己只保留中共中央主席的職位。

毛澤東在承認錯誤的同時又爲自己辯解：「誰要是說這麼一個大的社會運動不會發生任何偏差，誰就是空想家、觀潮派、算帳派，或者就是反對派。」這話富於挑戰性，代表了毛澤東的個性。他討厭帳房——他們使他想起他的父親。他鄙視那些害怕下一次浪潮的人。他能敏捷地區分反對者的外形。

嚴峻的現實捅破了毛澤東的樂觀主義紙牆。每家單位後院的土高爐都似乎在用不可思議的方法，去提高鋼鐵產量和集體意識。北京大學建起了自己的煉鋼爐，這使毛澤東特別高興。也許，他終於敲開了知識分子傲慢的外殼？

在他一九一九年受到過冷遇的可愛北大校園裡，簡陋的土高爐並不是達到任何目的的有效手段，所產的鋼鐵品質都很差。熱情的學生把廚用器具塞進高爐，生鐵錠出來了，然後又把它們製成菜刀和勺子，還原爲廚房用品。

「大躍進」的整個思想諷刺意味十足，它是一位知識分子試圖改造外部世界的典型的事例，這股改造世界的動力只是他一時頭腦發熱產生的幻想。

毛澤東在「大躍進」鬆勁之後的一次會議上沉思道：「即使失敗了，也算不得什麼。

我們重新建設。最壞的事情莫過於全世界都笑話它。」

他的坦率仍然摻和在挑戰中：「如果你不願意跟我堅持到底，我就自己幹下去，直到把我開除出黨。即使那樣，我也要到馬克思那裡去告狀。」

在一九五九年的壓力之下，毛澤東退到了山區。這是他剛剛辭去國家主席之後的幾個星期，赫魯雪夫撕破蘇中核武器協定之後的日子裡，也是他將與一位重要同事發生嚴重決裂的前夜。他選擇了湖南。

三十二年過後，毛澤東第一次回到了韶山。他去看了在一九二七年慘敗以後被沒收的自家農舍。毛澤東雕塑般的站在他父母的遺像前，「如果是現在，他們（患這樣的病）就不會死了。」他小聲地說了好久，又彷佛在想著自己的年齡和中國在醫療保健方面所取得的進步。六十六歲的毛澤東接著說：「那個時候醫療條件太差了，儘管他們年紀不大，但還是死了。」（他父親五十二歲時死於傷寒；母親在同樣年紀死於淋巴腺炎。）

毛澤東去祭了雙親的墓。在一九二七年間的國民黨的恐怖時期，墳墓被掘開以示侮辱，最近幾年被修葺一新——現在中國的這種土葬傳統已改成火葬。

有人遞給他一束松枝，他靜默地接在手中，把它插在墓前，說：「前人辛苦，後人幸福。」然後，他朝著墓碑深深地鞠了一躬。

離開墳墓，毛澤東沿著小山漫步到毛氏宗祠。他止下步來，面露疑色，尋找著什麼。是菩薩神龕不在了。他母親過去常常在神龕面前燒香，在毛澤東生病時她讓自己的兒子吃香灰。這是因爲意外的「大躍進」，磚頭用做後院的煉鋼高爐，木頭當作燃料。「多麼可惜」，毛澤東對他的隨從說，「應該留下的。沒有錢求醫，貧苦農民還要來求神許願，吃香灰。神龕能給他們精神作用，給他們希望。人們需要這類幫助和鼓勵。」

入夜，毛澤東獨自坐在油燈旁，就像五十年前違抗父親時常做的那樣。他寫了一首詩，與他的很多詩詞一樣，是一首舊體詩。在〈到韶山〉這首詩中，「大躍進」的膽略不會沒有：

別夢依稀咒逝川，
故園三十二年前。
紅旗捲起農奴戟，
黑手高懸霸主鞭。
為有犧牲多壯志，
敢教日月換新天。
喜看稻菽千重浪，
遍地英雄下夕煙。

像在別的詩裡一樣，毛澤東對正在形成的新社會感到歡欣鼓舞。但在這個嚴峻的時刻，他的勝利感第一次出現了對逝去歲月的憂鬱痕跡。我想，他不只是詛咒罪惡的過去，還包括他現在的日子。

「英雄下夕煙」的畫面，使人痛苦地意識到自己在走人生的下坡路。「爲有犧牲多壯志」，這引人注目的句子也能說明這一點。不僅僅是壯志（毛澤東自年輕時就喜歡的主題），而且說出打開了通往新社會大門的艱難。「為有犧牲」是這首詩的情感中樞。

在韶山陪同毛澤東的，是一位充滿熱情的年輕的地方幹部。他像一位樸實的童子軍領隊，當時在毛澤東的家鄉湘潭地委書記的任上。毛澤東看上了他，在與自己的同代人政治局委員們的關係緊張以後，他好像是要尋求抓住一隻年輕人的手。這位湖南的當政者名叫華國鋒，我們在後面還會常常提到他。

毛澤東找來楊開慧的長兄楊開智，及楊開慧的一位生前好友親切交談。這次談話沒有公開，不過時年三十八歲的華國鋒陪同了談話。

匈牙利總理明尼希訪問北京之時毛澤東尚在湖南山鄉，他的日程表上的重要安排是與毛澤東會見。中國方面的禮賓官員告知的毛澤東行蹤的全部消息是：「主席在農村某地對思想觀念和哲學問題進行縝密思考。」這位匈牙利人怒氣頓生，他對自己的隨行助手們說，即使史達林「這位人間上帝」也沒有毛澤東這麼神祕。

訪問即將結束的那一天，明尼希這位美食家正在北京烤鴨店進午餐，他被告知毛澤東在等著見他。這位匈牙利人噙著滿嘴飯菜說：「這位老闆該等幾分鐘，我等他的音訊等得夠久了。」但這不是北京的風格，明尼希被巧妙地制服了，幾分鐘後他就出現在中南海毛澤東的書房裡。

在南方的逗留似乎使毛澤東重又增添了活力，他是那樣平和而練達。他指著一提其名便站了起來的劉少奇說：「我們有了一位新主席。」那氣氛看起來是輕鬆愉快的。

高聳揚子江畔、海拔四千英尺的廬山，風景如畫，涼爽宜人。但是，當毛澤東在一九五九年七月到廬山去見他的中央委員會的同事時，他知道自己面臨著麻煩。

毛澤東坐在柳條椅上，凝視群山，目光迷茫，神情不定。在戰鬥開始之前，他賦詩一首。七月一日是中國共產黨成立的紀念日，但是這個七月一日他的思緒超越了政治：

一山飛峙大江邊，
躍上蔥蘢四百旋。
冷眼向洋看世界，
熱風吹雨灑江天。
雲橫九派浮黃鶴，
浪下三吳起白煙。

毛澤東的心中又湧起永世流芳的念頭。黃鶴是神話傳說中的不死鳥，黃鶴樓在廬山以西不遠，傳說古代有一位仙人就是從這座山旁騎乘黃鶴飛走的。毛澤東以不凡的兩句結束他的〈登廬山〉一詩：

陶令不知何處去，
桃花源裡可耕田？

陶淵明是西元四世紀的一名官吏，同毛澤東一樣也是位詩人。年老之前，他辭官歸隱，寫下了充滿烏托邦幻想的〈桃花源記〉。毛澤東或許是在思考過去的那種樸素單純已不復存在，或許在考慮退休，或許是在思考自己辭去國家主席職務，抑或在思考一種超越任何特定的社會制度的宇宙和諧。

國防部長彭德懷是一位能幹但有缺點的人。他長相粗魯，無甚學識，亦無風度。他的率直性格早就有所表露，孩提時他一腳踢倒祖母的鴉片煙罐，結果被趕出家門。[1] 他的士兵們尊敬他，但他並不像朱德那樣是一位隨和的人。他遲鈍於了解毛澤東的精明所在，常常不能領會毛澤東巧妙迂迴的軍事戰略思想。

還是在延安時，一天有人問彭德懷：「你在讀誰的書？」「他寫的。」正在看毛澤東的《論持久戰》草稿的彭德懷回答說。這是毛澤東在一九三八年花了九天的時間寫成的文章，很快就成了經典著作。彭德懷粗魯地對他的來訪者說：「他還想出版呢！個人寫的書只能以個人的名義出版，不能用中央的名義出版。」

彭德懷僅比毛澤東小四歲，他們在井岡山時就在一起。彭德懷知道毛澤東犯過一些錯誤，因此並不把這位主席看作是高人一等的超人。在毛澤東被尊稱為中國人民解放軍的締造者之後，他仍認為朱德是中國人民解放軍之父。

這位國防部長在中央委員會的分組會議上說：「人民公社我認為辦早了一些。」他給毛澤東的寵兒身上罩上了陰影。「毛主席家鄉的那個公社，去年搞的增產數，實際上沒那麼多嘛。」這可是聖地！「主席去過這公社」，彭德懷繼續說，「我曾經問過他，你了解怎麼樣？他說沒有談這個事。我看他談過了。」這是對毛澤東的絕對正確和絕對權威的直接挑戰。

彭德懷並不是單槍匹馬，和他站在一起的軍界要人包括中國人民解放軍的總參謀長。解放軍是一支農民的軍隊，這位高級官員認爲應該讓中央知道，農民被毛澤東的大躍進推得太快了。

二十八個布爾什維克集團的剩餘人物，包括在遵義會議上曾和毛澤東站在一條線上的張聞天，現在也站在彭德懷一邊。張聞天最近才剛離任駐莫斯科大使。彭德懷在春天的東歐之行中，對毛澤東的做法大發牢騷。張聞天則慫恿彭德懷向毛澤東進攻，他認爲「大躍進」已遠離莫斯科式的馬克思主義歷史信仰。

彭德懷和他的朋友們認爲，「大躍進」是一個錯誤，這個錯誤人人有責，人人有一份，「包括毛澤東在內」。他們堅持認爲，思想空話絕不能代替經濟專長，好大喜功、浮誇風是中國需要消滅的一種弊病。

毛澤東甚爲震驚。盛怒之下，他寫信給正在北戴河度假的江青，附寄了一份他準備答覆彭德懷的發言稿。江青打電話給毛澤東，說她馬上飛到廬山來，以便在這場衝突中和毛澤東待在一起。

毛澤東說：「不要來了，鬥爭太激烈了。」江青還是來了，帶著相機到處拍照——松樹、山巒、樓閣。她執著地坐在充滿緊張氣氛的會場。她的出現不僅沒能給毛澤東帶來鎮靜，反而使他感到更加沮喪。[2]

出於對江青的不信任，毛澤東在緊張的政治氣氛中安排與前妻賀子珍會面。仍在醫治中的賀從上海寫信給毛澤東，警示他「王明集團中有人要害你」。這是對延安時期的混亂記憶，當賀子珍最後一次見到毛澤東時，她的心裡是清楚的。現在，毛澤東送給她一箱

「五五五」牌香煙，一千元錢，邀她上廬山（在以前的信中毛澤東勸她戒煙，她遵照了，但這一禮物是再讓她吸煙）。賀子珍滿頭銀髮，腳步不穩，見到毛澤東激動無比，可是說不出話來。毛澤東溫情地對待她，要她留下來一起吃午飯，然而她拒絕了。賀子珍離開後，毛澤東默坐無語，一支接一支地吸煙，沉浸在憂鬱中。「她老得這個樣了」，他自言自語，「病得這個樣了。」

毛澤東多年來從沒有感受到這種壓力，他失眠了。就在他要應付彭德懷的挑戰的前一天晚上，他吃了三片安眠藥，但仍來回踱步以待黎明。他像一位東方的李爾王，帶著痛苦的煎熬出席上午的會議。

他毫無表情地開始講道：「你們講了那麼多，允許我講個把鐘點，可以不可以？」他像撚珠祈禱般的不斷地重複著一些鋼鐵產量的數字，這表明他心緒煩亂。然而，在他四十分鐘講話結束之前，他又講了一段精明的話。彭德懷後來曾承認，他像古代一位衝動且成功的英雄張飛一樣，只有其粗，實無其細。毛澤東在他誘人的講話結尾時糾正說：「我像張飛，雖有其粗，亦有其細。」

毛澤東退卻了，但沒有悽愴。他想作出姿態從極左的圖騰殿中退出來，「公社食堂不是我們的發明，而是群衆創造的。」他承認建立公社食堂的計畫應該修改，因爲這惹火了幾億農民。

毛澤東要求團結。但這不是他的個性，在任何情況下，他都願作利刃而不是鈍刀，不過此時他的刀子已經用夠了。他在強調團結的重要性時也承認：「因爲在建設方面基本上不在行，我對工作計畫一無所知……主要責任在我身上。」

他在承認錯誤時措辭頗為巧妙。「說要快，馬克思也犯過不少錯誤。」他還說，「我見過列寧的手稿，裡面改得一場糊塗。他也犯過錯誤。」

在會場外面，當毛澤東和幾位中央首長朝山下走時，彭德懷又返了回來，與毛澤東碰了個正面。「彭總，我們談談吧？」毛澤東對他的國防部長說。彭德懷的臉一下脹得通紅，一邊走一邊甩手：「有什麼好談的！」毛澤東很和氣地說：「沒關係嘛，我們有不同意見可以坐下來好好談談嘛。」彭德懷從毛澤東身旁走過去。「你不是談過了嗎？」他大聲說著走開了。

對毛澤東的一個批評是，他把人作為祭品，捧上了不能實現生產目標的祭壇。批評者引用孔夫子的話，這位聖人在反對用泥人陪葬死屍時聲明說：「始作俑者，其無後乎！」毛澤東在他的不眠之夜，忍受著說他斷子絕孫這種不公開表示指責的折磨。

「我無後乎？」他問中央委員會，「一個兒子打死了，一個兒子發了瘋。」

山上謠言四起，說什麼如果毛澤東撤了彭德懷的職，彭德懷就要用自己手中的實力密謀軍事反叛。現在，潮水沖向了彭德懷，毛澤東面對這些謠言不得不深思。他把矛頭轉向這位高級軍事將領，「你解放軍不跟我走，我就找紅軍去，一切從頭開始。」多數人受到震動。當他大發雷霆之怒，說要「重上井岡山」時，一些人一定會想起毛澤東在一九三八年發出的威脅，說如果不停止對江青的攻擊，他就「要回到韶山去」。

毛澤東明智地給直冒冷汗的將軍們留下了一條出路：「我看解放軍會跟我走。」

彭德懷本來動輒發怒的脾氣失去了控制。他想起了在延安時長達一個多月的毛彭爭吵。他用粗話大叫道：「在延安你操了我四十天娘，我操你二十天娘不行？」

會議失去了正常秩序。朱德在這次會議上受到很大震動，有人聽見他喃喃地說：「誰還相信我們曾經在一個飯碗裡吃過飯啊！」

不到一個月的時間，彭德懷遭免職，林彪取代他出任國防部長。

毛澤東的勝利來之不易，他沒能解決廬山會議期間的全部問題。他只得接連召開會議，在領導人傳閱的文件上作出重要批示，發出難以捉摸的信件來區分敵人和動搖不定的人。他寫信給張聞天說：「怎麼搞的，你陷於那個軍事俱樂部去了。」然後，他又露出一副溫和的口氣，「承你看得起我，打來幾次電話，想到我處一談，我願意談。」

難怪，毛澤東在廬山時看上去很憔悴。他沒有去「桃花源」，他失去了一些根本的基礎，他爲戰勝彭德懷付出了很大的代價。廬山會議結束以後，他帶著江青到杭州的別墅做徹底的休養。

與彭德懷的鬥爭比一九五四年對高崗的鬥爭更加嚴重。高崗是道地的陰謀家，而彭德懷與毛澤東是在基本政策問題上不一致。高崗認爲毛澤東的個人專制太過，而彭德懷的類似觀點對毛澤東是更大的挑戰，因爲史達林也是在這種時候由於類似的失敗而被否定。高崗使得幾乎整個政治局都反對他。而在廬山，陳雲、朱德支持彭德懷，劉少奇持中立態度，政治局幾乎沒有一個人完全同意毛澤東。

廬山縈繞的是史達林的幽靈。自史達林去世後，毛澤東找到了應付世界共產主義危機的中國式道路。但是，在前進的道路上他分裂了中國共產黨。

注釋

【1】譯註：原文失實。

【2】譯註：以上兩段原文不實。

16 蘇聯與超越（一九五八—一九六四）

「什麼是毒草？」當把話題引向「大躍進」時，毛澤東問來訪的布林加寧。這並未激起這位蘇聯人作出滿意的回答。毛澤東接著講起番茄的歷史：「一百年前，番茄在歐洲被認為是毒草。」「無物長在，一切皆變。耶穌、哥白尼一開始不是被當作毒草嗎？」

如果布林加寧沒有被完全說服的話，毛澤東只能證實蘇聯人對辯證法已失去了興趣。他們開始喜歡穩定的世界。而毛澤東則對世界的動盪感到歡欣鼓舞。

這是否是中蘇夥伴關係在迅速走下坡路的原因？這也說明了兩國長期不和的氣氛。意見的分歧一開始就表現在很多方面，且無休無止，其中互不信任的氣氛最為關鍵。毛澤東在一九五八年改變了方向，其原因可以追溯到非史達林化之初，而莫斯科很快就斷定毛澤東狡猾而狂妄。

蘇聯人對「大躍進」感到驚訝是正常的。「大躍進」是毛澤東從以莫斯科為基地的正統思想中獨立出來的宣言書。與布林加寧談論番茄的歷史只是一個小小的信號，說明毛澤東開始抵制蘇聯指導下的國際共產主義傳統。他要從那些「非辯證」的看法認為是毒草的東西中找出明天鮮紅的番茄來。

赫魯雪夫意識到，這對蘇聯人的利益和國際共產主義的團結將意味著什麼。失去了共同的馬克思主義信仰，毛澤東和赫魯雪夫的樞紐關係，就像從盤子裡掉出的中國豆腐。

「大躍進」進入高潮時，赫魯雪夫第二次來到北京。這次訪問是簡短（三天時間）和務實的。此前毛澤東同自己的軍事顧問密談了好幾個星期。最亟待解決的問題是臺灣海峽出現的緊張局勢。透過這一問題背後，更主要的是商量如何對付美國，且若發生戰事將如何應對。

毛澤東和赫魯雪夫各由其國防部長陪同，就中蘇的軍事合作問題直接進行磋商。實際上，赫魯雪夫的目的是想牽制毛澤東。

「軍事合作」是一顆五光十色的寶石，取決於你從哪一方面去看。赫魯雪夫後來說：「我們要在中國建一座無線電台，與我們的艦隊保持聯繫。」他平心靜氣地回憶說：「我們提出要在他們的領土內為我們的情報監聽站提供一個基地。」毛澤東對他與赫魯雪夫的會談提供了另一個版本：「他想與我們組建一支聯合艦隊，想控制沿海，封鎖我們。」

赫魯雪夫正確無誤地判斷出毛澤東的頭腦在發熱，他擔心臺灣海峽的緊張局勢會導致蘇聯陣營內部大戰，他要讓蘇聯人握住決策權。

此時他仍然認為中國是一個堅定的夥伴，他完全支持毛澤東對臺灣的主權要求，並對毛澤東要收回臺灣給予軍事援助。

對毛澤東來說，和赫魯雪夫的隔閡加深了，中國的主權在受到輕視，中國反對「帝國主義」的意願不再為蘇聯所認同。赫魯雪夫認為毛澤東的「大躍進」是在開一個惡作劇玩笑，這位蘇聯領導說：「不可能一下躍進到共產主義。」

儘管赫魯雪夫早在一九五四年對中蘇關係就有過令人不快的談話，但是毛澤東比赫魯雪夫更早地看到了將要到來的分裂，毛澤東決然地向這一步靠近，他想要決裂。

在這次首腦會晤之前，毛澤東曾在一次軍事會議上有一個講話，如果赫魯雪夫看過這個講話，他就有可能在更深的層次上理解蘇中關係問題。毛澤東的這次講話不是談對外政策——但蘇聯是它的主題。

「現在，有些教條主義者主張照抄蘇聯」，毛澤東抱怨說，「我想知道，蘇聯過去又照抄了誰呢？」

他奇怪的是，爲什麼總是中國照抄蘇聯而不是蘇聯照抄中國，他反對「對外國人的盲目崇拜」。他坦然宣稱，中國爲繼續向前邁進已積累了比蘇聯更「豐富的經驗」。

赫魯雪夫對這個問題是在不同的層面上同毛澤東打交道。他認爲，他在同一位小夥伴一起經營一個響噹噹的聯盟，這位小夥伴需要正確地加以遏制。在這次會談之後，毛澤東告訴他的醫生，他是在「用針扎（赫魯雪夫的）驢子屁股」。

歡送赫魯雪夫的宴會開過三週以後，毛澤東下令炮轟金門、馬祖島。這震驚了世界，但在紫禁城看來，這只是小事一樁。毛澤東的外交路線和外交政策已有新的面貌，他要努力在中國國內建設社會主義。

毛澤東越發不斷地用過去扛槍生活的調色板來塗抹當前政治鬥爭的顏色。他自我辯解地說道：「我看還是農村作風、游擊習氣好。二十二年的戰爭中它們總是管用。」

毛澤東在把中國農民推進人類歷史上規模最大的社會實驗之中時向臺灣海峽插了一刀。大多數西方觀察家認爲這二者沒有邏輯聯繫，但對這位視鬥爭爲拯救之道的人來說是合情合理的。

「全民皆兵」成為「大躍進」的主題口號。毛澤東在一九五八年九月發出號召，「人民公社裡頭都搞民兵，全民皆兵。各省造輕武器，造步槍、機關槍、手榴彈、小迫擊炮、輕迫擊炮。」當然，戰爭的陰雲籠罩著臺灣海峽，但這不是這種軍事動向的根源。

毛澤東坦率地承認，是他而非蔣介石，導致了金門、馬祖危機。他若無其事地稱他的行動「只是打了幾炮」。他並不眞正想打一場戰爭，他承認：「我並不指望引起這樣的一場風暴。」

但一場外部危機能給「大躍進」火上澆油。毛澤東在同一個場合說：「除了其不利方面，危機的局面使我們動員了很多力量——使落後階層和中間派也做好了戰鬥準備。」

一九五八年是年老的毛澤東首次努力把軍事精神注入政治的一年。當然，這是一次倒退，退回到令人興奮的年代。當然，這使很多計畫者皺眉頭，也使赫魯雪夫大吃一驚。

毛澤東說赫魯雪夫：「他瘸著一條腿，不是用兩條腿走路。」他反對莫斯科在政治和經濟方法上缺少靈活性。「他們相信技術和幹部可以決定一切。」他這樣評論蘇聯人，是為他自己直接向群眾發號施令做辯護。

毛澤東反對莫斯科的世界觀，一言以概之，是對「全面鞏固」的想法的厭惡。他說：「在宇宙中，在地球上，萬事萬物都是不斷地產生、發展、消亡，不可能有全面的鞏固。」這與他放棄已成定規的第一個五年計畫而掀起「大躍進」的浪潮出自同一哲學。

毛澤東對赫魯雪夫的態度是惡作劇式的，他把第一個人民公社稱做是放了一顆「衛星」。

莫斯科的世界是穩定的，毛澤東的世界是不斷變動的。毛澤東不滿意於周圍的世界。

一年以後，毛澤東與赫魯雪夫再次會晤。中蘇關係又罩上了一層烏雲，印度和中國在邊界地區發生了武裝衝突，而莫斯科在這件事上倒向印度一邊。赫魯雪夫被毛澤東的固執嚇住了，說：「他開始了某種病態戰爭幻想。」赫魯雪夫還在美國兜了一圈，並同艾森豪共進晚餐。毛澤東把這視爲阿諛奉承，蘇聯人也把毛澤東的人民公社斥爲「發瘋」。

最糟的是，由於中蘇關係的搖擺不定和相互間的指責，蘇聯援助中國發展核武器的計畫告吹。

赫魯雪夫不願意再去北京，是否該輪到毛澤東去莫斯科了呢？可是毛澤東紋絲不動。在一種緊張不安的氣氛下，兩國的高級會晤於一九五九年秋天在北京舉行。

赫魯雪夫從美國直接飛抵中國首都，以及時參加中華人民共和國建國十週年慶典，這似乎有些不成體統。這裡一派節日的氣氛，用後來中華人民共和國的標準來衡量，這是一次最大的國際慶典。胡志明、金日成和其他許多外國首腦都出席慶典，貝多芬的第九號交響曲用來作爲主題音樂。

可是，毛澤東與赫魯雪夫在一起的照片所透露出的氣氛與其說是慶典，不如說像是葬禮。兩人的眼睛都緊閉著，眼皮差不多快合上了。赫魯雪夫後來說：「我一到那裡就感覺到一股寒氣。」江青說，赫魯雪夫的訪問是「單調又乏味」。

令毛澤東惱火的是，赫魯雪夫稱讚艾森豪愛好和平，又批評中國是「好鬥的公雞」——在北京的正式宴會上很少有這樣的情況。赫魯雪夫講蘇聯和美國兩大力量對於維護世界和平共同負有特殊的責任，這更加激怒了毛澤東。

赫魯雪夫再次提出在中國國土上設立長波電台，以保證他的艦隊在太平洋上的活動。

「我最後一次告訴你，不行。」毛澤東發出雷霆之怒：「我不想再聽到這個問題。」

一九五七年在莫斯科，毛澤東在這些問題上採取了主動。一九五八年與赫魯雪夫在北京會談時，他讓赫魯雪夫對臺灣海峽的局勢估摸不透，可能也掌握了主動權。但一九五九年間的主動權似乎已轉移到赫魯雪夫手中，他只能戳戳赫魯雪夫的後背。

一天下午，用茶時他問赫魯雪夫：「有多少征服者侵略過中國？」「可多啦」，他自問自答，「但中國人同化了所有征服者。」在赫魯雪夫對毛澤東此話的用意感到迷惑時，毛澤東又說道：「想一想，你有二億人口，我們有七億。」

在同一次會談中，毛澤東同赫魯雪夫談到漢語的獨特性——像他以前在中國人之中講過的那樣。「世界上所有的語言中都有『電』這個詞」，他緩緩地說，「但是他們都是從英語中借用來的，只有我們中國人才有自己的詞。」毛澤東選擇了一個赫魯雪夫無法爭辯的話題來對付他。

在一九五九年的最高級會晤中，最令毛澤東惱怒的是，赫魯雪夫要求見一見彭德懷，並要送給這位被撤職的元帥一份漂亮的禮物！這在毛澤東看來是對中國內部事務的干涉。

赫魯雪夫的姿態表明，這是他對僵持著的蘇中關係危機的指責，也是對毛澤東偏好「大躍進」的指責。正是在這些問題上，毛澤東已受到彭德懷及其同僚的困擾。

赫魯雪夫在冷冰冰的氣氛中回國，他沒有見到彭德懷，沒有任何聯合公報發表。毛澤東後來再也沒有見過他。[1]

由於彭德懷和赫魯雪夫之故，毛澤東度過了一個多事之秋，之後他便到中國最南端寧靜的海南島度假去了（沒有帶江青）。

一年之內，蘇聯對中國的援助停止了，這在一九五九年的高級會晤後已成不可避免的現實。然而跡象表明，毛澤東這一次與往常一樣，過分樂觀地估計了自己同外國夥伴交往的能力，又猛擊了赫魯雪夫這個俄國佬不可承受的一拳。於是，蘇聯在一九六〇年年中突然撤走了它的一點三萬名技術人員。

赫魯雪夫叫嚷：「昏庸的中國人（一個少見的民族）侮辱了蘇聯恩人。」【2】毛澤東答覆道，蘇聯專家對關鍵計畫和資料一直保密。

毛澤東疾言厲色說：「還不如法國的資產階級，他們還有一點商業道德觀念。」他遲遲才發現，蘇聯的產品「笨重、原始，而且價格昂貴」。

表面上的外交禮節還保持了一段時間。一九六〇年秋，毛澤東還到蘇聯大使館參加了一年一度的慶祝布爾什維克革命紀念日招待會。但是在一九六一年蘇共第二十一次代表大會——自一九五六年令人驚心的非史達林化的大會召開以來，蘇聯黨的第一次大會——引起公開的大論戰。阿爾巴尼亞是主要議題，中國是爭端所在。周恩來率領中國代表團怒氣衝衝地離開莫斯科，毛澤東破天荒地在北京機場迎接他的夥伴。

一九六二年底，毛澤東所採取的步驟是，對世界範圍的馬克思主義教派致命一擊。他宣布，蘇維埃社會主義共和國聯盟的權力「已經被修正主義分子篡奪」。分裂已成定局，黨與黨的關係不復存在。一九六三年，毛澤東和蘇聯人之間就思想觀念之爭發表了多封公開信。

所有這些皆源出於體制。實際上，思想觀念領域的鬥爭即將結束，現在的鬥爭主要是爲了爭奪國際共產主義的所有權。

到一九六四年，毛澤東看到蘇聯這個魔鬼頭上的犄角已多得不可勝數。他在一次計畫會議上毫不掩飾地說：「現在的蘇聯是資產階級專政，是大資產階級專政，德國法西斯、希特勒式的專政。」他再次將蘇聯同他略知一二的西方國家進行比較——與不合適的納粹主義比較。他說：「他們是一夥比戴高樂還卑鄙的傢伙。」

毛澤東的看法終歸到了這一步，即是在一九六四到一九六五年之交的冬季得出的——蘇聯比美國還壞。

以來自中國內地的這位「沙文主義者」看來，二者確實都不是好東西，但蘇聯更靠不住。他說：「美國是壞蛋，他們是誠實的壞蛋。蘇聯人還是騙子。」當蘇聯人正在崛起時，他發現美國人的統治欲望正在衰弱。

他產生這個新想法的一個線索是由於和鄧小平的意見分歧。當鄧小平重申既定的政策，說亞太地區是全球緊張的重心時，毛澤東糾正他說：「不，在當前歐洲才是的。」由此可以說，在毛澤東的眼中，美國的威脅在減弱，而蘇聯的威脅在上升。

毛澤東眞是不可思議。他把中國的救星復稱爲惡霸。在他的很多同事看來——不只是已倒台的高崗和彭德懷——毛澤東走得太遠了。

然而在這一問題上，毛澤東也得到了基層群衆的支持，多數中國人不喜歡蘇聯。很多受過教育的黨外人士從一開始就反對中蘇聯盟。

然而，最重要的是在政治局內，毛澤東在蘇聯問題上還面臨著一些戰鬥。

既然毛澤東滿不在乎地拔去了塞子，人們一定會問，爲何要把這個瓶子保存這麼久呢？毛澤東後來稱，中國在五〇年代別無選擇，只有追隨莫斯科。他說：「因爲我們什麼都不懂，完全沒有經驗，沒有人能分清正確與錯誤。我們只能照抄別人，雖然我們對他們一直就不滿意。」

這並不是事情的全部。直到非史達林化出現，毛澤東還一直認爲莫斯科是馬克思主義信仰的源頭。

像在許多宗教體驗中常發生的那樣，信仰的慢慢動搖，就會發展到超越充滿疑惑的激烈時刻。遲至一九六二年，毛澤東已放棄了這種信仰，但還朝著宗廟的塔尖眺望。在一次中央會議上，毛澤東提出有兩種教條主義的論點，接著加了一句：「莫斯科認爲這兩點是我提出來的。」這兩點可以說是毛澤東主義的宣言，毛澤東爲此而感到自豪。不過這還是給他以觸動，以某種方式給他以印象，因爲莫斯科把它們說成是他的思想的產物。

毛澤東對中國以外的世界了解一些，在六〇年代初期，他對世界問題的興趣超出了蘇聯陣營的範圍，其外交政策也取得了明顯的成功。一九六〇年與蘇聯的分裂似乎去掉了中國外交政策上的負擔。毛澤東不再在別人面前充當低人一等的夥伴，取而代之的是在第三世界更爲廣闊的舞台上唱起了獨角戲。

從一九六〇年中期到一九六四年底，有十七個國家承認中華人民共和國。中國的援助開始流向第三世界的一些地區。中國在這些革命者眼中發光，這些從事運動的革命者感到，蘇聯企圖與美國一起充當穩定世界的合夥老闆。

「大躍進」期間，中國傷害了不少友好國家。出於消除人的疑慮，還有事業上的挫折等，他在一九六二年一個批示中寫道：「一九五九年是一個馬鞍型，全世界轉而反華。」

在六〇年代上期，毛澤東不只是收復他的失地。

「我想，你知道你是在和一位侵略者談話。」毛澤東在與一九六〇年到訪的蒙哥馬利勳爵共度長夜時說。他目光灼人，顯示著自信，「聯合國就是這樣稱呼我的。同一位侵略者談話，你不介意嗎？」

他不希望同印度改善關係，儘管政治局有人反對，他仍然堅持在喜馬拉雅山採取軍事行動。中國在軍事上獲得了輝煌的勝利，中國人民解放軍重創印度軍隊，然後像個無聊的冠軍撤了回來，讓印度的民主處於一片指責吵鬧之中。

不過，毛澤東好像只是想證明他的外交政策是爲了防禦世界，而不是爲了贏得世界。他在這次軍事勝利以後沒有緊接著採取任何外交活動。中國與印度的關係直到毛澤東去世時都很不好。

毛澤東發現了非洲。一九六〇年以前他幾乎沒有提到過這塊大陸，即使在他開始對這塊大陸感興趣的時候（中國在那裡獲得了一些成功），他對非洲的了解仍然模糊不清。一九六四年，他接見了阿爾及利亞的來訪者。會見結束時，他不得不要求他們寫下他們的總統本·貝拉的名字。

同一年，他與桑吉巴人是這樣交談的：「肯亞有多少人口？三百萬？」尷尬的來訪者告訴毛澤東，其人口是八百五十萬。毛澤東對桑吉巴的地理位置也不清楚，「你們國家在北半球還是南半球？」「正好位於赤道上。」那位非洲人答道。「赤道上一定很熱吧？」這是毛澤東的下一個問題。

對於非洲問題的天眞（也許是故作謙虛），並不意味著毛澤東私下裡對此作出精明的判斷。除了思想觀念方面的恐嚇和宣傳，毛澤東私下承認古巴倒向蘇聯而不是倒向中國的眞正原因，是中國缺少古巴所需的石油和武器，而莫斯科能提供這些。

毛澤東精於施加自己影響的基本技巧。一九六四年，與蘇聯毗鄰的羅馬尼亞，要求中國派一高級代表團訪問布加勒斯特，毛澤東對採取任何行動都很謹慎，他說：「即使只與他們握握手，也是很重要的。」

對於約翰·福斯特·杜勒斯竭力將中國拒於國際組織之外的做法，毛澤東在一次會議上對此作出響亮回應：「我們孤立嗎？不孤立……我們國家有六億人口，六億人口孤立嗎？」

如果說，「反華」的態度使毛澤東感到驚訝，這種驚訝甚於刺激。他向本土觀念較少的同僚們保證，也是對自己的再保證——反華勢力並不是很大的。一九六〇年，中國在巴基斯坦進行一次展覽時受到反華示威者的包圍，這使毛澤東很惱火，他寫了一篇題為《關於反華問題》的文章。他為中國共產黨領導中國人民取得的成就感到自豪，同時也為某些人似乎仍在反華而感到受了傷害。在他的勸告中有這麼一些可怕的數字，即要他的同僚們去「接受世界上大約有百分之十的人，在一個很長的時期內會經常反對我們這一事實」。

一九六四年秋一個小時左右的時間裡，爆發出兩件新聞。第一件是赫魯雪夫在克里姆林宮被推翻，第二件是中國試爆了自己的第一顆原子彈。這兩者對毛澤東來說都是勝利——並且與他的所思所慮聯繫在一起，因為這增強了中國的自豪和獨立。

毛澤東對赫魯雪夫下台所作的反應，顯露出他中國帝王思想方式的痕跡。愛德格·斯諾在此後不久曾問毛澤東，如果蘇聯人的看法是正確的話，中國的個人崇拜是否正在出現。毛澤東認為，赫魯雪夫之所以下台可能就是因為他沒有個人崇拜。

毛澤東說，讓中國人從幾千年來對帝王的崇拜中擺脫出來，是一件很困難的事。確實如此，即使一位馬克思主義統治者，可能也不會擺脫這種影響。

毛澤東對赫魯雪夫的後繼者採取一種開放的心態，這也是一種傳統的做法。從馬克思主義的觀點來看，如果說赫魯雪夫是一位「法西斯主義者」的話，就沒有多少理由說勃列日涅夫和柯西金是「社會主義者」，難道蘇聯的社會制度不是復辟到了不能挽救的境地了嗎？

然而，毛澤東更多地從個人角度看待新的領導者。在不到四個月的時間內，他會見了柯西金——克里姆林宮的第二號人物——並舉行了會談。

在原子彈試驗的當天晚上，人民解放軍的卡車在北京四處散發《人民日報》的號外。號外用三英寸大的紅色字體印刷的標題宣布了這一消息。第二天，每家商店都在櫥窗掛上了「原子彈爆炸成功」的消息。

早些時候的一幅照片吸引了見到過它的一些美國人：毛澤東與錢學森一起坐在羅布泊核子試驗基地的一張木桌旁。[3]錢學森是加州工學院的一位科學家，中國的原子彈之父，他衝破美國政府的重重阻撓終於在一九五五年回到中國。

毛澤東對中國的原子彈爆炸成功欣喜不已。他親自鼓勵錢學森等科學家。他以少有的熱情和激動告訴外國來訪者，中國不得不研製原子彈，即使生活水準問題使他們身負重擔。

毛澤東所知道並相信的是人民戰爭，這種戰爭是社會主義政治的延伸。出於同樣奇怪的原因，毛澤東對發展核武器持不同態度。他希望原子彈用於政治目的甚於軍事目的。與戴高樂一樣，他把它看作是自己國家行動自由的保證。與大多數軍事專家的看法不同，毛澤東認爲原子彈有幾枚就足夠了。一九六五年他對安德列．馬爾羅說：「六枚就足夠了。」

他的目標在於「打破兩個超級大國的核壟斷」。他不承認使用核武器有任何價值的威懾力，認爲它只能嚇唬那些害怕它的人。不過他說這並不包括他自己，「如果你把所有的人都殺死，即使占有了土地，又能作何用呢？」

所以，毛澤東對國防的展望——拖拉機加原子彈——當他視戰爭是政治的延續時，這是一個合乎邏輯的結果，也是他一貫的原則。如果有人侵犯中國，他還會誘敵深入，把他們包圍起來，用對待日本的辦法對待他們。

原子彈還有另一方面的作用。當兩位高級經濟官員談到核武器問題時，毛澤東說：「是的，我們需要它們。不管是什麼國家，不管他們有什麼彈，原子彈還是氫彈，我們都必須超過他們。」

一九六四年的核子試驗鼓舞了毛澤東，他保證使中國的科學家能有使核計畫迅速發展的各種設備。正好在三十二個月後，中國成功地試爆了它的第一枚氫彈。這種速度的確很快，同樣的事，美國花了七年零四個月，蘇聯花了四年的時間，英國則花了四年零七個月。

六〇年代上期，毛澤東對美國的政策作過很多的批評。他譴責美國對黑人的迫害、控制巴拿馬運河，譴責華盛頓在全世界建立軍事基地。「就像一頭牛把尾巴拴在樁上，這還有好日子過嗎？」

但是與四〇年代後期相比，毛澤東對美國的抨擊減弱了，這不只是因爲十餘年來中國不那麼容易受到攻擊。他的抨擊常常帶著嘲笑，是有特殊區別的。在感情上也與對蘇聯的抨擊不可相比，與蘇聯人的爭論後來發展到面對面。

尾巴拴在樁上的公牛是很危險的，但總歸還不能與到處遊蕩的北極熊相比。然而，這種潛在的威脅還沒有被認識到。

毛澤東現在還不希望從美國得到什麼好處，他倒是在考慮美國想從中國得到什麼。雖然他對美國的生活還不了解，但他敏銳地察覺出美國像英國和法國一樣扮演帝國主義角色是適宜的。

一九五六年，他在一次知識分子的大會上說：「美國人只知道賺錢，如果沒有人給他抬轎子，它就得考慮走路了。」

「帝國主義、修正主義聯手」，在一九六四年春節的一次談話中他說，「要打到我們中國來。」這是一個驚人的啓示性聲明。蘇聯和美國這兩頂主義帽子被他給戴上了，他感到這兩個超級大國很相似。革命的策源地？反革命的策源地？兩者都不是，他們只是敲中國大門的強盜。

總之，毛澤東毫不在乎的聲明衝擊著我們。他說：「讓他們來，我們頂多退到延安。」同時向兩個超級大國挑戰，而不是採取利用一個反對另一個的政策，這似乎是不明智的。然而這正是毛澤東在六〇年代後半期準備做的。

注釋

【1】毛澤東在一九六四年對一位來訪者說：「我去過蘇聯兩次，但我不會再去了，蘇聯人把我們看得狗屁不如。」

【2】後來，赫魯雪夫下台以後，毛澤東向柯西金提議說赫魯雪夫到「中國的大學中學習馬克思主義」。

【3】譯註：原文失實。

17 退卻（一九六一—一九六四）

迫於政治和經濟的現實，自一九六一年起，毛澤東帶著滿腹狐疑開始讓步退卻了。劉少奇、鄧小平二人強調政治秩序和經濟效益符合時代趨勢。劉、鄧並沒有同毛澤東正面衝突，只是沿著自己注重的實際道路加快了步伐，並且自然而然地擴大了權力。毛澤東對他們沒有做出什麼決定性的阻止。

身爲黨的主席，毛澤東在一九六一至一九六六年期間僅召集過一次中央委員會！[1]在政治局也出現了從未有過的現象，人們對毛澤東總是敬而遠之。他很少接見外國人，也不再深入群眾。

對於國內大部分地區有一種對北京的不滿情緒，毛澤東聞出了其中酸溜溜的氣味。在一九六二年的一次會議上，他曾直截了當地講述他聽到的一個故事：一個刻薄的廣東人說：「當火車向南開時，它的隆隆聲似乎在說：『前途光明、前途光明、前途光明。』但向北開時（去北京），它似乎在說：『沒有希望、沒有希望、沒有希望。』」

從後來批判鄧小平的材料中不難看出當時政治局勢的變化：鄧小平在六〇年代初「見到毛主席時以平等身分自居，不拘禮節」。新聞宣傳對毛澤東的崇拜也在消退。閱讀共產黨的刊物《紅旗》雜誌，讀上一個小時也很難找到毛澤東的語錄，甚至毛澤東的名字。

人民公社實際上已解體爲大隊，農村的黑市也開始合法化，工廠中廠長負責制又復活了。偏離黨的工作方法的傾向已經出現。一九五七年被作爲毒草連根拔掉的知識分子又在劉少奇、鄧小平的權勢庭院中找到了新的土壤。經濟在這種氛圍中穩步增長。毛澤東無法否認，當時他也的確未打算否認這一事實。

毛澤東並未把作爲經濟政策的「大躍進」視爲失敗，並且他仍然相信「大躍進」是社會主義的政策。基於這一理由他拒絕向許多客人承認經濟失敗。假如錯誤的源頭與他相關，他就會阻塞通向眞理之路。

毛澤東接受了退卻，以作爲機變的目的，這從他的巧妙的辯護中可以找到它的註腳。他親切地說：「大家都是好同志嘛！」接著他以一位接受荒唐結局的人的口吻補充了一句話：「一個人不可能沒有一點缺點。」

一九六一年初，毛澤東在中央委員會上說：「肥豬只有在欄裡才能養出來。」一句話，就是要整頓。建築師不應該總是把時間用在修補上，現在該考慮怎樣利用豬欄了。

毛澤東對那些不肯讓步、甚至有些嚴厲的與會者說：「我們凡事都要從實際出發，不能照搬照抄不懂的東西。」而這樣說的人就曾試圖這樣做。

「我是個中間派。」他這樣講，可他自己對此也未必相信。

消除個人崇拜？可是它好比一個針眼，一九五六年以來中國所有的政治絲線都須從中穿過。毛澤東覺得，他自己的意志就是那一時代中國道路的具體化，他感到自己能超出常規，跨越其社會構造。但是，劉少奇、鄧小平和其他人相信規則之書，已看出在這塊有著六億五千萬人口的土地上消除組織結構絕非安全之道。

毛澤東後來在指責劉少奇和倔強的鄧小平時曾說：「他們把我當作亡人。」平時，帶著誠懇的目光聽毛澤東的指示，向毛澤東點頭稱是，對他的講話熱烈鼓掌，可就是不去貫徹他的指示。他們常常「忘記」向毛澤東彙報情況。開會時，他們總是坐得遠遠的，避免毛澤東那令人難料的詢問或是尖刻的教訓。

北京市一位副市長寫了一個寓意深刻的劇本《海瑞罷官》，該劇本說的是明朝的一個忠臣因直諫而被皇帝罷官的故事。

北京的一位專欄作家寫了一則故事，講的是一個才能平平的運動員，在一次幻覺中竟吹噓自己打破了奧林匹克跳遠紀錄。[2]

這同一枝筆還寫了一篇《專治健忘症》，作者勾畫了一個健忘症患者——沒有說出名字——他忘性極大，自己剛剛說過的話馬上就忘了，因而變得喜怒無常。

所有這些伊索寓言一類的文章，是在中國提出不同意見的典型方式，但這是夠大膽的。[3]

毛澤東在六〇年代早期講話甚爲簡明，很少漫談，似乎已意識到他已經不再長纓在手。他在組織自己的觀點時，在形式和次序上幾乎是任意的。

「我沒有太多的東西要講。」他總是這樣開始。或者說：「我想講六點……。」他在講話中羅列一些資料，似乎想證明他要是願意的話，也可以做一名呆板的專家。

愛德格．斯諾曾於一九六〇年訪問北京，他問毛澤東對中國的長遠規劃是什麼。「不曉得。」這就是毛澤東難盡如人意的回答。

「您太謹慎了。」斯諾表示不同意。

毛澤東堅持道：「這不是什麼謹慎，就是不曉得呀，就是沒有經驗呀。」

毛澤東幾乎無法掩飾自己在「大躍進」時期的錯誤。一九五八年，他說中國將用十五年的時間超過最發達的資本主義國家，而在一九六二年他又改口說要用五十至一百年的時間。

毛澤東的講話中還有引人上鉤的東西。他在一九六二年的一次中央委員會上說：「近幾年，我們很多工作不是很糟嗎？」這使得與會的人不知道他是做自我批評還是另有所指。

他在一九六二年的另一次會議上說：「不許人講話、老虎屁股摸不得，凡是採取這種態度的人，十個就有十個要失敗。人家總是要講的。」毛澤東這是攻擊他喜歡提到的靶子——嚴重的官僚主義。

「你的老虎屁股眞是摸不得嗎？偏要摸！」

在毛澤東的眼中，官僚主義者正在脫離群眾，不傾聽群眾的呼聲。企業管理人員開始趾高氣揚，好像工廠就是他們自己的。醫務工作者拒絕到邊遠的鄉村去工作，因爲舒適的城市生活吸引著他們。幹部不按規定下鄉做體力勞動，把它當作去稻田遠足、野餐。「有什麼新聞嗎？」他把這當作向下屬職員的問候。這是一種控制機制，一種將所有資訊集中在手裡的方法。是啊，這類資訊與人民群眾眞實情況之間的聯繫在中國總不會結束。

作爲普通人，毛澤東越發關心生活中一些具體、新奇、簡單、難以預料的事情。作爲政治家，他不能容忍中國現存的多層次的組織機構。作爲哲學家，他認爲除非幹部眞正地深入群眾，與他們同甘共苦，否則中國的革命沒有希望。

現在，甚至書籍在他看來也成了權威的象徵。「有人寫出書來，然後就讓那些沒有經驗的娃娃們去讀。」他認爲，如果沒有直接的生活鬥爭經驗做先導，一味地塡塞間接知識，「娃娃們」就會變成書呆子。

一天，來了幾位智利新聞工作者。一位編輯首先告訴毛澤東，作爲中國與智利友好關係的良好開端，最近在聖地牙哥舉行的中國經濟成果展覽，已引起人民的很大興趣。可是毛澤東卻另有所悟：「我還是從你這裡才知道有這麼一個展覽。」他有些興奮。接著，他有些諷刺地對在場的中國官員責備說：「看來我的官僚主義很嚴重啊。」

六十歲時，毛澤東消滅的不是複雜的心事，而是對重建一個擁有六億五千萬人口的社會所需的複雜機構的容忍。他要求親躬每事，要親自觸摸中國革命的脈搏。

一九六一年，從第一線上退下之後，毛澤東所賦寫的詩詞比以往任何一年都多。有一首詩純屬歌頌軍人的美德，他由此寄託政治上東山再起的希望。一幅女民兵的照片放置於他的辦公桌上，他便在其上題寫道：

颯爽英姿五尺槍，
曙光初照演兵場。
中華兒女多奇志，
不愛紅裝愛武裝。

寫於湖南的〈答友人〉是一首感情充沛的懷舊詩，毛澤東在詩中提及了傳說中的舜帝。這個賢明的統治者死後，他的兩位妃子悲痛欲絕，止不住的淚水滴在竹子上，留下斑斑淚痕。直到今日，在湖南、江西一帶的竹子上還隱約可見當年的淚痕。

九嶷山上白雲飛，
帝子乘風下翠微。
斑竹一枝千滴淚。
紅霞萬朵百重衣。
洞庭波湧連天雪，
長島人歌動地詩。
我欲因之夢寥廓，
芙蓉國裡盡朝暉。

毛澤東爲他的出生地湖南塗上了一層永生的色彩。娥皇和女英身著萬朵紅霞裁成的百迭彩衣走向人間，洞庭湖的波濤似乎在拍打著天堂的大門。一九二一年，毛澤東曾和蕭瑜橫渡這湖水，走上建立中國共產黨的道路。他年輕時漫步過的長島是如此地震顫，彷彿它對地球的依附已不復存在。在毗鄰的生死線上，毛澤東夢想著再生。到那時會擺脫這種羈絆嗎？[4]

〈詠梅〉是他一九六一年來所賦詩詞中的佳品。毛澤東說，他讀了十二世紀的詞人陸游的〈詠梅〉詞，便和了一首，但「反其意而用之」。

面對正在出現的中蘇之爭，這首詞旨在振奮軍心，當然毛澤東自己也寓意於中：

風雨送春歸，
飛雪迎春到。
已是懸崖百丈冰，
猶有花枝俏。

俏也不爭春，
只把春來報。
待到山花爛漫時，
她在叢中笑。

春天被冷峭的氣氛所包圍，毛澤東認爲一切好的事物都是如此。梅花——中國傳統中正直高潔的象徵，勇敢地屹立在冰山峭崖之上。毛澤東在慨歎中國在蘇聯陣營中的孤立，也許還包括他自己在中國的孤立。

如果說陸游看到梅花時只想到令人傷感的一面，那麼毛澤東卻看到了梅花壯麗的歸宿，儘管它孤芳自賞；因爲高貴的梅花已拋棄了私欲（「俏也不爭春」），有著崇高的思想境界。確實，最後一行的「笑」預示它的永生。

和陸遊詞描繪的那樣，梅花確也孤寂。然而，陸遊僅僅爲之傷感，而毛澤東卻能體味出孤獨中的歡悅。

從一九五九年開始，佛教思想又重新回到了毛澤東的談話和想像之中。

當「大躍進」開始遭受挫折時，毛澤東指出：「自己作個菩薩自己拜，我們必須打破這種偶像。」在彭元帥被罷免後寫的一份「檢討」書上，他批寫道：「如果他徹底轉變了，就會立地成佛，成為一個馬克思主義者。」

為了敦促幹部走出城市，放下架子，到農民中去，毛澤東對他們講：「應該每年離開北京四個月，到勞動人民那裡去取經。」他的這種想法源於《西遊記》，這部小說中的猴王就是離開寶座出外尋找佛經的。

毛澤東在一九六二年的一次中央委員會上問：「和尚念經為什麼要敲木魚呢？」當時他正在重讀《西遊記》。原來，從印度取來的眞經被黑魚精吞掉了，敲一下，牠才肯吐一字。「不要採取這種和黑魚精一樣的態度。」毛澤東這是利用佛教的傳說來闡述黨的領導者說話時不應吞吞吐吐（「敲一下吐一點」）。

他開始讚賞宗教君主制。難道西哈努克親王領導的柬埔寨不比由總統領導的南越傀儡強嗎？友善的睦鄰尼泊爾王國不是比議會制的印度更好嗎？

在北京外國語學院學習英語的王海容是一位拘謹嚴肅的姑娘，她是毛澤東的侄女，毛澤民的女兒。[5]一九六四年王海容來看望毛澤東。她感到不解的是，毛澤東竟主張她去讀讀聖經和佛經。

毛澤東在同彭德懷衝突之後開始談論佛教絕非巧合。既然他對歐洲的馬克思主義失去了信心，就會返回到中國傳統，對宗教表現出一種新的寬容態度。他日漸發現中國所有的好經驗都是有先例的，因而日漸把歷史看作一連串道德故事，歷史不僅只是精緻的馬克思主義歷史規律的翻版，而是不斷發生的好人和壞人之間的永恆鬥爭。

有一次，王海容向毛澤東偶然提到她的一個同學只顧讀《紅樓夢》，而不學英語語法，毛澤東聽了後顯得很嚴肅。「你讀過《紅樓夢》沒有？」這年輕女子說她讀過。毛澤東問道：「你喜歡《紅樓夢》中哪個人物？」王海容說她誰也不喜歡。毛澤東繼續說：「《紅樓夢》可以讀，是一部好書。」事實上，他推薦的小說是中國對世界文明的三大貢獻之一。當王海容正忙於學習以圖成為一個四海為家的現代女性時，毛澤東卻在第五次通讀《紅樓夢》。

毛澤東又問她是否讀過唐代詩人杜甫的〈北征〉，王海容的回答是標準的學生式的：「沒讀過，《唐詩三百首》中沒有這首詩。」毛澤東站起來走到放詩冊的書架前，找到那首〈北征〉，遞給王海容，並囑咐她要多讀幾遍。

王海容問道：「讀這首詩要注意什麼問題？要先打點預防針才不會受影響。」

毛澤東有點惱火：「你這個人盡是形而上學，為什麼要打預防針？不要打，要受點影響才好，要鑽進去，深入角色，然後再爬出來。」

六〇年代中期的毛澤東一眼就看出他的侄女太死板（他鼓勵她在學校裡要敢於反抗），同時又太左（他要她多了解中國的過去）。

六〇年代，是毛澤東自一九一八年從第一師範畢業後讀史最多的時期，他在歷史中找到了慰藉。

孫子不被臏腳，能修列兵法？他向一位聽眾問道。韓非不囚秦，能寫出他的〈孤憤〉？詩三百篇，不多是賢聖發憤之所作嗎？

毛澤東把他取得控制權以前的中國共產黨的歷史分成五個「朝代」。陳獨秀等人都是失敗的昏庸之主，因此自然而然地他把自己比作是成功的賢明君主。

在毛澤東的意識中，自己和命運的主宰不可避免的會面已經爲期不遠了。毛澤東有時稱這位命運的主宰爲「上帝」，有時則稱之爲「馬克思」。

毛澤東在一九六四年接見阿爾及利亞客人時說：「帝國主義分子前不久還叫囂中國政府要垮台，現在不做聲了，因爲還沒有垮。」

但是，毛澤東在內心裡卻不樂觀。「不過，我就要垮了，要去見馬克思了，醫生也不能保證我還能活多少年。」

幾星期後，四位副總理來和毛澤東討論第三個五年計畫。「制定計畫要從實際出發。」而在一九五八年毛澤東不相信這一點。他繼續說：「我已經七十多了，但我們不能把『在有生之年看到共產主義』作爲制定計畫的基礎。」

毛澤東對一些軍隊幹部講：「如果原子彈投下來，只有去見馬克思一條路了。不過，年紀大了，終究要死的。」毛澤東還曾傷感地說：「負擔太重時，死是很好的解脫方法。」

愛德格·斯諾和毛澤東共進晚餐，問毛澤東是否可以拍一部電視片來重現當晚的情景。斯諾說：「有謠言說您病得很重，如果將今晚的情景通過螢幕公之於世，不就證明那些謠言純屬誇大其詞嗎？」毛澤東苦笑了一下，好像是信心不足。事實上，他認爲自己不久就要去見上帝了。毛澤東確實看到自己生命將盡並坦然以對。他對來訪的阿爾及利亞客人說：「誰都難免一死，最起碼在中國歷史上沒有先例。」

從毛澤東和阿爾及利亞客人的談話中可以看出，他在心中把中國的垮掉和自己的垮掉相提並論。事實上，他已很難把中國的命運和自己的命運分割開來。他已接受作爲人的毛澤東將會死去這一事實，但他不能接受中國在他死後偏離毛澤東主義的道路。他對幾個軍隊的領導人說：「每個人都應該選好接班人。」

和鄧小平相反，毛澤東的面部沒有隨時間的流逝而越發容光煥發，他已是面如滿月，少有皺紋，表情已不那麼豐富，雙眼更加深不可測，髮型則依然如故。

一九六四到一九六五年間，毛澤東與客人交談時護士不離左右。帕金森氏綜合症引起的震顫、僵硬和動作不協調一直困擾著他。然而，他並不十分注意自己的健康狀況。毛澤東嗜煙，抽用佛吉尼亞煙草生產的「中華牌」香煙。與斯諾在一起一個晚上就抽了十二支。他很少洗澡（衛士用濕毛巾爲他擦身），且從不刷牙。

他與李醫生有一個君子協定：「我發燒時請你，我不發燒時不找你，你也不找我。」

由於輕視一切專家，毛澤東把自己的醫生看成是清潔女工。他曾說：「醫生的話我只聽一半，另一半他要聽我的。」

現在，毛澤東的多數時光不是在菊香書屋度過的，而是在近處的室內游泳池，那兒有接待室、書房、臥室，這些都爲他增添了方便。

毛澤東還和以前差不多，在豪華的地方過著一種簡樸的生活。他從不將茶葉潑掉或留在茶杯裡，而是用手指夾著將其放進嘴裡，咀嚼過後嚥下去，當他在湖南還是個孩子的時候就知道怎樣處置這些茶葉。他不喜歡在房間裡擺設鮮花或其他裝飾品。他總是吃那幾樣辣味十足的湖南菜。無論是和江青一起吃飯，還是跟外國首腦共進晚餐，飽餐之後他都要咕嚕咕嚕地喝湯，還會打著嗝，且毫不在意。

毛澤東在六〇年代的工資是每月四百三十元，只是工廠裡高級技術人員工資的兩倍。毛澤東不喜歡購置貴重物品，不過，他眞的需要什麼，黨都會讓他滿足。因而不能從字面上來解釋他在一九六四年說的一句牢騷話：「我需要祕書，可是又雇不起。」

儘管毛澤東的地位看上去已脫離了人世間的任何官職，但人們仍稱他「毛主席」。這與「周總理」和「林國防部長」的稱謂含義不同。

確實，紅色中國不知該怎樣加銜於毛澤東，但它知道不能給他加上什麼。毛澤東是一位將軍，但黨指揮槍的原則使他不喜歡俗氣的軍銜。他變得越來越像帝王，但又不便公然用這個詞來指稱他與帝王類似的身分。

因之，「主席」的頭銜便意味著，毛澤東頭頂不乏城市會議嚴肅性的民主桂冠，占據著在幾千年的中國歷史上由上天指定凡世統治者入選的職位，恰似一位半人半神的被崇敬者，不倫不類地端坐於現代議會的首席。

毛澤東變得遲鈍起來，遇事主觀。他高聲地對來訪者評頭論足：「都很年輕嘛！」「那麼高啊！」「她準有七十多歲了！」

毛澤東沒有耐心聽來訪者的恭維。一九六四年，一位桑吉巴的來訪者對毛澤東說：「請允許我向您表示誠摯的敬意。自踏上中國這塊土地，我就嚮往著與您的會面，我實在無法用語言來表達我的激動之情。」

毛澤東盯著他，平靜地問道：「你讀過馬克思、列寧的書嗎？」

過了一會，這位非洲客人變得更加客套起來：「您的著作實在是好。」

毛澤東打斷他的話說：「我寫的東西不多。」

桑吉巴客人堅持道：「不，您的著作很多。」

毛澤東直截了當地說：「好了，我們今天就談到這裡吧！」說了聲「再見」，談話就這樣結束了。

毛澤東在寫自己的書信時，末尾大都註有「淩晨四點」、「淩晨六點」等字樣，這說明他通宵達旦地伏案工作。和他的很多同事不同，毛澤東喜歡讀書。就是當著來訪者的面，他有時也會翻出一本詩集或一本字典，以用來說明或驗證論點。

「解剖麻雀」，是毛澤東最樂於用來解決問題的方法。「麻雀雖小，五臟俱全，中國的麻雀和外國的麻雀都是如此。」他覺得，研究細小事情有利於解決重大問題。

毛澤東很少談及政策，而哲學與工作方法是他最願涉及的主題。

毛澤東不太擅長或者說不喜歡在衆人面前講話，在六〇年代他索性不講了。和普通人交談的日子已經過去，他越來越把自己陷在一個想像的世界中。

在家中聚會時，他的話題更是經常涉及自身經歷。他談論自己的早年生活、自己的家庭成員，這在中國領導人中不多見。他是要從自己的經驗中總結榜樣叫別人去效仿。

毛澤東告誡一位年輕的來訪者，當兵半年就夠了。他沒有提及一九一一年他在長沙也只當了半年兵。他用最欣賞的哲學原則對自己作了尖銳的解剖：「任何事物都是一分爲二的，我自己也可以一分爲二。我是一個小學教員，（然而）我又信神。」

談及他的婚姻時，毛澤東似乎確也一分爲二。一九六二年，他長沙的妻子楊開慧的母親去世了。他給楊家寫了一封信，就像一個女婿履行應盡的職責一樣。他寫道：「葬儀，可以與楊開慧同志我的親愛的夫人同穴。」令人吃驚的是，他於再婚二十多年後，竟然講出下面一句話：「我們兩家同是一家，是一家，不分彼此。」

當談及遙遠的未來時，有人發現他極富挑戰性，有人只覺得離奇。他在一九六四年的一次會議上自言自語道：「一萬年以後北京會變成什麼樣子呢？」在一次科學會議上，毛澤東引了一句令人費解的詩句作爲結束語（姮娥不嫁誰留？）。

毛澤東在一九六四年的一次情況彙報會上說：「請問，馬克思年輕的時候，讀過馬克思主義著作嗎？」

或許有人會同意他接著提出的看法：「講哲學不要超過一小時，講半小時以內，講多了就糊塗了。」

有哪一個大國曾被一個制定政策脫離社會現實基礎，沉迷於永恆事物，而且具有猴性精神的人統治過呢？

毛澤東驀然找到了一種方法，它既能解釋中國過去的倒退，又能解釋從根本上動搖中華人民共和國的新生力量。歷史能前進，也能倒退。在過去的歲月中，難道他沒能有效地抵制新生資產階級嗎？事實上，早在一九六二年他就開始爲這一驚人之論埋下伏筆。

多年來，毛澤東對階級鬥爭持一種微妙的、用馬克思主義標準來衡量是十分溫和的觀點。他堅持不能混淆對抗性矛盾（敵我矛盾）和非對抗性矛盾（人民內部矛盾）。在延安時，他就指責二十八個布爾什維克不應把人民內部矛盾擴大爲敵我矛盾。

在五〇年代，他還不願把持不同政見者列爲「階級敵人」。反對高崗在東北搞「獨立王國」時，他也沒有把高崗標爲階級敵人。到一九五七年十月前後，毛澤東還一度有過這樣的觀點：隨著社會主義政權的進一步鞏固，階級鬥爭將逐步消亡。

一切都隨彭德懷事件的發生而改變了。毛澤東修改了他關於階級鬥爭的定義，他開始到處濫用「階級」這個詞，並開始相信，階級鬥爭變得越來越尖銳了。

這一思想觀念的轉變，使毛澤東在以後的歲月中整個地成了另外一個人。

不久，他就開始根據人的態度來劃分階級界限：「重要的是區分一個人的階級出身和他本人的表現，重在表現。」

毛澤東常說的百分之九十五的幹部是好的，被說成是一個階級分析的觀點，儘管它只不過是一個算術問題。可笑的是，派別也被說成是一個階級的一翼，據說資產階級就在黨內。「所有的好黨員都死了」，他抱怨道，「只剩下一幫牛鬼蛇神。」毛澤東將又一塊學說基石，置於他所喜好的違反常理的思想大廈建築底下：國內新產生的敵人與國外的新敵人勾結在一起。

「修正主義」是毛澤東給史達林在莫斯科的繼承人下的定義。「右傾機會主義」是針對彭德懷而言的。毛澤東認爲，它們只是一枚硬幣的兩面。他在一九六二年的一次中央委員會上說：「看來，給中國的右傾機會主義改個名字，叫中國的修正主義，更好。」

把修正主義和階級敵人聯繫起來始於一九六四年。毛澤東在一則批註中寫道：「修正主義上台也就是資產階級上台，這是令人痛心的事實。」

他的這一新思想像一團古怪而又致命的迷霧籠罩著北京的政治舞台。毛澤東的同事們被他的階級鬥爭激化論震驚。但如果這僅僅是提法問題，人們尚可聽之任之。

一九六二年秋，毛澤東在避暑勝地北戴河召開的一次會議上指出：「好人犯錯誤同走資本主義道路是有很大區別的。」這一區分至關重要，但令人惱怒、捉摸不透。沒有人感到有必要弄清它的確切含義。

毛澤東在一九六三年塡的一首詞完全是他情緒的最新透視。

這首詞原是與一位在政府中任職的知識分子的唱和，同時反映了毛澤東內心中對他的同事及對莫斯科的感受和評估。

他感到他的敵人只不過是一群蒼蠅。

小小寰球，
有幾個蒼蠅碰壁。
嗡嗡叫，
幾聲淒厲，
幾聲抽泣。
螞蟻緣槐誇大國，
蚍蜉撼樹談何易。

他要儘快擺脫這種境地，上蒼會不會助他一臂之力以完成這一使命呢？

多少事，

從來急；
天地轉，
光陰迫。
一萬年太久，
只爭朝夕。
四海翻騰雲水怒，
五洲震盪風雷激。
要掃除一切害人蟲，
全無敵。

一天，毛澤東把他的侄兒叫來談話：「看來你好像是屬於左派」，毛遠新[6]當時正在哈爾濱軍事工程學院學習，「什麼叫先進你知道嗎？」毛澤東繼續說，並講出了它的定義，「先進就是要做落後人的工作。」這是六〇年代中期毛澤東的自我形象的總結。

毛澤東覺得大多數同事都已落伍，他必須替他們承擔工作，扭轉某些方面，以保證共產主義目標的實現。

毛澤東簡明扼要地指出：「我們必須嚴格紀律，必須有一個秦始皇。秦始皇是誰呢？就是劉少奇。我是他的附臣。」毛澤東這話是發自心底嗎？如果是眞心話，他這個「附臣」比「皇帝」的權力還大；如果不是眞心話，那麼當時毛澤東已看到劉少奇的威信在逐漸地超過他。

毛澤東又抖擻起精神來，或許他還沒有控制整個航船，但他是一個在甲板下面的積極活動者。這年仲夏，他暢遊了十三陵水庫，似乎很得意。

這位懷疑一切的聖人正在祈求一個使全民族再生的節日。這位久待在陰影中的人物將以半人半神的形象登上政壇。這位喜歡用永恆的思索來迷惑來訪者的領袖，正在考慮用馬基雅維利式的手腕，使中國躋身於世界三大強國之列。這位惱怒的政治家看到劉少奇正在成爲秦始皇式的政治強人時，準備馬上把他掃入歷史的垃圾堆。

注釋

【1】譯註：原文失實。
【2】這位專欄作家是鄧拓（當時已去世）。
【3】譯註：有關歷史劇《海瑞罷官》和《燕山夜話》中的文章及對其批判，作者使用的多是六〇年代的材料，都有強詞奪理的色彩，或不符合本來的事實。
【4】譯註：這是作者對〈答友人〉詩意的誤解。
【5】譯註：她改了自己的姓，不姓毛，而姓王（王是毛澤東的表侄孫女）。
【6】毛澤民的兒子，是毛澤民夫婦四〇年代初在新疆的監獄中所生。不久，毛澤民被反共當局殺害於烏魯木齊。

18 烏托邦之怒（一九六五—一九六九）

安得烈·馬爾羅見到了毛澤東。這位法國文化部長是來訪問劉少奇的，他要把戴高樂的一封信交給這位中國政府首領，但那天下午會見時的情形卻大出他所料。

馬爾羅被領進人民大會堂的一個大廳，牆上裝飾的並不是繪有高爐和拖拉機的宣傳畫，而是傳統的中國書畫。馬爾羅一眼就認出了劉少奇的「長臉」，並走上去握手致意。劉少奇的身邊簇擁著一群部長。

毛澤東獨自站在近處，就像一位雜技教練領著他的隊員們。

馬爾羅向劉少奇致意後把戴高樂的信遞了過去，劉少奇沒有作答。毛澤東則開始和馬爾羅及他的陪同者——法國駐華大使交談起來。「聽說你們去了延安，有什麼印象？」整個下午，劉少奇都沒有機會插一句話。

毛澤東低語道：「我要獨自和群眾站在一起——我在等著。」好像劉少奇和其他與會的人都不是毛澤東的同事，只是一群緘默的證人。

在一九六五年夏日的這個下午，毛澤東在談話中時斷時續，轉彎抹角，態度悲觀。同時，他又給人一種莫測的神祕感。

在馬爾羅眼中，毛澤東如一位青銅般的皇帝，堅毅、盛氣淩人，就像傳說中剛從古墓中走出的巨神。

當話題轉到法國脫離美國控制及中國離開蘇聯陣營時，馬爾羅無意中用了「聯盟」這個詞。此前毛澤東一直沒有說話，僅是那夾著香煙的右手在嘴邊和煙灰缸之間來回。此時，他突然將雙手舉向空中又猛然放下，用略帶譏諷的語調說：「我——們的同盟！」他面帶譏諷地說著這組中國字：「你——們的，我——們的。」

直到這位來自巴黎的自由主義者離開，毛澤東都沒有說一句任何稱讚中國形勢的話。「我們的工農業問題都沒有得到解決。」他的評價是：「作家總是反對馬克思主義。」毛澤東同馬爾羅會談的中文紀錄和法文紀錄稿表明，毛澤東對馬爾羅看法的矯正比馬爾羅記錄的有關部分甚至更尖銳。

法國大使試圖給毛澤東的診斷注入一些希望，他接過話頭說：「中國的青年對您制定的路線是堅信不疑的。」

「您來中國多長時間啦？」毛澤東反問。

這位自恃有據的使者，用他最近的中國南方之行，證實他對中國形勢的樂觀看法。毛澤東又說：「你看到的只是一面，你沒有注意到另一面。」

這位高盧紳士此時本想扮演伏爾泰的角色，而毛澤東對當時形勢的不滿，遠遠超過他在二〇年代對中國傳統觀念所表現出的惱怒。

毛澤東回想起柯西金在蘇共二十三大上所講的話：「共產主義意味著生活水準的提高。」毛澤東毫不掩飾他對這句話的憎惡：「游泳是爲了穿上條游泳褲！」世界上的馬克思主義者都沒有看到權力終究會被剝奪嗎？

毛澤東最後對法國客人補充了一句：「我們的革命不能只是簡單地鞏固已有的勝利。」

有些奇怪的是，那天下午，劉少奇始終一言未發。

這就是一九六五年冬天到來之際毛澤東的思想主調。這個失意人身上的那種趾高氣昂精神又在復歸。

在離別三十八年後，他又偷閒重訪井岡山。毛澤東以抒情填了一首詞，詞的開頭道出了他前未實現的夙願。

久有淩雲志，
重上井岡山。

在〈重上井岡山〉中也寄託了冒險的嚮往：

可上九天攬月，
可下五洋捉鱉，
談笑凱歌還。

毛澤東仍感受到凡事都取決於英雄的意志。

世上無難事，

只要肯登攀。

「現在幾盒香煙就能收買一個黨支部書記」，毛澤東在一次黨內會議上說，「如果把女兒嫁給一個幹部，那就要什麼有什麼。」儘管毛澤東抱有很大的希望，但他並沒有把希望寄託於中國共產黨。

「我們黨內至少有兩派」，毛澤東挑明了這一點，「社會主義派和資本主義派。」

直接的阻力來自劉少奇，他和他會講英語的大資本家出身的妻子，住在毗鄰毛宅的一處優雅院落。對中國人民來說，劉少奇當時是一位非常了不起的人物，他在黨內的地位也和毛澤東相差無幾。瘦高、銀髮，威嚴有餘的劉少奇，於一九二二年在安源遇見毛澤東之前就已是一個革命者，現在又似乎成了中國革命的首席執行官。劉少奇寫的小冊子《論共產黨員的修養》，僅在一九六二至一九六六年間就售出一千五百萬冊，超出當時任何一種毛澤東著作的銷售量。六〇年代中期的社論都強調幹部要學習毛澤東和劉少奇的著作。《劉少奇選集》的出版亦在計畫之中。

毛澤東本人就曾講過——甚至對外國人也講過——劉少奇將成爲他的接班人。

毛澤東對劉少奇的不滿始於社會主義教育運動，開展這一運動是爲了提高農民的政治覺悟。爲了與他在一九六二年提出的激進思想相一致，一九六三年五月，毛澤東主持制定了《中共中央關於目前農村工作中若干問題的決定》（草案），即《十條》草案，階級鬥爭是它的主題。劉少奇對社會主義教育運動採取溫和的態度，他視其爲在英明的中國共產黨的密切領導下進行的一場反腐敗、反官僚主義的運動。

《十條》的第二和第三修改稿出來後，彭眞、鄧小平和劉少奇都深深捲入其中。一些基層幹部開始懷疑這場社會主義教育運動是毛澤東和自己的適度反對者之間踢的政治足球，毛澤東認爲第二和第三稿是形左實右。一九六五年初，毛澤東又起草了新的社教檔，將原來的《十條》擴充爲《農村社會主義教育運動中目前提出的一些問題》，即《二十三條》，並將矛頭明顯地指向劉少奇：「這次運動的重點，是整黨內那些走資本主義道路的當權派。」毛澤東還補充說：「那些走資本主義道路的當權派，有在幕前的，有在幕後的。」

劉少奇不接受《二十三條》，毛澤東決定搞掉劉少奇。他有了心儀的接班人。

林彪看起來像一個童子軍的首領，一點都不像統率世界上最龐大軍隊的元帥。他身材比毛澤東矮小，鼻子比一般中國人的大，說話細聲細氣，總是用一頂軍帽蓋住他的禿頭，軍裝穿在他身上就像掛在衣架上。他只有五十七歲，但體弱多病，在公共場合露面貌不驚人。

在一九三、四〇年代，林彪是一位精悍的司令官——儘管毛澤東因軍事策略在長征路上曾責備過他：「你還是個娃娃，你懂什麼?」

一九五九年，林彪接替倒台的彭德懷出任國防部長。

林彪不像彭德懷那樣反對與蘇聯決裂，林彪樂於把軍隊政治思想工作，置於其他工作的首位，彭德懷則不同意。林彪不敢與毛澤東平等相處，彭德懷因自己的言行而被罷官。

比彭德懷、林彪之間有別更爲重要的是，一九五九年危機過後，毛澤東對黨作出了暗淡的結論。廬山上失掉的是黨的集體權威。從那以後，黨成了一台受控的機器，不復是一個超出任何人之上的充滿戰鬥力的集體。

毛澤東逐步地把自己的威信與共產黨的威信分裂開來。

林彪領導下的解放軍有驚人的作用。六〇年代早期，當毛澤東被黨內的一些官僚視為「亡人」的時候，軍隊卻把毛澤東尊奉為活著的凱撒。林彪成了中國的克倫威爾，他的解放軍，是一六四〇年倫敦那種單純、心明眼亮的「新模範軍」的亞洲版。

林彪要求他的軍隊成為「毛澤東思想的大學校」，軍官們也組織起來歌唱毛澤東思想、歌唱四個第一。[1]從一九六二年起，《解放軍報》就開始在頭版右上方用大號字體刊載毛澤東的語錄。

《毛主席語錄》首先由解放軍出版社出版。一九六五年後的所有版本都印有林彪寫的前言：「毛澤東同志是當代最偉大的馬克思列寧主義者。」

在毛澤東的心裡，林彪似乎取代了劉少奇的位置。在林彪的心裡，毛澤東是他通向未來的道路，而劉少奇卻是難以超越的路障。表面是平靜的，但一場新的權力之爭正在暗中形成。

得知毛澤東對劉少奇不滿，鄧小平勸告毛澤東不要參加一九六五年一月召開的中央四清工作會議。毛澤東則堅持出席。他在講話中聲明，四清運動是「社會主義與資本主義的矛盾」，不是「四清」與「四不清」的矛盾。劉少奇插話解釋四清運動的性質，毛澤東生氣了：「我這裡有兩本書，一本憲法，一本黨章。我是國家公民，是黨員，我有權說話。一個（指鄧）不讓我參加會議，一個（指劉）不讓講話。」

毛澤東發起全國「學人民解放軍」的運動。中國究竟要從人民解放軍那裡學習什麼？起初的情形有些奇怪。林彪在上海對一夥人說：「江青同志昨天和我談了話，她在政治上很強，在文藝上也是內行。」

多年來，江青的身體一直不太好，性情也反覆無常。她多數時間都待在家裡照看兩個女兒，毛澤東很少和她在一起。「一個不大講話的人。」這就是江青和毛澤東在一起時對他的感受。

但是她的本行——文藝——是毛澤東為正在準備的戰鬥選定的武器。因而在受到長時間的排擠之後，江青懷著極大的不滿衝入文藝界。不久，戰士們在她的指揮下唱歌、跳舞，她為中國文藝界戴上緊箍咒的可怕行動開始了。

不久，毛澤東的女兒李訥成了《解放軍報》的負責人，另一個女兒李敏則在國防科工委（負責研製核武器）掌權。

毛澤東於一九六五年秋離開北京到上海，江青與他隨行。兩人在這個港口城市原來的法國俱樂部一住就是數月。毛澤東還常去他在杭州西湖邊上的別墅小住。各省領導為毛澤東建別墅是為了讓他巡視他們的城市。其中的一些別墅如杭州的劉莊，有不少鏤花睡床，風格別具的琉璃樓閣，四布的池塘，白色的大理石橋，足可同世界上任何地方的工藝品媲美。為討歡心，省委領導將鏤花睡床換成西式床墊，但毛澤東不喜歡這些東西，他代之以自己外出時帶上的特製木床。

毛澤東離開他感到窒息的北京足有十個月之久，中國人民有五個月不知他的行蹤。

離開北京是他的又一次退卻，是為了積蓄力量以備強而有力的回擊。毛澤東到上海是要挑選一些年輕的知識分子作為政治工具——身為同人民解放軍一起發揮作用的第二種力量，去反對劉少奇。

一天，上海《文匯報》刊載了一篇分量很重的劇評，至少，上海幫的成員在十一月十日工餘時間打開報紙時是這樣認爲。事實上，這篇文章爲一次令人震驚的戰鬥打響了第一槍，這是馬克思主義政府內部自相殘殺的開始。

「文化大革命」開始了。只有在中國才會發生政治舞台的壯舉和眞正劇場的乾巴巴戲劇同時開演。

這篇劇評的作者是姚文元，一位四十四歲的上海人，隨筆作家，有一張圓臉和一雙狡黠的眼睛。作爲劇評，他的觀點不過是些陳詞濫調。在其中，他所批判的不是別的，正是北京市副市長一九六一年編寫的《海瑞罷官》。

吳簏用劇本大概借用了一個有趣的故事，以反對毛澤東罷免彭德懷的國防部長職務。毛澤東在四年前就已看出了它的寓意。現在，他感到可以反擊了。

只有毛澤東才會對吳簏的劇本大做文章，因爲毛澤東是其影射目標。在對阿爾巴尼亞客人談及「文化大革命」始於《文匯報》的一篇文章時，毛澤東在實際上已承認自己在中國政治中的主心骨作用。

然而，毛澤東發動「偉大的無產階級文化大革命」確實也有廣泛的，甚至是高尚的動機。他對馬爾羅說，農民生活貧困到吃樹皮，但他們是比上海油嘴滑舌的司機更強的戰鬥者。他擔心一九四九年以後出生的三億青年人稚弱，認爲他們必須在戰鬥中鍾煉自己。

毛澤東重申了他的人的因素勝於一切的信條。「我們把重點是放在人身上，還是放在物身上，或二者平行看待？」他在談到勞動改造時說。這是中國傳統中一直被關注的問題。

毛澤東的回答帶有濃厚的儒家思想痕跡：「如果我們把人的工作做好了，其他一切都好辦了。」毛澤東試圖在中國革命浮動的沙土上脫離經濟基礎，重建一種高尙的社會關係。

毛澤東非常相信淨化和吐故納新。他在一次黨的會議憤然道：「有屎拉出來，有屁放出來，肚子就舒服了。」和過去一樣，他借用自然生理現象進行類比，覺得這樣講很切合。

「農民不是一年要除幾次草嗎？草除掉後還可以做肥料。」這句話的含義聽起來令人毛骨悚然。此時毛澤東已成竹在胸。

毛澤東把第一槍打向《海瑞罷官》，不只是爲了治癒被傷害了的虛榮心。像任何中國領導人一樣，他十分清楚文學對政權的鞏固、顚覆或合法化起著重要作用。

毛澤東自己是半個知識分子，他不怎麼信任知識分子，但又傾慕他們。他開始相信——正如一九六四年年中對一些搞經濟規劃的幹部說的——蘇聯新的特權階層首先產生於文學藝術界。

「北京要這麼多文藝團體幹什麼？」他生氣地說道，「他們根本無事可做。」他還說：「節日期間，總是部隊的節目最好，其次是地方，北京的最差。」

他受蘇聯的困擾，他的沙文主義、長生渴望，在那群經濟規劃者面前全都發洩出來。「你們的這個協會、那個組織，都是從蘇聯搬過來的，被一群洋人和死人統治著……。」

如果毛澤東對北京的文化部門極爲不滿，那麼他也是想釣大魚。瞄準北京市副市長，他希望能把若干譴責的血水濺到市長身上。

彭眞是一個閱歷豐富且德高望重的人物，在某些人眼裡他有可能成爲毛澤東的接班人，他有條不紊的治理使北京變成一座新型城市。但毛澤東發現北京毫無生氣，又妄自尊大，就像美國南方人看到的華盛頓特區一樣。

近幾年來，毛澤東從不看《人民日報》，卻偏愛軍隊的報紙《解放軍報》。毛澤東諷刺北京的科學院在很大程度上成了「不食人間煙火的仙境」。他厭惡地說，對於「文物工作者」認眞研讀的那些雜誌，他覺得自己無法忍受。可是，北京市市長卻認爲，科學院是最好的榜樣，其特殊的研究工作是中國未來發展所必需的。

彭眞譏諷江青組織排練幾齣平庸、爲政治服務的「樣板戲」，就像「穿開襠褲的孩子一樣不成熟」。

兩種觀點必將發生衝突。

毛澤東用螃蟹一樣的技巧對彭眞及北京的一些知名人士施加壓力，他指派包括市長在內的一些人來指導他早已標定了的「文化大革命」。這絕不會有其他結果，除了戰爭之外。

這位市長竭力地想把姚文元的文章限制在學術爭論範圍內，而毛澤東已決意發動一場意義深遠的政治變革。「文化大革命」的第一次浪潮，是衝擊那些置身中華人民共和國領導大廈本身，並視其爲最後成功的官員。這場戰爭只有毛澤東心中有數。一九六六年春天，毛澤東在上海這個制高點上觀察這場戰爭的進度。彭眞等人則只是準備面對毛澤東的影子，他們的冷淡，甚至天眞的行動證明了這一點。

毛澤東會見美國左派老戰士安娜·路易士·斯特朗，並和她的一些朋友一起慶祝她的八十壽辰。這時毛澤東剛好是爲姚文元修改好他給《文匯報》寫的文章的第十一稿之後，在那個清爽的早晨，毛澤東平靜自若。

毛澤東和江青雙雙走進了上海賓館的接待室。他仔細地觀賞牆上的一幅竹雕並爲之吸引，彷彿他是一人站在那裡，連自己的妻子都忘了。他移到第二幅作品前，然後又走向第三幅。滿室的客人都靜候在那裡，等待他講話，或是走向已經備好的午餐桌前。

毛澤東點燃一支香煙，並對周圍的人說醫生讓他戒煙。他慢悠悠地告訴大家，他從未想過戒煙，他還請室內的吸煙者都一起吸，有些人跟著吸起來。

過了一會，他發現不抽煙的占多數，就對抽煙者說：「不要擔心我們是少數，我行我素嘛。」

他的尊貴的客人斯特朗是一位極力反對越南戰爭的美國人。然而毛澤東隻字未提越南戰爭，他談到的所有外部世界問題都指向蘇聯。

毛澤東詢問斯特朗的六位朋友對國際形勢的看法，他們的回答都不合毛澤東的口味。這六個人的觀點如出一轍，毛澤東認爲他們事先都已串通好了。假如有某個人說點不同看法，也許更加有意思。

使談話變得僵硬的眞正原因是，毛澤東的左派來訪者只是反對華盛頓，而毛澤東同時還反對莫斯科。

毛澤東對國際關係作了新的分析，在理論上他把蘇聯和美國置於同一水準，都是中國的階級敵人。這是一個混亂的分析，隨意混淆了民族因素和階級因素，又武斷地把蘇聯劃歸爲資本主義。然而，這爲中國提出了一條貫徹執行的新外交路線。

毛澤東同時聲討兩個超級大國的號召不能爲大多數政治局委員所接受。

北京的每個領導人都清楚，美國仍是中國的一個威脅。毛澤東並不否認這一點，但他堅持認爲，當中國遇到危險的時候，蘇聯絕不會相助。然而，劉少奇和許多軍隊領導人仍相信，面對美國的威脅，北京仍有與莫斯科「聯合行動」的可能性。

一九六五年初，出於來自越南的壓力，毛澤東會見了從河內訪問返蘇的柯西金。當時毛澤東對蘇聯滿口嘲諷，他在柯西金飛抵北京前就已放棄了「聯合行動」。

毛澤東戲劇性地向這位蘇聯人提出了一個無法爭辯的問題。如果美國把越南戰爭升級，進而攻打中國，蘇聯是否會出兵援助中國？

柯西金被問得啞口無言，更別提作一聲答覆了。

毛澤東以令人難以置信的坦率向柯西金承認，他的「一些」同事在對待蘇聯的態度上與他的意見不一致。

羅瑞卿是中國人民解放軍的總參謀長，不同意將蘇聯和美國等同起來。他認爲毛澤東偏離了馬克思主義傳統，也背離了起碼的軍事常識。羅瑞卿熱情地談論蘇聯紅軍，並對社會主義陣營抱有希望。他主張爲了越南而採取「聯合行動」。

毛澤東通過使用一系列嚴厲措施除掉了羅瑞卿。羅瑞卿從六層樓上跳下去（或被他人推了下去？）。他是「文化大革命」中第一個受害的高級領導人。

打倒羅瑞卿之後，毛澤東更要樹立林彪。因爲林彪與羅瑞卿一九六五年在軍事政治路線上有過分歧。羅瑞卿之所以被革職，是因爲他尊重蘇聯、相信社會主義陣營、親歐、在越南問題上態度強硬。林彪與羅瑞卿的觀點相去甚遠。林彪自己的路線完全忠實於毛澤東在六〇年代中期對世界問題的看法。

毛澤東和林彪將全球形勢看作是中國革命在更大範圍的重演。農村（第三世界）終有一天會包圍城市（西方與蘇聯），就像毛澤東的農民革命者包圍上海、北京一樣。

世界政治已成了遊擊戰爭的一部分。

這看起來是窮兵黷武，其實並不是。與劉少奇和羅瑞卿的「聯合行動」路線相比，毛澤東和林彪的路線是穩健的：

> 人民解放軍不得出境。
> 只有當敵人入侵中國領土時，中國才給予反擊。
> 中國不是反帝力量的前哨，整個第三世界才是（特別是正處於戰爭中的越南）。

毛澤東、林彪路線帶有民族主義的色彩。在蘇聯陣營中中國只能屈居第二，但作為第三世界的代言人，中國就成了第一類，同時又甩掉了聯盟關係的包袱。作為社會主義陣營的一員，中國人民難免接受歐洲中心論、土豆燒牛肉式[2]共產主義的社會主義觀點。但是，現在他們可在自己的旗幟指引下向前了：

> 革命的關鍵力量是農民，而不是產業工人的共產黨。
> 改變世界的方法應是武裝鬥爭，而不是議會道路。
> 未來的顏色是黃色和棕色，而不是白色。
> 中國經驗，而不是蘇聯經驗，是第三世界的大多數國家的借鑒之點。

與此同時，美國的炸彈正在投向離中國邊境不遠的南部城市，而毛澤東對越戰卻顯得出奇的鎮靜。這使美國人感到奇怪：似乎受到美國魔鬼式轟炸機威脅的不是中國，而是墨西哥。

越南戰爭的結果並沒有改變毛澤東的戰略觀點。在六〇年代中期他就提出蘇聯的威脅在上升，而美國的威脅在下降。美國在印度支那稻田裡的失敗為他的理論提供了仍然有效的說明。

一九六五年秋去上海時，毛澤東寫了一首鋒芒畢露的詞——〈鳥兒問答〉。一隻鯤鵬和一隻雀發現它們正置身於戰火之中。雀被嚇呆了：

怎麼得了，
哎呀我要飛躍。

而鯤鵬卻有著不同的氣質，它懷疑地詢問在哪裡可找到藏身的地方。雀念念不忘「仙山瓊閣」。在毛澤東看來，這種容易上當的小鳥是在騙局中尋找安樂窩，輕信「禁止核子試驗條約」，及克里姆林宮的土豆燒牛肉式的共產主義。

不見前年秋月朗，
訂了三家條約。
還有吃的，

土豆燒熟了，
再加牛肉。

鯤鵬最後說道：

不須放屁，
試看天地翻覆。

這首詞無疑是用以反對蘇聯的，但它也道出了事物格局的變化和更迭。一種長期一貫的哲學觀點，不只是戰略總結，引導著毛澤東制定新的外交路線。

日本共產黨的領導人宮本顯治於一九六六年初到中國和毛澤東進行了一次誠懇的會談。日本共產黨是毛澤東主義者，他們在談及莫斯科時常常用「修正主義」這一代名詞。然而，他們擔心美國會擴大在亞洲的戰爭，所以遊說中國、越南和朝鮮，並討論與蘇聯的「聯合行動」，毛澤東的一些同事對此也十分熱心。

在北京，日本人和一些重要的中國領導人簽署了一個公報，用以實現「聯合行動」的部分目標。毛澤東此時遠在廣州，這是爲了避開上海的三月天氣。他發出指示說要在來訪的日本共產黨人離開中國內地去香港時會見他們，而這對北京的一些人可能是不祥之兆。

毛澤東當時住在一個安靜的溫泉療養所，附近是廣州郊外山中的一個軍事基地。當日本人來廣州後，山筍聽到毛澤東說話也會被震懾。

這位日本人鞠躬剛剛完畢，毛澤東就開始了他的長篇激烈演說。他首先指責了公報草案，並對鄧小平及其他趕到南方參加會見的高級領導人發怒道：「你們這些在北京的軟骨頭。」這位來遊說的日本人看到這場景，驚呆了。

毛澤東希望公報能號召組成一個統一的戰線，共同反抗「美帝」和「蘇修」，日本人拒不同意。毛澤東於是說，你們在北京制定的公報草案內容空空，毫無價值。公報終歸作廢。

爲了進一步孤立宮本，毛澤東還敦促日本共產黨把武裝交給日本人民，準備打一場「人民戰爭」。

這一令人難堪的會見結束了中共和日共之間的親密關係。

這也引發了毛澤東對北京異己分子的新攻擊。宮本離開不久，他就罷免了北京市市長彭眞。毛澤東大筆一揮，在自己的政敵名單上添加了一些人的名字，他與鄧小平之間的距離迅即擴大。

離開北京期間，毛澤東重讀了《西遊記》。這本書的主人公是一隻紅屁股猴子，名叫孫悟空，它建立了豐功偉績。

孫悟空在玉帝的御花園內偷吃了長生不老的仙桃，爲了在生死簿上抹掉他的名字，他敲開了閻王殿大門。他一個筋斗就翻出十萬八千里，到達天邊的擎天柱上。有一次，他還在柱子上撒了一泡尿以示他的自由精神。

敢於和命運挑戰的孫猴王有一種應付困境的法術。他從身上拔下一撮毛（「毛」字恰好是毛澤東的姓），將毛咬碎、吐出，然後再說聲「變」，每一根小毛都變成一個小「孫悟空」，由此就有了很多的支持者。

毛澤東在一九六六年三月對政治局的一位同事說：「打倒閻王，解放小鬼。」「各地都要有孫悟空大鬧天宮。」

毛澤東——以及北京——在年底之前就變出了這些小「孫悟空」們。

毛澤東在早年總是將猴子當作反面形象來用，如將其比作第二次世界大戰時期的法西斯分子。但從五〇年代後期起，他又把牠當成了正面人物形象。孫猴王的大膽、頑皮、傲視一切和偉大的抱負正適合毛澤東的心態。一九六六年，毛澤東把這一充滿想像的思想推向高潮，宣稱革命者和孫猴王屬同一類型。

到一九六六年年中，毛澤東已作好復出的準備並在公開場合露面。他握有孫猴王那樣的奇異法術。

毛澤東接見了可信賴的阿爾巴尼亞總理，想藉此讓中國知道他還活著，但並不想暴露行蹤。然後，他又想顯示一下自己的身體活力，於是來到武漢，在電視攝影機前暢遊了長江。「那天的江水好像也在笑。」官方新聞媒體說。

毛澤東一九六六年七月返回北京。

毛澤東在思考中國的未來時說：「我們需要一批立場堅定的青年人來接替我們的工作，他們文化程度不怎麼高，意志堅強，有政治經驗。」

他自己的經歷就是他的指南。他說：「我們開始鬧革命時也不過是二十多歲的娃娃。那時的當權者，是老年人，有經驗。論知識他們多，論眞理我們多。」

「文化大革命」把這一思想付諸演習。年輕人可能不受舊傳統的影響，他們所受的全是新中國的教育，沒有被中國以外的世界所影響。他們是地道的新中國的產品，不是已證明他們的「眞理多」嗎？

從這種意義上講，「文化大革命」是要實現「百花齊放」未能奏效的事情：只能有一種道德觀念存在。

從另一方面看，「文化大革命」是毛澤東對他以前的各種嘗試的訣別。毛澤東希望青年們的「政治經驗」要從反對黨的鬥爭中去獲得。

這種博弈亦源於一九五六至一九五七年的震動。那時，毛澤東對已確立的馬列主義學說失去了信仰。自那以後，眞理和黨的威信在他的思想中被分開了，乃至他在一九六六年堅信可以不通過黨的權威去確立眞理。

「大躍進」時，毛澤東相信黨就是一種工具；「文化大革命」時，他失去了這種信仰，他號召紅小鬼去攻擊黨。毛澤東強調紅衛兵「造反有理」是馬克思主義的精髓，他放手發動他們去「砸爛舊世界」。

紅衛兵首先攻擊的目標是文化領域。他們砸廟宇，抄知識分子、資本家和地主的家，意在尋出一些「資產階級」或「修正主義」的東西來。

太陽鏡在第一個查禁之列，國際象棋因與蘇聯人關係密切而被列爲第二項。除了馬克思主義著作外，幾乎所有的書都在查禁之列。焚書時燃起的熊熊火焰煞是好看。

如果說紅衛兵像篤信宗教的狂熱者，那麼是毛澤東親手播下了恰當的教義。他的思想路線乃是千百年來基督徒們所信奉的箴言：「爲愛上帝，從心所欲。」只要一個人的心正，他的善行就如水順坡流淌而下。

毛澤東在一九六六年對馬克思主義用了類似的手法。他把「造反」置於中心，而新教主義者是將「愛」放在中心。在一九六六至一九六七年間，毛澤東相信如果年輕人有造反精神，他們的行爲對中國將會大有好處。

紅衛兵在造反中得到自我滿足自有其原因。他們是被忽視的一代，突然有了一種被人發現的意識。他們上了高中，但被撩撥起來的希望不能得到滿足，既沒有大學可進，也沒有城市工作留給他們。

這一代人絕沒有機會無拘無束地生活，現在終歸可以發洩了。高中的學生，就是把資本主義擺在面前，他們也不一定認得出來，卻指責那些和資本主義戰鬥過幾十年的老革命者是資本主義的黑爪牙。

一群紅衛兵深更半夜衝進彭眞的家裡，打開了他臥室裡的燈，命令這位北京市市長下床接受批判。這些年輕的狂熱者們在一個報告中寫道：「彭眞嚇得臉色蠟黃，甚至連衣服都穿不好。」

紅衛兵獻身於毛澤東猶如信徒們對待先知一樣，很多人都是眞誠地獻身。但是，一個十七歲的中學生是不能眞正理解毛澤東的「文化大革命」意圖的。對他或她來說，批鬥那些「黑幫分子」是一件令人振奮的事，乘專列到北京見毛主席並「參加革命」，使他們樹立了自信心。簡單模仿行爲遠遠超出了這些話的含義。

一個偷渡到香港的廣東青年後來回憶：「中央老是敦促我們帶上《毛主席語錄》，一有時間就學習。我們卻帶著撲克牌，一有時間就玩。」

毛澤東似乎忘記了學生們動機龐雜、多變的政治意識和管理七億人口的國家的政治領袖意識的區別。

筆和槍是毛澤東慣用的工具。他回到北京之前則要加強護衛的部隊調到該城，雖然他一到家就拿起了筆。

他寫了一張大字報，標題爲「炮打司令部」。據說，「文化大革命」的阻力在中央，所以必須攻破中央。他把大字報拿到中央委員會辦公大樓並把它掛在裡面的門上。

毛澤東的行爲有巨大影響。大字報如雨後春筍般地在中國大地湧現。中國成了小道消息的天堂，且史無前例。各種閒言雜語、意見、報導、爭論等全都寫入大字報中。牆上貼滿大字報、樹上釘滿大字報、石獅子上掛滿大字報，甚至在無處可貼時連路上也鋪滿大字報。北京就像一個巨大的布告欄。

大群大群的人圍攏在一起，閱讀著寫在白紙、黃紙和粉紅紙上的消息。這對普通人來說是太有趣了。毛澤東幾乎無時不被人讚頌，其內容都是奉承之語，言過其實。

最後，大字報的內容越來越粗俗不堪，多是些沒完沒了的無謂爭吵，它們已喪失了自身的意義。一些小孩爲了掙幾分錢，把掉下來的大字報撿起賣給人家作燃料。

毛澤東又寫了一張大字報。它一半是詩，一半是政治宣言，其中摻雜著浪漫主義和挑戰的色彩。[3]

更多的高帽子在飛，更多的棍子在打人，陽光和鮮花則很難見到，這樣的現象持續了數月之久。一九六六年五月政治局會議上，出席者發現每張桌子上放有一份文件：「葉群是處女。林彪。」陸定一的妻子與葉群在延安時是同學，作爲一種隱蔽的政治鬥爭，她有證有據地散布林彪的妻子在延安（其時尚未嫁給林彪）經歷複雜，林彪則用這種不攻自破的手段來抵制這些謠言。

甚至在毛澤東未扭轉由江青挑起的對他的批判之前，周恩來也得卑躬屈膝。事情的起因是在一九三〇年的《申報》登載了一篇有關伍豪脫離共產黨關係的文章，伍豪是周恩來做地下工作時的名字。一天，周恩來攜帶在圖書館複製的《申報》材料來到毛澤東的游泳池。周恩來給毛澤東的材料能夠證明，該文章見報時他已不在上海，且文章也沒有作者，所以是仿造的，周恩來這麼說。毛澤東相信周恩來，並譴責了左派。[4]

開始，紅衛兵寫大字報只是批判四舊。但在一九六六年底，毛澤東把更重要的任務交給了「紅小鬼」們。他要求他們去行動，甚至向半數左右的政治局委員奪權。爲了鼓勵他們的行動，毛澤東在天安門城樓上先後八次檢閱了一千一百萬紅衛兵。

那些飽經風霜的老戰士該怎樣看呢？這些年輕人身著黃軍裝，帶著上面寫有「紅衛兵」三個白色字體的紅袖標，每個人的手中都拿著一本《毛主席語錄》。《毛主席語錄》在空中舞動時，廣場上紅光閃耀，就像是紅色蝴蝶構成的海洋。

毛澤東身穿軍裝，戴著紅五星軍帽，用以加重軍事色彩。一套寬鬆的綠色軍服遮住了他那已成「梨狀」的體形。在北戴河游泳時，毛澤東拍拍他的衛士肚皮說：「肚子變大了，可以和我的相比了。」

毛澤東從不在接見的集會上講話（總是林彪講），他只是站在天安門城樓上向下舉手致意，江青站在他的身旁（也是身著軍裝）。然而，只因見到城樓上的毛澤東，成千上萬的人因狂喜而流淚，有的用嘴咬著袖口。人們就像潮水似的起伏湧動。

「文化大革命」帶來了所有種類的自我表現形式，毛澤東用一種不可思議的手段在他的垂暮之年復興了古老中國的儀式。這位曾撰寫過長篇著作的哲學家卻只寫了一張只有二百字的大字報。這位曾經能一連講上幾小時，說服他的追隨者贊同他的新政策的領導人，現在卻只是露露面、揮揮手，臉上掛著呆滯的笑容。

這位導師一貫喜歡學生自己思考，現在他似乎很樂於聽到學生們對他的敬仰和崇拜之詞。而他們的這些讚美之詞，無異於小學生機械地背誦不完全理解的課文。

在一九六六年下半年和一九六七年瘋狂的日子裡，藝術家們作畫不是簽上自己的名字，當然也不能簽其他人的名字，而是寫上這樣一句贊詞：「毛主席萬歲！」

爲什麼毛澤東變了呢？因爲他在晚年時再也不相信共產黨的集體威信了，他的自我形象也正在向一個傳統的中國統治者轉變。毛澤東曾和斯諾談論過赫魯雪夫缺少個人崇拜。他認爲，在落後的社會中，即使已推行了馬克思主義的政治制度，個人崇拜也是十分必要的。林彪推動了對毛澤東的個人崇拜，他這樣做有他自己的目的。而毛澤東沒有制止林彪，他沒有制止的意願和毅力。

一天，毛澤東在中央委員會辦公大樓外面對一群人講：「你們應該關心國家大事，要把無產階級文化大革命進行到底。」

劉少奇和鄧小平試圖限制紅衛兵的活動範圍，就像彭眞想把姚文元在《文匯報》上發表的劇評限制在學術討論範圍一樣，但他們沒敢指責這場運動帶來的混亂。

毛澤東不分別歷史背景，把他的「壓制」學生的同事們與二〇年代的反共軍閥等同起來。他用心理上的自誇把疑慮掩蓋起來。他對大多數高級同事都說過：「你們應該把『怕』字換成『敢』字。」

毛澤東的許多同事的確誠惶誠恐，且爲毛澤東要求他們「敢」做何事感到迷惑。鄧小平不形於色地蔑視著「文化大革命」。劉少奇則說他對「文化大革命」不理解，這可能是眞心話。陳毅說：「我總是對和我相處較好的人講，如果讓我領導文化大革命，那就不會有文化大革命。」

同時，就在中國瀕於內戰的邊緣，中國的第一顆氫彈爆炸成功了。毛澤東既要核武器，又要政治混亂，集老虎的勇猛和猴子的精明於一身的他認爲二者並不矛盾。既然能同時取得二者，說明中國當時正在走毛澤東的路線。

毛澤東並不像周恩來那樣參加大型會議、發表演說，而是待在游泳池解決問題，透過在別人的報告上寫含義隱晦的批示。

他的活動總部不再在菊香書屋，成套設備已搬至游泳池。在中南海，到「游泳池」意味著去見毛澤東。生活在游泳池，是因毛澤東喜歡游泳。通過水能贖回生命中的某些東西，跳入水中意味著洗淨既已存在的東西以獲得身體的新生。當年老的毛澤東生活在游泳池時，他穿上游泳衣，這可能有助於他更有青春活力以預防死亡的到來。這也部分使毛澤東回到鄉村文化養育的世界（沿此道路以保持軍事美德、反對知性主義）。還是孩童時代，毛澤東就在父親的保護下在池塘中學會了游泳。作爲老者，他用游泳來控制他的生活。他的意願就是游泳，甚至危險、威脅，還有他的下屬的驚心，都不過是他政治解決手段的一個符號。

一九六七年初，到處是暴力、動盪和仇視的氣氛，已有成千上萬的人在「文化大革命」中喪生。然而毛澤東曾在二月份對阿爾巴尼亞的客人宣稱，他比一年前更樂觀。

毛澤東是在替中國進行高級療法？還是在透過你死我活的戰鬥來爭奪對中國的控制？最大可能是前者。

然而，毛澤東發現自己被忽視已超出了他所能容忍的極限。他抱怨：「鄧小平做事從不找我商量。」他不想讓這位黨的總書記變得如此獨立。

自一九六二年開始，毛澤東提出了繼續發揚中國革命精神的新觀點。這些觀點是關於繼續堅持階級鬥爭、如何處理文化和經濟體制的關係，及怎樣對待來自蘇聯的威脅。他的這些新思想受到過劉少奇、鄧小平和其他領導人的反對。

正像毛澤東對斯諾所說的那樣，他已決定讓劉少奇「下台」。

當然，他在向比劉少奇和鄧小平更大、更模糊的敵人開戰。在他的社會主義存在著長期鬥爭的觀點指引下，他正在把社會主義現實當作日益滋生官僚主義的土壤來處置。

他無力面對他所創立的政權中出現的某些冷酷嚴峻的事實，於是就創造出許多奇談怪論來爲工作中的失誤進行辯解。主要幻想就是對六〇年代中國的階級鬥爭作用的誇大。

毛澤東向幾位阿爾巴尼亞的軍界客人解釋了他對「走資派」的定義：他們在解放前曾投身於階級鬥爭，可是一九四九年後，生活環境變了，就忘記了鬥爭。毛澤東的解釋一針見血。

毛澤東對「走資派」的分析確實符合邏輯：「不妨說是老革命遇到了新問題！」毫無

疑問，毛澤東意在嘲諷。不過這句話的確道出了「走資派」這個新杜撰出來的名詞的實質。「文化大革命」並不只是個人之間的權力之爭。學生是草根階層，像排列在一起的木偶，由幕後操縱者導演，彼此廝殺，而那些操縱者們之間的鬥爭亦非眞刀眞槍。

一九六六年仲夏，毛澤東在人民大會堂召集萬人學生大會，以聽取在他外出期間劉少奇和他的朋友向學校派工作組的解散問題。毛澤東本來未打算出席會議，但在最後一刻他還是出席了，站在離主席台不遠的幕後。劉少奇對群衆作了一個既定的檢查，說他自己和鄧小平是「老革命遇到新問題」。與他的同事坐在一起，毛澤東從鼻子裡哼出一聲：「老反革命還差不多！」由於一時衝動，毛澤東決定將主席台後面的幕布拉開，他走了出來接見萬名學生。當他環主席台一周時，「毛主席萬歲！」的口號隨同掌聲響起。他默無一語，也未看劉少奇、鄧小平一眼，像沒有看到他們在場一樣。他們兩人留在主席台上，嘴巴半張地盯著。

毛澤東並沒有立即罷免劉少奇和鄧小平或把他們關起來，也很少攻擊他們。過了好幾個月他才開始對他們施加壓力。而劉少奇和鄧小平對此作出的反應又不盡相同。鄧小平曾一度在某種程度上跟隨了毛澤東的「文化大革命」的思想。劉少奇則固執己見不願放棄自尊，寧可被打倒，也不去擁戴他認爲是錯誤的思想。

毛澤東並不打算把中國交給紅衛兵。他意在喚起並鍛鍊中國青年，而不是與他們共掌大權。所以「奪權」僅僅是個幌子。要說這場運動是對一些右傾分子的清洗沒錯，如果說它是在造就新的政治體制則是無稽之談。

一九六七年初的一天，毛澤東問周恩來奪權運動進展得如何，周恩來回答說：「在一些單位，被一派奪了權後，另一派又去奪，就這樣奪來奪去。」周恩來巧妙地不直接點明這種全國性的荒唐的現象。確實，政權正在遭受頻繁的易主之苦。

與此同時，毛澤東和眞正的掌權者——周恩來，坐在辦公室裡接收那些經常輪換的掌權者們的報告。這些人像是在進行一場足球賽。

毛澤東對江青攻擊陶鑄和其他領導人的照片事件感到氣憤，他當江青的面指斥道：「你的思想錯了，你無能爲力，你眼高手低，你無所事事——去打倒陶鑄！」這時候，和江青一起工作的陳伯達也感到絕望，他對王力說，他因此事打算自殺。他曾經讀過一本書，書中說列寧說過一個共產黨人應被允許自殺。王力力勸他將這話告訴周恩來，陳伯達聽從了。數小時後，在釣魚臺十四號的會議上，總理勸導陳伯達不要自殺。毛澤東亦時時防護著他的妻子以及陳伯達這位親密的支持者。根據王力的提議，毛澤東對兩個主要的左派作了重新部署，把張春橋和宣傳工作者姚文元從上海調來北京，以便核查江青和陳伯達的工作。[5]

一幅驚人的照片貼在人民日報社大樓的布告欄中。這是三個人出席一九六六年國慶的照片。毛澤東在左邊，孫中山的遺孀在右邊，而中間是劉少奇！

一群人帶著負罪般的震驚觀看著這幅照片。照片在中國政治中極有威力，它似乎能使人上天堂入地獄。在這種場合公開出現的劉少奇的照片非同尋常。毛澤東應該站在中間啊！立刻，《人民日報》的總編就失去了職位，他是劉少奇的支持者，企圖用照片的力量來挽救位置不穩的國家主席。

毛澤東和劉少奇在一起工作了近四十五年。他們都是湖南人，彼此完全可以聽懂鄉音。在延安，正是劉少奇在一九四五年召開的第七次黨代會上提出並把毛澤東確立爲偉大的領袖和思想家。

沒有任何跡象表明劉少奇想把毛澤東從第一的位置上拉下來。的確，劉少奇把毛澤東視爲黨的主席，而不是視爲皇帝。

這兩個人的世界觀有分歧。劉少奇並不像毛澤東那樣看重農民對中國革命的貢獻。他像一個天主教徒一樣虔誠地信仰黨的權威，而不像毛澤東那樣時常請群衆對黨提出批評。[6]在經濟發展上，他喜歡按部就班，而不是像毛澤東那樣喜歡波浪式前進。

劉少奇缺乏毛澤東的根深柢固的民族主義思想，他不像毛澤東那樣對中蘇關係惡化無所謂。一些在毛澤東認爲是不可思議的國際主義名詞，劉少奇會順口而出，例如：「中國共產黨是世界共產黨的一個優秀支部。」

在毛澤東看來，中國的任何東西都不應稱爲一個「支部」。

劉少奇與毛澤東最大的不同是，他沒有絲毫的「猴氣」。他與毛澤東看問題的奇特角度大相逕庭。他也不像毛澤東那樣津津樂道於生活是永恆的變動之流。

在劉少奇看來，歷史是一架上升的電梯。在毛澤東看來，歷史是波濤洶湧的大海。對劉少奇來說，社會主義是一門科學，必須用理性的步伐去追求。毛澤東則認爲社會主義是一種道德，並不歸屬於某一個最終的勝利。

然而，這些分歧並沒有影響他們倆的密切合作並獲得巨大成功。毛澤東在講話中時常親切地稱劉爲「少奇」，而在稱其他同事時他很少只用名而不用姓。毛澤東只是在「文化大革命」時才不能容忍劉少奇。

毛澤東和劉少奇的分裂在非史達林化期間開始公開化。來自莫斯科的震盪過去以後，毛澤東終於作出了反應。他決心找出一條中國式的社會主義道路，哪怕它不是馬克思主義的。

劉少奇的教條與保守使得他無法領悟這位猴王的變化。

回想起自己當年之所以反對赫魯雪夫對斯大化的攻擊，毛澤東認爲史達林的所作所爲「打上了時代的烙印」。受到損害的不僅僅是史達林本人的名聲，而且是整個共產主義運動的威信。

劉少奇的所作所爲也都打上了時代的烙印，並且他的名聲也很難與他曾積極從事的運動分開。

但毛澤東此時已失去了團體觀念。他再也不像以前那樣顧及這座威嚴的大廈了，而劉少奇是這座大廈的主要支柱。

在政治領域，某些特殊問題常常會加劇一般的分歧。在六〇年代初期，劉少奇不同意毛澤東無節制地援助和支持第三世界的「民族解放鬥爭」。兩個人的徹底決裂則始於怎樣在農村進行社會主義教育運動。不過，如果不在這類問題上產生分歧，肯定會在其他方面產生分歧。

劉少奇顯得倔強。如果他能像周恩來那樣有柳條般的柔性，這場分裂或許能夠避免。一九六六年四月下旬會見阿爾巴尼亞的客人時，毛澤東大談他的新的冒險計畫，劉少奇則對「文化大革命」不置一詞，甚至連「毛」也沒有提到。

劉少奇採取的最激烈的對抗措施是他想利用組織手段來制止毛澤東，他試圖召開一次中央全會來糾正毛澤東的「文化大革命」。但是，一九六六年不是黨的準則能起作用的時節。

毛澤東剛剛貼出自己的大字報，就發現事情有異。他也承認這一點。他可能喜歡這種混亂，他在一九六六年八月曾說要讓這種混亂持續下去。然而，無論是他，還是其他任何人，都不希望因混亂造成傷亡和破壞。

「運動來勢很猛，我也沒有料到」，毛澤東在十月舉行的一次中央委員會上承認，「所以你們有怨言，也是難怪的。」

從一九六六年冬到一九六七年，「文化大革命」只是忙於應付那些出人意料的突變事件。毛澤東對這些事件無法預料，它猶如閃電劈樹。一九六八年到來時，用軍事術語來說，「文化大革命」已成了解圍戰。

毛澤東的變化越來越大，已成爲反左派人士。一九六五至一九六六年，「文化大革命」剛剛拉開序幕時，他意在反對那些「遇到新問題的老幹部」（「走資派」的代用詞）。

從一九六七年開始，「文化大革命」的下一階段主要是反對年輕的政治搗亂分子（「極左派」的代用詞），他們是成事不足，敗事有餘。風向已變。儘管《人民日報》還在鼓動造反，但字裡行間卻是告誡學生要遵守法律和秩序。在一九六八年十月劉少奇被正式免職之前，毛澤東的焦慮所在已由劉少奇的錯誤轉向那些「紅小鬼」的過失，他們打倒了劉少奇，要「立刻實行共產主義」。

這一轉捩點始於上海。上海幾個好戰的極左分子「奪了權」。他們仿照一八七一年法國建立的烏托邦巴黎公社，宣布建立「上海公社」。毛澤東沒有同意。

一九六七年二月，他召見了上海的兩個「文化大革命」領導人：張春橋和姚文元。張春橋原是報人，他的發跡全賴毛澤東一手提拔。長著娃娃臉的姚文元是御用宣傳員，是他寫了那篇《海瑞罷官》的劇評。

毛澤東幾乎有點迫不及待，張、姚的飛機剛從上海起飛，他就不斷地問自己的祕書飛機是否已經到達北京機場。偉大領袖親自將這兩位煽動暴亂者迎進他的總部。

他潑這兩人的冷水。無政府主義一定要杜絕，他說，一個組織必須得有人負責。

上海的「左」派們引用了毛澤東在「五四」時期的言論。當年，年輕的毛澤東曾大聲疾呼：「天下者，我們的天下；國家者，我們的國家；社會者，我們的社會。」毛澤東叫他們不要再引用那些話了。他自言自語地說，就連他自己也「記不清」當時是否講了那些話。

至於「上海公社」，毛澤東斷然否定。如果全國各城市都建立公社，那麼中華人民共和國的名字是否也要改一下呢？其他國家會承認一個「中華人民公社」嗎？

張、姚回到上海，馬上給已經白熱化的「文化大革命」降溫。上海公社只維持了十九天。

毛澤東之所以轉變態度，是因爲他不滿於「左」派們的宗派主義，他們擅長於「打倒」。但要建設時，只有成百上千搞上層建築的人，沒有一個砌磚工人。

空洞的口號到處氾濫，一個教條主義的瑣碎分析會使普通人發狂。紅衛兵變得越「左」，就越不會與他們認爲不夠「左」的人攜手聯合。

紅衛兵越演越烈的派系爭鬥足以使基督教世界內部繁雜的教派紛爭黯然失色。相比之下，各基督教派倒像一個完整的統一體。光是三省（湖南、湖北、廣西）三市（北京、廣州、上海）就有一千四百一十七個分散的紅衛兵組織。

在法國，革命吞噬著孩子；而在中國，是孩子幾乎吞噬了革命。

毛澤東開始巡視中國，所見到的一切都使他憂心。紅衛兵不僅僅在內部混戰，而且組織起來同工人激戰。在軍隊中也會聽到許多不滿言論。

毛澤東不滿地對周恩來說：「中國像是分成了八百諸侯國。」

毛澤東派了兩個高級官員作爲他的特使趕到武漢。和全國其他地區一樣，武漢的「文化大革命」第一階段批判走資派引起很多人的不滿。紅衛兵並不像毛澤東所希望或相信的那樣受歡迎。武漢軍區司令員陳再道出來反對他們，武漢市一些大工廠的工人也組成了廣大的陣線和他們對抗。

毛澤東的兩位特使都是極左分子。本來他們南下是爲了平息爭鬥，可是不到兩天，他們自己險些被抓住。陳再道拘留了這兩個人，而這兩個人當時的官位都居於中國二十名最高領導人之列。周恩來冒著自己的生命危險，在一月之內第二次飛赴武漢以說服釋放這兩位「左」派。毛澤東也祕密來到武漢。在一些指揮官的支持下，王力仍被扣留未放，但出於對毛澤東的崇拜，這些指揮官游過東湖來到毛澤東的客廳試圖向毛訴說。但他們被抓了起來。毛澤東不贊成抓他們，傳令要他們分坐兩邊，自己則坐在中間。林彪介入進來了。感到騷亂威脅毛澤東的安全，國防部直接下了一道命令要這位黨的主席從武漢轉移到上海的安全環境。毛澤東堅持不走，他說：「我寧可被抓。」但最終他還是離開了，這座城市中的屬於他的「左」派和軍隊正在紮營準備戰鬥。這是毛澤東自一九四九年以來所未曾經歷過的。

這一次武漢部隊司令員失招了，周恩來親自陪同他回到北京。然而，這位武漢的「軍閥」還是贏了，毛澤東不得不承認解放軍比極左分子更得人心。

武漢事件非但沒有遏制反而增加了軍隊在中國政治中的力量。《人民日報》曾宣稱解放軍已開赴了「支左」前線。但是，無論在武漢還是在其他地方，解放軍根本沒有「支左」。

紅衛兵指責外交部長陳毅，他們占領了他的外交部，向世界各地的中國駐外使館發電報，並命令他們在外交工作中採取強硬姿態。這使得中國與柬埔寨、緬甸及其他一些友好國家的關係變得極爲緊張。

周恩來自己也被監禁兩天。「資產階級的臭老闆，善於玩弄反革命伎倆」，這是一個紅衛兵組織給總理貼的標籤。另一個紅衛兵組織要批鬥周恩來，據說毛澤東的回答是：「那好，我跟他站在一起挨鬥。」

爲了在外交政策上作出新姿態，紅衛兵衝進了英國代辦處。他們焚燒大使館，辱罵那些驚恐的職員，並抓某些人的生殖器，讓他們逐一在一張巨大的毛主席像前鞠躬。

毛澤東見造反派胡亂到這種地步，便加以制止。一九六七年秋，他頻頻談到各派紅衛兵要「大聯合」，就像一年前他屢屢號召紅衛兵要起來「造反」一樣。當聽到紅衛兵攻擊英國人的事件報告後，他抱怨說：「極左。」[7]

陳毅向紅衛兵承認：「我過去曾經多次反對過毛主席，今後也不敢保證不再反對他。」要是在一九六六年，毛澤東是無法忍受這樣的異己言論的。

陳毅講得十分露骨：「馬克思是德國人，於是德國產生了考茨基和伯恩施坦與他分庭抗禮，來修正他的學說；列寧是蘇聯人，蘇聯就出了赫魯雪夫；毛主席是我們國家的人，肯定中國會出現一個人反對他，你們等著瞧吧。」[8]

毛澤東沒有也不能支持對陳毅的攻擊。他看完陳毅的「黑話集」之後說：「此話不黑，口快心直。」

一九六七年下半年，毛澤東命令停止對陳毅的批鬥，從此可以看出毛澤東正處在進退兩難的困境。毛澤東說：「他體重已減輕了九公斤，我不能讓他那個樣子去見外賓。」

和劉少奇相比，陳毅是幸運的。當風暴襲擊到陳毅時，毛澤東已不再熱心於風暴，陳毅之所以被保駕是因爲毛澤東需要從大亂走向大治。

一九六七年的夏天顯得炎熱而漫長。毛澤東離開了北京，把「文化大革命」中最棘手的一段時期留給周恩來去應付。他去了武漢，後又到上海住了四週，同時沿長江兩岸巡視。行程中他新的路線形成了。

「你們不能用鬥地主的方法來對待幹部。」毛澤東在杭州說，他反對給犯錯誤的領導人戴高帽子。然而他挑動「左」派正是這樣鬥劉少奇的。「你們不能懷疑一切，也不能打倒一切。」他對武漢的同志講，但他沒有承認他不久以前所犯的正是這類錯誤。

經過反覆思考後，毛澤東不再像兩年前那樣贊成「造反有理」了，他需要補救他的過失。他視察江西時說：「應該挽救那些能夠挽救的幹部。」

到一九六七年下半年，毛澤東開始熱衷於法律和秩序，「紅小鬼」又受命返校。他們還在「鬧革命」，但是復課限制了他們的行動。

毛澤東在江西對一些人說：「如果對左派不進行教育，就會成爲極左派。」

「紅衛兵能掌權嗎？他們今天掌權，明天肯定就被推翻。他們政治上還幼稚，……紅衛兵還不成熟。」毛澤東終於從他自己創造的「小鬼」中跳了出來。

「文化大革命」小組中一些老牌極左分子無力用同樣的方法自救，很多人在一九六七年以前被捕。毛澤東甚至開始批評他的夫人是「左傾機會主義者」。

轉而反對極左派，他選擇了一個合理的同盟：請解放軍出來幫助恢復秩序。在工廠、學校和機關，解放軍取代了「不成熟的」紅衛兵。

毛澤東爲他起用軍隊恢復秩序找到了一個永遠合理的藉口：「軍人不過是穿著軍裝的工人和農民。」他早期的信條可能會更好地解釋他的這一決定：「槍桿子裡面出政權。」

不久，一個新的組織形式出現了。但「革命委員會」這個名字沒有道出其實質。「革命委員會」由紅衛兵、軍人和一九六六年以後改造好了的幹部組成，實際是一個不能移動半步的三條腿的怪物。實際上，革命委員會只是恢復「文化大革命」前政治秩序的不易察覺的一步，不過軍隊的權力增大了。

一九六八年初的一天，毛澤東與周恩來、林彪一起參加了一次集會。《人民日報》對此作了報導並刊有一張照片，林彪站在中間，周恩來在他的右邊，毛澤東在他的左邊。在許多中國人看來，解放軍的負責人似乎成了中國的頭號人物。

在一九六七年「二月逆流」中，老帥們進行了艱難抗爭卻靠邊站了，毛澤東對此感到惱火。他生氣地斥責王力：「陳伯達、江青槍斃！康生充軍！文革小組改組，讓他們來搞，陳毅當組長，譚震林、徐向前當副組長，余秋里、薄一波當組員。再不夠，把王明、張國燾請回來。力量還不夠，請美國、蘇聯一塊來！」

進入一九六八年後，毛澤東的激憤有增無減，且越加嚴厲。一個夏日的晚上的後半夜，兩個組織、兩代人、「文化大革命」領導班子中的兩個派別出現在中南海毛澤東的家中。

那些被毛澤東挽留的幾個政治局同事坐在毛澤東的周圍。在座的人有林彪和他的妻子、江青、康生、姚文元和謝富治（公安部長，毛派到武漢的兩名特使之一），還有「左」派理論家陳伯達。

北京紅衛兵五大領袖也在座。其中有聶元梓，她原是北京大學一位哲學教師，現在領導一個很大的紅衛兵陣營。還有蒯大富，他本是一個帶深度近視眼鏡的熱情洋溢的理科學生，現已成爲清華大學的弄權者。

毛澤東批評了紅衛兵領袖大搞武鬥的做法。同時，毛澤東又嘲諷他們沒有實力，「給聶元梓充當炮灰的人數有限，蒯大富也一樣」，毛澤東解釋道，「多時有三百，少時不過一百五，能和林彪的解放軍相比嗎？……。」

他努力將「文化大革命」扭回到開始時的學術爭鳴範圍內：「要文鬥，不要武鬥。」

毛澤東處置紅衛兵提出的問題，猶如一個老練的政治家對新手訓話。「我是壓制紅衛兵的黑手。」他對這幾位期待通過「奪權」建立新政治制度的年輕人說。

他用權威的口吻（既使人生疑又使人明白）宣布：「我以前講話從不錄音，今天我錄了，不然的話，你們回去後就會按照自己的意願篡改我的講話。」

這些話中大有氣憤味道。毛澤東在談到「文化大革命」的武鬥階段時說：「被抓的人太多，只因我當時點過頭。」謝富治插話說，他作爲公安部長對此負有責任。

毛澤東有些傷感地說：「不必爲我文過飾非。」

陳伯達這時插話並告誡紅衛兵說：「要緊跟毛主席的教導。」

毛澤東打斷道：「不要再提教導了。」

毛澤東（還有坐在他身邊的政治局的一些左翼分子）肯定已痛苦地認識到：紅衛兵在一九六六年自上而下的奪權之路已走入邊緣。

毛澤東竟來了一、兩句辛辣的幽默：「小孩們撿大字報當廢紙賣，多少錢一斤？」

公安部長回答道：「七分，孩子們可發財了。」

毛澤東沒有給「文化大革命」帶來的混亂無序這一根本問題找到解決的辦法。他無法把這兩個問題很好地結合起來：即他深信鬥爭能陶冶人的品格（個體改造問題），同時又意識到千百萬人相互間鬥來鬥去只會一片混亂（政治秩序問題）。

他以國家領袖身分下了一道明確的指示：「誰如果還繼續違犯，打解放軍、破壞交通、殺人放火，就要犯罪……就要實行殲滅。」

然而，他並沒有放棄無政府主義的主張，他脫口而出：「大打，打他十年八年地球還是照樣轉動，天也不會塌下來。」

談話內容由政治轉到了如何打發從淩晨到天明這一段剩下的時光。毛澤東以一個關懷備至的師長的口吻說：「蒯大富，如果今晚你沒地方住，可以到韓愛晶那裡去嘛……。」

不久，蒯大富和聶元梓及其他許多紅衛兵領導人，就要到邊遠地區的農舍中度過寒夜，用養豬代替對革命的追求。

「什麼是把文化大革命進行到底？」毛澤東在一九六八年十月問道，「我估計三年，至明年夏天收尾。」一個可能的結論是，毛澤東對結束「文化大革命」沒有確定的時間，是隨便選了個日子。

毛澤東想要建立一個新社會。而在「文化大革命」中，他的驅動力與其說是對未來的設想，不如說是對他所厭惡的過去的逃避。他追求一個純潔的黨，但紅衛兵認為他要用別的什麼東西取代它。

毛澤東是帶著對中國社會主義的缺點所作的理智分析，而步入「文化大革命」。他宣稱資本主義依然存在，應該在思想領域展開一場鬥爭，所以需要發動「文化大革命」；否則的話，社會主義經濟將會蛻變成資本主義的經濟。這一分析很可能是錯誤的。多數被打倒的東西又恢復了。沒有劉少奇的劉少奇主義又捲土重來。毛澤東只是摧毀了表面上的敵人，而不能摧毀眞正的敵人。

毛澤東發動「文化大革命」，是要使他長期以來確立的社會主義價值觀更加堅實。這包括：

> 人與人之間的關係勝於物質生產。
> 鬥爭所起的醫治社會弊病作用會超出鬥爭目的本身。
> 生活是一個勝無恆勝、高下易位的永恆戰場。

毛澤東提醒了中國忠於毛澤東主義的信仰，儘管他沒能按自己的意願改造中國。同時，成千上萬的人死去，整整一代人的生活出軌，多數政治局委員和中央委員被拋入政治垃圾堆。

「文化大革命」並未產生一個新的統治格局，只是替統治者新添了幾位助手，並一度產生了新的社會氣候。然而，它確實給毛澤東蒼老的手中增添了無限的權力，供他任意地使用。「我們兩個都七十多歲了」，他在「文化大革命」關鍵期間對胡志明說，「馬克思在召喚我們了。我們的接班人是誰，伯恩施坦、考茨基，還是赫魯雪夫，不曉得。不過還有時間準備。」但毛澤東的準備是對實現他設定的目標的影響不斷地減弱。

注釋

【1】這是林彪提出的口號，後來成了「文化大革命」的主題：人的因素第一，政治工作第一，思想工作第一，活的思想第一。

【2】編按：就是馬鈴薯燉牛肉。

【3】譯註：毛澤東並未寫過這麼一張大字報。

【4】譯註：作者把時間搞混了，這事發生在批林、批孔、批周公的一九七五年前後。

【5】譯註：原文失實。

【6】與其他共產黨掌權的國家主要領導人不一樣，毛澤東從未出任過黨的總書記。

【7】一九七一年七月六日，郭沫若與作者在北京交談時，引用了毛澤東的「極左派」一詞。

【8】譯註：《紅衛戰報》，一九六七年四月十八日。作者不清楚陳毅的話是影射林彪，而誤以爲是陳毅公開反對毛澤東。

19 嶢嶢者易折（一九六九—一九七一）

毛澤東驅車前往人民大會堂主持黨的第九次全國代表大會的開幕式。這次會議意味著確定「文化大革命」的「成果」。但「九大」會議內容空泛，氣氛緊張，毛澤東未能如願以償。

毛澤東致的開幕詞令人振奮而驚心。這次大會應是一次團結的大會，他一開始便說道，熱烈的歡呼聲震耳欲聾，響徹整個大會堂。但他話鋒一轉，講起中國共產黨內部分崩離析的狀況，以及在分裂過程中打倒老同志的情況。毛澤東為之辯解並予以讚揚。

修改過的黨章指出，毛澤東思想同馬克思列寧主義一樣是中國共產黨的思想理論基礎（這與一九五六年「八大」通過的黨章明顯不同。那時劉少奇集團處於全盛時期，沒有把任何一位在世之人的「思想」作爲旗幟揮舞），這得歸功於林彪。「文化大革命」把毛澤東捧向了新的高峰，而總是面帶微笑的林彪則是主要吹鼓手。

伴隨「文化大革命」而來的難道不是爲毛、林時代開闢了一條穩定和諧的道路嗎？「九大」選舉出的中央委員會看上去確實成了毛澤東、林彪的工具。原有的一百六十七名中央委員中只有五十四名保留下來。

然而，在毛澤東看來形勢還很複雜。

會議前夕，受到政治迫害的外交部長陳毅以其聞名的機智而銳利的口吻對毛澤東說：「我怎麼能參加大會呢？人家說我是『右派』。」毛澤東答道：「那你就來代表右派嘛。」

一句話道出了毛澤東的諷刺與嘲弄。

與一九五六年的大會不同，「九大」的召開如同一次密謀，沒有發布詳細的新聞。跡象表明形勢急劇變化。一個前所未有的現象是，這次黨代會的召開沒有任何外國共產黨的觀察員出席，這說明一個事實：毛、林為自己的時代罩上了一層神祕的封建主義的面紗。

毛澤東在會上的舉止如同一尊佛像（實際上，他也就是被當作這樣的一尊佛），會議與其說是一場辯論，不如說是一種儀式（一千五百一十二名代表中只有十一人在大會發言）。幕後的氣氛更加緊張，以致用一個星期的時間來選舉新的中央委員會。代表們列隊而行，用延安時代的選舉方式，通過會堂前排的木質選舉箱。選出的人數比原計畫的多兩倍，這是為了調和各派之間的關係。

在一場可怕的暴風雨後毛澤東穩住了航向。他因此被推崇為馬克思主義至高無上的聖哲，儘管劉少奇和鄧小平在「八大」就曾反對這種做法。可是，藍天上也會有烏雲的。

一半以上的代表身著解放軍制服。毛澤東曾把軍隊召來收拾「文化大革命」的殘局，這種介入的後果是軍人坐在他的面前出席會議。在中南海為他工作的人員都跟著穿軍裝。難道毛澤東已拋棄了他自己創造的黨指揮槍的原則？一些強硬派軍官與極左派之間還仍存在不少懸而未決的問題，這是毛澤東的「文化大革命」帶給中國的不安定因素。

會議提拔了很多「坐直升機」[1]上來的幹部。「文化大革命」中，這些人因受到毛澤東的保護而得以高升。毛澤東的夫人進入了由二十一人組成的政治局，同時加入政治局的還有她在上海的同夥姚文元和張春橋。這三人在「文化大革命」中充當毛澤東的左膀。紅衛兵運動的兩個煽動者——北京大學哲學系的聶元梓、清華大學力學系的蒯大富，也安排進入了大會代表團。

新的中央委員會的中下層幹部中，還有一張新面孔，他和藹可親，面額寬闊，雙目有神，他就是來自湖南的華國鋒，一位穩健的政治家，是毛澤東一九五九年回韶山時發現的。從新的中央委員會名單中消失的是鄧小平。

與此同時，大會使林彪的追隨者的地位靠前了。作爲一種優美的對稱運動，林夫人和毛夫人雙雙進入了政治局，但願這不是不祥之兆。

罪惡之神在爲未來播種。林彪集團和「文革左派」在背景和觀點上如地之兩極，截然不同。林彪在「文化大革命」中崛起是因爲許多人的落馬，他與極左派的聯繫在很大程度上屬於偶然。

毛澤東曾依賴，並且現在仍然需要軍隊，但他更傾向於支持「文革左派」。目前，他雙翼並舉，不偏袒任何一方。

對於林夫人和毛夫人晉升到政治局，毛澤東似乎帶有頗爲複雜的感情。他擔心江青會「被勝利沖昏頭腦」，曾在信中警示過她。至於葉群——林彪既專橫又年輕的第二位夫人，任林辦主任，毛澤東不久就粗俗地稱她爲林的「老婆」。家族勢力的增長使毛澤東那「中央王國」的馬克思主義有更多的衰退跡象。

最大的陰影卻是毛澤東對林彪的懷疑。毛澤東與林彪相識已有四十年了，共事亦有三十多年。但是自一九六六年後，兩人的關係布上了陰雲，這是因為出現了權力繼承問題。這一問題在任何一種政治體制中都是微妙的。

毛澤東在一九六五年對安德列．馬爾羅說：「像戴高樂和我這樣的人，都沒有接班人。」然而，三年後，「九大」的一條新聞宣布林彪是他的接班人。

比之第二號人物的存在，毛澤東與林彪之間的問題示意毛澤東不情願地想到：他將不久於人世。

第一，作為政治地位的基石，林彪的軍隊在一九六七年後所起的作用迅速擴大起來。在一九六六年滿腔激情地掀起的政治風暴過後，毛澤東現在不得不把精力放在重建黨的機構上，可是林彪的軍隊難以退回軍營了。

第二，毛澤東感到林彪在六〇年代施展了一套權力政術。林彪所說的「絕對權威」的話刺激了他的猴性。毛澤東不像林彪那樣，以不惜任何代價全力捍衛自己的政權大廈；也不願像林彪所做的那樣使用削弱軍權的方法，以剷除政治上的異己。

第三，赤裸裸的野心發揮了一定作用。在一九六六年致江青的信中，毛澤東對林彪把「毛澤東思想」說成是靈丹妙藥表示不滿。他寫道：「我歷來不相信，我那幾本小書，有那麼大的神通。現在經他一吹，全黨、全國都吹起來了。」一九六九年，毛澤東已經懷疑林彪在對他恭維的背後隱藏著不可告人的目的。

林彪的這些政治騙術在其全盛時期——「九大」上獲得了巨大成功。在「九大」召開之前，毛澤東曾對他的同僚明白地說：「如果林彪身體不行，就讓鄧小平回來。」不久，他因建議林彪應準備接班人並提出張春橋而使林彪大吃一驚。

毛澤東與林彪都抓住「文化大革命」中一些有決定性價值的東西，甚至當他們在實現這些價值發生分歧時也是如此。兩人都站在周恩來和其他幾位幹部，包括重要軍區的司令員的「左」邊。例如，兩人都鄙視工業生產中的物質刺激；再者，在文化政策上兩人都反對爲藝術而藝術的觀點。

但是，林彪希望以軍隊的方式來執行「文化大革命」政策；毛澤東不僅懷疑林彪有野心，並且認爲軍事方法不能代替政治方法。他在與地方官員談話時說：「我贊成雷厲風行、令行禁止的傳統軍人作風，但在思想領域裡行不通。」

毛澤東希望把這場觸及人們靈魂的革命自始至終地搞下去，林彪卻希望在軍隊的保護下鞏固並加強「文化大革命」的「成果」。

毛澤東在大會上所作的閉幕詞缺少說服力。當外國記者批評會議過分保密後，他抨擊了這些記者（「在北京的記者都不大安分」）。他環顧會場後喃喃地說：「就說這些。會議閉幕。」

不是所有的軍隊領導人都喜歡林彪、林彪的「左」傾思想、林彪關於軍隊政治掛帥的觀點。這些反對者在地方軍區的領導人中占多數，在中央軍委中的人不多。朱德是反對者中的一員，林彪在一次爭吵中對德高望重的朱德吼道：「你是什麼總司令，你沒有眞正當過一天總司令。」

毛澤東的問題在於，這些不注重思想意識問題的老派軍事指揮官，既不是毛澤東主義者，也不是林彪主義者，在關鍵時刻他們可能會拋棄林彪。可是毛澤東的「文化大革命」又使他們膽寒。

毛澤東譴責林彪對他搞荒唐的個人崇拜，使他更像個宗教首領而不像政治領袖。確實，林彪給毛澤東貼上「天才」的標籤，他亢奮地說：「毛主席的話，一句頂一萬句。」

「你說過頭了嘛」，毛澤東後來聲稱他批評過林彪，「一句就是一句，怎麼能頂一萬句？」

毛澤東擔心，神的一貫正確也就意味著神的可望而不可及。他懷疑林彪是想把他架空至更高的聖德的位置上。

一九七一年的一天，江青漫步在頤和園，她忽然發現排雲殿的牆上寫著「讀毛主席的書，聽毛主席的話」，這本是一句毫無惡意的標語。不過，此話出自雷鋒（一位著名的年輕烈士）之口，而六英尺高的字卻是林彪的手筆。

江青勃然大怒：他這是想讓人們知道，是他林彪提出了這句口號，他這樣做不是想利用對毛澤東的崇拜來提高自己的聲望嗎？

林彪別有用心地利用個人崇拜使毛澤東不得安寧。他不是把「毛澤東」，而是把「毛澤東思想」作爲自己的教義的護身符。一九七〇年，廣播中開始講：「毛澤東思想是最紅最紅的紅太陽。」毛澤東的魔力可以比毛澤東更長壽，換言之，可以由一個新手從中傳遞。

毛澤東、林彪緊張關係的升高，主因在於林彪要設立國家主席。自劉少奇在「文化大革命」中被打倒後，這一職位一直空缺著。林彪爲顯示他的想法不同於毛澤東，便用一種推理方式說：「不設國家主席，國家沒有一個頭，名不正言不順。不適合人民的心理狀態。」

林彪說，他希望毛澤東能像新中國成立初期那樣擔任國家主席。毛澤東並不想要這個形式上的職務，但林彪一再堅持這一意見。毛澤東抱怨他不願再當國家主席已經講了六次了。

對於林彪的別有用心，毛澤東挖苦說：「我講了六次，一次就算是講了一句吧，就是六萬句。」但實際上「半句也不頂用，等於零」。毛澤東顯然爲此已動雷霆之怒。

毛澤東開始感覺到（可能是正確的）：林彪正在矇騙自己把國家主席這一最高職位讓給他。毛澤東絕對無意這樣做。

從表面上看，林彪在天才問題和設國家主席問題上的過分表演令人吃驚。新的黨章不是已經規定他是毛澤東的接班人嗎？形勢不是要他把耐心和謙虛置於首要地位嗎？

然而，坐在第二把交椅上的林彪卻迫不及待了。在毛澤東的身影下，他離最高領導權如此之近卻又可望不可及，大概這種處境影響了他的判斷力（對於第二號人物來說，命運總是不尋常，諸如邱吉爾陰影中的安東尼·艾登，林肯身邊的休伯特·韓弗理）。

林彪的另一個問題是，不只是毛澤東，很多中國人也開始懷疑他是否有能力擔任黨的主席。

一九六九年十月一日是「九大」之後的第一個國慶日，毛澤東和林彪一起出現在天安門城樓上，林彪發表了講話。他那微弱的、略帶鼻音的發言毫無鼓舞作用，他把頭埋在講話稿中，甚至在他念稿子時，城樓下一百萬群眾仍在高呼：「毛主席！毛主席！」

人群中一定有很多人在懷疑，且觀禮台上的一些領導人亦在推測：癆病鬼一樣的林彪是否眞的具備當主席的素質。

遙遠的中國北部黑龍江和烏蘇里江畔響起了槍炮聲。蘇聯和中國這對「兄弟」、和平友好條約的夥伴，又曾自封爲黑暗世界中國際無產階級的兩座燈塔，現在卻爲爭奪一塊冰凍的荒地而動起干戈。

在「九大」前夕幾週的戰鬥中，近千人被打死，絕大部分是中國人。

毛澤東並未感到吃驚，他有可能甚至爲自己辯護。他多年來一直認爲，中國最大的問題是蘇聯而不是美國。中國有一句諺語：「不怕南面虎，要防北方熊。」毛澤東從諺語出發制定政策。

當他發動「文化大革命」時，對毛澤東來說主要的國際問題是如何對付美國。一九六五年與柯西金會談時，他向蘇聯人提出這樣的問題：如果中美之間爆發了戰爭，莫斯科是否會給中國以援助？

當「九大」在「文化大革命」的瓦礫堆上降下帷幕時，毛澤東眼中的國際形勢已置換了地位。他能用美國這張牌來對付蘇聯嗎？

在毛澤東的世界觀中，這種劇烈變化有兩個原因。美國的政策變了，毛澤東認爲美國在越南已經碰了釘子，將不可能給中國造成麻煩。一九六九年年中，尼克森在關島確實向世界宣告過，美國在亞洲的軍事擴張時代已經結束。

與此同時，蘇聯的外交政策應驗了毛澤東已隱藏十年的不祥之念。莫斯科向布拉格派出了坦克，以結束杜布切克進行的馬克思主義內部的民主實驗。毛澤東恰如其分地把勃列日涅夫和柯西金稱之爲「新沙皇」。

如果說，「有限主權論」可以讓蘇聯人闖進去「援救」捷克的社會主義，那麼，他們就不會想把中國的親蘇分子拼湊起來並用刺刀做後盾嗎？

一九六九年年中，勃列日涅夫召開了一個世界共產黨會議，以亞洲集體安全條約的形式提出了一個東南亞條約組織的莫斯科修正案。毛澤東則說：「他就像臭名遠揚的婊子堅持要爲自己立貞節牌坊。」

毛澤東毫不留情地從俄國熊的臉上撕下了馬克思主義的假面具。他似乎忘記了，他的這種做法正在爲自己日後置身類似的境地奠定基礎。他後來承認，他自己的馬克思主義也被民族主義所沾染而變得難以辨認。

並非所有的同事都贊成毛澤東外交政策上的這種令人吃驚的轉變。

蘇聯之所以使毛澤東惱火，究其原因部分在於毛澤東實在不喜歡史達林去世後發展起來的蘇聯社會主義；部分在於毛澤東和蘇聯之間的文化隔閡，當他與赫魯雪夫吵架時這種隔閡更爲明顯。以上兩個因素是很難分開的。

如果毛澤東像張國燾那樣在二〇年代就訪問過蘇聯，也許他會眞正發現即使是列寧領導的蘇聯社會主義，也並不完全適合中國人的口味。

到了一九六九年，毛澤東敵視蘇聯的另一個因素也是簡單的民族主義利益的算計。美國已發展到頂峰，而蘇聯則正在上升階段，倒向美國一邊會對中國有利。

毛澤東對蘇聯的惱恨也有非理性之處。蘇聯是一面鏡子，毛澤東從中看到了一些醜陋的現實。

他已開始討厭蘇聯，他不喜歡蘇聯人提出的「土豆燒牛肉的共產主義」。這主要是因爲中國太窮，其消費水準還達不到眞正的社會主義的標準。他指責蘇聯的「修正主義」是對馬克思主義的篡改，這並不是因爲他內心有個明確的選擇方向，而是因爲作爲一種信仰，他對馬克思主義的前途實在是沒有把握。

毛澤東處在這樣的邊緣：他在放棄階級分析，並傾向於認為勢力均衡是國際政治的關鍵。

經毛澤東和林彪的同意，六〇年代後期的路線是號召全世界人民「推翻」美「帝國主義」和蘇聯「修正主義」。然而，進入七〇年代後，當林彪在喊得天昏地暗之際，毛澤東卻正在變成東方的俾斯麥。

變化的線索是毛澤東對「霸權主義」的新提法，[2]這個簡陋的字眼不同於「帝國主義」，更不同於「修正主義」。與兩者的區別在於它不是出自馬克思主義的經典，而是源於中國的一句老話，含有「以力服人」[3]之意。

霸權主義的主要之點是實力，而不是指某一特別的社會制度。任何一個人欺侮另一個人便是霸權主義者。因此，中國在七〇年代忍辱負重打開了非道德主義外交政策的大門。

毛澤東不辭勞苦宣導了全球性的三角戰略，並使之成為七〇年代初期世界的主要特徵。一九七〇年，林彪仍堅決主張對兩個超級大國持全面擴軍備戰的強硬對峙態度。這不是明智的策略，儘管它似乎是「文化大革命」時期毛澤東對美蘇兩國分析「帝國主義」的邏輯延續，毛澤東當時把華盛頓和莫斯科看成一丘之貉。

當毛澤東作出這一分析的時候，他對自己的分析可能也沒有把握。無論如何，他不打算長期與美國、蘇聯保持同等距離。

林彪根本不同意毛澤東倒向西方。周恩來不像林彪，這位總理掌握西方的第一手資料，因此易於接受毛澤東的意圖。轉而親西方的意向為周恩來提供了一個極好的機會，他恢復了與法國人、美國人及其他一些國家的人的老關係。

「九大」過後的一段時間，毛澤東不得不在一些問題上煞費苦心。對林彪這個作爲心腹大患的接班人，如何把他從第二把交椅上拉下來，並掃入積垢甚厚的歷史垃圾堆呢？棘手的問題是，許多解放軍軍官仍然把美國，而不是把蘇聯當成中國的主要敵人。

越南戰爭並未使毛澤東輕鬆地制定出他的新的親西方外交政策。然而，毛澤東認爲印度支那局勢的發展趨勢使中國向西方靠近的政策顯得更加合乎邏輯。到一九七〇年，他的興趣已不再是印度支那戰爭，而是在這以後會帶來何種形式的結盟。

日本似乎是毛澤東親西方政策的絆腳石，當北京以警告之筆塗抹華盛頓是「日本軍國主義」的支持者時，毛澤東何以能倒向美國？不過，毛澤東觀察日本已很久。他主要不是根據中國與日本的雙邊關係，而是根據全球戰略形勢來看日本的。他對日本的看法遵循著自己的主要矛盾的觀點。

只要美國是中國的主要憂心之所在，日本的力量對中國在亞洲的利益來說就是一個眞正的挑戰；不過，如果美國開始轉變，那麼中國對日本的畏懼就會被新的一代遺忘。如果蘇聯成爲中國的主要心腹之患，日本（同美國一起）就會在對付北極熊的統一戰線上成爲潛在的盟友。

北極熊不會等閒視之。莫斯科至少也同北京一樣，對黑龍江—烏蘇里江畔的衝突感到震驚。如果毛澤東可以把勃列日涅夫和柯西金稱爲「新沙皇」，那麼這兩個疑心重重的俄國佬肯定也意識到毛澤東可能會轉向華盛頓尋求保護。

然而，蘇聯人也知道，林彪和其他北京領導人不像毛澤東那樣反蘇。他們力爭阻止或至少是使毛澤東最低限度地改變他的外交政策。於是他們迫切要求與中國談判。

胡志明去世時留下一條遺囑，對兩位馬克思主義巨人的爭鬥感到憂慮。這份遺囑帶來不可抗拒的壓力使得「中央王國」同意接待柯西金。但是，當柯西金一九六九年十一月抵達北京機場這個終點站時，只有周恩來同他會談。毛澤東決計不再會見蘇聯領導人。

眞相是毛澤東無意尋求解決對邊境問題或任何其他問題，他已決定不向他所蔑視的政權進行任何接觸，一直拖至困境完全化解爲止。林彪希望對蘇聯和美國採取一視同仁的政策，而且他在「九大」上提出了這一觀點，正是這一事實，使毛澤東的上述態度強硬一百倍。

林彪可能會有痛苦的省悟，不是他而是毛澤東改變了他的路線。四〇年代，毛澤東在談到那些允許美國在自己領土建立軍事基地的國家說：「我相信，不要很久，這些國家將會認識到眞正壓迫它們的是誰，是蘇聯還是美國。」

毛澤東看到莫斯科正在步華盛頓的後塵。這從他在一九七〇年的尖銳評論中可以明顯地看出來：「杜勒斯的陰魂已進入克里姆林宮。」（一年後，周恩來當面對我講過這句話。）一九七〇年初秋，毛澤東、林彪的緊張關係在廬山召開的中央委員會上已公開了。整整兩天半的唇槍舌劍，其緊張程度不亞於十一年前在這同一大廳毛澤東與彭德懷元帥鬥爭的那次。毛澤東、林彪之爭使兩百五十五位黨的領導人震驚，也使毛澤東通夜難眠。

雖然毛澤東只是斥責林彪和「他的大將」搞「突然襲擊」，但林彪已感到毛澤東反對他的冷風正在襲來而可能在進行防禦。

論點依然如舊：國家的領導權、「天才」問題、解放軍的政治作用、美帝國主義是否還是威脅等。

新的問題是，這次毛澤東公開、明確地反對林彪的觀點、策略和作爲接班人的地位。林彪想逼迫毛澤東設國家主席，毛澤東則認清了林彪的眞實意圖。林彪以爲毛澤東不要這名義上的稱謂他自己就可以搶到手。在江青的幫助下，毛澤東從容地解決了林彪，並對林彪的副手陳伯達先下手。林彪的計畫挫敗了，他對自己的同僚、空軍司令吳法憲說：「搞政治我們不行，搞軍事我們行。」

一九五九年，也是在廬山，毛澤東獲得了勝利。林彪對毛澤東不像彭德懷那樣粗魯，但其用意卻比彭德懷更狡猾。實際情況似乎沒有一九五九年的對抗那麼嚴重。在一九七〇年的對抗中，起主導作用的是林彪的野心和毛澤東的複雜的心理。

廬山之爭的結果很清楚。在政治上，林彪不久就同周恩來發生了激烈對抗，他與「文化大革命左派」（如江青）的聯盟也開始瓦解。不久，他就淪爲由失寵的將軍們組成的陰謀集團的頭目。「天才」問題、國家主席問題、美國問題，這一切反而衝著林彪而來。

一九七〇年十月一日，晴空萬里，毛澤東站在天安門城樓上檢閱國慶遊行隊伍。彩車、禮炮、氣球、體操，場面熱鬧非凡。毛澤東身邊站著兩位美國人，愛德格·斯諾和露易斯·斯諾，當時他們正在北京訪問。《人民日報》在頭版刊登了毛澤東與這位經歷豐富的記者及其夫人在一起的照片。

「美國友好人士」是對斯諾照片的說明。一條毛澤東語錄醒目地排在這一版的右上方：「全世界人民，包括美國人民，都是我們的朋友。」

當毛澤東和斯諾注視著下面那些毛澤東的畫像、毛澤東的像章和毛澤東的語錄時，這位美國人忍不住問道：「感受如何？」毛澤東皺了皺眉。後來他對斯諾說，個人崇拜令人「討嫌」。它已經完成了自己的歷史使命，任何企圖繼續搞個人崇拜的做法都只會爲林彪的目的服務。

在中南海與這位左翼記者共進早餐時，毛澤東對他說，尼克森先生無論是以總統的身分還是以旅遊者的身分到中國來，都會受到歡迎。這句話，使一九七一年春季毛澤東與林彪在外交政策上的衝突進入決戰階段。

毛澤東和尼克森握手的最後一個障礙是美國支持南越二月份對寮國的軍事入侵。然而，「入侵」未能成功，這是毛澤東的親美政策的僥倖之處。這次「入侵」只能再次證明西貢政權的軟弱無力，反而成了毛澤東正在形成的對世界看法的佐證。

毛澤東立即著手準備接待美國國務卿亨利·基辛格為總統尼克森準備的訪華計畫。當杜魯門總統把中國「丟失」在毛澤東手中時，基辛格這位有著德國血統的奇才還是哈佛大學的學生。據說，林彪在「九大」曾為他的與兩個超級大國保持等距離的外交政策辯護，他怒氣衝衝地對毛澤東說：「你能邀請尼克森到中國來，我就不能邀請勃列日涅夫？」

毛澤東策劃了他久經沙場的生涯中不是最周密但卻是最重大的一次戰役，這只能是一場大的流血的戰鬥。在中國公衆眼中，林彪高高在上，甚至被任命為中國下一屆的最高領導人。

林彪在「文化大革命」的極左浪潮中升了上來，因此很難把這個嶄露頭角的逆臣重新描繪成「右派分子」。林彪掌握著軍隊，即使在彭德懷身邊也沒有林彪那樣的一幫資深的軍官堅定地站在他一邊。一九七一年年中，林彪和這幫人密謀以林家王朝代替毛澤東的政權。自從長征途中與張國燾的那次鬥爭以後，毛澤東還從未遭到過如此之多的黨的軍事力量的反對。

除掉林彪肯定要付出代價，毛澤東反覆權衡了好幾個月，他不得不小心謹慎行事。因此，他在一九七〇年八月的廬山會議上首先瞄準已變成林彪的理論家，與林彪結盟的陳伯達，以切斷林彪與極左派的聯繫。然後，在一九七〇年十二月和一九七一年四月的會議上，他把火力對準林彪周圍的「大將們」。

對自己表面上的接班人，毛澤東似乎還對他「保護」甚至「挽救」。

在關鍵時刻軍隊內部的分裂，加之周恩來的出色工作，使毛澤東取得了勝利。

中國人民解放軍歷來是一支自力更生的政治軍隊，依土地而生存。在五〇年代，這種情況有了變化，中國共產黨掌了權，軍隊走上了蘇聯模式的專業化道路。這樣，隔閡在北京與地方的軍隊領導之間產生了。

王牌軍（特別是人數較少但力量正逐步壯大的空軍和海軍）像其他國家一樣越來越現代化，而地方軍隊大多數仍由長征過來的泥土氣較濃的老軍人領導，他們仍保留著傳統的東西，不大留心時髦的現代理論。

「文化大革命」意外地加劇了這種分化。

毛澤東曾鼓勵林彪，使社會組織軍事化，使軍隊組織政治化，而林彪在此過程中撤換了許多地方的軍區司令員。到一九七一年初，毛澤東覺得有必要糾正這種狀況，於是在周恩來的幫助下成功地補救了這一錯誤。

周恩來和那些軍區司令不像毛澤東和林彪那樣緊緊抓住「文化大革命」的成果不放。他們聯盟（極力反對「文化大革命」）把毛澤東從林彪那裡拯救過來。因之周恩來有可能代表毛澤東取得反林彪的成功。

早先毛澤東提出過這樣的口號：「全國人民學解放軍。」現在他卻冷淡地說：「這還不完全。」他又添了一句具有爆炸性的相反口號：「解放軍學全國人民。」

中國人民解放軍不再是猴性「辯證法」再思考的實例。

不久，最後一個省的黨委會宣告成立，這意味著將會剪斷軍隊的翅膀。當黨委在紅衛兵的衝擊中癱瘓時，解放軍進入了政治舞台。現在他們又被要求放棄這個燦爛的政治舞台回到軍營中去。

每逢毛澤東在國內關閉林彪的一道門時，就多打開了向美國的一道門。

在一九七一年四月，他召開了一次中央工作會議，迫使林彪的親信甚至林彪的夫人作檢討。同月內，他向華盛頓表示，仲夏時節美國官員的北京之路已暢通。其時，老撾危機已平靜下來。

正當基辛格要跨越喜馬拉雅山，中國新聞媒介突然發表大量文章，回顧黨指揮槍的光榮傳統。當全世界都看到基辛格出入毛澤東的國門、人們被震驚得還未清醒過來之時，一件與之對應的事爲中國沉悶的建軍節增添了色彩。林彪的盟友、文雅的解放軍總參謀長黃永勝發表了一篇講話，其中攻擊美國而隻字未責蘇聯。

與此同時，毛澤東指示重新發表了他在一九四五年寫的文章〈論政策〉。文章論證了當時他決定與蔣介石談判的正確性，同時也含蓄地說明他打開中美關係之門的正確性。

然後，毛澤東通過視察南方的軍事基地向林彪甩石頭，他與慍怒無言的總參謀長黃永勝有一場戲劇性的交鋒。在一次黨的會議上，毛澤東衝著黃永勝說：「我就不相信我們軍隊會造反，我就不相信你黃永勝能夠指揮解放軍造反！」

行至上海時，毛澤東把黃永勝的一個親信找來問道：「你對黃永勝的印象怎麼樣？」這位軍官由於不知道毛澤東與黃永勝的敵對情緒，熱情地讚揚了他的上司。

毛澤東冷冰冰地插話：「黃永勝是劉少奇一類的騙子。」

根據來自廣州的可靠消息，這位出了一身冷汗的軍官馬上絕望地承認，他自己對「黃騙子」的判斷是錯誤的。毛澤東聽罷大喜，俯身向這位軍官下了「密令」，要他在反林彪和反黃永勝事業中起作用。【4】

毛澤東自己承認，在廬山會議之後，他是從各方面向林彪逼近。他用「摻沙子」的方法，通過提拔一些人以削弱林彪的勢力。他意識到北京軍區應得到加強。越來越明顯地了解到毛澤東正以極大精力投入反林彪的行動，林彪集團感到絕望，於是策劃在一九七一年秋實施對抗計畫。這是一個夭折在上帝手中的謀殺或廢黜最高領袖的計畫。

林彪撤退到風景優美的蘇州。在柳樹叢與運河邊，他與其妻及二十六歲的兒子林立果緊急商談對策。勇莽的林立果以直升機的速度升任空軍作戰部副部長。早春的這次會議上得出何種確切結論不得而知，但事態的發展表明他們未達成一致意見。

林彪的急躁兒子林立果同空軍中其他一些激進魯莽的傢伙一起，開始密謀一個反毛的軍事政變計畫。這些人未經林彪及其高級助手的同意就起草了一個方案，林彪等人甚至還不完全清楚這一計畫。比林彪小二十二歲的林彪的第二位妻子葉群，是在這一計畫快要敗露之時加入進來的。

林彪在聽到這一計畫時可能已成事實。黃永勝及其他一些親林彪的領導人也許根本不知道這件事。

與此同時，林彪對毛澤東確實感到惱怒，也許恨透了他。他說毛澤東可以「活一百多歲」，這就洩露了他作爲接班人的急不可耐的心情。

政變代號爲「571」。根據中文諧音，意爲「武裝起義」。政變計畫把毛澤東稱爲「B—52」。使用這種當時還在越南戰爭中猖獗而聲名狼藉的字眼確實是對毛澤東的侮辱。這還影射著毛澤東的親美立場。

無論如何，考慮到毛澤東那至高無上的巨人地位，就只能採取突然襲擊了。

「今天是他的座上賓，明天就成了他的階下囚。」

「（B—52）是一個懷疑狂、虐待狂……是中國歷史上最大的封建暴君。」

「B—52寵愛筆桿子，不喜歡槍桿子。」

「B—52的整人哲學是一不做，二不休，他每整一個人都要把這個人置於死地而方休。」

「甚至（B—52）親生兒子也被他逼瘋。」

「目前，我們力量準備還不足。群衆對B—52的個人迷信很深。」

親林派的謀反者們設想了一些瘋狂計畫。其中的一個是讓毛澤東死於車禍。（一九七一年北京的交通足以造成一場合情合理的事故現場嗎？）不論出於何種原因，林彪的親信的那些荒謬的計畫極少能付諸實施。

林彪垮台後，中國政府又揭發出其他許多暗殺毛澤東的企圖。據說，毛澤東的食物中被投過毒藥。一九七一年秋，毛澤東在上海的官邸遭戰鬥機「掃射」，當時他正住在那裡。

毛澤東在結束南巡之後，準備返北京與林彪決一雌雄時，有人曾企圖在其專列上安放炸彈（但刺客驚慌失措，被毛澤東的隨行人員發現，毛澤東便下火車換乘汽車回到北京）。在林彪滅亡前幾個小時，一位軍官「出現在中南海」，想孤注一擲，用槍刺殺毛澤東（他的負罪感使他猶豫了，他扔掉槍，然後雙膝跪地，乞求對他罪惡的寬恕）。[5]

這些驚人的場面都無法證實。也許他們誇大了林立果和那幫冒險的傢伙們至少還是預期的行動。林彪不可能親自去謀殺毛澤東。

不管怎麼說，毛澤東的處境並不十分安全，以致他感到必須搬出中南海。據江青說，他在那裡「寢食不安」，隨從裡「混進了敵人」。

毛澤東偕夫人以及全體工作人員都遷往一處賓舍。因此處不方便，後來他們又搬到人民大會堂的地下防空洞。

由於希望擺脫緊張的精神壓力，毛澤東有了新的舉動，於是在八月中旬離開北京南下作了爲期一月的旅行。在武漢、長沙、南昌及其他一些城市，毛澤東一路斥責他那個「無限忠誠」的接班人。有百餘名武警隨他的專列同行。

毛澤東一回到北京，跡象表明戲劇將要進入高潮。九月十日後，政治局中四位親林彪的軍隊領導人無一人公開露面。從第二天晚上起，所有的中國高級領導人均好幾天藏身不見——他們在人民大會堂緊急磋商。這期間，中國實行了空禁。

「五一」節後，毛澤東只公開露過一次面——與緬甸的吳奈溫會晤（地點不在北京），進入八月初以後，就再也不知其行蹤。人們開始議論他的處境。外國人會意地報導了美國心臟病專家保羅．達德利．懷特博士應中國醫學會的邀請於九月十八日到達北京。中共黨員們的焦慮卻不在此，他們通過各種管道得知許多敏感的消息，足以使他們猜測到毛澤東、林彪的緊張關係。

在香港，上演了一場生動的文字戲劇。中國銀行的大樓——北京設在香港中心街區的建築上，有一條由霓虹燈組成的標語：「戰無不勝的毛澤東思想萬歲！」這是林彪的話，它亦與林彪的目的相對。

九月初，紅色霓虹燈消失了，出現了一條新標語：「毛主席萬歲！」這對林彪來說不太合口味。擺明林彪已經不再是繼承人了。

不久，一份黨內檔案傳出消息說：林彪企圖發動軍事政變，未遂而駕機叛逃，飛機墜毀後死於蒙古人民共和國境內。隨後，蒙古人簡要地宣布一架「入侵」並墜毀於溫都爾汗的三叉戟飛機是屬於中國空軍的。

但是，林彪到底是怎麼死的？毛澤東有殺死林彪的可能性嗎？

按照北京的說法，林彪死於飛機失事，蒙古（及其蘇聯老大哥）正式向世界宣布了這一情況。爲投奔蘇聯，林彪慌忙中登上未加滿油的飛機，結果未能飛到目的地。

像中國所有的動聽故事一樣，隨反面人物而來的是英雄人物——林彪的女兒挺身而出。

九月初，林彪一家正在北戴河海濱度假。暗殺毛澤東的蠢舉遭挫後，使他們不得不退下陣來磋商下一步行動，一個逃往莫斯科（林彪曾在那裡生活過四年）的計畫制定出來了。

「小豆豆」認爲這太過分了。

「小豆豆」（這樣稱呼是因她父親打仗時總喜歡吃炒黃豆）是林彪和葉群所生的二十九歲的女兒，她不怎麼受到母親的寵愛，由於家庭內部關係緊張，導致她曾兩次試圖自殺。她向周恩來洩露了她父母的這一陰謀計畫。

周恩來拿起電話，裝作一無所知的樣子撥通了北戴河的林彪宅。林彪這時正在音樂廳聽音樂，葉群接聽電話。她向周恩來保證，她夫婦倆只想安靜地度假，不打算飛到哪裡去。

掛上電話後，葉群急忙趕到音樂廳向林彪報信。她啞著嗓子低聲說，出事了，周恩來懷疑他們想逃跑。

在幾輛汽車的護送下，林彪一夥人衝向北戴河機場。一個阻止林彪的警衛被林立果用槍打中，並推出高速行駛的汽車摔個半死。負責加油的幾名地勤人員頓起疑心，他們把兩輛大卡車橫放在跑道上，企圖阻止林彪的三叉戟飛機起飛。

林彪的飛機爲了避開加油車，不得不繞了一大圈才得以升空，但仍擦撞了一輛加油車，並在這一過程浪費了大量的燃油。另一架直升機也起飛了，它滿載林彪集團中高級成員及若干箱檔案，其中包括林彪的日記。不幸的是，駕駛員因爲拒絕服從林彪的命令而被打死。在遠離中國邊境二百五十公里處，林彪乘坐的三叉戟飛機燃油耗盡，一頭栽在蒙古首都烏蘭巴托以東地區，頓時起火。林彪本來打算在烏蘭巴托加油的。

這件事多半是眞的。但我們不能肯定是飛機缺少燃油還是機械故障而失事，或者是因爲遭到暗中破壞。中國駐烏蘭巴托大使說，已在蒙古草原驗看了林彪的屍體，令人奇怪的是，林彪的屍體是完整的，和其他八具屍體一樣，儘管飛機已成碎片。中國駐蒙古大使的說法攪動了北京，便要他去失事現場查看以掌握確切的細節，並否決了其最初的決定。而且，蒙古政府派人去現場焚燒了這九具屍體，而不是將所有遺留物交還中國。

飛機失事可能是「失控而撞地」，正如大使館官員所言。也可能是由於要駕駛員去撞飛機造成的「自殺式著陸」，於是世人所得到的結論是，這些死者是飛機撞地後的受害者。「林彪不敢實施他的計畫。」一九七三年周恩來對一群美國報人說。那麼，是誰舞著利劍迫其收場的呢？

不可能的說法是，毛澤東估計飛機已飛得很高，周恩來猜出主席的心思，便決定以自己的意志爲是，命令把林彪的飛機打下來而不經過毛澤東的正式允許。在十一點，當周恩來向毛澤東請示時，這位主席僅僅告訴他：「天要下雨，娘要嫁人，不要阻攔，讓他飛吧。」

不管怎麼說，清楚的是，毛澤東挖林彪的牆腳至少有一年之久。另外，暗殺毛澤東的企圖使毛澤東有充足的理由逮捕林彪集團的某些或全部成員。同樣肯定的是，在溫都爾汗飛機殘骸中發現的九具屍體，有幾具彈痕累累（莫斯科聲明了這一點，並得到北京的證實）。

令人費解的是，莫斯科爲什麼不披露一些林彪背叛毛澤東而投靠蘇聯之更豐富、更確鑿的證據？有人注意到，北京只是在黨內祕密傳達到黨的幹部，在一九七一年九月危機之後很久，才指控林彪與莫斯科進行了祕密接觸。

總之，林彪作爲九月第二週中的首犯未必是眞的。不能排除這一點，在九月十二至十三日到來的高潮以前，甚至在很久以前，林彪已消失在人世（六月三日後他一直未公開露面）。

莫斯科聲稱，溫都爾汗九具燒焦的屍體中沒有一具是「五十歲以上」的人。蘇聯這樣做是虛張聲勢。北京駐烏蘭巴托使館的一批外交官迅速趕到失事現場把屍體掩埋了，他們說，屍體已燒得無法辨認。一年以後，事態已平息下來。柯西金告訴聯邦德國總理勃蘭特的也是這麼回事。當追問到「五十歲以上」這一點時，蘇聯方面悄悄迴避了。

如果蘇聯的確在殘骸中找到了可供辨認的屍體和檔案，並且感到據此能爲難北京，那就很難解釋莫斯科爲什麼要拒絕英國的三叉戟飛機製造商要求檢查殘骸的請求。

北京事後的解釋都以屍體是否可辨認爲依據。莫斯科肯定不能向全世界證明林彪不在三叉戟飛機上，而中國的歷史編纂者則毫無顧忌地斷言林彪在三叉戟飛機上。這使得中國方面乾淨俐落地掩蓋了在林彪飛往蒙古的夜晚前，發生在中國權力長廊內的暴力場面。

「（B—52）對我們不放心」，寫於一九七一年春的《「五七一工程」紀要》中有這樣一段話，「與其束手被擒，不如破釜沉舟。」這就是林彪毀滅的一條線索。林彪陷於兩難困境之中，一個是毛澤東對他失去信任，一個是他營壘中的那幫激進的傢伙在絕境中作出了魯莽、草率的反應。

毛澤東鉛封了林彪的政治生命。然而，他進而結束了他的自然生命的說法是不確切的。

一九七一年的國慶日是在陰冷的氣氛中度過的，沒有大型遊行——中華人民共和國有史以來第一次——毛澤東仍然沒有露面。爲迎接遊行和觀賞節日禮花，九月初就準備好了觀禮台。到該月中旬，它們又被迅速地拆除了。

公園裡的慶祝活動低調沉悶。正午時分，周恩來陪同西哈努克親王出現在頤和園的遊艇上，此外還有三位美國黑豹黨領袖、一位西哈努克邀請來的法國廚師。政治局成員中很少有人作陪。

作爲主人，周恩來似乎要爲葬禮塗上派對的色彩。

毛澤東只是出現在放大的巨幅照片上。爲了及時爲國慶日作準備，北京機場設置的五十張一套的毛澤東生平的照片在一夜間就縮減到三十九張，其中十一張與林彪在一起的照片被摘掉了。

《人民日報》十月一日未像以往那樣發表社論慶祝國慶，也未刊登毛澤東和林彪在一起的照片（在一九七〇至一九七一年間，毛澤東和林彪在一起的政治照片終結了）。某些中外人士認為毛澤東已去世——抑或病魔纏身，在接受懷特醫生的治療。

十月七日，毛澤東終於出來了。他出現在電視螢幕上，親切會見埃塞俄比亞的海爾·塞拉西。在前一天晚上的歡迎宴會上，這位埃塞俄比亞國王，只收到毛澤東一人轉達的致意。讀《人民日報》的致辭時，消息靈通的人就會知道，這是非同尋常的。海爾·塞拉西在他的宴會講話中，向毛澤東和林彪都致了意，許多外交官和中國領導人都聽到了。《人民日報》對這一棘手的問題是在報導中略去祝酒詞，但細心的讀者能夠猜測出一個強有力的震動已經發生了。

十月四日，拉薩人民廣播電台最後一次使用了「以毛主席為首、林彪副主席為副的中國共產黨……」這一著名的套話，這也是全中國最後一次使用它。自那以後，連西藏也知道毛澤東失去了副手，已成為孤家寡人。

在這期間，毛澤東的中國，這個長期以來被幾十個國家拒之於國際組織之外的國家，以壓倒多數的優勢贏得了在聯合國的合法席位，並恢復了安理會的常任理事國席位。

駐北京的外國使館被告知，向中國政府發賀電祝賀在紐約取得的勝利時，「不必」提及林彪的名字。與北京關係密切的朝鮮，發來了一封標準的賀電，只提到毛澤東和周恩來的名字。

其他外國政府都照此效行，全世界一致認可了林彪的垮台。

林彪危機影響深重、代價巨大。

「文化大革命」取得「輝煌」勝利剛過兩年，黨內三分之一的高級領導人淪爲「黨的敵人」。

在一九七一至一九七二年的分化和隨之而來的清洗中，中國人民解放軍受到了有史以來從未有過的震動。這一事件對作爲軍隊統帥的毛澤東是沉重打擊。

在林彪的一方，是裙帶關係、野心及專橫地蔑視群眾的政治作用。

在毛澤東的一方，也有類似的忽略群眾的問題，同時極度缺乏判斷力、多疑，或兩者兼而有之，還有他「無限忠誠」的繼承人問題，以及在除掉林彪時未能有效控制北京的軍權。

這場危機使毛澤東從緊急的國內事務中分心達一年之久，它在「文化大革命」的棺木上又敲進了幾顆恥辱的釘子，加劇了毛澤東頭腦中對中國革命前景日益增長的悲觀情緒。

人們紛紛責難這次危機中暴露出來的影響極壞的事件：違禁的外匯兌換事件、空軍戰鬥機駕駛艙內的槍戰、從「腐朽沒落」的香港進口諜報裝置、暗殺、毒氣和綁架、某些國家領導人對封建傳統觀點和陰謀的病態迷戀。

把林彪的名字從中華人民共和國的光榮榜上除掉並不那麼容易。中央委員會下發了一份調子低沉、無說服力的祕密文件：

> 中國共產黨中央委員會決定：《中國共產黨黨章》、《黨的「九大」文件彙編》和《人民戰爭勝利萬歲》交由中央處理。有關林彪的其他書籍文件，以及林彪的題詞和肖

像，由各基層收集起來，交由縣、團級黨委處理。

在給江青的信中，毛澤東極力想把自己的觀點與包括林彪在內的、反對他個人的觀點區分開來。他聲稱：「他們是要整個打倒我們的黨和我本人，這是我跟黑幫們的區別。」

可惜只有爭權奪利紅了眼的人才有可能看清這個區別。

林彪或許認眞地想過，毛澤東企圖「整個打倒我們的黨和我本人」。總之，如果排除了「我本人」這個核心的話，這句話只是戲弄而已。這些發生爭執的同志本身都是黨的領導人，要「整個打倒我們的黨」意味著什麼呢？

林彪和他的兒子寫下的有關毛澤東的話語，是如此的惡毒攻擊毛澤東：「從幾十年的歷史看，究竟有哪一個開始被他捧起來的人，到後來不曾被判處政治上的死刑？有哪一股政治力量能與他共事始終？他過去的祕書，自殺的自殺、關押的關押，他爲數不多的親密戰友和身邊親信也被他送進大牢。」

林彪事件可能使毛澤東大傷元氣，縮短了數年生命。差不多就在這一事件了結的兩個月後，他臥倒在床，很少說話和工作。從這以後到他去世的五年中，他再也沒有親身出現在中國公衆面前，甚至國慶日也沒出現過。

注釋

【1】鄧小平以此來嘲弄那些升得太快以至於無力擔當高職的「文化大革命」左派。

【2】尼克森政府中的一位官員告訴記者，是尼克森給毛澤東的一封信，使毛澤東在七〇年代頻繁地使用「霸權主義」一詞。

【3】漢語中的「霸權」有強於專制的意思，最貼切英文譯詞是 hege-mony（霸權），不過還不十分切合原意。

【4】譯註：原文不實。

【5】譯註：這幾頁文字有不少失實之處，如戰鬥機「掃射」、「刺客」出現在中南海、毛澤東「寢食不安」及後對林彪之死的推測等。

20 尼克森（一九七二）

一九七二年二月，在一個寒冷的日子中，美國總統理查·尼克森的「七六年精神號」專機在空曠、寬闊的北京機場降落。停機坪一側飄揚著美國國旗，另一側飄揚著中華人民共和國國旗，迎面是毛澤東的巨幅畫像。

尼克森略帶微笑跨出機艙，周恩來面無表情地候在舷梯腳邊。對約翰·福斯特·杜勒斯於一九五四年在日內瓦拒絕與周恩來握手記憶猶新的尼克森向周恩來鄭重伸出自己的手用力緊握著。

幾小時後，尼克森坐在中南海那柔軟的扶手椅上，同毛澤東在一起。至下半夜，僅僅由於在那把椅子上就座，尼克森在十二小時內爲中美關係所創下的業績，比任何一位美國總統在這以前的二十四年中——自從馬歇爾的竭力調停失敗以來——所完成的還要多。

尼克森抵達的當天，《人民日報》沒有提及他及他的這次旅行。這份六版的報紙涉及美國的文章是一則死亡的訊息。一週前，毛澤東的美國朋友愛德格·斯諾逝世了。

如果說，尼克森和斯諾身上很少有相同的思想觀念羽毛的話，那麼，正是毛澤東的典型風格把他們撮合在一起。讓報紙在「尼克森日」只談斯諾，毛澤東爲的是挫美方銳氣，讓中國人民知道他對「美國人民」的看法是站在光明的一面。同時，他想給人一種處於重大場合前夕滿不在乎的印象，所以在隔天的《人民日報》上才出現讚揚尼克森此行有重大影響的文章。

同對尼克森一樣，形勢對毛澤東來說也是很微妙的。他不可能把總統介紹給他的政治局全體同事，因爲林彪與他的同夥造成的巨大空缺至今還在。

江青是個例外，她未能拒絕丈夫的要求，去陪同尼克森觀看《紅色娘子軍》的演出，其他的「文革左派」人物都沒有出場。

在尼克森八天的訪問中，除了毛澤東和周恩來，只有兩位政治局成員與美國人有過接觸，一位是主管軍隊的反林彪穩健派葉劍英，另一位是主管經濟的穩健人物李先念。

毛澤東對將如何轉變中國公衆的情緒亦很愼重。許多事情懸而未決；中美兩國沒有外交關係；普通中國人在反美主義的氛圍中生活了二十多年。一些軍官，部分對林彪持同情觀點的人，對會談很冷淡，他們念念不忘華盛頓一直堅持把蔣介石政權作爲中國政府。

恰好在兩個月以前，一本對毛、周的美國路線持不同意見的小冊子《中美關係問題》曾在北京的一些書店出售，不過幾個小時就被查禁了。《中美關係問題》無疑是源於軍方的觀點，與毛澤東現在的看法相比，軍方認爲蘇聯不那麼危險，美國的危險要大一些。

毛澤東在印度支那的朋友和美國的關係，仍然是天天相互格殺。中國最親密的盟友朝鮮在尼克森訪華前夕，宣稱美國總統「一手舉著白旗，一手拿著討飯碗」到北京來了。阿爾巴尼亞和越南民主主義共和國則保持緘默，以示抗議尼克森的中國之行。

在準備期間，毛澤東守口如瓶亦甚於尼克森。不是所有的政治局成員都參與了這一計畫，中國這邊的「威廉．羅傑斯」決不止是一個。北越、柬埔寨及其他敏感的盟國，大多於午夜才從周恩來那裡得到消息，而華盛頓對日本、南越及其他國家的資訊通報也僅在幾個小時之前。

要做到保密，毛澤東比尼克森容易得多。在毛澤東的北京，出訪只是對外政策實施時的一種儀式（基辛格是多麼欣賞中國這一點）。

從基辛格一九七一年夏首次訪華，到他第二次來訪，再到亞歷山大．黑格將軍和新聞祕書納德．齊格勒訪華，加之若干其他準備活動，直到總統抵達前夕，北京新聞界對尼克森各方面的介紹總共用了一千六百四十七個字。極少的幾項內容像天氣預報一樣簡略地排在第一版的右下角，所有文章僅限於事實性描述，未作任何分析。[1]

在中南海數週內準備尼克森到來的場景背後，各種情緒的發展已從焦慮到恐慌。毛澤東經受了心功能缺血的痛苦，且身體浮腫，由於拒絕接受治療，毛澤東的身體垮了下來並發生休克。爲了準備在游泳池接待尼克森，急救醫療設備都已運到毛澤東的房間，並置於走廊上。氧氣袋也祕密放入一個巨大的油漆箱中，其他一些器具也藏在罐裝設備裡。同時，毛澤東對安眠藥有依賴性，他的醫生李志綏注意到「他的思想缺少判斷力」。

在離開華盛頓時，美國總統曾把他的中國之行比喻爲美國的登月旅行。正像中國不合尼克森的口味一樣，美國也決不會以超出這個世界的情趣來迎合毛澤東的味覺嗜好。尼克森在五〇年代，曾撿起中國王牌這根外來棒子來打擊民主黨。更早的時候，華盛頓在中國的所作所爲是毛澤東在擊敗蔣介石的鬥爭中所面臨的變數之一。

毛澤東仍舊感到缺少點接觸。自他最後一次與美國官員打交道起，已經有四分之一世紀了，他決定溫習一下他那生疏的英語。「他目前所喜愛的，是『**law and order**』（法律與制度）、『**anti-Mao**』（反毛）這兩個新的短語的發音。」當基辛格第一次與他會晤時毛澤東的友人郭沫若告訴我。[2]

這兩個短語被毛澤東注意無疑與鬥爭林彪的時期有關。尼克森這個右派有助於毛澤東使之轉向美國，因爲尼克森當前的舉動與毛澤東對國內「左」派的厭煩有一致處。

毛澤東和尼克森！在一九七一年以前的世人眼裡，他們的二重奏似乎顯得奇異。

尼克森擔任副總統時，美國曾三次以核武器來威脅毛澤東的中國。

美國曾不只十二次阻撓毛澤東的政府在聯合國取得席位。

在毛澤東進入紫禁城以來的二十二年中，直到尼克森委派基辛格訪華的前一年夏天，這兩個國家沒有一位政府官員訪問過對方的首都。

在一九六九和一九七〇年間，中國報界稱尼克森爲「戰爭瘟神」，這一尊稱似乎是代替了理查．米爾豪斯。

然而事實是：一位美國總統先不訪問東京或莫斯科而訪問毛澤東的北京；尼克森在中國八天的逗留是美國總統訪問外國時間最長的一次；美國總統在一個與美國沒有外交關係的國家領土上談判是第一次。

每個人對另一個人都持有多種多樣的推測。但尼克森一旦決定要去和毛澤東會見，就感到須擴充話題來解釋他的使命。在關島機場，準備取道上海時，尼克森看了一下時鐘，想到關島是美國時間新一天的開始。「我希望在座的各位和我一起祈禱」，他大聲說道，「中國之旅對於整個世界可能是新一天的開始。」

這支從華盛頓飛往北京的美國隊，用筷子吃飛機上提供的西餐！一到北京，尼克森就像引用《聖經》那樣引用毛澤東的詩詞。

毛澤東並未以同樣的方式換過一套精神甲冑。他沒有給尼克森貼上新的道德標籤。不知道他是否說過尼克森那種大話：「改變世界的一週。」當然，他也不會操起刀叉，抑或引用尼克森的《六次危機》。

不過，中國人並非完全不受最高級會談的影響。尼克森來訪前的一個月，若干建築物或街道神不知鬼不覺地換了名字。

尼克森夫人訪問了首都醫院，幾星期前它還叫反帝醫院。紫禁城中毛澤東的住所的北面有一條街，紅衛兵曾命名爲工農兵街，這是一個含糊而不貼切的名字。在尼克森路過這條街之前，它又恢復了原來長期使用的名字地安門街。

此外，毛澤東和尼克森的道德取向也不大相同。

的確，勢力均衡的政治在尼克森的動機中占的地位並不比毛澤東少（特別是在國內政治方面），這兩人都用一隻眼睛盯著蘇聯。然而，毛澤東這位中國的實用主義者不會給勢力均衡的政治披上一件道德的外衣；尼克森則不同，他受過美國理想主義的薰陶。

毛澤東並不指望與尼克森取得精神上的一致，但他對發表一個「分開寫的」公報的建議抱有同感。美國沒有料到雙方以這樣一種乾脆的方式來處理他們的分歧，以致在公報中竟會出現「中國方面」和「美國方面」。不過，周恩來在一天晚上對基辛格說是毛澤東堅持要這樣做，「這樣更誠實些。」他強調，他深於此道。《上海公報》坦率地暴露了雙方的不同意見。

尼克森做了一次長途旅行。他派了一支八十人的先遣隊，還帶來一支一百六十八人的隨行記者團。毛澤東則待在家裡，他沒有去機場迎接「七六年精神號」專機、沒有出席宴會，也沒有談及任何政策問題。周恩來爲中方操辦這些事。毛澤東的親屬王海容總在這些場合出現，然後向毛澤東作簡要彙報。

儘管如此，尼克森之行的氣候變化還是影響了毛澤東的起居室。這間屋內放滿了他的明版書，近處則是室內游泳池。毛澤東對尼克森的到來很激動，爲了做準備，他在長達五個月的時間內第一次理了髮。預期尼克森到達的那一天，毛澤東早早起了床，穿上新的制服和新的鞋子，焦急地坐在沙發上，並不停地要周恩來在電話中打聽尼克森離開北京機場後在中國第一步行動的確切時間。

尼克森感動了，儘管毛澤東也同樣感動，尤其當尼克森走進毛澤東那擺滿書的房間時。一位女助手扶毛站起來，「我說話不大利索了。」他是就自己的心臟毛病和支氣管炎毛病而言的。兩人同時握住對方的手，「我喜歡右派。」這位七十八歲的主席對尼克森說，並緊握著他的手足足有一分鐘之久。

毛澤東對尼克森開玩笑說：「我們共同的老朋友，蔣委員長可不高興了。」這是一個有力的開場白，然而美國人因情緒太急切並不認爲這是對他們的攻擊。

在場的三個美國人（尼克森、基辛格、溫斯頓．洛德）馬上就感到毛澤東的意志力。

「我相信我從未遇見過這樣的人」，溫斯頓．洛德議論道，「即使不知道他是誰，但參加一個有他在場的雞尾酒會，他肯定會憑他的力量把我吸引過去。」

毛澤東提到基辛格一九七一年鮮爲人知的中國之行，提到他的機智。尼克森回答道：「除了幾個漂亮的姑娘。」世人都不知道基辛格的巴黎和北京之行。基辛格是罕世奇才。

「這麼說，你們常利用你們的姑娘囉？」毛澤東反問尼克森。

對於國際政治問題他們未作過多的交談。當尼克森提到美中兩國對一些國家應有所作爲時，毛澤東略帶傲氣地說：「在我這裡不談這些問題。這些問題應該和總理去談，我只談哲學問題。」

毛澤東常常微笑——「一種帶著感染力和隱約的嘲諷警告的微笑……別想欺騙這位擅長抓住對方弱點的人和具有雙重性格的人」——並時而引出一場蘇格拉底式的討論，他講的每一話題都包含著格言或包含著間接的評論。在第二次提到蔣介石時，他向尼克森指出：「實際上，我們與他的友誼要比你們與他的友誼長得多。」

「絕不像與周恩來在一起時感到才華橫溢」，溫斯頓．洛德評論說，「毛的風格是隱喻的、含蓄的，外表上漫不經心，而實際上敏銳、練達。」

如果說毛澤東和尼克森的會談內容，還沒有達到使全世界著火的程度——他們未作談判，甚至也沒有談許多相關政策，那麼這件事本身就幾乎達到燃燒的程度。

美國記者正確地估計到，毛澤東和尼克森第一天下午的會談確保了尼克森此行的基本成功。

《人民日報》用了兩個版面和七幅照片報導了尼克森那天的活動。中國電視台播放了十分鐘的實況。自此，大多數普通的中國人不再扭扭捏捏地面對美國來訪者了，如果見到他們經過，即報之以注目和微笑。

雙方態度的改變，似乎比毛澤東在一個小時的角色中所能表明的還要出人意外。但這一現實的改變是不可否認的。毛澤東只是在他的安樂椅上指揮。如果說毛澤東尚未取得至關重要的勝利的話，那麼他對美國人不是取得了生平第一次的隱含勝利嗎？

對毛澤東來說，這「改變世界的一週」不是一首突如其來的幻想曲，而是其逐步施展的策略的一部分。幾年來，他一直認爲美國問題的嚴重性正在逐漸減弱。在一九七〇年，當尼克森眞正對中國表現出興趣時，毛澤東更加做好了準備。

一九七一年三月，一支美國職業乒乓球隊到日本參加世界錦標賽。中國邀請了幾支國家球隊在回國途中到北京比賽，有幾名美國隊員極想去中國。恰巧，就在他們離開日本的那一天，美國政府全面開禁，允許美國人去中華人民共和國。美國隊員對中國隊員表達了這一意願。

隨即，周恩來發出電訊到日本，說北京已決定反對邀請美國人。但病魔纏身的毛澤東捕捉到了新的想法。一九七一年四月六日深夜，他再一次翻閱外交部建議不邀請美國運動員的檔案——已經被周恩來和他自己批准過了。他用「昏沉、模糊的語言」叫護士打電話給外交部的王海容告知取消這一決定。沒有別的錄音或任何人的勸告，護士感到進退兩難。她決定電話通知王海容。美國人於是受到了邀請。

這一舉動爲尼克森來訪邁出了象徵性的重要一步。周恩來很快明白了毛澤東對美國問題看法的實質。數月後，周恩來不加渲染地對美國客人說，「毛主席碰巧感興趣」與華盛頓改善關係。這位舞台經理巧妙地表達了導演的說法。

毛澤東與尼克森握手的直接背景是美國的越南問題。尼克森以嫺熟的技巧竭力掩蓋美國在越南的無能，他想在一種和睦的氣氛中與中國緩和關係。

如果說越南刺激了尼克森，那麼從毛澤東的觀點看來它成了中美妥協的障礙。尼克森依然處在戰爭帶來的極度苦惱中，他需要毛澤東的幫助以解除他脖子上的這一不祥之物。毛澤東希望能超出越南考慮問題，但他又不能超出太遠，馬克思主義世界的強大壓力迫使他繼續援助他那煩人的印度支那盟友。

從某種意義上講，尼克森走進毛澤東的書房時，毛澤東實現了他的主要目的。整整四分之一世紀，他對美國的要求僅僅是美國不要去做某些事。他在四〇年代後期（當時華盛頓正在援助蔣）、在一九五〇年（當時朝鮮戰爭爆發）、在一九五三年（艾森豪正強迫中國在朝鮮停戰）、在一九五四和一九五八年（臺灣海峽危機）以及在一九六六年（一些美國軍官想打贏越南戰爭，從而給中國一個震動），一直擔心美國會對中國突然打擊。

在毛澤東看來，美國在亞洲的擴張似乎已止步於尼克森和他之間的小地毯前。如我們所知，他在誇大美國的衰敗；然而，他又正確地估計到了尼克森的出面是一種擔保，美國和中國多年內不會再發生戰爭。

假如毛澤東認為一些美國人對中國的幻覺可消失在最高級首腦腳下的塵埃中，那麼這是頗有道理的。

美國侵入遠東的用意何在？尼克森帶著越戰的滿臉愁雲來到中國。美國東方之行的使命何在？對尼克森來說美國準備與中國共用亞洲的未來。第二次世界大戰後美國的普羅米修斯主義在亞洲的眞正作用何在？尼克森遇到了美元下跌的痲煩，他要來請毛澤東「幫忙」結束越南戰爭。

然而，積極的合作談何容易。美中對話幾乎還處在幼稚階段。同今天的情況相比，那時每一方對對方政治的了解都遠遠不夠。

毛澤東和美國人當時僅在一個國際爭端上有了共同的視點，雙方都援助巴基斯坦因東孟加拉灣（原屬巴基斯坦）問題反對印度的鬥爭。

毛澤東從更長遠的角度看待越南問題，這一點對依然捲入越戰的尼克森來說做不到；另一方面，美國也要從他的「和平結構」的長遠角度考慮亞洲的未來。爲了不讓人說自己拋棄了印度支那朋友，毛澤東不得不對此略而少談。

蘇聯問題也是這樣，由於時間和空間的不同而同雙方有著不同的關係。足以震驚的是，一向攻擊「赤色分子」的尼克森，比毛澤東更急於想知道蘇聯對「改變世界的一週」的反應。毛澤東看得更遠些。在一九七二年，毛澤東的反蘇和親西方傾向比美國方面還要大，這一點相信是可能的。

尼克森直截了當地問毛澤東：「在對中國最直接的威脅中哪一個更大？是美國的侵略，還是俄國的侵略？」毛澤東的回答強調了蘇聯的威脅，然而，美國方面果眞理解並歡迎這一暗示嗎？

毛澤東希望尼克森在他的算計中把中國放在第一位，尼克森卻沒有理由那樣去做。前兩次，毛澤東曾希望華盛頓能更愼重地對待中國共產黨。他覺得羅斯福和杜魯門在第二次世界大戰結束時低估了中國共產黨，而且杜魯門在中國介入朝鮮前夕其立場依舊未變。難道毛澤東現在還沒有具備使美國重視中國的資本嗎？

然而，毛澤東也譴責了美國對中美合作的遲疑，他對美國的看法存在矛盾心理。強大的美國在過去曾折磨過毛澤東的中國。不過，毛澤東也懷疑美國是否會從一個極端走到另一個極端。過分自信和消極被動之間，華盛頓能找到一條折衷之路嗎？

毛澤東的矛盾心理的根源在於他年輕時對西方的複雜感情。美國是西方資本主義國家，與中國不同，毛澤東很難使自己依附於這樣一種勢力。是的，美國很發達，但它可能滿足於自己的富裕和舒適。馬克思的「規律」也許注定了它的衰敗要比它的興起快得多。

毛澤東像尼克森一樣夢想著人類的「新和平框架」嗎？毛澤東很少談任何現實的國際目標。他使用「世界革命」一類的話語是實，不過它缺乏世界總體規劃的意義。它意味著外國要像中國那樣鬧革命，或者是簡單地把中國的仇敵看作是自己的仇敵。

國際關係作爲一種過程對毛澤東極具吸引力，他經常興致勃勃地與來訪的政治家們談論這一問題。他能迅速地把握一團事物的意義，變化的永恆性、無所不在的鬥爭、混成的龐大軍事力量、空間本身的無限性。

他滿足於看到超級大國、「反動派」及其附庸們的計畫被「不可抗拒的力量」推翻。然而，除了中國的安全，毛澤東似乎對充滿衝突和衰敗的混亂過程不那麼感興趣。像一位坐在山上漠視市井喧囂的先哲，他從國際關係的細節中看出離奇的分離。

這是毛澤東第二次會見基辛格，並且還要會見他多次。來自中國的消息說，毛澤東對與基辛格談話比對與尼克森談話更感興趣。他在與尼克森的交談中也常常要把基辛格扯進去，這在毛澤東與外國政府首腦的談話中不同尋常。

曾經五次見過毛澤東的溫斯頓．洛德說：「毛澤東欣賞尼克森的政策，但是他喜歡與基辛格在一起交談。」不過，毛澤東對基辛格的評價卻不如基辛格對他的評價高。【3】

一九七〇年，基辛格說過一句俏皮話。他說，在前民主黨政府中，迪恩．拉斯克惡意地把毛澤東比作希特勒，而在尼克森的政府中，人們又善意地把毛澤東比作希特勒。【4】毛澤東顯然知道這一譏刺，因爲他對蓬皮杜總統說過：「美國說我們比希特勒還壞。」

毛澤東知道，主要是一些偶然因素使基辛格在一九七一至一九七二年間熱衷於中國問題。基辛格興奮的部分原因，是在中國發現一張可以對付莫斯科的牌。這意味著蘇聯，而不是中國，是基辛格戰略的中心。毛澤東到後來徹底明白了這一點。

與尼克森而不是與基辛格在一起，毛澤東更知道自己在對外政策中的位置。毛澤東認爲尼克森是保守的右翼政治家，他擁有廣博的世界知識，而且現在正帶領美國適應七〇年代的現實變化。毛澤東對尼克森說過：「有人說你是右派。相比之下，我更願意（西方人）從右邊掌權。」他讀過尼克森發表在《外交事務》上的文章，這位擔任總統之前的「新尼克森」，在文章中表明自己已從五〇年代的反華態度中擺脫出來。

毛澤東對尼克森比對杜勒斯要更寬容一些，因爲他對蘇聯在世界上的角色變化感到深深的憂慮。從另一方來對抗蘇聯，誰比尼克森更合適呢？【5】

毛澤東對西方保守勢力的熱情使左翼人士震驚。儘管毛澤東不很了解西方的政治，看不出自由民主黨或勞工黨的立場是否能站住腳。毛澤東欣賞資本主義國家的領導人表現出資本家的行爲舉止，這驗證了他的世界觀。

毛澤東所存在的問題是需要建立一個反對蘇聯的統一戰線：尼克森（還有歐洲的愛德華．希思和弗蘭茨．約瑟夫．斯特勞斯）似乎比自由民主黨（還有歐洲勞工黨領袖，如哈樂德．威爾遜和赫爾穆特．斯密特）在反蘇方面更可靠。

周恩來微笑著在上海爲尼克森送行，接著他趕到北京與毛澤東商談這「改變世界的一週」。紫禁城對這次訪問打的分數是優。

毛澤東對於世界的戰略分析是把蘇聯作爲世界的中心問題，它已作爲這次最高級會談的結果而引起世人的注目。

在臺灣問題上，毛澤東的收穫相當大。美國大步退出了中華人民共和國與臺灣的爭議，並在公報中指出：「臺灣不容置疑地屬於中國，並且希望中國人民自己和平解決臺灣問題。」

今後的時日，尼克森將爭取中美關係半正常化，最大限度地使中美兩國接觸，進行文化交流和經濟貿易。毛澤東則在試探加速全面發展的外交關係。尼克森向他許諾，在他有望的第二任總統任期內這種發展會早日到來。

從某種角度看，毛澤東和尼克森都有所獲。中美雙方結束了對罵狀態，都有一種如釋重負的感覺，蘇聯再也不可能竊喜於北京和華盛頓互相沒有接觸了。

這次引導性的旅行所造成的氣氛，使多數國家就恢復中國在聯合國的席位問題上投了贊成票。在尼克森離開北京之後的九個月內，又有二十多個國家承認了毛澤東的政府。

華盛頓從五〇年代起就反對中國的「和平共處五項原則」，現在這五項原則卻出現在公報的公共部分。尼克森之行的一個結果是臺北的國際地位開始下降。在任何程度講，毛澤東沒有在越南問題上「幫助」過尼克森，這個敏感的問題會被輿論譴責對河內背信棄義。

然而，從毛澤東的利益出發，尼克森的突破姍姍來遲。毛澤東希望美國能及早地做些於中國經濟發展有益的事情。他剩下的時間不多了，沒有時間來鞏固橫跨太平洋的新紐帶，印度支那的局勢是這條紐帶的強大鞏固的一個大障礙，這使得毛澤東在有生的四年中拿出三年來處置它。

毛澤東還有時間去誘導華盛頓放鬆對臺灣的控制嗎？如果這樣，毛澤東就能在他去「見馬克思」之前看到中國內戰的最終結束。

繼尼克森訪華之後，毛澤東的對日政策改變了，事實上是日本採取主動。在對「尼克森衝擊波」的反應中，日本趕忙擁抱北京，並斷絕了同臺北的關係。這不單是由尼克森的說服造成的，同美國的緩和理應使毛澤東對美國在太平洋的主要盟友日本抱更樂觀的態度。毛澤東接受了美國對日本的看法。（不久，他就敦促基辛格對日本禮貌些，他要求這位國務卿花在東京方面的工夫要和在北京的一樣多。基辛格則附和道：「我接受這一勸告。」）

爲歡迎美國總統尼克森的到來，毛澤東贈寫了一首深奧難懂的詩：

老叟坐凳，
嫦娥奔月，
走馬觀花。

坐在凳子上的老人是帝國主義。嫦娥（一位中國古代的神話人物，她飛到月宮去以躲避她那令人討厭的丈夫）是人造衛星的象徵。尼克森本人在中國的簡短旅行就像是在走馬觀花。

毛澤東讚揚他的客人。尼克森至少來看了看這個中央帝國，他不像那種典型的帝國主義首腦，僅僅舒服地坐在凳子上。

然而，毛澤東的另一些觀點卻使那些想和他攜手並進的西方首腦們不安。帝國主義的時代一去不返，不僅是美國和蘇聯，而且中國現在也能向月球發射衛星了。不管尼克森是怎樣的明智，他也只是走馬觀花，掠過表面，對現實作了短暫的一瞥。

毛澤東後來在武漢召開的一次軍人會議上說：「尼克森沒理解我的意思。」也許這樣倒好，這句話雖然對尼克森並非不友好，但還是使這位美國總統感到困惑。毛澤東沒有從類似尼克森的角度來看這個世界，但他親自周致地安置了這位美國總統。在一九七二年競選活動中，毛澤東的一些親密朋友靠邊站了。毛澤東的一位護士說她將投麥高溫的票，毛澤東不同意而聲明支持尼克森。

即使尼克森的訪問支撐了毛澤東，但不能挽留他生理性的衰老。他只能借助放大鏡進行閱讀了，並且鏡頭不得不用雷射測距儀增大。他戒煙了，也很少閱讀。在江青的建議下，他開始看電影，喜歡港臺的功夫片。他說話連張玉鳳也難以聽懂。

注釋

【1】路透社的詹姆斯·普林格爾，報導了中國新聞界對尼克森訪華報導的總字數。

【2】一九七一年七月六日郭沫若對特里爾談有關毛澤東的情況。

【3】一九七三年毛澤東對蓬皮杜說：「基辛格喜歡作情況簡介，但他的評論不是太精明。」

【4】基辛格談「希特勒」的俏皮話是在哈佛大學對部分教師講的。

【5】尼克森政府的一位官員告訴作者說，毛澤東談過尼克森的文章。

21

殘夢（一九七三—一九七五）

毛澤東與周恩來有著長期的合作關係，一九七二年間，他們倆的關係最爲密切。雖然毛澤東沒有在公共場合稱讚過周恩來（因爲他不習慣誇耀他的副手），但周恩來卻在林彪叛逃和尼克森訪華期間，卓越地輔佐了毛澤東。

這位總理從來沒有如此密切地與毛澤東共事，毛澤東也很少像在一九七一至一九七二年期間，感到如此迫切地需要周恩來的幫助。或許自長征途中遵義會議這個轉捩點以來，毛澤東尚未有過這樣的感覺。

毛澤東不得不向右轉以擊退林彪，這使他與周恩來攜起手來。他向美國開放門戶以對付那些極左勢力和軍隊中的反對派。周恩來又一次成爲當然的盟友。

毛澤東是不願意依賴周恩來的，周恩來終究不是率性辦事。如果說率性誠物、深謀遠慮的毛澤東是虎、猴二氣的結合，那麼周恩來就是一個將毛所痛恨的中國官場傳統帶入共產主義時代的人。

周恩來遠不像毛澤東那樣。毛澤東信仰一個永恆變動的世界，偏愛的是鬥爭高於一切，認爲一切現象都充滿矛盾。

在五〇年代末非史達林化危機過後，周恩來沒有像毛澤東那樣變得多疑。對周恩來來說，馬克思主義絕不意味著多多益善，這與感情用事、剛愎、獨立思考的毛澤東對待馬克思主義的做法不同。

周恩來不像毛澤東那樣愛衝動，他從未排斥於黨之外，而毛澤東則有過三次這樣的經歷。更不像劉少奇、鄧小平及其他人那樣的人，周恩來不會輕易遭受清洗的危險。

周恩來把毛澤東看作是二十世紀中國的指路人，「他教導我們認識了一切。」周恩來以自己特有的語言說。

周恩來不得不謹愼地對待毛澤東。他看到毛澤東對一幫有資歷的同事日漸不滿，便小心翼翼地儘量不提出異議，以免引起晚年的毛澤東的專斷或猜疑。[1]

周恩來在六〇年代批評毛澤東時，採取的是一種既隱晦又玄妙的方式。「毛主席是正確的」，周恩來在「文化大革命」期間一次緊張而沉悶的會議上簡略地說，「他非常謙虛。」爲了更清楚地表達自己的意思，他又補充說：「我們大家，包括我自己，都犯過錯誤。」不過，自一九七一年後期起，周恩來感到他與毛澤東的關係，比以前任何時候都安全多了。

「怎麼會有絕對權威呢？」周恩來在深思熟慮後，坦率地對一位美國來訪者說，「毛主席在某些問題上可能是權威，但如果有些問題他不熟悉，他又怎能成爲這些問題的權威？」他再一次作出轟動性的評論。「這裡還存在一個時間問題」，他在一次對話的開場白中講道，「你今天是權威，但是否意味著你明天還是權威？」

實際上，周恩來的評論是針對林彪而發的，因爲「絕對權威」是林彪的圖騰之一；但周恩來也在愼重之中試圖搖撼毛澤東那天神般的地位。

周恩來的勇氣沒有持續多久。七〇年代中期的痛苦爭吵，不允許這位總理成爲與毛澤東眞正平等的人物，充其量只能是第二號人物。恰恰是一九七一到一九七二年的兩個重要功績，使周恩來成爲毛澤東不可缺少的執政官，但不久又招致非難。

林彪已不在位，但到一九七三年，毛澤東對反林聯盟並不十分滿意，門戶雖已向美國打開，但到一九七四年毛澤東即聽到這樣的批評：中美交往對中國是否有利。對於周恩來來說，更糟的是健康惡化，並且毛澤東對此清楚。

毛澤東自己曾鼓勵林彪要政治掛帥，使軍隊成爲一所「全國人民的大學校」。林彪按毛澤東的要求建設軍隊，而這是彭德懷難以做到的。在此背景下，毛澤東發動了他的「文化大革命」戰役。

令人難解的是，一九七二年，毛澤東再一次器重彭德懷式的軍隊領導人。

許世友是典型的地區軍隊指揮員，他代表著解放軍的聲音，在反對林彪推動的極左的農村政策時，這位廣州軍區司令員說：「沒有必要爲貧富均等去搞革命。」反林聯盟自身的性質決定它不可能存在長久。許世友與這些人都不是毛澤東的天然盟友，時間很快就清楚地證明了這一點。

在一九七一至一九七二年之交的冬天，毛澤東沒有絲毫的勝利者的喜悅。他既沒點名指責林彪，也沒有另尋「接班人」或「最親密的戰友」來代替林彪。如果周恩來的支持者們期待著榮譽降臨到這位英雄的病患者頭上，他們會大失所望。

毛澤東似乎缺乏自信。林彪事件的了結是一個安慰，至少它沒有使更多的毛澤東主義式的決策出爐。

「文化大革命」的一切觀念、信條和鬥爭，在毛澤東的手中就像許多一觸即破的泡沫一樣破裂了，只剩下他滑膩的雙手沾著強權政治的汗水。

明顯地出現了向右轉局面：農村實行了寬鬆的政策；「文化大革命」的受害者東山再起，有的得以提升；學校教學趨於正常，而且思想觀念的壓力有所減輕；工廠巧立名目以實行物質刺激；對歷史及學術問題展開討論，政治的束縛多少有所緩解。

一九七二年的右傾風肯定使毛澤東想起了一九六二年因「大躍進」失敗刮起的那股類似的風。

爲了與死亡進行頑強的搏鬥、爲了奪回對軍隊的控制權，還爲了淡忘他腦海裡「無限忠於」的林彪，毛澤東需要付出代價。

在複雜多變的政治形勢下，富有革命經驗的戰士、外交部部長陳毅死於癌症。當消息於一九七二年一月的早些時候傳到毛澤東那裡時，毛澤東已經很虛弱，因支氣管炎他不停地咳嗽，臥在床上通夜難眠。中共權威人士致辭陳毅的家人和許多政府部門，告知毛澤東將不出席陳毅的葬禮。但是，到了追悼會召開的時間，毛澤東手下的職員注意到他煩躁不安，突然說他要去參加追悼會。八寶山公墓大廳沒有人想到毛澤東會出席，毛澤東的助手也一片慌亂，他們甚至不能爲毛澤東穿戴好衣服，這位最高領導人穿著一身睡衣，也不顧什麼皺巴巴的襯衣和褲子，披著一件大衣驅車去向陳毅作最後的致意去了。

在八寶山，毛澤東見到了陳毅的遺孀，並與她作了簡單的交談：「我也來悼念陳毅同志，陳毅同志是一個好同志。」毛澤東也同柬埔寨西哈努克親王進行了交談，借機告訴他，林彪在想逃往蘇聯時飛機失事死了。「林彪是反對我的，陳毅是支持我的。」毛澤東對這位柬埔寨人說。

幾位重要人物一見毛澤東出席這次葬禮便站立起來，毛澤東與陳毅的遺孀及其子女作了長談。的確，陳毅有過四十年的戎馬生涯，但他卻成了毛澤東的「文化大革命」的受害者，而毛澤東只給了他遲到的保護。

毛澤東很少參加同事的葬禮，爲什麼此刻會到八寶山來？

毛澤東喜歡性格開朗的陳毅，儘管他並不總是喜歡他的觀點。當陰謀活動在北京似乎已習以爲常的時候，失去一個常常直言相陳的人，對毛澤東觸動很大。

然而，擠滿軍人的冷漠的大理石殯儀館訴說著更多的故事。毛澤東欠了軍隊指揮員們的帳。向這位外交部長獻頌詞，同時他也撫平了軍人的情緒。[2]

一九七二年年中，斯里蘭卡總理班達拉奈克夫人訪問北京，她代表斯里蘭卡兒童向中國兒童贈送了一頭幼象，然後到中南海與毛澤東會晤。毛澤東提到了兩件人們意想不到的事情以表露心跡。

當對世界形勢作廣泛的交談時，毛澤東對這位友好的斯里蘭卡人，突然談起在他的政府內發生的迫害和暗殺。班達拉奈克夫人迷惑不解，也很尷尬。過了很久，甚至在她離開毛澤東的書房時，她可能還不知道毛澤東究竟要將哪一個「兩面派」置於死地，並使之聲名狼藉。

這個「兩面派」就是林彪。當時，倖存的林彪的同情者們都召集到中南海，聽候發落。毛澤東準備按他所熟悉的眞理來造就這個世界。

那個「兩面派死了……」用毛澤東自己的話說，「他『企圖謀害我』……他反對整黨建黨，反對向美國開放……。」

五個月前，即使尼克森也不知道這位前任國防部長的任何眞實情況。現在毛澤東卻主動向一位女士透露林彪的消息，而這位女士只是來尋求經濟援助而不是政治祕密。

兩週後，毛澤東對法國外長舒曼講了類似的關於林彪事件的權威性看法。毛澤東對他的法國客人最後說：「一杯苦酒，林彪就完了。」這一評論，似乎並不表明林彪密謀反對被動的毛澤東，至多意味著一九七一年的大事年表會記載這件事而已。

「我們必須兼顧國家、集體和個人這三者之間的利益。」毛澤東在一份關於在農村實行溫和政策的檔中寫道。這份檔案以編者身分談到過去「人爲的平均主義已經阻礙了貫徹執行毛主席革命路線」。這意味著風在向右轉。

在不同的時期，毛主席的革命路線有不同的意義和作用。

不過，雖然各派官員引用的許多語錄條文是死的，毛澤東本人則仍然是活生生的。他絕不會退出思想是非之爭，而只是暫時停下來。一些領導人可以任意抽出毛澤東思想的某一部分以服務於自己的目的。只有毛澤東擁有至高無上的權力，掌握著一切人的命運。

一九七三年春，毛澤東正處在對外政策浪潮的巔峰。

繼尼克森之行後，他在書房裡逐一接見了承認中華人民共和國的二十多個國家的領導人。[3]他對他們曉之以理，彬彬有禮地詢問他們國家的情況。他給未被承認時的荒蕪年代罩上一層面紗，給歷史梳理出明朗的脈絡，對過去孤立時受到的指責等一些瑣碎事表示毫不在乎。會談給人的印象是，中國和某某國家像一對老朋友，兩國之間從容地交往就像空氣和水一樣自然。

曾在抗日的潮流中崛起的毛澤東對待田中角榮首相猶如自己的弟弟。

周恩來把田中從休息室帶到毛澤東的扶手椅邊，這位主席向他們兩位示以歡迎的微笑。「你們吵完了嗎？」不等回答，他又宣稱，「吵吵架對你們有好處。」

「我們進行了友好的談話。」田中壯著膽子說。他對有關中日戰爭給中國造成了「災難」（中方的用語）或只是帶來了「麻煩」（日方用語）的爭論避而不談。

會談遠不是什麼誠摯的協商，毛澤東居高臨下，以哲學家的姿態出現。當他揮手讓這兩位總理就座時，說道：「不打不成交嘛！」

毛澤東建議這位並不引人注目的日本人喝點茅臺酒。田中答道：「聽說茅臺是六十五度，不過我很喜歡。」

「不是六十五度，是七十度」，這位中國領導人糾正道，「誰給了你這麼個錯誤的資訊！」

毛澤東的下一句話使話題遠離了茅臺酒而不著邊際：「順便說一句，中國的古董很多，讓舊的東西捆住手腳不好。」

這使毛澤東轉而獨自地談起了自己的父親，避而不談日本政治。

他說：「小時候，父親對我很嚴厲，我就造他的反。儒家的《四書》、《五經》上說父慈子孝，我問父親爲什麼對我不好。不扯遠了，日本競選時，角逐很激烈吧？」

當田中談到日本競選的艱苦時，毛澤東不解地搖搖頭，喃喃地說：「到街上去作競選演說談何容易！……。」這位老戰士把他的智慧之手置於這位年輕政治家的肩頭。「在街上演說可是件苦差事」，他說，半個世紀前他在長沙就經常這樣做，「請多多保重。」

「你們的議會制度是怎麼回事？」他問田中，這位首相小聲道：「它也有它的問題。」毛澤東以恢弘的口氣總結道：「日本一定存在許多問題，是吧？」

毛澤東的思緒好像返回到幾個世紀以前，而越過了可怕的中日戰爭。他把日俄戰爭後日本確立在亞洲的領先地位、贏得他國學習者羨慕的時期當作一段過去的插曲，似乎中國是先生、日本是學生的歷史時代又會重新開始。

「在毛澤東面前，周恩來只是個無足輕重的人物」，田中回到東京時對他的一些政界朋友說，「他的舉止就像陪在某個著名國會議員身邊的一個笨手笨腳的祕書。」

這番評論很有意思。這甚至使人覺得，田中的這番話不像是在描述周恩來，而是在活靈活現地描述他自己在毛澤東的尊駕前的表現。

在聯合國，毛澤東的政府只是個新來的小夥子，還遠不像某些人預言的那樣在這個組織中「製造混亂」。在紐約的中國代表完全是按慣例循規蹈矩地對待公文、辭令和外交禮節。與此同時，中國在特圖灣成了代表第三世界說話的最有影響力的聲音，它就海洋法、債務、貿易結構等問題，及一些國家「有」而一些國家「沒有」的其他問題所發生的對立而發言。

《人民日報》大肆宣傳中國在安理會（中國是五個常任理事國之一）和其他世界組織中的言論和行動。

然而，毛澤東似乎對聯合國感到厭倦。在所有關於對外政策的談話中，他很少談到有關聯合國的話題，他把這一話題留給了龐大的北京政府中舊勢力的國際主義派，而這一派是外交部中的不穩定因素。

他對於開會討論諸如和平、防務、國家爭端之類紙上談兵的做法不大相信。他是熱衷於勢力均衡術的中國頭號人物，而不是容易接受協作方案的國際主義者。

至於「富國」和「窮國」之間的緊張關係，毛澤東強烈地感到：第三世界國家的觀點具有道德正義感，不過他涉及複雜的經濟問題方面的知識不全面，或者說落後於時代。

毛澤東更感興趣的似乎是全球性反對超級大國的行動，而不是第三世界國家的敵人在聯合國的聲音。這是自然的。毛澤東爲中國進入超級大國的大同盟躍躍欲試，而不滿足在「新興國家」的小夥伴中作頭領的地位。

一九七三年早春，當來自蒙古的風沙裹住了北京城的時候，毛澤東與基辛格第三次坐到談判桌前。中美兩國關係跨出了一大步，終於達成協議：在雙方的首都建立聯絡處（其實是大使館）。

中美聯合成爲國際事務中的既定事實。可是，仍有人對毛澤東與尼克森在中國的握手表示懷疑。在昆明召開的一次祕密軍事會議上，一位發言人言辭激烈地說：「有的同志說，過去我們把蘇聯與美國的談判說成是美蘇勾結，但是現在我們也在與美國談判。」人們確實可以這樣說。

有位發言人（他的發言稿被臺灣特務弄到手）極力反駁了對毛澤東親美政策的抨擊。他對解放軍一些低階或高階軍官說：「尼克森只是一個過渡性人物。」而中國的眞正目的是「要與美國人民接觸」。

怎樣理解毛澤東脫離曾親如兄弟般的蘇聯陣營呢？這份發言稿婉轉地指出：「當前，

眞正的社會主義國家的減少只是表面現象。」

像尼克森一樣，毛澤東也無法告訴他的人民，其政策沒有改變。只有解放軍軍官才知道中國的對美政策已經改變，正像美國人能發現尼克森對中國的政策已經改變一樣。

政治局出現了新的緊張，這在一定程度上是毛澤東自己造成的。一九七三年九月，江青凌厲地批評了周恩來，甚至過火地說他已形成了中國共產黨歷史上的「第十一次路線鬥爭」。接下來的月份，毛澤東迎合了他妻子對周恩來的批評，儘管他堅決不同意將與周恩來的爭論和黨歷史上的十次路線鬥爭相提並論。

善於適時應變的毛澤東除了對原則性問題運用他的說服力外，在政治局的各派中，他總是喜歡處在中間地位。這樣，他就能根據辯證法的漩渦或自己的興致決定向左還是向右。

一九七三年，毛澤東發現反林聯盟把他推向右邊太遠，便感到有向左轉的衝動。他搜尋思想觀念的寶庫尋找彈藥，以便向那些他認爲太保守的同事開火。

「自然」在中國政治局的最高層新的危機形成過程中扮演了罪惡角色。一九七二年，醫生發現周恩來的膀胱、結腸、肺部有癌症症狀。[4]這一情況無疑破壞了毛澤東、周恩來的合作關係，正像疾病損害了周恩來的身體一樣。

毛澤東本人很快失去了左右政治局的力量。他自己的健康狀況也一直起伏不定，每況愈下。一連幾天的緊張工作之後，帕金森氏綜合症就會使他一星期臥床不起。除了簽署檔案和就重大事件作些商議外，他從不露面。

對毛澤東的接近，在北京的權力競爭中變得極爲重要。誰能從這位老者那裡得到一個讚許的點頭或簽字呢？此時此刻，政治局的人都知道，周恩來是毛澤東與這個國家之間的橋梁。現在他們也知道，這一作用至多還能維持兩年。

當周恩來在人民大會堂設宴招待西哈努克親王時，赴宴的客人們都感到震驚：鄧小平竟出來了！

和其他中國領導人在一起，鄧小平有點不自在地移動著小步，六年的流放生活看起來使他沒有什麼變化。他是一個直率、矮壯的權力人物。

鄧小平微笑著。他曾是走資本主義道路當權派的第二號人物，中國共產黨強硬的前任總書記。他習慣於坐在離毛澤東的座位很遠的地方，以盡可能不聽這位主席的最新指示。毛澤東在談及鄧時說：「他是個決定性人物，三七開。」

毛澤東的親戚王海容，這位學生出身的外交事務助理拉著鄧小平的手，把他再次介紹給一群還瞪著眼睛表示懷疑的外國記者。鄧小平優雅地鞠了個躬，並說他很高興又回來了。他拘謹地解釋說，他一直待在江西的幹校，就像一位男孩在解釋自己爲何缺課。

王女士用甜甜的嗓音解釋道，現在他是副總理。幾週後，毛澤東讓外界知道，自一九六六年以來鄧小平受到了「過於苛刻」的公開指責和政治剝奪。

大會堂似乎出現了和諧音調，鄧小平的復出說明毛澤東正在下沉的權位已經受到震盪。病中的周恩來要求鄧小平回到領導職位。毛澤東則由於那場轟轟烈烈的批判林彪及其餘黨的鬥爭，其必然結果是導致他接受鄧小平。

鄧小平一聽到林彪倒台的消息，精明地馬上從幹校給中央委員會寫了一封信。他表示對林彪的出逃萬分憤慨，並問能否參加批林運動。

鄧小平的復出是毛澤東對幫助他擊敗林彪的那些人的一種報答。毛澤東曾依靠過地方軍區的指揮官，這幫頑強的老將多數是鄧小平的夥伴。毛澤東已發給在「文化大革命」中受迫害的高級官員返程的通行證，鄧小平（在劉少奇之後）成了這些人之中當然的英雄。

然而，使鄧小平上台的形勢並不單單是一個「左」與「右」的問題。毛澤東不佳的健康狀況，及分散權力的根本主張，對眞理唐吉訶德式的追求，都使他精心安排的每個計畫偏向了不穩定。

毛澤東已力不從心，難於制定一項持久的政治策略。但他可以發出最高指示，握有予奪之權，也可以行使否決權。

醫生和護士都以中南海爲中心舞台。與之相反，早些年毛澤東的職員中幾乎沒有醫護人員，只有許多衛士。現在情形倒過來了，衛士少了，醫護人員多了。毛澤東的身體狀況和精神狀況似乎與國家的狀況緊繫在一起。

他扮演的是最高立法者的角色。在任何形式的意見衝突中，他只要呢喃地吐出一句話或匆匆寫出一條格言就能穩操勝劵。但是他不能堅持到底（如同他在「文化大革命」中做的那樣），也不能讓現實適應他的格言。

林彪曾詭稱他的上司爲「B—52」，現在毛澤東眞的像一架重型轟炸機，能經常產生巨大影響，不過對底下的事情影響甚微。人們知道這架特殊的「B—52」燃料快要耗盡，航程將到盡頭，再也扔不出幾個襲人的炸彈，所以用不著害怕（除那些容易被擊中者外），抑或有人希望它仍有襲擊的威力（那些希望從殘骸中漁利者）。

一九七三年八月，毛澤東「主持」召開了中國共產黨第十次全國代表大會。《人民日報》報導說，當毛澤東出現在主席台上時，「全場響起了雷鳴般的掌聲」，毛主席「向代表們親切地招手致意」。毛澤東在會上未致一辭。

會議只開了五天，而上一屆即一九六九年那一次會議是二十四天。「九大」的召開已足夠保密，「十大」則直到會議安然結束才對外宣布，至於會議地址，則從未透露。

在會議文件中，不見任何智慧的活力，只有一篇新的黨章，兩篇老生常談的講話和翻來覆去地提的幾個口號。如此而已。

枯燥乏味的原因有兩個。其一，毛澤東控制權力但不管理，其趑趄不前似乎抑制了周圍人的創造性；其二，在一九七三年這種時候提出新的方針政策，就像要在上帝面前提出修改（十誡）一樣。

大權在握的周恩來和那些認爲他能執政的人，與江青及她那些不可靠的、急躁的朋黨之間關係異常緊張。江青及其朋黨從年老的毛澤東反傳統的基調中，嗅出了爬上中國政治頂層的最後機會的氣息。

新黨章說：「前途是光明的，道路是曲折的。」換言之：我們最終要實現目標。但只有上帝知道現在該怎麼辦。

周恩來是「十大」升起的閃亮之星。他的外交政策的跟隨者有一些得到提升。某些反毛澤東主義的官員們也是這樣，他們中的大多數與周恩來有聯繫，並由於反林彪而受到過獎賞。與「九大」相比，極左派的軍官們損失慘重。

然而，這並不是一九七三年這次大會的全部。極左派趕上前來了，不借毛澤東的風，他們的帆船是駛不動的。來自上海的前紡織工人——年輕、英俊、好鬥的王洪文，與周恩來均分了大會僅有的兩個報告。「敢於反潮流」是王洪文的主題詞。

大會著重討論了林彪事件。對其處理採取了中國慣用的方式，林彪被「永遠」開除出黨。

毛澤東堅決不選擇第二號人物。林彪原來的職務——黨的副主席，由五個人來分擔。毛澤東似乎希望所有的競爭者都失去平衡，這要麼是他對自己的權力鬆動不滿，要麼是他的將臨深淵之感產生出一種遺憾。

毛澤東七十九歲，周恩來七十五歲，周恩來以下的四位副主席中的三位平均年齡接近七十歲。三十九歲的王洪文在他們中間就像和五位老伯在一起的小男孩。

令人不安的事情是，這些早在二〇年代創造了中國共產黨的老兵們，現在仍主持著黨的會議。而王洪文和他的戰友們（包括江青）又不具備做新兵的氣質或威望。

毛澤東並沒有眞正和諧地均衡各方面的力量。也許是由於他年老體衰，也許是由於剛愎自用，他正在深宮發出一些難以解釋清楚的指令，使事態陷入混亂。

毛澤東的衰老在周恩來的意料之中，而江青則受周恩來的患病所鼓舞，她看到皇冠正滑向皇后的手中。

毛澤東的地位已明顯不如「九大」了，他一度被直呼為「毛澤東同志」。在六〇年代後期根本聽不到這樣的稱呼，毛澤東被譽為「偉大的舵手」、「偉大的領袖」、「我們心中的紅太陽」，最低也被稱為「毛主席」。周恩來一般盡可能地使用列寧的語錄，而在六〇年代後期更多的是引用毛澤東的語錄。

與一九六九年相比，中央委員會不再像是毛澤東手中的工具，它更加龐大。上一屆有兩百七十九名成員，現在則是三百一十九名，這表明代表著各種不同的利益。與以前的中央委員會相比，來自毛澤東故鄉的成員少了一些。

林彪自取滅亡，毛澤東心力交瘁。

一九七三年十一月寒冷的一天，澳大利亞總理與周恩來正在人民大會堂就孟加拉的問題交換意見。一位外交部官員遞給周恩來一張紙條，周恩來馬上對惠特拉姆總理說：「我們能不能私下談句話？」

當這位身材高大的澳大利亞人起身隨周恩來向側廳走去時，他未拉上拉鏈的夾克衫卻掛住了會議桌綠色檯布的纓穗，就像剝香蕉皮一樣，整塊檯布掀離了桌面，便箋、鉛筆、茶杯就像受引力作用一般，隨著惠特拉姆的方向捲去。

「可能是見毛澤東。」澳大利亞駐華大使在便箋上寫下這幾個字，然後把便箋推給坐在他旁邊的澳大利亞外交部長。他的確猜對了。這種戲劇性事件的唯一可能就是會見毛澤東。

惠特拉姆問他年輕而聰明的大使斯蒂芬．菲茨吉羅德：「那張寫有問題的紙條呢？」可是誰也找不到。碰巧，毛澤東自己有幾個問題。

下午四點半，兩輛黑色的中國小轎車由長安街一扇紅色大門疾駛進中南海。每位來訪者下車時，都有一位中國助手把手放在車門頂部，以免客人出門時磕著頭。

接下來的一百分鐘裡，當毛澤東品著一個瓷杯中的茶，用他光滑而無血色的手撫摸他臉上粗糙的膚斑時，他的生活和政治觀（這時他已快到八十歲了）便暴露無遺。

步履蹣跚的他向澳大利亞人埋怨說，他的腿不方便。他的聽覺似乎也不好，房間中的其他人，包括周恩來和三個月前在「十大」上一躍坐上了黨內第三把交椅的意得志狂的王洪文，與毛澤東講話時的速度要比平時慢得多。

毛澤東不用攙扶自己起坐。他揮動著的雙手似乎要表明，他還很年輕、強健，他絕不會使客人因爲他的老態龍鍾而感到侷促不安。

會談的前半段，毛澤東靜候著，默不作聲。而急於展示自己知識的惠特拉姆總理卻滔滔不絕。毛澤東則把惠特拉姆的大部分問題推給他的兩位下屬。周恩來講得與毛澤東一樣少，王洪文也只講了一、兩句話。

惠特拉姆向毛澤東問了幾個關於新的中央委員會人員構成的問題：年齡結構怎樣？婦女是否占較重要的地位？主席對「十大」新當選的領導群體是否滿意等。

毛澤東沒有說太多，他不是對話題感到厭倦，就是太累了。周恩來和王洪文一起給澳大利亞客人列舉了一些事實和資料。毛澤東只是談到中央委員會的軍隊代表問題，他說，軍隊來的人較多，大約占百分之三十。

毛澤東精力不濟，不能貫注整個會談。比如談到臺灣的前途問題時，他在作出漠不關心的表示之後，會把雙手穩穩地搭在安樂椅的扶手上忽然說道：「現在該讓我提幾個問題了。」好像是給他配吃的藥這時發生了效力。

毛澤東向惠特拉姆詢問澳大利亞工黨和共產黨哲學觀點的差別。惠特拉姆答道，他認爲社會主義是進化的產物，而共產黨人則堅信只有革命才會有社會主義。

「噢，你的觀點是達爾文派的囉？」毛澤東接著問。很快，他又轉到地理上來：「澳大利亞的達爾文港是以生物學家查理．達爾文的名字命名嗎？」

毛澤東巧言善辯，他極力回避對他的許多讚譽之詞。當惠特拉姆表示他對現代中國作出了巨大貢獻時，毛澤東卻說他的作用還沒有那麼大。

惠特拉姆評論起中國共產黨在一九四九年以前沒有得到過蘇聯的幫助。毛澤東對他的話再次做了訂正，他慢吞吞地說，莫斯科「有時」幫不了什麼忙。

惠特拉姆極力反對中國進行核子試驗，毛澤東似乎對此不以爲然。毛澤東說：「我們不在乎你提出這個問題。」毛澤東說，就像在父子之間，即使是最愚蠢的問題也可以談。針對澳大利亞、日本等國對中國核子試驗的反對，毛澤東宣稱「這是必要的例行公事」。毛澤東甚至不屑爲中國的核子試驗政策辯護。

惠特拉姆反對「必要的例行公事」這一說法，不過他後來讓步了。他承認，不能把中國的情況簡單地與法國相提並論。原子彈是在中國本土爆炸，不像法國在遙遠的殖民地進行試驗。加之中國實際上受核武裝敵人的威脅，而法國則未必如此，並且巴黎還受到美國的保護。惠特拉姆極力迎合毛澤東但並未奏效。

毛澤東激動起來了。法國正受到蘇聯的巨大威脅，它需要獨立的威懾力量，它也應該有這種力量。

毛澤東表明自己的信念時，也答覆了對手。然後他又說了句「毛主義」哲學的格言。這句話似乎削弱了他的強權政治的態度，因爲他始終認爲原子彈是國防的支柱。「不管怎麼說，核武器並不起多大作用」，他沉思道，「起主要作用的還是人。」

毛澤東在整個下午的簡練話語，可不是對信奉正統派基督教的人的教義。

澳大利亞客人稱讚中華人民共和國取得的成就。毛澤東則提出異議，他認爲目前取得的成績微不足道：「不過，中國的貧窮是件好事，它使得人民要革命。」

毛澤東似乎不能或不願把自己思想的各個層面調合成爲一貫的模式。毛澤東的同事中很少有人同意毛澤東留戀過去那種把貧困作爲優勢的好戰精神，最典型的莫如副總理鄧小平，但是毛澤東也讚許地提到了鄧小平的名字。毛澤東在對惠特拉姆解釋中國軍隊與其他國家軍隊的差異時，即以鄧小平爲例。他評價鄧小平：「打過仗，懂軍事。」

惠特拉姆向毛澤東提及，這位副總理曾告訴他說出席過「八大」和「十大」，「九大」卻沒有參加。爲什麼鄧小平在一九六九年的這次會議中缺席了呢？

外國來訪者很少向毛澤東問到有關政治局的事情，不過毛澤東並不在意這一尖銳問題。對鄧小平未能參加一九六九年的「九大」，他的回答是：「那時林彪的問題還沒有解決。」

換句話說，毛澤東在一九六九年仍與極左派打成一片，那時他既不希望也不需要鄧小平來出席會議。

一九七三年，毛澤東對極左派的態度更趨複雜。在一九七〇至一九七二年間他擺脫了他們，現在，他極想從他們儲藏豐富的武庫中取出一些武器，但又猶豫不決。其原因部分是他的健康狀況日趨下降，部分是他對下屬的看法變幻莫測，以致於朝令夕改。

惠特拉姆談到了王洪文，說他在「十大」後閃電般上升已「世界聞名」。他問毛澤東：「你在什麼地方發現他的？」

惠特拉姆是以玩笑的口吻提問的，毛澤東本來可以輕鬆作答，但他生硬地說：「不知道。」

澳大利亞客人都把眼睛轉向毛澤東，所以誰也不知道王洪文當時的表情怎樣。

在歷數了毛澤東和周恩來在中國革命史上漫長的經歷以後，惠特拉姆提醒道：「當年你們長征時，王洪文還沒有出世呢。」王洪文試圖說些什麼，卻被周恩來與惠特拉姆打斷了。

會談快結束時，王洪文才找到一個機會回到惠特拉姆對他的評論上來。「我正是長征時出生的，那年我一歲。」他強調說。接著他補充說，自那時起他就已經「像毛主席和周總理那樣，開始搞革命了」。這種聲明只能說明他資歷太淺。

王洪文似乎不像中國政府中的第三號人物，毛澤東和周恩來也不是那樣看待他。毛澤東在「十大」對王洪文的提升是點了頭的，他在會議剛剛結束就對法國總統蓬皮杜談起過王洪文：「你看看他，很有前途。」不過他這時已不抱幻想了。

周恩來是毛澤東的神祕書苑與世界的橋梁。既要保護毛澤東，又要愼重地控制毛澤東，這對周恩來來說是個極大的難事。在與毛澤東會談時，惠特拉姆幾次努力試圖給這場尷尬的交談加上一點樂觀的氣氛。他說，就中國的問題來看——毛澤東幾次談過這些問題——「革命的前途」無疑是在年輕的一代身上。

「我和周恩來都活不到革命結束的那一天了。」毛澤東是這樣作答的，他拒絕與惠特拉姆共奏一曲未來的凱歌，拒絕按惠特拉姆提議的那樣，從結構上來探討中國革命的未來。人固有一死是他的主題。

「我已疾病纏身。」他示意說。

周恩來笑著插話：「他只是膝蓋有點風濕痛。」這樣說或許是出於詼諧，因爲周恩來想讓客人們這樣認爲；或許是出於談話的窘迫；或許是想婉轉地顧及毛澤東的自憐。

毛澤東接著說：「我已和上帝打過招呼。」他不隱瞞自己惡劣的健康狀況。

周恩來緘口不語。與毛澤東相比，他見上帝的日子（這種話他從未講過）比毛澤東更近。

在十一月這個寒冷的下午，毛澤東面前這兩位活生生的人使他感到更加孤獨、可悲。周恩來會比他死得早，王洪文坐「直升機」上來僅數月就引起了他的懷疑。而這兩個人又是他權力機構中的第二和第三號人物。毛澤東要拖著步伐邁向未來，而這兩人都不會跟他在一起了。

死亡與疑慮正把毛澤東與他的可能的繼承者分開。

周恩來看了一下錶，示意會談已經差不多該結束了。毛澤東指了指王海容——一個思想靠「左」的小人物，當時她坐在周恩來的旁邊，文靜而拘謹。這位主席打趣說：「她把我管得很緊，從不讓我說話時間太長。」

極左派和反極左派集團爲了職位和政策，借不成體統的批孔名義進行拉鋸式的競爭，造成局勢緊張。

《人民日報》引用了毛澤東的一句話：「每隔那麼七、八年，牛鬼蛇神就要跳出來。」這是在一九七三年後期發表的。這是讓人們回到一九六六年的那場對「牛鬼蛇神」的鬥爭中去。

或是毛澤東的身體太虛弱，或是他太冷酷，或是他自己就不相信，以致他不能爲大家定義一下牛鬼蛇神，這勢必造成混亂。一九七四年初，他連放在眼前的手指都看不見了，僅僅能辨白光的方向。他的舌頭也不聽使喚了，不僅發音不清，甚至合不攏嘴。

毛澤東親自發動了大規模的「批孔」運動。雖然沒人能預測這一運動的最終命運，但「批孔」（「批判孔夫子」的縮寫）卻成了許多極左派狂熱行為的理論根據。

「文化大革命」的語言又像雨後春筍般地盛行起來。毛澤東的像章再度流行。在上海這個極左派最堅強的堡壘出現了一本新的雜誌《學習與批判》，其目的似乎要編得比中國共產黨的黨刊《紅旗》更紅。

內聚力的下降與政治溫度的上升同步進行。如同林彪事件的後兩年一樣，僅做好本職工作是不夠的。現在，你必須裝腔作勢談思想觀念，越是響亮、越有戲劇性越好，而且你必須把所有邪惡與「階級敵人」孔夫子聯繫起來。

減少交通事故的關鍵取決於「批孔」運動的效果，海南島的廣播如是說。

義大利電影導演米開朗基羅．安東尼奧尼一九七二年到中國拍片受到歡迎，現在他被稱作「反華小丑」。他那單調的甚至冗長乏味的影片已經成了「對中國人民的挑釁」。

對羅馬「小丑」的攻擊又牽扯到「反美」運動上來，並很快成為「批孔」的副題。《人民日報》輕蔑地說，美國人竟認為安東尼奧尼的毒草電影「引人入勝」，由此可見，在美國「杜勒斯的陰魂仍然未散」。

貝多芬被批判為「頹廢派藝術家」。一九七三年間，費城、維也納和倫敦交響樂團來華演出，並引起很大反響。但在毛澤東的中國，沒有什麼事情是絕對安全的。《人民日報》拉長腔調數落歐洲的文藝作品：「對我們來說，不難察覺出這些荒誕、離奇的旋律背後所反映出的淫穢、腐朽的生活和頹廢的情調。」年邁的毛澤東（不是西方音樂迷）顯然私下對某些俯首貼耳的人叮囑過，音樂像其他東西一樣，只有用階級分析的方法才能挖掘出它的祕密。

孔夫子曾說過：「過猶不及。」毛澤東不相信這一套。他絕對看不到中庸的好處。

然而，毛澤東的變化觀與孔夫子的社會秩序觀之間的戰爭，在一九七四年恰恰是一場滑稽劇。

孔夫子的影響確實阻礙了毛澤東主義者改造中國。在農村遍布孔夫子的遺風，特別是對女性的態度、地位、變化等的看法，都受儒家思想的深刻影響。不過，在毛澤東的中國，類似批孔這樣的運動表明政治局有人會受到衝擊。

一九七四年間，毛澤東接見了二十餘位國外的達官顯貴，比以往任何一年都多；而毛澤東每天都從自己的報紙上讀到排外的文章。這些文章使人想起「義和團」的造反熱潮。

這些是否是政策失控發生的傾斜？是否表明各個派別已經四分五裂？是否反映了毛澤東的言行自相矛盾？這都有可能。

毛澤東說：「吃飯於前，又拉屎於後，並不等於白吃。」這句延安時代的重要論斷，在一九七四年秋天，北京新聞界又重新把它放在顯要的版面。毛澤東做了公平合理的「警告」，綠燈閃過之後是紅燈。

江青把孔夫子作爲她在「文化大革命」中向上爬的敲門磚。周恩來則全力以赴地加入這場運動以迎合現在似乎要疏遠他的毛澤東。他把林彪的名字安在孔夫子的前面。

變「批孔」爲「批林批孔」，這樣被迫參戰的總理想把一場鬧劇差不多改編爲一場喜劇。毛澤東不是說過嗎？每隔七、八年牛鬼蛇神就會跳出來，現在，孔聖人和國防部長居然作爲這種類型的孿生怪物被強行推到災難深重的中國人民面前。這兩個人，一個才死了兩年半，另一個卻長眠了兩千五百年。

周恩來感到整個運動都荒誕滑稽，並且確實對偉大的文明古國是奇恥大辱。它之所以能夠發生，是因爲政治局勢已處於癱瘓狀態。政治局勢的癱瘓在於毛澤東身在其位而不能謀其政。

對江青來說，由反孔發展而來的批林批孔運動給全國造成巨大混亂，於「左」派大爲有利。對周恩來來說，它被視爲批判林彪集團的繼續，故是一根套在極左派脖子上的繩索。毛澤東贊成江青的看法，但他並不總是配合這位「文化大革命」中聖母馬利亞式的人物。總之，他的健康狀況不允許他和著江青的步子並肩前進。

一九七四年冬天，毛澤東提醒緊張不安的同事們：「水至清則無魚，人至察則無徒。」他能夠從容不迫地給極左派重重一擊，同時又不止一次地敲打他的頗負盛名的右派對手。

「現在形而上學猖獗」，毛澤東在一九七四年二月說，「片面性。」針對高幹子弟上大學搞特殊化的問題，他又說：「批林批孔又夾著走後門，有可能沖淡批林批孔。」這位老者用顫抖的手確實指準了一個問題。

但他並不能解決這個問題，他仍然太革命，以致不能同意周恩來憤世嫉俗的「解決辦法」。這個辦法僅僅是讓這場運動順其發展，變化爲一團無害無益的抽象物。

毛澤東和極左派在軍隊問題上存在分歧。阻擊軍界那些隨林彪一起垮台的左派軍官，對坐在文藝事業的華麗沙發上的江青來說是再好不過的事。在軍隊角落裡她沒什麼損失。

毛澤東作為這個國家的最高領導人不能與軍隊疏遠，人民解放軍更接近於群眾而不是政黨，確實，在一九七三年冬至一九七四年，毛澤東出人意料地調換了各軍區司令員，十一位司令員中的九位都調動了工作，[5]這是從未有過的事情。對這些地方上的軍人來說，也可算是被徹底趕出了家門，他們不得不離職到另一個陌生的城市。這絕對說明了毛澤東是如何行使他的權力的，他的成功之舉除了引起一點抱怨外，並沒發生暴力反抗。

如果毛澤東在這個變動之前不給鄧小平復以高職，如果不讓鄧小平發出可以解除每一頭他管轄的軍隊獅子職位的指令，那麼人們會懷疑他是否能調整他那些咆哮著的獅子的位置。

然而，毛澤東再也不能做出類似的事情了。一年以後，快到一九七四年底時，他又把這些軍區司令召集到他在杭州的別墅。他們中有些人宣稱不來參加會議，直到毛澤東做出政策上的讓步，即在下個月召開的全國人民代表大會上正式透露的那樣，他們才同意與他們的統帥會面。

中國有句諺語說：「水能載舟，亦能覆舟。」自「文化大革命」中期起，毛澤東一直是軍隊之「水」上的「舟」，但是，他必須謹慎從事，以免水位上升得過高將他淹沒。

一九七四年五月，巴基斯坦總理布托步入了毛澤東的書房。禮賓司的負責人把每一位顯要人物引到毛澤東的安樂椅旁。按照慣例，作為外賓的布托坐在毛澤東的左邊。但在毛澤東的右邊（中間隔著翻譯）「周恩來的座位上」卻坐著鄧小平！周恩來出席了會議，但坐在離布托較遠的地方。照片如同新聞報導一樣，紫禁城新排的座次無異於一次政府的內閣在變動。

在此四天前，毛澤東會見塞內加爾總統桑戈爾時，周恩來還坐在緊靠毛澤東右邊「他的」座位上，比他職位低的領導人像往常一樣坐在外國客人的左邊。

這種情況出現了好多次。在允許拍照的會議室，毛澤東與外國領導人會談時，周恩來一直是坐在他原來的位子上，而從不坐其他地方。但從此後，他再也沒坐過「他的」這一座位了。

一九七四年年中，毛澤東去了南方。對毛澤東來說，夏季離開北京是不同尋常的，他離開首都多數是爲了過冬而到氣候較暖和的杭州、長沙、廣州等地。更不同尋常的是——人們可以回溯到一九六五年作一對照——他離開北京在外待了八個月之久。

就在毛澤東要去南方之前，周恩來住進了北京一所部隊醫院。周恩來說：「我老了，不行了。」他仍斷斷續續做些工作。他離開醫院公開露過三次面：一九七四年的建軍節、國慶日及一九七五年一月召開的黨代會和人代會。每次活動毛澤東都沒有出席。

這兩個人再也沒有一起在公開場合露過面了。

這可以歸結爲病痛或機遇。但在這表象的背後，內在地隱藏著可怕的嚴峻事實，即他們的合作大致上到此爲止。

然而，對中國的治理光靠年邁而執著的毛澤東擔當建築師還不夠，還需要周恩來這樣的建設者。沒有建設者，建築師無疑創造不出更多的東西。

當毛澤東遠在南方的一天下午，北京《光明日報》社的大樓內由於受指責而亂作一團。已出版的報紙被收回來銷毀，因爲當天報紙的第二版刊登了一篇題爲〈孤憤〉的文章，一位高級官員害怕它會有引起中國公衆巨大混亂的危險，決定不讓它與《光明日報》

的讀者見面。五條地區性新聞組成的新版面取代了〈孤憤〉。

〈孤憤〉爲兩千兩百年前法家人物韓非所作，《光明日報》加上一篇編者按與其同時發表。不過，該文影射毛澤東的意味再明顯不過了。韓非的確又孤又憤，他被「奸臣」所包圍。他怨憤那些逢迎諂媚者使他與眞實的世界隔絕，使他不能接觸那些可信賴的官員，而這對一個執政者來說簡直是「罪大惡極」。這個持異見的論者還說，一個執政者容許此類危險的事情發生簡直是一個「大錯誤」。

〈孤憤〉勾畫出一個充滿謊言、派性和瀕臨崩潰的王國。

韓非的文章是用古文和白話文兩種文體刊登出來的。《光明日報》的頭版頭條提醒讀者不要簡單地把韓非的文章看成一個典故，其編者按說，林彪及「他一類人」就像韓非周圍的奸臣一樣。[6]

是誰決定發表〈孤憤〉，又是誰命令將其撤銷的？這裡存在兩種主要的可能，而每一種都可以證明毛澤東的政府的混亂。

可能是毛澤東想要發表這篇文章。與韓非一樣，毛澤東感到他已爲「奸臣」們所困。他要敲響自我的警鐘，而不致把自己和韓非的悲慘一生等同起來。

如果毛澤東在臨去南方之前批准發表這篇文章，那麼不難想像一些（可能是大多數）政治局委員都想禁止其發表，因爲如此公開地表示憎惡和悲觀的情緒，用美國人的話說，不利於國家的安定。

不過，〈孤憤〉的發表有可能是江青對周恩來的攻擊。一九七四年，以江青歪曲了的觀點來看，周恩來是林彪「一類」，她把周恩來（及其盟友）看成了毛澤東死後擋在她前進路上的主要障礙。

這個演員出身的女士，有權對報刊的編輯們發號施令。那年夏天她耀武揚威，所以乘毛澤東不在北京之機來攻擊周恩來。

假如果眞如此，令人吃驚的是周恩來的朋友能夠將《光明日報》的這篇含沙射影的文章迅速撤回來。

毛澤東和江青的長期合作關係實際上是在私人領域，雖然不純是政治領域。這位閃爍著未來皇后目光的前演藝家已經搬出了中南海，大約從一九七三年起，江青若要與毛澤東談話，必須說明理由，在得到毛澤東的允許後才能進入其居所。在批林批孔期間，毛澤東至少拒見過她一次。

毛澤東寫信給她說：「不見還好些，過去多次同你談的，你有好些不執行，多見何益？」

在一九七四至一九七五年毛澤東長期離開北京的期間，江青沒和他在一起。貓一不在，老鼠就要威風。

毛澤東最後一次在首都露面的時間是一九七四年六月。七月，江青開始充分發揮自己的作用。《人民日報》宣稱她是毛澤東思想的「宣傳員」，這對她是稀有的榮譽，勝之於她昔日的所得。她主持會見菲律賓馬科斯夫人及其他外國客人的會見，對她來說這是一新的角色。

在浙江省，可見到「江青和王洪文的指示」。只有毛澤東或者第二號人物才能發「指示」，江青從一九六四年起的講話被新聞媒介以「十年特輯」的方式來頌揚。

對那些輕視毛夫人的人來說，一篇關於漢王朝開國皇帝的奇特的文章令他們無法忍受。在一九七四年間談論歷史上偉大女性的衆多文章中，這篇文章異乎尋常地強調漢高祖夫人的品格和作用。她堅毅果斷，在丈夫故去之後掌了權，並透過推行她丈夫的路線而流芳。

毛澤東對已和他分居的妻子在一九七四年間的政治活動感到厭倦。「她四處插手，四處拋頭露面」，在江青飛黃騰達的時候，他這樣說，「江青有野心，有沒有？我看是有。」

在一九七五年初的一次政治局會議上，毛澤東這樣說，毛澤東終於氣憤地否認江青有解釋他自己意見的權力。「她並不代表我，她代表她自己。」

「我重病在身，八十一歲了」，他在一九七五年間給她的一封信中曾傷心地說，「你也不體諒。」這是一種淒哀的呼聲。這表明毛澤東對他夫人的摻雜著感情和政治的糾紛實際上已無能爲力。不過只要毛澤東發出指令，或者去世，這個野心勃勃的女人頃刻間就會垮台。

毛澤東離開北京長達八個月的最後幾週，他的夫人在北京西郊的香山飯店召集外交人員講話，並宣稱她的講話代表毛澤東。

江青以一種特殊的腔調說基辛格的「基本觀點受資產階級利益的局限」。不過，她注意到基辛格認爲要「保持勢力均衡」以及他「承認」國際關係中存在「矛盾」的觀點。

在這妄自尊大的混亂講話中，江青披露了毛澤東對外政策的二重性。

但在七〇年代中期，在毛澤東的外交政策中這種思想觀念上的循辭幾乎不復存在。江青也許能從毛澤東那裡得知隻字片語，但她很難充分理解毛澤東本人的思想。

毛澤東對基辛格（江青在香山飯店發表長篇講話的那一年毛澤東會見了他兩次）說，北京主要戰略向美國人傾斜，緣起於中蘇之間的敵視。

毛澤東批評基辛格時不像江青那樣，把他說成是資產階級冒險家。毛澤東主要批評這位資產階級政治家沒能勇敢地站起來反對貪婪的、多少也算是資產階級的北極熊。

在某種程度上，毛澤東與江青一樣擔心同西方進行文化交流有可能受到污染。但是，他並不像極左派林彪那樣渴望回到對美蘇實行「等距離」外交政策中去。

江青有可能看到「杜勒斯的幽靈」正從太平洋彼岸飄來，而毛澤東卻堅信這個幽靈正在克里姆林宮中。

毛澤東對北京十位最高領導人中的兩位猶豫不決。江青激怒了他，雖然這位自負者比極左派還要糟，但因爲某種感情的牽連，某種面子上的需要及某些躊躇的猜疑拖住了毛澤東的手腳，使她沒有被清除。

鄧小平是毛澤東的依賴所在，這位副總理在一九七四年底坐上周恩來的交椅，但毛澤東在與他相處的時候又特別留神。鄧小平無疑仍然「很聾」，如毛澤東在六〇年代指責過的那樣。現在，當這位主席發言時，他已能隨機應變，給人的印象是全神貫注，而不再敲著手指頭似乎在說會議議程應該進入下一個了。

毛澤東讓鄧小平和王洪文一起外出視察。在這次到各省的巡視中，我們無法知曉這位「小個子」和「坐直升機上來的人」是如何相處的。他倆返回北京後，毛澤東召見他們讓他們彙報所見所聞。

「我死後中國將會怎樣？」毛澤東提出的問題令人不可思議，就如他派出的小組令人費解一樣（除非精明到極點，否則不會作出這種選擇）。

年輕的王洪文回答說：「全國人民一定會緊跟毛主席的革命路線，團結一致將革命進行到底。」毛澤東難道願意聽他的娃娃說這些嗎？幾天以後，在中央委員會的小組會議上聽王洪文講話的人，也不會聽到什麼別的東西。

「一場內戰將會爆發，全國將一片混亂。」鄧小平尖銳地指出，根據香港的共產黨情報來源提供的消息，毛澤東欣賞鄧小平的答案。

儘管其報導大多數時候脫離實際，但毛澤東仍然堅持讀《人民日報》這份差強人意的報紙。這份六個版面的報紙像是一個大的宣傳委員會編寫的。新聞可是這壺裡的茶。《人民日報》不是報導而是告誡。它是（或者至少毛澤東在世時是）每日教義的闡釋，其新聞性質是把具體的道德說教牢牢植根於永恆不變的眞理中。不管怎麼說，年邁的毛澤東還是從一九七四年的那鬧哄哄的版面中發現了一些眞相。

凡是反映他過去熟悉的事情就是眞理。如果他讀到杭州一家絲綢廠的「兩條路線的鬥爭」，那就是事實。他認爲他是與兩條路線鬥爭聯繫在一起的，甚至從二〇年代開始攀登權力之峰時起就是這樣。他覺得他清楚路線的分歧所在。他甚至這樣勸慰自己，假若「工人階級路線」戰勝了「資產階級路線」，那麼，絲綢的產量就會提高。

不過，毛澤東生活在往事中，否則他難以相信一九七四年的《人民日報》。越來越多的中國人有這樣的感覺。同時，毛澤東的健康進一步惡化，一九七四年九月最後一次游泳時差點使他窒息。終於，他只能左側躺著，其他任何姿勢都使他呼吸困難。臥床的劇痛和全身發癢的皮疹折磨著他。

轎車載著兩千八百八十五名代表駛向人民大會堂。沿街的人們猜測，那個例行公事的第四屆全國人民代表大會終於召開了。會議推遲這麼久才召開，人們差點把它看作海市蜃樓了。會議似乎又回到務實中來：周恩來從醫院回來並以權威人物出現；國家的新憲法規定，工人有罷工的權利，農民有擁有自留地的權利；極左派在新的政府成員中只占極少數，鄧小平得到提升；會議還強調了秩序和經濟建設任務。

這不是周恩來所看到的一次勝利的、批林批孔的左派分子的完結和鄧小平的東山再起嗎？

但是，大會堂裡空著一個座位，毛澤東沒有出席會議。

莫非他病危，甚或是逝世了？沒有，當這次會議在北京召開時，馬爾他總理和德國右翼分子弗蘭茲·約瑟夫·斯特勞斯興致勃勃地來到南方會見了毛澤東。

由於不知道是否能把握政府中複雜的形勢，毛澤東正在他的營帳中惱怒著。

人民代表大會的公報沒有對毛澤東的缺席作出解釋，並對他隻字不提。毛澤東也沒有參加召開前的中央委員會。

新憲法與一九七〇年準備好的草案不同，與一九六九年黨章規定的也不同，甚至與一九七三年那個平淡無奇的東西也不同，它較少突出毛澤東思想的地位。雖然談到了毛澤東思想和黨的主席職位，但沒有涉及毛澤東本人。

不可思議的是，在周恩來的報告中而不是左派張春橋的報告中一再引用毛澤東的語錄。周恩來的報告至少二十六次提到毛澤東的名字。

幾週以前，毛澤東與王洪文作了一次長時間的談話。這架「直升機」敦促毛澤東給極左分子多派些工作。他秉承江青的意旨暗示，周恩來的病並不像他裝的那樣厲害，他正在醫院中忙於策劃他的未來。他也懷疑鄧小平的可靠性。在這種情況下，毛澤東不就會同意張春橋任總理嗎？

毛澤東沒有認可王洪文的計策。他準備等到獨眼老將劉伯承和其他將軍們改變其反對意見後，讓張春橋出任國防部長。他甚至還想過讓他夫人出任文化部長。但是，這位老人終於發現政治從來都存在著討價還價，因爲對此計畫有著太多的反對聲音。

不久，政治局會議召開，毛澤東主持會議。他說，宗派主義是件可怕的事。接著他又以輕鬆的口吻說，每個人都會犯錯誤，包括他自己在內，如他與林彪共事這麼久。他讚揚鄧小平是一個「務實的人」，同時，他勸告他的同事們要警惕「資產階級修正主義」復辟的危險性。

毛澤東解釋他爲什麼沒有管黨的事務和參加即將召開的人民代表大會。他坐而待機，深深地掩飾著自己的疑慮，以同樣的態度對待兩派，暫且讓人各行其是。

在人民代表大會的報告中，周恩來如此頻繁地提及毛澤東，也許既是爲了安撫這位主席，又是爲了對毛澤東的缺席賜給他額外的自由深表感激。

事實上，再來探討毛澤東在這些日子是否還是毛澤東主義者已不再有意義。他今天是，明天則不是。自一九七四年初以來，他的眼睛幾乎失明。毛澤東於是召來北京大學中文系講師蘆荻爲他讀古詩，聽的時候他也哼哼並做些評論。不幸的是，該大學的中國共產黨組織已經指示蘆荻：「不得提出不合適的問題。」由於擔心在合適與不合適的問題上犯路線錯誤，蘆荻未向毛澤東問任何問題。而作爲一個侍讀古典而犯錯誤的人，毛澤東稱她是個「笨人」，還說如果她是個好老師就一定要問學生問題。

人民代表大會的實用主義論調兩個月內似乎就已過時。一九七五年春，冷風開始從「左」邊刮來，它由一條新的毛主席語錄煽起：「認眞學習無產階級專政的理論。」

也許人民代表大會的路線從未在政治局中取得過一致。持不同觀點的同事們「按各自需要去領會毛澤東的指示」，毛澤東的缺席使他們比往常更加容易這樣做，並且周恩來的患病又使得偏離這一路線增加了更多可能性。

張春橋曾警告：「我們有些同志，組織上入了黨，但思想上並沒有入黨。」這聽起來有點像一場新「文化大革命」的吹鼓手。這位上海「左」派人物猛烈抨擊講求實際的鄧小平和周恩來，說他們「在青少年中鼓吹物質刺激的觀點」，說物質刺激「像臭豆腐，聞聞很臭，吃起來很香」。

張春橋的極左同夥姚文元也搬出了「文化大革命」的腔調：工資差別太大，金錢制度是資本主義殘留下來的，它最終會滅亡。這位上海評論家預言，新的階級敵人會利用這些邪念企圖復辟資本主義。

毛澤東給這兩位上海人以鼓勵：他們從毛澤東那裡帶來新的語錄這一最最令人信服的、神賜欽差般的指示牌，此外還讓其在自己身邊照相。

這場驟然間變得重要而又莫名其妙的「學習無產階級專政理論運動」，帶來的現實後果是工業出現波動。在杭州，分裂和武鬥的情形極其嚴重，毛澤東同意派王洪文到這個湖濱城市去做調解，然而王洪文的出場反而惡化了形勢。

恰好這時克立總理訪華，他看出周恩來權力下降的跡象。忍受疾病折磨的周恩來在醫院的病床上說：「克立呀，你回去告訴所有的人，特別是你的兒子和孫子，中國永遠不會侵略泰國。」

「總理先生」，這位泰國領導人回答說，「這些話非常令人欣慰。」說著，他從口袋中掏出一張紙條，探身向前要求周恩來親手寫下這一許諾。「我要把它複印幾百萬份，掛在我兒子和孫子的脖子上。讓泰國的每一個人都知道這事，這將是我一生中最有價值的收穫。」

「我的手發抖」，周恩來拒絕了，「我病得太厲害，寫不了。」出於面子上的原因，克立接受了周恩來的藉口。這是克立在採訪中告訴我的。不過我相信周恩來的勉爲其難在一九七五年年中是因爲政治的緣故。

到了夏末，飄忽無常的「左」派刮起的冷風開始過去，金猴毛澤東要奮起千鈞棒掃一下極左派。

毛澤東賦閒了一段日子，在中國訪問的圭亞那、莫三比克和剛果的政府首腦都沒有見到他。這之後，毛澤東在五月召集並主持了一次政治局會議。會上，他批評極左派搞宗派主義。張春橋、姚文元和江青都寫信向這位惱怒的主席作檢討。

這場道德劇上演時，鄧小平著手安排自己的勢力占據主導地位。「文化大革命」中清洗出去的官員們就像上班高峰時來往的乘客，紛紛官復原職。羅瑞卿是他們中不可忽視的一個人物，他是前任解放軍總參謀長，由於對蘇聯不夠敵視，他成爲毛澤東的「文化大革命」中第一位受迫害的高級官員。

毛澤東身爲仲裁者對鄧小平的舉動給予默許。他似乎捫心自問，在那些要拉自己下馬的要人們中間，鄧小平難道眞的是最壞的一個嗎？

在部分新聞報導中，經濟取代了思想觀念而成爲主題，鄧小平提出的「安定團結，把國民經濟搞上去」成了引人注目的口號，幾如春天的「學習無產階級專政理論」的號召一樣。

經濟上講究實效的風氣在一九七五年秋達到高潮。這年召開過幾次會議，在一次農業會議上，鄧小平發了言，華國鋒這位在湖南以抓農業起家的第二把手也發了言。

江青也出現在主席台上，在人民代表大會上她沒有當上文化部長，不過現在她倒是能夠向農民推廣其文藝主張。

《人民日報》只發表了鄧小平和華國鋒的講話，毛澤東不准發表他夫人的講話。當華國鋒把江青的稿子交給毛澤東時，毛澤東在上面批寫道：「放屁！文不對題。講話不要發，稿子不要印。」

毛澤東還批評江青與美國學者洛葛仙妮．維特克會談。會談中江青狂妄自負，極爲放肆。當看到她對維特克表露政治上狂妄的談話紀錄後，毛澤東勃然大怒。

毛澤東對江青的感情強大到在中國政界引發兩次巨大的地震。第一次是譴責「左」派，這把球傳給了鄧小平。第二次馬上就要到來了。

當毛澤東病體日衰，周恩來離職住院時，對來中南海訪問的外國領導人來說，翻譯們似乎成了關注的焦點。泰國總理克立於一九七五年七月與毛澤東會晤後寫道：「他的嘴似乎跟不上他要講的話，有時根本聽不見他說了什麼。」

克立走進毛澤東的書房時，「毛高聲呼喚……他同我握手後嗓門更高了，直到女翻譯、護士和所有的人都跑過來。」毛澤東的許多話連翻譯都聽不懂，他們轉而求助於護士，有時護士也聽不懂。「這時，就會找來毛澤東的生活祕書張玉鳳來聽清他所說的話。」

會談結束時，克立總理贈送毛澤東一件禮物，毛澤東似乎對此無動於衷。「他像個孩子，擺弄著手中的香煙盒，直到有人把煙盒從他手中拿走，所有的機敏、知識和智慧，突然間都從他眼神中消失了。當我們握手時，他一副無所謂的樣子盯著我的頭。」原來的毛澤東已不存在了。

爲了國外那些惱人的求見者，這位主席不得不被人從床上扶起來並穿好衣服。他下巴低垂，給人一種老態龍鍾的感覺。

他步履艱難，像是在踩高蹺。他拖著疼痛的腳，擺動著不易察覺的僵硬胳膊，像是在活動人工假肢。然而，毛澤東並沒有失去讓外國人遵從他的能力。

紐西蘭總理馬爾登夫婦見過毛澤東以後說：「當我們驅車駛入紫禁城門內並被帶去見他時，對我和塔瑪來說，那眞是一個令人敬畏的時刻。」

毛澤東向菲律賓第一夫人伊梅爾達·馬科斯談起個人悲劇，說官做大了就隱含著悲劇。他對這位馬尼拉的鐵美人說：「你官做得越大，別人向你甩的石頭就越多。」[7]

毛澤東對克立總理道出了引人不安的觀察：「每一個來見過我的人，我喜歡的人，回國後差不多都沒走好運。」他是指尼克森、田中角榮、恩克魯瑪、希思、蘇加諾、惠特拉姆、西哈努克等人。他所提到的這七個人都友好地訪問過中國，回國後都倒了霉。

當克立禮貌地祝他長壽時，他若有所思地說：「有什麼用呢？」

克立總理總結道：「他是一位仍堅信自己擁有至高無上權力的老人。但如果有人在他的房屋領地之外以他的名義發號施令，他根本不會知道。」

政治和文化背景阻礙了對毛澤東的疾病進行任何科學治療的打算，毛澤東本人也拒絕治療。他的醫生診斷後要告訴他眞相是不可能的，這位醫生的政治上司要讓其醫療的現實適應其政治的現實。當李醫生向中辦警衛局局長汪東興報告張元昌診斷的病狀時，汪東興說：「你們檢查了半天，就是這麼一個結果。怎麼行呢？總要想想辦法。」

然而對毛澤東的眼疾的治療是成功的。張玉鳳希望能用輸葡萄糖的辦法治好他的失明，但醫生堅持連續的醫治，或是施行白內障手術，或是傳統中醫針撥的方法。中西醫結合的各種方案供毛澤東選擇。一九七五年八月，經過十二分鐘的手術後，毛澤東自言自語地說：「我又見天日了，可是看不清楚。」

一九七三年初，中美兩國彼此在對方首都建立了辦事處，從而使中美關係處於高峰。從那以後，毛澤東的對美政策處於爭論的邊緣。基辛格本來準備在八月份出訪北京，因第十次黨代會的召開而延遲了（此時周恩來對美國持冷淡態度）。「批林批孔」運動牽強附會地把美國當作一個靶子。正如我們所看到的，軍界對親華盛頓的舉動提出了質詢。被美國炸彈摧毀的越南正對北京的親美傾向吹毛求疵。中國駐華盛頓特使則乘機於一九七四年的整個春季離職。

毛、周合作關係的衰退使得這種局面無法挽回。這使得對美政策的制定工作落入極左分子和軍人之手，從而使美方懷疑中國是否能夠繼續「堅持」其親美政策。

基辛格覺得毛澤東的新任執政官鄧小平不像周恩來那樣熱心對美關係。他搞不清楚爲什麼鄧小平經常援引毛澤東的話，而當問到周恩來的狀況時鄧小平甚至不作任何反應。基辛格甚至把鄧小平說成「一個不易對付的小個子」。

一九七四年下半年，基辛格訪華時到三〇五醫院探望了周恩來。他發現周恩來莫名其妙地採取謹慎態度。基辛格感到困惑的是，周恩來的氣色雖然很好，但會談只進行三十分鐘就結束了。

更糟的是，毛澤東沒有接見基辛格。這是這位美國人幾次訪問北京時第一次遇到的事。儘管身處江南，在基辛格訪華的前後兩個月內，還是有六位其他外國領導人去謁見了毛澤東，即使他們事前是在不知實情的狀況下。與政治局中的一些親美派比較起來，這說明毛澤東對基辛格的北京之行態度曖昧。基辛格是從符拉迪沃斯托克飛抵北京的，他和福特總統在那裡與勃列日涅夫共進晚餐。

毛澤東的一些同事私下裡中傷一九七四年的中美關係。他們沒有資格參與毛、周聯手的戰略，且被中蘇緊張關係鬆動的觀點所吸引。

基辛格為福特總統即將訪華感到心神不安。一九七五年十月，毛澤東邀請逗留北京的基辛格見了一面，基辛格鬆了一口氣。會談中，這位國務卿要求毛澤東把他邀請福特總統訪華的諾言寫下來。

毛澤東毫不猶豫地提起蘸水筆，龍飛鳳舞地寫下了基辛格祈求的這一託付，也許他對美國人的這種功利主義嗜好感到好笑，他至死都帶著他的偏見。

毛澤東和福特的最高級會談是件單調乏味的事。對福特來說，繼尼克森之後訪華，就像第二個登月者。不過，這位總統到北京的公務並不多，因為他對羅奈爾得·雷根來自右翼的挑戰感到焦慮。而令人敬畏又顯得脆弱的毛澤東，看上去像是月球人一樣不真實。

日漸激烈的意見衝突折磨著中國政界。西貢的陷落解放了越南南方人民但沒有改善中美關係。

「我們（在越南）失敗了」，基辛格一九七五年春悲哀地對一位中國官員說，「你們該收拾一下殘局。」毛澤東比他的同事更清楚基辛格指的是什麼。

「越南是一座有四個方丈的廟」，事後不久毛澤東對江青說，「任何給過它施捨或救助的人都是它的施主。」

福特來訪期間，毛澤東顯得精力充沛。實際上，那時他的身體狀況時好時壞。與一九七二年毛澤東同尼克森的會談相比，這次與福特一百一十分鐘的談話內容更詳細，時間更長。毛澤東不斷地打著手勢，說到點子上時朗聲大笑，連身軀也抖動著。他似乎感覺到來訪者是坐在他的書房中的最後一位美國總統。他十分振作，以最後一次證實自己的活力。

據貝蒂．福特說，當毛澤東看見她的女兒蘇姍時，他的「眼睛亮了起來」。

但是，在這次最高級的會談中雙方都感到侷促不安。中美兩國官員以及那些看過毛澤東與福特會談的新聞片段的中國人都清楚地看出毛澤東將不久於人世了。然而，繼續執行這項政策的鄧小平和福特，都不是那種能夠向各自的國民頒布明確命令的強權人物。

蘇聯問題曾使毛澤東和尼克森在一九七二年時，兩人的關係更近了，但在一九七五年卻成了毛澤東和福特之間的障礙。在美國人看來，對中國的開放本身就是一個結局，中美在亞洲的緊張關係已度過了危機；與中國的緩和同樣是與蘇聯的緩和。

從毛澤東的觀點看，這一策略的落實有賴實力而不是和平。他從中國的立場出發，認爲中美應並肩反對蘇聯的全球霸權主義，因爲遏制蘇聯「霸權」的工作不是中國單方面能勝任的。

由於有一件棘手的事，這次最高級會談失敗了。福特出於本國政治的考慮不改變對臺灣問題的立場。毛澤東也不停地批評美蘇緩和，並向他的客人解釋說緩和「只是使克里姆林宮受益」。悲劇在於雙方這種戰略上的分歧看不出有達成合作的跡象。

毛澤東以前也曾反對過緩和，那是在五〇年代後期，雖然方式不同，但理由是一樣的。在那些日子裡，他的朋友是蘇聯而不是美國。當時他認爲緩和對蘇聯有害。到一九七五年，這兩個超級大國置換了地位。

不過，從民族主義和長遠的觀點來看，毛澤東的戰略是一致的。他不想讓蘇聯和美國相互打仗，也不想讓它們聯合起來對付中國。他只希望它們相處得不那麼安閒自得，以騰出時間使中國強大起來，並趕上它們中的任何一個——或者是兩個。

在一系列令人痛苦的對話中，毛澤東對他的護士吳旭君說，他臨死的時候不要她站在一旁，「我母親未去世前」，他解釋道，「我對她說，我不忍心看到她痛苦的表情。我要對她有個美好的印象。所以最終我在外未歸。我母親同意了。你能理解我爲何不要你看到我臨終嗎？」這護士傷心地說：「我們永遠不會談到死的問題。」可是毛澤東堅持要談。

「我們生活在地球上吃了不少魚」，他說，「我在世時吃魚比較多，我死後把我火化，骨灰撒到長江裡餵魚。你就對魚說：『魚兒呀，毛澤東給你們賠不是來了，他生前吃了你們，現在你們吃他吧。』」他以沉思的口吻對有關他自己的葬禮向吳旭君作了這樣一個合適的評論：「今天我們這個大會是個勝利的大會，毛澤東死了，我們大家來慶祝辯證法的勝利，他死得好。從古到今，沒有人不死。這是生物發展的法則。」毛澤東曾是一位激情青年，現在他是一位激情老人。

注釋

【1】關於周恩來自一九六九年起對毛澤東的肯定，見司馬長豐《毛澤東與周恩來》，第九頁，他把這種夥伴關係稱爲「第六階段」。

【2】甚至朱德也允許贈送花圈，並到醫院向陳毅的遺體告別。這位反對毛澤東的「文化大革命」的人物，多年來一直未公開露面。

【3】僅在一九七三年內，他就款待或以各種方式接見了五位非洲國家的首領。

【4】直到周恩來去世之後，《人民日報》（一九七六年一月八日）才披露，他早在一九七二年就被診斷患了癌症。

【5】譯註：原文有誤。一九七三年十二月二十二日，中央軍委發布命令，將八個大軍區司令員實行對調。

【6】譯註：作者誤把韓非當作古代君王。

【7】菲律賓的一位政府官員向作者透露，毛澤東曾對馬科斯夫人說過這種話。

22 強弩之末（一九七六）

在一九七五年末將要敲響新年的鐘聲之際，毛澤東正坐在他書房外的搖椅上。他面色蠟黃，神色黯然，眼神空洞，生機頓失，脆弱得就像德勒斯登的瓷器，已近乎無知無覺了。朱莉·尼克森·艾森豪和她的丈夫大衛，從暮色中走來拜訪毛澤東。毛澤東被兩位年輕女士攙扶著，掙扎著移動雙腳，步履蹣跚，待站穩後，兩位女護士退去。在照相機頻頻作響和電視攝像機的耀眼燈光前，他和美國人握手。這兩位女士又攙扶著他回到沙發椅上。

朱莉從一個馬尼拉信封裡拿出一封信交到毛澤東那蒼白、瘦削的手中。信是由一位失去官職的人寫給將會失去職位但還在位的人的。

爲了回顧他與尼克森在一九七二年難能可貴的政治聯姻，毛澤東談起了一些日常小事。「尼克森先生的腿怎麼樣了？」他問道，似乎要引到懷舊的情緒上來。

毛澤東談到尼克森將開始的第二次訪華，「我在等你父親來。」他把雙手重重地擱在椅子的扶手上以加強說話的語氣，這是他那個晚上講的最有生氣的話。

在步入一九七六年之際，朱莉和大衛碰巧發現毛澤東處於矛盾之中。他們發現毛澤東對美國人的一切事都很熱情。「毛主席一直很關心你們的旅行」，當艾森豪一家離開上海回華盛頓時，一位中國的高級官員對他們說，「他把你們看成自家人。」

然而，這對夫婦正好趕上極左思潮氾濫的時期，其中有些是毛澤東本人安排的。「不值得提起」，毛澤東對朱莉和大衛談起了一首充滿鬥志的詞，這首詞當時正準備重新發表，「那是我在一九六五年寫的。」但〈重上井岡山〉這首詞卻是極左派的一顆手榴彈。

「可上九天攬月，可下五洋捉鱉。」這是富有啓示意味的詞句。《人民日報》在報導毛澤東會見艾森豪一家的同時也發表了這首〈重上井岡山〉。同時發表的還有〈鳥兒問答〉，這也是一首鬥志昂揚的詞，作於「文化大革命」前夕，結尾一句是「試看天地翻覆」。

如果說，一九七五年一月一陣微風從右邊刮來，那麼一九七六年一月即現在所見的狂風則是從左邊刮來。與一年前相比，毛澤東更難駕馭這股勢力。但他關注著風向，這位已經收翼的老人在作最後一搏。當人民代表大會的「問答」有利於犯錯誤的「鳥兒」時，毛澤東惱怒不已。

清華大學的「工農兵」學員爲毛澤東的一封信，播下了一九七六年春「左」派思想氾濫的種子。

信寫於毛澤東的八十二歲生日。它控訴「資產階級」在這所著名理工科大學「掀起了一股右傾翻案風」。換言之，普通常識開始反擊「文化革命」的教育「改革」的胡思亂想。

這封信緊隨清華務實派中另外兩個人的信，送到了毛澤東的手中。這兩人之一是黨委副書記劉冰，他在給毛澤東的信中說：「如果不改變教育體制，學生離開學校時恐怕連一本書也不能讀。」

鄧小平是劉冰的後台。當劉冰說「左」派控訴鄧小平在刮「右傾歪風」時，這位強硬的副總理口氣堅定地說：「我們要刮它一場颱風。」

這實質是「紅」與「專」的對立。毛澤東有能力進行裁決嗎？

毛澤東年事越高，就越相信人的主觀意志的力量。即使在他憎恨恰恰是那些培養人的主觀意志的學校時，他也是這樣。他信口開河：「書讀得越多，就越蠢。」他瞧不起教授。他告訴學生上課時可以睡覺，考試時可以聊天。他把作家送到邊遠農村去種水稻。

然而，毛澤東絕不會置孔夫子的讀書治天下的訓導於不顧。儘管他瞧不起教授，但又害怕教授。雖然一九五六年北京所謂布達佩斯「裴多菲俱樂部」的幽靈縈繞在他心頭多年，他還是忍不住去讀作家們寫的書，儘管過後他又會把它們扔到一邊。

追溯他二〇年代在湖南的行蹤，就可以了解悲劇之源。他在《湖南農民運動考察報告》中說：「開一萬個法政學校，能不能在這樣短時間內普及政治教育於窮鄉僻壤的男女老少，像現在農會所做的政治教育一樣呢？我想不能吧。」

一九七六年不是一九二七年，政治口號並不以同樣方式在清華「不翼而飛」。那時絕望的農民試圖找出能表達他們苦難生活的詞句。年輕的毛澤東並不理解，「教育要革命」對七〇年代一般的化學或物理專業的學生來說是毫無意義的。

毛澤東對劉冰的來信未作任何批覆，他頗爲欣賞極左派的那封「生日」賀信。他讀後不久，這封信就出現在《人民日報》的頭版。

「難道你（劉冰）要像掃除廢物一樣把工農兵驅趕出校園嗎？」極左派論教育的文章得到了毛澤東的首肯，在鋪天蓋地的文章中，這是一句最有代表性的話。

一場小型的「文化大革命」似乎開始了。如往常一樣，它又是在文化教育領域開始的，在這些領域理論與現實極易混淆。

「敵人」就像從流水生產線上出現的一樣，工作與生活的每一方面都與「兩條路線的鬥爭」緊密聯繫。以喊「革命」代替「生產」成爲一種時髦。周、鄧集團中的官員們被嚇倒了，對外貿易也蒙受損失。

滿口的『文化大革命』的輝煌成果」等詞句，似乎這樣裝腔作勢地講得越多就越能肅清大多數中國人私下認爲的「文化大革命」是一場災難的想法。這種調子是被狂熱分子煽動起來的。因爲毛澤東鼓勵他們：「可上九天攬月，可下五洋捉鱉。」

這僅僅是爲啓發公衆而進行辯論？或者，這是否是毛澤東要把某人趕出政治局，像他們以前做這種事一樣，準備在新聞界製造聲勢？新年前夕毛澤東作出了回答。

「黨內將有一場鬥爭。」他對朱莉·艾森豪喃喃地說。

儘管毛澤東體衰力弱，他還是竭盡全力去拯救正在貶值的「文化大革命」成就。因此，〈重上井岡山〉和〈鳥兒問答〉寫於「文化大革命」之前並不是偶然的。

「文化大革命」僅僅是個節日，它沒有產生新的結構。毛澤東曾想讓「爲人民服務」的利他主義精神滲透到平民百姓的心底，他把「文化大革命」說成是「一場觸及人們靈魂的，要解決人們世界觀問題的偉大革命」。

他一直在尋找新的政治方法。「過去我們搞了農村的鬥爭、工廠的鬥爭、文化界的鬥爭，但不能解決問題，因爲沒有找到一種形式、一種方式，公開地、全面地、由下而上地發動廣大群衆來揭發我們的黑暗面。……答案就是無產階級『文化大革命』。」

毛澤東曾想擺脫那些失去了毛澤東主義者品質的同事們。六○年代，一種新的思維方式確實主宰了很多年輕人，他們對權威和舊事物的畏懼心理大大減退。一種新的政治手段也確實展開了，一度消極被動的成百萬群眾被發動起來，直接參與政治運動。於是，毛澤東在高層的對手被消除，政治局中的半數成員在「文化大革命」的狂風暴雨中落馬。

可是，這些變化都未能得到善終。到七○年代，青年們的激情變成極端的憤世嫉俗，基層群眾運動沒能成爲中國政治體制中的一個有機組成部分。「文化大革命」的受害者作爲七○年代的勝利者官復原職——鄧小平是他們的代表。假如減低對權威的持久敬畏，現在將導致對共產黨的懷疑。

重振「文化大革命」已無任何意義，節日畢竟只是節日。也許人們可以看出，將自己作爲導師的角色和作爲領袖的角色混合爲一的老年毛澤東要在臨終前再來一次「文化大革命」。

上海和平飯店的糕點師傅做了兩個特製蛋糕，它們是用來慶賀理查·尼克森先生六十三歲生日的。

棕白相間的糖霜香草蛋糕是供朱莉和大衛享用的，那天他們是這家飯店的貴賓。飾以「尼克森先生生日快樂」字樣的大蛋糕，裝在絲綢裹著的盒子裡，這是爲這對夫婦帶回到聖克萊門蒂去的。

當廚師們準備把蛋糕送到艾森豪的房間時，一位信使趕到門前，他從北京帶來一條不祥的消息：周恩來死於癌症，終年七十八歲。

朱莉和大衛很快把蛋糕當作早餐享用了。從表面看，中國的日常生活似乎仍沒有什麼變化，即使新聞宣傳從攻擊周恩來轉到讚美周恩來。

周恩來的遺體從他病故的醫院轉送到紫禁城的一間大廳。隨著裹有黑黃色玫瑰狀緞帶的靈車隊伍駛過，近百萬人注視著，他們帶著複雜的感情站在寒風中默默地哭泣。

在中國領導人中，唯獨毛澤東沒有加入衆多的哀悼者行列和去北京醫院向周恩來的遺體作最後告別。即使九十高齡的朱德也來向這具覆蓋著黨旗，被鮮花和常青樹環繞的瘦削而僵硬的遺體告別。

毛澤東也未出席追悼會。鄧小平在有五千名中國上層人士參加的會上致了語氣過分頌揚的悼詞。王洪文主持會議，他極不自然，就像一位參加教授會議的學生。[1]

五〇年代以來，毛澤東極少參加追悼會。自參加一九七二年陳毅的追悼會以後，他未參加過任何追悼會，他送了一個花圈，花圈安放在這位擔任過二十六年中國總理的遺像旁，另一旁是中共中央送的花圈。遺像下擺著骨灰盒（周恩來曾要求火葬，並希望他的骨灰「撒在祖國的江河大地上」）。

也許毛澤東只是不願在衆目睽睽之下露面，在這位總理生前最後的幾個小時，他曾到醫院守候在周恩來的病床前，一種孤獨或是內疚的悲痛使他要和這位在他所有高級同事中與他關係最持久、對他最忠誠的人講幾句話。毛澤東是除醫務人員外與周恩來談話的最後一人。[2]

中國古代學者司馬遷說過：「人固有一死，或重於泰山，或輕於鴻毛。」周恩來的死就重於山東的這座高山，而且，他出人意料地死在毛澤東的前頭。

如果毛澤東先於周恩來去世，周恩來便能緩和一下勢態。然而，周恩來先於毛澤東去世，毛澤東不僅不能平息反而會擴大由於周恩來的死帶來的政治上的動亂。

失去了周恩來，具有「猴性」的毛澤東陷入了李爾王的境地，而極左派勢力會對鄧小平不講情面的辦事方式發起挑戰。

一句話，周恩來的逝世所導致的兩派分化在一九七六年冬達到高潮。並且，正是毛澤東的存在，以及他搖擺不定的嗜好增加了反對鄧小平的籌碼。

當江青向周恩來的遺體告別時她沒有脫帽，這看起來似乎是小事，但被電視攝像機捕捉住後引起了震動。瀋陽的一位軍官憤怒地抓起一把椅子向電視機砸去。在廣州的北京路，聚集在鄰居家看電視的一群人大聲喊道：「打死她！」

鄧小平走近周恩來的遺體時，周恩來的遺孀，淡泊、可敬的鄧穎超對他感激地致意，但對江青則冷冰。鄧穎超對張春橋的態度似乎介於兩端之間，不冷不熱。

像往常一樣，照片是西方新聞報導中最能說明中國人的對應物。毛澤東對艾森豪一家說過的「黨內鬥爭」在周恩來的屍骨未寒之際就有了預兆。電視鏡頭爲這一輪廓提供了線索。

由於周恩來的去世，鄧小平試圖對毛澤東之後的權力陣容進行調整，便失去了一根主要的支柱。極左派看到了通行的綠燈，他們謀求一種極爲不同的權力陣容。江青意欲孤注一擲。毛澤東稍看了點檔案，便默許這種密謀的加強。江青一幫帶著反鄧小平材料來到毛澤東的床邊，並請求他的醫生用大號字重書以讓毛澤東能好好閱讀。醫生推辭說，他們的職責僅僅是照看毛澤東，「讓他看看這些檔感覺會好些。」江青說著把反鄧材料遞了過去。

冬至之時，毛澤東又吐出一句格言：「不鬥爭就不能進步。」「八億人口，不鬥行嗎？」甚至當毛澤東和藹地向朱莉問起她父親的腿時，這些話也被作爲對鄧小平的全盤政策不滿的資訊準確地表達出來。

那些新的語錄不管怎麼說是出自毛澤東的手筆，他的話亦未失去感召力。他的政權由一連串格言固定著。「安定團結不是不要階級鬥爭，階級鬥爭是綱，其餘都是目。」透過新年元旦獻詞傳達毛澤東的這句話，使全國震驚。而「安定團結」恰是鄧小平自一九七五年年中以來鞏固其權力的辦事原則（因爲周恩來快要離開人世了）。

毛澤東的這些話，像一團陰沉沉的霧，籠罩在那時召開的一次令人緊張和疲倦的政治局會議上。當時爭鬥的兩派爭相引用毛澤東的話，毛澤東的語錄中的字字句句幾乎全都被搜尋遍了。爲誰出任總理一職的拔河大賽正在進行。

鄧小平是接替周恩來的一位候選人，張春橋是另一位。

刀已出鞘，毛澤東在場也無法控制他們。鄧小平向這個十五人的政治局作了一個經濟政策的報告，姚文元駁斥它在理論上沒有根據。有人（不是毛澤東）堅決擁護鄧小平做總理，極左派則以他們不會服從其領導而斷然否定。針對這種情況，江青推舉張春橋這位她圈子中最合適的一位爲候選人。然而，那些擁護鄧小平的人包括軍界元老葉劍英，設法推翻了張春橋作爲總理的提議。

毛澤東本人的目光轉向了一位來自他家鄉的得意門徒華國鋒，他從未給毛澤東惹過麻煩，和藹可親的他是一位誠實的人。到目前爲止，毛澤東從各方面考慮都是這樣認爲，毛澤東至少是可以相信他的。華國鋒最大的優點在於，他在後繼乏人的情況下對惡劣的環境抱有信心。

華國鋒是在一九六九年才從湖南登上國家政治舞台的。他比久經沙場的鄧小平樹敵要少得多。對某些重要的政治問題，他站在鄧小平和極左派之間，在急風驟雨之中他保持冷靜的風格。

由於毛澤東不喜歡其他的候選人，曾爲毛澤東效過力便成了這位和顏悅色的山西人的主要資本。他曾在毛澤東的家鄉進行水利工作，他指揮修建了一條連接這個地區和長沙的鐵路、建造了毛澤東的韶山舊居陳列館、在韶山辦起彩電廠。這使得毛澤東的許多親戚都有了令人羨慕的工作，也在政治上向林彪甩了一塊石頭。

毛澤東似乎意識到他是一個二流人選而不是最合適的接替周恩來的人選。他知道有人（可能是他的感情疏遠了的妻子）說華國鋒「蠢」、是「土包子」後，於是反駁說華國鋒「無私、不蠢、厚重少文」。[3]

毛澤東還感到有必要對華國鋒「不蠢」作些宣傳。他承認華國鋒也有不盡如人意之處，故在二月份華國鋒被任命爲代總理之後毛澤東曾這樣發過指示：「要宣傳華國鋒同志，要讓全國人民認識華國鋒同志。」

如果說選擇華國鋒任總理是一種妥協，但這樣做並不能使爭執終止。

甚至當攻擊的目標只是一種幻想時，毛澤東還鬼使神差般地要鬥下去。在提升華國鋒不久，毛澤東就以災難性的語言寫道：「搞社會主義革命，不知道資產階級在哪裡，就在共產黨內，黨內那些走資本主義道路的當權派。」

這就是典型的毛澤東。他憂心忡忡，不相信平衡狀態的存在，他讚美光明，常提醒大家阻止黑暗的降臨。

「他從來就不是一個馬克思主義者。」毛澤東突然對鄧小平發難。在癌症奪去周恩來的生命之後，鄧小平已經處於困境之中，這句話更是對他在一九七六年的政治生命蓋棺定論。

要說鄧小平「歪曲」了毛澤東的話是很容易的，而且現在很多人正在這樣叫嚷。鄧小平列出了一些毛澤東所堅持的方針：安定團結，把國民經濟搞上去。但毛澤東並未將它們置於等同地位。

報刊新聞宣稱（雖然未點名），鄧小平把「階級鬥爭」從「綱」的地位降低到只是許多「目」中的一個，這樣做就是否定毛澤東。這位副總理是「死不悔改的走資派」。

毛澤東把鄧小平及其朋友叫做「走資派」事實上太過火了。鄧小平的上層支持者——軍隊元老葉劍英是其中之一——對這位副總理遭受攻擊非常反感，他們匆匆退出政治局會議室，離開北京去了南方。他們宣稱不再參加這種敗事有餘的會議，並對毛澤東的專斷滿腹牢騷。

毛澤東的最後一次整頓未解決任何問題，而且在他去世後反而激化了中國的各種衝突和矛盾。

同時，鄧小平確實不是淵博的馬克思主義者。他的著作中很少包含有馬克思和列寧的引語。「馬克思和列寧生活並逝世於上一個世紀」，鄧小平這樣直率、典型地評價說，「他們是偉大的，但我們不能指望他們能幫助我們解決今天的全部問題。」

毛澤東有一次以一種迷人的語調談到孫中山爲什麼棄醫從政。「這樣他就能控制醫生了」，毛澤東說，「政治家是掌握人與人之間的相互關係的『醫生』。」這種極富儒家意味的偏激之語表達了一種寓意深刻的政治觀。

在毛澤東看來，孫中山通過從政而選擇了更高級的職業，所以他能夠在更高層次上爲師，其對象不是自然的肉體而是人的靈魂。孫中山是這樣踐行的，毛澤東也這樣踐行。

毛澤東常常談到人需要反省。「吾日三省吾身，內省不疚。」他在「八大」上這樣說。內省不疚這句話我們應時時不忘。

整體性是毛澤東的夢想。你講課要把課講清楚。政治也是一樣，統治者就是導師。他大書特書的是在感覺的統一整體中，如何把人們結集在一起。

這樣，民主與集中的奇異雙人舞在毛澤東的頭腦中跳了起來。「沒有高度的民主，就不可能有高度的集中。」他講的這句話曾迷惑過相當一部分人。當然，只有群衆把他們的思想奉獻出來，統治者才能使大家集中起來成爲統一體，這就是政治道德目標。所有這些可怕的問題起因於一九七五年九月毛澤東和他的侄子毛遠新的談話，更誇大了毛澤東的集權思想，「在黨的政策要改變時，你必須有清醒的頭腦。」他對這位年輕人就應該做和不應該做的事開了一張處方。毛澤東在說出有「清醒的頭腦」這個詞之前，確實停頓了很長時間，他在尋找一種更恰當的表達。但當黨改變了思想時你應該怎樣做呢？是隨政策的改變而改變呢？還是認爲是對的而堅持不同的立場呢？不管怎樣，有清醒的頭腦更是左右爲難。

毛澤東是一位導師，他確實想讓他的學生，即中華民族保持清醒的頭腦。中華民族只能存在一種思想。對中國人民來說，沒有一個統一的思想是不成體統的，就是這個把循循善誘的毛澤東與獨攬大權的毛澤東統一在一起。從七〇年代起，這種「統一」在中國政治體制中導致一種周而復始的病症。

一九四九年的毛澤東並不指望中國今後一帆風順，但他卻誤解了即將來臨的緊張局勢的本質。在取得政權前夕，毛澤東說：「在過了幾十年之後來看中國人民民主革命的勝利，就會使人們感覺那好像只是長劇的一個短小的序幕。」二十五年後這句話成了現實。

這戲劇像毛澤東預言的那樣，不是道德性的而是制度上的。毛澤東一再試圖通過英雄行動實現制度的更新，他一直在追求一種更加道德的社會，但這種追求只是在毛澤東的心目中才有意義，在整個中國社會中則無意義。

正是毛澤東的革命成功才造就了一代超過他的新人。歷史並不因昨天在奮力維繫自己的完美而停滯不前。毛澤東似乎是在向一群肩負著下一階段使命的人演講。

當毛澤東年輕時，有一天同他弟弟打架，當時他們的雙親才故去不久。一個共產黨支部在韶山建立起來，毛澤東繼承父業一邊持家，一邊進行黨的活動。其弟毛澤民極力反對，他對毛澤東吼道：「共產黨又不是毛氏宗祠。」

這句話的言外之意是要過和睦的家庭生活！這可激怒了毛澤東，他拿起一根棍子就要去打毛澤民。

「批孔」運動的部分災難是思想觀念的作用，這種思想觀念——無論是孔子的還是毛澤東的——已經從「長劇」中退場。相對於毛澤東而言，孔子是文人學究們的特殊領域。對千百萬中國人來說，民族的前途高於一切流傳下來的華麗經文。

「我們可愛的同胞」，他在掌權前說道，「將能像人一樣生活，他們可以選擇他們喜歡的政府。」[4]但是，深埋在毛澤東腦海中的是一個道德共同體，而不是一個民主政體。

「人民」對毛澤東來說是一個玄學上的集合名詞，而不是存在著利益競爭和意見相左的公民隊伍。他說「人民」一九四九年掌了權，這倒有些符合事實——他的政府廣泛代表了普通人民的意願，並確實在為人民謀利益——不過僅僅靠更換人民的代表，「人民」永遠不能掌權。

毛澤東確是把自己視為聖人，聖人排除了中間組織直接聯繫著群眾，而政治的領域就是其現代意義。這是舊中國已確立起來的模式。眞理和權力集於聖賢一身，他駕馭著作為現代化的國家的中華人民共和國。這實際上是一種災難性的模式，而且是越來越多的中國人不能接受的模式。

毛澤東在延安批評二十八個布爾什維克時說：「如果我們今天不反對新八股和新教條主義，則中國人民的思想又將受另一種形式主義的束縛。」它眞的發生了。這種極端傾向的形成皆因之毛澤東。

漆有紅黑兩色「中國民航」字樣的波音七〇七停在洛杉磯機場成了一道奇觀，它是來迎接理查·尼克森的，這是他離開白宮後第一次重要的公開露面。

中國政府派專機迎接一位私人身分的外國來訪者是沒有先例的。在一片冰冷的茫茫霧氣之中，這架波音七〇七降落在北京機場。新上任的代總理華國鋒微笑著站在柏油道上。

毛澤東和尼克森覺得他們像是一對老朋友，不過風光不再。他們會晤了一百分鐘。

尼克森坐在江青身邊聽著「解放臺灣」的歌曲，在一個令人望而生畏、應有盡有的階級鬥爭展覽面前，尼克森露齒一笑，這是一部反映從原始人時代到鄧小平時代的階級鬥爭血淚史。邀請名聲不佳的尼克森再次來訪是毛澤東的主意，看來是這位老人在事實不足的基礎上作出的又一錯誤決定。

對許多人來說（毛澤東除外），尼克森以這種戲劇性的方式再次露面，其受歡迎程度好像是在宴會聞到洩漏出的汽油氣味。恰好在三天之後，新罕布什爾州開始了初選，福特受到雷根的挑戰。白宮仍難忍受那令人記憶猶新的福特對尼克森的「特赦」。

事後才知，甚至中國駐華盛頓的外交官也向北京指出，邀請尼克森訪華可能會產生誤解。但中方對美國國情的不了解使得這些建議被拒絕。

毛澤東很想見尼克森。他在一九七四年下半年就曾請伊梅爾達・馬科斯轉告尼克森，並且他還向三位後來的客人重複過這些口信。毛澤東認為中國外交部對此也許贊同，也許無可奈何。

毛澤東從不深究其他國家民主政治中細枝末節的變化。對八十二歲的毛澤東來說，象徵便是現實，過去的回憶被賦予現在的意義。在他心目中，中國仍是個強大的王國，自成世界。

毛澤東並沒有像某些美國人猜的那樣，是要為尼克森「恢復名譽」。與這種猜測相比，他正在做的事要簡單得多，他的立場是以中國為中心。毛澤東欣賞尼克森在美中關係上的突破，為什麼不該給他榮譽呢？他對福特的僵持政策感到失望。當福特對中國和蘇聯都無動於衷時，中國又有什麼失落的呢？

毛澤東決不會理解在水門事件上的反尼克森的觀點。「水門事件的處理太出格了。」他對泰國克立總理抱怨說。他又對蓬皮杜說：「我們不能理解對這種事為什麼要如此小題大做。」他確實不明白：在他看來如此小的一個麻煩，竟能把尼克森總統趕下台。從中國的利益出發，他也不願看到因美國內部換馬所造成的後果。

「言論過分自由。」這是毛澤東對水門醜聞原因的診斷。毛澤東說在一九六八年他自己也做過這種事，他反問道：「你身上正好帶著一個答錄機，你就想給這場談話錄音，這又有什麼要緊呢？」他若有所思地說：「美國人大多喜歡擺弄答錄機嘛。」他對克立先生也斷言：「我看尼克森下台是美國的戰爭販子搞的鬼。」

「請寫信告訴尼克森，就說我很想念他。」他直截了當地對克立總理這樣說，有些令人吃驚。毛澤東對尼克森下台的評價中有一種同情、困惑及中國人深深的民族優越感。

在邀請尼克森來中國這件事上，毛澤東試圖鞭策福特比爲難他的成分要大些。毛澤東對美國的初選知之甚微；並且尼克森成行的最終決定是在聖克萊門特而不是北京。毛澤東正在考慮一個更重大的問題：中國究竟應該重申同美國的關係，還是讓這種關係衰退，並進而同蘇聯謀求緩和？

當千百萬中國人民看到《人民日報》頭版上毛澤東與尼克森握手的照片時，這並非意味著批評福特，而是進一步確認美國對中國的重要性。

尼克森對美蘇緩和表示懷疑，這一點滿足了毛澤東。他在一次宴會的致辭中說，他認爲「僅靠簽署一份原則性聲明或舉行一次外交會議」就能確保和平的想法是「天真的」。這種對討論歐洲安全問題的赫爾辛基會議的明顯批評，對毛澤東來說像音樂一般中聽，但對福特來說未必中聽。

美國問題也是與鄧小平的問題緊密聯繫的，這存在於毛澤東的頭腦中而不是在現實中。

而去年發生的兩段莫名其妙的插曲現已明朗化了。

福特訪華前不久，受人喜愛的中國古典小說《水滸傳》突然被公開指責爲有害的書，毛澤東認爲這個農民造反的故事旨在宣傳「投降派」。他指出，《水滸傳》中的農民英雄宋江，根本不能稱爲英雄。這一反他向來所持的觀點。他在發這些批評性的嘮叨時，張玉鳳和講師盧荻在場。張玉鳳要盧荻記下毛澤東的話，以當作最高政策。北京開始傳出小道消息，鄧小平（也許還有他的某些軍界朋友）將要「投降」莫斯科，就像宋江假裝抵抗而最後「投降」皇帝一樣。

鄧小平對這種牽強附會的做法報之以嘲笑，對有關評《水滸傳》的問題，他輕蔑地說：「有些人聽見風就是雨。」

第二段插曲確是不同尋常。二十一個月前，中國在西北部扣留了一架蘇聯直升機上的全體成員，並一直被北京稱爲「間諜」。然而，恰好在福特慢吞吞地回到家時，他們又突然被宣告無罪。中國政府說他們不是間諜，還給他們舉行大型宴會，並令人難以置信地把他們送回莫斯科。

由一再宣稱這些闖入者爲間諜，到宣告他們無罪，北京以這種朝令夕改的做法對待一場間諜指控案，這在中華人民共和國是史無前例的。當毛澤東和福特的高級會談失敗時，中國政府是否會改變對蘇聯的觀點呢？

似乎可以肯定，在福特的黯淡之行後，毛澤東並不贊成宣布蘇聯的機組成員無罪。這件事只有可能是鄧小平，這位毛澤東當時的主管大員授權向莫斯科作出姿態。

最終，尼克森之行並不像美國報紙講的那樣損害了美中關係，但也不像毛澤東希望的那樣使中美關係得到較大促進（中國公眾的心態除外）。

「世上無難事，只要肯登攀。」尼克森就北京和華盛頓的關係作展望時引用了毛澤東的詞句。尼克森和毛澤東彼此的印象很深，他們似乎是在攀登個人的高峰，而未給外部世界帶來什麼變化。

對尼克森來說，這次訪問只是對一九七二年的那次作了一個懷舊的註腳。對毛澤東來說，尼克森之行不僅在於懷舊，而且也是他用力擲向政治局戰場的一顆手榴彈。《人民日報》第一次發表了毛澤東對鄧小平的公開指責（「那個人從來不講階級鬥爭」）之後僅僅一週，毛澤東就聽說了半英里以外的天安門廣場發生平靜而緊張的示威的消息。

清明節是中國人緬懷去世親友的節日。人民英雄紀念碑的臺階上出現了悼念周恩來的花圈和詩詞，許多人都來觀看這一壯觀場面，這似乎無可非議。

但氣氛很緊張。有些詩遠不止是紀念周恩來，它們猛烈抨擊那些自周恩來去世後三個月以來猖獗異常的極左派。對毛澤東的前妻楊開慧的讚美就是打了江青一個耳光。有人還提到一些怪物，如用「妖魔」一詞來戲弄姚文元。其寓言極微妙，但帶有爆炸性。[5]

人們的第二個主題是對中國現狀的焦慮。「目前最大的問題是什麼？」有人站在「閒人莫入」的人民大會堂臺階上向群眾高聲問道：「中國向何處去？這是最大的問題。」

對毛澤東的批評可以說是暗藏的第三個主題。有篇文章說：「秦皇時代已經一去不返了。」而秦始皇是毛澤東心目中的英雄，不同於腐朽的孔子，他是一位常被讚揚的典型人物。在這朝氣蓬勃的示威中，蘊藏著對毛澤東的家長制的不滿。有一首詩以挑戰甚至是警告的口吻寫道：「中國已不再是過去的中國，人民也不是愚不可及。」

這已經不只是在紀念令人敬愛的周恩來了。這種巧妙做法，以其強勁之力把一部分民意吹入了毛澤東宮廷政治的灰暗大廳中。紀念碑前這場聲勢浩大的運動有可能是對數月來極左派中傷鄧小平爲「死不悔改的走資派」的最有力回擊。

來自廣場的消息剛剛傳出，他的侄兒毛遠新就轉告了毛澤東。毛澤東採取了一系列措施，它們像一掛燃著的鞭炮，一個接一個地炸響了。北京當局把花圈從紀念碑前搬走了，這一舉動把一場平靜的悼念活動激化爲騷亂，騷亂持續了十四個小時，至少牽涉了十萬人。人們亂成一片，車輛被燒，近百人受傷。有個年輕人——清華大學的學生，無疑是極左派的追隨者，做了一個簡短演講，他硬說周恩來曾經數次犯了「反對毛主席」的罪行，他話沒講完就被一群憤怒的群眾抓住捆起來，在紀念碑臺階上被推上推下，直到他頭破血流。

政治局慌忙召開會議，決定撤銷鄧小平的一切職務，正式選舉華國鋒爲總理，兼任黨的第一副主席（一個新職務），這樣，華國鋒繼承毛澤東作爲中國的領導人。所有這些都由毛澤東一手造成。

鄧小平未能成爲政治上的可靠接班人，這是由於鄧小平的強硬作風，不合時宜的、務實主義的厄運所致。並無證據表明鄧小平是騷亂的幕後策劃者，北京市長如果沒有得到毛澤東的首肯，他是不會下令將花圈撤去的。這樣，騷亂肯定也不會發生。

據說政治局「一致」通過開除鄧小平的決定，這難以令人置信。難道軍界元老葉劍英、許世友及其他人會同意嗎？難道鄧小平也投票開除自己嗎？「一致」意味著任何人都不允許公開表明反對毛澤東的意見。

官方對鄧小平的點名指責「死不悔改」倒是事實。鄧小平沒有全力反擊毛澤東，他正在尋求他以後東山再起的根基，不過，他封不住自己的嘴巴。

他對他的支持者說：「如果他們說你復辟了，就說明你的工作做好了。」

四月下旬，紐西蘭總理馬爾登來到中南海，他遇見的場面令人尷尬。毛澤東幾乎無力移動他放在安樂椅靠背上的頭，費了好大勁他才氣喘吁吁地吐出幾個字。

「我明白」，馬爾登震驚地說，「他將不久於人世了。」

有時毛澤東伸出他衰老但光滑的手在便箋上塗寫幾個字。對任何熟悉毛澤東那龍飛鳳舞的筆跡的人來說，這些字都能夠認清。然而，現在這些字的意思往往含糊不清。

與馬爾登談了十分鐘後，毛澤東在準備上床休息前，在便箋上給華國鋒寫了一句話：「你辦事，我放心。」但這是要華國鋒辦什麼事呢？是下週召開養豬會議？還是保護馬爾登安抵紐西蘭？抑或是反鄧小平戰役？或是中國的未來？

同一晚上，毛澤東又寫了一句話：「照過去方針辦。」一點也不奇怪，毛澤東經過了一場激烈的思想鬥爭。他是說按過去一般的常規辦，還是按他近期想好的某道諭令辦？

五月份，新加坡總理李光耀與毛澤東度過了難挨的幾分鐘。這次會見與毛澤東上次接見外賓的情況相比，李光耀說：「沒有實質性的交流，他的話莫名其妙，要先由王海容譯成普通話，然後再譯成英語。有時王海容還要記下來，回過頭與毛澤東核對。」

雖然時有爭吵，張玉鳳總是毛澤東的長期助手。她來中南海的那一年之前，毛澤東的侄兒毛遠新是毛的主要政治心腹（毛遠新與江青也很密切）。在毛澤東的庭院衰落過程中，在外交部工作的王海容和唐聞生，失去了作爲毛澤東與超越中南海的政治勢力的聯繫關鍵作用。

政治局的成員們發現，一九七五至一九七六年他們對任何事都難以達成一致協議，尤其是不知道該如何對待這位神人。所以毛澤東仍在台上，制定著他的路線，而其他資深的同事們像不負任何責任的聽差守候在他左右。

一位年輕的外交官在六月份宣布：「毛主席近來身體很健康，一直忙於工作。黨中央決定不安排（他）會見外國貴賓。」過了這麼久，中國官方才最終對毛澤東的健康狀況作出解釋。這一資訊很清楚：毛澤東生命垂危。數年來，中國人只能見到他同外賓在一起的照片，再也見不到毛澤東本人的形象，更不要說知道毛澤東的運動神經與心臟疾病了。根據近幾週來毛澤東同紐西蘭、新加坡、巴基斯坦領導人的費力而又短暫的會見，可知這個決定做得太遲，也很微妙，它肯定不是「我們黨的中央委員」決定的全部內容。

極左分子似乎也反對這一做法。對上海的激進分子、江青以及與毛澤東親近的其他人來說，毛澤東是他們的主要支柱。

政治局剩下來的務實派倒是歡迎這一做法，不過他們的力量太弱，還無力促成這一結果。

華國鋒無疑是領路人。這位靦腆的新任總理緊跟著毛澤東，他指導作出的這一決定沒有冒毛澤東發怒之險。他不屬極左派，所以他要作最後努力，緊緊依靠毛澤東從而爲江青小宗派遮醜。

毛澤東本人是否也參與其中，或是他本人制定了這一方案？我們不得而知。

毛澤東開始受制於他的奉承者，他已病入膏肓，又不存在一個可繼承他的權力而又受到一致擁戴的繼承者。不過，毛澤東不再接見外賓並不意味著他已經辭職。

親信、槍桿子、個人效忠及血緣關係開始比憲法或任何規章都更能起作用。

政治局的各位成員都競相捕捉毛澤東那裡傳出的資訊或檔案，許多權力都轉入了長期在毛澤東身邊的貼身警衛官汪東興手中。汪東興手下有一支精銳的八三四一警衛部隊，他還負責中共中央辦公廳的工作。汪東興瞧不起江青，他的警衛部隊在做反對江青的工作。雖然不像「左」派勢力那麼深廣，但鄧小平和他的支持者絕沒有放棄行動。在「左」派這邊，毛澤東的侄兒毛遠新成了聯絡員，鄧小平對毛澤東的任何政治批評及媒體的任何批評他都隨時報告。

上任後不久的一天，毛遠新來告訴他的伯父，上海一些有影響的人物貼了一張擾亂人心的大字報。

大字報說，在周恩來的追悼會上，鄧小平對周恩來的評價太高。「那個定論應該改過來。」無論毛遠新告訴毛澤東大字報一事的動機如何，據說毛澤東作了明確果斷的表態：「攻擊周恩來，人民一定會起來反對，周恩來追悼會上的悼詞中的結論不能改。」

幾天後，中國人民手上有了一條新的毛澤東語錄，其模糊性說明一個嚴重問題，即生命垂危的聖人仍在當權，卻又無法管理。

這條語錄是：「翻案不得人心。」但是，借孔夫子之言所說的話意義何在？它在告訴中國人民（他們當然不知道毛澤東與其侄子的談話），毛澤東的意思是：人民不會支持鄧小平翻「文化大革命」的案。

這並不是說毛澤東還在同情鄧小平，而是說極左派在利用毛澤東對鄧小平的不滿，或是捏造這種不滿以達到他們自己更大的目的。

在政治局激烈的爭辯中，毛澤東的名字被搬來搬去，即使毛澤東本人出席會議也是這樣。在一次會議上，張春橋批評道，中國進口全套的工廠設備背離了自力更生的原則。華國鋒壯著膽子說：「所有這些重大的引進專案，都是經過毛主席批准的。」張春橋嚷道：「你總是拿主席來壓人民。」

在多次這樣的爭吵過程中，毛澤東明顯地默默坐著（或躺著），時而輕叩著手。那個晚上，他寫下一條重要格言，然後找這方或那方的主要人物到他那裡，以顯示自己傾向於哪一邊。

毛澤東接著對坐在他臥室的人說：「人生七十古來稀，我已經八十多歲了，早就該死了。」這顯然是一個不準備討論的問題。毛澤東有意要暴露生活中的陰暗面，他盯著這些無言的、善解其意的同事們寬厚地說：「你們中不是有人希望我早點見馬克思嗎？」

最終華國鋒好不容易開口說：「沒有。」

毛澤東點破了華國鋒的搪塞：「眞的一個都沒有嗎？我不信！」

死神對一九七六年的中國沒有絲毫憐憫，似乎清明節的政治地震鬧得不夠，仲夏時節，一場眞正驚人的大地震把唐山市連根拔起了，死亡近二十五萬人，而這時朱德剛逝世不久。毛澤東感覺到了唐山地震，其劇烈足以震動了他的床，使人情緒不穩甚至害怕。他的總部不得不轉移到防地震的建築二〇二號，不過仍在中南海內。

如果這場悲劇沒給他一種預感那才怪呢。鄉土中國歷來迷信自然現象是政治事件的預兆。農民們認爲，一場劇烈地震意味著一個朝代及所授予的統治權的結束。毛澤東的思想披上了傳統的外衣，他肯定也聯想到同樣的事情。

國中謠言四起，大部分謠言都說毛澤東快要死了，而且官方新聞機構也承認對這種謠言現象無能爲力。

地震前，烏龜變得煩躁不安，熊貓則抱頭嘶叫，老虎和犛牛在感覺到預震時都趴在地上——動物感覺到了自然的反常。

地震後謠言紛至遝來，銀行被搶、交往中的無禮行爲更加頻繁、工人不負任何職責——人們感覺到了政治的地震。

自從一九四九年以來，無論形勢多麼危急，毛澤東的在場始終是權威的最終泉源與平息動盪的巨大力量。

這個時代正在結束。它隱隱呈現出的非連續性在中華人民共和國的生活中是沒有先例的。

毛澤東在一次關於戰爭的談話中說：「負擔太重時，死亡是一種解脫。」到八月下旬，毛澤東的負擔太重了。九月二日，他第三次病危，昏迷不醒。

各派揮筆去發揮那些偶像化的乏味詞句的時機到了。華國鋒該制訂繼承大業的計畫，江青該忙著謀劃自己的對策了。

他眞的還活著嗎？在臨時的防地震建築二○二號，躺在那裡的毛澤東似乎是虛幻的。對政治局的所有派系來說，毛澤東已被毛澤東主義所代替，現實中的八十二歲的毛澤東被迴圈生成一打「毛澤東們」，這適應了迴圈者們的需要。

江青及其同夥對毛澤東之後時代的到來缺乏自信，雖然這夥人試圖從毛澤東哆嗦的嘴中擠出一句什麼臨終指示，但毛澤東只能在另一方談論政治了。

外電總是說，毛澤東的逝世會帶來不穩定。然而，毛澤東的在世一直就是「文化大革命」以來不穩定的主要因素。而不知毛澤東的死期這一事實則是最後一個不穩定的因素。

對於這個遭受近二十年磨難的國家來說，毛澤東的逝世將帶來返璞歸眞意義上的穩定。

在毛澤東的總部，擺滿了醫療設備，兩名政治局委員日夜值班。他們值班是出於責任但沒有權力。「四人幫」中最年輕的成員王洪文，爲了減輕壓力，只好看香港電影或溜出去到西苑軍用機場的野外打兔子。

北京晚秋一個和煦的下午，三點三十分，收音機預告半小時後將有重大新聞。在北京市市中心工作的一些人猜測著新聞的內容，因爲他們上午看到川流不息的小轎車進出中南海。

「毛主席逝世了。」[6]

九月的凌晨，毛澤東離開了人世，僅僅十六個小時後，政府就向全國和全世界發布這一消息。按北京的標準，可謂閃電般的速度。

普通百姓有的在哭泣，更多的人則驚心不已。

在當時那個時代，毛澤東領導中國共產黨的時間比任何一個主要國家的領導人都要長，幾億中國人想像不出沒有毛澤東的中國將會是什麼樣。

中華人民共和國降半旗致哀，毛主席像章幾年後又一次佩戴在某些人身上，成千上萬的人買來《人民日報》以了解詳細情況，他們平日從不勞神去讀它上面空洞乏味的文章。這次，這份報紙在北京的發行量增加了九倍。

不過，首都北京的氣氛（甚至這個國家其他的一些地方）顯得很平靜，沒有出現像史達林逝世時蘇聯籠罩著一種不安的癱瘓氣氛，也沒有自發的群眾「事件」，人們照常工作、照常生活。

死亡，對中國人來講是超脫不了的自然規律。很少有人裝模作樣讓人感到毛澤東的死足以使他們流淚。「向全黨、全軍和全國各族人民」發布的訃告充滿感情：「中國人民和全世界革命人民衷心愛戴他……。」

這位農民領袖曾帶領中國共產黨從國際共產主義運動脫離出來，並使中國震撼西方，現在則被譽爲「世界無產階級和被壓迫人民的偉大導師」。

哀悼活動宣布持續一週。九百六十萬平方公里的土地上將沒有任何體育和娛樂活動，毛澤東的遺體停放在人民大會堂，人們無論職位高低，列隊經過靈柩，「致以最後的敬意」。

這起碼是新華社首次報導的消息。然而在稿子被廣爲播發和翻譯之前，還是有一處小小的改動，「最後」被刪掉了，變成人們前來「致以敬意」。

這一改動表明，毛澤東的遺體，更遑論是他的思想遺產，成了形勢嚴峻的政治局一個棘手的問題。

在一九五六年，毛澤東曾在倡議書上簽過字，同意死後遺體火化。「我死後」，他在另一場合則說，「把我送回湖南湘潭。」後來有幾次，他曾去過八寶山公墓爲他和江青選擇了一塊墓地。他不只一次帶著江青去看過這塊八八六號墓地。

一九七六年在某些中國領導人看來，把江青與毛澤東一起殯葬的計畫是不能容忍的。多數人認爲最爲妥善的解決是像周恩來生前處理他自己的遺體所指示的那樣，將毛澤東火化並把骨灰撒向「中國的江河大地」。

但是，在毛澤東逝世的幾小時內，政治局決定將毛澤東的遺體永久保存。醫生懷疑這一計畫是否能夠實現。他們聽說，在莫斯科，列寧的鼻子和耳朵都已腐爛只得代用蠟製品，史達林的鬍子也掉了。再者，將二十二公升甲醛注入毛澤東的體內，這只能作爲臨時性手段。中國古代的方法證明是不適用的，因爲皇帝的遺體是深深地葬在地下而絕不會暴露在氧氣中。而毛澤東的遺體將這樣處置（供中國的群衆瞻仰）。

派人到河內去研究胡志明遺體的處理方法，但越南人閉口不言，或嘮叨著胡志明遺體的事，甚至說在七年內也會腐爛。醫生決定採用注甲醛的方法，第一步是摘除心、肺、胃、腎、腸、肝、膀胱、胰腺、膽囊和脾，接下來是在毛澤東的頸部插上管子以能注入足量的甲醛到沒有內臟的體腔內。作爲預備，工藝美術研究所受命用蠟製造毛澤東遺體的複製品，複製品製得毫髮無差。

三十萬人列隊經過水晶棺「瞻仰」遺容。外交官瞻仰的時間作了專門安排，那些具有共同思想意識的中國共產黨的國際友人單獨列爲一隊。在中央委員們送的花圈中，其中有一個花圈的輓聯這般寫道：「深切哀悼敬愛的偉大導師毛澤東主席，您的學生和親密戰友江青……。」

一百二十三個外國政府發來了電唁，其中多是些無感情的平淡頌詞。在五〇和六〇年代詆毀毛澤東的政府越厲害的，在一九七六年對他的頌詞也越多。毛澤東一定會笑慰在這種矛盾之中。

在紐約，聯合國下半旗致哀；在莫斯科，《消息報》只在倒數第二版的底部發了一則報導；在香港，股票市場混亂；在臺灣，則舉行慶祝活動。

旅居多倫多的張國燾講了一句傷心的話：「我們的時代已經過去了。」在請這位八十歲的倦怠老者就其昔日對手之死作一番評論時，他毫無怨恨地說：「像我一樣，毛澤東也是凡世之人，死亡只是時間問題。」

在毛澤東的哀悼週的最後一天上午，百萬人到天安門廣場開追悼會。下午三點，全中國停工三分鐘，整整九億人（不懷疑有少數人例外）默哀。中國所有的火車、工廠、輪船都爲這特殊的三分鐘鳴笛。

王洪文主持追悼會，這種不成體統的安排與追悼會不太相稱。華國鋒致悼詞，他以故作老練的口吻讚頌毛澤東的偉大，批判鄧小平的罪行。

孫中山的遺孀站在華國鋒身邊，華國鋒空談什麼黨內的「走資派還在走」、「資產階級就在黨內」。

大會結束時，每一個在場的人，包括全中國在看電視或聽廣播的人，向天安門上毛澤東的巨幅畫像三鞠躬。隨後，一支五百人的樂隊高奏起「東方紅」，該歌曲的最後一句稱毛澤東是「人民的大救星」。

下午四時，人群散去。自行車又像往常一樣潮水般通過天安門，追悼會後，人們乘坐的小轎車、麵包車從大會留下的廢紙屑上輾過，漸漸地遠去。毛澤東時代結束了，鄧小平的時代即將誕生。

注釋

【1】有關周恩來去世情況的敘述，來自作者在北京與外交官們的交談。

【2】譯註：毛澤東因自身健康狀況不佳，未曾到醫院探望周恩來。

【3】這是引用漢朝一位皇帝在爲自己的一位大臣辯護時說過的話（漢朝皇帝指劉邦，而大臣則是指周勃）。

【4】譯註：《毛澤東選集》，第四卷，第一五二頁。此處引文原書所註出處疑有誤。

【5】雖然康生也是最近去世的，但不管是清明節還是其他時間，都沒有花圈紀念這位極左派的安全部領袖。

【6】關於毛澤東去世情況的敘述，來自作者當時在北京與外交官們的談話。

23 尾聲

儘管毛澤東有諸多過失，但他卻使中國有了新的開端。毛澤東堪稱是二十世紀富有魅力的政治家。

當然，如果毛澤東不在一九三〇年代成爲領袖，那麼中國共產黨就不可能在一九四九年掌權。一場沒有毛澤東的共產主義運動肯定會遜色不少，它將失去其應有的、區別於其他國家共產主義運動的特色。

是什麼因素使他成功地掌握黨政權力，獲得最偉大的成就？那就是他特有的如火一般的熱情。失去熱情，就沒有人能像毛澤東那樣，隨著中國末代王朝的衰落來點燃他的時代。他很自信，也堅信他的農民軍隊最終會勝利。這不僅僅是對權力的渴望，且信心賦予他堅如磐石的意志。

這種改變大國政治秩序的個性特徵的力量，並不是獨立的，而是與時代的社會特徵緊密相連的。毛澤東生長於動亂年代，那時人們呼喚一隻可以拯救他們的強而有力的手。在那個激烈動盪的年代，那些意欲擁護像毛澤東這樣的決意反傳統者遍地皆是，可謂空前絕後。

那也是一個令人眼花繚亂的年代，中國像是準備了百場節目的狂歡場地，待演的節目都在謀求公衆的允諾以便隨時登場。共產黨人、國民黨人、軍閥、土匪、教徒、外國探險家以及冠以其他名稱的人物，全都旋轉著擁擠在一起。興起、敗落、曇花一現的聯盟，方生方死的新行動計畫，在這種環境中，一個意志堅決的人，有著千載難逢的良機與世爭雄，變革社會。

與這狂歡場地上的其他人物一樣，毛澤東也以身相搏，並且氣運亨通。有三、四次，毛澤東以毫髮之差避過了滅頂之災。長征結束後，他之所以贏得中國共產黨的指揮權，部分原因就在於他的主要競爭對手在掙扎著通過西藏時，卻時運不濟。

在諸多混亂的大事件中，日本選擇進攻中國的時間對毛澤東大為有利——這挫敗了蔣介石的計畫。在一群冷靜而又富有謀略的中國共產黨領導者中，毛澤東因與莫斯科及第三國際保持一定距離而免遭毀滅。然而，幾乎每一位贊同蘇聯拙劣建議的中國領導人，都因此在中國共產黨內失去了立足之地。毛澤東是在巧妙消除不適應中國的克里姆林宮策略過程中，倖存下來的。

毛澤東的祕訣在於他深知暴力的必要性，實際上他也樂於此道。毛澤東拿起槍走向農村，走在了別人的前面，他離開了那些待在上海的人。

在戰爭中，毛澤東憑藉兩個過人之處而得心應手：靈活機動的謀略以及使下屬領會其策略的能力。[1]

毛澤東曾自稱爲中間偏「左」派。這也是他的方法。他確實在農村對父親發出過絕妙的最後通牒，確實經常靈活地利用「統一戰線」孤立過主要敵手；確實有意放縱過「左」派的那些好鬥的傢伙，並在他們能量耗盡、成爲多餘之物時制服他們。

他的共產主義目標和對右派的嫉恨，每每使他躍向左邊，但極左不是他精神上的迷戀之處，他喜歡這種騎牆的姿勢。當他願意的時候，用一支諷刺的利箭或一劑現實主義的苦藥，他就可以反駁右傾，而且又抑制「左」傾。他常說「兩條腿走路」。這種天然的均衡性——有點像古代中國人信奉的陰陽剛柔相濟的雙重性，在毛澤東的全盛時期，對毛澤東發揮了相當大的作用。

他博覽群書、足智多謀，而且他來自中國的內地。這兩個因素都同樣重要。在革命的熱潮中，他能冷靜明智地駕馭群眾的激情。

毛澤東也曾爲一些偏激行爲興奮激昂，如同許多人在行將滅亡的舊中國面前所表現的那般，然而，他又能持超然姿態分析自己所獲的經驗。

最後，我們不能撇開中華文明源遠流長的特點來解釋毛澤東的品格。索馬里能產生一位毛澤東這樣的人物嗎？紐西蘭能嗎？我們不能僅僅從其個體心理特質來說明毛澤東的成功。舊中國產生了堅定的、反叛的、神奇的毛澤東，正像毛澤東締造了新中國一樣眞實而合乎邏輯。

在中國和世界歷史上，毛澤東都占有重要地位。毛澤東領導了一場摧毀舊中國的革命，與其他任何主要國家急遽的社會變遷相比，他推動中國進入改革的運動可能更加劇烈。他爲世界上這一最古老又最龐大的政體恢復了獨立，贏得了地位。

就二十世紀這個世界上人口最多的社會而言，志在成爲主宰人物的必定是位巨人。在有記載的中國三千年的整個歷史中，毛澤東可以列入十多位最主要的統治者之中。

作爲一位統一者，他可與漢朝（漢高祖）、隋朝（隋文帝）、唐朝（唐太宗）和明朝（朱洪武）的開國皇帝並駕齊驅。甚至可與他眼中的英雄、氣掃六合的秦始皇相提並論——

秦始皇在耶穌降生前二百二十一年就統一了中國。

身爲中國社會的改造者，他要勝過隋朝和明朝的兩位開國皇帝，因爲他們幾乎未改變社會體制，而且只有反傳統的秦始皇才能與他匹敵。或許還有王莽（西元八—二十三年在位）——他是在封建主義寒冬中提前報春的社會主義之鳥。

作爲一種學說的創始人，毛澤東超過了包括秦始皇在內以前任何一位中國執政者。也許，堪與他並列的是建構了中國人生活模式的孔子及其他聖哲。在某些方面，毛澤東又超過他們，因爲他生前就聲名遠揚；而中國大多數聖賢則是死後流芳。他類似太平天國的領導人洪秀全，但他在奪取和掌握中國的政權上比洪秀全更勝一籌。

毛澤東之所以顯得如此偉大，在於他的影響持續不斷地支撐著現代中國劇變的不同時期。他的生活經歷，足以使他成爲將馬克思、列寧、史達林合爲一體的中國革命的化身。

五十多年前，毛澤東是中國的馬克思，因爲他分析了被外國列強瓜分了的封建中國的諸種弊端。他成爲中國的列寧，是因爲他領導造反者從農村包圍城市奪取了政權。一九四九年後，他又戴上了中國的史達林這第三頂帽子，因爲他要用泥刀和磚頭來建設一個社會主義新中國。

毛澤東至少是集五種角色於一身的人。他是點燃全國反抗烈火的農民運動組織者、軍事統帥、豪放不羈的浪漫主義詩人、賦予馬克思主義一種新的東方倫理的哲學家、全球最龐大的行政機構的政府領袖。

他是社會活動家，也是夢想家，是半知識分子，類似於拿破崙、戴高樂和邱吉爾。這類思想、行動一致的人物在動亂年代總是具有影響力。人們發現，歷史由於競爭頡頏才顯得活生生。毛澤東堅信過去的美景可以再現於未來，這激起了他最初的政治雄心。他的獨特興趣在於歷史是如何演進的，他認爲理想和非凡人物的堅強意志是歷史的關鍵所在。

這類集活動家和思想家於一身的人物與空想知識分子不同。他具有軍人的心智，兵權之劍倚掛在史籍之旁。他熱愛自己的國家甚於最爲閃亮的邏輯眞理模式。他鄙薄技術，對於機器能改變我們生活方式的觀點不輕易苟同，在經濟領域他並非專家。

毛澤東、拿破崙、邱吉爾和戴高樂都是這類集思想和行動於一身的人，這類志存高遠者頗難博得「眞正的」知識分子的讚許。走出書齋拯救自己國家的特立獨行者，終會成爲傳奇人物，而且很難把他們與那些曾激勵過他們去行動的聖賢英雄區別開來。不是毛澤東的思想對歷史有巨大貢獻，而是他的行動實現了他的思想。

對於二十世紀中葉大多數的中國人來說，毛澤東的主要功績在於統一了中國。這個國家的幅員和多樣性與整個歐洲相當，但常常缺乏政治上的統一。在二〇年代，中國變得如此衰敗和混亂，如孫中山哀歎的像一盤散沙，以致許多中外人士本能地認爲，不可能把中國合而爲一了。

毛澤東領導的時代是中國歷史上最爲統一的時代之一，方言在逐漸消失。學校教育使學生們易於辨認打上了「新中國」印記的喜馬拉雅山脈和東鄰朝鮮的森林。共產黨組織的網路使當時中國二十八個省的相互依賴達到前所未有的程度。

在中國歷史上，從未有過一本書能像「文化大革命」時期的《毛主席語錄》那樣被億萬人誦讀。人們甚至一邊哀歎這本語錄成了知識分子的緊箍咒，一邊還是把它作爲一種統一的力量頂禮膜拜。

中國由於毛澤東的領導，在世界上獲得一席之地，這在中國人的眼中尤其重要，這恢復了中國人崇高的自我形象。「東亞病夫」的崛起，足以使亞洲的其他國家對其新產生的能量感到緊張。毛澤東年輕時心憂天下，所擔心的莫過於中國遭外敵入侵而覆亡。

自一九四九年宣告「中國人民站起來了」以來，正當壯年的毛澤東意之所欲已得到時間證實。當北京宣布核子試驗時，中國年輕人便神情激動起來。政府同人民之間的默契使外國軍隊，不管是蘇聯、美國，還是日本的，都不可能「威嚇中國」。

什麼是毛澤東思想呢？他第一次把農民置於馬克思主義革命計畫的中心；他把帝國主義當作他所處時代的世界政治的關鍵，這甚至超過了列寧。這些都是他學說中的孿生支柱。

不過，毛澤東也創造了兩個概念，它們使基於支柱頂端的理論建構更具有特色。他極爲惱恨僵化，他用自己欣賞的觀點取代了歐洲馬克思主義定律，這就是：一切皆流，永遠如此。

在毛澤東看來，革命不是一個事件而是一種生活方式。他環顧四周時，看到的是無數的不滿星火，並渴求用變化之杖來攪動罐子——這是毛澤東施政過程中兩個恒定不變的東西。

我想，他全然沒把社會主義視爲一門科學。馬克思、恩格斯則不同，他們宣布以前所有社會主義者的思想都是烏托邦式的空想。對如何策劃奪取政權，毛澤東像計算尺般的精確。可是，他追求的社會卻不能以科學法則來劃定。

毛澤東的優點在於他永不自滿，總在追求一種更具人性並能深深感覺到的社會主義。如果說，德國人發明了作爲科學的社會主義，那麼可以說，毛澤東盡其努力使社會主義柔化成一種社會道德。他不僅需要一個新國家，而且需要一種追隨他的新公民。

毛澤東的弱點是在他年老時，並不十分清楚他想要什麼類型的社會。有時他父親對他的影響極大（賦予他全力以赴的鬥志和對敵的專注）；有時似乎又是他母親的影響支配了他（賦予他安享一種道德生活的既定目標）。

毛澤東在他自己的有生之年聞名於中國以外的世界。在中國三千年歷史上，絕無毛澤東這樣的人物。而令人回味的是，這個在農村環境中長大的孩子，極少關注中國以外的事，兩次赴俄是他僅有的國外經歷。

會見愛德格．斯諾時，他已年過四十，這是他一生中第一次與外國人建立一種較爲持久的關係。他終生沒有精確掌握過外國語言。

在其一生的大部分時間，毛澤東的視野和熱情只限於中國。其他國家僅在這樣的範圍內才能引起他的興趣：或者它們干涉了中國；或者它們具有中國能學習的思想和經驗。

身爲偉大而不屈不撓的中國人，毛澤東的精神銳氣也注入了世界意識。在許多國家，「毛主席」這一有助於跨越文化障礙的親切的尊名，已成爲大多數國家家喻戶曉的用語。在一九六〇年代，《毛主席語錄》譯本的數量之多使《聖經》也黯然失色。即使是孔夫子，他的學說也從未傳播到如此之多的國家。成吉思汗以其影響名揚歐洲，然而他沒有學說。毛澤東是「第一位以樸素而直率的語言同世界談論我們的切身利益的中國人……」。

在一九五、六〇年代的許多第三世界國家中，毛澤東是各種各樣的反殖民主義形式中的主要的人格象徵，他比蘇加諾、尼赫魯、納賽爾更具魅力。因爲他知道，要在落後的民衆中實施新政，不僅是詛咒西方，而且需要在本土有一個依靠自力更生的整體變革。

在西方，我們不習慣接受在遠東崛起的、有巨大影響的政界人物。一位中國人站在世界歷史的界岸上向我們招手——這就是毛澤東的新奇之處。儘管他是大地的兒子，一位土生土長的中國人，但他已作爲二十世紀世界政治巨人之一而走完自己的人生歷程。我想，就他的蓋世影響看，只有羅斯福、列寧，或許還有邱吉爾和戈巴契夫才能與之相提並論。

正是這位中國聖人以一種奇特的方式（其民族主義傾向是如此之強，以致準備將社會主義東之高閣，如果它不能拯救和繁榮中國的話），在第二次世界大戰後的國際政治中發射出兩顆最具反響的子彈。一九六〇年他與蘇聯的聯盟破裂使國際共產主義聯盟壽終正寢；十年後他向美國敞開大門，把一個兩極世界改變成三角關係的世界。

他所施展的技巧令全世界驚訝，全世界由此領略了中國人的謀略之深。

毛澤東在領導中華人民共和國四分之一世紀之久的時間內再造了中國社會。毛澤東的一些改革已迅速消除。然而毛澤東主義時代社會變遷的另一些影響將持續到未來——持續到這位神話般的人物因歲月不饒而逝去之後人民生活較自由的時期，並持續到中國實現現代化以後。

毛澤東的政府使新中國比舊中國在三種方式上有更多的社會正義。酬勞主要取決於工作而不再是出身或者土地和資本的占有。因此，中國的產品分配成爲世界上最爲平等的分配方式之一，極度貧困和死於身無分文的人極少。並且，進步的基本手段——首先是衛生保健和初級教育，不再是少數人才可購買的商品。

在毛澤東的領導下，中國向社會現代化邁出了一大步。雖然這一過程使年輕人得以轉變而與毛澤東的世界觀背道而馳，但這些現代人是毛澤東的中華人民共和國預言的產物。

在他臨終時，毛澤東能夠宣稱中國已經向繁榮邁出了幾步。經濟發展出於多種原因雖不如日本給人以深刻印象，但卻是勝過印度。儘管毛澤東偏好揠苗助長而有損其正常生長速度，但實質上的所獲是基本的。

總之，毛澤東留給中國的是：絕大部分的自給自足和世界第六經濟大國的地位。

然而，毛澤東的履歷複雜，特別是在國內，身爲一位男子漢和一名政治家他有很大的缺點。他有較強的成見，且總是前後不一致。

由於位處至尊，毛澤東整體說來不算是一個無憂無慮的人。他的同事中與他私交甚篤的人沒幾個。難以容納他人，且因著他任性的工作方式，帶來內心的空虛。他是一位偉大領袖，然而在許多工作方式中表現出來的，可不是値得稱道的特質。

毛澤東有自己奇特的合作方式。如果爲了成功必須如此，他可以與任何人結成聯盟。

他走「之」字路，因爲他不能沿著既定的政策通道行進下去。他常常對親手栽培的樹所結出的果實，感到懼怕而畏縮。他週期性地發出的雷霆之怒，所針對的正是官僚主義思想，在一個九億人口的國家，這有點像是說不允許園丁沾一點泥巴。

遺憾的是，毛澤東在一九七六年所遺下的中國，缺少些他的社會主義所允諾的玫瑰色美景。毛澤東指望新中國有一種「繁榮的文化」，然而政治宣傳嚇倒了作家和教師。他期待著公民「心情舒暢」，然而他卻撇下一群悶悶不樂的平民而去，他們已經體驗到不必伸長脖子等待了。

從某種程度上說，毛澤東在一九四九年以後從未平靜下來過。他從未勞神去把過去原有的革命價值觀念，轉變成勝利後年代的行動模式。他身爲一位管理者要比身爲一名反傳統者、導師和戰士遜色。

事實已經證明且將繼續證明，中國要從落後的經濟中復甦，需要經歷一個長期、緩慢的過程。在毛澤東逝世多年之後，這一復甦將仍然是緩慢的，而這種爲民族雪恥的復甦是毛澤東革命的第二個任務。這部分是因爲要使占全球人口五分之一的國家，由貧窮走向富裕是一項艱巨的任務，主因是由於毛澤東不像擅長政治那樣擅長經濟。

這位曾自稱爲既有虎氣又有猴氣的人確實充滿矛盾。他向生活中的一切俗套甩石頭，然而他在對因循守舊的警惕眼光中，讓中華人民共和國陷於泥淖之中。他自己時常沉溺於傳統的水波之中，可是卻要中國的年輕人遠離此地，游向那高高的現代荒漠之陸。他承認意志在歷史中的重要作用，然而他又提倡辯證唯物主義，向歷史的客觀力量讓步。

在毛澤東身上總有什麼東西，使他拒絕踏上易於成功的平坦高原，只是在困擾之時他才會返回古老的價值之路。經濟進步是毛澤東對中國的全部希望所在，但他常在對這種進步的特質焦躁不安。他毅然把政府內的團結和信任拋在一起，以發動其駭人聽聞的「文化大革命」。在一九七〇年代，如果與蘇聯保持不密切的事務性聯繫，便可使北京近些年的生活有大幅的改善，但是毛澤東不能容忍過去的清白被蘇聯模式的未來所玷污——所以他宣稱莫斯科是萬惡之源。

然而，毛澤東的矛盾不只是存在於他這個人的封閉著的世界。這些矛盾變得如此之大，是因爲中國的變化比毛澤東的變化更大，而中國這種騷亂般的變化又與毛澤東緊密相關。

毛澤東的一生不能用單塊布料來裁剪。晚期的毛澤東與奪取政權時的毛澤東明顯不同。馬克思主義作爲一種思想觀念已自我融化，而作爲一種新的社會現實卻伴隨著馬克思主義政黨的輝煌勝利而來。「修正」了馬克思和列寧的毛澤東本應認識到，隨著中國條件的變化毛澤東主義也必須要修改。然而，就像加爾文教徒不十分相信有平行的權利一樣，毛澤東也不十分相信他自己的一切思想都應由社會現實所決定。他不能面對權威的喪失，這是他的思想觀念必將帶來的後果。

毛澤東是憎恨舊事物的人，然而最終他篤信一種別人發現已經陳舊了的思想觀念。年輕的毛澤東被馬克思主義所鼓舞，他熟練地用它來贏得了政權，且帶來了中國的新時代。老年的毛澤東則爲關係的改變感到困惑，因爲馬克思主義者對他周圍的新社會失去了信任。如果他不是現在去世，而是早逝世二十年，中國很有可能會更好一些。有一位領導人紀登奎在回憶中說得很實際：「他的黃金時代正好是從（一九三五年）遵義會議到一九五七年反右運動前夕這二十多年。」

毛澤東說過：「沒有正確的政治觀點，就等於沒有靈魂。」然而政治熱情與靈魂的關係是消長起伏的。一九一九年，毛澤東爲一位新娘的悲劇深深觸動，他呼籲「自由戀愛的大潮」。而毛澤東給中國留下了什麼樣的戀愛自由呢？說不定什麼時候，一九一九年長沙那位女士的敢冒風險的子孫，或因外遇或因同性戀可能會入獄幾年。

這並不是毛澤東失去了讓中國人民從重負下解脫而獲得自由的夢想，而是在中國共產黨掌權數十年後，個人解放與六十年前相比，已不再是兩種截然不同的政治觀點之間的鬥爭了。

年輕的毛澤東和他的朋友深受個人信念的驅使，而他們的個人信念同時也就是社會信念。他們把自己的一生僅僅看成是革命之火的燃料，它將同時改變中國和他們自己的命運。一九一九年的政治是如何為人民謀幸福。

一九七六年毛澤東去世時環境不同了，個人權利不再輕易能滿足重大政治鬥爭。

毛澤東畢竟誕生於一八九三年，他首先接受的教育是儒家典籍，他在農村度過了大半生，這是一種沒有機器的生活。當軍隊潛行於山地時，通訊聯繫是中世紀式的。他那一代菁英正力圖將陷入驚人落後中的公民拯救出來。

毛澤東是維新者，但這位維新者絕不可能躋身於現代人之列。

毛澤東十四歲違心地以封建方式結婚時，中國的末代王朝依然存在。半個多世紀以後，幾十位國家領導人踏上了通往北京之路，幾乎像朝聖者，對紋絲不動的、向來不會去瞧他們一眼的「如來佛」頂禮膜拜。他猶如家長一般。確實，由毛澤東身為共產主義中國之父所演出的這場獨腳戲，是在家長制時代的舞台上開始的。

他不是從個人的福利，而是從國家政權的角度來看待經濟發展——在他去世後，這點越來越被中國人所關注。在毛澤東的領導下，中華民族站起來了，但它的多數公民卻沒有站起來。毛澤東無法理解核子戰爭那巨大的、超階級性的毀滅性威力。他說中國農民「一窮二白」，在一張白紙上可以任意寫上美麗的詩篇！他念念不忘中國農村的落後和苦行僧式人民的受苦受難。但毛澤東似乎不了解連續幾代的中國人，無論他們多麼聰明、能幹，依然處在一窮二白的路途上也是事實。

不管歷史篇章中會有怎樣的英雄故事，這種時刻終究會到來，「白紙」上塗滿的符號和傳說將不再傳給後來者。自然會翻過這頁，年輕一代會發現作爲挑戰之源的下一個空白地。

二十世紀初，叛逆者毛澤東的個人特徵，是與對國家混亂感到憤怒和悲哀的新世代社會特徵同步產生的。

可是，毛澤東的自鳴鐘所發出的音響，與後來的社會鬧鐘發出的音響並不十分和諧。難道這僅僅以毛澤東的生命終結爲尺度嗎？但它也解釋了爲什麼毛澤東對中國的作用超越了其生命。

「不要總認爲只有自己行」，毛澤東有一次對他的聽衆提出忠告，「別人什麼都不行，好像世界上沒有自己地球就不轉了，黨就沒有了。死了張屠夫，就吃混毛豬？什麼人死了也不怕，什麼人死了就有很大損失嗎？馬、恩、列、斯不是都死了嗎？還是要繼續革命。」不過，沒有了毛澤東，毛澤東的革命實際上不可能繼續下去。

注釋

【1】對於毛澤東的軍事才能的分析，作者採納的是巴黎的雅各斯．吉爾梅茲教授的觀點。

後記

身後境遇

在毛澤東去世後的幾年裡，中國國內依然將其視之爲神。儘管這個國家對他懷著一種複雜的情感，但是在一九七〇年代後期，中國境內的人民談到毛澤東時，其口吻儼然像是在描述一個神祇。事實上，即使是共產黨實際上的新領袖鄧小平準備對毛澤東重新評價，且爲了切合他自己領導政治的需要時，依然對毛澤東尊崇萬分。那時很少有人會直接說出「毛澤東」這三個字。

隨著時間靜靜地流逝，對毛澤東的歌功頌德開始少了起來，人們越來越不重視他了。一九七八年《人民日報》不做任何解釋，就不再用黑體字來印刷報紙中所引用的《毛主席語錄》。[1]同一年在上海，當我在復旦大學門口拿起相機準備拍毛澤東的白色石膏塑像時，一些學生領袖制止了我。其中一位對我說：「別照了，下星期我們就要把它推倒了。」一位北京的外籍居民從中國朋友那裡得到了一千五百枚毛主席像章，這些中國人認爲：「留著它們不大好，扔掉了，在政治上又不明智。」

共產黨內部對毛澤東的評價也日漸具有明顯的負面色彩。一九七九年的一個內政命令提及毛澤東的小紅書時說：「《毛主席語錄》是林彪爲獲取政治資本而做的……危害很大、流毒甚廣。」此後的一個內政檔案則爲如何處理風行天下的毛澤東像，感到頗費躊躇。「過去，毛主席像在公共場所掛得太多。這是政治上不莊重的表現，有礙國際觀瞻，今後要逐步減少到一定限度。」北京的領導階層似乎爲如何公開對待毛澤東這個問題而感到迷惘。我於一九八〇年在本書的第一版裡寫道：「中國必須，而且我認爲將會巧妙地處理毛澤東的遺產。中國不再需要毛澤東這個人，可是卻需要他遺留下來的一些東西。」這就是鄧小平時代最初開始處理毛澤東問題時的眞實境況。

一九八〇年夏天，我身爲西方學者「毛澤東研究代表團」的一員隨團訪問中國。我注意到那些對毛澤東知之甚多的中國官員和學者們對此諱莫如深。在我們代表團和中國專家進行對話的研討會上，中國的專家通常會對美國學者提出的問題，報之以苦笑而不是回答。他們會搪塞說：「這方面我們還沒有研究。」如果有人以蘇聯在一九五三（史達林逝世）和一九五六年（尼基塔．赫魯雪夫批判史達林）之間，對待史達林的態度那樣來對毛澤東作出任何評價，都會令中國的專家惴惴不安。在中國社會科學院爲我們代表團舉行的一次招待宴會上，社會理論家于光遠提到了社科院正在編纂一套百科全書，不久即將問世。愛德華．弗里德曼教授便詢問出版的時間表，于光遠笑著說：「有一件事是可以肯定的，『M』字母開頭的那一卷目前還不能出版，直到某些事情發生爲止。」

我在本書第一版的結語裡對毛澤東這樣描寫：「現在廣爲周知的是，他那些同樣爲中國革命做了很多事情的同僚的許多榮譽，都被加在他的頭上。他在對人民的判斷上是專制的。他以政策上的迂迴浪費中國大衆的熱情。在一九七〇年代，他脫離了大衆的看法，而太過依賴他的親戚和善於迎合的官員。」當我寫下這些話時，這些錯誤行爲還沒有一個被正式地承認。代之的是，「四人幫」很快地受審並因爲這些政治錯誤被判有罪。

誠如于光遠所言，到一九八一年六月時，「某些事情發生了」，共產黨開始重新評價毛澤東。他不再被當成一個神了。「關於建國以來黨的若干歷史問題的決議」中，對毛澤東進行的肯定和批評，恰巧和西方漢學界的普遍觀點相吻合：毛澤東最偉大的業績是在一九五〇年代中期以前；他領導抗日戰爭和與蔣介石鬥爭的本領，遠在他領導經濟建設的本領之上；在晚年他抓住歷史機遇與美國建立了外交關係，但是他的個人主觀和烏托邦主義，卻釀成了「文化大革命」的悲劇。

經過提前的通盤考慮，鄧小平宣稱：「文化大革命」並非之前普遍認爲是結束在一九六九年的「九大」，而是以毛澤東的去世和「四人幫」的被捕告終的！透過這個技巧有效地把「文化大革命」重新定義爲「毛澤東的晚年時期」。借此他爲自己和毛澤東的政策分野奠定了基礎。

毛澤東主義並沒有完全被鄧小平主義所取代，但大部分毛澤東曾經支持的觀點都被取消了。思想觀念淡化，專家意見和技術被重新重視，經濟活動自身的正當性得到肯定，西方的產品和觀念受到歡迎（以建設中國爲前提）。

一九八〇年代變成了一個對過去集體健忘的十年。年輕的作家兼商人武貞周發現到：是鄧小平向中國以外的世界敞開了大門，而加速了這種健忘。「外國人沒有對『文化大革命』的意義直接說三道四」，他寫道，「但是外國人優越的產品和高水準的生活，戳破了共產黨所培養的自大。」

接著武貞周提到了毛澤東時代：「記得我們是在『社會主義一天天好起來，資本主義一天天爛下去』這樣的口號下長大的。我們眞的開始相信『臺灣太窮了、人民不得不吃香蕉皮』的傳言。在一九八〇年代，人們開始清楚地知道資本主義是富裕的，而中國是貧窮的……在金錢的統治下，未來的脊梁和大部分中國人都不想去提那些陳年往事……面對著外國的優越，爲什麼認眞地剖析『文化大革命』之後，反而讓中國覺得更壞？」

個人主義和走下神壇的毛澤東

在一九八〇年代後期，一種個人主義精神出現了，在城市的年輕人當中表現得尤爲鮮明。這是一場比鄧小平的現代化政策更深遠地背離毛澤東主義的運動，且不是在鄧小平的直接命令下所進行的。這是對各種共產主義的含蓄顚覆，無論是毛澤東的道德集體主義，還是鄧小平的市場和列寧主義的混合。當鄧小平向西方的資本和管理技術敞開大門時，他也許沒有料到基督教的思想、薩特和佛洛依德的哲學以及「資本主義」流行音樂的個人浪漫主義，也會透過敞開的大門進來。但事實上，到八〇年代的後期，城裡頭已經出現了具有世界眼光的新世代，他們的個人想法與中國傳統和共產主義都有衝突之處。

但足可驚訝的是，在某些層次上，毛澤東的復興也顯現出一些勢力。在知識界主要表現爲對毛澤東重新研究和撰寫有關他的著述，這在八〇年代始終未輟。由於對歷史和文學研究的思想觀念控制有所放鬆，因而毛澤東研究的一些禁區被突破了。出人意料的是，一九八一年的「關於建國以來黨的若干歷史問題的決議」已經解禁了關於毛澤東某些方面的研究。

正如毛澤東的前祕書、歷史學家李銳所評論的：「這不是關於毛澤東研究的結束而是開始」。

軍方人物和毛澤東的工作人員撰寫的回憶錄、高層人物的研究傳記、以檔案爲基礎創作的作品和共產黨文獻的彙編，讓人更多了解到毛澤東的行爲和言論。對於毛澤東的描寫力求不落入中國歷史編纂的傳統窠臼；在傳統的歷史編纂中幾乎沒有單單關於個人本身的，因爲個人往往只是一個集體中的價值呈現，與其說是一個人，還不如說是一種力量。

毛澤東曾對他的衛士李銀橋說過一番話，這番話也許可以解釋我們能夠從他身邊不同的工作人員知道一些有關他的回憶。「銀橋」，他說，「我和我家裡的事瞞天瞞地瞞不了你。」他接著說：「我活著的時候你不要寫我，我死了以後可以寫，要如實寫。」

這些一九八〇年代作品的讀者，了解到了毛澤東作爲人而非神的一面：農民式的口味、失眠、爲「大躍進」失敗而落淚、習慣在堆滿書的床上睡覺、在孤獨的晚年歲月渴望年輕人的陪伴；也知道了從一九五三年起，他年年都要到海邊去一次，遙望大海發誓要「解放」臺灣；知道了他在吃完晚飯後看戲時喜歡鬆開腰帶，有一次看到興奮時就站起來鼓掌，結果發現他的褲子已經滑到腳踝；知道了在一九七四年做白內障手術時他要求播放宋詞。

這些一九八〇年代有關毛澤東的新著述，並沒有超越我在第一版中勾勒的毛澤東的全貌，但改變了毛澤東在中國國內的形象，也改變了中國大小官員們對毛澤東所持的論調。到一九八八年這些著述引發了新聞界對毛澤東的錯誤，坦率的重新評價。在那一年十二月共產黨以《人民日報》上的一篇文章紀念毛澤東冥誕九十五週年，這是官方媒體第一次登載毛澤東自己承認他的嚴重錯誤的內容。《光明日報》則登出了一篇詳細描寫從一九七一年春到毛澤東去世期間他的健康問題的文章，其中提到由於吸煙而引起的呼吸疾病。總之，在一九八九年六月四日這一分水嶺之前，對於毛澤東的重新關注是低調的、實際的。強調他作爲人而非神的一面，既有魅力也有弱點。

《毛澤東》激起千層浪

在中國，我的《毛澤東》被視爲毛澤東復興大潮中，湧現出的諸多文學作品中的一部。這本書的英文版在美國首先發行並譯成其他六種語言出版後的八年裡，中國的出版業就沒涉及過毛澤東。當一九八一年一個中國出版業代表團來到紐約時，我的出版商把這本書拿給他們看，這些中國代表小心翼翼地翻著，就好像在耶和華見證會上捧著一瓶威士忌一樣。但是到了七年後的一九八八年，一家出版社發現人們對毛澤東的興趣是如此之大，所以他們甘願搶先出版一個中譯本且幾乎未經刪節。

就在一九八九年春，政治風波日益高漲的時候，我在北京飯店的房間裡接待來訪的譯者劉路新。他帶來一本我的《毛澤東》和一則關於這本才發行一個月就暢銷超過五千冊的新聞。關於這本書的書評、研究它在勢力漸強的「毛澤東熱」中的角色的文章，在整個中國如雨後春筍一般地出現了。爲什麼這些現在對馬克思主義不感興趣的平民，如此渴望閱讀有關毛澤東本人的東西？在此之前，毛澤東已經成爲一種政治信仰，但是人們新的興趣則著眼在他這個人以及他爲什麼要做這一切。中文版《毛澤東》的讀者們告訴劉路新和我，他們興奮地在這本書裡發現了以前他們所不知道關於毛澤東的性格，以及他和上上下下的人的關係等方面的事。

在一九八九年年初，人們透過把毛澤東的兒子，和當時共產黨某負責人的兒子相比來抨擊時政，前者在朝鮮戰爭「前線」犧牲，而貪婪的後者則靠賣彩色電視機大獲其利。一個在企業工作的電腦專家對我說了一句影射到毛澤東的話：「我們需要一個強大的領袖控制局面，我們也需要從權力的幕後走出來面對人民的領袖。」

一九八九年之後，不僅歷史和文學領域對毛澤東的興趣持續不衰，一年之內，民間的「毛澤東熱」也出現了。大街上和商店裡又出現了毛澤東的照片和畫像，他在流行藝術中重新現身。對毛澤東普遍的興趣，是當時知識界為數極少且得以延續的事情之一。

中文版《毛澤東》捷報頻傳。在全中國發表對這本書的評論有如潮湧，各地關於這本書的信件像雪花一樣飛來。一個來自長江流域的幹部在寫給出版者的信裡這樣說：「如果是一個中國人寫這本書的話，結果所不可避免的就是對毛澤東有太多的熱情，或是過分的攻擊他。但是作者具有洞察力的分析和獨到的觀點，尤其是他對毛澤東作出的結論，讓我感到驚訝。」一個來自安徽的百萬富翁，看完這本書後寫信給我說：「我賺的錢越多，就越感到懷念毛澤東。」一個曾經是天津的某工廠管理者也感激地說：「讀了您的《毛澤東》後，我決定放棄我那令人羡慕、地位很高的職位，我要做一些『有用』的事情，我變成了一個企業家。」這些評價共同認為這本外國人寫的書，對毛澤東的分析是客觀和人性化的，而這是中國有關毛澤東的著作中，一直以來所缺少的特質。上海《解放日報》的一位評論員說：「我們領導人的傳記中，有這樣一本外國著作是件好事，也是一種促進。」「我所希望的是現在能有中國作家會寫毛澤東。」

這本書並非沒有招致批評，但更爲引人注目的是相對坦率的評論、讚揚和這本書龐大的銷量。本書第一版的出版者「河北人民出版社」不得不在報紙上刊登啓事，警告對這本書進行盜版的不法分子停止其行爲，同時向讀者承諾他們正在著手出版的修訂版不久即將上市。最後，到一九九八年年初的時候，這本書在中國賣了一百二十多萬冊，高出該出版社近年來所出版的任何一本書的銷量。

在一九九三年，爲了紀念毛澤東誕辰一百週年，《北京青年報》在一百個人當中進行了一項調查：關於他們對毛澤東的看法以及這些看法的來源。令人吃驚的是，提及最多的一本書是一個外國人寫的。「美國學者譚若思所著的《毛澤東》，是高校學生和其他教育程度較高的人，最爲推崇的有關毛澤東的書籍」，這家報紙報導說，「讀者們覺得譚若思的書『準確』、『引人注目』並且『最爲出色』。」九〇年代的中國年輕人，用世界主義的眼光來看待毛澤東是前所未有、令人難忘的。與此同時，在中國各個省分出版的有關毛澤東的研究著作和回憶錄如潮水一般，在顛峰時僅僅一九九三年就有一百多種。[2]

被迷信化的毛澤東

透過他的革命，尤其是「文化大革命」中的破壞，毛澤東帶走了中國的過去。有人充滿欽佩地總結說：「他是破壞之王：揮舞著鐵鏟即刻埋葬了舊中國。」這樣的文化破壞，也使得毛澤東自己的統治喪失了能夠被了解的背景——只要中國共產黨的領導繼續下去。無法從中國歷史的連續性中找到其定位，毛澤東被升高到迷信的領域；要麼是神，要麼是魔鬼，而不是一個歷史「人」物。

「毛澤東熱」成爲帶有迷信色彩的民間信仰，在一九九〇年的南中國漸成氣候。毛澤東的像章和照片或被戴著或懸掛在商店、家裡的牆上，作爲吉祥的象徵。在一九八九年，印刷了三萬七千幀毛澤東標準畫像以供公開出售，第二年這一數目上升至二百三十萬，在一九九一年則達到了五千萬。在私營商店可以見到夜光的毛澤東半身像，以及每滴答一下，那舉著《毛主席語錄》的紅衛兵就揮一下手的鬧鐘，甚至還出現了毛澤東的寺廟。

中國許多城市的計程車司機，都能說這樣一個故事：一九九〇年在廣東發生了一次八輛汽車相撞的事故，八個司機中有七個人受傷了，唯獨在擋風玻璃上貼了毛澤東像的那個司機安然無恙。整個九〇年代在汽車的方向盤或窗戶上懸掛、黏貼毛澤東像作爲護身符的普遍習慣，就是從這時開始的。

民間把毛澤東演繹成了一個能夠帶來吉祥的神，書籍裡所展現的毛澤東則又是另一番景況。二者的中間地帶被流行音樂占領了，毛澤東的話和形象被編了進去。在九〇年代初，卡拉ＯＫ俱樂部裡擠滿了享受毛澤東頌歌樂趣的年輕人。有一捲名叫《紅太陽》（「文化大革命」時對毛澤東的稱呼）的流行音樂錄音帶，它的歌詞是根據毛澤東的口號和理想編寫的。這捲錄音帶在一九九一到一九九二年間，不到十二個月的時間裡就賣了六百萬捲。對於許多人來說，這種音樂適合他們想遠離公眾生活的心情；他們能忽略毛澤東主義的歌詞而單單是欣賞音樂的節奏。這一捲錄音帶的不同生產者之間的官司多了起來，出售關於毛澤東生活的同一奇聞的作者們之間也是如此。

這種新的毛澤東主義幾乎無法和「文化大革命」時的毛澤東主義相比。它太愉快、太商業化、太麻木了，不能讓任何人回憶起一九六〇年代那狂熱的歲月。上海《解放日報》一個大膽的專欄作家在一九九二年表達了一個樂觀的看法。他說毛澤東題材的通俗音樂和藝術，表明了一個國家「正在變得足夠成熟來嘲笑它所忍受的可笑和荒謬的過去」。在流行音樂裡唱出毛澤東的話、在毛澤東的畫像下做生意，是在多年的健忘後重新獲得生氣的一種方式。回憶那個已經永遠逝去且和日常生活有著莫大關係的人，「毛澤東熱」就好像一場被拖延了很久的葬禮儀式。但他的形象不會離開任何一個曾經在毛澤東時代生活過的人的意識。

新毛澤東主義的一些方面，讓人們回想起把黃帝視爲遙不可及的至聖的悠久中國傳統，也讓人回想起另一種信仰：中國過去曾經有過一個黃金時代，有朝一日這樣的時代會重新來臨。當一九九一年長江流域洪災時，農民們緊緊地抓住毛澤東的紀念物件祈求佑護，就像中國信佛的人，幾個世紀以來緊緊地抓住觀音的畫像或塑像以求平安發財一樣。在中國大衆信仰的折衷主義傳統裡，毛澤東被披上了信仰的華麗服飾。像到西安以北黃帝陵的朝聖者一樣，大批的人來到毛澤東的誕生地湖南。在我們「毛澤東研究代表團」訪問的那一年（一九八〇），只有二十一萬人參觀毛澤東生於斯、長於斯的韶山村，而一九九二年有一百二十萬人去了韶山，在一九八六到一九九八年之間，總共一千四百萬人踏上了韶山之旅。

毛澤東身後的境遇完全是他的家長制作風的結果。「毛澤東熱」的高漲是因爲幾十年的專權統治，已經把大部分的中國平民變成了權力崇拜者。我在排隊等候瞻仰天安門廣場紀念堂裡的毛澤東遺體時，認識了一位年輕軍人，他對我說：「我當然崇拜他，他是我們的領袖。」雖然毛澤東有著皇帝般的行徑，但還是深負眾望。

毛澤東的未來

進入二十一世紀，毛澤東的思想和形象，將在中國的故事中扮演什麼角色還不是很清楚。十九年前我在這本書的第一版裡說，看起來將來的評論可能對毛澤東虎氣的一面比對他猴氣的一面更和善一些。但在那一版的最後我提出了一個告誡：「然而……毛澤東這顆不落的太陽、這位猴王，會從他的寢陵中放出『小鬼』去搖撼任何新的成功時期的基礎嗎？」

看起來這仍然是一個要提出的疑問。在我寫下以上這些話的十年以後，一九八九年政治風波中的學生和其他都市的中國人，確實有希望「搖撼成功時期的基礎」。然而，他們的思想武器不是來自毛澤東的語錄，而是來自傑弗遜、潘恩、甘地。既然鄧小平已經去世了，雖然看起來不可能但也不能排除「左」派會在毛澤東的旗幟下，以國家統一、中國文化自豪感和平等主義等價値的名義復活。毛澤東的烏托邦彼岸——他年輕時爲家鄉湖南省獨立而喊出「造反有理」；他認爲年輕人是純潔和眞理的綜合體——並非無處尋蹤也不能假設已經和毛澤東一起逝去。

毛澤東的模糊遺產，有可能被專制秩序、英雄的領導和國家自豪感的名義暫時徵用。

如果二十一世紀是中國的世紀，毛澤東將被視為一個新的黃金時代的奠基人。如果中國舉步維艱，他可能會因為整個共產主義試驗而受到指責。毛澤東革命的參照對象，肯定將是模糊不定的。就像毛澤東重新確定在他自己統治之前的十九和二十世紀的中國經歷的參照物一樣，未來的中國政治領袖們，也會重新確定它們來適應他們自己的世界觀和合法性的需要。在人民英雄紀念碑的碑文中，毛澤東選擇鴉片戰爭作為他自己「反抗帝國主義」革命的基礎時期，忽略了一九一一年清朝的崩潰和蔣介石的民國時期。將來的歷史學家不會僅僅把民國看作毛澤東時代的一個不經意的準備。

一九五〇年的某天，毛澤東在中南海偶然碰到他的女兒李訥正在唱一首很流行的歌，歌詞中有這樣的話：「沒有共產黨就沒有中國。」毛澤東訓導她，說這首歌中的「中國」應該說是「新中國」。事實上，這首歌是在延安一九四三年的《解放日報》上一篇社論的基礎上創作的，所採用的確實是李訥在院子裡所唱的歌詞，沒有「新」這個字眼。但在這件事情之後，共產黨在毛澤東的示意下修改了這首歌的歌詞。在一九五〇年，毛澤東就對「共產主義時代並非中國文明社會的開始」有著很深的認同。同樣的，一個未來的中國領袖，也會認為共產主義事業在中國悠久的歷史中仍是短暫的。

沃馬克相信毛澤東的思想會在中國的政治中保持一種重要的、有創造力的影響。

沃馬克認為毛澤東的聲望會提高，這一展望是有說服力的：鄧小平時代是對毛澤東時代的撥亂反正，而鄧小平之後的領導人，就不會認為需要標榜與毛澤東的不同。只要有人在政治上需要毛澤東，就不可能就歷史的評價來評論毛澤東，也不可能建立一座「文化大革命」紀念館，作家巴金在這一點上的尋求是徒勞，雖然任何一個有自尊的現代國家都會覺得這是最基本的。

毛澤東的思想觀念的參照物開始變得模糊不清了。在中國的具體環境下，「什麼是眞正的馬克思主義？」這個由來已久的爭論，超出了中華人民共和國的思想觀念，有多少來自於馬克思、列寧和史達林，有多少來自中國傳統的爭論範圍，將會由毛澤東越來越多的「成就」，被證明是暫時的和可逆的而出現新的形式。長期以來考察毛澤東的框架，是他創造了共產主義中國。因此身爲一個馬克思主義者，他被視爲是第一位和最重要的，於是進一步爭辯他究竟是哪一種馬克思主義者？他和蘇聯以及其他馬克思主義者有多大的不同？

毛澤東回到了十九世紀的改革者康有爲提出的「大同」思想，希望他自己那遍地開花的社會主義，會結出「大同」的種子，這是不能實現的。同樣可以設想一個未來的中國領袖，會因爲馬克思、列寧、史達林是非中國的而對之進行排斥，並且把一些社會主義成分和來自中國悠久過去的社會公正思想結合在一起。

沃馬克正確地指出，把毛澤東一分爲「成功的革命者」和「損失慘重的左派」是有問題的。有人會說毛澤東對中國的許多貢獻，是與馬克思主義潮流及其主要時代堡壘蘇聯抗爭、關注農民、借助於革命的反帝國主義框架，且偏向西方。

在對一九八一年的「關於建國以來黨的若干歷史問題的決議」進行分析時，沃馬克提出了一個具有震撼效果的二元論：一方面決議對毛澤東的苛刻分析，但是另一方面的決議，也「暗示了如果進行一次更深刻的分析的話，對毛澤東作爲一個普通『人』就不會那麼苛刻，雖然至少毛澤東個人和左傾路線要均分其咎」。在理論上，毛澤東身爲中國統一者的聲望，有一天會和他的馬克思主義者的角色分開來。毛澤東將被看作是一位造反者、一位綠林大學的畢業生、一位像孫中山那樣來到北方推翻政府的反叛者。一個世界化中國的後共產主義的新領袖，會指出毛澤東自「五四」時期第一次待在北京起就不喜歡北京，一九四九年掌權以後他會盡可能地離開這個「北方的首都」。有人會說他的天性就適合做一個在南方造反的農民，而不適合做一個北方的馬克思主義官僚。

當然，概莫能外的是，對於一位革命知識分子的歷史的描繪，都會有歪曲的傾向。毛澤東自己早就預見了這一過程：「我的話肯定會被想出不同的解釋。這是不可避免的。看看儒家思想、佛教、基督教——所有這些思想的偉大學校，都被分解成一個個派系，每一個都對最初的眞理有不同的解釋。沒有不同的解釋，就不會有成長或變化。停滯會出現，原始的經典會死亡。」

注釋

【1】譯註：原文失實。一九七八年三月二十三日中宣部發出了「中央宣傳部關於今後報紙、刊物、圖書檔引用馬、恩、列、斯和毛主席語錄不再用黑體字的通知」。

【2】在中國於一九九一到一九九七年間出版的有關毛澤東的書籍中，哈佛大學費正清研究中心的圖書管理員 Nancy Hearst 一個人就找到了兩百八十九種，她估計這要比實際出版的書目少得多。

參考文獻

Alitto, Guy. *The Last Confucian: Liang Shu-ming and the Chinese Dilemma of Modernity*. Berkeley: University of California Press, 1979.

Andrieu, Jacques. "But What Exactly Did Mao and Malraux Say to Earth Other?" *China Perspectives* (Hong Kong), no. 8, November / December 1996.

"Anna Louise Strong: Three Interviews with Mao Zedong." *China Quarterly*, no. 103, September 1985.

Band, Claire, and W. Band. *Two Years with the Chinese Communists*. New Haven, Conn.: Yale University Press, 1948.

Bao, Ruo-wang [Jean Pasqualini], and Rudolph Chelminski. *Prisoner of Mao*. New York: Coward, McCann, 1973.

Barmé, Geremie. "Private Practice, Public Performance." *China Journal*, no. 35, January 1996.

——*Shades of Mao*. Armonk, N.Y.: M. E. Sharpe, 1996.

Barnstone, Willis, ed. *The Poems of Mao Tse-tung*. New York: Bantam, 1972.

Barrett, David D. *Dixie Mission*. Berkeley: Center for Chinese Studies, University of California at Berkeley, 1970.

Baum, Richard. *Prelude to Revolution: Mao, the Party, and the Peasant Question, 1962-66*. New York: Columbia University Press, 1975.

Becker, Jasper. *Hungry Ghosts*. London: Murray, 1996.

Bin Zi, ed. *Mao Zedong de ganqing shijie*. Changchun: Jilin renmin chubanshe, 1990.

Bo Yibo. *Ruogan zhongda juece yu shijian de huigu*. 2 vols. Beijing: Zhong-gong zhongyang dangxiao chubanshe, 1911, 1933. Rev. ed. 1997

Bouc, Alain. *Mao Tse-toung*. Paris: Éditions du Seuil, 1975.

Braun, Otto. *A Comintern Agent in China, 1932-1939*. Stanford, Calif.: Stanford University Press, 1982.

Bridgham, Philip. "The Fall of Lin Piao." *China Quarterly*, no.55, July 1973.

Burr, William, ed. *The Kissinger Transcripts*. Now York: The New Press, 1999.

Byron, John, and Robert Pack. *The Claws of the Dragon*. New York: Simon and Schuster, 1992.

Chai Chengwen, and Zhao Yongtian. *Kang Mei yuan Chao jishi*. Beijing: Zhonggong dangshi ziliao chubanshe, 1987.

Chang, Chun-mai. *The Third Force in China*. New York: Bookman Associates, 1952.

Chang, Kuo-tao [Zhang Guotao]. *The Rise of the Chinese Communist Party: The Autobiography of Chang Kuo-tao*. 2 vols. Lawrence: University Press of Kansas, 1971, 1972.

Chang, Tung-ts'ai. *Sanzo Nosaka and Mao Tse-tung*. Taipei: Institute of International Relations, 1969.

Cheek,Timothy."The Fading of Wild Lilies."*Australian Journal of Chinese Affairs*, no. 11, January 1984.

Chen Changfeng. *Gensui Mao zhuxi changzheng*. Hong Kong: Chaoyang chubanshe, 1971.

——.*On the Long March with Chairman Mao*. Beijing: Foreign Languages Press, 1972.

Chen Dunde. *Mao Zedong yu Ni Ke Song zai 1972*. Beijing: Kunlun chubanshe, 1988.

Ch'en, Jerome. *Mao and the Chinese Revolution*. New York: Oxford University Press, 1965.

——, ed. *Mao*: *Great Lives Observed*. Englewood Cliffs, N.J.: Prentice-Hall, 1969.

——. *Mao Papers*. New York: Oxford University Press, 1970.

——. "Reflections on the Long March." *China Quarterly*, no. 111, September 1987.

Chen, Jain. *China's Road to the Korean War*. New York: Columbia University Press, 1994.

Chen Yongfa. *Yanan de yinyang*. Taipei: Lishi xueyuan chubanshe, 1990.

Chen Zaidao. "Wuhan 'qierling shijian' shimo." *Gemingshi ziliao* (Beijing), no. 2, September 1981.

Cheng Hsueh-chia. *Hie Mao zhizheng*. Taipei: Pamir Press, 1963.

——. "Mao Tse-tung Before the Formation of the Chinese Communist Party." *Issues and Studies* (Taipei), vol. 9, nos. 11 and 12, November and December 1973.

Chi, Hsin. *The Case of the Gang of Four*. Hong Kong: Cosmos Books, 1977.

Chiang, May-ling Soong. *Conversations with Mikhail Borodin*. London: Free Chinese Center, 1978.

Chiang Yung-ching. *Baoluoting yu Wuhan zhengchuan*. Taipei: Zhongguo xueshu zhuzuo jiangchu weiyuanhui, 1963.

Chinese Law and Government: A Journal of Translations. Armonk, N.Y.: M. E. Sharpe, 1968-.

Chou, Ching-wen [Zhou Qingwen]. *Ten Years of Storm: The True Story of the Communist Regime in China*. New York: Holt, Rinehart and Winston, 1960.

Chou, Eric. *A Man Must Choose*. New York: Knopf, 1963.

Cohen, Arthur A. *The Communism of Mao Zedong*. Chicago: University of Chicago Press, 1966.

——. "The Man and His Policies." In "Maoism: A Symposium," *Problems of Communism*, vol. xv, no. 5, September-October 1966.

Compton, Boyd, trans. *Mao's China: Party Reform Documents, 1942-44*. Seattle: University of Washington Press, 1952.

Cong, Dachang. *When Heroes Pass Away*. Lanham, Md: University Press of America, 1997.

Cressy-Marcks, Viloet. *Journey into China*. New York: Dutton, 1942.

Cumins, Howard. *Mao Tse-tung: A Value Analysis*. Edmonton: University of Alberta Press, 1971.

Current Background. Hong Kong: U.S. Consulate General, 1950-77.

Dachao xinqi: Deng Xiaoping nanxun qianqian houhou. Beijing: Zhongguo guangbo dianshi chubansge, 1992.

Dalai Lama. *My Land and My People*. New York: McGraw-Hill, 1962.

"Dangdai renminzhongde Mao Zedong." *Beijing qingnianbao (Xinwen zhoukan)*, December 21, 1993.

Dangde wenxian. Beijing: Zhonggong zhongyang wenxian yanjiushi,1988.

Dangshi yanjiu. Beijing: Zhonggong zhongyang dangxiao, 1980-1987.

Davin, Delia. *Mao Zedong*. Stroud, Eng.: Sutton Publishing, 1997.

De Beaufort, Simon. *Yellow Earth, Green Jade*. Cambridge, Mass: Center for International Affairs, Harvard University, 1978.

Deng Xiaoping. *Deng Xiaoping wenxuan, 1975-1982*. Beijing: Renmin chubanshe, 1983.

Ding Shu. *Renhuo*. Hong Kong: Jiushi niandai zazhi she, 1991. Rev. ed. 1996.

Ding [Ting], Wang. *Chairman Hua*. Montreal: McGill-Queen's University Press, 1980.

——. *Wang Hongwen Zhang Chunqiao pingzhuan*. Hong Kong: Mingbao yuekan she, 1977.

Dittmer, Lowell. *China's Continuous Revoltuion*. Berkeley: University of Californian Press, 1987.

——. *Liu Shao-ch'i and the Chinese Cultural Revolution*. Berkeley: University of California Press, 1974.

Domes, Jürgen. *China After the Cultural Revolution*. Berkeley: University of California Press, 1977.

——. *The Internal Politics of China, 1949-1972*. New York: Praeger, 1973.

——. *Peng Te-huai: The Man and His Image*. Standfork, Calif.: Stanford University Press, 1985.

Dong Bian et al., eds. *Mao Zedong he tade mishu Tian Jiaying*. Beijing: Zhongyang wenxian chubanshe, 1989. Rev. ed. 1996.

Dong Chuqing. "Wo de baba Dong Biwu." In *Lishi zai zheli chensi*, ed. Zhou Ming, vol. 1. Beijing: Huaxia chubansge, 1986.

Eastman, LloydE. *The Abortive Revolution: China Under Nationalist Rule, 1927-1937*. Cambridge, Mass.: Harvard University Press, 1974.

——. *The Nationalist Era in China, 1927-1949*. New York: Cambridge University Press, 1991.

Eisenhower, Dwight D. *The White House Years*. 2 vols. Garden City, N.Y.: Doubleday, 1963, 1965.

Eisenhower, Julie Nixon. *Special People*. New York: Simon and Schuster,1977

Elegant, Robert. *China's Red Masters*. New York: Twayne Publishers, 1951.

The Enigma of China. Tokyo: Asahi Shimbun, 1967.

Epstein, Israel. *I Visit Yenan*. Bombay: People's Publishing House, 1945.

Eskelund, Karl.*The Red Mandarins: Travels in Red China*. London: A. Redman, 1959.

Fan Shuo. *Ye Jianying zai 1976*. Beijing: Zhonggong zhongyang dangxiao chubanshe, 1990. Rev. ed. 1995.

Fan Tianshan, and Ma Junjie, eds. *Zhonggong dangshi daodu*. 2 vols. Beijing: Zhongguo guangbo dianshi chubanshe, 1991.

Farue, Edgar. *The Serpent and the Tortoise*. New York: St. Martion's Press, 1958.

Feigon, Lee. *Chen Duxiu: Founder of the Chinese Communist Party*. Princeton, N.J.: Princeton University Press, 1983.

Fitzgerald, C. P. *Mao Tse-Tung and China*. New York: Penguin Books, 1977.

Fitzgerald, John. "Mao in Mufti." *Australian Journal of Chinese Affairs*, no. 9, January 1983.

Forman, Harrison. *Report from Red China*. New York: Holt, 1945.

Friedman, Edward. "Einstein and Mao: Metaphors of Revolution." *China Quarterly*, no. 93, March 1983.

Fromm, Erich. *Escape from Freedom*. New York: Avon Books, 1969.

Galbiati, Fernando. *P'eng P'ai and the Hai-Lu-Feng Soviet*. Stanford, Calif.: Stanford University Press, 1985.

Gao Gao, and Yan Jiaqi. "*Wenhua da geming" shinian shi, 1966-1976*. Tianjin: Renmin chubanshe, 1986.

Garside, Roger. *Coming Alive!* New York: McGraw-Hill, 1981.

Garver, John. "The Origins of the Second United Front." *China Quarterly*, no. 113, March 1988.
Goldman, Merle. *Literary Dissent in Communist China*. Cambridge, Mass.:Havard University Press, 1967.
Goncharov, Sergei, John Lewis, and Xue Litai. *Uncertain Partners: Stalin, Mao, and the Korean War*. Stanford, Calif: Standford University Press, 1993.
A Great Trial in Chinese History. Beijing: New Worle Press, 1981.
"*Guanyu jianguo yilai dangde ruogan lishi wenti de jueyi" zhushi ben, xiuding*. Beijing: Renmin chubanshe, 1985.
"Guanyu 'Mano Zedong re'- Deng Liqun tongzhai da benkan jizhe." *Zhongliu* (Beijing), no. 12, December 1991.
Guo Jinrong. *Mao Zedong de huanghun suiyue*. Hong Kong: Tiandi tushugongsi, 1990.
Guo Simin, ed. *Wo yanzhong de Mao Zedong*. Shijiazhuang: Hebei renmin chubanshe, 1992.
Han, Suyin. *The Morning Deluge: Mao Tsetung and the Chinese Revolution, 1893-1954*. Boston: Little, Brown, 1972.
——. *My House Has Two Doors*. New York: Putnam, 1980.
——. *Wind in the Tower: Mao Tsetung and the Chinese Revolution, 1949-1975*. Boston: Little, Brown, 1976.
Hao Menebi, and Duan Haoran, eds. *Zhongguo gongchandang liushi nian*. 2vols. Beijing: Jiefangjun chubanshe, 1984.
Harding, Harry, and Melvin Gurtov. *The Purge of Lo Jui-ch'ing*. Santa Monica, Calif: Rand Corporation, 1971.
Harrison, James P. *The Long March to Power*. New York: Praeger, 1972.
Harsono, Ganis. *Recollections of an Indonesian Diplomat in the Sukarno Era*. St. Lucia, Australia: University of Queensland Press, 1977.
Hearst, Nancy, and Tony Saich. "Newly Available Sources on CCP History from the PRC." In *New Perspectives on the Chinese Communist Revolution,* ed . Timothy Cheek and Tony Saich. Armonk, N.Y.: M. E. Sharpe, 1997.
Hou Dangsheng. *Mao Zedong xiangzhang fengyunlu*. Beijing: Zhonggong zhongyang dangxiao chubanshe, 1993.
Hsiao, Tso-liang. *The Land Revolution in China, 1930-1934*. Seattle: University of Washington Press, 1969.
——. *Power Relations Within the Chinese Communist Movement, 1930-1934*. 2 vols. Seattle: University of

Washington Press, 1961, 1967.

Hu Hua. *Zhongguo shehuizhuyi geming he juanshe shi jiangyi*. Beijing: Zhongguo renmin daxue chubanshe, 1985.

Hu Qiaomu. *Hu Qiaomu huiyi Mao Zedong*. Beijing: Renmin chubanshe, 1994.

Huang Yu-ch'uan, ed. *Mao Zedong shengping ziliao jianbian*. Hong Kong: Union Research Institute, 1970.

Hunt, Michael. "Beijing and the Korean Crisis, June 1950-June 1951." *Political Science Quarterly*, vol. 107, no. 3, Fall 1992.

Jianguo yilia Mao Zedong wengao. 13 vols, covering 1949-76. Beijing: Zhongyang wenxian chubanshe, 1987-1998.

Jin Chongji, ed. *Mao Zedong zhuan 1893-1949*. 2 vols. Beijing: Zhongyang wenxian chubanshe, 1996.

Jin Qiu. *The Culture of Power: The Lin Biao Incident in the Cultural Revolution*. Standford, Calif: Stanford University Press, 1999.

Kempen, Thomas. *Mao Zdong, Zhou Enlai and the Evolution of the Chinese Communist Leadership*. Copenhagen: Nordic Institute of Asian Studies, 2000.

——. "The Zunyi Conference and Further Steps in Mao's Rise to Power." *China Quarterly*, no. 117, March 1989.

Karnow, Stanley. *Mao and China*. New York: Viking Press, 1973.

Karol, K. S. *China: The Other Communism*. New York: Hill and Wang, 1967.

Kau, Michael Y. M. *The Lin Piao Affair*. White Plains, N.Y.: International Arts and Sciences Press, 1975.

Kau, Michael Y. M., and John K. Leung, eds. *The Writings of Mao Zedong, 1949-1976*. Volume I: September 1949-December 1955. Armonk, N.Y.: M. E. Sharpe, 1986.

——. *The Writings of Mao Zedong, 1949-1976*. Volume II: January 1956-December 1957. Armonk, N.Y.:M. E. Sharpe, 1992.

Khrushchev, Nikita. *Khrushchev Remembers*. New York: Bantam, 1971.

——. *Khrushchev Remembers: The Last Testament*. New York: Bantam, 1976.

Kissinger, Henry. *White House Years*. Boston: Little, Brown, 1979.

Klein, Donald, and Lois Hager. "The Ninth Central Committee." *China Quarterly*, no. 45, January 1971.

Knight, Nick. "Mao and History." *Australian Journal of Chinese Affairs*, no. 13, January 1985.

——. *Mao Zedong's "On Contradiction": An Annotated Translation of the Pre-Liberation Text*. Griffith Asian Papers, no. 3. Nathan, Australia: Griffith University, 1981.

——, ed. *Mao Zedong on Dialectical Materialism*. Armonk, N.Y.: M. E. Sharpe, 1990.

Kudashev, R. "My Meetings With Mao, Jiang, and Others." *International Affairs* (Moscow), vol. 44, no. 3, 1998.

Kung Ch'u [Gong Chu]. *Wo yu hongjun*. Hong Kong: Southwind Publishing Company, 1954.

Kuo Tai-chun, and Ramon Myers. *Understanding Communist China*. Stanford, Calif.: Stanford University Press, 1986.

Lewis, Flora. *A Case History of Hope*. Garden City, N.Y.: Doubleday, 1958.

Li Jie. "Lun Mao Zedong xianxiang-yige xingcunzhede pipan shluji, zhiwu." *Baijia* (Beijing), no. 3, 1989.

Li Jui [Li Rui]. *The Early Revolutionary Activtities of Comrade Mao Tse-tung*. White Plains, N.Y.: M. E. Sharpe, 1977.

Li Rui. *Lushan huiyi shilu*. Beijing: Chunqiu chubanshe, 1989.

——. *Mao Zedong de zaonian yu wannian*. Guiyang: Guizhou renmin chubanshe, 1992.

——. *Mao Zedong de zqoqi geming huodong*. Changsha: Hunan renmin chubanshe, 1980.

——. *Zaonian Mao Zedong*. Shenyang: Liaoning renmin chubanshe, 1993.

Li Xiangwen. *Mao Zedong jiashi*. Beijing: Renmin chubanshe, 1993.

Li Yanchun. "Mao's Family Members Brought Out of the Shadow." *Beijing Review*, December 13-19, 1993.

——. "Yeye bainian danchen sunzi zhuangzhong xuanshi." *Beijing qingnianbao*, December 26, 1993.

Li Yinqiao. *Zai Mao Zedong shenbian shiwu nian*. Shijiazhuang: Hebei renmin chubanshe, 1991.

Li Yongshou. *Zhogxi wenhua yu Mao Zedong zaoqi sixiang*. Chengdu: Sichuan daxue chubanshe, 1991.

Li Yongtai. *Mao Zedong yu da geming*. Chengdu: Sichuan renmin chubanshe, 1991.

Li, Zhisui. *The Private Life of Chairman* Mao. New York: Random House, 1994.

Liao, Gailong. "Historical Experiences and Our Road of Development."*Issues and Studies*, vol. xvii, no. 10. October 1981 and vol. xvii, no. 11, November 1981.

Lifton, Robert Jay. *Revoltionary Immortality*. New York: Vintage, 1968.

"Lin Doudou Who Lives in the Shadow of History." *Huaqiao ribao* (New York), June 14-17, 1988.

Lin Ke, Xu Tao, and Wu Xujun. *Lishi de zhenshi*. Hong Kong: Liuwen chubanshe, 1995.

Lin Qingshan. *Kang Sheng wai zhuan*. Jilin: Jilin chubanshe, 1988.
Ling, Ken. *The Revenge of Heaven*. New York: Putnam, 1972.
Lishi juren Mao Zedong. 3 vols. Beijing: Zhongguo renmin daxue chubanshe, 1993.
Liu Bocheng, et al. *Recalling the Long March*. Beijing: Foreign Languages Press, 1978.
Liu Guangrong, ed. *Mao Zedong de renji yishu*. Beijing: Zhonggong zhongyang dangxiao chubanshe, 1992.
Liu Jiecheng. *Mao Zedong yu Sidalin*. Beijing: Zhonggong zhongyang dangxiao chubanshe, 1993.
Liu, Shaoqi. *How to Be a Good Communist*. Beijing: Foreign Languages Press, 1965.
Liu Xiao. *Chu shi Sulian ba nian*. Beijing: Zhonggong dangshi ziliao chubanshe, 1986.
Liu Yan, and Yand Shizao. *Zhou Enlai yu Mao Zedong sixang*. Chongqing: Chongqing chubanshe, 1993.
Loh, Robert. *Escape from Red China*. New York: Coward-McCann, 1962.
Lohbeck, Don. *Patrick J. Hurley*. Chicago: Regnery, 1956.
Lötveit, Trygve. *Chinese Communism, 1931-1934*. Scandinavian Institute of Asian Sutdies, Monograph Series, no. 16. Lund: Studentlitteratur, 1973.
Lu Ch'iang [Lu Qiang]. *Jinggangshan shangde "yingxiong"–Mao Zedong waishi*. Hong Kong: Ziyou chubanshe, 1951.
Luo Bing. "Mao Zedong zhuzuo duo daibi." *Zhengming* (Hong Kong), no. 12, December 1993.
MacFarquhar, Roderick. *The Origins of the Cultural Revoluion I: Contradictions Among the People 1956-1957*. New York: Columbia University Press, 1974.
——. *The Origins of the Cultural Revolution II: The Great Leap Forward 1958-1960*. New York: Columbia University Press, 1983.
——. *The Origins of the Cultural Revolution III: The Coming of the Cataclysm 1961-1966*. New York: Columbia University Press, 1997.
——, ed. *The Politics of China: The Eras of Mao and Deng*. New York: Cambridge University Press, 1933. 2d ed. 1997.
MacFarquhar, Roderick, Timothy Cheek, and Eugene Wu, eds. *The Secret Speeches of Chairman Mao*. Cambridge, Mass: Council on East Asian Studies, Harvard University, 1989.
Malraux, André. *Antimémoires*. Paris: Gallimard, 1967.
Mann, James. *About Face*. New York: Knopf, 1999.

Mao Zedong jingji nianpu. Beijing: Zhonggong zhongyang dangxiao chubanshe, 1993.
Mao Zedong junshi wenji.6 vols. Beijing: Zhongyang wenxian chubanshe and Junshi kexue chubanshe, 1993.
Mao Zedong junshi wenxuan. Beijing: Zhongguo renmin jiefangjun zhanshi chubanshe, 1981.
Mao Zedong shici duilian jizhu. Changsha: Hunan wenyi chubanshe, 1991.
Mao Zedong shici ji. Rev. ed. Beijing:Zhongyang wenxian chubanshe, 1996.
Mao Zedong shuxin xuanji. Beijing: Renmin chubanshe, 1983.
Mao Zedong sixiang wansui. 3 vols. 1967 (vols. 1-2), 1969 (vol. 3).
Mao Zedong waijiao wenxuan. Beijing: Zhongyang wenxian chubanshe, 1994.
Mao Zedong wenji. 8 vols. Beijing: Renmin chubanshe, 1993 (vols. 1-2), 1996 (vols. 3-5), 1999 (vols. 6-8).
Mao Zedong xinwen gongzuo wenxuan. Beijing: Xinhua chubanshe, 1983.
Mao Zedong xuanji. Rev. ed. 4 vols. Beijing: Renmin chubanshe, 1991.
Mao Zedong zai qida de baogao he jianghua ji. Beijing: Zhongyang wenxian chubanshe, 1995.
Mao Zedong zaoqi wengao 1912.6-1920.11. Changsha. Hunan renmin chubanshe, 1990.
Mao Zedong. Miscellany of Mao Tse-tung Thought. (Translation of *Mao Zedong sixiang wan sui*.) Arlington, Va.: Joint Publicaions Research Service, 61269-1 / 2, February 1974.
Mao Zedong. *Selected Works*. 5 vols. Beijing: Foreign Languages Press, 1961-77.
Marcuse, Jacques. *The Peking Papers*. New York: Dutton, 1967.
Marks, Robert. "The State of the China Field." *Modern China*, vol. 11, no. 4, October 1985.
Mathews, Jay, and Linda Mathews. *One Billion*. New York: Random House, 1983.
McDonald, Angus. "Mao Tse-tung and the Hunan Self-Government Movement, 1920." *China Quarterly*, no. 68, December 1976.
McDougall, Bonnie. *Mao Zedong's "Talks at the Yanan Conferencwe on Literature and Art": A Translation of the 1943 Text with Commentary*. Ann Arbor: Michigan Papers in Chinese Studies no. 39, Center for Chinese Studies, University of Michigan, 1980.
McLane, Charles. *Souiet Policy and the Chinese Communists*. New York: Columbia University Press, 1958.
Meisner, Maurice. *Li Ta-chao and the Origins of Chinese Marxism*. Cambridge, Mass: Harvard University Press, 1967.
Melby, John F. *The Mandate of Heaven*. Toronto: University of Toronto Press, 1968.

Mianhuai Mao Zedong.2 vols. Beijing: Zhongyang wenxian chubanhshe, 1993.
Milton, David, and Nancy Milton. *The Wind Will Not Subside*. New York: Pantheon Books, 1976.
Moise, Edwin. *Modern China: A History*. New York: Longman, 1986.
Muldoon, Robert David. *Muldoon*. Wellington, New Zealand: Reed, 1977.
Nan Guang, ed. *Mao Zedong he tade sida mishu*. Guiyang: Guizhou minzu chubanshe, 1993.
Nie Rongzhen. *Nie Rongzhen huiyi lu*. 3 vols. Beijing: Jiefangjun chubanshe, 1983-85.
Nixon, Richard. *R.N.: The Memoirs of Richard Nixon*. 2 vols. New York: Warner Books, 1978.
Nu, U. *U Nu, Saturday's Son*. New Haven, Conn.: Yale University Press, 1975.
Oksenberg, Michel, and Yeung Sai-cheung. "Hua Kuo-feng's Pre-Cultural Revolution Hunan Years." *China Quarterly*, no. 69. March 1977.
Paloczi-Horvath, George. *Mao Tse-tung: Emperor of the Blue Ants*. London: Secker and Warburg, 1962.
Pang Xianzhi, ed. *Mao Zedong nianpu*. 3 vols. Beijing: Zhongyang wenxian chubanshe, 1993.
Payne, Robert. *Chinese Diaries, 1941-1946*. New York: Weybright and Talley, 1970.
——. *Journey to Red China*. London: Heinemann, 1947.
——. *Mao Tse-tung: Ruler of Red China*. New York: Schuman, 1950.
Pei Jian, ed. *Xianghun: Mao Zedong de jiashi*. Beijing: Qunzhong chubanshe, 1992.
Peng Dehuai. *Peng Dehuai zishu*. Beijing: Renmin chubanshe, 1980.
Pingfan yu weida. Beijing: Xiyuan chubanshe, 1993.
Pipes, Richard. *The Unknown Lenin*. New Haven, Conn.: Yale University Press, 1996.
Porter, Edgar. *The People's Doctor: George Hatem and China's Revolution*. Honolullu: University of Hawai'i Press, 1997.
Pu, Ning. *Red in Tooth and Claw: Twenty-Six Years in Communist Chinese Prisons*. New York: Grove Press, 1994.
Pusey, James. *Wu Han: Attacking the Present Through the Past*. Cambridge, Mass: East Asian Research Center, Harvard University; distributed by Harvard University Press, 1969.
Pye, Lucian. *Mao Tse-tung: The Man in the Leader*. New York: Basic Books, 1976.
——. "Rethinking the Man in the Leader." *China Journal*, no. 35, January 1996.
Qi Dexue. *Chaoxian zhanzheng juece neimu*. Shenyang: Liaoning daxue chubanshe, 1991.

Qing Shi. “Chaoxian tingzhan neimu.” *Bainianchao* (Beijing), no.3, May 1997.

——. “Sidalin lizhu Zhongguo chubing yuan Chao.” *Bainianchao*, no. 2, March 1997.

——. “1950 nian jiefang Taiwan jihua geqian de muhou.” *Bainianchao*, no. 1, January 1997.

Quan Yanchi. *Hongqiao neiwai: Mao Zedong shenghuo shilu*. Beijing: Kunlun chubanshe, 1989.

——. *Lingxiu lei*. Beijing: Zhonggong zhongyang dangxiao chubanshe, 1990.

——, comp. *Mao Zedong: Man, Not God*. Beijing: Foreign Languages Press, 1992.

——, comp. *Zouxia shentan de Mao Zedong*. Beijing: Zhongguo wenhua chuban gongsi, 1989.

“Resolution on Certan Questions in the History of Our Party Since the Founding of the PRC.” *Beijing Review*, July 6, 1981.

Rice, Edward E. *Mao's Way*. Berkeley: University of Califonria Press, 1972.

Rickett, W. Allyn. *Prisoners of Liberation*. Garden City, N.Y.: Anchor Press, 1973.

Rosen, Stanley. *Red Guard Factionalism and the Cultural Revoltuion in Guangzhou*. Boulder, Colo.: Weistview, 1982.

Roy, Claude. *Premières Clefs pour la Chine: Une vie de Mao Tse Toung*. Paris: Éditeurs francais réunis, 1950.

Roy, M. N. *My Experiences in China*. Calcutta: Renaissance Publishers, 1945.

Rue, John E. *Mao Tse-tung in Opposition, 1927-1935*. Hoover Insitiution Publications. Standford , Calif.: Stanford University Press, 1966.

Ryan, William, and Sam Summerlin. *The China Cloud*. Boston: Little, Brown, 1967.

Saich, Tony. *The Origins of the First United Front in China*. 2 vols. Leiden: E. J. Brill, 1991.

——. *The Rise to Power of the Chinese Communist Party*. Armonk, N.Y.: M. E. Sharpe, 1996.

Saich, Tony, and Hans van de Ven, eds. *New Perspectives on the Chinese Communist Revolution*. Armonk, N.Y.: M. E. Sharpe, 1995.

Salisbruy, Harrison. *The Long March*. New York: Harper and Row, 1985.

Sang Ye. “Zai Beijingde yitian.” *Zhongguo shibao* (Hong Kong), August 3, 1991.

Scharping, Thomas. “The Man, the Myth, the Message-New Trends in Mao-Literature from China.” *China Quarterly*, no. 137, March 1994.

Schoenhals, Michael. “Original Contradictions.” *Australian Journal of Chinese Affairs*, no. 16 July 1986.

——, ed. *China's Cultural Revolution, 1966-1969: Not a Dinner Party*. Armonk, N.Y.: M. E. Sharpe, 1996.

Schoenhals, Michael, and Brewer Stone. "Liu Shaoqi on Peng Dehuai at the 7,000 Cadres Conference." *CCP Research Newsletter*, no. 5, Spring 1990.

Schram, Stuart. "Chairman Hua Edits Mao's Literary Heritage." *China Quarterly*, no. 69, March 1977.

——. "The Man and His Doctrines." In "Mao: A Symposium, " *Problems of Communism*, vol. xv, no. 5, Septemer-October 1966.

——. *Mao's Road to Power: Revolutionary Writings, 1912-1949*. Vol. 1: *The Pre-Marxist Period, 1912-1920*; vol. 2: *National Revolution and Social Revolution, December 1920-June 1927*; vol. 3: *From the Jinggangshan to the Establishment of the Jiangxi Souviets, July 1927-December 1930*; vol. 4: *The Rise and Fall of the Chinese Soviet Republic, 1931-1934*. Armonk, N.Y.: M. E. Sharpe, 1992, 1994, 1995, 1997. (*Mao's Road to Power* will eventually comprise 10 vols.)

——. *Mao Tse-tung*. Harmondsworth, Eng.: Penguin Books, 1967.

——. "Mao Zedong a Hundred Years on." *China Quarterly*, no. 137, March 1994.

——. Mao Zedong: *A Preliminary Assessment*. Hong Kong: Hong Kong University Press, 1983.

——. *The Political Thought of Mao Zedong*. New York: Praeger, 1963.

——. *The Thought of Mao Zedong*. Cambridge University Press, 1989.

——, ed. *Chairman Mao Talks to the People*. New York: Pantheon Books, 1974.

Schrecker, John. *The Chinese Revolution in Historical Perspective*. West-port, Conn. : Greenwood Press,1991.

Schwartz, Benjamin. *Chinese Communism and the Rise of Mao*. Cambridge, Mass.: Harvard University Press, 1951.

Selden, Mark. *China in Revolution: The Yenan Way Revisited*. Armonk, N.Y.: M. E. Sharpe, 1995.

——. *The Yenan Way in Revolutionary China*. Cambridge, Mass.: Harivard University Press, 1971.

Service, John S. *The Amerasia Papers: Some Problems in the History of U.S.-China Relations*. Berkeley: Center for Chinese Studies, University of California at Berkeley, 1971.

——. *Lost Chance in China*. New York: Random House, 1974.

Shaffer, Lynda. *Mao and the Workers*. Armonk, N.Y.:M. E. Sharpe, 1982.

Shao Huaze. "Guanyu 'wenhua da geming' de jige wenti." In *Dangshi huiyi baogao ji*, pp. 337-92. Beijing: Zhonggong zhongyang dangxiao chubanshe, 1991.

Sheng, Michael M. *Battling Wewtern Imperialism: Mao, Stalin, and the United States*. Princeton, N.J.: Princeton

University Press, 1997.
——. "Mao, Stalin, and the Formation of the Anti-Japanese United Front: 193-1937." *China Quarterly*, no. 129, March 1992.
Shi Zhe. *Feng yu gu*. Beijing: Hongqi chubanshe, 1992.
——. *Zai lishi zhuren shenbian*. Beijing: Zhongyang wenxian chubanshe, 1991. Rev. ed. 1995.
Shum, K. K. "Wang Ming and the United Front." *CCP Research Newsletter*, no. 5, Spring 1990.
Si Ma Changfeng. *Mao Zedong pingzhuan*. Kowloon: Wenyi yishu wu, 1975.
——. *Mao Zedong yu Zhou Enlai*. Hong Kong: Nanjing yiwen she, 1976.
Simmons, Robert R. *The Strained Alliance: Peking, Pyongyang, Moscow, and the Politics of the Korean Civil War*. New York: Free Press, 1975.
Smedley, Agnes. *Battle Hymn of China*. New York: Knopf, 1943.
——. *China Fights Back*. New York: Vanguard Press, 1938.
——. *Chinese Destinies: Sketches of Present-Day China*. New York: Vanguard Press, 1933.
——.*Daughter of Earth*. New York: Coward-McCann, 1935.
——.*The Great Road: The Life and Times of Chu Teh*. New York: Monthly Review Press,1956.
Snow, Edgar. *Journey to the Beginning*. New York: Random House, 1972.
——. *The Other Side of the River*. New York: Random House, 1962.
——. *Random Notes on Red China*, 1936-1945. Cambridge, Mass.: Chinese Economic and Political Studies, Harvard University; distributed by Harvard University Press, 1957.
——. *Red Star over China*. New York: Grove Press, 1961 [1938].
Solomon, Richard. *Mao's Revolution and the Chinese Political Culture*. Berkeley: University of California Press, 1971.
Spence, Jonathan. *Mao Zedong*. New York: Viking, 1999.
Starr, John Bryan. *Continuing the Revolution: The Political Thought of Mao*. Princeton, N.J.: Prinecton University Press, 1979.
——. *Post-Liberation Works of Mao Zedong: A Bibliography and Index*. Berkeley: Center for Chinese Studies, University of California at Berkeley, 1976.
Stein, Guenther. *The Challenge of Red China*. New York: McGraw-Hill, 1945.

Stranahan, Patricia. "The Last Battle." *China Quarterly*, no. 123, September 1990.

Su Ya, and Jia Lusheng. *Buluode taiyang*. Zhengahou: Zhongyuan nongmin chubanshe, 1992.

Sulzberger, C.L. *The Coldest War: Russia's Game in China*. New York: Harcourt Brace Jovanovich, 1974.

——. *A Long Row of Candles*. New York: Macmillan, 1969.

Sun Dunfan et al., eds. *Zhongguo gonchandang lishi jiangyi*. 2.vols. Jinan:Shandong renmin chubanshe, 1983.

Takeuchi Minorum, ed. *Mao Zedong ji*. 10 vols. Tokyo: Soshosa, 1983. Translated as *Collected Works of Mao Tse-tung* [1917-49]. Arlington, Va.: Joint Publications Research Service, no. 71911-1 / 3, September-October 1978. (Supplementary volumes, *Bujuan*, 10 vols. Tokyo: Soshosa, 1983-86.)

Tao Siliang. "Wo yu Nie Li, Li Na, Lin Doudou." *Zhonghua ernu* (Beijing), no. 1, January 1991.

Taylor, Charles. *Reporter in Red China*. New York: Random House, 1966.

Teiwes, Frederick. "Peng Dehuai and Mao Zedong." *Australian Journal of Chinese Affairs*, no. 16, July 1986.

——. *Politics at Mao's Court: Gao and Party Factionalism in the Early 1950s*. Armonk, N.Y.: M. E. Sharpe, 1990.

Teiwes, Frederick, and Warren Sun. *The Tragedy of Lin Biao*. Honolulu: University of Hawai'i Press, 1996.

Terrill, Ross. *China in Our Time*. New York: Simon and Schuster, 1992.

——. *800.000.000: The Real China*. Boston: Little, Brown, 1972.

——. *Flowers on an Iron Tree*. Boston: Little, Brown, 1975.

——. *The Future of China: After Mao*. New York: Delacorte Press, 1978.

——. *Madame Mao*. Stanford, Calif.: Stanford University Press, 1999.

——. *Mao*. New York: Harper and Row, 1980.

——. "Mao Zedong dui Jiang Jieshi de shengli." In *Zhongguo chule ge Mao Zedong*, ed. Su Yang, pp. 308-13. Beijing: Jiefangjun chubanshe, 1991,

——. *Mao Zedong zhuan (xiuding ben)*. Shijiazhuang: Hebei renmin chubanshe, 14th printing, 1996.

——. "Zhongguo de shenezhe Mao Zedong." In *Zhongguo chule ge Mao Zedong*, ed. Su Yang, pp. 376-77. Beijing: Jiefangjun chubanshe, 1991.

——, ed. *The China Difference*. New York: Harper and Row, 1979.

Terrill, Ross, and Bruce Douglass, eds. *China and Ourselves*. Boston: Beacon Press, 1970.

Thompson, Roger. *Report from Xunwu*. Stanford, Calif.: Stanford University Press, 1990.

Thornton, Richard C. *The Comintern and the Chinese Communists, 1928-1931*. Seattle: University of Washington Press, 1969.

Thurston, Anne. "The Politics of Survival." *China Journal*, no. 35, January 1996.

Topping, Seymour. *Journey Between Two Chinas*. New York: Harper and Row, 1972.

Tso Sun-sheng [Zuo Sunsheng]. *Jin sanshi nian jianwen zaji*. Hong Kong: Ziyou chubanshe, 1952.

Uhalley, Stephen. *Mao Tse-tung: A Critical Biography*. New York: New View-points, 1975.

Union Research Institute. *Documents of the Chinese Commnist Party Central Committee, 1956-1969*. Hong Kong: Union Rescarch Insitiute, 1971.

Van Ginneken, Jaap. *The Rise and Fall of Lin Piao*. Harmondsworth, Eng.: Penguin Books, 1976.

Vishnyakova-Akimova, Vera Vladimirovna. *Two Years in Rcvolutionary China, 1925-1927*. Cambridge, Mass.: East Asian Research Center, Harvard University, 1971.

Vladimirov, O., and V. Ryazantsev. *Mao Tse-tung: A Political Portrait*. Maoscow: Progress Publishers, 1976.

Wakeman, Frederic, Jr. *History and Will*. Berkeley: University of California Press, 1973.

Wales, Nym. *The Chinese Communists: Sketches and Autobiographies of the Old Guard*. Westport, Conn.: Greenwood Press, 1972.

——. *Inside Red China*. New York: Da Capa, 1977 [1939].

——. *My China Years*. New York: Morrow, 1984.

——. *My Yenan Notebooks*. Madison, Conn.: private publication, mimeographed, 1961.

——. *Notes on the Chinese Student Movement, 1935-1936*. Stanford, Calif.: Hoover Institution Press, Stanford University, 1959.

——. *Red Dust: Autobiographies of Chinese Communists*. Stanford, Calif.: Stanford University Press, 1952.

——. Women in Modern China. The Hague: Mouton, 1967.

Walker, Richard L. "Chairman Mao and the Cult of Personality." *Encounter*, vol. xv, no. 6, June 1960.

——. *The Human Cost of Communism in China*. Washington, D.C.: U.S. Government Printing Office, 1971.

Wang Donglin. *Liang Sguming yu Mao Zedong*. Changchun: Jilin renmin chubanshe, 1989.

Wang Dongxing. *Wang Dongxing huiyi: Mao Zedong yu Lin Biao fan geming jituan de douzheng*. Beijing: Dangdai Zhongguo chubanshe, 1997.

Wang Hebin. *Ziyunxuan zhuren*. Beijing: Zhonggong zhongyang dangxiao chubanshe, 1991.

Wang Li. *Xianchang lishi*. Hong Kong: Oxford University Press, 1993.
Wang Lingshu. "Ji Dengkui on Mao Zedong." *Liaowang*, February 6-13, 1989. Translated in Foreign Broadcast Information Service, February 14, 1989.
Wang, Ming. *Mao's Betrayal*. Moscow: Progress Publishers, 1979.
Wang Nianyi. *Dadongluan de niandai*. Zhengzhou: Henan renmin chubanshe, 1988.
Wang Ruoshui. "Ping Mao dagang: Mao Zedong wannian sixiang pipan jiqi lishi genyuan." *Mingbao yuekan* (Hong Kong), no. 8, Agugst 1989.
Wang Sicheng. *Mao fei Zedong zhengzhuan*. Taipei: Jinri dalushe, 1955.
Wang Xingjuan. *He Zizhen de lu*. Beijing: Zuojia chubanshe, 1985.
White, Theodore. *In Search of History*. New York: Harper and Row, 1978.
White, Theodore, and Annalee Jacoby. *Thunder Out of China*. New York: William Sloane Associates, 1946.
Whiting, Allen. *China Crosses the Yalu*. New York: Macmillan, 1960.
Wilson, Disk. *The Long March: 1935*. New York: Viking Press, 1971.
——. *The People's Emperor, Mao: A Biography of Mao Tse-tung*. Garden City, N.Y.: Doubleday, 1979.
——, ed. *Mao Tse- tung in the Scales of History*. New York: Cambridge University Press, 1977.
Witke, Roxane. *Comrade Chiang Ch'ing*. Boston: Little, Brown, 1977.
——. "Mao Tse-tung, Women and Suicide in the May Fourth Era." *China Quarterly*, no. 31, July-September 1967.
Womack, Brantly. "Where Mao Went Wrong." *Australian Journal of Chinese Affairs*, no. 16, July 1986.
Wu Jiqing. *Zai Mao zhuxi shenbian de rizili*. Nanchang: Jiangxi renmin chubanshe, 1982.
Wu Lengxi. *Shinian lunzhan 1956-1966: Zhong-Su guanxi huiui lu*. 2 vols.
Bijing: Zhongyang wenxian chubanshe, 1999.
——. *Yi Mao Zedong*. Beijing: Xinhua chubanshe, 1995.
Wu Xiuquan. *Eight Years in the Ministry of Foreign Affairs*. Beijing: New World Press, 1985.
——. *Huiyi yu huainian*. Beijing: Zhonggong zhongyang dangxiao chubanshe, 1991.
——.*Wode licheng:1908-1949*. Beijing: Jiefangjun chubanshe, 1984.
Wylie, Raymond F. *The Emergence of Maoism: Mao Tse-tung, Ch'en Po-ta, and the Search for Chinese Theory, 1935-1945*. Stanford, Calif.: Stanford University Press, 1980.

X. "Mao Fever-Why Now?" *World Monitor* (Boston), vol. 5, no. 12, December 1992.

Xiao San. *Mao Zedong tongzhi de qingshaonian shidai he chuqi gemimg huodong*. Beijing: Zhongguo qingnian chubanshe, 1980.

Xiao Yanzhong, ed. *Wannian Mao Zedong*. Beijing: Chunqiu chubanshe, 1989.

Xiao, Yu. *Mao Tse-tung and I Were Beggars*. Syracuse, N.Y.: Syracuse University Press, 1959.

Xu Haidong. *Wode zishu*. Beijing: Renmin chubanshe, 1983.

Xu Quanxing. *Yanan shiqi de Mao Zedong zhexue sixiang*. Xian: Shaanxi renmin chubanshe, 1988.

Xu Wenyi. "Lishi fuyu wode yixiang teshu shiming." *Shimjie zhixhi* (Bdijing), nos. 1 and 2, January 1988.

Xu Xiangqian. *Lishi de huigu*. Beijing: Jiefangjun chubanshe, 1984.

Yan Changlin. *Jingwei Mao Zedong jishi*. Changchun: Jilin renmin chubanshe, 1992.

Yang, Benjamin. *Deng Xiaoping. A Political Bilgraphy*. Armonk, N.Y.: M. E. Sharpe, 1997.

——. *From Revolution to Politics: Chinese Communists on the Long March*. Boulder, Colo.: Westview, 1990.

——. "The Zunyu Conference as One Step in Mao's Rise to Power." *China Quarterly*, no. 106, June 1986.

Yang, Dali. *Calamity and Reform in China*. Stanford, Calif.: Stanford University Press, 1996.

Yang Kuisong. *Mao Zedong yu Mosikede enenyuanyuan*. Nanching: Jiangxi renmin chubanshe, 1999.

Yang Qingwang, comp. *Wo zuo Mao Zedong weishi shisannian: Li Jiaji huiyi*. Beijing: Zhongyang wenixan chubanshe, 1998.

Yang Zilie. *Zhang Guotao furen huiyilu*. Hong Kong: Zilian chubanshe, 1970.

Ye Yonglie. *Chen Boda qiren*. Changchun: Shidai wenyu chubanshe, 1990.

——. *Mao Zedong de yishi chuxing*. Changchun: Shidai wenyu chubanshe, 1993.

Yuan Yue, ed. *Lin Biao shijian wenjian hubian*. Taipei: Zhongguo dalu wenti yanjiusuo, 1973.

Zagoria, Donald. *The Sino-Soviet Conflict, 1956-1961*. New York: Atheneum, 1964.

Zeng Xihe. *He Zizhen*. Beijing: Zhongguo qingnian chubanshe, 1997.

Zhai Zuojum. *Zai Mao zhuxi shenbian*. Wuhan: Hubei renmin chubanshe, 1959.

Zhang Fan. "Zhongnanhai taiyi shouci pengji Li Zhisui." *Hualian shibao* (New York), May 26, 1995.

Zhang Xi. *Peng Dehuai shouming shuaishuai kang Mei yuan Chao de qian-qian houhou*. Beijing: Zhonggong dangshi ziliao chubanshe, 1989.

Zhang Xixian. "Luelun Zhongguo jin xiandaishi shangde wuci xunzhao Mao Zedong." *Qinghua daxue*

yanjiusheng xyebao (Beijing), no. 4, 1990.
Zhang Yaoci. *Zhang Yaoci huiyi Mao Zedong*. Beijing: Zhonggong zhongyang dangxiao chubanshe, 1996.
Zhang Yufeng. Series of articles published in *Yanhuang zisun*; reprinted in *Guangming ribao* (Beijing), December 26, 1988 to January 6, 1989.
——. *Mao Zedong yishi*. Changsha: Hunan renmin chubanshe, 1989.
——. "Zuo wode mishu ye nan ye bunan." *Renwu* (Beijing), no. 6, November 1993.
Zhang Yunsheng. *Maojiawan jishi: Lin Biao mishu huiyi lu*. Beijing: Chunqui chubanshe, 1988.
Zhao Zhichao. "Yingmian zoulai Mao Xinyu." *Qinginian yuebao* (Beijing), no. 2, February 1993.
Zhejiangsheng Mao Zedong sixiang yanjiu zhongxin and Zhonggong Zheijang shengwei dangshi yanjiushi, ed. *Mao Zedong yu Zhejiang*. Beijing: Zhonggong dangshi chubanshe, 1993.
Zhing, Yi. *Scarlet Memorial: Tales of Cannibalism in Modern China*. Boulder, Colo.: Wewtview, 1996.
Zheng Yi, and Jia Mei. *Mao Zedong shenghuo shilu, 1946-76*. Nanjing: Jiangwu wenyi chubanshe, 1989.
Zhengzhi xueyuan zhonggong dangshi jiaoyanshi. *Zhongguo gongchandang liushinian dashi jianjie*. Beijing: Zhongguo renmin jiefangjuo guofang daxue chubanshe, 1985.
Zhong Kan. *Kang Sheng pingzhuan*. Beijing: Hongqi chubanshe, 1982.
Zhonggong Gansu shengwei dangshi yanjiushi, ed. *Mao Zedong yu Gansu*. Beijing: Zhonggong dangshi chubanshe, 1995.
Zhonggong Hebei shengwei bangongting, Zhonggong Hebei shengwei dangshi yanjiushi, and Hebeisheng dang'an guan, eds. *Lingxiu zai Hebei*. Beijing: Zhonggong dangshi chubanshe, 1993.
Zhonggong Hubei shengwei dangshi ziliao zhengbian weiyuanhui, ed. *Mao Zedong zai Hubei*. Beijing: Zhonngong dangshi chubanshe, 1993.
Zhonggong Jiangsu shenwei dangshi gongzuo weiyuanhui and Jiang susheng dang'an guan, ed. *Mao Zedong zai Jiangsu*. Beijing: Zhonggong dangshi chubanshe, 1993.
Zhonggong Luliang diwei dangshi yanjiushi, ed. *Mao Zedong zai Luliang*. Beijing: Zhonggong dangshi chubanshe, 1993.
Zhonggong Shanghai shiwei dangshi yanjiushi, ed. *Mao Zedong zai Shanghai*. Beijing: Zhonggong dangshi chubanshe chubanshe, 1993.
Zhonggong Xiangtan shiwei danshi ziliao zhengji bangongshi, ed. *Mao Zedong yu Xiangtan*. Beijing:

Zhonggong dangshi chubanshe, 1993.

Zhonggong zhongyang dangshi yanjiu, Beijing: Zhonggong zhongyang dangshi yanjiushi, 1988.

Zhonggong zhongyang dangshi ziliao zhengji weiyuanhui and Zhongyang dang'an guan, eds. *Zunyi huiyi wenxian*. Beijing: Renmin chubanshe, 1985.

Zhonggong zhongyang dangxiao dangshi jiaoyanshi. *Zhonggong gongchandang shigao*. 4 vols. Beijing: Renmin chubanshe, 1981-83.

Zhonggong zhongyang shujichu, ed. *Liuda yilai: dangnei mimi wenjian*. 2 vols. Beijing: Renmin chubanshe, 1980.

"Zhongguo renmin jiefangjun sanshi nian" zhengwen bianji weiyuanhui, ed. *Xinghuo liao yuan*. 10 vols. Beijing: Renmin wenxue chubanshe, 1958-1963.

Zhongyang dang'an guan, ed. *Zhonggong zhongyang wenjian xuanji*. 18 vols, covering 1921-1949. Beijing: Zhonggong zhongyang dangxiao chubanshe, 1989-92.

Zhongyang xuanchuanbu bangongting, ed. *Dangde xuanchuan gongzuo wenjian xuanbian*. 4 vols. Beijing: Zhonggong zhongyang dangxiao chubanshe, 1994.

風雲人物 002

毛澤東

Mao:A Biography

作　　者　譚若思（Ross Terrill）
譯　　者　胡為雄、鄭玉臣
企劃主編　劉靜芬
責任編輯　林佳瑩
文字校對　黃麗玟
封面設計　封怡彤
出 版 者　五南圖書出版股份有限公司
發 行 人　楊榮川
總 經 理　楊士清
總 編 輯　楊秀麗
地　　址　106 臺北市大安區和平東路二段 339 號 4 樓
電　　話　（02）2705-5066
劃撥帳號　01068953
戶　　名　五南圖書出版股份有限公司
網　　址　https://www.wunan.com.tw
電子郵件　wunan@wunan.com.tw
法律顧問　林勝安律師
出版日期　2011 年 4 月初版一刷（共十刷）
　　　　　2019 年 4 月二版一刷（共二刷）
　　　　　2024 年 10 月三版一刷
定　　價　新臺幣 580 元

國家圖書館出版品預行編目資料

毛澤東 / 譚若思 (Ross Terrill) 著；胡為雄，鄭玉臣譯 .-- 三版 .-- 臺北市：五南圖書出版股份有限公司，2024.10
面；　公分 .--（風雲人物；2）
譯自：Mao : a biography.
ISBN 978-626-393-572-3（平裝）

1.CST: 毛澤東　2.CST: 傳記

782.887　　113010531